指向"双减"的教学、作业与课后服务 丛书

指向"双减"的
教学任务新变化
与作业活动新设计

严育洪 ◎ 著

世界图书出版社

图书在版编目(CIP)数据

指向"双减"的教学、作业与课后服务.1,指向"双减"的教学任务新变化与作业活动新设计/严育洪著. -- 北京：世界知识出版社,2022.7
ISBN 978-7-5012-6539-8

Ⅰ.①指… Ⅱ.①严… Ⅲ.①中小学—课堂教学—教学研究②中小学—学生作业—教学研究 Ⅳ.①G632.0

中国版本图书馆 CIP 数据核字(2022)第 080217 号

责任编辑	侯奕萌
责任出版	赵 玥
责任校对	陈可望
封面设计	郝亚娟

书 名	《指向"双减"的教学、作业与课后服务》丛书 **指向"双减"的教学任务新变化与作业活动新设计** Zhixiang "Shuangjian" de Jiaoxue Renwu Xin Bianhua yu Zuoye Huodong Xin Sheji
总 主 编	严育洪
作 者	严育洪
出版发行	世界知识出版社
地址邮编	北京市东城区干面胡同 51 号(100010)
网 址	www.ishizhi.cn
经 销	新华书店
印 刷	三河市人民印务有限公司
开本印张	710 毫米×960 毫米 1/16 15 印张
字 数	218 千字
版次印次	2022 年 7 月第一版 2022 年 7 月第一次印刷
标准书号	ISBN 978-7-5012-6539-8
定 价	48.00 元

版权所有 侵权必究

前 言

2021年7月24日，中共中央办公厅、国务院办公厅印发了《关于进一步减轻义务教育阶段学生作业负担和校外培训负担的意见》，站在实现中华民族伟大复兴的战略高度，对"双减"工作作出了重要决策部署，要求从政治高度来认识和对待，从体制机制入手深化改革，全面贯彻党的教育方针，落实立德树人根本任务，促进学生全面发展、健康成长。

2021年11月22日，教育部党组书记、部长怀进鹏在《学习时报》撰文《深入学习贯彻党的十九届六中全会精神　加快建设教育强国》中指出：把"双减"作为"一号工程"。

"双减"工作的总体目标分为两个方面。校内方面，使学校教育教学质量和服务水平进一步提升，作业布置更加科学合理，学校课后服务基本满足学生需要，学生学习更好回归校园；校外方面，使校外培训机构培训行为全面规范，学科类校外培训各种乱象基本消除，校外培训热度逐步降温。其中，"校内方面"直接与教师相关，从课堂教学到作业布置，再到课后服务，都需要教师理好关系、提高效能；而"校外方面"间接与教师相关，培训机构的整治使得"学生学习更好回归校园"，这倒逼教师必须理好关系、提高效能。笔者认为，教师可以从以下五个方面努力做好"双减"之后校内方面的工作。

第一，教师要改变教育思维。思维模式犹如生命的航船，引领我们走向不同的地方，也让我们看到不同的风景。不同的教育思维，会引领我们看到不同的教学风景，获得不同的教学效果。"双减"政策改变了原有的教育环境，教育质量的提升不能再靠校外的培训机构和过多的作业布置。因此，教师必须改变原有的教育思维：把"以教师为中心"变成"以学生为中心"，再进阶为"以学习为中心"；把"跟着教师学"变成"跟着书本学"，再进阶为"跟着任务学"；把"学后考"变成"学后用"，再进阶为"用中学"；把"学生不知情学习"变成"教与学一致"，再进阶为"教、学、评一致"；把"学生被动学习"变成"学生自主学习"，再进阶为"学生自主设计学习"……这样的改变，都是为了让学习真正发生。

第二，教师要提高备课效能。"双减"背景下的学校真正成了学生学习的主阵地，我们只有提高学生学习的效能，才能减轻学生过重的学业负担。要提高学生学习的效能，就必须提高教学的效能，而要提高教学的效能，首先必须提高备课的效能：备课不能只备教案，还要备学案，更要备心案；备课不能只备知识的过去，还要备知识的现在，更要备知识的将来；备课不能只备课中，还要备课前，更要备课后；备课不能只备教材例题，还要备精选习题，更要备研究课题；备课不能只备前人的教法，还要备前人的教训，更要备自己的教改；备课不能只备教材，还要备人材，更要备境材；备课不能只备知识，还要备关键能力，更要备核心素养；备课不能只备一下子，还要备一阵子，更要备一辈子……教师唯有做到"有备而来"，学生的学习才能做到"有备无患"。

第三，教师要架构高效课堂。当学校成了学生学习的主阵地后，课堂成为关键之地，我们不能只满足于有效课堂，必须追求高效课堂。高效课堂应该是生动的课堂，除了操作活动，还有制作活动，更有创作活动；高效课堂应该是生活的课堂,除了生活情境,还有生活需要,更有生活应用;高效课堂应该是生成的课堂,除了知识生成,还有智慧生成,更有思想生成;高效课堂应该是生辉的课堂,除了学习自主,还有学习自觉,更有学习自信;高效课堂应该是生态的课堂,除了独立学习,还有竞争学习,更有融合学习;高效课堂应该是生命的课堂,除了生活能力,还有生存潜力,更有生命活力……

第四,教师要创新作业设计。"双减"政策实施后,学校应该积极探索"双减"背景下的作业新模式,努力实现作业育人功能最大化,寻求作业优化与作业创新:让作业从苦闷"走出来",设计趣味性作业;让作业从统一"走出来",设计分层性作业;让作业从教室"走出来",设计开放性作业;让作业从纸上"走出来",设计制作性作业;让作业从笔头"走出来",设计实践性作业;让作业从解题"走出来",设计项目性作业;让作业从此刻"走出来",设计拓展性作业……我们要把原本单纯是"做学问"的传统作业,拓展为能"做"、能"学"、能"问"的多功能作业。我们还要改变作业的面貌,使之变得可爱可亲,让学生喜欢看、喜欢做。

第五,教师要丰富社团活动。提高课后服务质量是落实"双减"政策的重要一环,而开展学生社团活动是提高课后服务质量的重要内容。多元化社团是学生催生梦想、舞动青春的第二课堂,也是一个实践平台。在这里,学生开发潜能,提升社会适应能力,增强团队合作意识,提高自身的综合素质。学校可以打造"作业辅导+课外阅读+社团活动"三位一体的服务模式,将课后服务和特色课程相结合,开启学科知识类、艺术涵养类、品格提升类、科学探究类、生命健康类等丰富多彩的社团课程,如开设九章玩吧、三味书屋、机械馆等室内外专用空间,满足学生成长多样化的课外需求。在课程实施上,可以实行"三走"策略:订单式教师走班、主题式年级走班、菜单式校级走班。

总之,"双减"政策下要保证学生的学习质量,对课前、课中、课后提出了更高的要求,最后附上一份笔者参与撰写的区教研室在课改时出台的一份《课前、课中、课后:72 条课堂教学建议》,供广大教师在阅读本书,修炼工作"增效"时参考。

一、课前:理念与准备

1. 没有理念,实践就会盲目,没有实践,理念就会空洞。我们需要理念和实践的高度结合。

2. 确立课程改革的核心就是课堂教学改革,课程文化建设的核心就是课堂文化建设,课堂教学改革的核心就是要转变教学方式和学习方式的"三核心"理念,确保新阶段的课程改革方向正确,目标明确。

3. 研究好课、好课例、好课型,促使课堂教学有品位,有品质,有品牌。

4. 先做"教书匠",再做教育家。

5. 不预习不上课,预习不好不上课。

6. 精美的课,有的是经过千雕万琢,而有的是浑然天成。千雕万琢的让人敬佩,浑然天成的更充满魅力。

7. 教案是预案,不是结案。

8. 关注每一名学生,关注最后一名学生,关注特别需要关注的学生。

9. 每一位学生都要发展,但不必求一样的发展;每一位学生都要提高,但不必是同步的提高;每一位学生都要合格,但不必是相同的规格。

10. 教学目标既要"顶天"也要"立地",既要有高度又要有低度,既有宏观更有微观。

11. 课,可以预习、预设,但不要预演。不提倡试上,反对反复试上,坚决反对在同一个班级反复试上。

12. 先说后教，先学后教，先练后教，先摸清学生的"底细"再教。

13. 明确开卷未必有益，拒绝没有力量的知识，追求科学、全面的发展。

14. 教学要有"苦"的准备，要有"辣"的精神，要有"甜"的回味，还要防止"酸"的结局。

15. 你能看到学生吗？你能看清学生吗？你能看懂学生吗？教学千万不能以"我"为本。

16. 没有精心的预设，就没有精彩的生成。

17. 让课堂焕发生命活力，让课堂产生学生思想，让课堂展示教学个性。

18. 要进一步形成浓厚的课堂教学研究氛围，进一步提高教研工作的学术含量，进一步开展学科教学研究的实验项目。

二、课中：设计与实施

1. 没有生成的教学，将缺乏教学的生气。

2. 不能错过学生的"过错"，过错展示了教学的机遇，体现了教师的机智。

3. 学生不会说的，你鼓励他说；学生说不准的，你引导他说；学生说不好的，你帮助他说；学生说不了的，你示范着说。总之，你最好不要代替他说。

4. 不讲就会的免讲，一讲就会的少讲，怎么讲也不会的不讲，总之，不要多讲。

5. 教学既要注重细节，但又要不拘小节。

6. 当学生没有"问题"时，那你的教学就可能有问题。

7. 思而不动则殆，动而不思则罔。

8. 学生如果能"学"了"问"，"问"了"学"，如此才真正有了学问。

9. 没有思维含量的情境充其量只是机械地为了表演组装的布景。

10. 减少齐读和齐答，注重个性化的表达。减少单词和短语式回答，注重句段式表达。

11. 班级问答声音要大，坚决杜绝"悄悄话"。

12. 小组讨论重在讨论，不在结论。

13. 教学是艺术，但应该是东方的艺术。教师要善于把奉送变为巧妙的藏掖，让教学变得含蓄，并富有吸引力。

14. 千万不能把愉快教学当成是"娃哈哈"教学，让学生"开心"的同时更要让学生"开窍"。

15. 学生无疑是学习的主体，但教室里却不能有刻意培养的主角。

16. 歌手还知道问"后边的朋友，你们好吗？"我们要关注到后排的学生。

17. 最重要的不在于教师有多少水，关键是要和学生一起去寻找水源。

18. 一言以蔽之，满堂讲是教师懒惰的表现。

19. 教学要注重技巧和形式，但拒绝课堂教学的技巧化和形式化。

20. 教学要有师道尊严，但不要老是端着架子。

21. 教学不要"穿帮"，课堂拒绝课托。

22. 确实不需要什么都"亲自"，要相信学生。

23. 媒体是教学技术，也是教学资源。

24. 拒绝类似所谓经典的提问：请课代表或班长来回答问题，请朗读最好的学生起来朗读，请你说出文章里写得最好的一句或一段话。

25. 教学动作文明、文雅，有文化修养。

26. 课堂里要求学生的集体鼓掌最好不要超过三次。

27. 问题回答不上来，也不要让学生站成一排排。

28. 要善于设问，要善于追问，善于多问。

29. 课堂里至少要有三分之一的问题由学生提出。

30. 千万不要用一个指头指向学生，不管是用哪个指头。

31. 重建课堂审美：该浓则浓，该淡则淡，能简不繁，当艳不素。

32. 教材无非是例子，但例子不能无教材，要以"本"为本。

33. 教是为了不教，而不教是为了更好地学。

34. 宁留一分钟，不拖一秒钟。

三、课后：评价与提升

1. 听课不仅在于数量，更在于总结吸收和借鉴，每学期要写听课报告。

2. 优秀教师成功的背后，不是一定要有一群调皮捣蛋的所谓差生。

3. 简单地改变一下课堂的结构就可以使教学方式和学习方式发生裂变。

4. 转变了教学方式不等于能提升了质量，但要提升质量必须要转变教学方式。

5. 不能让良性的教学用语变成贬义。

6. 拒绝类似这样的评价：谢谢同学们的配合，这节课同学们的表现很出色，圆满地完成了所有的教学任务。

7. 教学要扬长避短，扬长补短。

8. 思想是浸润的，思维是训练的，思绪是激发的，思路是开创的。

9. 减少教学事故与错觉，不要海市蜃楼和望梅止渴的精彩与滋润，不要杯弓蛇影和草木皆兵的尴尬与惊心。

10. 关注常态，关注常规，关注常人，关注常效。

11. 优点不要用放大镜，缺点不要用显微镜，盲点不要用哈哈镜。

12. 教学不反思，必然会反复；教学不忏悔，必然要后悔。

13. 要科学地培养学生思维，因为思维可以改变思想，如果转换一下思维方式，就可以把"天下的乌鸦一般黑"变成"天下的苹果一样甜"。

14. 君子爱财，取之有道；教师爱分，取之有术。

15. 教而不研则浅，研而不教则空，提倡草根化研究，行动性研究，实践性研究和工作性研究。

16. 不在于开展了多少活动，而在于开展了多少有效的活动。

17. 校本教研要研究"教"，更要研究"学"。

18. 教学研讨活动中，坚决做到没话不说，长话短说，绝对不能短话长说。

19. 把有问题的课堂呈现出来做解剖，把有分歧的课堂呈现出来供讨论，把有效的课堂呈现出来做借鉴，全面提高课堂教学质量和水平。

20. 教师要有"四万"的追求：读万卷书，行万里路，识万名友，听万节课。

"双减"政策下，教学任务新变化与作业活动新设计还有许多方面，笔者限于水平，无法在本书中一一陈述，如果您在阅读本书的过程中有什么意见和建议，请发至笔者的电子信箱：13861472533@139.com 或 646963648@qq.com，我们一起探讨，谢谢！

严育洪

写于江苏无锡

目 录

专题一 改变教育思维

不同的教育思维，可以获得不同的教学效果。"双减"政策改变了原有的教育环境，教育质量的提升不能再靠校外的培训机构和过多的作业布置。因此，教师必须改变原有的教育思维。

变化1　增加高水平的教　减少低水平的学　/ 003
　　一、从"把学习看成任务"到"把任务变成学习"　/ 004
　　二、从"问题是知识的心脏"到"任务是问题的
　　　　发动机"　/ 006

变化2　增加挑战性学习　减少灌输式学习　/ 009
　　一、让挑战性任务成为撬起整个课堂的支点　/ 010
　　二、让挑战性任务成为孵化学习成果的热点　/ 011

变化3　增加目标化学习　减少盲目化学习　/ 014
　　一、任务驱动学习更容易让学生受到"目标召唤"　/ 015
　　二、任务驱动学习更容易让学生获得"高峰体验"　/ 018

变化4　增加教学评一致　减少随意性学习　/ 020
　　一、任务驱动学习能实现"教与学一致"　/ 020
　　二、任务驱动学习能实现"教学评一致"　/ 022

变化 5　增加学习的念想　减少学习的平淡　/ 026
　　一、把任务变成"钩子"，勾出学生学习的渴望　/ 027
　　二、把任务变成"钩子"，勾出学生学习的期望　/ 029

变化 6　增加"任务"管理　减少"管理"任务　/ 032
　　一、"任务"管理：实现学生学习的自告奋勇　/ 033
　　二、"任务"管理：实现学生学习的自知之明　/ 035
　　三、"任务"管理：实现学生学习的自得其乐　/ 037

变化 7　增加学生设计学习　减少教师包办学习　/ 039
　　一、任务设计：帮助学生确定"为何学"　/ 040
　　二、学习设计：帮助学生决定"如何学"　/ 041

专题二　提高备课效能

"双减"背景下的学校真正成了学生学习的主阵地，我们只有提高学生学习的效能，才能减轻学生过重的学业负担。要提高学生学习的效能，就必须提高教学的效能，而要提高教学的效能，首先必须提高备课的效能。

策略 1　增加长效化备课　减少短视化备课　/ 049
　　一、"准备"——为了更好地上课　/ 049
　　二、"完备"——能让课上得更好　/ 051
　　三、"预备"——选用更好课来上　/ 053

策略 2　增加深度化备课　减少浅层化备课　/ 055
　　一、"课本"——备教学形态　/ 055
　　二、"课堂"——备教学行态　/ 058
　　三、"课题"——备教学性态　/ 059

策略 3　增加选择化备课　减少盲从化备课　/ 061
　　一、不能"只有一种经验"备课　/ 062

二、不能"只用一种经验"备课 / 064

策略4　增加情景化备课　减少片段化备课　/ 066
　　一、用"一境到底"技术串联一节课 / 067
　　二、用"一境到底"技术串联几节课 / 071

策略5　增加结构化备课　减少散装化备课　/ 073
　　一、找准大概念整体设计教学 / 073
　　二、找好种子课整体设计教学 / 076

策略6　增加全程化备课　减少短距化备课　/ 079
　　一、预习任务，发现问题 / 079
　　二、研习任务，研究问题 / 082
　　三、实习任务，解决问题 / 083

策略7　增加图示化备课　减少文字化备课　/ 085
　　一、用好知识地图 / 085
　　二、用好思维导图 / 088

专题三　架构高效课堂

　　当学校成了学生学习的主阵地后，高效课堂则成为关键之地。高效课堂应该是生动的课堂；高效课堂应该是生活的课堂；高效课堂应该是生成的课堂；高效课堂应该是生辉的课堂；高效课堂应该是生态的课堂；高效课堂应该是生命的课堂……

方式1　增加破案式学习　减少应试式学习　/ 093
　　一、设计书本中的疑案，让学生学习知识来破案 / 093
　　二、找寻生活中的疑案，让学生运用知识来破案 / 097

方式2　增加制作式学习　减少纸笔式学习　/ 099
　　一、让学生在制作玩具中学习知识 / 099
　　二、让学生在制作学具中学习知识 / 101

　　　　　三、让学生在制作用具中学习知识　/ 103

　　方式 3　增加游戏式学习　减少苦闷式学习　/ 105
　　　　　一、在玩好游戏中学好知识　/ 105
　　　　　二、在玩好用具中学好知识　/ 108

　　方式 4　增加创想式学习　减少听记式学习　/ 111
　　　　　一、让学生"猜学"出一节课的内容　/ 112
　　　　　二、让学生"猜学"出多节课的内容　/ 114

　　方式 5　增加实用式学习　减少空谈式学习　/ 117
　　　　　一、"用以致学"：在真实情境中想用知识　/ 117
　　　　　二、"用以智学"：在真实情境中活用知识　/ 120

　　方式 6　增加表现式学习　减少静坐式学习　/ 123
　　　　　一、设计挑战别人的表现性任务　/ 123
　　　　　二、设计感召别人的表现性任务　/ 125

　　方式 7　增加融合式学习　减少单一式学习　/ 129
　　　　　一、上下贯通：实现本学科知识的融合　/ 129
　　　　　二、左右逢源：实现多学科知识的融合　/ 132

专题四　创新作业设计

　　积极探索"双减"背景下的作业新模式，努力实现作业育人功能最大化，寻求作业优化与作业创新。把原本单纯是"做学问"的传统作业，拓展为能"做"、能"学"、能"问"的多功能作业。改变作业的面貌，使之变得可爱可亲，让学生喜欢看、喜欢做。

　　设计 1　增加作业的快乐　减少作业的乏味　/ 137
　　　　　一、让学生感受作业的有趣之乐　/ 137
　　　　　二、让学生感受作业的挑战之乐　/ 140

设计2　增加作业的分层　减少作业的统一　／143
　　一、作业内容的分层　／143
　　二、作业评价的分层　／146

设计3　增加作业的开放　减少作业的封闭　／149
　　一、作业方式的开放　／149
　　二、作业场合的开放　／151

设计4　增加题目成项目　减少纯粹求解题　／155
　　一、把例题开发成项目　／155
　　二、把习题开发成项目　／158
　　三、把试题开发成项目　／161

设计5　增加作业成作品　减少专门寻答案　／163
　　一、把作业做成能展示的悟化作品　／164
　　二、把作业做成能展示的物化作品　／166

设计6　增加学生自出题　减少教师来设题　／169
　　一、题目让学生理　／170
　　二、题目让学生编　／171

设计7　增加人性化批改　减少只判对与错　／175
　　一、批改颜色的舒心　／176
　　二、批改符号的灵活　／178

专题五　丰富社团活动

落实"双减"政策重要的一环是提高课后服务质量，学生社团是提高课后服务质量的重要平台。多元化社团是学生催生梦想、舞动青春的第二课堂，也是一个实践平台。在这个平台上，学生开发潜能，提升社会适应能力，增强团队合作意识，提高自身的综合素质。

活动 1　增加阅读社团活动　减少死读书　／ 183
　　一、用任务驱动阅读活动的开展　／ 183
　　二、由阅读引向素养活动的开展　／ 186

活动 2　增加美术社团活动　减少单向育人　／ 189
　　一、开展丰富的美术活动　／ 189
　　二、举办多彩的美术展览　／ 192

活动 3　增加音乐社团活动　减少艺术无用论　／ 195
　　一、丰富音乐社团活动内容　／ 195
　　二、丰富音乐社团活动形式　／ 197

活动 4　增加 DIY 社团活动　减少困于做题　／ 201
　　一、开展动手制作活动　／ 201
　　二、开展动手劳动活动　／ 204

活动 5　增加创客社团活动　减少知识看客　／ 207
　　一、引导学生学会设计　／ 207
　　二、引导学生学会发明　／ 209

活动 6　增加烹饪社团活动　减少生活低能　／ 212
　　一、为了美食学烹饪　／ 213
　　二、跟着美食学知识　／ 216

活动 7　增加励志社团活动　减少消极情绪　／ 219
　　一、帮助学生坚定好信念　／ 219
　　二、帮助学生管理好情绪　／ 222

专题一
改变教育思维

不同的教育思维,可以获得不同的教学效果。"双减"政策改变了原有的教育环境,教育质量的提升不能再靠校外的培训机构和过多的作业布置。因此,教师必须改变原有的教育思维。

▶▶▶▶▶▶ 指向"双减"的**教学任务新变化与作业活动新设计**

思维模式犹如生命的航船,引领我们走向不同的地方,也让我们看到不同的风景。不同的教育思维,也会引领我们看到不同的教学风景,获得不同的教学效果。

"双减"政策改变了原有的教育环境,教育质量的提升不能再靠校外的培训机构和过多的作业布置。因此,教师必须改变原有的教育思维:把"以教师为中心"变成"以学生为中心",再进阶为"以学习为中心";把"跟着教师学"变成"跟着书本学",再进阶为"跟着任务学";把"学后考"变成"学后用",再进阶为"用中学";把"学生不知情学习"变成"教与学一致",再进阶为"教、学、评一致";把"学生被动学习"变成"学生自主学习",再进阶为"学生自主设计学习"……这样的改变,都是为了让学习真正发生。

专题一　改变教育思维

变化 1
增加高水平的教　减少低水平的学

曾经看到这样一个测试题："人才是世界上至高无上的。"对于这样一句话，你会怎么去断句？

"人才，是世界上至高无上的。"这是大多数人的解读。虽然"人"在"才"前，但这种解读的重点是"才"字，往往忽视"人"字的存在。教育中，看不到"人"的教学只会是灌输式的，学生的学习也只会是机械式的，前者是死教书，后者是死读书。

也有人断成"人，才是世界上至高无上的"，一个"人"字独自占先。人的尊严和意志、人的肉体和精神、人的本质和依托……"人"的丰富内涵凛然而醒目。对句子做出这种理解的人，往往是看重人的本质之人。在教育中，看到"人"的教学才会真正做到"以学定教"乃至"先学后教"，看到"人"的教学才会尊重学生解决问题的多样化以及学习方式的多样化。

突出了学生这个"人"，是不是教师这个"人"就退场了？答案是否定的。中国现代教育专家成尚荣指出："以学为核心，并不意味着以学代替教，学与教是两个不同的概念，缺一不可。没有高水平的教就没有高水平的学……"由此可见，"以学定教"不是"以学代替教"，学生"高水平的学"依然需要教师"高水平的教"。

指向"双减"的教学任务新变化与作业活动新设计

那么,教师该怎样实现"高水平的教"呢?笔者认为,"高水平的教"应该是在以人为本的教学理念下,给每一个学生展示才能的机会和舞台,这也是第三种理解——"人,才,是世界上至高无上的。"既要看到"人",也要看重"才"。任务驱动式教学就是一种"高水平的教":开始的任务设计,体现了"学(才)"的价值,让学生"想学";最终的任务完成,体现了"人"的价值,让学生"享学"。

一、从"把学习看成任务"到"把任务变成学习"

如果一个人能够"把学习看成任务",那么他一定会把学习看作一种责任,明白学习的意义,明白学习是自己的事情,随后,有责任也就能务实地学习,不再需要过多外在的驱动力,这是学习的理想状态。有人说:"推开自己喜欢的东西,叫成长。"还有人说:"我努力,不是因为兴趣,而是因为需求。"

然而,学生,特别是小学生身上还缺乏这种自知之明。于是,我们可以退而求其次,"把任务变成学习",或许能够翻转原本学生学习的沉闷甚至苦闷,迎来学生学习的新气象。

在中国教育学会第二十八次学术年会上,芬兰驻华大使馆科学与教育参赞米卡·塔帕尼·蒂罗宁(Mika Tapani Tirronen)举了一个例子:芬兰有一位化学老师,思考为什么自己班里每次考试总有一半的学生不及格,后来他改变教学方式,不再上课了,也不布置作业了,但是他给孩子们设置任务,让孩子们基于问题去学习。教师不再是传递知识者,而成了咨询师,帮助学生学习。结果再考试时,孩子们都及格了。

更积极地用任务驱动学习,教师首要做的是让学生看到完成任务后的愿景,以及为自己带来的快乐或好处,此后学生才会心甘情愿地接受任务。此中,教师除了让学生看到完成任务后的愿景,还相当于与学生订立了一个"契约",承诺

专题一 改变教育思维

学生只要完成任务就一定能实现愿望，如此，才能实现教育专家柳夕浪所说："真正的教学原本就是关于人的成长的一种特有的承诺。"

有一种教学方式叫契约式教学法，是指"教"和"学"双方就"学什么"和"如何学"以契约的方式规定下来，后续的教学过程以此为准进行的一种行为教学模式。"把任务变成学习"之后，用任务驱动学习就能很好地融合契约式教学法，让学生围绕任务契约展开知识学习，让学习变成学生自己的事情，教师只是服务者、指导者、合作者。也就是说，用任务驱动学习，可以有效地变"以教师为中心"为"以学习为中心"，让学习真正发生，提高学习效率。

在教授"前滚翻"这部分体育技能时，以往的上课形式都是由教师进行示范，然后强制学生进行练习，直到学生正确掌握了该技术动作的要领和方法。而运用契约式学习法，我们则可以与学生进行契约协定，布置以每天的动作练习和适当的力量训练来引导学生进行自主练习的任务。这样，学生对这一技术动作的练习就会变为自发行为，而不是受教师的压迫和强制，师生之间处于民主、平等的地位，实现了教师主导作用和学生主体作用的有效结合。

在进行"耐久跑"教学时，因为不同学生的身体健康状况和身体能力不同，所以，在了解了班级里每位学生的实际情况后，我就按照学生能力的不同，对学生进行分组，每一组所制定的契约标准不同，让不同能力的学生以不同的方式、不同的节奏来实现耐久跑的训练目标。这样，通过契约式学习，班里每位学生都能朝着自身的目标努力。①

任务驱动是一种建立在建构主义教学理论基础上的教学法。建构主义教学设计原理强调：学生的学习活动必须与大的任务或问题相结合，让学生在真实的教学情境中带着任务学习，以探索问题的解决方法来驱动和维持学习者学习的兴趣

---

① 刘俊华：《探析契约式学习法在初中体育教学中的有效运用》，《教师》2016 年第 8 期。

和动机,在完成实际任务的过程中完成知识的学习任务,并从中发展认知能力和处理问题能力。

任务驱动学习法,可以变传统的"跟着教师学知识"为"盯着任务学知识",教师推出学生需要的任务(或学生自己产生任务),学生在完成任务中完成知识的学习任务,其间,教师藏在任务的背后,知识藏在任务的里面。这里,任务是一种责任,是一种目标,是一种情境,是一种活动,是一种价值,是一种评价,它能很好地实现教学评一致。

传统的"长方形和正方形的认识"数学课,对长方形和正方形特征的探究要求都是教师提出的,学生更多的只是奉命行事,对"为什么要探究"和"为什么要这样探究"并不清楚。用任务驱动学习,我们创设了真实的任务情境:"夏天来了,妈妈想给卫生间的单扇窗户装纱窗,我们该如何告诉厂家需要制作的样式和大小呢?"有学生想到把窗户的形状画下来,此时就涉及四个角的度数以及四条边的长度等数学问题:在测量长度时,有学生认为只需要测量相邻的两条边就行,于是教师就组织学生验证;在测量角度时,学生大都认为长方形的四个角都是直角,于是教师也组织学生验证。

二、从"问题是知识的心脏"到"任务是问题的发动机"

我们都说"问题是知识的心脏",确实,教师只要能够提出一个好问题,教学就成功了一半。然而,新课程理念希望这样的问题来自学生,希望学生能够提出问题,那么,如何让学生能够自觉发现问题、提出问题呢?对此,笔者认为"任务是问题的发动机",通过任务让学生发现问题,继而通过问题让学生发现知识(见图1–1)。

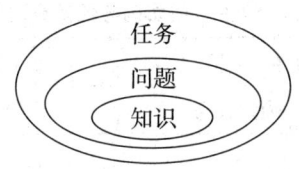

图 1-1

"表面积的变化"数学课上"这些长方体怎样拼表面积最小"这个数学问题大都由教师提出,然后学生在教师的指导下开展探究活动。在用任务驱动学习中,教师则推出任务:"这些书怎样包装最节省纸?"这是一个真实的生活问题,但透过这个实际问题的背后,学生就能发现其实就是"长方体怎样拼表面积最小"的数学问题。由此可见,这里供探究的数学问题并非由教师直接提出,而是学生自己发现的。

任务可以由教师设计,有时候也可以由学生设计,不论由谁设计,所设计的任务都是学生需要的、感兴趣的、想完成的,所以任务的外驱力就会转变成学习的内驱力。任务设计得好,它就是一部自带学习动力的发动机,任务的吸引力和思维力强,学生的战斗力和学习力才能强。

在《愚公移山》语文课中,有学生提出"生活中真的有如此愚蠢的人吗?"的怀疑,于是,教师趁机布置一个思辨性任务,引导学生对主人公是"真愚"还是"假愚"这个问题发表自己的观点,可从文章中列出理由和根据,在寻找依据的过程中加深对文章的理解。

此中,"驱动"学生完成任务的不是教师也不是"任务",而是学习者本身,更进一步说是学习者的成就动机。"任务驱动"就是通过"任务内驱"走向"动机驱动"的过程。研究表明,有三大要素可以激活人的内在动机,一是自主,二是胜任,三是联结。这三大要素在任务驱动学习中得到很好的体现。

指向"双减"的教学任务新变化与作业活动新设计

表1-1　学生内在动机与任务驱动学习

学生内在动机三大要素	自主（我努力）	胜任（我成功）	联结（我需要）
任务驱动学习三大要点	确定任务	设计方案	完成任务

用任务驱动学习，首先能够很好地解决"金字塔5步学习法"中的第一步，也就是关键的一步"动机"问题（见图1-2），让学生明白为什么学，明确学习的目标才能主动学习，变"要我学"为"我要学"。此中，学生想要完成的任务解决了"我要学"的"心法"，之后"我会学"的"干法"和"我学会"的"活法"才有持久和深入的驱动力。可以说，基于"我要学"的学习，哪怕过程再苦、再累、再烦，学生也不会有心理负担——觉得苦、觉得累、觉得烦，没有心理负担，也就不会有学习负担。

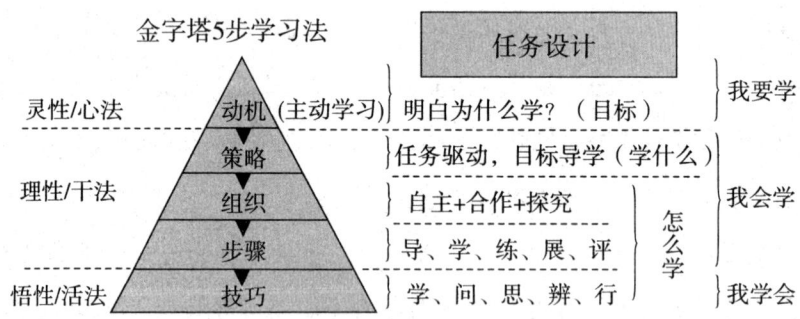

图1-2　金字塔5步学习法与任务设计

综上所述，学生"高水平的学"离不开教师"高水平的教"，教师"高水平的教"不会给学生"高水平的学"带来羁绊，相反会有一种促进作用。正如心理学家韦特海默所说，"别人对你的感受，并不完全依赖于你付出了多少，而更大程度在于是以一种什么样的方式付出"，同理，在教学中，学生对教师的感受，并不完全依赖于教师付出了（教了）多少，而更大程度在于是以一种什么样的方式教。用任务驱动学习，不会给学生带来学习的拖累，只会给学生强劲的学习驱动力。

变化 2

增加挑战性学习　减少灌输式学习

我们先来听一个故事：

动物园新来一个河马饲养员。两个月里，他发现自己费心养的河马没有长多少，而老饲养员不怎么喂的那一只却长得飞快。他大惑不解，老饲养员告诉他：你喂的那只河马，太不缺食物，反而拿食物不当回事，不好好吃食，自然长不大。另一家动物园里一个养猴子的人，费尽心思将食物放在树洞里，猴子因为吃不到，反而想尽办法要去吃。

养猴子和养河马的人不"好好"喂养动物，而我们的教师为了能让学生"好好"学习知识，不忍心让学生"不够吃"和"吃不到"，于是，复习、铺垫"一应俱全"，新授、讲解"无微不至"，知识"得来全不费功夫"，结果导致学生的学习力不强。学习力由学习的动力、学习的毅力和学习的能力三个要素组成，学习动力不足，很容易导致被动学习；学习毅力不强，很容易导致短期学习；学习能力不强，很容易导致浅层学习。

国务院颁布的《国家教育事业发展"十三五"规划》第三部分"改革创新驱动教育发展"第一点"着力推进教育教学改革"中明确指出："倡导任务驱动学习，提高学生分析解决问题的能力。"任务驱动学习可以有效解决学生学习力不强的问题，此处可以用个例子来说明：江西师大文学院一位教师布置给学生一个任务,"用小篆给父母写封家书"。给父母写信,学生觉得有意义,学习就有了奔头;用小篆写信,学生觉得有意思,学习就有了劲头。如此特别、有挑战的任务,与单调的写信相比,学生更乐意接受。为了完成任务,学生就会主动去学习如何写好小篆。

同样,在学习中,学生一旦接受任务,也会经历这样的学习过程:在完成任务过程中发现知识"不够吃",从而想方设法寻找有用的知识资源;在完成任务过程中发现知识"吃不到",从而想方设法寻找能用的知识方法。这样"不够吃"和"吃不到"的任务驱动学习,学生必定体验深刻。我们要永远记住:你获取信息的过程有多简单,你遗忘信息的速度就有多快。

要做一个"狠心"的教师,不让学生"好好"学习,要求任务设计具有挑战性,让学生产生知识学习的饥饿感,这样的学习效果或许更好。

一、让挑战性任务成为撬起整个课堂的支点

每一个教师都会有这样一个美好的愿望,那就是希望如同古希腊物理学家阿基米德所说的"给我一个支点,我可以撬起地球"一样也能够找到一个支点,撬起整个课堂。

笔者认为,可以撬起整个课堂的支点可以是一种有趣、有劲、有用、有料的任务,这样的教学方式就是任务驱动式教学。任务驱动式教学也就是采用把知识设计成任务的方式进行教学,以求给学生创设一个充满足够引力、充满足够活力的体验情境,以此驱动学生积极主动地学习。

"年月日"数学课,我们设计了"制作新一年的年历"的挑战性任务,学生画12个大框,这不成问题,因为学生大都知道一年有12个月。接着,在确定每个月是多少天的时候,学生发现每一月、每一年并不相同。此时,学生有了问题,发现已有的生活经验或已有的数学知识"不够吃"了,怎么办?学生就会

专题一　改变教育思维

主动利用以前的年历探究发现知识或自学教材汲取知识。如果还不能解决问题，学生就会主动请求教师的帮助。整个学习过程中，"制作新一年的年历"这个挑战性任务成了撬动涉及"年月日"数学知识学习的支点。

　　作为支点的任务，要能够撬起学生的整个学习过程，必须具有足够的挑战性，让学生能够围着它转，而不断持续地学习，对此，我们应该遵循"必要难度理论"，我们通常觉得轻松就能学明白的知识更容易记忆，但事实恰恰相反：学习的过程比较困难，记忆的效果会更好，需要用的时候，知识也更容易提取；而那些轻松学完的知识，往往会很轻易地被忘掉，再用的时候怎么也想不起来。"必要难度理论"有两个基础概念：一个是"储存力"，可以理解为记忆的时长；另一个是"提取力"，可以理解为在需要时提取这段记忆的容易度。储存力和提取力呈负相关关系：储存易，不容易进入长时记忆系统，提取困难；储存难，容易进入长时记忆系统，提取方便。

　　所以，不要总是以为知识简单、学习容易，学生就容易掌握、容易记忆，学习负担就轻，学习容易反而更容易遗忘。其实，人生来就喜欢挑战、喜欢攀登，如张方宇在《单独中的洞见》中所说："人们喜欢爬山，有些人也许是出于对山本身的热爱，但也有些人喜欢的是那种向上爬的感觉。"同时，我们要相信学生的挑战力。

　　在教学语文《蜘蛛开店》的时候，教师在原有游戏的基础上进行了适当改编，布置了这样的挑战性任务：让学生自己准备道具，把自己打扮成课文里动物的样子，自己设计去蜘蛛店里购物时的心理活动。整节课，我们在这样的游戏情境中学课文，学生学得十分认真，学习效率也很高。

二、让挑战性任务成为孵化学习成果的热点

　　有一种说法很形象："一个鸡蛋，从里面打开是生命，从外面打开则是食

指向"双减"的教学任务新变化与作业活动新设计

物。然而,要从里面打开,离不开外面的孵化。"任务驱动式教学,就起着孵化功能。

美国教育家杜威曾经说过:"因为生长是生活的特征,所以教育就是不断生长;在它自身以外,没有别的目的。学校教育的价值,它的标准,就看它创造继续生长的愿望到什么程度,看它为实现这种愿望提供方法到什么程度。"任务驱动式教学为它提供了任务的方式,最大限度地为孵化知识并为知识生长提供适宜的温度,并驱动学生的自主学习。

受疫情影响,有关人体器官与系统结构和功能的学习,初一的学生只能通过聆听教师讲授、观看远程实验或虚拟模型进行。为了促进学生重要概念的习得和形成,结合在线教学的特点,我们开展了"实践学习"的教学实践,要求学生:①依据所学内容完成"实践学习"作品,即让学生利用简易材料制作相关模型;②操作模型,复习相关知识;③将模型操作过程结合模型模拟的生物学意义录制成短视频上传到线上平台。

如有些学生在制作眼球的模型时,利用不同颜色的豆子来进行制作,用绿豆来代表脉络膜,利用红豆来代表巩膜等,简单易分辨。而有位学生提交了3D软件制作的眼球的电子模型,在介绍眼球各个结构时,能够转动眼球,以最佳角度进行展示,这种作品就属于可操作性强的范畴。①

由上述案例,笔者又想到了杭州第十一中学高二(8)班学生余烜烨的生物作业——"植物细胞模型":液泡是大米,细胞核是红豆(见图1-3)。仔细看,里面还有绿豆、黑豆、花生米……这样"做"作业会成为学生的负担吗?!

---

① 张荣华、段晓云、滑育培:《具身认知视野下"实践学习"作品评价量表的编制》,《生物学教学》2021年第4期。

专题一　改变教育思维

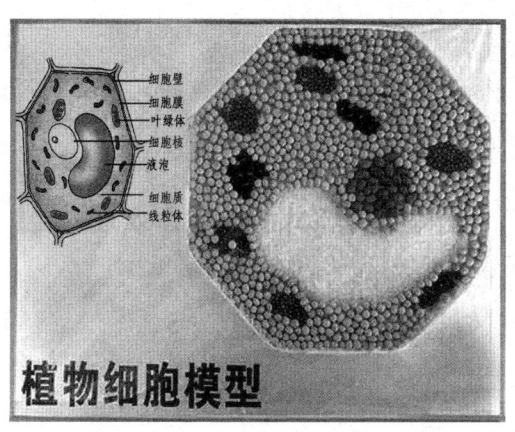

图1-3　余烜烨同学制作的"植物细胞模型"

传统的学习成果属于悟化成果，包括我们获得的知识、发现的奥秘、习得的本领。在用任务驱动学习中，如果任务是制作任务，那么此时的悟化成果还可以表现为看得见、摸得着的物化成果，有时候这样的物化成果用得好，还能成为实践的工具、表演的道具、学习的教具或生活的用具。

"长方体的认识"一课，我们设计了"制作长方体学具"的挑战性任务，当学生发现"吃不到"的时候，就会积极想办法，有些学生想到了拿一个长方体框架做参考，此时就孵化出了长方体涉及顶点和棱的特征知识，有些学生想到了拿一个长方体纸盒做参考，此时就孵化出了长方体涉及面的特征知识……一节课结束，学生不仅拥有了悟化成果，掌握了长方体的特征，而且拥有了物化成果，装备了长方体的学具。随后，如果给这个长方体学具表面涂色，就孵化出了表面积计算知识，如果在这个长方体学具里面装物品，就孵化出了容积（体积）计算知识……

"年月日"数学课，最终学生制作的新年年历也属于一种看得见、摸得着的物化成果，我们可以让学生课后张贴在教室四周，与同学分享交流。学生为了能给同学留下美好的印象，还会对自己的作品进行美化，如添上一些装饰画，或配上一些名言、诗歌等。我们还可以让学生制作"汉字篆体"日历，这样就与语文产生了关系，学生获得了更多的学习成果。

俗话说"心灵手巧",反之"手巧"必定"心灵"。上述案例中,数学知识不是由教师直接"从外面打开"的,而是教师通过任务孵化出来的,也就是"从里面打开"的,是学生自己动手发现的。这样的学习才是真正的"做"学问,自己做出来的学问才会记忆深刻,无须再靠死记硬背,减轻了记忆的负担,提升了学习效果。

总之,任务具有挑战性,才能让学生的学习在"任重"中"道远",才能更好地提升学生的学习力。

变化3

增加目标化学习　　减少盲目化学习

认知科学领域的奠基人之一、诺贝尔奖获得者、卡内基梅隆大学教授赫伯特·西蒙说:"学习来自学生的所做所想,教师只有通过影响学生对学习所做的事情,才能促进学生的学习。"也就是说教师应该发挥好指导作用,成为学生学习活动中的重要指引者,帮助学生获得持续发展的驱动力。那么,教师该怎么"通过影响学生对学习所做的事情"来实现"高水平的教"呢?

教师对学生学习的作用影响方式大体有以下几种:第一种是"牵",用一句歌词形容就是"妹妹你坐船头,哥哥我岸上走"的情景;第二种是"领",用一句歌词形容就是"跟我走吧,天亮就出发"的情景,"领"要比"牵"好得多,至少学生能自己走;第三种是"推",用一句歌词形容就是"妹妹你大胆地往前走"的情景，虽然学生能够完全自己走，但很容易漫无目的地走；第四种是"指"，用一句诗词形容就是"牧童遥指杏花村"的情景，这样的指引为学生指明了前进的方向，但前进的路线和前进的方法还需要学生自己去探索，前进的工具和前进的资源还需要学生自己去寻找。

教师"高水平的教"需要"牧童遥指杏花村"这种方式去影响学生对学习所做的事情，这样学生就可能实现"登山式学习"。

一、任务驱动学习更容易让学生受到"目标召唤"

"登山式学习"一开始就给了学生学习的目标，如果这样的目标属于任务目标，对学生的学习驱动力会更强。

"表面积的变化"数学课，如果目标定的是"找到表面积的变化规律"，那它只是知识目标，学生一开始并不知道学了有什么用，感觉就是为学习而学习；如果目标定的是"如何包装节省纸"，那它就可以成为任务目标，这样在生活中有用的知识学习更能有效地驱动学生学习完成任务所需要的知识。

数学能力是全球公认的关键能力之一，却有不少中小学生感觉学习数学没什么用。针对这个现象，蒲公英评论网特约评论员蒋永红这样发声："我们不用考虑我们的学生数学成绩有多好，也不需要大张旗鼓地进行各种能力测试，我们只需要问问我们的学生学习数学有没有用，有什么用，就知道数学教育的质量如何了。"笔者认为，知识的"有用"主要表现在两个方面。

一是为了掌握一定的活动技能。例如"你会用圆规画出一个逗号吗？"是许多学生想一展身手而学会的活动本领，它能够体现出知识的"有用"，这是知识的基础价值，让学生感觉自己是一个"有用"的人。

二是为了掌握一定的生活技能。例如"怎样包装最节省纸？"是许多学生想一探究竟而学会的生活本领，它同样能够体现出知识的"有用"，这是知识的实

指向"双减"的教学任务新变化与作业活动新设计

用价值，让学生感觉自己学到了"有用"的知识。学生为了能够获取自身发展的利益和自身生活的利好，"有用"也就成了他们渴望知识的任务目标，驱动着学生孜孜不倦地学习。

一节英语课设计的任务情境是"看望病人"，教师把教室前面的桌椅移开，请一位男生坐在椅子上，用报纸缠绕一条腿，扮演一位因腿部受伤而正在住院治疗的儿童病人小明。

任务活动1：学生扮演护士查房，问询对话。

任务活动2：学生扮演父母照顾，交流对话。

任务活动3：学生扮演同学问候，交流对话。

任务活动4：学生自主创编发挥。

情景任务不仅考查了一些英语基础知识、核心句型在日常口语中的运用，还因教师恰当的点拨引导、同学的及时提醒和相互启发，在丰富细微的体验和反思中让学生得到了价值观、必备品质和关键能力等多维度、全方位的学习和提升。

对于数学来说，普通人在生活中可能偶尔用用加减乘除，但牛津大学数学博士基特·耶茨说，数学在日常生活中的威力远大于此。20世纪80年代姜昆和唐杰忠在相声《着急》中讽刺了工程问题的生活困境。姜昆说："在给读小学的女儿辅导数学的时候，我实在搞不懂这样一种题：一个大水池，一个龙头放水、一个龙头出水，问几个小时能把水池子灌满了。在相声里我就开始边着急边调侃，一边放水一边灌水，哈哈，这不是浪费水吗？"其实，在生活中是能够找到这样的数学模型的，如疫情期间有些场馆，一边进，一边出，工作人员为了控制人流量，工程问题这一数学知识就有了用武之地，甚至这样的"接水妙招"中也用到了工程问题（见图1-4）。

图 1-4　接水妙招

新课程标准指出：为了适应时代发展对人才培养的需要，数学课程还要特别注重发展学生的应用意识和创新意识。日本数学家米山国藏也把"应用化精神"作为数学精神之首。用任务驱动学习可以让学生有知情权，不仅知道知识"是什么"和"为什么"这两个问题，还可以在课一开始就知道知识"为了什么"这个终极问题，这样的学习才是"有用"的学习，并且"用是最好的学"，学、用可以互补。

正因为挑战性任务不只是一种包含知识问题的任务，也是一种包含知识技能的任务，还是一种包含知识应用的任务，所以任务驱动式教学能够充分体现知识的价值，也就能够让学生一开始就知道学习的价值所在——学习知识最终是为了什么，它的指向性非常明确，始终在远方召唤着学生走向知识的归宿。

用任务驱动学习，把传统教学的"学后用"翻转为"用中学"，原本单纯的"知识目标"就转变成了一开始就知道学了有什么用的"任务目标"。对此，华东师范大学教授崔允漷认为："核心素养强调的是学了知识或技能之后能做什么，能解决什么问题。核心素养不是不能评价，核心素养一定要可教、可学、可评，不能评价的就不是目标。"在此意义上，"任务目标"往往就已经是"素养目标"。

素养强调的是能根据情境选择知识，运用知识去做事。"学会做事"是国际

21世纪教育委员会向联合国教科文组织提出的"旨在促进人的全面发展"教育中四种基本学习之一。"从评价的角度,学会做事主要考查学生在面对复杂的现实生活情境时,能否审慎地思考和判断,能否创造性地整合已有的知识、技能、理解、态度等,合理解决各种具有挑战性任务。"

二、任务驱动学习更容易让学生获得"高峰体验"

"登山式学习"到最后还给了学生成功的快乐。传统教学,随着时间的增加和知识的增多,学生的学习热情呈下降趋势。而用任务驱动学习常常能给学生带来激情,尤其在圆满完成任务的那一刻特别强烈,其心理状态正如心理学家罗杰斯所描绘的那样——"在这种富有成果的时刻,你会看到一个人的内心世界简直奇迹般地展现在你眼前……还有什么更好的学习途径能让我们把我们的全部自我、内心动力、热情、态度和价值观全都投入呢?"

其间,有目标地学习可以增强完成任务的快乐体验。我们都有这样的生活体验:如果你不知道最终要去哪里,你会非常焦虑;如果你在高铁里,听到报站离目标站越来越近时,你会越来越振作,时刻准备着终点的到来;登山也有相同的心理反应,登山式学习也是如此。由此可见,任务目标可以及早引发学生积极的注意和积极的情绪。

用任务驱动学习不仅能够很好地让学生全身心地投入到挑战之中,品尝到成功的快乐,而且能够让学生体验到克服困难的骄傲,成为一个"有用"的人,并成为一个"有幸"的人,而不会成为教育家苏霍姆林斯基所说的"一个孩子如果从未品尝过学习劳动的欢乐,从未体验过克服困难的骄傲——这是他的不幸"这种"不幸"的人。

用任务驱动学习不仅能够助推学生登上知识的高峰,而且能够助推学生获得"高峰体验"。作家马尔克斯谈到幸福的含义时说了这样一句话:"人们都想伫立在巅峰上,殊不知真正的幸福恰恰在于攀登险阻的过程。"当学生经过长途跋涉,克服重重困难而完成任务挑战的时候,这种胜利的快乐是刻骨铭心的,所以学生会滋生出一种享受挑战过程和享用挑战成果的强烈幸福感,此时学生会成为一个"幸福"的人。

其中,"有用"的任务,除了"能用"的任务,还包括"能表现"的任务,这是另一种"学了有什么用"。当学生知道最后"知识可以做什么"以及"自己可以做什么",就会积极地主动学习。可以说,无论前者侧重体现知识的价值还是后者侧重体现人的价值,它们都体现着学习的价值,"有用"的学习会让学生感到学习的幸福。

李希贵在潍坊的时候,曾经对学生做过这样一个调查:"在中学的语文学习期间,对你帮助最大的事情是什么?"在41份问卷里面,有好多学生谈到:自己登上讲台讲了一节语文课,当学校校刊的编辑,积累了300首宋词,看完了《家》《春》《秋》,坚持看《读者》,收集好文章做剪报,写周记,一次迎奥运征文获奖的鼓舞,利用班级图书角进行读书,等等。但是在所有的答案里边,没有一个提到是因为老师讲得好,这个问题特别耐人寻味,特别值得我们研究。尽管这些任务很难、很烦、很累,但因为最终可以登台给人看、编辑给人看、获奖给人看,所以学生大都乐此不疲,视这样的任务驱动为幸福,不再视其为负担。

总之,用任务驱动学习可以让学生经历"慢慢走,欣赏啊"的学习过程和产生"站得高看得远"的学习效果,很好地促进实景式学习和全景式学习。

变化 4

增加教学评一致　减少随意性学习

怎样让孩子主动去超市采购日常食品，如果对孩子说"我们去超市！"这是命令，孩子没有选择；如果问孩子"我们可不可以去超市？"看似给了孩子选择，但孩子不知道为何要去，也只能算是跟从；如果让孩子看到"家里的冰箱空了"的现实，特别是在孩子饥饿的时刻，面对这样的真实情景，面临这样的真实需要，不用多说，孩子自己就知道要去哪里，去那里做什么，主动提出"去超市购物"的任务，这样的任务能够保证孩子与成人目标一致，目标一致能够保证完成任务中步调一致。

在任务驱动学习中，由完成任务的需要产生的强大吸引力和凝聚力，能够使学生心往一处想、劲儿往一处使，有效实现"教与学一致"和"教学评一致"，提高学习效果。

一、任务驱动学习能实现"教与学一致"

在传统教学中，许多教师为了追求速度，常常会直接告知学生方法，压缩或替代学生的探究过程，这只会导致填鸭式教学。央视主持人白岩松说："方向是比速度更重要的追求。"笔者认为，为学生指引学习方向也应成为教师更重要的追求。

专题一 改变教育思维

方向指引可以通过目标指引来召唤，之后就如得到 App 创始人罗振宇所说"有目标，行动才有方法"，我们不用担心学生找不到方法，也不用担心学生提不出问题，教育家波利亚说："目标启示着手段，对目标的考虑可能会启发我们找到一个途径。考虑了目标，问题就一个接着一个出来了……"我们应该永远记住：目标，永远在技巧和方法前面。

在任务驱动学习中，任务就是目标，指引着学习方向，也隐含着学习方法。

数学教学中，"为什么圆规可以画圆？"这个任务目标所指引的学习方向是研究圆规画圆的原理，学生由此想到的学习方法是：先研究怎样用圆规画圆，然后通过"圆的认识"思考为什么圆规可以画圆。之中，教与学保持着高度一致，教师的教是推出"为什么圆规可以画圆？"的任务，学生的学则是紧紧围绕这个任务寻找"圆的认识"的知识支持完成任务。此间，教师始终用任务而非指令在指引和驱动着学生的学。

在任务驱动学习中，任务就是目标，指引着知识主题，也隐含着知识问题。

数学教学中，"用一张纸制作最大的圆柱"的表现性任务，这个任务目标所指引的知识主题是圆柱的体积，一旦明确了方向，"考虑了目标，问题就一个接着一个出来了"，如"纸张竖着裁剪与横着裁剪，哪种方法做出的圆柱更大？""如果不做底面，纸张竖着卷起与横着卷起，哪种方法做出的圆柱更大？""如果以边为轴旋转，纸张竖着旋转与横着旋转，哪种方法形成的圆柱更大？"……之中，教与学保持高度一致，教师给出了精准的任务目标，学生就有了精准的努力，随之就有了精准的问题、精准的途径、精准的方法。

要真正实现"教与学一致"，从长远看，任务目标需要关注大概念的指引。以知识的持久性理解和迁移为旨归的大概念教学目标是长期目标，指向学生忘记了具体知识内容后能留下的东西，这与学科核心素养落地的要求是一致的。

"我国的社会保障"思想政治课，当我们明确了本课时的知识与能力目标后，再从大概念视角审视传统学习目标（见图1-5），我们可以思考，社会保障为什么会形成不同的形式？区分社会保障不同形式的意义和价值何在？通过对这些问题的思考，就能从社会保障形式的具体知识中抽象概括出上位的大概念，这是社会保障形式这一知识背后潜藏的思想观点。①

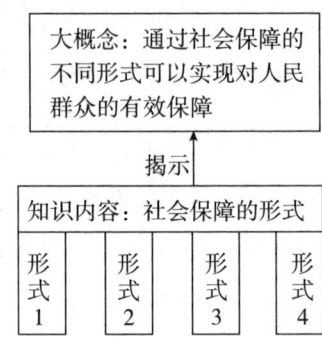

图1-5 以思想政治学科"我国的社会保障"为例构建大概念教学目标

传统教学目标的确定一般是依据教材，而大概念目标的确定则是依据课标，即将上位的课标素养目标转化为下位的素养学习目标。要实现这一转化必须将知识与能力目标中的知识内容转换为大概念。

二、任务驱动学习能实现"教学评一致"

在任务驱动学习中，目标化学习可以有效实现"教与学一致"，而全景式学习可以有效实现"教学评一致"。

在生活中，如果你初次学习打棒球，你是愿意进行反复的分解练习还是愿意和小伙伴在棒球游戏中学习棒球？相信选择后者的居多。哈佛大学戴维·珀金斯教授以自己学打棒球的经历倡导教师应让学生在一开始学习时就接触全局。在学

---

① 张翰：《构建大概念教学目标，绘制素养落地"路线图"——以思想政治学科"我国的社会保障"为例》，《基础教育课程》2021年第10期。

习中,有的学生之所以没有全身心地投入学习,就是因为我们的教学仍存在"第一种学习棒球的方式"。对此,哈佛大学蕾·兰德和简·迈耶教授提出了一个"门槛"概念,即一种能一上来就辨明方向,并能直接进入全局实践的学习体验。任务驱动式教学就能让学生产生这种"门槛体验",即学生知道自己正在做什么、即将做什么、还将做什么、怎样证明我到达了哪里,时刻评估现在离最终目标还有多远,以及时刻评价自己表现得怎样,从而实现"教学评一致"(见图1-6)。

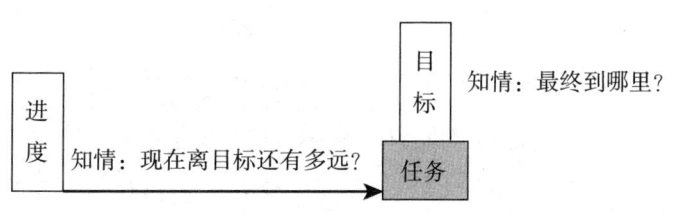

图1-6 任务驱动式教学的"门槛体验"

社会心理学家之父库尔特·勒温认为,在我们描述愿望或目标时,大脑会分泌让人愉悦的多巴胺。哈佛商学院特蕾莎·阿马比尔教授也发现:76%的人向目标前进时最愉快。这种幸福和满足感让我们觉得,原本遥远的愿望或目标离我们更近了,甚至已经成了我们自身的一部分。

"教学评一致"还能及时给予学生表现的反馈和学习的反馈。新西兰学者哈蒂通过800多项关于学业成就的元分析,对138项影响学业成就的因素按效应量由大到小排序,位于前10位的就包括"提供形成性评价"和"反馈"两项。

学习的欲望还表现在任务的反馈机制上,随着完成任务的进展,代表知识量和经验值的进度条也会增长,它时刻提醒你:你变得比上一秒更厉害了。不管是"熟悉""熟练"还是"熟能生巧",进度条的反馈无所不在。

在"写信"教学中,教师提供了评价任务支架——格式规范、对象明确、消息真实,每达到一个标准就可以得到一颗星。教师示范评价之后,安排了学

指向"双减"的教学任务新变化与作业活动新设计

生之间相互评价的任务,学生根据教师提供的评价任务支架,能够迅速而准确地对同伴的习作进行评价。这样的评价任务支架不仅落实了教学评一致性的要求,同时也让学生在任务完成中再次巩固、内化所学内容,形成自己的知识架构。

另外,我们可以基于闭环思维设计整体性学习任务。闭环思维是指及时反馈结果,将结果和预设目标比对并基于差异不断优化的思维习惯。闭环思维强调及时反馈、及时对标、及时迭代。闭环思维就是要做好 PDCA 循环:Plan(计划)、Do(执行)、Check(检查)、Action(行动,即改进阶段)。

教学"3 的倍数的特征"一课,学生迁移 2、5 的倍数特征的判断方法,认为个位上是 3、6、9 的数是 3 的倍数,结果碰壁,失去方向。

→学生自己生成反思性任务:"3 的倍数究竟有没有特征?"

→学生自己设计探究的方法:退回到列举 3 的倍数,换个角度观察,重新找到方向,进而找到探究方法。

→学生自己明白原有的困惑:"教材编排 2 的倍数的特征后,为什么不接着编排 3 的倍数?"

此中,学生经历着这样的反馈、评价与反思:"你已偏离路线""请在合适的位置掉头""请重新规划路线",最终重新调整导航成功后,学生感觉"原来如此"。

→我们又引导学生反思"为什么 3 的倍数要看各数位上数字的和,而 2、5 的倍数特征只要看个位上的数?"这一触及知识本质的问题,引导学生开展深层研究。一旦学生明白原理,对知识就有深层次理解,认识就会由原来以为的"不一样"变成"一样"。此时,学生感觉"原来不过如此"。

→学生又自觉联想到"教材为什么不编排 4 以及 6、7、8 等后续数的特征?"从而引发新一轮的反思与进一步的探究。

专题一 改变教育思维

单元教学的基本问题和表现标准应在单元学习开始就公开给学生,让学生清楚了解本单元的学习意图和成功标准,为接下来的学习以及活动、任务的设计"定调"。

数学"倍数和因数"这一单元,课一节连着一节,知识一个连着一个,教师教到哪儿学生学到哪儿,至于为什么要安排这些课,学习这些知识到底是为了什么,学生一开始并不清楚,一直等到最后学"分数计算"的时候才知道,于是也就难有学习的全局观。由此,为了能让所学知识有整体性,在开始这一单元教学之前,我们先呈现完整的"知识地图"(见图1-7),让学生在学习的一开始就明白最终要走到哪里、往哪里走、怎样走、中途要经过哪些知识的"站点",这样的学习一开始就有了目标和方向,学生也能够清楚地看到自己学习的进程。当自己的学习离目的地越来越近时,学生的成功感和解放感也就会越来越强,也就能够愉快地欣赏"沿途"的知识风景。

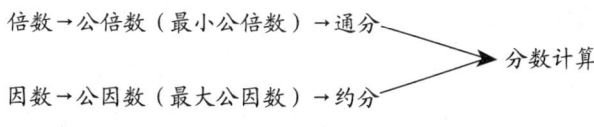

图1-7 知识地图

美国中小学教育科研专家威金斯和麦克泰格的"追求理解的教学设计",确定单元的持续性理解和基本问题后,接下来并非直接进入教学活动方案的设计,而是评价在先,先确定评估证据,包括选择评估方式、设计核心任务、制定表现性的评估标准等,因此"追求理解的教学设计"也称"逆向教学设计"。

"自然情怀"单元,处理单篇课文《故都的秋》时,让学生探究"清、静、悲凉是北平秋天的固有特征吗?"这是一个结构良好却具挑战性的问题;拓展链接老舍《北平的秋天》,比较阅读两篇文章:以"清、静、悲凉"为美的郁达夫和以"繁荣"为美的老舍,为什么笔下呈现的景物色调如此不同甚至相互矛盾,两者都是"真实"的吗?谁的"表现"更有魅力?这是融合个人体验情境和学科认知情境的复杂任务；单元学习的深化阶段，拟写视频、拍摄脚本，则是学科认知情境和社会生活情境下的应用性任务，整合度和挑战度进一步加大。

此中，如果缺乏"基本问题"引领，没有"导向型问题"支撑，课文研习不充分，就急于让学生完成"如果拍摄以'北京印象'为题的散文视频，请你以本单元三篇课文为素材，撰写拍摄脚本"的大任务，会加大学生的认知负荷，草草完成流于形式的浅加工。①

综上所述，我们对心理学家布鲁姆所说"有效的教学始于准确地知道期望达到的目标"这一观点可以有新的解读：一种解读是：有效的教学始于准确地知道期望达到的目标是什么，把教的知识目标转化为学的任务目标，可以有效地实现"教与学一致"；还有一种解读是：有效的教学始于准确地知道期望达到的目标还有多远，把对教的结果评价转化为对学的过程评价，可以有效地实现"教学评一致"。

变化5

增加学习的念想　减少学习的平淡

古希腊哲学家苏格拉底说："教育是把我们的内心勾引出来的工具与方法。"在任务驱动学习中，设计真实、有挑战性的任务是一种能够把学生的内心（需求、想法）勾引出来的教学工具与教学方法。

---

① 李卫东：《整体设计：单元视域下的教、学、评一致》，《中学语文教学》2021 年第 6 期。

真实的、有挑战性的任务是一种创造力强、探究度大、信息量足、应用味浓的知识资源,其挑战性能够激起学生的挑战心理,从而带动学生展开有目标、有价值、有方法、有能力的有意义学习。任务的完成或需要综合运用已有的知识模块,或需要借助丰富的生活背景,或需要突破固有的思维框架。用任务驱动学生学习,真实的、有挑战性的任务能够最大限度地激发学生的学习动力、锤炼学生的学习毅力和培养学生的学习能力。

一、把任务变成"钩子",勾出学生学习的渴望

在任务驱动学习中,任务不是一般的问题,它的作用如同一个倒挂的问号,能够强劲地勾出学生学习的欲望。为了更好地发挥任务的"钩子"作用,我们应该将它放入广阔的河水中,授之以渔,以之钓鱼,让学生看到学习的价值。

笔者想说,在"授人以鱼"与"授人以渔"之间的关键是"授人以欲",也就是教师要擅长"设计欲望",成为学生学习的"欲望设计师"。我们可以让学生看到"授人以鱼"的愿景,由此达到"授人以欲"的作用,自然生成"授人以渔"的任务(见图1-8)。

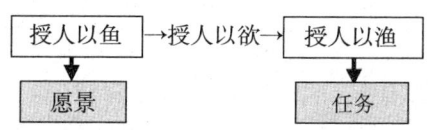

图1-8 教师成为学生的"欲望设计师"

因为"渔"的任务是为了"捕鱼"的愿景,所以任务驱动式教学的结构往往是前后呼应的,任务既是教学的起点,通过情景、目标、活动等引导学生的学习行为,任务又是教学的终点,通过结果、意义、评价等总结学生的学习成果。

罗振宇在《想象未来,你脑子里有"图"吗》中写了这样一段话——

最近,我获得了一个看待世界的新视角:真正构成这个世界的,不是人,也不是组织,而是人或者组织对未来想象的那张"图"。

指向"双减"的教学任务新变化与作业活动新设计

不仅是生活，学习也一样。一个人能不能学好，并不是资源问题，尤其在互联网时代，学习资源从来都不是问题，关键是谁能生成那张图，谁能定义任务、解决挑战的问题。

文章中的"图"也就是用任务驱动学习中的愿景，如此驱动学习的愿景可以是一种"困境"，如"桌椅摇晃怎么修理？"也可以是一种"佳境"，如学2、3、5等倍数特征的好处；可以是一种"意境"，如跟着语文学数学；也可以是一种"出境"，如走出学堂、走出学科、走出学校的学习之旅。

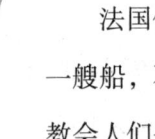

法国作家安托万·德·圣-埃克苏佩里在《小王子》中写道："如果你想造一艘船，不要鼓励人们去伐木，不要去分配工作、去施号发令。你应该做的是，教会人们去渴望大海的宽广无边和高深莫测。"如果把"去伐木"看作知识目标，那学生可能因不知为何"去伐木"而使之成为一种命令，导致被动学习。如果把"造一艘船"定为"去伐木"的任务目标，学生仍可能不知此时为何要"造一艘船"。我们应该做的是，教会学生"去渴望大海的宽广无边和高深莫测"，用美好的任务愿景去引导学生要"造一艘船"而"去伐木"，这样，学生就会主动学习。此中，"大海的宽广无边和高深莫测"就是任务情境，而"去渴望大海的宽广无边和高深莫测"则升格为任务愿景，"造一艘船"就是任务，"去伐木"就是任务活动之一。

在学习运算律前，教师与学生比赛计算，让学生看到一些计算有简便方法，可以大大提高计算的速度和正确率，这样的"好事"没有谁会拒绝。此时，学生的学习就有强烈的目标意识和强劲的驱动力。

在商业中，营销有两种境界：第一种境界是"发现需求，满足需求"，第二种境界是"创造需求，满足需求"。知识教学也可看作是一种营销，我们不仅要发现学生的学习需求，还要在学生没有学习需求的时候创造需求。在任务驱动式教学中，我们可以采用"以任务驱动问题解决，以情境优化任务设计"的教学策略创造学生的学习需求。

我们在五年级抛出了"我是小小讲书人"的表现性任务,这次展示活动所涉及的应用文类型有七八种之多。这些不同类型的应用文中,有些是学生已经学过的,如"通知"是三年级就学过的;有些是在学过的基础上有所提升的,如"家长邀请函"是在"通知"基础上的提升;有经常应用的阅读批注、读书心得体会的撰写,也有不常用到的会议记录的撰写;而"活动报道"和"我是小小讲书人"演讲稿的撰写,则是第一次作为学习内容呈现在学生面前,要作为重点进行指导。①

二、把任务变成"钩子",勾出学生学习的期望

如果我们把任务这个"钩子"放入汹涌的海水,学生的学习可能会一波三折,更有挑战,收获也可能更大——"钓到大鱼",学生对学习的期望也会更大。

华东师范大学李政涛教授的文章《现场学习力:教师最重要的学习能力》,对学生同样适用——"现场学习力:学生最重要的学习能力。"他在文章中谈道:"良好的现场学习能力表现为专注力、捕捉力和转化力。有这些能力的人会带着两种东西进入现场,一是钉子,二是钩子……"挑战性任务就能驱动学生学习专注任务的完成,如同"钉子"一样钉在一处——围绕核心任务展开学习活动,并随时捕捉能够帮助完成任务的知识信息,如同"钩子"一样努力把现场涌现的或隐藏的有用资源"钩"出来,为我所用。任务的挑战性所产生的强大吸引力和驱动力让学生欲罢不能,最大限度地激发学生的好奇心与好胜心,学生在完成任务中所表现出来的"钉"和"钩"的学习状态就成了一种行为自觉,唯此,才能"钓到大鱼"——抓住核心知识,养成关键能力。

---

① 朱春烟:《关注需要 指向生活——基于"学习环境设计"的小学应用文教学例谈》,《新教师》2019年第10期。

指向"双减"的教学任务新变化与作业活动新设计

为帮助学生形成生物学大概念，培养学生解决真实问题的能力，在单元学习目标确定后，依据学习目标确立单元学习要解决的核心问题：细菌的耐药性是如何产生的？围绕该核心问题，确立单元学习的核心任务为"细菌大战抗生素——筛选耐药菌"。为帮助学生更好地完成该核心任务，我设计了三个子任务：(1)"进化理论"主题辩论；(2)"进化证据"分享；(3)制作"分子进化树"。形成以学生学习为中心，核心任务驱动的单元教学模式（见图1-9）。[①]

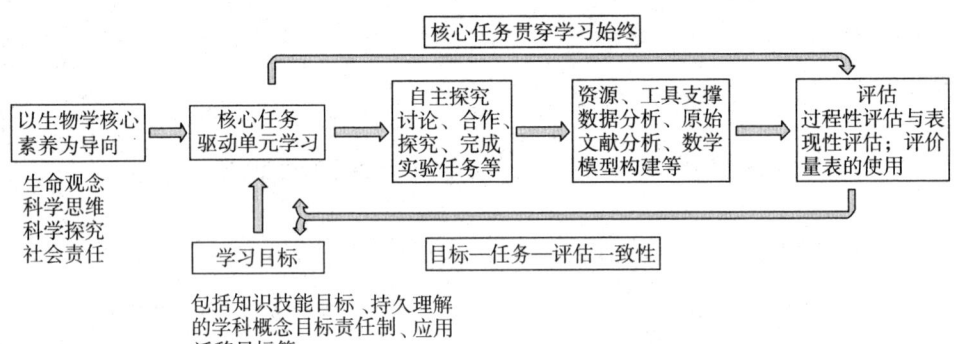

图1-9 核心任务驱动的单元教学模式

有人说："生活并不是以你呼吸的次数来衡量的，而是以那些能让你屏息的时刻来衡量的。"学习也应该是这样，心理学家克雷奇在《心理学纲要》中指出，那些"完全确实的（无新奇、无惊奇、无挑战）的情境是极少引起或维持兴趣的"。古希腊著名思想家亚里士多德也说："思维自惊奇和疑问开始。"我们要思考如何让任务材料充满惊奇，一开始就让学生发出惊叹之声，直接强有力地驱动学生学习，最终使学生在破解惊奇中获得惊喜。

在教学"年月日"时，我问学生："一个人12岁，却只过了3个生日，这可能吗？"对此，学生感到惊奇——"这可能吗？"不仅让学生感到出人意料，而且让学生感到不可思议。

[①] 刘赛男：《核心任务驱动的单元教学设计——以人教版高中生物学教材〈生物的进化〉为例》，《基础教育课程》2021年第9期。

专题一 改变教育思维

研究表明,人类的猎奇心理比我们想象的还要强。此时,惊奇中的疑问,如同一个倒挂的问号,像一把钩子,牢牢地勾住学生的心,又像一个鱼钩,驱使学生去钓出惊奇背后的知识奥秘。物理学家爱因斯坦说:"思维世界的发展,在某种意义上说,就是对惊奇的不断摆脱。"在惊奇任务驱动教学过程中,学生为了能够早些摆脱惊奇感,就会不遗余力地去一看究竟或一探究竟,这就是有着惊奇色彩的任务驱动教学所具有的强劲的情绪感染力和思想感染力,它使学生的学习更具爆发力——"在儿童感到惊奇、赞叹的时刻,好像有某种强有力的刺激在发生作用,唤醒着大脑,迫使它加强工作"。

在自然教学中,我们可以设计出许多容易使学生产生惊奇感的实验来。例如,在学习"大气的压力"时,可以设计"瓶子吞蛋"的实验来引入新课:将鸡蛋煮熟后剥去外壳,表面上涂一层食用油。然后在牛奶瓶里投入一张燃烧着的纸片,这样瓶内的空气就会因为受热膨胀而被排出一部分,趁火势旺时,迅速将鸡蛋小的一端朝下放在瓶上,将瓶口密封,火焰熄灭后,瓶内空气冷却,鸡蛋就会慢慢地被瓶子吞下。学生看到比瓶口大的鸡蛋却被吞下了,都感到惊奇。这时,教师引导学生探索大气压力的秘密,就能收到良好的教学效果,因为这样的惊奇感无疑是学生探究问题的促进剂。①

在物理、化学等学科教学中,我们可以通过魔术表演来引发学生的惊奇,让学生自发产生想学魔术的任务,从而驱动学生展开相关知识的学习,来揭开魔术背后的秘密,进而学会魔术表演。

哲学家黑格尔用一个通俗的事例揭示了惊奇的根源。他说,当一个小男孩把石头抛进河水里,去看水中所现的圆圈时,表现出来的就是惊奇的神色。因为他觉得这圆圈是一个作品,在这个作品中他看出了自己活动的结果,看到了自我创

---

① 李翠琴、孙正香:《惊奇——在自然教学中的运用》,《中小学实验与装备》2003 年第 8 期。

造的力量。在教学中，我们不妨少一些"确实如此"的教师证明，多一些"原来如此"的学生发现。创设真实、广泛的任务情境，把教师主导的"目标—策略—评价"的过程与学生经历的"活动—体验—表现"的过程结合起来，引导学生在任务分析中展示观点，在任务价值中识别观点，在任务鉴别中确认观点，在任务活动中提炼观点。

学校关注作业在学生创新能力培养上的价值，针对各年级学生特点制订"创新作业"，鼓励学生发挥想象力，综合多种学科知识，亲自动手完成，如"设计一个独一无二的个性时钟""选择社会主义核心价值观中的一个词语，编一个小故事"等。创新作业鼓励了表达方式的多元与个性，展现了学生创造能力的无限可能。

总之，如心理学家维果茨基所说，"教学要走在发展的前面。可以理解为教学要超出学生的预期，而不能落入学生的预期"，落入学生预期的学习将缺乏新奇、缺乏挑战。所以，"教学要走在发展的前面"，让学生事先看到知识远处的风景和知识深处的涌动，从而对接下来的学习充满渴望和期望。

变化 6

增加"任务"管理　减少"管理"任务

课堂管理是教师为了完成教学任务，调控人际关系，和谐教学环境，引导学生学习的一系列教学行为方式。在教学中，教师常常通过教育评价来实现课堂管理。但笔者认为，这样的课堂管理更多的是一种外驱力使然，学生有一种被管的不适感。我们都希望学生能够进行自我管理，管理好自己的言行，管理好自己的生活，管理好自己的学习。那么，有没有一种办法可以把管理由重"管"转向重"理"，最终实现学生的自我学习管理呢？笔者认为，用任务驱动学习能够较好地达到这一目的（见图1-10）。

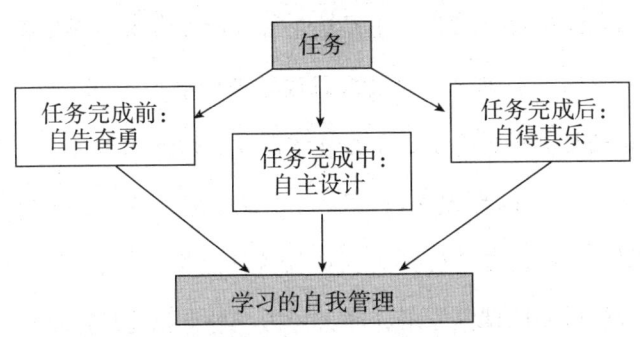

图1-10 任务驱动学习实现学生的自我学习管理

建构主义理论指导下的任务驱动式教学与抛锚式教学有许多一致的地方，抛锚式教学认为教学要创设真实的、具有挑战性的任务，从而使教学建立在有感染力的真实事件或真实问题的基础上。任务驱动式教学，任务就如同抛锚式教学中的"锚"，它能有效地锚定学生，锚定学习，让学生全神贯注地学习。

美国心理学家朱利安·罗特在社会学习理论中提出"内部控制点"概念，指人们的行为取决于自己的控制（内部控制点），拥有内部控制点的人相信他们可以掌控自己的生活，是自己命运的主人。任务之"锚"能够有效促使学生由"外部控制点"向"内部控制点"转化，实现学习的自我管理。

一、"任务"管理：实现学生学习的自告奋勇

用任务驱动学习时，有挑战性、有感染力的大任务、真任务会产生强大的吸引力，驱使学生全身心投入问题的探究和任务的完成中。尤其是当学生看到其他同学也在探究同样的问题，或者一组学生共同探究完成问题时，他们会更有信

指向"双减"的教学任务新变化与作业活动新设计

心,学习的劲头会更充足。因为当多个学生受同一目标任务吸引,他们就不会孤独,而会同心协力地朝着相同的目标前进。也就是说,任务是教师抛出的"锚",锚定了学生为之孜孜不倦的学习状态,直至任务的完成。此时,从某种意义上,正是依靠任务的强大驱动力实现了学生的自我学习管理。

回过头来看传统的课堂教学,正是缺乏挑战性而常常使学生感觉无聊,无聊也就容易分心,此时,教师只能通过组织教学来让学生"回心转意",然而强扭的瓜不甜,维持的时间也长不了,于是导致课堂必须依靠管理。而在任务驱动学习中,任务的挑战性可以打败无聊,探究本身就是一种"活在当下"的姿态,是对抗麻木的最佳武器。在学生努力完成任务的过程中,学习不可能是无聊的,他们不再需要教师过多的课堂管理,而表现为一种自我管理。所以,与其把管理作为一种任务,还不如把任务作为一种管理,它既是教学的资源,也是教学的线索,还是课堂管理的方式。

在数学"圆的认识"中,教师设计了一个很有意思的操作活动,让学生用一张小小的圆形纸片和一根小竹签儿试着做一把小小的降落伞。"小竹签儿插在哪儿?""圆形纸片的中心怎么找?""怎样才能让降落伞平稳地升空和降落?"……由一个核心任务延伸出一系列的研究问题,认识圆的学习"变形"为一次有趣的操作实践,在探究中操作,在操作中思考,在思考后完善,在完成任务过程中获得充分而深刻的数学理解。"尝试做一把降落伞"这个好玩儿的挑战性任务让学生欲罢不能、深陷其中。[1]

用任务驱动学习中的"任务"如同一把钥匙,它能够开启学生自身的动力系统,让学生全身心围绕中心任务"运动起来"(见图1-11),主动去探寻知识的奥秘,打开知识的大门,并最终完成任务。当学生深度参与学习活动,也就无

---

[1] 陈静:《挑战性任务:如何走向深入?——从深度学习的角度谈起》,《江苏教育》2020年第3期。

需外在的管理了。

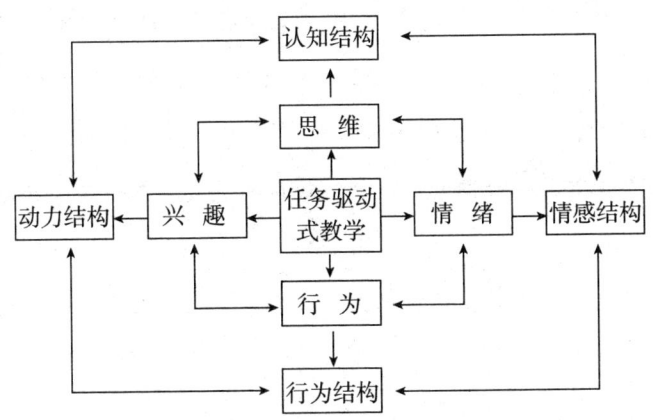

图1-11　任务驱动式教学开启学生自身的动力系统

二、"任务"管理：实现学生学习的自知之明

传统课堂教学中，学生往往缺乏"知情权"。学生这种"不知情"的学习状态正如作家和医生侯文咏在《如果生活是个抽屉》一文中所描绘的那样："而在那个当下，带领你走到目的地的，只有内心那个隐晦而模糊的召唤。"也就是说，此时学生对知识的未来以及学习的未来是模糊的，学生的脑袋就如同"抽屉"，被动接受着教师的知识管理和课堂管理，缺乏学习的自主权。

在用任务驱动学习中，学生的自主学习管理还表现在对学习拥有"知情权"，具体表现在以下三个方面：第一，学生在课的一开始就知道学习的目标是什么；第二，学生在课的一开始就知道学了有什么用。上述两点实际上是让学生在课的一开始就知道"为什么学习"，而传统课堂教学的弊端常常是学生只是跟着教师走，走到最后才知道最终是什么和最终为了什么。

用任务驱动学习，能让学生一开始就看到知识的全局和布局。按照哈佛大学教授蕾·兰德和简·迈耶提出的"门槛"概念，这种一上来就能直接进入全局实践的学习体验，使学生可以获得一种有意义的激励，从而助推自身的学习，实现学习的自我管理。

在数学"认识万以内数"的教学中，依据教材，通过观察模型、数数等方式教学"10个一百是一千，10个一千是一万"，从而认识"万、十万、百万、千万"等计数单位，属于创设情境常规教学；但在不告知学生学习内容的前提下，只提供2个计数器，让同桌两人想办法进行改造，创造出一个能计量更大数的新计数器（见图1-12），就是一个充满挑战性的学习任务。这个具有挑战性、制作性、创造性的任务，学生一开始就知道要做什么以及要做的这件事情是否有意义，从而决定是否要参与。

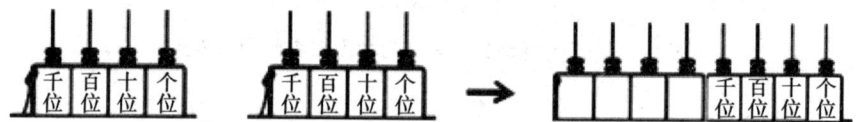

图1-12　用两个计数器创造出一个新计数器

第三，学生对学习的"知情权"还表现在知道自己学得怎样，对学习进程和学习进度能做到了如指掌，对自己所获取的知识和技能是否足以解决问题、完成任务能做到心中有数，对自己的探究方向是否正确和探究方法是否有效能做到胸有成竹，用任务驱动学习能使学生随时进行对学习过程的调控和对学习结果的反思，也就是对自己的学习状况进行自我评估，对自己的学习表现进行自我评价，最终实现对自己学习活动的自我管理。

在上述案例中，新计数器创造完成，任务也就完成了，知识的学习也就完成了。其间，除了会评价同学，学生也一直在自我评价自己的能力水平，如果感觉有困难，就会主动寻求书本、同学以及教师的帮助，同时，学生也一直在自我评价自己的表现水平，对今天的自己是否满意及以后有何打算。

三、"任务"管理：实现学生学习的自得其乐

传统课堂常常只把知识教学作为中心任务，而用任务驱动学习在关注知识的同时还为学生指明了目标，并且还把磨炼学生意志纳入了课堂管理的内容。在任务驱动式教学中，学生经历着这样一个相互促进的过程：对目标的向往引导学生寻找"能学"的知识，对知识的渴求激发学生持续"想学"的意志，对意志的磨炼保证学生到达"应学"的目标（见图1-13）。

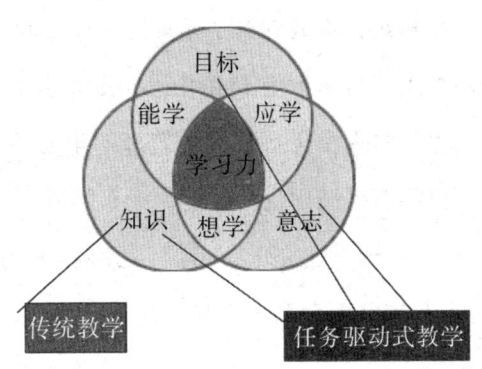

图1-13　两种教学方式对比

当学生拥有了强劲的学习力（包括学习动力、学习能力和学习毅力）之后，就更容易获得学习的快乐——体验了知识的价值，体现了自身的价值。在学习的过程中，任务越大，越能提升学生的学习力，也越能让学生获得快乐，看到自身的价值。

"智慧王国售书记"是寒假开展的一项阅读长作业活动，也是校本学材《阅读存折》的一个阶段性分支。我们以一场"智慧王国"之旅作为故事情境，开启寒假阅读的大门。学生作为外来世界的客人，将扮演售书郎，使出浑身解数推销自己的书籍。

首先，我们营造了一个"售书"情境，以"时空旅行图书托运清单"帮助学生及时记载假期所阅读的书籍。"售书"的形式让学生产生了一定的任务达成

动机，解决了阅读动力不足的问题。

其次，我们为学生提供了三种可选择的反馈方式：（1）五色故事屋——我是小画家。学生先描写故事内容，再将故事画出来，连环画、绘本等皆可，并在相应位置张贴作品；（2）有声科技馆——我是科技王。学生自由选择一个故事，用 PPT 介绍故事内容，插入音乐、图画、视频等，再写一段解说词，开学时演示评比；（3）影片录播室——我是大导演。学生先选择一个故事，用编剧情的形式介绍故事内容，再根据角色特点在同学中选择一名来扮演角色。

奇趣的语言、崭新的形式，有效吸引了学生的阅读兴趣。此外，要想完成某一项或多项任务，圆满完成"售书"推销任务，学生必须深入研读书籍。①

可以说，自得其乐也是实现学生自我学习管理的重要"激素"。在任务驱动式教学中，挑战训练不仅能够提高学生的技能，而且能够让学生获得一种完美体验的心流（见图1-14）。心理学上的"心流"是形容人的一种心境，出现在"努力往一个目标迈进，并感觉到自己可以做到"的时刻，心情如流水，顺畅地"正在达成中"。

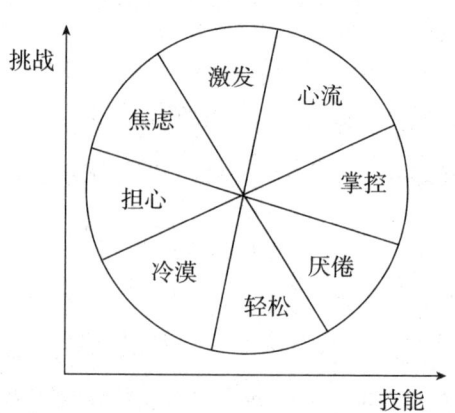

图1-14 挑战训练与技能提升的关系

---

① 周黎频：《核心素养视域下初中英语单元长作业研究》，《现代教学》2021 年第 6 期。

专题一　改变教育思维

用任务驱动学习中，心流体验的获得离不开迎接任务挑战后的满足，它可以引发学生对成功后快乐的期待，从而让自己的学习心无二用，此时何须教师再"管"？很多时候，这种追求的快乐并不是因为最终得到了知识结果，而往往是追求知识的过程体验。这就类似于幸福并不是房子有多大，钱包有多鼓，而是追求幸福的过程。因为多巴胺实际上是关于快乐的期待，而不是快乐的结果。由此，研究表明，当学生处于心流体验状态时，学习活动的过程本身就是一件快乐的事情。

总之，笔者认为，课堂管理，"管"是为了"理"，在更好地理顺师生之间的关系的同时，更好地厘清知识之间的关系。课堂管理的最高境界是学生学习的自我管理，而要实现这一点，我们不妨尝试把管理任务变成"任务"管理。

变化 7

增加学生设计学习　减少教师包办学习

猎豹移动董事长傅盛说："认知的本质就是做决定。"可以说，能不能做决定是判断一个人有没有自主权的表现，会不会做决定是判断一个人有没有自主力的表现。

在用任务驱动学习中，任务是"自决理论"（人通过自己选择的行为，才能达成最大的绩效）的体现，诉求是学生成为更好的自我的内在渴望，"要不要接受任务""想不想完成任务"需要学生做决定，决定接受任务后，如何完成任务，如何更好地完成任务更需要学生做决定。

指向"双减"的教学任务新变化与作业活动新设计

一、任务设计：帮助学生确定"为何学"

什么是自主学习？美国密歇根大学宾特里奇教授认为，自主学习是一种主动的、建构性的学习过程，在这个过程中，学习者首先为自己确定学习目标，然后监视、调节、控制由目标和情境特征引导和约束的认知、动机和行为。

美国自主学习研究者齐莫曼提出了一个系统的自主学习研究框架，包括"为什么学""如何学""何时学""学什么""在哪里学""与谁一起学"六个方面，这个自主学习研究框架为学习者提供了自主学习判断的理论依据。

用任务驱动学习时，教师帮助学生确定的任务目标主要解决"为什么学"（包括"因为什么学"和"为了什么学"）这一首要问题，起着驱动学习的作用。之后，学生才可以据此决定"如何学""何时学""学什么""在哪里学""与谁一起学"等学习计划（见图1-15）。

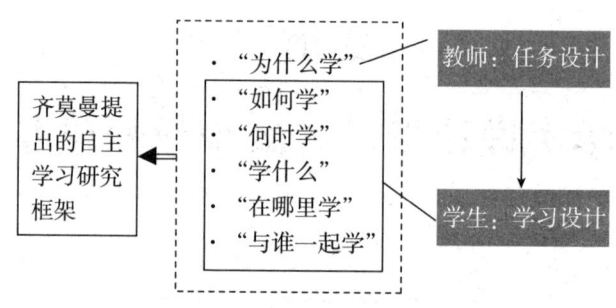

图1-15　自主学习研究框架

北京未来城学校给小学二年级学生布置了这样一个任务："请给动物园园长写一封信，希望引进一种动物，让园长相信游客会大量增加。"这个任务让学生知道"为什么学"。

为了完成这个任务，学生制订了以下学习计划：（1）调研动物园已有动物品种，了解新动物品种是否适宜北京的生存环境，这就涉及科学课"认识动物，了解动物的生活习性"知识学习；（2）讨论怎么才能说服园长，这就涉及语文课"能写800个汉字,能写出自己想说的话"知识学习;(3)用数据证明引进这个品种能增加游客,这就涉及数学课"四则运算"知识学习。

学生在完成任务的过程中,有的发现自己擅长做社会研究,有的发现自己口才好、善于沟通,有的在团队中起到了领导协调的作用。经过大家的努力,最终动物园园长被说服了。这种真实任务结果,赋予学习更多的意义,赋予学生更多的成就感。

二、学习设计:帮助学生决定"如何学"

教师应站在育人的高度,加强学习方法指导,促进学生学习方式的内化和主动运用,为学生"赋权""增能",让学生受益终生。

有专家认为,教师在设计教学时需要思考三个问题:一是合理性问题(为什么要学),二是可能性问题(是否可能),三是可行性问题(如何实施)。任务设计只解决了"合理性问题","可能性问题"与"可行性问题"可以让学生在自主设计学习中思考。这样的学习,不仅需要学生的学科思维,还需要学生的设计思维。

纽约大学加布里埃尔·奥廷根教授开发了"WOOP"思维工具:"W(Wish)"意为表达愿望,第一个"O(Outcome)"意为看到结果,第二个"O(Obstacle)"意为找到障碍,"P(Plan)"意为制订计划。

如果把纽约大学加布里埃尔·奥廷根教授开发的"WOOP"思维工具中"W"(表达愿望)和第一个"O"(看到结果)看作"任务设计"阶段,那么第二个"O"(找到障碍)和"P"(制订计划)就可看作"学习设计"阶段,面对完成任务存在的知识障碍,自主制订学习方案。"学习设计"需要学生具备一种设计思维,要能识别问题,并设计可行的方案来解决。

"包装节省纸"的低碳生活是学生的美好愿望(即"WOOP"思维工具中的

"W"），学生很想知道"如何包装节省纸"的可行结果（即"WOOP"思维工具中的第一个"O"），因此，学生乐意接受这种具有实用性和探究性的任务。

在完成任务的过程中，学生发现障碍是"表面积变化"这一数学问题（即"WOOP"思维工具中的第二个"O"），因为比较复杂，就需要制订计划，自主设计学习（即"WOOP"思维工具中的"P"）：

第一步，思考"先用几个做实验拼一拼？"学生根据"从简单到复杂"包括的"从少到多"这一探究方法，决定先用两个拼；

第二步，思考"用两个长方体拼还是用两个正方体拼？"学生根据"从简单到复杂"包括的"从特殊到一般"这一探究方法，决定先用两个正方体拼……

就这样，教材上原本教师设计的教学过程就变成了学生自主设计学习的过程，这才是真正的自主学习。

在完成任务的过程中，要制订学习方案，就需要学会"学习"。2019年，《中国教师报》发布的"学习的秘密"报告认为，"学习"是需要学习的。学习不只是一种态度、一种需求，它还是一种方法和技能。学校最应该开发的一门课程应该是"学习学"课程。一旦学生掌握了"学习学"课程，就能实现自主学习，甚至自主设计学习，真正成为学习的主人。

曾担任上海复旦大学校长和英国诺丁汉大学校长的杨福家院士提醒大学生："向授课教师学习，首先是学人生态度和观念，其次是学思维方式和研究方法，然后是学所教的知识。"确实，学生在学习知识的同时，也在无形之中学习着自己的教师是怎么教的，由此，教师可以提供给学生以下可以实现"学会学习"的模板。

一是遵照基本法。许多探究都遵循从简单到复杂的基本原则，通过观察、猜想、举例、证明等方式方法发现规律，比如数理化有着许许多多的探究方式；另外，许多教学都遵循把新知转化成旧知的基本思路，数学还有许多一脉相承的思维方法。当学生知道了这些基本"套路",完全可以用来自主设计探究过程,进而自主设计学习,甚至学着教师的样子"备课""上课""评课"。所以,自主设计学习是一种更高程度的自主学习。

教学"乘法口诀"前几节课的时候,我不满足于让学生学会知识,还努力追求让学生学会学习。在课中,我时时提醒学生注意并研究"老师是怎么教的"(即"我是怎么学的"),等学到一定的阶段,就让他们慢慢通过当小老师来自主设计学习后续乘法口诀。这样一来,学生再没有出现传统教学中学生越学越没劲的状态,而是兴致满满地争当小老师,完成"当好小老师"的表现性任务。

二是教好种子课。许多教材有着一定的联系,后继教材是前面教材的延续或拓展,甚至一些教材有着相同的格式,那么我们只要上好起始课,就可以让学生依据知识之间的联系,遵循知识之间的发展,自主设计出后续教材,甚至自主设计出后续学习,在这个过程中,同样可以布置学生创编教材和当小老师的表现性任务。此时,这样的起始课就成了种子课,由它生长出后续课,促使学生自我学习和自我成长。

教了"正比例"之后,就可以布置学生"你会编写反比例教材吗?"和"你会当小老师教反比例吗?"等表现性任务,引导学生借鉴"正比例"教材和教法来自主设计"反比例"的学习。

三是规划知识图。有时候,教师只需交给学生"知识地图",让学生看到知识的终点,然后采用以终为始的方式,带领学生逆向规划到达终点的知识站点和学习节点,让学生自主设计学习任务。

学生学了"加法交换律",由四种基本运算就能自主设计"减法、乘法、除法中有没有交换律?"的探究性任务,发现"乘法交换律"。接着,由"两个数的运算规律"自主设计"三个数的运算规律"的探究性任务,发现"加法结合律"和"乘法结合律"。最后,由"相同运算中的规律"自主设计"不同运算中的规律"的探究性任务,发现"乘法分配律"。其间,学生根据起始的种子课的教法,会自主设计相同的探究方法和相同的探究程序。

如果教师在教学第一节课"加法交换律"时,还在教材不完全归纳法的基础上补充了用线段图来解释规律,那么同样会产生连锁反应,学生在后续自主设计学习中也会采用这种数形结合的证明方法,即使在"图说乘法结合律"时遇到困难,也会留下学习期待,直至"长方体体积计算"才会释然。

四是串联情境线。教学除了遵循知识线,有时候还可以设计情境线,把众多相关的甚至貌似不相关的知识串联起来,学生就可以循着这一条情境线自主设计任务,自主设计问题,自主设计学习。

从《草船借箭》到《猴王出世》,从《林教头风雪山神庙》到《林黛玉进贾府》,小学到高中的语文课本中,经常能见到四大名著的身影。但是你知道它们是如何被创作出来的吗?

如果学生知道了四大名著与大运河密不可分之后,我们就可以抓住这条情境线,布置学生"从四大名著字里行间寻找运河影子"的阅读任务。

《三国演义》虽重在描写魏、蜀、吴三国崛起和灭亡的过程,但它对隋唐以前的运河有所涉及。在那个年代,军事胜负往往取决于人力、物力的强弱及交通地理的优劣,许多战事,通常沿着运河行进。

《水浒传》中的水泊梁山就位于北宋时期的主干运河之一——五丈河流域。宋江归宿的"楚州"也正是运河重镇淮安,至于水浒故事的终结之地"蓼儿洼",则是楚州城外的一片水泊。

《西游记》中唐僧父亲陈光蕊携妻赴江州上任前回故乡省亲,从长安出发前往江苏,所走的就是隋唐运河的路线。

《红楼梦》里关于大运河的描写更是不胜枚举。书中开篇写甄士隐,故事就发生在"地陷东南"的苏州阊门外,而阊门正是位于大运河畔的一处繁华码头。

第三回"林黛玉抛父进京都",从扬州启程,也是沿着大运河进京的。

带着这样的任务阅读,学生就会发现,中国的大运河贯通南北,流淌古今,它的开凿不仅改变了自然地貌、社会经济,也在中国古典文学的发展过程中留下了深刻的烙印。

由此可见,"群文阅读"可以很好地实现学生的自主设计学习,从阅读内容到阅读方法再到阅读体会,都可以由此及彼、由点而面、由浅入深地做整体观照阅读,扩展学生的接触面与阅读量,提升学生的阅读力与思维力。

总之,对《中国学生发展核心素养》中的"学会学习"理念,笔者的理解是:用任务驱动学习,不仅要让学生学会知识,而且要让学生学会学习,这样才能实现自主学习,乃至自主设计学习。

专题二
提高备课效能

　　"双减"背景下的学校真正成了学生学习的主阵地,我们只有提高学生学习的效能,才能减轻学生过重的学业负担。要提高学生学习的效能,就必须提高教学的效能,而要提高教学的效能,首先必须提高备课的效能。

▶▶▶▶▶ 指向"双减"的**教学任务新变化与作业活动新设计**

双减背景下的学校真正成了学生学习的主阵地,我们只有提高学生学习的效能,才能减轻学生过重的学业负担。

要提高学生学习的效能,就必须提高教学的效能,而要提高教学的效能,首先必须提高备课的效能:备课不能只备教案,还要备学案,更要备心案;备课不能只备知识的过去,还要备知识的现在,更要备知识的将来;备课不能只备课中,还要备课前,更要备课后;备课不能只备教材例题,还要备精选习题,更要备研究课题;备课不能只备前人的教法,还要备前人的教训,更要备自己的教改;备课不能只备教材,还要备人材,更要备境材;备课不能只备知识,还要备关键能力,更要备核心素养;备课不能只备一下子,还要备一阵子,更要备一辈子……教师唯有做到"有备而来",学生的学习才能做到"有备无患"。

策略 1

增加长效化备课　减少短视化备课

备课,在传统教育思维中,教师大多把它等同于"写教案"。后来,尽管其含义有了进一步的发展,但多数教师也只是把它理解为教师"为上课做准备"而进行的教材钻研、教案设计、教具配置等以"教"为主的课前任务。

但笔者认为,备课的意义不止于此,它应该在教与学的碰撞、磨合与协调中不断生发、生长和生成:在课前,它应该是一个"?",因为备的课需要在实践中"试验"——这样的教学方案"行不行";在课中,它应该是一个",",因为备的课需要在实践中"检验"——这样的教学方案"通不通";在课后,它应该是一个"!",因为备的课需要在实践中"查验"——这样的教学方案"棒不棒"。

那么,如此广义上的备课到底应该怎么备?我们不妨抓住"备课"中的"课"字来解读:"备",可以理解为"准备""完备"与"预备",这能够解决"怎么备"的问题。

一、"准备"——为了更好地上课

这也就是传统意义上的备课,通过教材的选择、人材的分析和境材的利用,在知识、人员、材料等方面为上课做好必要的、充分的前期准备。

指向"双减"的教学任务新变化与作业活动新设计

教材的选择也就是对教材的分析,教师首先要了解一节课到一单元再到一册书知识的编排特点和相互联系,可以用框图显示知识结构,弄清知识核心。其次,要按照课标要求明确学习目标、知识重难点,最后要做好课时计划、课时内容衔接和课时分析。

借助教材资源备课,自读课文教学设计有以下四种视角可供选择:第一种视角是借助单元说明进行教学设计;第二种视角是借助"阅读提示"进行教学设计;第三种视角是借助课文旁批进行教学设计;第四种视角是依据"三位一体"进行教学设计。

了解了自读课文教学设计的四种视角,我们的备课过程可能会更轻松,教学思路会更清晰。当然,就某一篇自读课文而言,教师可选择其中一个视角为主视角,兼顾其他视角进行教学设计,而具体采用哪一个为主视角,就要因文而异了。

对人材的分析也就是对学情的分析,教师要对学生学习的起点状态进行充分了解,充分关注学生的学习能力,真实了解学生的生活经验,精准激活学生的知识储备,科学运用心理学规律,进而对其未来发展的可能性进行科学预测与评估,在此基础上,制订相应的教学方法与策略,提升课堂教学效果。

教师在备课时,应依据首因效应和近因效应合理设计问题,不仅可有效结合学生的心理特点,而且有助于教学效果的提升。

如教学"观察桃"有关生物知识时,应对新课导入的问题进行合理设置,教师可以问学生:"桃花是不是都可以结出果实?"而在对重点问题进行学习时,教师应充分考虑近因效应,要对同一重点问题进行反复强调。

如在教学"生态系统"有关知识时,生态系统的定义是其中的关键知识点,先进行概念教学,然后对"是否是生态系统"做出回答,要求学生对教师给出的系列问题进行判断,最后再要求学生根据教师列举的生态系统,举出实例。通过该种方式，运用近因效应实现教学活动的由浅入深和逐渐深入，如此学生可以更好地理解"生态系统"这一概念。①

将上述心理效应应用于整节课设计时，我们要依据首因效应开好头，让学生对知识"一见钟情"，我们还要依据近因效应收好尾，让学生到最后获得学习的"巅峰体验"。

对境材的利用，教师首先要充分利用环境的力量，让学生能够身临其境地学习，其次要充分利用环境的资源，为知识教学服务。

历史研究和历史教学是相辅相成、相互驱动的，历史教学需要引入史学研究成果来充实和发展课堂教学，历史研究同样需要通过历史教学普及研究的成果。所以，历史教学面对史学研究新成果时，应当张开双臂热情拥抱，俯下身来认真研究，静下心来仔细思考，将史学研究成果恰当地融汇于课堂教学之中，提升高中历史课堂教学的水平。

所谓"教案"，教师在备课时更多地着眼于并方便于教师的教，考虑更多的是教师的教授路线；所谓"学案"，教师在备课时更多地着力于并服务于学生的学，考虑更多的是学生的学习线路。备课时，教师要努力实现"教案"向"学案"的转变。

二、"完备"——能让课上得更好

要通过教学方法的优化、教学信息的交流、教学进度的调节、教学结果的反思，全程关注教学的动态变化和质量监控，课前量体裁衣，课中随机应变，课后精益求精，以使课能在这一刻或在下一次上得更加完备。

---

① 戴小祥：《在生物课堂教学中妙用学情分析》，《华人时刊（校长）》2021 年第 8 期。

指向"双减"的教学任务新变化与作业活动新设计

要备好物理课,首先要备好教学情境。教学情境创设的功效在于情境的转化,立足于学生已有的认知结构,可以这样思考:是否能把情境中的一段经历转化为一个物理探究过程?是否能把情境的故事情节转化为某种物理现象?是否能把描述情境的文字转化为物理表述?是否能把情境中需要完成的工作转化为相应的物理问题?能不能把问题中的实际情境转化为解决问题的物理情境,建立相应的物理模型,这是应用物理观念思考问题、应用物理知识分析解决问题的关键。①

教学信息的交流,还包括学生的信息,其中学生的思维动态是动态备课最重要的信息来源,可以据此设计教学方案或调节教学进度,"在这一刻"把课上得更好。

《金岳霖先生》一课该如何教学呢?带着这样的困惑,我决定借学生的慧眼和才思来助自己完成教学设计。安排预习时,我明确提出,每位同学必须提出一两个问题,可以是你的困惑,也可以是你的考题。

事实证明,学生的勤思善问绝对是教学资源里一块力道十足的攻玉之石。问题搜集上来后,我发现了不少高质量的提问,这是一份多么独特宝贵的教学资源啊!将学生的提问进行整合、润饰后,我设计了"金老其人"这个教学环节,主要设计了两个标题——

第一个标题"我们想了解的金老":1.(学生陆某某)金老的成就有哪些?2.(学生程某某)金先生才华横溢,为何还会单身?3.(学生沈某某)是什么信念让金岳霖只爱林徽因一人?

三个学生的提问刚一展示在PPT上,班级便沸腾起来。我就着这个欢乐的氛围,让学生寻找这三个问题之间的联系,火眼金睛的同学们一下就发现了提问之间的互补性,第二个问题提到"才华横溢",第三个问题提到"只爱林徽因",

---

① 段玉文:《试论物理课堂教学结构的优化设计》,《物理教师》2021年第9期。

不是正好可以对应解决第一个问题和第二个问题吗？于是，提问的同学就成了其他问题的解答者，好不欢乐！

至于第三个问题，我们能不能在文本中找到相应的信息呢？由此直接过渡到我设计的第二个标题"作者眼中的金老"：1.（学生俞某某）金岳霖先生的有趣之处体现在哪里？2.（学生戴某某）文章仅仅写了金老的有趣吗？文本中有没有哪些细节表现了金岳霖先生的另外一面？以上问题的设计目的主要是结合专题名称"慢慢走，欣赏啊"，引导学生走进文本，细细咀嚼，读出作者想展现的金岳霖先生。另外，第二个提问正好可以解决之前沈同学提出的"是什么信念让金岳霖只爱林徽因一人"这个问题……①

备课时，教师要正确处理"正案"与"反案"之间的辩证关系。"正案"是指经过教学实践证实的一种比较成功的教学方案，"反案"则指经过教学实践发现的一种尚存缺陷的教学方案。备课时通过比较，我们可以从中总结成功的经验或吸取失败的教训，扬长避短或扬长补短，从而能胸有成竹地推广较好的教学方案或寻求更好的教学方案。

三、"预备"——选用更好课来上

通过一课多案、一课多试、一课多评等多条可供选择的路径和多种可供参考的口径，根据学生的实际情况和教学的生成情况有多种变通方案供选择，从而让教师能见机在各种教学方案中实施"置换反应"或"中和反应"，从而提取或提炼出一种更适合当时教学形势的教学方案。

元旦前几天的数学课前，宣传委员征求我对新一期的黑板报的排版意见。我随口回答："既然是庆祝元旦的内容，那就把报头画大些，占整个黑板报的二分

---

① 徐明星：《以学生的提问生成教学资源例谈》，《文学教育（上）》2018年第7期。

之一吧。"

宣传委员愣在那里。"哦,分数还没学,"我反应过来:"二分之一就是——"我还没解释,一名学生叫道:"二分之一是个分数。"

我惊讶:"哦?你知道分数?再说说。"

"分数就是把一个东西平均分,它有分子和分母。"

"那二分之一的分子和分母分别是什么呢?"我在黑板上写上了大大的$\frac{1}{2}$。

"上面的是分母,下面的是分子。"我笑了,纠正了他的错误。

一旁的学生说:"我在报纸上看到过分数的。"

"那你能告诉宣传委员$\frac{1}{2}$是这块黑板的多少吗?"

"就是这块黑板的一半。"他洋洋得意。

……

其他学生见状,纷纷要求我教他们关于分数的知识。呼声高涨,我决定把教材《分数的初步认识》提前教学。那节课,学生特别投入。

教学具有生成性,有时候并不会全部按照教师的预设进行,常常会有意外,此时就需要教师具有良好的教学机智,能够随机应变,有效利用好生成性教学资源,进行动态备课,及时调整教学方案。

由此可见,备课的过程其实是一个"……",其一层意思是需要教师切实做好"每一点"的点化功夫,使备课在教学的每一个时点、每一个节点、每一个难点上不断延伸着、变化着、完善着;其另一层意思是备课没有"放之四海而皆准"的通识性与通用性教学方案,它常常会随时而变、因地而异、为人而动。所以说,备课不是教师"一下子"或"一阵子"就能完成的事情,而应该是教师"一辈子"才能成就的事情。

策略 2
增加深度化备课　减少浅层化备课

备课不仅需要备在课前（预设性备课），还应该备在课中（生成性备课）、备在课后（反思性备课）；备课不仅需要备现在（如今的备课设计），还应该备过去（以前的备课资料）、备将来（以后的备课愿景）。这就是"大备课"所表现出来的"过去时""现在时"与"将来时"的三种时态，它永远没有"最好"教学方案的"完成时"，而只有"更好"教学方案的"进行时"。

"备课"除了可以抓住"备"字，理解为"准备""完备"与"预备"，解决"怎么备"的问题，还可以抓"课"字，理解为"课本""课堂"与"课题"，解决"备什么"的问题，也就是说，要备好课，我们要深度研读课本、深度研磨课堂、深度研究课题。

一、"课本"——备教学形态

这是指备课首先要备教材（主要指教学的物质材料），课前教师根据自我理解设计教学方案，据此，备课是一种预设性备课。这是教师最容易把握的备课起点，它需要教师的钻研精神。

叶圣陶先生说："教材无非是个例子。"备课时，我们应该持有"基于教材但又不限于教材"这样一种"大教材"观。

指向"双减"的教学任务新变化与作业活动新设计

一是"教材"并非教学之"第一"——回答"为什么可以改进教材"的问题。教材虽然是依据国家的教育方针和课程标准、遵循学习规律由专家开发、编写而成的,但新教材受编写时间短的限制和地区差别,有些做法未曾在实践中检验,难免会产生各种操作问题。由此,笔者认为教材不应成为第一位的"圣经",只能让师生照本诵读,我们应该在新课改理念的指导下、在实践的基础上改进教材,"小改""中改"甚至"大改",但最终教学目标不改,做到"形异神同"。也就是说,主导教学的第一位因素不是教材,而应该是先进的教学观念。当教师拥有了先进的教学观念,才具备了教"活书"和"教活"书的条件。

数学"可能性"一课,教材组织了摸球活动,但学生并不知道为何要摸球,只是教师要求他们摸球,所以缺乏摸球的动机,也就是说摸球充其量只是一种游戏,还不能成为一个任务。

于是,我们改编了教材,在摸球之前增设一个抽奖情境:"箱子里面有5个三等奖、3个二等奖和1个一等奖,请男生队和女生队各派一位代表上来抽奖。"结果两个代表都想抢着先抽,他们认为"万一被他们把一等奖抽走,我们就吃亏了。"这时,困惑学生的问题来了——"谁先抽呢?"此时,教师趁机推出任务——"谁先抽:看谁摸到红球的次数多。"这样,摸球就有需要。

而教师则通过给男生队、女生队加球、减球、换球等操作,使得摸球比赛不公平,忽而激起男生阵营的不满,忽而激起女生阵营的不满,在学生此起彼伏的"不满"中顺势推进知识教学。

二是"教材"并非教学之"唯一"——回答"怎样改进教材"的问题。教材虽然是重要的教学资源,但不是唯一的教学资源。教学的可用之"材",除"教材"以外,其实还有"境材"——周围的环境资源以及"人材"——学生自身的人才资源。我们应结合"境材"和"人材"来增删、重组、包装"教材",

使"教材"更具情趣化、生活化、活动化。"教材"（狭义的）、"境材"、"人材"三位一体构建了立体式的"大教材观"（即广义的"教材"）。

以课文《卖油翁》为例，将统编版语文教材和非统编版语文教材进行对比，发现同一篇选文在两个版本教材中的选文定位和单元组织、助读系统和练习系统等方面存在差异，经分析发现，两地语文课程目标和学习目标的不同是教材编写差异的根源。据此，从平衡语文学习的工具性和人文性、提高助读系统的趣味性和实用性、加强练习系统的丰富性和指导性三个方面对统编版语文教材的使用提出建议。

教师需要不断提升教材分析素养，包括"学与教"的问题意识、知识力、比较力和决策力等。其中，"学与教"的问题意识是教材分析素养的前提，知识力是教材分析素养的基础，比较力是教材分析素养的手段，而决策力则是教材分析素养的保障。

三是"教材"并非教学之"归一"——回答"改进教材是为了什么"的问题。改进"教材"是为了能更好地融纳学生熟悉、鲜活的"境材"内容，更有利于发挥学生的"人材"优势。学生从"境材"出发，结合自己的"人材"特点，通过"教材"对教学内容的有序组织，学习知识，形成技能。笔者认为"教材"教学的最终目标并非是回归"教材"，而应该是回归"人才"（进一步增智培能）和回归生活（进一步解决实际问题），才有可能引导学生学活知识、学好知识，步入素质教育的良性轨道。就此而言，"教材"并非教学的出发点，更非教学的终点，而仅仅是教学的媒介。

分析教材《丑小鸭》的内容可知，其和原作的差异是比较大的。具体的删改集中在以下几个方面。第一，原著中，农夫虽然带回了丑小鸭，但是因为丑小鸭不小心弄乱了厨房，所以农夫和家人要抓它，为了不被抓，丑小鸭从没有关好的门中逃出，溜进了灌木丛，遭受了困苦。在课文中，此情节变为农夫救了丑小鸭。第二，在角色方面，原著中有老母鸭、野鸭、老太婆、猫和母鸡等，但是在课文中，这些角色均被删除了，丑小鸭被这些角色嫌弃的情节也被删除了。第三，在原著中，丑小鸭被称为"丑妖怪"，而不是"丑小鸭"。第四，在课文中，丑小鸭变成天鹅后，不仅有丑小鸭的外貌描写，还有心理活动的描写。

从《丑小鸭》的删改来看，主要目的有两个：一是缩减文章篇幅，简化文本中的人物关系，方便学生阅读和理解；二是让学生更好地感受真、善、美，所以将原作中满含恶意的内容删去了。[1]

备课时，除了将不同版本、不同地区的教材进行比较研究，还可以将课文与原著进行比较研究，进而借此引导学生课前或课后开展原著的阅读活动。

二、"课堂"——备教学行态

这是指备课还应该备过程（主要指教学的生成过程），课中教师根据具体情况调整教学方案，据此，备课也是一种生成性备课。这是教师最容易烦恼的备课难点，它需要教师的教育智慧。

音乐课上，在学习《江南好》的时候，有学生提出作品的旋律太舒缓，提不起兴趣，该学生更喜欢情绪高亢、激昂的作品。教师在教学中把握住了这个生成资源，及时调整教学方案，决定补充古诗词来尝试激发学生的情感体验。

教师引导学生诵读白居易的《江南好》，同时还补充展示了柳永的《雨霖铃》等其他展现江南风情的作品，并引导学生说说自己的诵读感受。学生体会到了江南风情，认识到江南总是给人一种吴侬软语的舒适、悠闲感受。此时，教师引导学生再次赏析《江南好》，并引导其展开想象："大家将自己想象成正漫步在《雨巷》中的游客，迎面走来一位带着丁香般幽怨的女子，你的感觉是怎样

---

[1] 杨晓玲、吴莉玲：《入选小学语文教材的改写型童话与原作的比较分析》，《知识窗（教师版）》2021年第8期。

的呢?"在教师的引导下,学生进入了作品的情境中,不再觉得旋律太慢,而是能赏析其中的美感。①

为了便于教师临场发挥,我们要正确处理"详案"与"简案"之间的辩证关系。"详案"可以让看的人一目了然,但容易导致做的人一成不变,所以,从执教者的角度看,教学方案未必需要备得那么详尽与细致,有时采用纲要式、框架式、板块式的"简案"反而会使教学方案更富有弹性与活性,减少对执教者的教学束缚,更容易使其灵活操作和开拓进取。所以说,教学方案不在于是"详"还是"简",关键在于是否"精"。

三、"课题"——备教学性态

这是指备课还应该备问题(主要指教学的困惑问题),课后,教师根据实施经验完善教学方案。据此,备课还是一种反思性备课。这是教师最容易忽视的备课高点,它需要教师的科研意识。

另外,教师的科研意识还体现在会积极运用课题研究成果来指导备课,它可以让教师居高临下,提高教学的站位。

数学"分数的认识"一课,我们采用"课题进课堂"的方式,依据正在开展的"纽约大学教授加布里埃尔·奥廷根开发的WOOP思维工具指导下的小学数学表现性学习研究"课题来设计教学方案。其中,"W"(Wish)意为"表达愿望",第一个"O"(Outcome)意为"想象结果",第二个"O"(Obstacle)意为"寻找障碍","P"(Plan)意为"制订计划"。

板块一:设计驱动任务

步骤1——"W"(Wish):能有一个新的数来表示分得的"半个";

---

① 徐媛:《应用教学机智理论 拓展音乐"意外"资源》,《新教育》2021年第10期。

步骤2——第一个"O"（Outcome）：如果有了这样可以表示非整数的新的数，就能够更加方便地计数；

步骤3——第二个"O"（Obstacle）：现在没有这样的数，于是产生任务"试着创造一个数"。障碍是"我们该如何创造这样的数呢？"

板块二：设计学习方案

步骤4——"P"（Plan）：首先，引导学生根据分的过程来创造新的数，由"平均分"引出"分数线"，由"分得两份"引出"分母2"，由"表示一份"引出"分子1"；然后，引导学生思考"是不是只有蛋糕的$\frac{1}{2}$"引出探究其他对象（从物体到图形）的$\frac{1}{2}$，最后，引导学生思考"是不是只有$\frac{1}{2}$"引出探究更多的几分之一。

WOOP思维工具指导下的用任务驱动学习，"W"和"O"很好地激发了学生的学习动力，"P"很好地锻炼了学生的学习能力，有力地提升了学生的学习表现力。

总之，备课，在目标指向上无疑是备"好课"，在操作行为上表现为"备好"课。所以，要让"课备好"，教师就必须备好备课的"进行时态"——要显思想轨迹、留修改痕迹、化成长足迹，从而达到"好备课"的自觉状态。教师只有做到深度备课，学生才能做到深度学习。

专题二　提高备课效能

策略 3

增加选择化备课　减少盲从化备课

上课先要备课，这是每一个教师都知道的常识，也是每一次上课之前要做的事情。然而，许多时候许多教师却有着这样的"常"识——备好一课挡一阵甚至用一生。如此，哪怕你当了 25 年教师、上了 25 年课，却如同下面《25 年经历与一种经验》故事中那样，只有一种经验。

某公司一名职员在该公司工作了整整 25 年。25 年来，他在这家公司的同一个部门用同样的方法工作，他拿的薪水也是多年不变。一天，他去找公司老总，要求增加工资，晋升职务。他的理由是："我毕竟有 25 年的工作经验了。"

"我亲爱的伙计，"老总叹了口气说，"你并没有 25 年的工作经验，25 年来你只有一种工作经验。"

当教师"只有一种经验"去备课，说明他思想麻木，缺乏敏感性，无视学生的多种可能、教学的多种可能和课堂的多种可能；当教师"只用一种经验"去备课，说明他思想僵化，缺乏创造性，不管学生的多种可能、教学的多种可能和课堂的多种可能。如果是这样，那么根本无须备课，因为它"只有一种经验"或"只用一种经验"。如果是这样，这样的课还有什么生气和灵气?!

事实上，备课的意义在于，尽管面对的是同一节课，但如果面对的学生不同，往往会出现不同的问题，需要教师采用不同的方法去解决，此时，教师就不可能"只有一种经验"，要解决问题，也往往不能"只用一种经验"。

▶▶▶▶▶▶ 指向"双减"的教学任务新变化与作业活动新设计

一、不能"只有一种经验"备课

备课,不能仅仅满足于准备好教参、准备好教案、准备好教具,还要"预备"好课,首先预想课中学生会怎么学,由此预备好支持学生学习的对应策略,然后预想课中学生会出现什么问题,由此预备好支援学生学习的应对策略。唯有对教学做好"预演",才能有所预备,防患于未然,也才能使课更加完备,有效于既然。

由此可见,要做到"预备好课"和要达到"完备好课",备课时,除了常规的钻研教材和准备教学材料,更要研究学生,因为学生才是让课变得千姿百态的关键因素。从只关注"物"到关注"物"的同时也关注"人",如此"目中有人"才能做到"心中有数"和"手中有法"。而事先看一看别人在上这节课时发生过什么、遇到过什么困惑和困难,可以让教师在备课时"有案可查"和"有史可鉴",从而胸有成竹,上课时就能够"有路可走"和"有法可选"。这样,教师就不再"只有一种经验"和"只用一种经验"。

备课,难在教师难以预料学生"是怎样"和"会怎样",不过,多看看别人上这节课时学生的反应,无疑有助于预备好自己的课,当我们知道了学生在学习时可能会出现什么问题,才能找到学生的学习困难在哪里,备课时才能知道教学的难点在哪里,从而备出学生真正需要的课。

"乘法分配律"教学经常会出现学生"背得出却做不对"的背离现象,对此,我们在备课时,首先应该了解原因:学生说的比做的好的症结在于流于"形式",一是教学流于形式,二是知识流于形式,集中表现在只重乘法分配律的发现而不重乘法分配律的原理。

由此,我们在备课时可以改进教学设计。一是强化乘法分配律的内在意义,让学生有联系地记忆。乘法分配律不只是为简算而存在,它还有着广泛的生活意义。当学生懂得了知识的生活意义，学习也就会觉得有意义。当然，有意义的教学不能止步于揭示乘法分配律的生活意义，还应该揭示乘法分配律的数学意义，这才是知识的根本。二是强化乘法分配律的外在特征，让学生有联想地记忆。有意义记忆可以延长知识的保存时间，但也不是一劳永逸的，还取决于学生是否对知识的外形了然于心，所以，形式上的记忆也很重要，学生只要想到乘法分配律，脑中就能够自动跳出它的模型。

在备课中，如果遇到"老"（老是上不好的教材）、"大"（涉及知识范围大的教材）、"难"（难处理好的教材）教材内容，我们可以模仿中医的"望"（病例观察）、"问"（病历记录）和"切"（病理诊治）的过程，多花一些时间研究以往教学遇到的问题，从而避免在自己的教学中走弯路、走岔路和走错路。

尽管"学生可能会怎么学"和"学生在学习时可能会出现什么问题"有可能不同，但诸多的"可能"也并非难以捉摸和难以琢磨，教师很多时候是可以和能够"预备"的。其中有一种办法就是"踩着前人的肩膀前进"，看一看别的教师在教学这一节课时曾经发生过什么、出现过什么问题，用别人的经验来补充自己的认识和改善自己的教学行为。

A教师教学"圆的认识"时，把教学内容按照预设方案"按部就班"地悉数设计在课件中，在教师的频频点击下按照"既定方针"完成了教学任务。最后，黑板上一片空白，没有任何板书，因为这些都已经被安排在课件中"闪亮登场"了。

B教师教学"圆的认识"时，课件与板书双管齐下，"该出手时才出手"。最后，黑板上教师的板书一目了然，整齐、清楚、明白。

C教师教学"圆的认识"时，也把课件与板书"联姻"，辅助教学。不同的是教师的板书乱七八糟，最后在学生"不舒服，要求整理"的"抗议"下，"麻烦"学生动了一番脑筋，经过整理，擦掉重写。

▶▶▶▶▶▶ 指向"双减"的教学任务新变化与作业活动新设计

从上述 A、B、C 三位教师已有的教学,我们在备课时就可以思考"怎样用好课件?""有了课件还要板书吗?""怎样用好板书?"等一系列问题,其中 C 教师的板书方式刷新了我们的传统经验,需要教师好好思量。

二、不能"只用一种经验"备课

每一个学生不同,每一班学生不同,每一届学生不同,"学生可能会怎么学"和"学生在学习时可能会出现什么问题"也可能不同,这考验着教师的智慧,也锻炼着教师的能力,促使教师不能"只用一种经验"去备课,也让教师不会"只有一种经验"去备课。

美术组进行了"一课三人上"的课例研究活动。三位教师共同确定了《美术》七年级《标志设计》为上课内容,接着分别备课和上课。第一位教师上完后集体评议,大家肯定优点,分析问题。第二位上课的教师通过比较及反思,对自己原先设计好的教案根据新情况进行调整,课上完后照样进行评议。第三位教师根据前两位教师上课的情况对自己的设计进行重新审视、调整,然后上课、评课,这样同一内容,三位教师上出了不同风格,从第一节课到第三节课,其教学结构及方法已有了很大的改进。①

其中,"同课异构"可以让教师不再"只有一种经验"去备课和不再"只用一种经验"去备课,不仅可以为教师提供多样化的教学设计,也能促使教师在比较中提升教学水平和研究水平。

"教材只是个例子",这句话一是告诉我们教学存在着许多可能性,二是告诉我们可以二度开发教材。所以,我们在备课时,对教材不能只考虑"用得像不像",而更应该思考"有没有更好的用法",变一变,可能就会变出一些新花样、

---

① 陈平:《校本研究的探索与实践》,《人民教育》2003 年第 7 期。

专题二 提高备课效能

变出一片新天地、变出一番新景象,这样才能使教材发挥更大、更好的功效。当然,我们还可以与以前的自己"同课异构",逼自己不再"只有一种经验"和不再"只用一种经验"去备课。

在教学中出现问题之后,教师也不能"只有一种经验"去解决,不能"只用一种经验"去解决。首先,教师还是应该运用中医的"望"(看看学生的课堂表现)、"问"(问问学生的内心想法)来把握问题,然后运用中医的"切"(想想学生的适合方案),尝试解决问题。

乘法分配律"$a×(b+c)=a×b+a×c$",学生普遍反映记不住,此时,如果还只让学生死记硬背,只会让学生生厌,对此,教师手中应该备有多种有效经验。

一是采用比喻的方式帮助学生记忆乘法分配律的形式:a喜欢交朋友,先与b乘一乘,再与c乘一乘,最后一起手拉手。

二是采用故事的方式帮助学生记忆乘法分配律的形式:a妈妈有两个儿子,一个是b,一个是c。b和c原来住在一起。后来b和c长大要分家了,a妈妈既要拉b的手又要拉c的手。为什么?因为a既是b的妈妈又是c的妈妈。少拉了一个儿子的手,另外一个儿子会认为妈妈太偏心,会伤心的。

这样的比喻虽然不十分科学,但足以达到趣味化辅助记忆的目的。正因为是辅助,所以这样的"幽默一记"应该放在规范化记忆之后。调查表明:如果在叙述一个概念时,紧接着举一个幽默的例子解释概念,可以帮助学生理解。以幽默的方式点拨知识,特别对一些抽象的数学内容和深奥的数学道理,可以使其通俗化,从而降低知识的难度,提高理解效度。

三是采用嚼字的方式帮助学生记忆乘法分配律的形式:抓住乘法分配律中的"分配"两字做文章——先把"(b+c)"分成两部分,然后把b和c分别配给a相乘,最后合起来。

四是采用对比的方式帮助学生记忆乘法分配律的形式:出示$28×(4×2)$与

$28 \times (4+2)$,讨论"同样是去括号,为什么 $28 \times (4+2) = 28 \times 4 + 28 \times 2$ 中 28 出现了两次,而 $28 \times (4 \times 2) = 28 \times 4 \times 2$ 中 28 只用了一次?"

另外,在学习中,学生解决问题的渠道与方法可能不尽相同,教师在备课时应事先预设几种备用方案,一是应对学生的生成,二是借机促成多样化学习。

总之,我们积极倡导备课新概念,除了备教材、备学生、备自己等传统做法,还要备别人,备一备别人在上这节课时发生过什么,遇到过什么困惑和困难,然后备一备避免或解决这些问题的策略与方法,最后备一备这节课还可以做怎样的深化与拓展……这样备课后的上课才能真正做到有备无患。

策略4

增加情景化备课　减少片段化备课

电影《1917》得以获得成功,莫过于这部电影使用了"一镜到底"的展现方式。顾名思义,所谓"一镜到底"就是指电影拍摄过程中镜头没有中断,并且不通过剪辑等手段来切换场景。在娱乐中也有"情境接龙"游戏,很是吸引人的注意。

借用到教学中,"一镜到底"可以表现在"一境到底",用一个整体的、连续的情境贯穿一节课甚至几节课、一单元、几单元,中间不再因例题、习题等标签而断隔成一个个不同环节,不再需要依靠教师发布指令来切换内容,教学过程顺着情境的情节发展而自然衔接、连续学习。

用任务驱动学习,更需要"一境到底"这样的情境模式,因为完成任务的过程本就应该是整体的、连续的,所有的学习活动都是以任务为中心,也就是说,一个任务就是一个情境,所以一个完整的任务应该是"一境到底",这样可以更好地让学生一心一意地在完成任务的过程中完成知识的学习。

一、用"一境到底"技术串联一节课

布鲁纳说过,"学习最好的刺激是对所学材料的兴趣"。传统教学,都有一个相同的弊端:提供的素材太多,学生会有很大的负担。对此,我们应该使素材少而精,一"境"到底,这样,学生就不会眼花缭乱、应接不暇。

与"一境到底"相对的概念是"一课多境",即在一节课中针对不同知识点用多个不同的案例情境,这样,虽然对教材知识点的解析能更透彻清晰,但学生容易淹没在众多案例情境中,对知识缺乏系统掌握,易导致知识碎片化的问题,浪费课堂时间。

数学"用列举策略解决问题"一课,我们创设了"王大伯家的农家乐"的情境,设计了"帮王大伯解决问题"这个做好事的大任务。

首先,我们把教材上的例题"王大伯用 22 根 1 米长的木条围一个长方形花圃,怎样围面积最大?"这种标准化的表述,转换成基于真实情境的呈现,第一个任务活动是"帮王大伯围花圃","一境到底"的镜头由此开启。

> 任务:围花圃
> 材料:22 根 1 米长的木条
> 要求:围一个长方形花圃,里面种的花能越多越好(木条不能折断)。

在解决这个实际问题中,学生自然会发现其实就是这样的数学问题——"周长是 22 米的长方形,什么情况下面积最大?(长宽为整数)",由此开始进入数学探究,完成第一个任务活动是"帮王大伯围花圃"。

指向"双减"的教学任务新变化与作业活动新设计

之后,情境自然发展到"围好花圃、种好花之后的浇水"问题,镜头切换到"安排好定时浇水"任务,替代教材"音乐钟"习题(见图2-1)。

1. 一个音乐钟,每隔一段相等的时间就发出铃声。已经知道上午9:00、9:40、10:20和11:00发出铃声,那么下面哪些时刻也会发出铃声?
   13:00   14:00   15:00   16:00

图2-1 习题"音乐钟"

情境发展到"花开季节,游客来赏花,食堂要为游客提供用餐"问题,镜头切换到"设计菜单"任务,衔接教材"选菜单"习题(见图2-2)。

2. 学校食堂某天中午供应的荤菜有3种,素菜有4种。小洪选1种荤菜和1种素菜,一共有多少种不同的搭配(先填表,再回答)?

今日供应	
红烧鱼	炒青菜
炸鸡腿	烧茄子
	拌黄瓜
牛排	炒包菜

图2-2 习题"选菜单"

情境发展到"活动结束时,游客购买纪念封"问题,镜头切换到"邮资定价"任务,衔接教材"付邮资"习题(见图2-3)。

3. 小芳有下面4枚邮票,用这些邮票能付多少种不同的邮资?

图2-3 习题"付邮资"

这样"一境到底"的任务活动链的设置,实现了用任务驱动学习的"一境到底"设计。学生在"一境到底"中,感觉整节课只在做一件事——"帮王大伯解决问题";学生在"一境到底"中,感觉整节课都在聚焦自己——"帮王大伯解决问题"。如此的"一境到底"内容和"一镜到底"技术,让学生的学习"一劲到底"。

当然,任务的情境还可以继续延续,学习的镜头也就会继续延伸,我们可以继续沿用"帮王大伯围花圃",只是将要求变成"靠墙围",引导学生继续探究,延伸到课后。

"一境到底"要求用一个情境贯穿始终,那么这个情境就不能是静态的、片段的,静态的情境容纳的材料有限,难以支撑众多知识点,只有过程性、发展性的情境才能串联起知识点。选用的情境可以有旅游情境、考察情境、科学发现情境、区域发展乃至人生轨迹情境等,总之应是学生熟悉的、喜欢的,他们才会达到"一劲到底"。

以中图版教材八年级《地理》下册"中东(第一课时)"一节为例,涉及两部分内容——地理位置和石油资源,从而设计"一境到底"的任务情境——"做石油生意"。

选择故事发生地:代表性城市迪拜作为中东最富有的城市,创造了许多世界第一,是沙漠中的"奇迹",吸引了众多投资者、外来务工者及络绎不绝的游客。

选择人物:最初设想选择一个卡通人物"小小石油商",后来通过与学生交流,知道他们大多看过杨红樱的《淘气包马小跳》丛书,最终选择马小跳作为主人公,引起学生共鸣。

设计情境:马小跳因美慕迪拜的发达,萌发了做石油生意的念头。为了成功,他不仅要知道中东的地理位置,还要了解中东石油的分布及生产情况,最后通过石油出口获得丰厚的回报。临结束时,又通过"生意有风险"来引发思考"会有哪些风险?"从而为下节课学习"为水而战"和"民族宗教冲突不断"做好铺垫。

课堂上,学生对"马小跳"认同度高,学习兴趣浓厚,能从地理视角认识中东,读图、识图、用图能力获得提升;课后,学生能持续关注中东新闻,并查阅资料,最终还成功举办了"我眼中的中东——地理手抄报展览"活动。①

---

① 张芳:《例析"一境到底"教学策略》,《中学地理教学参考》2015年第8期。

▶▶▶▶▶▶ 指向"双减"的教学任务新变化与作业活动新设计

"一境到底"这种教学方式与教育心理学家奥苏伯尔"认知同化论"中阐述的一些观点十分相似。从教学的角度来看,奥苏伯尔认为:研究认知结构的目的在于识别和控制影响有意义接受学习的变量。奥苏伯尔强调,在有意义的学习过程中,有一些有意义的关键点,教师应该抓住并强化它们。"一境到底"其实就是聚焦于"有一些有意义的关键点",为学生的学习提供认知支撑点,而"有一些有意义的关键点"可以是情境中的一些关注点,要"抓住并强化它们",有一种做法就是"一境到底"。良好的教学情境有两个重要的评价维度:一是为学生的学习提供认知支撑点;二是能激发学生的学习兴趣与探究欲望。

在科学教学《空气》一课时,如何将学生的已有认识与新知识建立联系,成了本课的研究重点。在备课时,我希望借助有结构的材料创设一个连续的情境,帮助学生通过已经熟悉的有形物质(玩具、毛巾等)认识还不熟悉的无形物质(空气),从而促进其概念的发展。

在最初的设计中,用小塑料袋去装空气,证明空气能够像玩具和毛巾一样将大塑料袋装满。但在试讲之后,我发现小塑料袋、大塑料袋情境的反复变化,不利于学生思维的连续发展,所以,删掉了用小塑料袋证明空气存在的活动,直接用大塑料袋创设本节课的情境。

"往塑料袋里装东西"这个任务,支撑起了整堂课所有的活动,是一个连续发展的情境。本课起固定作用的关键点是不变的情境——装大塑料袋,"一境到底"。每个活动中装入塑料袋的东西是不同的,以此来延续情境的发展。同时,促使学生在连续的情境中,反复将各种装入袋子中的物质进行比较,不断强化"装大塑料袋"这个关键点,促进概念的顺利发展。①

---

① 刘旭:《概念调查、转化和理解的课堂实践(十):创连续情境,促概念发展》,《探秘(科学课)》2012年第1期。

二、用"一境到底"技术串联几节课

不同于公开课,平常的教学实际上是连续性的,也就是说,连续课的教学才是教师的工作常态。如何上好连续课?我们在规划一节课的教学目标、教学情境、教学任务、教学方式时,要想着下一节课,做到衔接有序,保持一定的连续性和黏合性——"目标相向、情境相连、学法相通"。打个形象的比方,课与课之间的目标就像是自行车的链条,既有独立性,又有连接处,如此才能保证我们的教学平稳向前。

在教学数学"认识线段"时,我们可以用"画一条线段"的操作任务来驱动学习;随之有一节课"认识厘米",我们可以用"量一条线段"的操作任务来驱动学习。如果在第一节课开始时,设计"画一条6厘米长的线段"的操作任务,把两节课统整在了一起,也就是连续学完了两节课才能完成的任务。

如果我们设计的任务足够大,那么这样的"一境到底",可能不仅只是统整两节课,还能串联一个单元甚至几个单元。如此,每一节课就不再需要单独创设情境,可以大大减轻教师的备课负担。

在进行数学"长方体和正方体"单元备课时,我们用"做一只金鱼缸"的情境任务"一境到底",串联起单元所有的课时:用"搭金鱼缸框架"教学第一节课"长方体和正方体的特征",用"给金鱼缸配玻璃"教学第二节课"长方体和正方体的表面积",用"往金鱼缸注入水"教学第三节课"长方体和正方体的体积(容积)",用"在金鱼缸放金鱼"教学第四节课"求不规则物体的体积"……

用"一境到底"的思想设计连续课,学生对知识的发生、发展、变化脉络会有更清晰的认识,对学习中用到的策略方法也会更深刻地体会、理解并掌握。另外,在一个单元结束后的复习课,同样可以采用"一境到底"的方法来设计,减少复习课的枯燥感。

指向"双减"的教学任务新变化与作业活动新设计

地理教学中,"一境到底"区域情境式专题复习课是围绕同一个区域不同情境下的地理问题而展开的专题复习课。因此在进行教学设计之前,需要对这个区域的区域特征进行深度挖掘,发现区域特色情境,分析区域情境内所包含的地理知识,为教学设计提供可用的情境素材。

以龙羊峡地区为例,在进行深入的区域分析之后,我们可以构建出一张"区域情境导图"(见图2-4)。通过情境导图可清晰看到该区域内有哪些较为突出的地理事物以及该地理事物与高中地理知识点之间的关联。

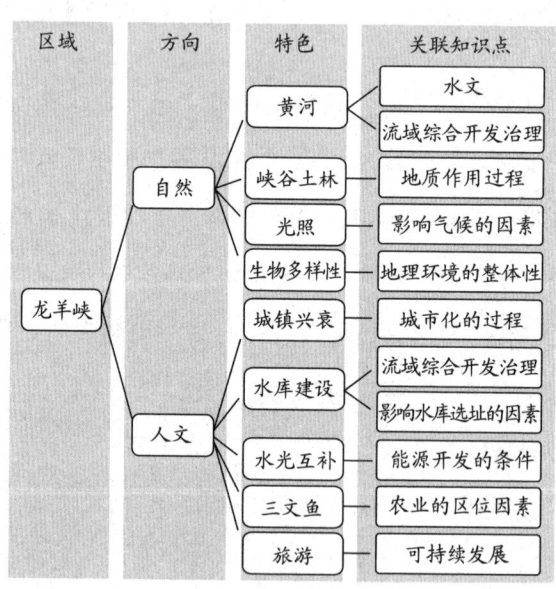

图 2-4 区域情境导图

之后,教师需找到一条能够贯穿所有情境、串联前几节课知识的线索,形成如同拍摄"一镜到底"剧本一般流畅的教学设计:大坝建设—小镇兴衰—产业发展—第一产业(三文鱼产业)—第二产业(水光互补能源产业)—第三产业(旅游业)—龙羊研学。①

---

① 李茵瑜:《"一境到底"情境式专题复习教学设计策略——以龙羊峡专题为例》,《地理教学》2021年第5期。

最后,"一境到底"教学案例开发难度大,备课时间长,单靠一个教师将每个知识点都开发一个教学案例不现实。对此,要加强备课组的作用,共同开发"一境到底"教学案例课程资源。

策略 5

增加结构化备课　减少散装化备课

现实中,许多教师习惯拿到教材后一课一课地备、一课一课地教,结果教师教得累,学生学得累。一方面割舍了教材内在的联系,缺少整体上的把握,对各种教学要素的选择和应用也缺乏回旋余地,使得教学走向僵化;另一方面忽视了学生到底要学什么,怎么学,不利于学生学科素养的发展。

育人导向的教学要求教学目标指向学科核心素养,即要关注对学生终身发展和社会持续发展有用的东西。这就要求教学目标既要立足知识与能力,又要超越知识与能力,促进学生形成在知识遗忘后仍可持久留存的深层次理解,实现核心内容的高水平迁移应用。

对此,我们应该倡导结构化教学,而结构化教学就需要结构化备课,备知识的来龙去脉,备教学的前因后果,找准大概念、找好种子课,进行教学的整体设计。

一、找准大概念整体设计教学

"大概念"又称为"大观念""核心观念""核心概念"等。备课时,我们应努力使教学设计以"大概念"为核心,通过"大概念"集结相关知识,从而

指向"双减"的教学任务新变化与作业活动新设计

促进学生的学习迁移。

通常情况下,"大概念"可以分为结论和结果性大概念、方法和思想类大概念、作用和价值类大概念。

在教学政治"我国的社会保障"一课时,传统教学目标的关注点和大概念教学目标的关注点不同,前者关注的是社会保障的具体知识内容本身,而后者关注的是知识内容背后的思想观点、思维方法和价值观念。在"大概念"目标下,区分社会保障形式不是最终的学习目标,学科核心素养落地才是教学目标的内在追求。教授社会保障形式这一知识的目的和意义何在?学生学习了社会保障的形式后能否形成超越这一知识内容的高水平理解?当我们这样思考备课时,教与学才是以大概念的持久性理解为目标的,学生才能形成对社会保障的深层次、概念性的理解。

本课学习,这种持久性理解表现在:学生即使模糊了社会保障必要性的具体表述,仍然认同"在我国经济和社会发展中,社会保障发挥着重要的作用";即使遗忘了社会保障的具体形式,仍然深度理解"通过社会保障的不同形式可以实现对人民群众的有效保障";即使淡忘了完善社会保障的具体措施,仍然能深刻认识"采取什么样的社会保障措施是与该社会性质和社会经济发展状况密切联系的"。这种"大概念"目标的达成才能促进学生对我国社会保障制度的认同,才有益于学科核心素养的落地。[①]

通过"大概念"能形成具有统摄性和迁移性的深层次概念性理解,从而能跨越时间、文化和相似情境。以知识的价值观照、持久性理解和迁移为旨归的大概念教学目标是长期目标,指向学生忘记具体知识内容后能留下的东西,这与学科核心素养落地的要求是内在一致的。

在进行数学"多边形的面积"备课时,为培养学生的数学素养,我始终以

[①] 张翰:《构建大概念教学目标,绘制素养落地"路线图"——以思想政治学科"我国的社会保障"为例》,《基础教育课程》2021年第10期。

专题二　提高备课效能

"转化思想"为准绳、根基和目标,进行这样的教学追问:"转化思想"能有效地联结本节课的核心目标与核心知识吗?"转化思想"能有效地关联本节课的教学内容与教学过程吗?"转化思想"能有效地链接对数学深度的理解和深度的迁移应用吗?通过这样的追问,让教学自觉地围绕"大概念"展开。①

"大概念"是指"一个学科领域中最为精华、最有价值、最为核心的学科内容"。从学科本质视角确定"大概念",能够从根本上改变过去的教学过程、教学内容和教学方式,能够改善教学行为与教学理论脱节的现象,也能够改变课程内容单一化、碎片化等现象,有效提升学生学习力。

提炼语文单元"大概念"的路径大致有三个方面。

一是聚焦"单元导语"。以统编版高中语文必修上册第一单元为例,从"单元导语"中提炼出单元"大概念"——"情感抒发与表达形式的关联"。

二是紧扣单元学习任务群。教材每单元后的"单元学习任务"一般为三到四个学习任务,提取其中的关键词,也能确定单元"大概念"。如有教师将上述单元"大概念"确定为"文学作品通过选取鲜明形象,借助富有表现力的语言和表现手法来反映社会生活和独特情思",将单元中诗词和小说等篇目串联起来,进行整合式教学。

三是关联"新课标"。在提取单元"大概念"时,可以追根溯源,从"新课标"中"课程内容"的相关表述中提取关键词,也可以从"新课标"中对"学业质量水平"的描述中提取关键词,如从"喜欢欣赏文学作品,能整体感受作品的语言、形象和情感,展开合理的联想和想象"中提取的"大概念"是"语言、形象和情感"②。

---

① 马琳:《以"大概念"为核心的数学整合性教学》,《江西教育》2021年第10期。
② 童志国、刘志胜:《"大概念"视域下单元教学设计构想——以统编高中语文教材必修上册第二单元为例》,《中小学教师培训》2021年第11期。

二、找好种子课整体设计教学

种子的力量在于生长。在教学中,知识也具有由少到多、由点到面、由此到彼、由弱到强的生长性,"种子"知识能在一定条件下萌发成知识体。在长长的知识生长链中,知识的渊源、知识的本质都可以成为知识的"种子"。

在数学"找规律"教学中,从知识渊源上看,起始课"间隔规律"可以看作后续课"周期规律"的知识"种子";从知识本质上看,"一一对应思想"可以看作"一一间隔规律"的知识种子。由此可见,"种子"知识不仅可以为后续知识提供生长方向和生长方法,而且可以为后续知识提供思路启示和思想启迪。

所谓的"种子课",是一种比较形象的比喻。"种子课"就是可供迁移、可供生长的关键课,是处于知识起点或节点的课。如果将其放置于时间段上,可以将它看成是一连串课程的开始;如果将其放置于知识中,那么它便是一连串课程的开篇。

首先,我们要找到"种子"知识。一般而言,知识的渊源以及知识的本质便是所谓的"种子"知识,而"种子课"既是后续知识开始的基础,又是后续知识存在的基点。教育家布鲁纳认为:学习的实质是一个人把同类事物联系起来,并把它们组织成富于意义的结构。

教学"乘法口诀"内容时,"2 的乘法口诀"无疑是这个知识点的"种子"知识,其知识结构与教学结构都能成为后续"3—9 的乘法口诀"的模板。如果把乘法口诀表倒过来,更能让学生形象地看到整个乘法口诀表是由"2 的乘法口诀"这颗种子生成的一棵树。那为何不把"1 的乘法口诀"作为"种子课"呢?因为这一知识点太过单一,难以为后续教学播下"种子"。

在备课中,教师要从一定的高度来审视整个教学体系,根据教学内容来确定是否要设计种子课。如果需要设计种子课,那么设计种子课的时机要把握得恰到好处，需要做到内容精准、程度适合、时机完美。

在学习初中化学知识时，学生对抽象的原子、离子和元素的认识，因为无法找到形象的模型而导致学习效率不高。针对这样的情况，设计种子课，为教学做铺垫是一种很好的出路。

经过学情分析，构成物质的粒子模型有必要设计种子课进行精准教学。首先采用观察和数数的方法进行种子课教学，发现给出物质的图片模型后，学生的认知是充分的，但是在给出物质名称让其画出粒子的模型时，学生的能力是欠缺的。在教材中，以字母组成英文单词为例的模型向学生介绍了原子组成物质的方法，这个方法比较简单，但是物质的组成并不是简单得像字母一样的组合，还要符合自然规律，因此有必要告知学生物质的组成的科学原理：物质外层电子要满足稳定结构。虽然教授满足稳定结构的方法要花费几个课时，但是根据粒子外层电子的排布去学习才是真正掌握方法的学习，才是长久的和有效的。[①]

种子课是开展单元主题教学的关键。一节课的教学由若干个学习任务组成，教学时要关注主要学习任务，抓住重点。单元主题教学由若干节课构成，教学时更要站在全局视角有所侧重，对核心教学内容进行重点打磨，关键是抓住种子课重点设计、深度研究，有效突破单元教学重难点，帮助学生建立知识与技能的"基本点"、思想方法的"生长点"、知识结构的"联结点"，为整个单元主题教学定向，为学生素养发展助力。

任何一门学科，都应该注重每个单元开始部分的知识，它或许很简单，但是起到了贯穿整个章节的"引子"作用，教师只有把本单元开始部分的知识把握好，才能有序展开接下来的课程。甚至，为了使"种子课"发挥更大的能量，我们可以重组或改编教材。

---

① 范秀竹、朱钱锋：《基于数据分析确定初中化学种子课的精准教学实践》，《教师》2021年第2期。

指向"双减"的教学任务新变化与作业活动新设计

我们知道,传统数学教学以课为单位组织展开,就像运算律,教材中将"加法交换律和结合律"安排为一课时,学生通过这节课的学习,会了解加法的两种运算律。这个知识对于学生来说是"点"状的,学生只知"加法交换律和结合律",但是,他们对于每种运算律会只知其然而不知其所以然,对知识缺少整体的感知,学得的知识是孤立的,不利于了解知识的全貌。

我们重组教材,将"加法交换律和乘法交换律"整合为"交换律"一课,重在研究运算律的学习方法并探究运算律的本质。为此,我们将"加法交换律"的探索作为运算律单元的"种子课"。通过对"加法交换律"环节的深耕细作,在学生的心里埋下归纳推理、思考探究的种子,让"种子课"生根、生长。

有了"加法交换律和乘法交换律"一课方法的指引,后面"运算律"的教学过程学生可以更自主:减法、除法中是否存在交换律?为什么?乘法分配律和乘法、加法运算之间又有什么内在联系?能不能用加法交换律中获得的经验来探索呢?这些都是学习方法的思考和延伸。

总之,现代教学设计是用系统化的方法将教学过程中的各元素进行结构化,形成一个有机整体,这也是结构化教学设计的出发点。培养学生对学科知识的系统驾驭,远比训练学生掌握知识点重要。结构化备课能够使我们的教学从散装化走向整体化,更关注学科内容的逻辑完整性和知识体系的要素关联性。

策略 6

增加全程化备课　减少短距化备课

在有些教师的观念中，教学就等同于上课，地点在教室，时间从上课铃声响起开始，到下课铃声响起结束。

其实，教学并不等同于上课，教学的含义要比上课广泛和开放得多，教学的地点也不只是教室，教室之外的校园、家庭和社会都可以成为学生学习的场所，教学的时间也不只是从上课铃声响起开始到下课铃声响起结束，课外的每时每刻都可以成为学生学习的时间。

所以，备课不能只备课中，还应该备课前、课后，思考学生课前和课后能做些什么。对此，我们要设计好课前预习任务、课中研习任务和课后实习任务，实现全程化学习。有人说："学习是一种寻找。"我们应引导学生在课前通过预习任务寻找问题，在课中通过研习任务寻找答案，在课后通过实践任务寻找应用。

一、预习任务，发现问题

课前预习时，学生经常只看到教材上的方法、定义和结论，而忽略了知识产生的过程，我们可以通过设计预习任务，引导学生将教材上的"句号"改为"问号"，注重追问"为什么"。

指向"双减"的教学任务新变化与作业活动新设计

在教学数学"体积和容积单位"一课时,我设计了如下预习任务。

1. 体积和容积单位有哪些,分别用什么字母表示?
2. 想一想,为什么可以这样表示?
3. 你联想到了哪些已经学过的知识?

第一个预习任务通过阅读教材可以直接找到答案。第二个预习任务引导学生把句号改为问号,"立方厘米可以写成 cm^3,为什么字母右上角是'3',而不是'2'?"第三个预习任务唤醒学生已有的学习经验,助推学生主动建构知识之间的联系。

课前预习,不仅能够让学生发现问题,特别是发现自己预习后还没弄懂的问题,精确定位学习的难点和知识的重点,而且能够让教师有针对性地备课,根据学生的困惑设计教学过程。

为了防止学生预习之后可能对课中教学缺乏兴趣,我们可以采用任务驱动学习的方式,设计一个学生感兴趣的任务替代教材呈现。例如,学生预习"百分数的意义"后,教师可以设计一个讲解任务:"你知道这些商品标签上的百分数是什么意思吗?"让学生用预习到的百分数知识进行解释。这样,一是可以检测学生的预习情况,二是可以找出学生存在的问题,进行有针对性的教学。

另外,还能够把课中任务前置,以缓解课堂教学时间紧张问题,让学生带着知识、带着问题、带着经验走进课堂,以便更好地学习。

在教学物理"噪声及其控制"一课时,我让学生在开展探究性实验教学活动之前开展预习活动。首先,让学生对"噪声"的概念进行反思,思考何为噪声,探讨噪声对人类生活的影响。其次,让学生对控制噪声的方法进行整理,结合教学内容梳理控制噪声的可行手段,如在公共场所设计"最高分贝警告"、在教学区内增设噪声隔离带、在施工区域佩戴隔音耳塞等。

学生针对噪声及其控制方法设计了相应的实验方案,并依靠预习所掌握的物

专题二 提高备课效能

理知识对噪声的控制方法进行整理归纳：在源头上控制噪声的产生、杜绝噪声在空气中的传播、引导群众做好隔音保护工作。

在探究性实验教学活动中，预习能够帮助学生找到探究性实验学习活动的突破口，从而确定学习计划与实验方案。①

当然，预习任务的设计，不仅可以把"句号"改成"问号"，还可以尝试增添"逗号"和"分号"，甚至从"句号"走向"省略号"和"感叹号"，比如在预习任务之上再套一个表现性任务，利用学生都想露一面、露一手的强烈愿望，激励学生好好预习。

在教学语文《麻雀》一课时，教师在课前为学生布置了诵读预习任务："这篇课文描写了一个惊心动魄的场面，仔细阅读课文，尝试有感情地诵读课文，准备参加课堂诵读比赛。"学生听说要诵读比赛，参与热情高涨。教师给学生提示：诵读要讲究语气、语调、语速，注意收集诵读材料，在反复聆听中学习诵读技巧。

课堂诵读比赛正式开始，教师以抽签形式选出比赛选手，并成立诵读评价小组，对选手诵读表现打分，将课堂学习推向高潮。②

学习如同一场旅行，而预习就是熟悉旅行攻略。在旅行之前熟悉攻略，熟知旅游路线、旅游景点，才能放心游玩，尽情欣赏。但是在实际教学当中，仍然存在对预习的重视程度不够、预习积极性不高、预习流于形式以及预习方法不当等问题，影响着教学质量。对此，我们可以在预习任务中设计一些过程性评价。

小"比巴"是学生熟悉和喜爱的学校吉祥物（命名源自我县畅销特产"枇杷"），我借助"比巴"的魅力，与学生共同制定了语文课前预习"比巴争章"细则。

---

① 李桂兵、葛凤华：《借助课前预习提升初中物理探究性实验教学实效》，《理科爱好者（教育教学）》2021年第8期。

② 吴若南：《小学语文教学中培养学生预习习惯的途径》，《教师博览》2021年第10期。

(1) 认真听教师布置预习任务的学生，奖励2枚"比巴章"。

(2) 制订预习计划的学生，奖励2枚"比巴章"。

(3) 克服预习中遇到困难的学生，奖励2枚"比巴章"。

(4) 态度认真、积极，且勇于展示预习成果的学生，奖励3枚"比巴章"。

(5) 进步明显的学生，奖励3枚"比巴章"。

(6) 能够主动与同学交流合作，共同解决问题的学生，奖励3枚"比巴章"。

所获"比巴章"枚数由教师登记在墙上的"光荣榜"上，每个月的月底统计一次，枚数前8的同学可以用"比巴章"兑换"比巴币"；期中再统计一次，枚数前5的同学，评为"课前预习之星"，并向家长发送喜报。"比巴章"可兑换"比巴"小挂件。学期结束时，"比巴章"枚数排前5的学生可获得"假期选做作业优惠券"奖励……①

二、研习任务，研究问题

"以学定教"的关键是有效使用预习资源，这样有利于教师把握学生的现有基础，充分利用预习中有价值的资源，及时调整预设，在动态的课堂教学推进中不断对学生的预习情况进行摸底，将有限的时间花在学生真正需求之处，力求效益最大化。

我们要求学生在预习卡上写出自己的困惑，然后收回，按提问角度分类，再将其布点于阅读教学的课时目标之下。如古诗教学，可以将问题归于思想感情、意境想象、语言特点等目标中，在讨论课文相关知识点时适当展示，引起学生关注、思考与探讨，准确把握学生的现实起点，增强预习反馈信息的有效性。②

---

① 吴珊碧：《借"比巴"魅力，促学生发展——用过程性评价激励学生参与语文课前预习的思考》，《新课程导学》2021年第9期。

② 张兴元：《寻找"教"与"学"的契合点——浅析小学语文预习后课堂的教学策略》，《教学与管理》2014年第7期。

预习之后的学生，认知起点不一样，学习方式不一样，对课堂的期待也不一样。自然，预习之后的课堂演绎也应该是不一样的，教学的方式、课堂的节奏、价值的定位等都应有别于传统课堂。课堂上，教师通过研习任务的设计，积极回应学生的课前"已知"，尊重学生个体情感，找寻适切的课堂起点，遵循学路，设计任务，开放过程，让每一个学生在开放的研习任务中，通过理解、认同、选择、反思等交流方式，自觉体验，深化认知，形成能力。

数学"认识垂线"一课，教师在课前布置了活动性预习任务"测量跳远成绩"。这一个体育课任务激发了学生的好奇心："数学老师为何干起了体育老师的活儿？"

学生带着这样的疑惑走进课堂，通过教师布置的研习任务"怎样测量？为什么这样测量？"才发现其中包含着数学知识。等到学完数学知识，学生对"该如何跳远"有了更深刻的理解，教师顺势布置课后"明明白白地跳远"的实习任务。

研习任务有效地整合了本节课的知识任务，有效地利用学生的"有所知而又未全知"驱动学生的研究热情，学生在研究过程中更为专注、更有热情、更有方法。面对"为什么这样测量"这个连好多体育教师也说不清楚原理的具有挑战性的任务，一开始的困惑不解是必然的，当学生经过长途跋涉、克服困难而完成挑战的时候，这种胜利的快乐是刻骨铭心的。这也恰好说明，学生的学习真正发生了。

研习课堂，聚散为整，超越封闭琐碎的"小问题"，提纲挈领地抓住知识的关键，设计开放简约的"大任务"，以研习任务为驱动力，把学生置于复杂的、有意义的问题情境中，整体设计，块状推进。

三、实习任务，解决问题

学习是持续建构的过程，它需要学生持久专注，有刻苦钻研精神，它需要教师持续助推。实习任务的设计，促使学生在实践知识中提升实践能力，助推学生

指向"双减"的教学任务新变化与作业活动新设计

的学习从课堂走向课外,解决实际问题,从课堂走向课程,解决更大的问题。

在上了品德与社会《有多少人为了我》一课后,我带领学生参加了校内的公益劳动,清扫学校操场、电脑室、阶梯教室,清洗食堂地面,等等。还一起采访了学校的保安、保洁员、食堂工作人员,了解到他们从早到晚一天的辛劳都是为了学生;还带领学生跟清洁工人一起清扫校门口的马路、捡垃圾。

在这些实践活动中,学生对为他们服务的人们产生了了解的兴趣和愿望,产生了强烈的求知欲、参与欲。同时,他们在实践中自己教育自己,达到了事半功倍的效果。[1]

实习任务的主题,不仅只是围绕所学的知识主题设计,还可以重新设计,发展成为拓展性的活动主题,以此提升学生的审美能力、想象力和创造力等综合素质。

学习了八年级英语"How do you make a banana milk shake?"一课后,我在年级开展了"米其林大师厨艺秀"的课外拓展活动。让学生以小组为单位合作设计健康菜谱,并录制解说式美食制作视频,然后在年级内进行美食主题视频的分享和评比活动。学生通过参加一系列与现实生活息息相关的课外主题活动,很好地提升了用英语做事情的能力。[2]

实践任务,除了从课堂走向课外,还可以从课堂走向课程,我们可以开发一些活动课程,如阅读、摄影、陶艺、魔方、数独、拼图、多米诺、汉诺塔、叠叠高等,让学生在丰富多彩的课后主题实践活动中自主合作、体验感悟、探究发现、展示交流,在不同于常态的实习任务中感受别样的精彩。

总之,课前预习、课中研习、课后实践,这样的全程化任务专注于学生学习过程的完整性、层次性和发展性,在不同的层次上通过不同的任务,激发学生的学习潜能,也能让学生学得更专注。

---

[1] 金飞:《用活资源 为品德课程课后实践活动增效》,《教学月刊小学版(综合)》2012 年第 3 期。
[2] 林真真:《以培养学科核心素养为目标的中学英语课后拓展活动探究》,《教师》2018 年第 5 期。

专题二 提高备课效能

策略 7

增加图示化备课　减少文字化备课

当前，许多知识和资源的呈现仍然是单一的线性堆积，知识点之间离散分布，缺乏整体的知识布局，知识点之间的割裂影响了学生的学习效率。在备课时，如何呈现可视性、系统性、完整性的知识资源，是摆在我们面前的一个重要研究课题。对此，我们可以用图示的方式展示出知识点之间的联系，让学生一目了然，或画出学生思考问题的知识路线，做到思维可视化。

采用图示化的方式备课和上课，可以有效促使教学按照知识的逻辑结构，将知识之间的联系可视化呈现，展示知识的有机结构图，提高知识之间的逻辑关系，增强知识的整体布局，降低学习难度，提高学生的自我效能感。

一、用好知识地图

"知识地图"一词来源于英国著名情报学家布鲁克斯，他在《情报学基础》中提出，情报科学的真正任务是组织、加工和整理客观知识，绘制以各个知识单元为节点的知识地图，这种"知识地图"稳定以后，便成为人类的体外大脑。当用户进行知识检索时，由某一单元节点开始，就可以任意改变检索的路径，从而由单纯的文献检索转向知识检索。"知识地图"是以知识网络的形式来阐述不同知识单元的发展与变化的，从而明确某一学科的知识发展与变化。

指向"双减"的教学任务新变化与作业活动新设计

广义的"知识地图"认为,韦恩图、思维导图、概念图、认知地图、层次树、同心圆、流程图、蜘蛛网图、决策树、时间线、甘特图、价值图以及各种视觉隐喻技术等均是映射知识的可视化工具,是知识地图的不同形式。

知识地图是一种知识管理工具,它通过应用线条、关键词或图表等视觉手段显示知识点(节点)及其相关联系,呈现知识的形成过程和获取路径,形成一个整体知识网络。其主要目的是降低人们获取知识的难度,快速有效地定位知识的位置,以便实现知识的显性化。通俗来讲,知识地图是一种帮助读者知道在什么地方能够找到知识的管理工具。

在高三地理复习过程中,构建以学科核心知识为载体的知识地图,有利于厘清学科知识的内在联系,把握知识的内涵与外延,发展整体性和综合性的地理思维,进而提高学生分析、解决地理问题的能力,培养并形成地理学科的必备品格和关键能力。

第一步,构建单元知识地图,相当于复习总目录。构建单元知识地图的目的是建立单元知识体系,使学生在认识各个节点和知识关联的基础上,形成对单元知识结构的整体认识。

第二步,构建核心知识地图,对单元知识地图中的核心知识点或知识关联进行重点复习。这就需要对目录层中的核心知识点或知识关联进行详细描述。

第三步,构建拓展思维地图,进一步总结方法规律或者对核心知识地图进行迁移应用。

第四步,高考链接,即利用知识地图去解答高考试题。通过对典型高考试题的深入剖析,呈现解决地理问题的思维范式或模型,引导学生运用地理思维方法和技能解决问题。[①]

---

① 沈永民:《构建复习课知识地图 提升学生地理核心素养——以高中地理必修二"农业地域的形成与发展"为例》,《中学地理教学参考》2017年第11期。

知识地图的资源导航、学习导航功能有助于学习的自我导向。自我导向学习可划分为自我计划、自我引导、自我评价与自我调节四个相互作用的过程（见图2-5）。自我计划是自我引导的前提，为其顺利进行提供一定指引；自我引导则是对自我计划的执行，是按预先制订的方案实施基于知识地图的学习活动的过程；自我评价与自我调节融汇于整个自我导向学习过程中，对自我计划与自我引导均有影响，且自我调节是自我评价的后续过程，利用自我评价反馈的信息，同时又不断调节自我评价的方式、方法。

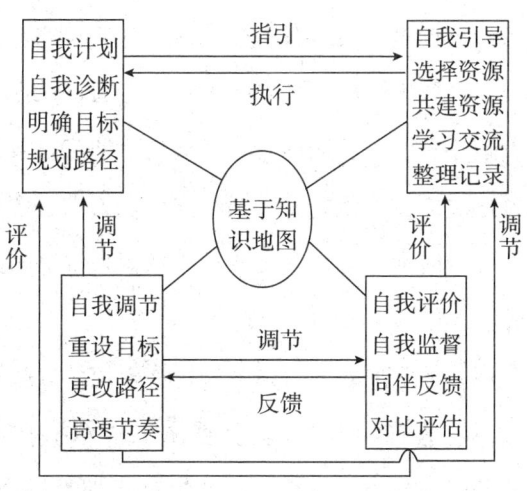

图 2-5 基于知识地图的自我导向学习

知识地图是一种以各个单元概念为节点的学科认知图。在对知识点进行描述时，可以根据布鲁姆在认知领域对教学目标的分类，将知识点描述为：知道、理解、应用、分析、综合和评价类知识，用不同颜色的点表示，经过知识点的联结形成的知识地图更加清晰，有助于分层教学。

英语分层作业可以尝试用教育信息化手段来解决，我设计开发了初中英语分层作业系统，以知识地图的形式建立英语知识点的关系图，知识地图的每个节点是试题之间的关系，教师和学生可以"按图索骥"，快速找到合适的试题。

教师可以根据学生的层次，根据该分层作业涉及的知识点，从知识地图中选

▶▶▶▶▶▶ 指向"双减"的**教学任务新变化与作业活动新设计**

择相应的知识点,然后设定需要的题型、题量、难度系数,此时系统将按照1.5倍题量从题库中抽取习题供教师选择,最后组成一份分层作业,再选择分发学生对象,系统会自动把新生成的分层作业发送到学生账号中。

教师还可以调用已有的分层作业,对习题进行调整后,形成新的分层作业分发给学生,从而节省作业布置的时间,同时也提高了工作效率。①

二、用好思维导图

作为知识地图之一的思维导图,有人称之为大脑的地图,又叫心智图,是英国著名心理学家托尼·伯赞发明的一种思维工具,它通过模拟将人类大脑的思考进程外在呈现出来,运用图文并茂的形式将对外展示的信息按照主次关系、递进关系、隶属关系等顺序重新排列组合,以核心知识点为中心建立分支,完善知识体系,方便人们在最短的时间内记忆和提取相关知识来解决实践问题,它是把思维具象化的一件利器。

教师要备好一节课,通常要对教材内容进行深入挖掘,根据"整体—部分—整体"的原则,对教材实施有效分解。教师通过思维导图对教学内容进行分析,不仅能以中心的方式凸显主旨,还有助于学生准确把握教学内容的中心。同时,思维导图可以有效凸显教学内容中各个知识点之间的联系,让学生对所要学习的知识一目了然,以此准确掌握整个教材内容之间存在的联系及规律。学生不仅能够综观整体知识点,还能对细节进行延展,从而实现透彻分析教学内容,充分掌握各个知识点,充分理解教学内容。

在教学人教版七年级《动荡的春秋时期》后,教师发现本节课的知识点比较零散,如何整合和优化这些知识点,需要教师引导和梳理。因此,教师可以画

---

① 刘洁:《基于知识地图的分层作业系统的设计与实现——以初中英语为例》,《中小学电教》2014年第5期。

专题二 提高备课效能

出一个残缺的思维导图，让学生进行填空式梳理。这样的教学方式比传统的背诵和默写更有趣，学生自然愿意主动参与进来。

教学目标不仅是教学设计的重点，还是整节课的出发点和归宿，运用思维导图进行教学目标分析，能够在核心目标明确、突出的前提下，对教学目标进行细化与完善，以促使教学目标更具操作性及针对性。通过思维导图进行多维目标的建立，通常不是将知识的讲解作为主要目标，而是将学生的素养培养作为重点，并以此促使学生实现全面发展，从而构建高效的课堂教学。

在学习之前应用思维导图能够激发学生兴趣，在学生脑海中形成一个初步框架，对于之后的教学有着重要的情感激发和知识铺垫作用。

在小学英语译林版三年级教材"Unit 4 *My family*"学习过程中，在单元内容开始阅读和学习之前，学生可以对自己的家庭成员进行采访，对爸爸、妈妈的特点进行总结，主要内容为父母的职业、爱好、特长等，学生可以将收集的信息进行分类，然后绘制一张简单的思维导图。

在这个过程中，学生能够对教材中要讲解的内容进行初步学习，并且通过信息收集、分类、思维导图的绘制，锻炼思维能力和自主学习能力，学生和家长在交流的过程中，还可以对所学内容进行发散，获得更多的知识储备。当教师进行课前提问时，学生已经通过预习对即将学习的内容有所了解，所以面对教师的问题不会产生恐惧心理，从而提升学习自信心，即便是面对教材内容，也能够在教师的指导下，快速进入学习状态，提高学习效率。[①]

思维导图以从中心向四周360°发散的呈现方式，引导学生拓宽视野，多角度解析作品。另外，思维导图的一个分支上只写一个关键词的方式，可以给大脑留下更多的思考空间和想象空间。在教学中，教师可以完成思维导图的一部分，然

---

① 张亦波：《思维导图在小学英语阅读教学中的应用》，《读写算》2021年第10期。

后让学生通过学习对导图的后面部分进行补充，给学生提供独立自主学习的机会，锻炼学生的独立思考能力和创新能力，这对培养学生核心素养有着重要的意义。

在教学信息技术学科"吃糖葫芦"动画时，选取"糖葫芦"为关键词，教师引导学生："谁在吃？吃了多少个？有哪些颜色的糖葫芦？有哪些形状的糖葫芦？……"一连串不同角度的发问，让学生找到了创作灵感，丰富而多彩的动画作品应运而生。

思维导图和人们处理信息的方式相近，能够有效帮助学生对所学知识进行理解和吸收。教学主要的目的就是"不用教"，也就是将学生自身的学习本领交还给学生。通过思维导图指导学生实施自主探究，学生可以顺着思维导图的路径，进行自主、快乐、开放的探究式学习，并对思维导图的专题线索进行整体把握。除此以外，通过思维导图的制作，教师能够充分了解学生的具体学习状况。

多媒体技术可以让思维导图动态化，将其中的知识全方位、多形式、动态化地展示出来，让知识变得更加直观有趣。

在学习周长一定的图形变化时，借助多媒体技术将周长固定，然后进行图形的变化；在学习立体图形的表面积计算时，借助思维导图和多媒体技术将图形进行动态化平铺，变立体图形为平面图形，将三维空间变成二维空间，既帮助学生理解了知识，又提高了学习的趣味性。

总之，把知识地图和思维导图运用于教学之中，可以有效地实现知识的可视化和思维的可视化，帮助学生更好地厘清知识的关系，理解知识的本质。

专题三
架构高效课堂

当学校成了学生学习的主阵地后,高效课堂则成为关键之地。高效课堂应该是生动的课堂;高效课堂应该是生活的课堂;高效课堂应该是生成的课堂;高效课堂应该是生辉的课堂;高效课堂应该是生态的课堂;高效课堂应该是生命的课堂……

▶▶▶▶▶▶ 指向"双减"的**教学任务新变化与作业活动新设计**

  当学校成了学生学习的主阵地，课堂则成为关键之地，我们不应只满足于有效课堂，必须追求高效课堂。

  高效课堂应该是生动的课堂，除了操作活动，还有制作活动，更有创作活动；高效课堂应该是生活的课堂，除了生活情境，还有生活需要，更有生活应用；高效课堂应该是生成的课堂，除了知识生成，还有智慧生成，更有思想生成；高效课堂应该是生辉的课堂，除了学习自主，还有学习自觉，更有学习自信；高效课堂应该是生态的课堂，除了独立学习，还有竞争学习，更有融合学习；高效课堂应该是生命的课堂，除了生活能力，还有生存潜力，更有生命活力……

方式 1
增加破案式学习　减少应试式学习

江苏省大数据表明，学生学业成绩与教师教学方式呈正相关。过去的学习，是面对已知的学习；现在的学习，是面对未知的学习。人人都是福尔摩斯，学习不应该是对知识的背记，而应该是对知识的探究，知识则是解决疑案的钥匙。

生活中，许多孩子都喜欢看侦探剧，也经常说"我长大后想当侦探"，学习中，他们也乐于像侦探一样去"破案"。英国数学家哈代说："激励数学家做研究的主要动力是智力上的好奇心，是谜团吸引力。"数学家的研究如此，学生的学习也是这样，不管是案件还是案例，只要是疑案或议案，学生都有兴趣去破解。我们可以设计疑案追踪式的"侦探"任务，让学生去完成，因为从大处看，凡是让学生感到有疑问、有疑惑、有疑难的知识奥秘，都可以视作"疑案"让学生去探秘。

一、设计书本中的疑案，让学生学习知识来破案

悬疑、探案类故事比较典型的是大侦探福尔摩斯的故事。2002年英国皇家化学学会决定授予这位家喻户晓的小说主人公福尔摩斯该学会的特别荣誉会员，以表彰这位"大侦探"将化学知识应用于侦探工作的光辉业绩。所以，化学是最容易采用破案式学习的学科之一。

指向"双减"的教学任务新变化与作业活动新设计

初中化学教学,我引入了福尔摩斯式破案,即利用化学知识来破案,取得了很好的效果。

具体包括六个步骤:一是教师以要讲授的化学知识为基础,穿插进侦探案例,建立合适的故事情景,调动学生兴趣;二是指导学生阅读课本内容,引导学生提出问题;三是鼓励学生通过观察、测量和实验去回答他们的问题;四是引导学生提出解释和解决策略;五是引导学生评量其提出的解释和解决策略,建立相关理论;六是鼓励学生进一步拓展。[①]

苏霍姆林斯基指出:"如果教师不设法使学生产生情绪高昂和智力振奋的状态就急于传授知识,不动情感的脑力劳动只会带来疲倦;没有欢欣鼓舞的情怀,没有学习的兴趣,学习就会成为学生的负担。"所以,许多教师都比较注重一节课开场时的情景设计,并且会优选有故事的情景设计,以求能够引发或串联一节课的知识教学。其中,如果教师创设的情景故事是侦探故事,并能让学生像侦探破案那样学习,更会受到学生的欢迎。

语文《装在套子里的人》可以这样导入:1898年夏季的一天,沙皇统治下的俄国,在一所中学的男职工宿舍里,发现一具中年男尸。据查,死者为该校希腊文教师别里科夫,死因不明。究竟是自然死亡,还是意外死亡?是他杀还是自杀?

2005年春天,××中学××班的学生组成专案组,对这一事件进行立案调查。调查涉及四个选题:案发背景、现场勘查、涉案人员档案、证人证言。要求:×人一组,讨论决定选择其中的一个选题。然后小组讨论,一人执笔,共同写出调查报告。15分钟后,组内确定一人宣读。[②]

甚至,我们还可以通过更大范围,更具活动的课本剧、知识剧的形式讲述破案故事、组织破案学习,这样的表演任务深受学生的喜欢。

---

① 周开军:《福尔摩斯式破案与中学化学探究式教学》,《教育》2017年第10期。
② 据行知部落网:https://www.xzbu.com/9/view-9678418.htm。

专题三 架构高效课堂

数学"数字与编码"一课,我们把"小侦探破案记"的学习过程演变为学生的"数学剧",最大限度地吸引学生的视听,提高学生的主动参与程度,实现从现实生活或具体情境中抽象出数学问题。

人物:市民甲、市民乙、大侦探、数学大王(上课教师)、普通市民(台下的同学们)。

任务:帮助大侦探破案。

情节:

【场景1】歹徒逃离,将身份证复印件掉在了现场,学生探究身份证编码中的数字与信息。

【场景2】通过身份证编码的出生年月信息锁定了3个嫌疑人,后来找到了犯罪嫌疑人的银行卡,学生探究银行卡编码中的数字与信息。

【场景3】根据银行卡确定犯罪嫌疑人后,查到了他使用的手机号码,学生探究手机号编码中的数字与信息。

【场景4】由手机号码定位到了犯罪嫌疑人的位置,发现犯罪嫌疑人相继坐高铁、汽车一路逃窜,学生探究高铁车票、汽车车牌、高速公路路牌中的编码信息。

【场景5】综合诸多信息后,最终抓住了逃犯。

数学剧将学生代入到"小侦探"的角色中,有助于学生从创设的情境中获取数学信息,把得到的信息进行归纳总结,再寻找规律,进行猜想研究,促使学生不仅掌握知识,而且思考知识、评判知识、创新知识,实现数学创新思维的发展。

我们还可以把一些枯燥乏味的练习题设计成疑案,让学生用"破案"来代替做题。

神探小子们对某犯罪嫌疑人的住宅进行秘密勘查时,发现了如下三组可疑数字:546445、648446、102001。据推测,这几组数字很可能与保险箱的密码有关。但结果没有一组数字能开启保险箱。峥嵘思考了一会儿,突然明白了:"真

指向"双减"的教学任务新变化与作业活动新设计

正开启保险箱的数字密码应该是324223!"请问峥嵘的推理依据是什么?

学生经过探究,会发现三组可疑数字中,546445的每个数字减去2、648446的每个数字除以2、102001的每个数字加上2,结果都是324223。原来,这是犯罪嫌疑人用曲折的手法暗示保险箱的密码。

在语文中,我们还可以开展"错别字侦探"活动,从发现书本中的错别字到发现生活中的错别字。更进一步,我们还可以开展"找错侦探"活动,在更大范围内找错,从找自己的错到找别人的错,甚至找教师的错。此时,高明的教师在教学中就会故意犯错,让学生找错,而学生为了找教师的错,就会时时盯着教师的一言一行。

一位教师教《在烈日和暴雨下》时,故意把"在烈日和暴雨下"写成"在暴雨和烈日下",被一位后进生发现了:"老师,您写反了!书上写的是'在烈日和暴雨下'。"

"是啊!是啊!"全班学生都很兴奋。然而,教师故意不认错:"我没有错!'烈日和暴雨'是并列短语,意思一样。"

"不对!"一位女同学激动地站了起来,"题目名为'在烈日和暴雨下'而不是'在暴雨和烈日下',是有道理的!因为课文是先写的烈日,后写的暴雨,这既是天气变化的顺序,也是课文的大体结构。怎么能够随便颠倒呢?"

当学生智慧灵光的火花被点燃起来后,教师故作恍然大悟状:"嗯,有道理。好,我接受同学们的看法。谢谢同学们!特别要感谢刚才第一个发现我的错误的同学!"

世上没有什么比纠正别人的错误更让人高兴的了。学生能够发现教师的错误并能纠正教师的错误,会感到特别开心,更能让他们感到有面子、有水平,当然也能顺便"报复"一下平时总是纠正他们错误的教师,获得一种心理平衡,于是也就特别用心。

二、找寻生活中的疑案，让学生运用知识来破案

日本教育家佐藤学对学习本质的界定是三种实践活动，即：对自然和社会事件的认知活动，对文化承接和创新的实践活动，以及自我意义的构建活动。生活中，无奇不有，经常会发生一些让人一时误入歧途的"疑案"，而有些疑案包含着知识学问，对此，我们可以拿来一用，交给学生运用和应用知识去探秘。这样的"应用题"，要比课本中的应用题更真实、更复杂、更刺激，也更有实际意义，因为有时能否破案还会影响人的情绪状态和生活状态，于是也就更能吸引学生去解开其中的谜团，最终找到谜底。由此可见，这种"对自然和社会事件的认知活动"，更容易促使学生的学习完成"自我意义的构建"。

一个上班族为了煎饼上少了一个鸡蛋和卖煎饼的大妈发生了争执，大妈说："我月入3万元，还会差你一个蛋吗？"这个新闻激起了不小的波澜。在此，疑案和议案来了：这个大妈说自己月入3万元，这可能吗？

学生要破解这个疑案，就必须实地调查，还要经过计算和推理。以北京为例，一张煎饼卖6元，毛利在5元左右。月入3万元，得卖出6000张煎饼。而北京这样的气候，每个月平均可以在室外正常工作的天数为24天左右。那么，这个大妈每天需要卖出250张煎饼。每张煎饼的制作时间大约是3分钟，那么制作250张煎饼就需要750分钟，也就是12.5个小时，这样的工作强度大妈吃得消吗？！

学生在完成这个"疑案追踪"任务中，练习了知识，锻炼了能力，更重要的是体会到了生活的不易，以后遇到这样做小生意的人，或许会心怀尊重。此时，知识的内涵得到了极大的丰富，不仅只是课本知识，还有生活、生存的知识，不仅包括如何做学问的知识，还包括如何做人的知识。所以，这是一个引人向上的探秘任务，也是一个引人向善的探秘任务。

指向"双减"的教学任务新变化与作业活动新设计

社会是个大熔炉,鱼龙混杂,一些骗局考验着人们的知识水平,一旦揭秘其中的知识原理,人们往往会豁然开朗,惊呼"原来如此"。

净水器推销员往往会当场做一个比较试验,拿一个电解器的装置分别放入一杯自来水和一杯净化过的水。通电几分钟后,自来水就会泛起黄沫,接着水中出现很多令人恶心的絮状物。而从净水器中接出来的水,通过电解后,水里只出现淡淡的黄色。

当消费者看得目瞪口呆时,推销人员就会趁热打铁地说,自来水会变脏是因为水里含有少量重金属、细菌等杂质,经电解变成了不溶于水的絮状物。然后,很多消费者会毫不犹豫地花两三千元购买一台净水器。

其实,这个电解实验在高中化学中就有,做实验时,将铁棒作为阳极,铝棒作为阴极,由于自来水中含有少量的矿物质,具有导电性,当电解器两极插入自来水中并接通电源后,就发生了电解反应:铁棒发生电解生成不溶于水的铁氧化物,这就是电解器检测自来水时出现的黑红色絮状物。

而纯净水是不含任何离子的水,不导电,不发生电解反应,也就无任何物质生成。自来水中有矿物质是正常的,并不能说明水质不好。而且自来水集团严格按照国家规定检测,居民完全可以放心。

其实,从广义上看,所有的知识在未学习之前都可以看作一个个"疑案",等待学生去破解。教师的教学方式或学生的学习方式,都应该是破案式的。所以,在任务驱动学习中,教师应该创造更多面向未知和面向未来的还没确定的知识或不确定知识,让学生有更多的机会面对这样的疑案去破案,在成为破案高手的过程中成为知识学习的高手。

方式 2
增加制作式学习　减少纸笔式学习

有一首儿歌,"人有两个宝,双手和大脑。双手会做工,大脑会思考",还有一个成语叫"心灵手巧",原意是"心灵+手巧",但我们也可以理解成"心灵才能手巧",还可以理解成"手巧更能心灵"。"手是孩子的第二大脑",从生理学角度看,手指与大脑相连的神经最多,通过运动手指,可以有效刺激大脑,延缓脑细胞死亡时间。

教育家陶行知说:"我的理论就是行、知、行。"这首先告诉我们,"知"通过"行"而得,也就是我们的教学要让学生在"做中学"。数学教育家弗赖登塔尔也说:"'学'这一活动最好的办法就是'做'。"

一、让学生在制作玩具中学习知识

用任务驱动学习时,我们应该多设计让学生动手操作、制作、创作的任务,其最终的作品可以是玩具。

数学"一一间隔规律"一课,教师给学生布置"做手链"任务:桌子上有若干红色珠子和黄色珠子,将它们穿到带子上,注意要一颗红色珠子接着一颗黄色珠子这样间隔排列,要求红色珠子必须是4颗。

结果学生有四种设计方法:(1)红—黄—红—黄—红—黄—红;(2)红—

指向"双减"的教学任务新变化与作业活动新设计

黄—红—黄—红—黄—红—黄;(3)黄—红—黄—红—黄—红—黄—红;(4)黄—红—黄—红—黄—红—黄—红—黄。

接着,教师让学生将它们围成圆形手链,还是要求一颗红色珠子接着一颗黄色珠子,学生发现只有第(2)种和第(3)种穿法符合要求,因为它们两端的珠子颜色不同。

课后,学生戴着课中做的"手链",别提有多高兴了。有的还送给自己的同学、朋友、亲人甚至老师,他们觉得这样的任务完成得很有意义。

在开展制作性任务的时候,我们首先要做的是激发学生制作的需求。对最终作品是玩具的制作性任务,在"玩一玩"的基础上可以进一步开展"赛一赛"活动,体现玩具的用场,以此驱动学生完成制作性任务。

在科学"运动和力"单元中,我们发现教材中给出了"利用生活中的材料制作一辆具有动力的小车,使它在5秒内把2块橡皮运到1米远"的任务。教材直接给出了任务的内容,但任务缺乏相应的情境激发学生的内驱力,需要教师设计。

我们提出驱动型任务如下:设计一辆自有动力的车,能够在5分钟内,将运输物资(橡皮)从起点运到2米远的目的地,物资最多者获胜(规定时间内,不限运输次数)①。

我们还可以在学习了一定知识之后让学生利用所学知识制作玩具,此时又是对知识的复习。

学习了"米和厘米的认识""克和千克的认识""角的测量""轴对称图形"以及"统计"等数学知识后,我们组织学生试飞自制纸飞机,测量统计飞行距离、机身和机翼的长度,称量飞机的质量。

---

① 赵茂军:《大概念统整下的科学学科项目化学习实践探索——以"制作救援车"项目为例》,《教育科学论坛》2021年第9期。

学生在亲历试飞的过程中，收集、处理、统计、分析和比较信息，并根据分析结果，从纸张质量与机身、机翼长度两方面探究飞行距离远的纸飞机的最优结构。

然后，教师向学生介绍"2012年美国约翰·柯林斯折成的纸飞机连续飞行了69.14米，创造了吉尼斯世界纪录"，引导学生用约翰·柯林斯发明的折法制作纸飞机。在制作过程中，让学生注意对称、角的大小等数学知识。

这样的制作任务，哪怕所包含的学科性知识不多、不强，但只要学生有兴趣，并且能够让学生有所得，同样值得一做。例如，我们给学生的课后作业布置了这样充满挑战性的制作任务：可以裁剪但不能用胶水，将一张A4纸竖立在桌面上，能竖多高？

二、让学生在制作学具中学习知识

在任务驱动学习中，学具也可以让学生自己动手制作，在动手制作中学习知识。

在教学数学"圆柱的认识"一课时，我们以"制作圆柱学具"的任务来大做文章，让学生在制作活动中逐步了解隐含的圆柱特征。

第1次制作。提供一个圆柱物体，让学生制作与这个圆柱物体一样的圆柱学具，此时学生大都想到描下圆柱物体的底面，然后用纸去围圆柱的侧面的方法，此中，学生很容易发现圆柱的底面相等。

第2次制作。增加完成任务难度，要求不能描圆柱物体的底面和用纸去围圆柱的侧面，而要测量后用直尺和圆规画出图纸，然后制作圆柱学具，引导学生发现侧面与底面之间的关系，最后让学生思考"要制作一个圆柱，至少需要知道哪些数据？"

第3次制作。再增加完成任务难度，不提供圆柱物体，用一张长方形纸作为

指向"双减"的教学任务新变化与作业活动新设计

圆柱的侧面,让学生配上底面制作圆柱学具。此中,圆柱的侧面有两种围法,一是沿着长方形纸的长边围,二是沿着长方形纸的宽边围。

第 4 次制作。只有一张长方形纸,让学生设计图纸,充分利用长方形纸的大小,制作圆柱学具。

在教学"圆柱的体积计算"一课后,我们把上述"给一张长方形纸作为圆柱的侧面,让学生配上底面制作圆柱学具"这一制作活动增加条件,改成"给一张长方形纸作为圆柱的侧面,让学生配上底面制作一个体积最大的圆柱学具",完成第 5 次制作任务。

最后,在教学"圆锥的体积计算"一课后,我们再次设计制作任务:"我们本节课制作的圆柱和圆锥,它们的制作方法一样,圆柱的侧面还是由一个长方形或正方形围成,上下还是两个大小相等的圆,圆锥的侧面依然是一个扇形,底面还是一个圆,不过它们要等体积、等高。"经过学生讨论,形成完成任务的思路:"因为等底等高的圆锥的体积是圆柱的 $\frac{1}{3}$,高相等,只要让圆锥的底面积是圆柱的 3 倍就可以了,反过来,只要让圆柱的底面积是圆锥的 $\frac{1}{3}$ 就行了。"完成第 6 次制作任务。

上述接二连三、循序渐进的制作活动,既活动了学生的双手和大脑,又活跃了学习气氛,在收获知识成果的同时还留下了物质成果。这样的数学活动课,不仅是知识交流会,而且还是作品交流会。

制作的学具,除用作学习工具,还可以用作学习模具。

生物教材中"人体与外界气体交换"的重点是呼吸运动的原理,我们选取了社会热点问题"呼吸机的工作原理"作为项目背景,把制作呼吸运动的模型作为 STEM 教育的产品,期待学生在研发产品的过程中,提升 STEM 素养,了解科学在社会生活中的重要性。

由此，我们结合新冠肺炎疫情，让学生了解呼吸机是通过施加压力，将氧气压入"新冠"患者的肺部，帮助患者完成呼吸，进而通过制作的呼吸运动模型理解人体正常呼吸时是如何形成高压或低压的肺环境的。

呼吸运动模型制作项目融合应用了多学科知识，特别是工程设计思想和数学思维，力求使学生在模型制作、组装的过程中，了解设计、执行、反思与修正的工程设计程序，锻炼同他人交流与合作的基本技能，感受如何通过不断的尝试、改进，更好地达成目标，学会像工程师一样思考。[1]

三、让学生在制作用具中学习知识

通过制作任务完成的作品，除了用于玩耍的玩具、用于学习的学具，还可以是用于生活的用具。

在高中通用技术教学中，要求各小组学生利用现有的不锈钢饭盒、塑料盒、海绵等试验材料，自行设计"无电冰箱"的技术试验方案，即要求设计并制作一个具有"制冷"效果的"箱子"，并进行测试。

学生需要以小组为单位，积极进行讨论分析并主动结合自身所学相关学科的知识技能，联系现实生活经验，独立设计出试验方案并执行。

在数学教学中，"年月日"可以设计"做新年年历"的制作性任务，"圆柱的表面积"可以设计"做一款能尽量节省制作材料的茶叶罐"的制作性任务，"轴对称图形"可以设计"学剪纸"的制作性任务，"平移与旋转"可以设计"做花边"的制作性任务，"圆的认识"可以设计"做车轮"的制作性任务。

通过制作任务完成的作品，除了进行仿造、进行改造，甚至还可以进行创造，这样的制作任务，不仅是发现，甚至还可能是发明。其中，起源于美国的

---

[1] 杨守菊、张树青：《基于STEM理念的初中生物学项目式学习探索——以呼吸运动模型的设计与制作为例》，《生物学教学》2021年第9期。

指向"双减"的教学任务新变化与作业活动新设计

STEM 教育,就是旨在培养学生的跨学科解决问题能力和创新能力。

垃圾分类已成为新时尚,但四个独立的分类垃圾桶的制作材料多,占据的空间也大。学生通过在生活中的观察思考,提出可否制作一款同时能存放四种垃圾的垃圾桶?因此,为了更好地完善垃圾桶设计,同时培养学生的综合创新能力,我们选定以"制作智能垃圾桶"主题项目来进行实践和探索。

大部分高二学生对智能垃圾桶这个项目具有浓厚兴趣,于是我们提前为这部分学生开设了为期一个学期的有关数字电路内容的社团活动课,使得参与课程学习的学生具备了数字输入、互动编程、电路及自动控制等最基本的电路知识。

通过基于工程的学习,运用数学、科学的知识进行科学探究,设计解决方案,亲自制作电路图,焊接电路板,动脑动手,通过技术达成目标。[1]

STEM 教学强调的是培养学生"带走的能力",而不是"背不动的书包",符合"双减"思想,在物理、化学和生物等多学科教师的指导下,在项目任务的驱动下,学生的综合能力能得到很好的锻炼。另外,研究过程中,小组成员需要向同学、教师详细地解说和演示个人或小组成果,团队通过自评、互评等多种方式对项目作品进行客观评价,教师根据过程中的任务完成指标和最终的项目作品进行评价,学生不但能掌握基本的知识和技能,而且语言表达、团队合作、创新思维和批判性思维都得到了锻炼和提升。

寓身认知理论主张,人应该以"体认"的方式认识世界,心智离不开身体经验,概念通过身体、大脑和对世界的体验形成,特别是通过感知和肌肉运动能力而得到,只有通过它们才能被理解。它的理论依据之一是脑科学。对大脑皮层的研究表明,在精细运动过程中,与认知发展有密切关系的前额叶血流量增加,这说明精细运动过程还可能通过直接激活大脑皮层认知部位进而促进认知发展。

---

[1] 李泽钦、肖佳音、张性海:《基于中学理科 STEM 项目式学习的探索与实践——以"制作智能垃圾桶"项目为例》,《中学物理》2021 年第 9 期。

一些实物操作都是精细运动，它需要借助学生的手及手指等部位小肌肉或小肌肉群的运动，需要在感知和注意力等多方面心理活动配合下才能完成任务。因此，我们应该多设计这样的制作性任务，让学生"做中学""玩中学"。

方式3
增加游戏式学习　减少苦闷式学习

曾经看到这样一个访谈——

一位记者在对学生的访谈过程中，每当问到"你最喜欢老师用什么方式来上课"时，无论四年级还是六年级的学生，大部分人的第一反应都是"做游戏""边学边玩"，一个小男孩绘声绘色地介绍了他上过的一堂"观察物体的方位"的数学课上老师怎样让他们充当建筑物，怎样让他们扮演司机去辨别方位等。

卢梭认为，"寓教于乐才是教育的最高境界。"爱因斯坦与皮亚杰在探讨儿童游戏本质后得出一个令人吃惊的结论："认识原子同认识儿童游戏相比，不过是儿戏。"我们可以设计一些游戏性任务，让学生"玩好知识"，然后再引导学生深入发现"知识好玩"。

一、在玩好游戏中学好知识

布鲁纳说："游戏活动是生命的自由表现，它是生活乐趣。"同理，快乐的学习是人不断发展的前提和基础，而那些符合学生"玩"的天性的教学，才能

指向"双减"的教学任务新变化与作业活动新设计

激发学生学习的动机,让学生通过自身的感受,领悟和欣赏,主动、自信地参与到学习活动中来,使学生学得轻松,学得快乐。

假如你有机会去听麻省理工学院沃尔特·H. G. 卢因教授的物理学讲座,你将惊讶地发现这位有名的教授并不是高高在上地坐在讲台后,你也看不到他对着笔记本或者投影屏幕向观众滔滔不绝地进行讲解。事实上,你更可能发现他正在天花板上荡秋千以演示钟摆是如何运动的;或者用小猫的卷毛猛击一个学生以产生一个电荷。"学生们可能记不住一个复杂的方程式,"他说,"但是他们肯定能记住一个在空中飞翔的教授。"①

游戏化学习的核心理念植根于用户(学生)体验思维,并从内容和形式两个方面彰显了参与性、关联性、互动性和开放性。虽然我们可能还无法达到上述案例中那位物理教授教学的开放程度和震撼效果,但我们可以利用游戏创设趣味化情境,布置游戏性学习任务,这样的游戏哪怕是虚拟的,学生也会乐此不疲。

在学习《三字经》的历史知识部分时,教师可在导入环节中引入"时空穿梭机"的情境,学生坐上这个神奇的机器,可以随意穿梭到不同的朝代,看到不同的人和事,从而理解《三字经》里的内容。

学习结束后的检查环节也可以创设"时空穿梭机密码环节",将学生需要掌握的故事通过一环扣一环的揭秘环节展开,只有所有问题都答对,学生才能回到现代。如周朝一共多长时间?周文王和商纣王之间发生了什么事?学生不是机械地背诵,而是在理解基础上的记忆。②

情境的创设也可以不依靠文本的内容,如《三字经》闯关游戏、《三字经》迷宫大冒险、《三字经》棋盘游戏等,只要情景具有整体性,就能保证课堂的游

---

① 彭金平:《教室里荡秋千的教授》,《现代青年(细节版)》2010 年第 8 期。
② 曹侠:《基于游戏化学习渗透的小学国学教育》,《小学教学研究》2020 年第 11 期。

戏味越来越浓,学生也能玩得不亦乐乎。

伴随着网络游戏的发展,新一代年轻人已经习惯了各类游戏的隐喻和情景,并且乐在其中,他们对游戏的习惯和认可,对趣味性的诉求,促进了游戏在社会生活方方面面的应用,包括在教育教学中的应用。

数学知识"用数对确定位置",怎样让学生主动学习呢?游戏"海盗船"是让孩子用颜色和海洋生物两者来确定船只的位置,并判断是哪种船只,孩子们在这个游戏中玩得不亦乐乎。我发现这个游戏中确定船只位置的方法与"数对"有着异曲同工之处,我将"数对"游戏化,让学生进行船长和炮手的角色扮演,并设计了四个关卡任务。

第一关"你说我打"。类似打地鼠的游戏,由一位学生当炮手,其他同学做船长,炮手要根据船长描述的位置找到海盗船并将它击沉,学生很乐意玩这样的游戏。

第二关"快速定位"。给学生渲染了前方大量海盗船出现的情境,这就迫使船长要在最短时间内说出海盗船的位置,激发了学生的竞争意识。

第三关"破译密码"。有一艘海盗船趁着浓雾逃走了,侦察兵发回了一条表示其逃跑路线的密码,要破译密码就需要学生之间的合作了,在你一言我一语的交流过程中,学生不仅把海盗船的逃跑路线找了出来,而且还获得了成功的体验。

第四关"趣味找船"。通过各种找船游戏,巩固学生用数对确定位置的能力。

我将整个数对的学习过程贯穿于一系列的游戏之中,并让学生角色扮演融入其中,学生始终保持着浓厚的学习兴趣,总是有"再玩一次"的欲望。

数学大师陈省身从十几岁开始"玩数学",把数学当游戏一样玩,一玩就是八十余载,并写下了"数学好玩"。当游戏遇上数学,游戏就不再是纯粹的消遣娱乐,而成为提升学生数学思考力的有效工具,游戏化学习会让学生获得基于情境的认知体验、基于协作的社会性体验、基于动机的主体性体验。其中,游戏元

指向"双减"的教学任务新变化与作业活动新设计

素的设计秉承认知中心的原则,围绕认知内容的设计展开,主要涉及游戏情境与交互方式、奖惩机制、声音设计、故事线设计等。

新冠肺炎疫情期间,在线教学没有了教师和教室的约束,更加需要学生主动参与和自主学习。实践证明,于在线学习中使用游戏化的方式,能够提高教学效果。

二、在玩好用具中学好知识

小学生都喜欢玩具,很多时候,他们会爱不释手,让许多家长和教师担心沉迷其中会影响学习甚至玩物丧志。对此,笔者认为,只要引导得当,玩具完全有可能变成学具,并且是实现寓教于乐的有效途径,这样的"玩物学知"也可以说是"对学习资源的积极主动应用"。

在生活中,许多娱乐玩具可以用来帮助学生学习数学,比如扑克牌,在教学"统计"时做学具让学生按照不同标准分类,在教学"年月日"时做学具让学生了解隐含其中的年月日知识,在教学"连加"时做学具让学生回家与父母打牌——谁拿到的5张牌能凑成20以上就算谁赢,在教学"混合运算"时做学具让学生通过"算24点"设计运算顺序,在教学"可能性"时做学具让学生通过翻牌游戏计算可能性的大小,在教学"和与积的奇偶性"时做学具设计翻牌抽奖引导学生发现和与积的奇偶规律……

在玩国际象棋中学"用数对确定位置",在玩飞行棋过程中了解负数,在掷骰子中体会可能性……在玩魔方中学"表面涂色的小正方体",在玩俄罗斯方块中学"平移与旋转""面积单位和图形的面积""图形的组合"……

除了像扑克牌、七巧板等室内可"玩数学"的桌上玩具,室外玩具中也可以"玩"出数学,例如玩纸飞机可以玩出"轴对称图形"知识,玩滑梯可以玩出"角的度量"知识……

魔术表演也是学生普遍喜爱的娱乐节目,所以,我们可以利用魔术这种形式让学生在玩乐中学习知识。其中,化学反应常常可以设计成"化学魔术"。

除了可以有"化学魔术",还可以有"物理魔术"。"物理魔术"就是以物理实验为基础,将实验现象与生活情景相融合,展示出令人称奇的现象,是一种常见的创设教学情境的手段。

物理"平面镜"课上,教师展示视频——刘谦魔术《年年有余》。玻璃缸里只有清水,用一块丝巾盖住玻璃缸,刘谦用手向空中抓了一下,似乎把什么东西放进了玻璃缸。再拿开丝巾,玻璃缸里竟然出现几条美丽的小金鱼,在水中快活地游泳。

学生经过小组讨论揭秘:在表演之前,将一块尺寸合适的平面镜放入装有清水的玻璃缸,与鱼缸底面成45度角。魔术师将金鱼放入平面镜后面的水中,但是由于平面镜不透明且成像,观众看到的玻璃缸里只有清水。然后在拿走丝巾的同时也拿走平面镜,金鱼就出现在玻璃缸中。①

耶鲁艺术中心设计策展人格伦·亚当森的一篇文章中写道:"对于逻辑和知识的理解能力是'智商';对于人情交际的处理能力叫'情商';而对于'物品、物质'的理解力就叫'物商',包括对于身边的东西如何制造、如何工作、如何使用、如何欣赏的能力。"其中,会使用玩具作为道具来表演知识魔术也可以是一种"物商"。

教学数学"奇数和偶数"时,我们可以表演猜牌魔术:魔术师遮住眼睛,观众一在一副牌中抽16张摆成4×4,牌面正反不定,观众二将牌面扩充到5×5,正反仍然不定,观众三随意调换一张纸牌的正反,而魔术师却能准确找出那张调换的牌。原来观众二是托儿,他的任务是使每一行每一列正面朝上的牌数为奇

---

① 姜建军:《巧设物理魔术 构建活力课堂——以〈平面镜〉教学为例》,《文理导航(中旬)》2021年第8期。

指向"双减"的教学任务新变化与作业活动新设计

数。这样无论第三个人怎么翻,魔术师只要观察哪一行哪一列牌面朝上的个数不是奇数,便能找出被调换的那张牌,这便是著名的"奇偶校验法"。

专家还认为,擅长 DIY 就是物商高的典型。在学生眼里,擅长 DIY 的人也就是会玩的人,在学生眼里,玩物不只局限在像扑克牌、七巧板这些经典玩具中,只要能玩的物具都可能成为学生的玩具,哪怕生活中经常使用的纸,学生都可以玩得不亦乐乎,玩出很多学问来。

学生喜欢玩的折纸游戏,在数学中用处很广,不仅涉及直线、角、相交、垂直、平行、对称等知识,而且可以用于长方形和正方形四边关系的探究、三角形内角和的证明、圆心的寻找,还可以用于分数的认识……甚至一次折纸任务可以包括众多数学知识,例如:

首先,拿一张圆形纸对折两次,找出圆心,弧线紧贴圆心,折出三角形;然后,找到三角形一条边的中点,把这条边对应的角折至该边的中点,得到梯形;接着,把另外一个角沿着斜线折起,使顶点和对面重合,得到平行四边形;最后把剩下的一个角也折起,把已经折叠的两个角打开,让三个角在空中拼合,得到正四面体。

小学数学虽然不涉及四面体的内容,但这一折纸活动最后的作品让学生知道了"四个相同的面也可以构成一个立体图形"。同样,如果我们让学生完成"用一张长方形纸可以折出哪些度数的角"的任务,最终也可以引到中学数学知识。

总之,我们应该遵循学生爱玩好动的心理,积极创造条件,设计学中玩、玩中学的任务。课前玩一玩,帮助学生了解知识;课中玩一玩,帮助学生理解知识;课后玩一玩,帮助学生化解知识。

方式 4

增加创想式学习 减少听记式学习

有一种看影视剧的方法叫"猜测"。在《你做过的每件事,其实都不会浪费》一文中有一个故事——

有个女生,从小到大除了学习,最爱做的事就是看电视剧以及看韩国综艺节目。她可以暑假两个月不出门,坐在沙发上一动不动,经常为了看电视忘了吃饭。她的一大乐趣就是猜电视剧的走向,尤其是刑侦剧,上来就知道谁是凶手。

最厉害的是,她看言情剧看投入了,还会代入女主跟男主对话,结果女主跟她说的真的差不多。她妈常对她说的一句话就是,你每天看得这么投入,你怎么不钻到电视剧里面去啊。现在,她是我们公司最厉害的编剧。

由此,笔者在想,有没有一种学习方法叫"猜学"?任务驱动学习中,我们应该交给学生"编剧"的任务,时时处处猜想接着会学什么,知识会怎样发展,教师会怎样教……

罗振宇在《知识就是力量》里说:"这个世界所有真正懂得财富密码的人,都是找未来要价值的。"找未来要价值,也就是学会创造,这也就是哲学家怀特海所说的:"只有当人类'发明了发明的方法'之后,人类社会才能快速地发展。"同理,学生要真正懂得知识密码,也必须找未来要价值,学会创造,其中,只有"学习了学习的方法"之后才能进步:你在学习过程

指向"双减"的教学任务新变化与作业活动新设计

中做的"猜学","其实都不会浪费",到后来必定会成为自主创造知识的"才学"。

一、让学生"猜学"出一节课的内容

有一种读书的方法叫"猜读"。华罗庚拿到一本书,先读一点,然后猜后面内容——若没猜中,就继续读;若猜中了,就不读了!

猜读,是一种很好的读书方法。"猜读"无疑能够运用于语文教学,学生在阅读文本时以已知的内容为依据,以联想或想象为手段,推知文中未知的内容,包括猜生字的读音、词语的意思以及情节的发展等。

在语文识字教学中,也可安排"猜读识字"任务,一是根据图片中的实物猜字的读音,如根据图片猜读"蜗牛、发芽、草莓、蘑菇"。二是根据字形猜字音或字义:一种是根据形声字造字规律猜读音或意思,如"墙、蚊、咬、赶、房、转";另一种是根据象形字、指事字、会意字的字形猜读音,如"车、象、哭"等。三是根据字所在的语言环境并结合字形猜字音。

"猜读识字"可以借助动作演示帮助学生进行猜读,如一年级《咕咚》一文中有这样一句话:"野牛拦住大伙问,大伙都说没看见。"在教学动词"拦"的时候,教师可以让学生先看插图,看到野牛站在大伙前面,然后让学生做出"拦"的动作,让大家猜猜这是个什么字。最后,教师让学生把猜读的生字"拦"置于整个句子中读一读,检查一下猜读得是否正确。

在语文阅读教学中,教师要强化阅读方法的指导,可以给学生布置猜读的任务破除阅读障碍。

首先,题目是文眼,教师可以于题目处设置猜读点,吸引学生的参与兴趣。如读了课题《雪地里的小画家》后猜猜:雪地里的小画家会是谁?在雪地里怎么画画呢?画的是什么?读了课题《四个太阳》后猜猜:怎么会有四个太阳呢?

一年有几个季节，是不是每个季节都有一个不同的太阳挂在天上？……

其次，许多开篇之语往往是整个语篇的中心句，也为后面人物的出场、情节的推动起到铺垫作用，教师可以在此设计猜读点，调动学生的阅读期待，开启学生的思维大门。

最后，读了开头，猜测文章将有什么样的结尾；读了上段，猜想接下来会发生什么等。如《拔萝卜》故事的结尾是这样的"小狗喊小猫来帮忙……"，一个省略号就给了学生想象的空间：后来怎么样了？……①

这样的"猜学"最好是有根有据的。陶行知说："我们要以自己的经验做根，以这经验发生的知识做枝，然后别人的知识才能接得上去，别人的知识方才成为我们知识的一部分。"在学生已经找到知识之"根"（知识的发生）的基础下，知识之"枝"（知识的发展）就可以让学生自己"接上去"，这个"接上去"的过程也就是掌握知识的过程。

数学"图形的放大与缩小"一课，例题使用的素材是把长方形按2∶1放大，对此，我们这样一步步引导学生不断创造知识：

第一步，教师在"2"上画个圈，引导学生思考："是不是只能按2∶1放大？"让学生创造出按3∶1、4∶1、5∶1……放大；

第二步，教师在"1"上画个圈，引导学生思考："比的后项是不是只能是1？"让学生创造出按3∶2、4∶3、5∶2、5∶3、5∶4……放大；

第三步，教师在"放大"上画个圈，引导学生思考："是不是只能放大？"让学生创造出按1∶2、1∶3、2∶3、1∶4、3∶4……缩小；

第四步，教师在"长方形"上画个圈，引导学生思考"是不是只有长方形才能放大与缩小"，让学生创造出其他平面图形的放大与缩小。

……

---

① 穆文红：《"猜读"，让学生像猜谜一样自主阅读》，《云南教育（小学教师）》2019年第4期。

▶▶▶▶▶▶ 指向"双减"的教学任务新变化与作业活动新设计

"猜学"还可以成为整个教学设计中的一个环节,例如有一位初中英语教师在上文学名著阅读指导课时采用了"猜—读—赏—论—写"五步教学法,充分利用标题和插图来开篇,帮学生扫清阅读障碍,预测内容,引发阅读兴趣。

二、让学生"猜学"出多节课的内容

思想家怀特海说:"一旦学生掌握了结构,他们就能'站起身来,环顾四周',达到更高的理解层次。"

"群文阅读"是在单篇文章阅读的基础上,让学生围绕一个话题对多篇文章进行阅读。于是,课文由一篇引出多篇,课时也可能由一节课引出多节课,拓宽学生的视野。对此,我们同样可以采用"猜读"和"猜学"的方式引导学生"站起身来,环顾四周",看到更多的知识风景。

我筛选了冰心、萧红两位女作家四篇极具个人文学风格、适宜六年级学生阅读的散文《往事》《吹泡泡》《永远的憧憬和追求》《祖父死了的时候》,采用"群文齐读"方式,先让学生"看题目猜内容",再"读文本证猜想",找到文本之间的相同之处,即四篇散文都是描写作者的亲身经历,属于叙事散文;然后通过"将作品归类、填表格"的教学活动,分别从"事""情""言"三个维度感受两组文本的不同之处;最后在"小资料"的提示下,通过"猜作家和与之对应的作品",让学生形象地感知到正是因为两位女作家早期的家庭生长环境和生活经历不同,才造就了她们文学风格的不同,这就是"冰心体""萧红体"形成的根源所在。如此的多节课最终形成了一个理解的合成结构。[①]

有人说:"如果一个人掌握的都是个别经验的知识,那么他就没有什么知识……知识的结构扩大了人的想象中的行动范围。"我们已经知道,"猜学"可

---

① 胡军:《猜读品悟比异,培养优势思维——北师大版六年级〈读文知人〉群文教学设计及反思》,《四川教育》2016年第2期。

以促进创造性学习，除了一节课的新授和练习可以在学生的经验和知识的逻辑关系中"创造"出来，知识的研发成果还可能串联几节课的教学内容。

数学"混合运算"一课，由加、减、乘、除这些基本运算可以组合出加减、乘除以及乘加、乘减、除加、除减等混合运算，学生可以按照这样的"知识地图"进行学习，也就是连续几节课的教学内容都由学生创造设计出来。

不断地"猜学"可以让"知识地图"的教材目录越来越丰厚，把教材众多课时内容甚至把原本分散在教材各单元的课时内容，汇聚在相同的主题或相同的线索之下，有助于实现大单元教学。华东师范大学钟启泉教授说："单元设计是撬动课堂转型的一个支点，是课程开发的基础单位，是课时计划的指引，它的起点是学生认知。"

数学"公顷的认识"一课，我们可以引导学生利用旧知通过"猜学"将新知"公顷"创造出来。

教师可以出示公园的平面图："要测量公园的占地面积，该选用什么面积单位呢？"根据学生回答的面积单位出示相应的数据，发现使用较大的面积单位表达更简捷，并发现如果有一个比"平方米"更大的面积单位来表达会更简捷，于是，教师布置猜想"比'平方米'更大的面积单位会是什么？"的创造性任务，让学生比较已经学过的1平方厘米、1平方分米、1平方米这些面积单位的概念创造出"1平方十米""1平方百米""1平方千米"等更大的面积单位，教师由"1平方百米"顺势引出"公顷"这一概念，而"1平方千米"是后一节课的教学内容，另外，教师还可以顺便补充"1平方十米"也就是"公亩"这一教材上省略，但却是学生也想了解的知识。

由此可见，不断地"猜学"还可以把"知识地图"中的一个个知识点创造出来，甚至还可以发现教材上没有编入的知识点，这样的创造任务，既实现了学生思维的灵活，又实现了全景性学习。

▶▶▶▶▶▶ 指向"双减"的**教学任务新变化与作业活动新设计**

这样的创造,除了可以创造出知识成果,还可以创造出知识成品。例如由"米"可以创造出"分米""厘米""毫米"等更小的长度单位,还可以制作成米尺用来测量长度,如果我们把米尺想象成"数尺",反向数数,就可以创造出"负数"这一知识成果。

有人说:"判断一个人是不是某个方面的高手,你就问他问题。你问一个点,他回答一个面,你再顺着这个面追问,他如果能回答一张网,那基本就可以判定,他是这行的高手了。"我们也都希望学生是学习的高手,而学生要成为学习的高手,就必须能够创造性地学习。在他的认知地图上,学科能够被展开,嵌入到整个知识网络中。此时,或许我们能够明白为什么应试教育培养不出对知识的真正兴趣。因为应试教育正好是相反的,它把一张网压缩成一个面,再把一个面简化成一个点。所以,要实施素质教育,培养学生的核心素养,我们必须再反过来,让学生能够"学后创"——由"一个点"创造出"一个面"进而再创造出"一张网"。

方式 5

增加实用式学习 减少空谈式学习

易克萨维耶·罗日叶教授在《整合教学法——教学中的能力和学业获得的整合》中把"情境"定义为:"针对某一任务而需要联系起来的一整套背景化了的信息。"真实情境就是一种很好的任务背景。

建构主义教学设计原理强调"让学生在真实的教学情境中带着任务学习,以探索问题的解决方法来驱动和维持学习者学习的兴趣和动机"。有专家认为:"好的情境要能切入学生的生活,让学生有感。"笔者认为,学生有感的真实情境就是好的情境。基于真实情境,我们可以设计实用性任务,变"学后用"为"用中学"。

实用性任务,不再简单满足于知识的"有趣",而是要更加体现出知识的"实力"和"有用",让学生看到"知识就是力量"。当学生看到任务完成的意义和价值之后,就会真心实意地以此为目标驱动学习。

一、"用以致学":在真实情境中想用知识

陶行知说:"生活即教育。"传统知识教学大都为"学以致用(学后用)",学生开始往往不知道为什么学。用任务驱动学习,可以很好地把"学以致用"翻转为"用以致学(用中学)",学生一开始就看到了知识的有用和有力,也就

指向"双减"的教学任务新变化与作业活动新设计

看到了学习的有用,从而学习更加有力。

教学数学"三角形的认识"时,先呈现生活中常见的自行车架、空调机架、索拉桥等真实事物,然后在学生"为什么要设计成三角形"的疑问中导入新课。

我们还可以让学生亲身体验,先呈现生活中常见的真实事件:一张摇晃的椅子,给学生一根木条,想办法固定。如果学生不知何为,就会带着"如何解决问题"的"想做成一件事"的任务进入知识学习;如果学生有生活经验知道何为,但往往不知道为何,就会带着"为什么可以解决问题"的"想弄清一件事"的任务进入知识学习。这样的任务驱动学习采用了"用以致学"的设计理念,学生在学习之始就看到了"知识就是力量",学习之中也就充满了获取知识的力量。

杜威认为:"所谓理解就是'知道事物是如何运作的,以及如何去运作事物'。如果全部记住了一个机器的零件,这不叫理解。但尽管不知道这个机器的零件,当这个机器坏了,能把机器修好,这才叫理解。"在这段关于理解的论述中,隐含着基于真实情境的任务驱动学习:由"机器坏了"的任务情境,提出"修好机器"的实用任务,引入"学好能够修好机器的知识与技能"的学习任务。我们还可以从杜威的这段论述发现:任务驱动有助于知识的真正理解。

情境认知理论同样表明,我们的理解永远存在于它被学习的那个情境中。教育的核心问题之一是把知识从学术情境转移到现实的生活场景中。如果教师不能激发学生运用已经掌握的知识或者在一个有意义的情境中进行实践,那么他们在课本上学到的知识可能就一直处于惰性和无用的状态。

教师教学"My clothes"之后,布置服装设计比赛任务,让学生利用课余时间设计出自己喜欢的衣服,同时让学生在自己的设计图纸上写出服装的设计用途,方便在课堂上交流。教师所设计的这个生活化作业充分凸显了英语这门学科的实践性,让学生可以更好地运用所学的知识。①

总体而言,任务驱动目标定得近一些,可以是生活中的《十万个为什么》,任务驱动目标定得远一些,可以是生活中的《十万个怎么办》,然后才进入《十万个为什么》,最后进入所需的知识学习,也就进入所教学科的《十万个怎么办》和《十万个为什么》。

在教学数学"表面积的变化"一课时,我们可以采用"以终为始"的逆向教学策略,把最终的知识应用"包装问题"前置于课首,作为实用性任务来驱动学习。

可以采用项目研究的思路,打破课时,突围课堂,先让学生开展"生活中的《十万个怎么办》"——"如何包装节省纸"的尝试活动,当学生发现这样包装节省纸后,自然进入"生活中的《十万个为什么》"——"为什么这样包装节省纸",最终发现是数学问题,主动进入"数学中的《十万个为什么》"——也就是数学课题"表面积的变化"的探究。

数学教学需要教有用的数学,语文教学同样如此。"学语文"为的是"用语文",而形成"用语文"能力的根本路径恰恰就是"用语文"本身,因为只有在"用语文"的实践活动中,学生才能真正形成"用语文"的实践能力。"用中学"即指向"用语文"——在运用中学习运用。

准确而清晰的任务支架能够使课堂教学提质增效,"根据学生的需要为他们提供帮助,并在他们能力增长时撤去帮助"。习作支架从不同角度可以有不同的分类,从形式上来说,习作支架有问题支架、图表支架、范例、建议、向导等类型。国外也有很多学者依据功能的标准,将支架分为概念支架、元认知支架、程

---

① 邱伟龙:《用中学,学中用——浅析小学英语生活化教学》,《科幻画报》2018年第10期。

序支架与策略支架四种类型。习作教学中，常见的习作教学有问题支架、图表支架、范例支架等。

在"策划书"教学过程中，教师以研学单表格的形式提供了策划书模板的习作任务支架，让学生以小组合作形式重点对策划书的活动名称、活动目的及活动流程进行讨论写作。学生在任务完成之后对策划书的板块有了更加清晰的认识，写作时目标更加明确，指向更加精准，操作起来也更加容易上手。①

二、"用以智学"：在真实情境中活用知识

学不用的知识有什么用？它只是为了考试。知识的力量还应该体现在我们能够在实际生活中应用，否则只会是书呆子。另外，生活不会像书本那样一成不变，它是活生生的，常常比较复杂，还经常会发生变化，这就需要我们能够随机应变，灵活应用书本知识。

在《扬子晚报》上刊载了一篇题为《同样是超员一人，为何处罚却不相同》的通讯报道："南京谷里交警中队民警在银杏湖大道执勤时，查获刘某驾驶的车辆核载5人，实载人数为6人，超员1人。为此，民警依法对刘某予以记6分、罚款200元的处罚。数天后，刘某在跟朋友闲谈中，得知朋友此前也因为超员一人被处罚记3分及罚款100元。都是超员1人，为何自己的处罚比别人重一倍呢？气愤之下刘某拨打"12345"投诉处置民警。民警联系刘某了解得知，其朋友的车为核载6人面包车。民警解释称，依据相关规定，驾驶其他载客车辆超过核定人数未达20%的，处以记3分，罚款100元；达到20%及以上的处罚翻倍。虽然同样超员1人，但百分比有差异，所以处罚也不一样。"

读完新闻，学生对"同样是超员1人，为何处罚却不相同"也深感疑惑，也

---

① 吴永树：《用中学：小学应用文写作教学的实践探索》，《江苏教育研究》2021年第6期。

很想弄懂其中的原因,此时,我们就可以趁机以此任务驱动学生开启百分数知识的学习。

我们都懂得"学习效果好的人,通常都是在生活中面临实际问题的人"这样的道理,作家采铜在《学会逛街》中写道:"书本只是知识的一种承载形态。知识还能以其他很多种形式呈现出来,比如街道、商店。用一种学习者的眼光去看,一条街道就是一本书,是无字之书,是3D之书。走进路边的一家小店,就是翻开书里的一页,在这一页里,我观察,然后有所得,有所悟,有所迁移。"

有人开玩笑说,提高数学水平的三个重要途径是:学校教育、计算国足出线概率、计算"双十一"优惠力度。还有人说,"双十一"难觅直接打折,预售、满减、定金膨胀……除拼手气、网速、体力,还要拼智力。

确实,现在有些商场如考场,各种优惠信息层出不穷,而要能看懂和用好这些优惠,常常考查着人的数学水平。如果让学生在学习之前先"学会逛街",身处真实情境之中,不仅能看到知识的有用,而且要让自己有用,主动学习和灵活运用知识,让自己充满生活的智慧。

教学数学"圆的面积"时,先布置学生实地考察任务:一袋常规的240g的旺旺小馒头价格15元,而在"双十一"的时候推出的210g的旺旺大馒头加四袋旺旺小馒头的组合价格为96元。此时,学生自然心生"如何购买最优惠"的困惑。在这一任务考查中,自然触及"圆的面积计算"——大馒头和小馒头的面积比较,在此可顺势嵌入"圆的面积"相关知识学习。等到知识障碍扫除后,学生就可圆满解决学习之初所困惑的实际问题。

淘宝购物除了可以检测一个人的数学水平,还可以学习众多的地理知识,同时还能用学过的地理知识对网络购物中出现的现象进行解释。当然,地理知识的使用范围广泛,大到国计民生,小到衣食住行,无不与地理知识紧密相连。

"用以智学",学生不仅学到了知识,经历了解题的过程,更学到了智识,

指向"双减"的教学任务新变化与作业活动新设计

经历了解决实际问题的过程,体会了"知识就是力量"——它能够帮助我们在生活中做出明智的选择。也就是说,学生在开始知识学习的时候,就明明白白地知道自己学了之后要做什么。这样的学习不再止于为了知识而学习,而是为了实用而学习,不仅在学习知识,而且在学习智慧——生活的智慧、生存的智慧、生命的智慧。

两家咖啡店,对相同的咖啡采用两种不同推销方式:一家是"加33%的量",另一家是"降33%的价";相同的一件衣服,一家店已经打了八折,又给你打八五折,另一家店直接打六折。它们的优惠力度一样吗?这样的任务探究时时在考验你的数学智慧。

这样的实用性任务,也是教学"百分数"单元知识最好的真实情境,学生有更真实的感受和想法,知识也不再空洞,知识的力量可以让学生或其他人避免掉入商家设计的"价格黑洞"。

常言道:"不吃梨子,不知梨子的滋味。"我们要改变传统知识教学给"例子"只为解题的局面,设计实用性任务驱动学习,不仅让学生吃到"梨子"——掌握知识,而且让学生尝到"梨子的滋味"——理解知识,更要让学生想到"梨子的价值"——应用知识,解决实际问题。

方式 6

增加表现式学习　减少静坐式学习

心理学家勒温有一个著名的公式：B = F（P×E），B 代表个人行为的方向和向量，F 代表某个函数关系，P 代表个人的内部动力，E 代表环境的刺激。由此可知，人的表现与"个人的内部动力"相关。戏剧评论家威廉·温特尔说："自我表现是人类天性中最主要的因素。"所以，人人都爱表现，都想表现好，学生更是如此。有种理论认为，教育目标是：知识 + 表现 = 成功。

如今，课程与教学领域的改革已经从关注"结果"转向关注"表现"，更加积极地倡导"学会表现"，鼓励"表现性学习"。由此，教师应设计好表现性任务，强调"学以致表"，引导学生在学会表现中学会知识、学会学习。

表现性学习任务的核心价值是将学习过程和结果外显，使教师可以实时观测、调查、监控学生的学习情况，及时调整学习目标、内容和方法。这也是表现性学习任务区别于其他学习任务的属性。教师可以在表现性任务设计时发放调查问卷，让学生参与到表现性任务的设计中来，选择自己喜欢的方式表现。

一、设计挑战别人的表现性任务

一是设计好竞技任务。学生都喜欢比拼，教师可以设计促使学生不断进步的竞技任务，激发学生在不断迎接挑战中提升自己的学习力。

指向"双减"的教学任务新变化与作业活动新设计

在教学"圆的认识"一课中,我们设计了7次画圆的表现性任务:第1次画圆,利用圆形物体画圆;第2次画圆,用圆规画一个圆;第3次画圆,在别的地方再画一个圆;第4次画圆,画一个和刚才不一样大的圆;第5次画圆,画一个半径3厘米的圆;第6次画圆,画一个直径6厘米的圆;第7次画圆,在操场上画一个圆。整节课学生感觉就是在做好一件事,那就是不断地画圆,随着难度越来越高,学生的表现水平也必须越来越高,由此驱动学生不断学习知识和练习技能。

竞技任务,教师也可以参与其中,让学生与自己比一比、赛一赛。能把教师作为自己的比拼对手,对学生来说是一件非常令人兴奋的事情,当然,在遇到跨不过去的坎的时候,教师又会成为他们的帮手。

二是设计好辩论任务。任务驱动关键在于设置可操作性任务,具有真正驱动力,辩论就是这样一种任务。生理学家巴甫洛夫说:"争论是思想的最好触媒。"一些有争议的问题往往是知识的核心问题,也往往是教学的重点和难点,教师可以设计辩论任务,组织学生进行"苏格拉底对话",对知识进行思辨。

历史《北伐战争》一课,课程标准针对这一部分内容有这样的规定:"简述第一次国共合作和北伐战争胜利进军的主要史实;了解南京国民政府成立的主要史实。"其中核心知识是第一次国共合作和北伐战争。在设计本课时,我们创设的任务为"以国共两党第一次合作为主题,开展一场小型辩论赛",并设置了三个辩题:(1)我为什么选择了你?(探讨国共合作的原因);(2)我为北伐胜利做了什么?(探讨北伐战争胜利进军的原因);(3)是谁忘了初心?(对国民革命失败的认识)。

任务的设置能够激发学生学习的欲望,根据任务主题重新整合教材内容,将教材分成三个板块:国共合作成兄弟、兄弟齐心共北伐、兄弟分心成仇敌。通过板块学习反映出国共两党从合作走向对峙的整个过程,也进一步联系了现实,板块之间紧密相连，以"任务+板块"的方式整体建构本课，突出了整体性、系统性，实现了驱动式学习。①

三是设计好拍摄任务。面对镜头，学生有着强烈的表现欲，都想留下美好的形象，由此教师可以设计"微视频"拍摄任务，让学习"留痕"。写作兴趣不足历来都是作文教学中的一项难解问题，教师可以利用微视频激发学生的写作兴趣，在此基础上引导其仔细观察生活、体验生活，这样在写作时才不会无话可说。

以《我的"自画像"》习作教学为例，为了激发学生的写作兴趣，并且启发其写作灵感，教师可以让学生以自拍的方式录制一段以自己为主角的短视频，然后再让学生仔细观察该视频，据此进行写作。

再以《我的乐园》习作教学为例，教师可以提前为学生布置任务，让其仔细思考自己心目中的乐园是哪里，然后再让家长协助其将"我的乐园"拍摄下来，可以只拍摄乐园的全貌，也可以拍摄自己在乐园中玩耍的视频。如果乐园的地理位置比较偏远，教师可以让学生从家长以往拍摄的视频中寻找相关的微视频，或者是从网络上搜索相关视频。②

二、设计感召别人的表现性任务

心理学公式"$B = F(P \times E)$"还告诉我们，人的表现还与"环境的刺激"相关。有人说："氛围是一种伟大的教育力量。"由此，我们在提升学生学习竞争力的同时还应提升学生学习合作力，实现比拼结果的"双赢"。

---

① 闵凡修、高玉亮：《围绕一场小组辩论赛开展的任务驱动式学习——以统编教材〈北伐战争〉一课为例》，《中学历史教学》2019年第12期。
② 梁琴：《浅谈巧用微视频助力小学语文作文教学的方法》，《天天爱科学（教学研究）》2021年第2期。

指向"双减"的教学任务新变化与作业活动新设计

一是设计好帮教任务。每个学生都有一个美好的愿望,那就是能够像教师那样站上讲台。我们可以设计这种让学生当"小老师"的表现性任务,帮老师教,帮同学学,这样的助人为乐是一件能让学生过瘾的好事。

随着年级的升高,任务难度也不断提升,让学生当小老师这个想法应运而生,既锻炼学生的能力,也能让他们感受一下教师上课的不容易。《道德与法治》中有很多内容与学生的生活联系紧密,学生操作起来比较容易,就让他们小组合作上道德与法治课吧!

"同学们,这个学期老师有一个新举措。本学期的道德与法治课我要请各个学习小组来上,一个小组一课,必须每个人都参加!"话音一落,教室里就有人欢喜有人忧。"一共12课,我们班9个组,一个组一课,前两课我上,最后一课也是我上,其余几课你们下课商量好之后,赶紧到我办公室来确定,先到先得哦!"

小陈小组的道德与法治课首秀开始了。4个小家伙齐刷刷地站到讲台前,小陈作为组长,首先开口:"请同学们把书翻到第10页,我们今天学习第三课!"很有小老师的感觉哦!"请小刘读一下第一段话!"小王点人回答问题很老练。"我们组针对公共设施还做了一些调查,以下是我们的调查结果……"小冯拿出事先准备好的资料,认真地读了起来。小范在一旁为表现好的小组成员加分。4个人分工明确,各司其职,同学们也十分配合。我坐在下面看着学生的表现,十分感动,感动于学生的精心准备,感动于其他学生的积极响应。

大概是小陈小组的首秀激发了其他小组的斗志,紧接着,几个小组的首秀均有可圈可点之处,尤其是小顾他们组,一改其他小组"齐上阵"的模式,采用了"分时段单兵作战"的模式,一个个上讲台引导大家学习某一个部分,而且他们还请了外援——小顾妈妈。小顾妈妈做了一个"火烧圆明园"的课件,还配上了震撼人心的音乐,学生们看得入了神,课件结束之时,他们还意犹未尽。

专题三 架构高效课堂

原本在孩子们眼中可有可无的道德与法治课，因为"小老师"的精彩表现，成了孩子们期待的一节课，而我则享受着当"学生"的幸福！①

二是设计好编演任务。角色扮演是一种重要的表现性学习形式，它是指在一定的情景下，按照任务要求去扮演某个特定的角色，并且按照该角色的身份、思想、言行去表现，从而深化扮演者对所扮演角色的理解。

英语 Look at me！一课，教学目标为让学生学会使用服装类的单词，并能够用所学句型展示自己的服装，同时礼貌地夸赞别人。这三个目标分别是从知识、能力和情感态度价值观的角度进行的表述。

教师设计了"服装秀"的表现性学习任务，将三个目标进行整合。学生要走好这场秀，就要能非常自信地用英语介绍自己的衣服，其他同学也会由衷地赞美。学生在服装秀过程中的表现可以直观地呈现他们是否达成了本课的学习目标。

在进行第一轮服装走秀后，部分学生表现非常优秀，教师为他们设立了更高的目标，在下一轮的走秀中加入更多的服装展示，并谈论更加丰富的内容，包括服装的颜色、尺寸等。这类学生的学习内容就是扩充服装类词汇以及熟练掌握谈论尺寸和颜色的句型。对表现欠佳的学生，教师适时调整目标，只要他们能够流畅地表达即可。②

在设计和实施编演任务时，教师应鼓励学生用自己喜欢的方式进行学习和表现，并适时根据学生的情况调整自己的教学方法。美国数学科普作家马丁·加德纳说："假如每一节课都有课堂小剧，而且能在课堂小剧中学到知识，那该多好呀！"编演任务不仅可以用在课堂，还可以成为一项长效作业，成为学生的课外

---

① 王燕：《小老师的首秀》，《新班主任》2021 年第 8 期。
② 孙果、李昕：《指向"精准教"的表现性学习任务的设计、实施与评价》，《江苏教育研究》2021 年第 9 期。

活动,甚至成为学生的表演节目。

三是设计好会展任务。在用任务驱动学习中,最后经常有作品展示,组织参观学习活动,是学生喜欢的一种学习方式。它既是一种交流,可以从别人那里获得更多的信息、智慧与启发,也是一种复习,可以多次强化对所学知识的理解和巩固。

学生学习"年月日"知识之后,我们举办了学生制作的新年年历展览会;学生学习"轴对称图形"知识,又请美术教师和民间艺人教了剪纸技术之后,我们举办了学生剪纸作品展览会;等等。

除了推介会,还可以是评比会甚至推销会。我们在元旦前举办了新年集市,孩子们可以售卖自己的作品,也可以购买他人的作品。这一跨年活动还实现了知识的跨界,因为展出的不仅是数学作品,还有语文、美术、劳动技术等其他作品。在买卖过程中,不仅锻炼了学生的计算能力,还锻炼了学生的欣赏能力和交往能力。

总之,学习力的强弱直接决定竞争力的强弱,而竞争力的强弱直接决定表现力的强弱。抓住了学生学习表现力的提升,最终必然促进学生学习力的提升。

专题三 架构高效课堂

方式 7

增加融合式学习　减少单一式学习

面对"0",有人看到数字,而有人则看到拼音或英文;有人看到"圆圈",而有人则看到"游泳圈",还有人看到"圆满";有人看到"没有",而有人看到"起点",还有人看到"希望（"新冠"感染人数归0）"……能"看到"什么,取决于一个人思维的广度,而思维的广度与知识面有着一定的关系。

中国社会科学院邹东涛副院长提出,人才分为四种:第一种,"一"字型人才,知识面虽宽但缺乏深入;第二种,"I"字型人才,专业知识虽深但知识面又太窄;第三种,"T"字型人才,弱点是不能冒尖,缺乏创新;第四种,"十"字型人才,既有较宽的知识面,又在某一领域有比较深入的研究,更重要的是有创新意识。

在学科教学中,我们可以设计融合性任务,做到本学科知识的"上下贯通"以及多学科知识的"左右逢源"。

一、上下贯通：实现本学科知识的融合

要实现知识的上下贯通,首先要让学生看到知识的演变,明白知识的来龙去脉,这样的教学才能做到高瞻远瞩。在学习知识时,教师可以布置学生探究知识的历史的溯源性任务。

指向"双减"的教学任务新变化与作业活动新设计

"十进制"的产生很大程度上是因为人类有10根手指,它把原本分居两个领域的计数单位与计量单位沟通并联结了起来,在数与代数领域则把小数的产生与已经学过的整数沟通融合,在图形与几何领域则把长度单位与已经学过的货币单位沟通融合。

随之,在纵向生长的一些知识节点上,又可以通过横向生长进入新的知识板块,如相邻面积单位之间的进率是 10×10,相邻体积单位之间的进率是 $10 \times 10 \times 10$,把面积单位、体积单位与已经学过的长度单位沟通融合。在此,我们可以布置画知识树的长效任务,让学生逐步补充完整概念的生长过程。

脑科学研究表明,人类学习的本质是以模块的方式进行复杂学习。而"模块"通俗地讲就是"概念",就是以概念的方式产生各种各样的链接,把散装的知识依循来龙去脉融合在一块。

除了知识自身的衍生,我们还可以依靠情景的不断变化和深入,逐步衍生出更多、更高的有联系、有层级的知识方法。

学习"长方体和正方体的体积"后,我们不断变换情景和条件,层层设阻,迫使学生的探究层层深入。

第1步:设计"如何计算不规则的橡皮泥的体积"的延伸性任务,学生想到把橡皮泥捏压成长方体"等积变形"的转化方法;

第2步:把橡皮泥换成石头,学生想到了排水法,把石头浸入量杯看上升水的体积;

第3步:把量杯换成长方体容器,同样可以用排水法,但需通过计算;

第4步:把工具改成长方体容器和量杯,有学生想到在长方体容器中装满水,浸入石头,用量杯测量溢出的水的体积;

第5步:只给一个圆柱体容器,自然连接到下一册"圆柱的体积"教材,留给学生学习期待;

第6步：只给一块规则的长方体石头，引导学生通过称重间接求出不规则石头的体积，不仅"跨界"到正比例知识，还"跨界"到中学物理知识。

启蒙思想家梁启超曾说："读史不明地理则空间概念不确定，譬诸筑屋而拔其础也。"可见，地图是学习历史的基础，学生需在地图上找出历史滚动的轨迹，使历史知识形象化、立体化、空间化、完整化地呈现。另外，以地图作为中心，历史知识更具有逻辑性，其秩序化更显而易见，学生能根据地理位置的变化进行历史知识的串联。

以"古代商业的发展"一节为例，为了更好地说明"发展"，教师以对不同历史阶段的有关商业发展的地图的比较为中心，利用多媒体将"西汉商业城市分布""唐代商业城市分布""明朝商业城市分布"同时呈现在学生面前，布置学生通过对比观察总结"古代商业活动中心的发展趋势"的探究任务，即：从北方到东南沿海，又到沿海。通过对比，学生理解了历史发展的特点，明确意识到历史并不是一个点，而是始终在活动的一个面。①

除了围绕地图串联历史知识，我们还可以更广泛地通过思维导图这一学习、思考工具，在更广泛的学科教学中串联知识、融合知识。思维导图可以帮助大脑激活创新思维和想象力，对学习活动中的知识整理、问题解决、创新设计、归纳总结等具有很大的帮助，能有效促进学生学习能力的提升。

学习信息技术"动画补间动画"知识点时，我给学生布置了"为'飞机移动'动画增加元件，构思一个画面丰富的动画作品"的任务。

在不做任何提示的情况下，学生很难一下构思出丰富的画面。这时，可拆分"飞机移动"为"飞机"和"移动"两个关键词，以"移动"关键词来激活学生思维，通过问题引导学生思考：生活中还有哪些物体对象有"移动"动作行

---

① 陆卫琴：《以地图为中心高中历史知识的串联》，《新课程导学》2017年第8期。

指向"双减"的教学任务新变化与作业活动新设计

为?学生马上想到小鸟、蝴蝶、汽车……再让学生通过与思维导图有关的画面联想法来联想:哪里的小鸟?什么样的小鸟?除了小鸟,周围还有哪些景物?学生围绕"移动""小鸟",进行有路径、有指向的思考,不断延伸思考的广度和深度,构思出一个有丰富画面感的动画场景,创编出生动而个性化的主题故事,从而实现学生人人会创编有趣的动画故事的目标,以此激发学生学习动画制作的兴趣、进行创作的内在动机,培养学生主动学习的意识,提升学生的创新能力。①

我们甚至可以用学生身边的常见物质、物品作为"物联",以此为媒介串联整个教学活动,融合各个知识点。

怎样进行有效的复习,是高三化学教师面临的重要课题。我认为以一些常见物质为载体、为线索,带动化学知识的总复习,"大串联"能弥补其他复习方法带来的知识的脱节,顾此失彼,从而使知识前后联系成为一个有机整体。

比如,我布置学生以"水"为研究对象展开复习任务:(1)复习涉及水的化学原理,带动有关知识的复习;(2)由水的电子式、结构式带动物质结构相关知识的复习;(3)由水的电离平衡,带动电解质溶液理论的复习;(4)利用水的性质,丰富实验方法和思路。②

二、左右逢源:实现多学科知识的融合

首先,我们可以用其他学科知识引入本学科知识学习,或者用其他学科知识作为线索串联本学科知识学习,这样的多学科融合,学生不会感到知识的枯燥,也不会感到环节的生硬。

---

① 龚春美:《活用思维导图,助力项目化学习课堂教学——以"动画设计与制作"教学为例》,《中学教学参考》2021年第11期。

② 汪红明、程喜枝、王小凤:《以具体物质为载体,带动化学知识"大串联"》,《中国科教创新导刊》2007年第10期。

数学"9 的乘法口诀"一课,很多学生已经知道甚至可以背出 9 的乘法口诀,而语文教材中有一首《数九歌》:"一九二九不出手,三九四九冰上走,五九和六九,沿河看杨柳,七九河冻开,八九燕子来,九九加一九,耕牛遍地走。"我们借此改变传统教学方式,让学生在吟唱中思考"'一九'到'九九'分别是多少?该如何计算?""'九九加一九'又是多少?"等数学问题,引入"9 的乘法口诀"的学习。

数学"射线、直线"一课,我们用成语"有始有终"复习"线段",教学"射线"后,学生创编属于他们自己的成语"有始无终""无始有终"描述射线形象。无须教师多言,学生创编"无始无终",并创造出"直线"的模样。之中,"有始有终""有始无终""无始有终""无始无终"的编创任务成了教学的线索,不断发展出新的知识。

其次,我们也可以用其他学科知识帮助本学科知识学习,学生对如此独特的融合方式、讲解方式或记忆方式普遍会感到新奇、难忘。多学科学习的教学时间,可以集中在一个时间段完成,也可以分散在一个学科中进行。涉及学科的教师一定要事先沟通,并尽量选取一些跨学科的大观念或生活化的主题,来促进学生多学科思维的形成。

在学习春分这一节气时,我们可以选取几首语文学科的诗词来了解春分这一节气所带来的变化,可以从地理学的角度知道春分是太阳直射地球赤道、昼夜几乎相等的一天,可以从社会学的角度知道春分有"三候"(初候玄鸟至,二候雷乃发声,三候始电)及春分对农事活动的指导意义,可以从艺术的角度描写学校的景物在春分这一节气期间的变化。①

最后,我们还可以融合运用多学科知识来解决实际问题,因为实际问题很多

---

① 魏巍:《跨学科整合:让学生整体看世界》,《教学月刊·中学版(教学管理)》2021 年第 9 期。

指向"双减"的教学任务新变化与作业活动新设计

时候是综合性的。如果让一个儿童观察房子的装修过程,他能看到一会儿用到了电学知识,一会儿用到了化学知识,一会儿用到了力学知识吗?事实上,儿童看到的东西是综合性的。所以,分科学习的副作用就是阻碍了学生对事物本质的整体了解。

在哈尔滨市第73中学教学实验室里,高三年级张海涛同学经过6课时的设计制造,终于通过电脑操作很轻松地用机械手臂将一个小盒吊装起来。据该校老师介绍,人工智能与机械手臂的教学融合了计算机、机械、电子、通信、控制、声、光、电、磁等多个学科领域的知识,这门课程的教学能达到多学科整合的目的。在这里,学生们制作的机械手臂、起重机、电梯、洗衣机、信号灯等仿制作品都很有新意。

确定多学科融合学习的主题及相关内容,也可以关注学生学习成长中的节点事件及其重要需求(如入学、入队、十岁、毕业等),甚至根据一年不同的季节,寻找各学科相关的内容,从而把学习与生活、学科与活动等紧密联系在一起。

总之,融合性任务的设计,大体遵循知识由此及彼、由点到面、由内而外的融合方法,实现不同板块知识的焊接、不同领域知识的交接、不同学科知识的连接、不同技术知识的嫁接等融合目标。

专题四
创新作业设计

　　积极探索"双减"背景下的作业新模式,努力实现作业育人功能最大化,寻求作业优化与作业创新。把原本单纯是"做学问"的传统作业,拓展为能"做"、能"学"、能"问"的多功能作业。改变作业的面貌,使之变得可爱可亲,让学生喜欢看、喜欢做。

▶▶▶▶▶▶ 指向"双减"的教学任务新变化与作业活动新设计

双减政策实施后,学校应该积极探索"双减"背景下的作业新模式,努力实现作业育人功能最大化,寻求作业优化与作业创新:让作业从苦闷"走出来",设计趣味性作业;让作业从统一"走出来",设计分层性作业;让作业从教室"走出来",设计开放性作业;让作业从纸上"走出来",设计制作性作业;让作业从笔头"走出来",设计实践性作业;让作业从解题"走出来",设计项目性作业;让作业从此刻"走出来",设计拓展性作业……

我们要把原本单纯是"做学问"的传统作业,拓展为能"做"、能"学"、能"问"的多功能作业。我们还要改变作业的面貌,使之变得可爱可亲,让学生喜欢看、喜欢做。

专题四 创新作业设计

设计 1
增加作业的快乐 减少作业的乏味

美国教育家哈里斯·库帕认为，对学生的学习内容、理解能力起到最直接作用的就是作业。作业是课堂教学的必要延伸，也是检验学生对知识掌握能力的重要渠道。作业的存在对教师和学生都有重大意义，特别是理论和实践并重的学科。可以说，作业也是一种学习，教师要让学生积极主动地参与作业学习活动。

德国著名教育家第斯德惠说："教学的艺术不在于传授的本领，而在于激励、唤醒、鼓舞。"作业的艺术也是如此。我们倡导快乐学习，同样倡导快乐作业。教师需要充分了解学生的学习需求和学习方式，走进学生的内心世界，从他们感兴趣的东西入手，以学生喜闻乐见的事物为载体，设计"快乐作业"，让学生把作业当成创新创造的产物，这样学生才会享受完成作业的过程。

一、让学生感受作业的有趣之乐

兴趣是最好的老师。如果作业能够让学生感兴趣，他们写作业的动力就大，学习效率就高。为了让学生心甘情愿地做作业，教师需要突破传统方法，不再以填空、拼读、抄写的作业为主，努力使作业"活"一点、"新"一点、"趣"一点、"奇"一点，让学生在轻松有趣的氛围中感受作业的快乐，产生一种内心对

指向"双减"的教学任务新变化与作业活动新设计

作业、对知识的渴求感,从而在主动完成作业的过程中体验到学习真知和增长才干的愉悦。

我们可以在作业中加入一些学生喜欢的元素,可以是可爱的卡通形象,或是充满童真童趣的语言等,如在题目表述上做改变,以生动活泼的题目吸引他们:把"改错"说成"请你当医生"或"你来做老师";把"判断"说成"秉公执法""我当包公"等。在美伊战争期间,有一位教师看到学生普遍比较关注战事,就在习题前分别冠以"上士出题""上尉出题""上校出题""上将出题"等题头,学生感觉很有趣。

学习了"米、分米、厘米"之后,我给学生布置了《马小虎的日记》的修改作业——

"星期天,爸爸带我去离家 1000 厘米远的小河边钓鱼。只见爸爸把 50 米长的鱼竿甩进水里后,便耐心地等待鱼儿上钩。我待着没事,看见草地上有许多约 14 米高的野花,就采了几朵,打算送给老师。又看见一棵高 2 分米的小树被风刮歪了,我赶紧向爸爸要一条长 3 厘米的绳子把小树绑好。这时,一条 2 毫米长的大鱼上钩了,我们拎着鱼,高高兴兴地回家了。"老师在马小虎的日记上批阅"重写",你能帮马小虎把有问题的地方改正过来吗?[①]

一道传统题目,经过如此包装,变成了新颖有趣的《马小虎的日记》。我们还可以用学生喜欢的《卖火柴的小女孩》《梁祝》《三国》等作为题材编写练习题,也可以指导学生融进知识编写故事,替代教材中的练习题。

作业"活"一点,除了样式"活"一点,让学生感到耳目一新,我们还可以设计"活"起来、"动"起来的作业,特别是生生、师生互动的作业,更能赢得学生的喜爱。

[①] 舒景娴:《优化小学数学作业设计 提高快乐学习指数》,《黑龙江教育(教育与教学)》2021 年第 9 期。

专题四 创新作业设计

学习《将相和》之后,教师布置了表演作业,让学生分小组进行角色扮演,一位学生扮演蔺相如,另一位学生扮演廉颇将军,其他学生则扮演赵王等角色。在活动过程中,每一位学生都对人物进行了深入的剖析和探讨,不仅背熟了每一个人物的台词,对一些小人物,还根据情境适当地添加了一些台词,通过角色扮演这一方式,教师优化了作业形式,学生最终能快乐地参与到活动中来。①

亲人是每一个人都熟悉、热爱的人,如果能在他们面前表现,这种表现性作业无疑能够获得学生的青睐。例如在学习拼音之后,让学生用拼音标注自己的名字和家庭成员的名字,向爸爸妈妈进行展示,既展示了学到的知识本领,又获得了亲人的好评,学生会有巨大的满足感。另外,每一个学生都有朋友,给朋友写信无疑是一件快乐的事情,我们可以设计用所学知识给朋友写信这种快乐作业。

教学译林英语五年级上册 My e-friend 时,本单元的核心话题是"e-friend"(网友)。通过之前的学习,学生已经接触了年龄、学科、兴趣爱好等话题。在学习了本单元的基础内容后,教师并没有布置抄写类作业,而是结合大多数学生喜欢网上交友的实际情况,根据这一单元的主题内容,为学生布置了一项实践作业:要求学生用英文给自己的网友发一封电子邮件,与对方分享自己最近的生活,同时要求学生用到本单元所学的核心句型。

作业未必总是布置在知识学习之后,在学习之前同样可以设计准备性作业或前置性作业,如果用得好,可以起到事半功倍的作用。

复式折线统计图中,教材中的情境离学生的生活较远,教师可以提前让学生记录自己一周内做40道口算题用的时间。在教学新课时,教师就可以将学生的记录单作为作业题"制作复式折线统计图"的数据,让学生运用刚学习的知识

---

① 官飞燕:《小学语文"快乐作业"设计的思考》,《小学生作文辅导(上旬)》2021年第2期。

对自己未来的口算时间做出预测，进而给自己提出口算练习的合理化建议。

此中，"做40道口算题"这一作业是为新授"制作复式折线统计图"的作业做准备的，学生感觉只做了一个作业，并感觉如此"作业中套着作业"的作业形式非常有趣。

二、让学生感受作业的挑战之乐

"双减"政策实施后，考试减少了，甚至有些小学取消了期中考试。对此，我们要转变学习理念，让学生明白学习不是为了考试，即便没有考试也要学习。学习是为了解决问题，是为了能够让自己更好地应对各种挑战，挑战别人，挑战自己，让自己变得更好。

我班学生的作业质量很差，基础薄弱，且缺乏兴趣。我明白，面对这样一群孩子，更重要的是要不断地激励，我决定使用"引导分析比赛法"。

我把35位同学分成了7组，根据上学期的期末考试成绩，班级前7名定为组长，第8到第14名定为副组长，组长和副组长进行双向选择，再将剩下的学生按成绩分成三档，每一档的组员自主选择组长，5人一组完成分组，目的是让每一组的实力相当，为后面的比赛做好准备。

"引导分析比赛法"是这样操作的：每次有两个环节，首先进行小组分析作业比赛，其次进行"互问互答"挑战比赛，根据表现分别加分。另外，实行周周清，每周梳理学生错题，进行一次综合性的作业过关，算出小组平均分，再加上比赛得分即为小组得分，并用坐标的形式画出来，每次的成绩便形成变化的曲线，直观地反映了小组的学习情况。激励小组竞争，并让比赛持续到课外，激发学生的自主学习。①

---

① 杨巧英：《问君哪得趣如许？为有"引导分析比赛法"——减负花絮之我的作业分析法》，《考试周刊》2011年第3期。

专题四 创新作业设计

我们可以多以比赛、游戏的方式设计挑战性作业,检测课堂教学效果,比如采用"单词大比拼""默写小能手""'声声入耳'朗读大赛""写作星达人""每日一题竞赛""基础知识挑战赛""男女擂台赛""南北大比拼"等形式的非书面性考查,让学生享受挑战的快乐。

我们可以开展每月半小时左右的小赛作业,分为 A、B、C 三套,难度系数均等,学生自主选择相应的小赛题。如果分数不理想,在本月内可以选择第二次小赛,以分高的计入月小赛积分。

学校设立了系列考级活动,包括学科、特长两大类,具体为识字、阅读、书法、数学、英语、绘画、配画文等,每个孩子都能在这里找到自己的强项。学生可根据自己的情况自由报考等级,每次考级通过均可获得学校印制的精美考级证书。

为了挖掘每个学生的闪光点,我们启动了以"张扬个性,展现魅力"为主旨的"校园星擂台赛"。擂台赛设立了12类100多个项目,经个人申报、班级推荐再到校级比赛,最后评出各方面的"校园之星"。校园之星的相片和事迹会在二楼长廊展出,供全校师生和来访人员参观。原本默默无闻的学生也可以成为校园名人,这种成就感极大地增强了学生的信心。①

同时,教师提供多样化的评价供家长参考,比如颁发"单词小达人""记忆大师""作文小能手""数学每日之星"等不同奖项,使学生有向上的动力。家长看到孩子们获得奖项的情况,同样可以了解孩子的学习情况。

我们可以贴上一份作业累积评价表,开展晋级链条评价。累积评价表要求用日、周、月、期作业评价构成链条。依据每周五次作业好坏进行周评价,依据四周作业评价进行月评价,依据学期四个月作业评价情况,进行期评价。

具体操作方法:对学生的作业,每天优秀的可以加盖一朵小红花印章,称为

---

① 陈凯功、纪子成:《阳光作业,还孩子快乐童年》,《当代教育家》2017 年第 4 期。

日评价；教师可以依据班级实际，规定每周获得四次小红花可以加盖一颗小五角星，称之为周评价；每月获得四颗小星可以加盖一面小红旗印章，称为月评价；每学期获得三面小红旗可以加盖一枚小奖杯印章称之为学期评价。教师也可对学生周、月作业进行比较，加盖保持奖、进步奖，对作业有创新的加盖创新奖，也可以换成在学生作业评价表里粘贴小学生喜爱的系列层级卡通人物画，切合孩子们的心理特点。

学生还可以向家长进行挑战。如果能挑战自己的父母，并且发现他们还不如自己的时候，学生会感到无比兴奋，也会感到无比快乐。

学生还可以向教师进行挑战。如果教师能够陪学生一起做作业，或许学生不仅不会讨厌做，反而还会抢着做，一是能与教师比一比，二是能与教师学一学。例如，史学家陈垣经常和学生一起写作业，然后把自己和学生的作业一并贴在课堂的墙上做比较性示范，使学生从中学到写考据文章的法门。

有一位教师开展了"和学生一起做作业"的活动。教师和学生做一次同样的作业：写字、造句、写话等。为了让更多学生有展示自己的机会，教师将学生的作业分为两类：优秀类，进步类。每周，小组长从本组挑选优秀类、进步类各2名，再由全班各评选出4名，将他们的作业张贴在教师作业的旁边。课间，学生纷纷挤在后墙作业前谈笑着、争论着、评点着。

总之，作业是巩固知识、培育能力、发展个性、提高素养的平台，学生是活生生的、有情感的、有思想的、生动活泼的个体，情感是其学习的动力因素。因此，若能在作业中充溢情感，定能使学生饱含热情地投入作业之中，作业也将成为学生快乐的源泉。

设计 2

增加作业的分层　减少作业的统一

"差异是一种资源",而承认差异,尊重差异,更是教育教学的重要理念。每个学生受其智力水平、思维能力、学习习惯、家庭环境等因素的限制,所表现出来的学习能力是有差异的。

根据学生学习水平存在的差异,对不同水平的学生布置符合其能力的作业就显得尤为重要。书面作业要根据学生兴趣特征、学习能力的差异,进行分层、弹性、个性化设计,使作业更具选择性和针对性。

分层作业,对学困生来说,做适合自己难度的作业,不会因为太难而打击学习积极性;对于学优生来说,能让他们得到更多的锻炼机会,不会因为重复做一些简单题目而厌倦,适当的难题能激发他们学习的动力,也就是让每一个学生都能在作业中得到提高,获得满足。

一、作业内容的分层

要改变同质化作业,可以设计一些多梯级、多层次的作业,根据学生的学习能力和掌握情况布置分层作业。比如对于学习能力较强的学生,作业可以布置为通过画思维导图来理解课文;对于学习能力中等的学生,作业可以布置为课文背诵;对于后进生,作业可以布置为背诵课文中的重要词句等。

指向"双减"的教学任务新变化与作业活动新设计

不过,开展分层布置作业的前提是先要研究学生,把每一个学生的特点和学习程度掌握清楚。在课堂中,我们可以从"提问有效度""主动参与度""目标达成度"三个维度观察,依据课堂观察量表的数据分析来设计作业。

我会让每个学生都整理一个错题本,把每次作业和试卷中的错题都记录下来,每过几天我就拿来研究一下,把学生的问题记在心里,这样在布置作业时会更有针对性。

我们还可以运用现代信息化技术,通过每次学习后生成的详细数据报告,依据学生知识把握程度的不同,通过系统布置不同的作业内容。通过对学生学情数据的采集和分析,系统可以帮助教师诊断其知识点的掌握情况,根据其知识盲区精准提供学习资源,为学生量身打造个性化作业方案。

每天一页的数学作业以往都是10道题,但学生答题速度有差异,为了对学生进行个性培养,关注差异,我们会每天出2道不同难度等级的"自选套餐",这样10道题保底的情况下,速度快、能力强的学生会在教师的激励下选择1—2道"套餐题"。这样"今天你十一了吗?"不经意间成了年级里的流行语。

作业可以像"学习超市"里的"货品",教师在布置作业甚至课堂教学备课前,就已经完成了作业设计,了解作业内容、目标和认知层级,对每项作业的"功效"都有所把握,并进行标记、分层。布置作业,就相当于把这些已经标注"功效""层级"的"货品"进行展示,鼓励学生根据自己的喜好、根据自己的能力自主选择。限定作业的下限(至少要选的内容),给出时长上限(确保作业不超时),让作业分层得以落地。

高年级知识复杂、内容丰富,我结合学生特点,将数学作业分为必做部分和选做部分。如四年级"运算律"这一单元,每天设计不同类型的计算练习为必做内容,选做部分设计三种题型,第一种是两道容易出错的计算题;第二种是对典型错题进行订正;第三种是变式题型。学生自主选择,可以选做一道,也可以全部做。遵循自主选择的原则，既为基础薄弱的学生减轻了难度，也为学有余力的学生提供了思考和提升的空间。①

不过，我们需要注意的是，分层布置作业时，学困生与优等生做作业时间应尽可能同样长。

我在学校调研时发现了一个问题，多数教师在布置作业时，采用的是有困难的学生只做1题，稍好一些的学生做2—4题，这种做法造成的状况是，给学习有困难的学生布置的作业题量少，结果他们做完作业后无所事事。其实这些学生基础差，理解力弱，如果练习量过少，必须掌握的知识点更掌握不好，他们的作业更需要变式训练、创意设计。同时，要保证班级学生做作业时间大致相当。

在布置分层作业时，我们还可以让学习较好学生同较差学生结对子，建立一起完成作业时相互合作、相互帮助的伙伴关系，具体要求见下表。

表4-1 分层作业

	较差学生	较好学生
基本题	独立做	可不做，看较差学生做，检查其解答是否正确，有错促其订正，不懂时给予辅导
变式题	独立做	独立做，然后相互讨论，力求解答正确，并理解掌握
综合题	可边做边问	独立做，然后解答较差学生提出的疑难问题，帮助其完成
思考题	试做或不做，可看较好学生解答	尽力做

此举一方面让较差学生"吃得了"，较好学生"吃得饱"；另一方面使同学间增进了友谊，弥补了知识不足，学到了别人好的学法，信息得到及时反馈。之中，学生应在别人指导完成的作业题后打上记号，以便教师了解情况。

---

① 吴治新、林淑华：《核心素养导航 多彩评价增效——优化作业设计之分层作业的设计与实施》，《黑龙江教育（教育与教学）》2021年第9期。

二、作业评价的分层

面对班级学生学习水平参差不齐的情况，教师布置作业后，可以将教室划分为"完全独立完成""几人合作讨论完成""需要教师手把手指导"等多个作业角，让学生根据自己的情况，选择不同区域来完成作业。这一做法，考虑了学生的差异，大家各得其所。

分层评价也是实施作业分层的重要保证。对不同层次的学生采取不同的评价标准，充分发挥评价的导向作用和激励功能。如对 C 层采用表扬评价，寻找闪光点；对 B 层的学生采取激励性评价，鼓励创新，促使积极向上；对 A 层的学生采用竞争性评价，坚持高标准，严要求，促使他们不断超越自己。

作业评价离不开作业批改，如果教师采用逐一面批的方式，其效果会很好，但学生排队等待时间较长，浪费宝贵的时间，对此，我们可以采取错峰面批：学生做完第一题，就可以接受面批，当其余同学看到排队人数较多时（排有三到五人时），可继续做第二题；若排队人数还较多，还可继续做完第三题，最后一并面批。此中，教师面批完前一层次的学生，就有专门的时间用于面批后一层次的学生，开展有针对性的辅导。

许多教师都遇到过学生互相抄作业、作业应付不认真现象，对此，我们对作业管理提出了"双笔、双质检"改革，以小组为单位，为每个小组配备作业质检员。

"双笔"指的是：做作业时，第一阶段独立完成作业，不能翻书、看笔记，独立完成的题用蓝笔写；第二阶段，实在不会做的可以翻书、请教同学，搞懂后用红笔写，并标上醒目符号。红笔书写标注的题要多复习。

"双质检"指的是：每个小组设一个作业质量检查员，第二天对本组组员用红笔写的题进行抽查，确保人人过关，这称为第一次质检；每周星期五质检员要

专题四 创新作业设计

对本周五次作业进行随机抽检,抽检结果"上墙",纳入考核,这称为第二次质检。

当然,质检的最高境界是学生学会自我检查,我们可以在作业本上开设检查栏。学生做完作业后,直接进入检查环节,对所做的题标注哪些习题有把握一定对,哪些习题不能判断正误。这样不仅有利于学生养成检查作业的习惯,而且有助于教师了解学生的学习层次。对能力较弱的学生,我们还要尽可能让他们做到作业留痕,便于教师掌握他们的思考过程。

对选择、判断题比较多的语文、英语、政治、历史等学科,可将传统作业本横向一分为三,一半为答案书写区,一半为解题思路及注明理由区。

对数理化等理科作业,不妨让学生把传统作业本一分为三,答案书写占三分之二,解题思路、演草部分占三分之一。

让学生把正式作业与演草合二为一,便于借助思维痕迹考查学生思维过程,实现思维可视化,教师可以凭借演草部分提供的信息,对学生的思维过程进行全面了解,针对出现的思维障碍,采取对症下药的有效措施,这样做也能在一定程度上避免学生抄作业。

为了防止有些学生订正错题时照搬或套用,不妨让做错题的学生先在纠错本上规范订正,再把这道题讲给其他同学听,学困生给中等生讲题,如果能给别人讲清楚,才算真正理解。小学生可找到同学真实讲解,中学生可假设同学在场模拟讲解。

我在作业本中巧用订正栏的位置设计"我是小老师"栏目,有做错的题目不仅要改错,还要完成结对的"小老师"在订正栏出的"拓展题"。这样,"小老师"需要做"出题人",提高了自己的能力;做错的学生也通过拓展题进行了有效的巩固和夯实,一举两得。

分层作业需要分层评价,分层评价之后是分层管理,帮助学生找到适合自己的作业内容、作业形式和作业层级。

小学生好胜心强，尤其喜欢尝试有一定自由发挥空间的作业。实行初期，不少学生的作业选择是盲目的，没有量力而行。于是在实施上，我也做了相应调整。

第一周，我允许每个学生根据自己的情况，自由选择一类作业来完成。一周内，作业评价全部获得"优秀"的学生，下一周可以挑战更高一层级的难度。

同时，五次作业成绩有三次评为"加油"的同学，说明目前的能力水平不适合这一层次，需要自觉降一级，等达到标准再"升级"。

在最高层级接连获得"优秀"的孩子，不仅能荣登"班级光荣榜"，还可以加入"班级智囊团"，参与设计班级的创意作业。

这样的分层作业，让学生感觉新奇好玩，更优化了作业结构，呈现出读、画、演、编、说、辩、写等多种表现形式，精彩纷呈。每个孩子都能挑选到适合自己的有一定上升空间的作业，"跳一跳摘到果子"。再加上作业本身的趣味性和挑战性，学生个个铆足了劲，班级形成了一种你追我赶的良性竞争氛围，学习自觉性大大增强。

总之，分层作业充分体现了"以学生为本"的理念，切实减轻了学生的课业负担，让学生有时间和精力进行自我拓展、自我完善，为学生的长远发展打下了良好的基础。

设计 3
增加作业的开放 减少作业的封闭

传统作业形式单一，缺乏新意；内容封闭僵化，时代性不强；考试色彩浓厚，忽视学生的主动性、参与性和创造性。

开放性作业是一种不局限于课本，运用多种形式引导学生进行探索、应用等的作业方式。传统简单、重复的抄写与练习作业只能让学生停留在记忆层面，而注重实践探索、解决问题的开放性作业，不仅能够调动学生兴趣，有助于开展后续性学习和研究式学习，还能培养学生的社会交往能力。之中，教师还能发现学生的非智力因素。作业的开放还能促进课堂的开放，因为作业要做到开放，首先课堂要做到开放。

一、作业方式的开放

在课程开放的视角下，教师为学生设计相应的作业内容时，要以多样化的作业形式呈现，让学生能够在实际学习过程中真正感受到完成作业的成就感和快乐感。

语文开放作业可以这样设计：《奴隶英雄》教后"改变体裁"，让学生按照故事情节，将剧本改写成一篇几百字的短文；《穷人》教后"续写故事"，让学生续写，即在渔夫和桑娜收养了西蒙的两个孩子以后，他们的生活会变得怎样；《卖火柴的小女孩》教后"直接对话"，让学生想象小女孩来到同学们中间，大

指向"双减"的教学任务新变化与作业活动新设计

家会怎样说;《鲁滨孙漂流记》教后"想象情节",课文写到"他们愉快地生活在岛上,扩大了粮食种植面积,又增加了羊圈,晒了更多的葡萄干",让学生据此想象鲁滨孙和"星期五"在岛上生活的情形……

除了用知识本身的开放来设计作业,教师还可以结合时事热点、其他学科知识设计作业,从而让作业变得多姿多彩。

我布置初一学生仿照《天上的街市》的结构,以中国航天工程中的项目(嫦娥系列、玉兔系列、天宫、长征系列等)为对象,发挥想象,创作一首现代诗;以自创诗歌为中心,用A4纸制作一幅手抄报,可以绘画,可以剪贴。

选择《诗经》中的一首诗,再选择一首自己喜欢的歌曲,根据诗歌的内涵意境,改编歌词。学生们立刻炸了锅:"翻译可以理解,编成歌是什么操作?""平时也不听什么古风歌曲,改哪首歌词?""改歌词?既要押韵又要断句,还要意境啊!前几次写诗都够受的了,这回还要写歌了?""这大概是我做过最奇葩的语文作业了吧!"……①

除了做一做、想一想、改一改、编一编、说一说、画一画、唱一唱等作业形式,我们还可以设计评一评、论一论,甚至辩一辩的作业。

《秦统一中国》这节历史课出现的重要人物有秦始皇、商鞅、李斯等,为了让学生更深刻地了解人物生平和事迹,教师可以设计一个人物评判作业:"著名史学家司马迁认为'明法度,定律令,皆以始皇起',他对秦始皇的评价还是比较高的,但也有人提出了不一样的观点,认为秦始皇残暴成性,不足称为一代明君,对此,你怎么看?"

在评判人物时,不能单纯地从一个方面进行分析,要从多视角出发,这样的作业激活了学生探讨的内驱力,辩论活动由此展开。②

---

① 白雪、过俊:《初中语文分级作业设计:让作业有趣有效》,《人民教育》2021年第2期。
② 周林:《初中历史开放作业的实践探究》,《知识窗(教师版)》2020年第6期。

归纳能力是学生在学习时必备的能力。良好的归纳能力往往能够帮助学生更好地构建自己的知识体系。因此,教师往往会在教学中设置相关环节来培养学生的归纳能力。设置开放性作业就是一项很好的途径,借助开放作业,学生往往会自主地进行学习,进而逐步提升自己的归纳能力。

在讲解"轴对称图形"时,我用长方形、正方形和一些特殊图形讲解轴对称图形后,又为学生布置了开放性作业:"请大家以自己的方式在课后将所学轴对称图形的相关知识整理出来,下节数学课进行展示讲解,格式不限,类型不限,选取你认为最能展示它特点、概念的形式来完成这项作业。"

学生展开了激烈的讨论,努力寻找合适的形式来完成作业。在接下来的课堂展示中,我发现学生结合课上讲解和课下搜索都认真地完成了作业,思维导图、实物模型,甚至是图画的形式。但总体来说,学生都围绕着定义、性质、生活实例和一些区分点展开了归纳。①

甚至,作业的布置也可以开放,作业是不是做,做哪些作业都可以让学生自己决定。这种自我补偿型作业是学生根据自身学习的需求自觉要求完成的作业,它对学生的要求较高,强调学生自主学习的意识和独立作业的习惯,并且要具有高度自觉的自我调控、自我支配能力。设计时教师不布置具体的要求,只提出要求达到的目标,尤其适合在单元的复习巩固和阶段性的练习课后布置此类作业。

二、作业场合的开放

我们都知道,知识的理解、掌握往往不是一次完成的,由此,作业也可以不一次布置、不一次完成,可采用分期的方式设计作业,把作业分成多次,按照相

---

① 陈秀俊:《设置开放作业 培养数学习惯》,《教育》2020 年第 5 期。

指向"双减"的教学任务新变化与作业活动新设计

应频率，在不同阶段完成。

在教学《维护国家安全》道德与法治课时，我采用调查问卷、访谈等形式作为课前作业。一位学生对自己伯伯的访谈过程中，伯伯为他详细地介绍了各种军事装备以及军队的作风，甚至鼓励他以后参军。但当学生问到能不能在课堂上展示这些装备时，伯伯却拒绝了他。他当时有些不理解，甚至认为伯伯太胆小了，有些小题大做。

在征得学生同意之后，我将他的困惑整合成为议题："公民与国家安全有什么关系？"课堂上展示该学生的访谈记录后，问学生："你们认为伯伯的行为是小题大做吗？"这是学生真实的问题、真正的困惑，学生讨论得尤其热烈。①

作业不只在本上、教室内，更可以在校园里乃至社会等多种开放场合中。在所学知识转化成能力的过程中，少不了必要的应用实践，尤其是基于真实情境的应用。

在讲授《狼牙山五壮士》课文后，可以将作业放到课堂外，让学生观察生活中的人物，并对人物在一段时间内的活动进行记录，对人物的外貌、心理、性格等各方面进行刻画描写。②

我们要促使学生形成应用习惯，能够应用所学知识正确、高效地解决问题。教师可以通过设置开放性作业，引导学生进行自主研究，通过应用所学知识寻求问题解决的方法。

在讲解"混合运算"时，为了加强数学在日常生活中的应用，我布置了这样一项开放性课后作业：请大家放学后在家长的陪同下对附近的超市进行观察，看看超市运营的收入、支出分别来自哪些方面，并在观察后模拟一个简单的超市系统，计算超市每天的营业额和纯利润。

---

① 王棚艺：《巧用实践作业 助力高效课堂》，《今日教育》2021年第10期。
② 王晓榕：《从课程开放视角探讨小学语文作业设计》，《教师博览》2021年第9期。

专题四　创新作业设计

在第二天的数学课上，我随机选取一位同学展示自己的作业结果：根据观察，超市每天的支出大致为房租、员工工资、进货款，而收入则只有顾客消费。据此建立了一个简单的超市系统，假设超市房租每月2000元，员工工资每日80元，共有员工10人，假设超市每月进货支出10000元。假设3月，超市有顾客400人，人均消费200元，这样该超市当月营业额为 $400 \times 200 = 80000$ 元，该月纯利润为 $80000 - 10 \times 80 \times 30 - 2000 - 10000 = 44000$ 元。①

在社会实践作业、跨学科作业，甚至一些学科作业中，我们可以尝试设置长周期、多主体、打破校园界限的作业，比如把作业的实施搬到社区，以学生小组为单元为小区设计美化方案；再如团队合力设计验证一项物理知识的实验方案。这种作业的完成需要更多人员、元素和资源的加入，能让学生在实践中锻炼沟通、合作等社会性交往能力以及调度、统筹等资源整合能力。

在以动物为主题的开放性作业设计中，学生走进动物园，从真实情境中发现问题、解决问题，在完成作业的过程中，除了生命科学这一学科，还涉及了语文、数学、艺术、物理、体育等学科。学生在活动中充分体验、思考、探究，以多样化的方式完成开放性作业，培养了实践能力。②

任务性是开放性作业设计最突出的特点之一。在完成任务中，学生将知识学习、思考、运用有机结合在一起，在模拟成人的真实性任务的过程中进行有意义的深度学习，形成一切可能的物化成果。

作为《模拟社会组织》课程的一项开放性作业任务，"地球一小时"要求学生分组模拟学校、社区、剧院、地铁站、购物中心、餐厅的六个不同负责人，根据不同角色设计一份"地球一小时"活动方案。这份方案需要学生详细描述设计的活动形式与内容，并完整描绘场地布置示意图。

---

① 陈秀俊：《设置开放作业　培养数学习惯》，《教育》2020年第5期。
② 徐倩：《长宁好作业，在"开放""分层"中实现有效学习》，《上海教育》2021年第10期。

指向"双减"的教学任务新变化与作业活动新设计

课程围绕"活动策划"展开,充分考虑不同角色的场地特点、活动对象以及资金预估,通过模拟活动,考量学生的活动策划能力和空间想象能力,引导学生关注环保、参与环保。

我们还在完成作业过程中增加了"资料收集"的要求、"绘制宣传海报"的内容以及"难题解答"的环节。"资料收集"引导学生通过实地考察、网络调查等方式了解活动场地的基本信息,例如角色为"江苏路地铁站负责人",就要去了解活动时间的人流量情况、场地大小等,分析资料以后再进行策划的活动必然具有较高的可操作性,更接近"有用的创意";"绘制宣传海报"设计旨在引导学生围绕"地球一小时"和角色特点,完成艺术创作,与原有的文字描述类活动策划共同构成完整的活动方案,模拟任务更具有真实性;"难题解答"是针对每个角色身份提出活动过程中可能遭遇的"难题",由学生提出解决方案,引导学生深入角色去考虑问题,换位思考,挖掘了思维深度。[①]

总之,设计开放作业是现代教学理念的重要诉求,也是"双减"中有效减轻学生学业负担的要求。但开放并不意味着放任,教师要以学生的兴趣点为基础,从学科内容出发,丰富作业形式,最大限度地发挥作业的作用,延展学习空间,灵动学生思维,让学生感受到知识的魅力,最终喜欢作业。

---

① 陈之腾:《上海市第三女子初级中学:开放作业让学习更有质量》,《上海教育》2019年第1期。

专题四 创新作业设计

设计 4
增加题目成项目　减少纯粹求解题

什么是项目？通俗地讲，就是在一定时间内为达到某些目的所做的事项。儿童的任何一项素养都不可能凭空形成，唯有在做事中才能形成思考能力，形成思维方式，形成创新意识与实践能力。项目研究关注的是学生积极地从事"做"的活动，而不是被动地"接受"。富有挑战性的项目以能力培养、过程学习为首要任务，以"项目研究"为教与学的媒介，坚持"任务驱动，探究学习"的教学主张，变被动的"要我解决"为主动的"我要解决"，引导学生充分选择和利用学习资源，根据自身的经验背景构建知识体系，在实践体验、内化吸收、探索创新中获得较为完整而具体的知识，提升学习研发力。

实际教学中，将静态的、单一的例题、习题、试题设计成有趣的、好玩的、有意义的项目，让知识变得简单、好玩、有意思，进而驱动学生主动探索新知，完成项目，是提升学生学习研发力的有效方式。

一、把例题开发成项目

教材的例题是静态的，承载的信息是有限的，解决的问题是单一的，据此学生能掌握知识、形成技能，但开放性和挑战性不够，很难充分激发学习的内驱力，提升综合能力。把例题开发成项目，学生可以在开放的环境和挑战性的任务中,运用已有的知识和经验,尝试各种方法,研究、寻找问题的解决方案,而非被教师或教材牵引着按部就班地被动学习,从而在持续的思考研究中真正成为知识的建构者和创造者。

数学教材"平移、旋转和轴对称"例4(见下图),我们把它开发成了研究项目《我是小小设计师》,让同学们自己想办法创造心中的轴对称图形。

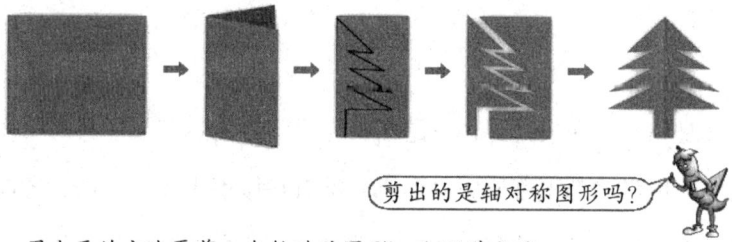

用上面的方法再剪一个轴对称图形,和同学交流。

同学们在开放的环境中做着自己感兴趣的项目,积极性很高,有的小组先交流讨论,然后两两合作画一画。

有的学生折一折。

专题四 创新作业设计

有的学生剪一剪，然后小组欣赏，交流经验。

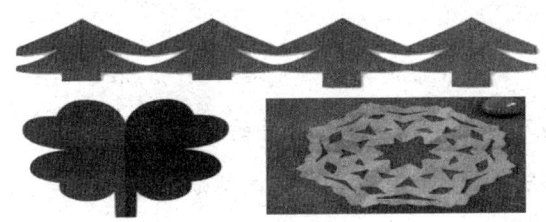

这样的项目研究，将只需照着画一画、剪一剪的低思维难度的例题，开发成了学生可以按照自己对轴对称图形的理解，采用自己喜欢的方式，选用合适的材料，手脑并用，自己创作出自己心中的"产品"的项目，学习方式变单一为多元：或小组合作、或同桌合作、或独立完成；创作方式变单一为多元：或画一画、或折一折、或剪一剪，极大地调动了学生学习的积极性，激发了学生学习的兴趣。

在项目研究的过程中，学生不再是毫无表情地充当操作工，按照教师或书本上的要求按部就班地完成任务，而是在任务的驱动下，自己愿学、想学、乐学、爱学，碰到问题可以合作交流，继而达到会学、能学的状态。整个项目研究过程中学生始终处于轻松愉悦的状态，变被教师牵引着被动学习为自主积极主动探索，多种方法，多条途径，创造性地探索问题解决方案，不断完善作品，完成项目，不仅加深了对轴对称图形特点的认识，还提升了动手操作、合作探究等研发力和创意创造能力。

美术课程标准中关于"设计·应用"学习领域的描述里，"形状（形态）和用途（功能）的关系"出现的频率很高，且对每个学段均有具体要求，那么，我们可以把"形状和用途的关系"确定为"设计·应用"学习领域的一个核心概念。在实际设计时，还要根据学段和学情对这些核心概念进行逐级分解。如"动植物之间、动植物与环境之间存在着相互依存的关系"是科学学科中的一个宏观概念，向下可以分解为中观概念，如"植物与环境之间存在相互依存的关系"。

接下来是映射，就是把概念与现实生活中确实存在、需要解决的问题对应起来。如把"植物与环境之间存在相互依存的关系"与"目前，我们学校绿化面积不够，需要利用墙面增加绿化"的问题对应起来，就形成了以下任务——

目前，学校的地面绿化面积距离建设标准还差2000平方米，现需要利用墙面来增加绿化面积。如何在墙面种植绿植？请你为学校设计一份校园墙面绿化方案。要求：①选择的植物适合在墙面生长，且生长周期长；②能起到绿化和美化作用；③有相应的养护措施。①

通过映射"植物"转化为"在墙面种植的具体植物"，"环境"转化为"校园墙面"，"相互依存"转化为"适合在墙面生长""起到绿化和美化作用"，这样就赋予了概念"看得见""摸得着"的生活价值。学生通过解决校园绿化面积不足的实际问题，实现了对概念的理解。

二、把习题开发成项目

很多知识源于生活，用于生活，教材上的很多习题都是解决实际生活中的问题，而生活中面临的问题往往是综合的，需要综合运用多学科知识才能解决。把习题开发成项目，可以促进儿童调用各学科经验，展开跨学科立体丰富的学习，提高研究问题、解决问题和跨学科整合学习等重要的学习力。

苏教版数学教材"折线统计图"练习四习题2（见下图），我们开发成了项目《我的蒜叶成长记》，让学生课后跟踪研究。

---

① 谢宇松：《追求概念理解的项目化学习设计》，《上海教育科研》2021年第10期。

2. 小明在装满水的玻璃瓶口放上风信子,每两天观察一次,测量芽和根的长度,并将结果制成下图:

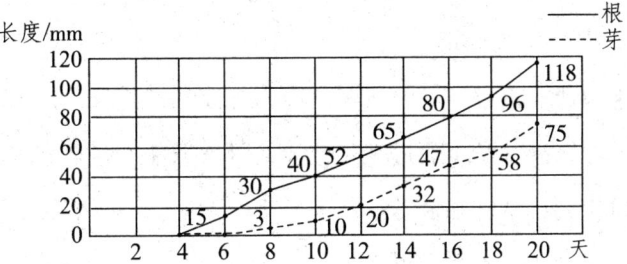

（1）小明是第几天开始看到根,第几天开始看到芽的?
（2）和同学说说风信子芽和根的生长变化情况。

第一阶段：关注蒜苗成长历程。

1. 精心种植。每位学生在家种植三盆蒜叶：一盆水培,放在阳光下；两盆土培,分别放在阳光下和室内。

2. 认真测量。根据蒜苗实际生长情况按时记录蒜叶生长的长度,水培的,从第二天起每天测量一次最长的蒜叶；土培的,每两天测量一次最长的蒜叶。

准确记录。把每次测量的结果及时在统计表中准确记录,并撰写实验观测日记。

第二阶段：绘就蒜苗成长印记。

绘制统计图。对照统计数据,合理选择统计图,设计统计图的图例和单位长度,精心制作统计图。

分析统计图。本次活动主要针对水培和室内外土培中最长的那片蒜叶生长的高度进行统计,分析时着重考虑两个方面。

1. 蒜叶的快速生长期在种植后的第几天开始出现?

2. 对两种不同的生长环境中土培蒜叶高度出现的结果进行比较,分析影响蒜叶生长的因素主要有哪些。

将只需要观察就能解决的习题开发成上述项目,变静态为动态。在任务的驱

指向"双减"的教学任务新变化与作业活动新设计

动下，学生亲身体验种植过程，撰写观测日记，收集、分析、处理并记录植物在不同生长环境中、不同生长阶段所呈现的不同数据，最后根据记录的数据自己设计蒜叶生长情况的统计图。

整个项目研究过程，围绕主题内容，打破学科界限，在不同学科知识之间建立了有意义的链接，学生通过观察记录、研究思考、客观分析等过程，体会到了数学实验研究的科学性和数学结论的严谨性，学会了用实验的方式和真实的数据来研究和解决问题的方法，提高了研发力。

把习题开发成项目，培养了学生勤于思考、敢于质疑、渴望探究、与人合作等良好的学习习惯。这样的项目研究还可以与家长合作，还可以变成课题研究。

语文五年级上册第三单元是民间故事单元，培养学生创造性讲故事的能力，为了让家长了解学生的学习情况，我们开展了讲故事给家长听的亲子活动。同时，为了培养学生的综合素养，我们还围绕"民间故事"这一主题分小组开展了小课题研究，在研究中检验和提升学生的语言表达、逻辑分析、团队合作等多种能力。

甚至，我们还可以采用项目式复习，把复习题变为一个项目问题，创设真实复杂情境，通过任务设计驱动学生自我导向复习相关知识。

从真实的新闻事件"2018年11月4日泉港一辆石油产品'碳9'运输船泄漏事件，导致周边海域大量的养殖鱼、虾死亡"出发，查找水体缺氧的原因。具体教学以水中溶氧量为主线，融入碘量法测定水中溶氧量、净水剂的制备和性质两个项目的探究与复习。

以这两个项目进行学习任务和评价任务的设计，融合了定性和定量的实验设计，真实探究活动不仅促进学生学会基于证据进行推理，形成解决真实问题的方法，还有益于培养学生积极参与社会环境问题讨论。[1]

---

[1] 洪清娟：《基于"教学评"一体化的高三化学项目式复习——以习题教学设计与实践为例》，《中学化学教学参考》2019年第8期。

三、把试题开发成项目

对于一些难度较大、学生易出错的知识点的考查,除了运用平常的综合性较强的试题,还可以把试题开发成引发学生自主探究的连贯性的项目,从而使学生在项目研究的过程中学会举一反三,理解知识的本质,而非只是记住或会解一道习题。

教师经常会出这样的对长方体、正方体展开图知识的考查试题:下面五种形状的硬纸各有若干张,选择哪几种,每种选几张,正好可以围成一个长方体或正方体?

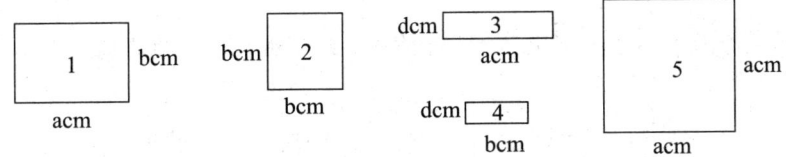

针对这道让历届学生常常出错的"老、大、难"试题,我们把它开发成了"步步高"的研究项目《有趣的拼搭》。

第一步:提供材料,小组合作搭一搭。

有三种不同长度的小棒,用橡皮泥和下面的小棒(每条棱上只用一条),你能搭出多少种不同形状的长方体?

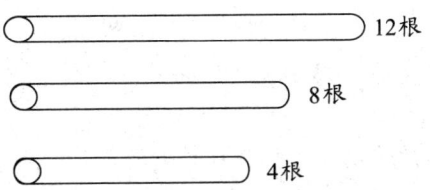

第二步:不提供材料,学生自己选一选。

有5cm、6cm、8cm长的小棒若干根,搭成一个长方体或正方体(独立的)框架,一共有(   )种不同的搭法。

A. 6　　　　　B. 7　　　　　C. 8　　　　　D. 10

指向"双减"的教学任务新变化与作业活动新设计

第三步：由线过渡到面（规定长、宽、高）。

下面8个面中，能围成一个长4厘米、宽3厘米、高2厘米的长方体的是（　　）。

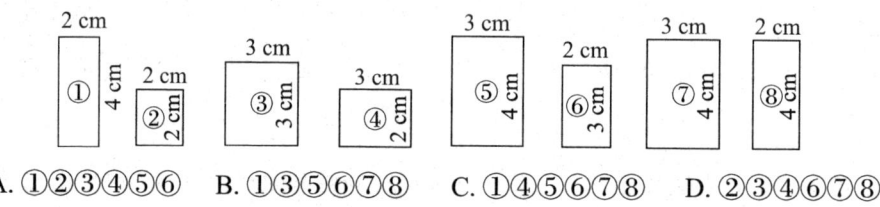

A.①②③④⑤⑥　　B.①③⑤⑥⑦⑧　　C.①④⑤⑥⑦⑧　　D.②③④⑥⑦⑧

第四步：硬纸板代替玻璃搭一搭，进一步体会一般长方体各个面之间的关系。

制作一个长方体鱼缸（无盖），材料是下列几块长方形的玻璃。

制作这个鱼缸需要多少玻璃？如果每平方分米玻璃4元钱，至少要多少钱？

第五步：提高要求，拓展到特殊长方体。

仓库里有以下四种规格的长方形、正方形铁皮若干张，张师傅要从中选五张铁皮，选择哪几种，每种选几张可以焊接成一个长方体（或正方体）？

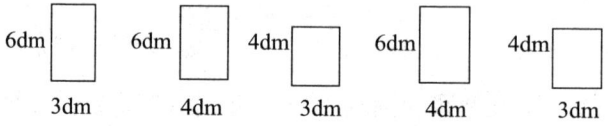

第六步：出示之前的试题，不提供操作材料。

总之，项目研究以项目任务为驱动，以项目要求为导向，是一种以学生为中心的教学方法，通过真实的、有意义的、连贯的项目研究，驱动学生积极主动完成任务。与普通例题、习题和试题相比，项目研究更能像"钩子"一样激发学生主动学习的动机，使学生围绕某个主题深入学习，形成对知识内容深入而全面的理解,在动手操作、合作交流、反思调整、个性创造等过程中理解和掌握知识技能、形成思想方法、积累活动经验、提升高水平思维与多元能力,成为知识的创造者和具有核心竞争力的未来人才。

设计5
增加作业成作品　减少专门寻答案

学生做作业往往会用到作业本,日积月累就会产生许多作业本,但很少有学生会把作业本保存甚至珍藏起来,作业本常常被当作废纸扔掉或卖掉。为什么学生不会想要保存作业本呢?一是学生自身不喜欢做作业,在作业枯燥、量多的情况下,甚至还讨厌做作业,自然没有保存作业本的热情;二是教师有时候会用作业作为惩罚学生的手段,学生心生抵触;三是在一个班级里面,学生的作业基本上是一样的,千篇一律,并且他们做作业往往只是为了完成教师的要求,用完的作业本价值不大;四是学生平时不爱惜作业本,不整洁,不美观,或者错误很多,既不赏心,也不悦目。

而作品是通过作者的创作活动产生的具有文学、艺术或科学性质的以一定有形形式表现出来的具有独创性的智力成果,作品往往是优美的、优秀的、独一无二的。如果把作业做成作品,特别是有个性化色彩的作业,学生能不珍惜、能不保存、能不炫耀吗?

▶▶▶▶▶▶ 指向"双减"的教学任务新变化与作业活动新设计

一、把作业做成能展示的悟化作品

一般情况下,学生做的作业只交给教师看,没有向别人展示的机会。由此,教师可以创造各种机会、寻找各种途径展示学生作业,让学生在展示作业的过程中体会被别人赞赏的快乐。这样,首先,学生会重视作业质量,努力做到内容精彩、成绩优秀;其次,学生会重视作业的美观,努力做到书写端正、布局合理。为了整洁,我们可以倡导学生不用橡皮擦或修正液,而训练在一开始就能够注意不犯错误,这样,时间长了,有助于学生集中注意力,还能减少因涂改而浪费的时间。学生完成作业后,如果自己认为满意的话可以在作业后面画上一个笑脸,认为自己的作业很好的话就画上一个大拇指或写上"我最棒"的字样,进行自我评价,我们还可以允许学生在作业的边边角角写上名言警句或一首小诗,也可以画上一些装饰画,涂上自己喜欢的色彩,等等。

看到乱七八糟的作业,我曾大发雷霆,厉声呵斥,也曾苦口婆心,谆谆教诲,还曾守在身边,亲自指导,但无论我采用什么样的办法,总是得不到持久的效果。

有一天,我心血来潮,找出几本排版整齐、字迹娟秀的"标本"作业,让学生传阅。学生们窃窃私语,指指点点,一脸羡慕。被传阅作业的同学则一脸阳光灿烂,享受着同学们投来的目光。

第二天,我像往常一样检阅着每一本作业,发现大家的作业大为改观,我非常兴奋,毫不吝啬地把"真漂亮""有进步""真棒""只要用心,没有做不好的事"等溢美之词诉诸笔端。

从这个小小的惊喜来看,爱美之心人皆有之,学生也不缺爱美之心,缺的是美的示范和引领。我们首先要用多种方式宣传美、赞扬美,然后要引导孩子们一起创造美、分享美。

我们可以每月设立交换作业书写日,让学生在同伴作业本上做作业,实践表明,通过这个方法,学生对待做作业的态度、书写的认真程度以及作业正确率都有明显提高。

在课堂教学中,如果学生能够自始至终把作业当作学习之后反映学习成果的作品,那么他们就不会排斥或讨厌作业,相反还会期盼作业,以展示自己的学习收获和学习风采。也就是说,如果学生有这样的成果意识,就会把写作业、学习的过程当作创作作品的过程,这也是一种非常有意义也非常有意思的任务目标。比如让学生做一份手抄报,这样的作业往往比传统作业需要更长的时间,可学生为什么不会感觉到累呢?因为他们看到了作品,也就看到了他们的成果,看到了他们的成就。

有一次我在批阅作业的时候,发现有这样一道题:请写出由0、6、5、7组成的所有两位小数。尽管多数学生都做对了,但我在批阅的时候感觉学生的作业没有趣味性,这是因为学生仅仅摆上了十几个数字,这样的作业虽然做对了,但缺乏价值。

那么怎样做才能体现出学习的成果意识呢?我的建议是把这道题的解题思路、解题过程梳理成一篇文章。让学生描述自己解决问题的思维过程,这是学生通过分析使思维外显的一种有效方式,使思维外显是实现深度学习的一个关键策略。把作业变成作品,不仅赏心悦目,还要比学生在作业本上单纯地写上18个数字有趣得多,有价值得多。

布鲁姆将认知领域的目标分为识记、理解、运用、分析、综合和评价六个层面。单纯地把一道题做出来,仅仅是识记、理解层面的,而把做作业的过程写成一篇论文,就需要对这道题进行分析梳理,然后进行辨析评估,要思考怎样才能不遗漏每个数字,并且有规律地把这些数字列举出来。这样一个分析、辨析的过程就是一个高阶思维的过程,也是一个深度学习的过程。①

---

① 王永珍:《学习要有成果意识——让作业成为作品》,《新校园》2021年第9期。

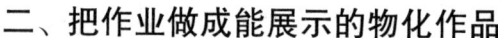 指向"双减"的教学任务新变化与作业活动新设计

心态决定状态。把作业变成作品,其实是在引导学生能够换一种心态。如果把每件工作都当成"作品"来对待,会有完全不同的情形发生。厨师把菜品当作品、工程师把产品当作品、导购员把业绩当作品、财会人员把报表当作品……你的作品,代表着你的思维方式,也是你能力水平的体现,甚至代表着你的声誉。这种心态下,你就是为自己工作,激情会在你血液里流动,每一步都将竭尽心智。学生的学习也是如此,比如编一本错题集,这样的作品意识就会让学生平时注意收集错题,此时平日的作业本就是《错题集》这个作品重要的素材来源,学生也就会注意保存作为原始资料的作业本,之后当收入或收录《错题集》的错题越来越少时,学生就会获得一种成就感。此中,学习经历了两个成果阶段:第一阶段的成果是不断收集错题,《错题集》越来越厚;第二阶段的成果是错题越来越少,《错题集》越来越薄。

二、把作业做成能展示的物化作品

传统作业,我们习惯说"做作业",其实很多时候只是"写作业",抄写、计算,机械枯燥,如果每天都是这样,学生自然会心生厌倦。如果我们能够把这种"纸上谈兵"的作业变成真正意义上的"做"作业,那一定会深受学生的欢迎。

七年级学生在经过半个多学期和新老师、新同学的熟悉之后,我让他们开始写"我的班级成员"主题日记。两个月的时间里,我让学生通过认真观察,每天写一个人物,先写所有任课教师,再写所有班内同学。教师和同学无一例外都被写了一遍,这些主题日记读者很多,学生抢着传阅。

要求和"我与春天有个约会"主题体验日记一样,用一张A4纸,设计得很漂亮,自己设计封皮,设计前序、后序。等"图书漂流"完,集结成册,学生爱不释手。

专题四 创新作业设计

其实，每隔一阶段，总会有一个学生愿意写的主题。例如"秋天的故事""我爱大自然""母亲/父亲小传""我的家庭""我们的社区""聚焦社会"等主题。"主题体验日记"重在体验，重在观察，重在生活中积累感受。

当"作业"成为自己的"作品"，写作不再是简单的作业，变成了学生喜欢的一种形式；写作，不再是硬着头皮没东西可写，而成了学生成长故事的点滴积累；写作，不再那么难，而成了一种可以享受过程的学习形式！①

除了语文中的制作图书，在小学数学项目化学习中，学生用毛线绕出一朵花、用小木棒搭出一座桥、用纸板造出一幢小房子等项目化作业，也是跨学科综合实践的作品。

很多时候，把作业做成能展示的物化作品的过程是一种"活动作业"，这时不再单纯采用传统的书面作业评价，还需要运用表现性评价——"基于活动作业的作品评价"，通过恰当的作业任务，能够考查学生的情感、态度、能力、行为表现等发展水平。教师通过作品成果可以还原学生的学习活动，进一步分析学生的学习和发展状况，进而调整教学行为。相对于模糊主观的"观察印象"，"基于活动作业的作品评价"能够更加真实、全面地记录和评析学生的学习过程和结果，增强了评价的客观性。

作业任务：制作"秋天的树叶画"。

任务说明：结合浙教版《品德与生活》二年级上册《送别秋天》的学习，课后完成一项制作树叶画的实践作业。

课程标准要求：课程内容中"愉快、积极地生活"主题的第2条"亲近自然，喜欢在大自然中活动，感受自然的美"、"动手动脑、有创意地生活"主题的第3条"喜欢利用身边的材料自制小玩具、小礼物或布置环境等来丰富和美化生活"。

---

① 郭萃：《当"作业"成为自己的"作品"——让阅读、写作告别老大难》，《新课程（中）》2017年第3期。

指向"双减"的教学任务新变化与作业活动新设计

相关教学目标：能动手简单制作一些与秋天有关的作品，将秋天留在自己的印象中。

评价目标：考查学生的动手能力和观察力、想象力、创造力；了解学生能否动手动脑、有创意地开展制作活动。

评价工具：树叶画作品。

评价方式：作品评价。

评价主体：小组同学、教师。

评价标准：（1）优秀：作品中的树叶平整，作品整洁、美观。作品中的树叶通过贴一贴、剪一剪、画一画、写一写等方式进行了一些简单的图形和故事创造，图形、故事有趣，有创意。（2）良好：作品中的树叶比较平整，作品整洁。作品中的树叶通过贴一贴、剪一剪、画一画等方式进行了一些简单的图形创造。（3）合格：作品中的树叶基本平整。作品中的树叶只有简单的粘贴，没有呈现一定的图形创造。

这份作品评价设计，作业任务具有童心童趣，适合低年级学生的兴趣，符合课程标准和教学目标的要求。作业任务能够支持评价目标，评价标准与评价目标具有一致性，各等级评价标准的描述比较合理、具体，便于操作。评价主体为学生和教师，通过学生互评，可促进学生的相互学习和借鉴。[①]

我们要改变传统的作业设计理念，在作业创新性上下功夫，增强作业趣味性，激发学生完成作业的热情，真正做到"减负不减质"。比如，化学作业可以巧妙地将书本知识与动手实践相结合，布置"手绘个性元素周期表""我眼中的科学家""我做的指示剂"等个性化作业；英语作业可以布置个人或以小组合作形式为英文电影配音的创意作业，调动学生学习的积极性。

---

① 邬冬星：《小学品德课程基于活动作业的作品评价之探索》，《中小学德育》2015年第3期。

管理学者、营销实践者郑锋说:"若干年后,当你的'作品'硕果累累,你已经活成了另一个自我。那将是一个自信、执着、成功的你。"总之,在教学中,把作业做成作品,可以让学生的学习硕果累累,学得更好,活得更好。等到作业本用完或学期末,我们不妨让学生用"写给旧本子的话"对这一段、这一期作业进行盘点、梳理、反思,感恩"陪伴"之情。教师还可以征得学生同意,定期收藏优秀作业,颁发作业收藏证书,之后,教师可向下一届学生展示自己保存的学生的优秀作业。

设计 6

增加学生自出题　减少教师来设题

在常规教学中,学生学习所用的作业题都是由教师单方面提供,学生要做的事情就是单纯解题。题目由教师提供,可以减少盲目性,避免题目的低水平重复,但也可能会让学生缺乏主动性,感觉是在"为教师而做题"和"为做题而做题"。只有当做题成为自己的事情,学生才会没有怨言,做得有滋有味。

让做题成为学生自己的事情,"双减"之后,我们可以把出题的权力适当放给学生,让学生在出题中达到做题的效果,却没有做题的苦恼。对教师出的题目,学生可能感觉是"强行推销",或许会产生抵触情绪,但对自己出的题目,学生首先不会反感,因为是"自产自销",所以还会密切注意它的"命运"——是否能够被教师和同学欣赏和接纳。

指向"双减"的教学任务新变化与作业活动新设计

一、题目让学生理

虽然每个学生的学情不同,但对自己平时作业中错过的甚至错了又错的题目都比较难忘。也就是说,错题可以起到让学生"吃一堑,长一智"的作用。所以,我们可以让学生把平时的错题收集在一个本子中,经常翻翻,经常看看,经常想想,特别是经过一个阶段的学习后,复习一下自己的错题,对知识的防错和纠错大有好处。

为了督促学生能够经常反思自己的错题,我在出练习题特别在出复习题时,专门安排一个环节,让学生晒晒自己的错题。首先,让学生说说自己曾经错过什么样的题目,然后介绍现在是怎样做到不出错的经验。我还让学生晒晒现在依然还经常出错的题目,然后让其他学生各抒己见,为他不再出错出谋划策。

这样的出题方式,对提供错题的学生而言相当于又一次复习,对其他学生而言则相当于又一次练习。其中,提供错题的学生并不会有出丑的难堪,反而有一种介绍经验的被重视感。对其他学生来说,出错学生提供的那道错题或许自己并没错过,或许已经弄懂,但因为是同学在介绍,所以感觉要比听教师讲解更有意思。当然,教师如果想选用学生的错题作为复习题,为了更有针对性,不妨在课前先浏览学生的错题本,择题而用。

对一些学生做得好的题目,教师也可以出一本优秀作业集,让学生推荐自己或别人的"好题"。在推荐过程中,学生会自我评价或相互评价彼此的题目,思考"好在哪里",包括素材内容的好和解题思路的好。这样的推荐过程其实又是一次复习,也是一次相互交流、相互学习的过程。这样的优秀作业集,只是促使学生积极向上、深入思考、认真做作业的载体,应该注重学生的做作业过程,显示学生的思维历程,总结学生较好的思维方法。

专题四 创新作业设计

向明中学高二年级四位学生为了体现"学习，由我做主"的班级精神，四处觅题，酝酿良久，编写了一本22页的小册子，前8页是数学和物理习题，后14页是对这些题目的详细解答。编者之一的陈希萌同学说："平时做到的好题目，如果不能和更多同学一起分享，我觉得很可惜，要是能编一本集子，把大家在课外做到的经典题目汇集起来，那么一个人做到的好题就成了所有人做到的好题，学习也就事半功倍了。"

许多已在此题册中受益的同学都提到了这本册子后半部分所附的解题思路及心得，尤其是心得，是这本册子的精华。因为这些解答都是编者们通过自我消化，或与教师、同学进行讨论，得到的宝贵经验。他们准备在手册的第二集中，让更多同学参与进来，增加其他学科的内容，争取在每道题解答后加大学习心得、做题方法的篇幅，让每个同学均从中受惠。

皮亚杰指出，只有儿童自我发现的东西，才能积极地被同化，从而产生深刻的理解。虽然，皮亚杰所说的"东西"指的是知识，但如果改换成"题目"，同样会被学生积极地接纳和怀念。就像孩子们去野炊，他们享受的是砌灶、烧饭的过程，即使是自己烧煳的饭，依然会吃得津津有味，因为这是他们自己的劳动果实。所以，学生自己出的题目，或许并不像样，或许并不咋样，但他们亦乐此不疲。由此可见，让学生自己出题目，有助于培养学生的学习兴趣，从而减轻做作业时不必要的心理负担。

二、题目让学生编

在巩固练习特别是整理复习时，我们可以让学生自编练习题或复习题。如果学生能够编出题目，也就说明学生已经会解自己编出的题目。思维发展心理学研究认为："儿童自编题体现了独立性、发散性、新颖性等思维特征，是创造思维的一种表现。"比仿编题目、改编题目更高级的是创编题目。

▶▶▶▶▶▶ 指向"双减"的教学任务新变化与作业活动新设计

我在小学学习"整数、小数和分数的四则混合运算"之后,就常常自己编写一些计算题,从一个一步计算的算式开始,逐步添加数与运算,最终形成一个比较复杂的算式。我是把它当成了一个非常有趣的游戏。到学期结束,编成了一本计算题集。当时自娱自乐,甚感编题的快乐。当时我想,如果我的老师能够发现我的成果,并能够从我的"题库"中选用一些题目作为全班学生的练习题、复习题甚至考试题,我将会感到无比荣耀。

后来,我做了小学数学教师后,在自己的教学中实现了我未达成的心愿。我提倡我的学生学会编题,并且积极使用学生编成的题目,当然我没有忘记在题后附上作者的大名,一是为了尊重学生的劳动成果,二是为了激励学生编题的积极性。

不论是仿编还是改编甚至创编,编题本身就是一项创造性工作,对学生的能力要求很高。开始,学生年龄小,经验少,难于找到编题的好材料,故往往是今天编"买东西",明天又是"买东西",或者是一个人编"买东西",其他同学就跟着编"买东西"。对此,教师可以借助情境来提供生动的、丰富的编题素材,比如用挂图,可以避免学生编题困难和取材重复,学习有困难的学生有了具体的形象,就容易编题了。

在学习血糖调节专题的生物课上,教师展示了糖尿病患者腹部皮下注射胰岛素的图片素材,要求学生"看图出题"。学生所出试题多为选择题,题干多以"与图片相关的叙述正确(或错误)的是……"设问,但选项却几乎涵盖了与血糖调节相关的所有知识。如胰岛素的作用机制、受体分布、为何只能注射给药等。此外,学生还通过试题提出了一些他们关心的、疑惑的、与生活息息相关的问题。如胰岛素注射应在饭前还是饭后、能否静脉注射或肌肉注射等。①

---

① 李文良、左延柏:《基于新课标基本理念的学生出题活动策略》,《中学生物学》2019 年第 2 期。

专题四 创新作业设计

除了用挂图,还可以用场景,让学生在身临其境中编出题目。比如在行程问题的教学中,可以让学生通过表演来理解相向行走、相背而行、同时出发、相遇等术语,并根据表演的情景进行口述编题,也就是平时教学中的叙述、描述就可以看作编题的过程,我们可以多次进行这样的训练,相信学生会自己编出越来越多的题目。

我曾在高一要求学生结合力学知识观察自行车编一道物理题。自行车是学生最熟悉的交通工具,学生兴趣盎然,经过几天的仔细观察,揣摩编出了很多习题:有传动装置转速的计算,有摩擦的利用和避免,有坐垫下弹簧的缓冲,还有力矩的计算,等等。最后选出一些较好的题目出了一期黑板报,题名是"自行车上的力学"。这种做法深受学生的欢迎。[①]

如果纸笔测试能够检验实践性教学程度,则学生出题更能成为实践性教学的新途径。首先,若学生参与探究和操作的体验与科学家科研活动的体验类似,那么学生出题时的体验也可能与教师出题的体验类似。可见,学生出题是一种学生为主体的实践活动,是更高层次的自主学习方式,也极大地提高了学生的创新意识。编题促使学生主动走向生活、生产实践,走向社会去寻求素材,去观察揣摩,可以很好地锻炼观察能力和思维能力。编题既是技能技巧的综合运用,又是引导学生结合实际进行创造性学习的重要手段。教师可以利用每次节假日、春秋游及各种活动,要求学生注意观察身边发生的事情,选取有关信息材料作为条件,联系学过的知识编题,可以说,这是另一种方式的"写笔记""写作文"。比如春节期间,学生编的数学题有关于大扫除的,有关于买年货的,有关于旅游的,还有关于工厂加班情况的,有的则关于家庭的开支情况,并制成统计图表,等等,学生养成了时时处处"用数学的眼光观察生活"的思想意识。

---

① 强守仁:《学生编题教学的尝试》,《物理教学》1989 年第 12 期。

指向"双减"的教学任务新变化与作业活动新设计

我们还采用学生小组合作出题形式,根据学生的民主意见,把全班学生划分为"精英团队""最棒团队""无敌团队""冲锋团队""巅峰团队""神奇团队",每个团队设队长 1 名,其他人员都是"出题小专家",队长一岗实行两周轮换制,按照老师的要求,形成合作编题机制,小组内部先对个体编题进行互做、互评,取舍或优化,不定时向老师传送集体智慧题。[①]

我们可以在每节课给学生留一些整理知识和创编习题的时间,可以采用让学生写学习整理卡的形式。整理卡可分三大部分:一是知识点、认知策略、学习策略,即解决问题及方法,用工具系统梳理;二是课堂上有待解决的问题,学后自己要提出新的问题;三是围绕所学内容创编一至两道有代表性的习题。

我在黑板一角专门开辟了一个"数学好题目"征集栏,登载学生看到的与教学内容相关的习题或者自己编写的习题,每天出两三道题,每题注明出题人的姓名,作为附加题请学生做在当天的作业本上。这一形式很讨学生欢心,无论是出题者还是做题者都兴致盎然。更可喜的是,班内掀起了一股爱阅读数学课外书和寻找生活数学的好风气。

总之,学生在出题目特别是自编题目的过程中,需要把各种有关信息重新组织、整理,需要他们按自己的方式内化和领会,并最大限度地发挥创造性。尽管学生自编的习题在选材、结构上,可能都不如教师设计的精确,层次性也可能不如教师设计的分明,但是在编题的过程中,每位学生都亲身经历了一次创新的过程,这是仅仅让学生解答一些教师精心设计的标准型题目所无法替代的心理历程。

---

① 柴如峰:《自编题活动促进学生语文核心素养发展》,《语文教学之友》2017 年第 6 期。

设计 7
增加人性化批改　减少只判对与错

教师的教学生涯中，天天都在重复着"昨天"的故事：用红笔在学生的作业本上画上"√"或"×"，写上"优""良"或"中"。学生呢，拿到作业本，首先迫不及待地打开，然后快速浏览批改情况，几家欢乐几家愁，最后是订正。怎样让学生拿到作业本时能够皆大欢喜呢？一篇《让苹果长出人情味》的文章让笔者深有启发，文章的大意是这样的。

有一年，市场预测苹果将供大于求。一个聪明人想出了一个绝招。当苹果还长在树上，他就把剪好的"喜""福""寿"等字的纸样贴在了苹果朝阳的一面。后来，成熟的苹果上就留下了这些字。而他的苹果就因为有这种全新的祝福的功能而引人注目，独领风骚。

来年，他的这一手别人也学会了，但仍然是他的苹果卖得最火，为什么？因为他又有了新创意。他的苹果上不仅有字，而且还能激发顾客"成系列"地购买，那些有字的苹果能组成一句甜美的祝词，如"祝您寿比南山""祝你们爱情甜蜜""永远想念你"等。于是，人们再度前来，买他的苹果作为礼品送人。

是的，苹果是甜的，但吸引人买的苹果才会甜入人心啊！这就是：只有让你的苹果长出人情味，才能使你的苹果更迷人！同样，如何让作业受到学生的喜欢？首先在内容上要努力做到"甜蜜"，致力开发作业的情感功能和发展功能，

▶▶▶▶▶▶ **指向"双减"的教学任务新变化与作业活动新设计**

其次在批改上要努力做到"迷人",而要在批改上做到"迷人",有一种办法就是让批改具有浓浓的"人情味",让学生感受到经教师批改的作业的温暖,如此,作业也就可能会成为北京师范大学教授肖川所说的"作业是教师精心准备的送给孩子们的礼物,它为孩子综合运用知识、发展和表现个人天赋提供机会,使教学的影响延续到全部的生活之中"。对此,想到曾经看到作家刘瑜写的题为《买了一堆意义》文章中的一段话——

礼物,本质不是东西,而是意义。礼物的流动也就是意义的流动,秩序的流动,或者说得更严重一些,就是人类关系的流动。

因为我送给人家的,不仅是东西,而且是"意义"。从使用价值的角度讲,一条地摊上买的围巾和一条品牌围巾没啥大区别,但是,从"意义"的角度讲,给品牌付款的那一刻,象征着我对你的重视,也就是你对我的意义。

同样,作业作为教师送给学生的"礼物",并不在于东西,而在于意义,表达着教师对学生的重视,而这样的重视,学生从教师对作业的批改上就能够感受到。

一、批改颜色的舒心

教师习惯用红颜色的笔给学生批改作业、评判分数,这似乎已经成为教学的一种"遗传",其理由就是许多教师所认为的,打红叉更能够引起学生的注意。

国内有一名教师到国外任教不久,就遭遇一名外国学生投诉。原来,她在批改试卷时,对一道学生应该做对而没有做对的试题,出于心中的不满,习惯性地随手打了一个大大的红叉,结果打到了下一道题目的区域。

看到这样的案例,笔者想,首先,教师如果出于对学生的爱护,就不应该情绪激动,也就不会愤怒地打上一个大叉;其次,在心平气和的状态下,教师用蓝笔批阅是否更能体现自己的心情,是否也更容易让学生体会到教师的心意呢?

专题四 创新作业设计

有研究表明,通常人们最喜欢的颜色依次是:蓝色、绿色、紫色、橘色和黄色。由此想到,教师在给学生评改试卷和批改作业时,普遍都使用红笔,打红叉虽然容易让学生警觉,但也会让学生紧张,如果改成蓝笔批阅,是否会少给学生一些心灵上的刺激?多给学生一些人文的关怀?学生是否会更乐意接受?我想,教师不妨一试。

前几年,澳大利亚昆士兰州政府也认为,红颜色过于鲜艳和刺激,会伤害学生的心理。在一份名为"良好心理健康"的战略计划中,政府对该州大约30所学校下达一道"命令":不要用红颜色的笔给学生打分,要使用其他颜色的笔。理由是,红颜色的笔看起来太具"攻击性"。

英国康沃尔郡彭赞斯市某小学也规定,教师在批改作业及卷子的时候不允许用红笔,应该用绿色的笔代替,并鼓励学生用紫色的笔进行意见反馈,与教师交流。该小学之所以禁止教师使用红色的笔批改卷子和作业,是因为他们认为红色会给人带来消极、恐惧的感觉。

在另一项试验中,研究人员发现,志愿者答题时,当计算机屏幕的背景为红色时,准确率要高出背景为蓝色或白色时。而在想象力测试时,蓝色房间中的志愿者表现最突出。原来,红色在习惯中与警示标记、红墨水和血液密切相关,看到红色的物体可以让人对危险和错误分外警醒;而蓝色则能让人联想起蓝天和大海,令人平静,从而对发挥创造力更有帮助。

从该实验可以看出,红色只是让人在紧张中提高成绩,而蓝色则可以让人在平静中提高成绩,更有助于人正常甚至超常发挥水平。实验表明:蓝色助人事半功倍。这给教师批改作业的启发是,如果要让学生对作业评定不感到过于紧张,教师不妨把用红笔改成用蓝笔批改,让学生在不感到刺眼的舒心和平静中更好地发挥想象力和创造力。当然,这一实验结果还可以应用于教学的其他方面。

▶▶▶▶▶ 指向"双减"的教学任务新变化与作业活动新设计

红色会影响你的考试。如果你考试成绩不理想,考试时,邻座是不是穿着红衣服?美国罗彻斯特大学心理学教授安德鲁·埃利奥特研究证明,人的心情、行为甚至思想都会因为颜色而出现波动。其中,红色对人的影响最大,瞥一眼都会左右人的情绪。研究人员对上百名学生进行测试,每人拿到一份左上角涂抹着不同颜色的考卷,考试前,他们已经获得了所有答案。结果显示,拿到红色试卷的人考试中格外紧张,频频出错。而拿到绿色考卷者心态最为平和,基本不受影响。

红色会影响你的合作。有研究表明:想合作愉快,别穿红衣服。英国达勒姆大学人类进化学专家研究发现,穿红色衣服给人易怒、好斗、专横的印象。研究人员让50名男性和女性看穿着不同颜色T恤衫的男性形象,志愿者普遍认为穿红色的形象比穿蓝色和灰色的显得好斗和易怒。男性志愿者还普遍感觉穿红色衣服的专横,但女性志愿者大多没有这种感觉。

二、批改符号的灵活

作业批改符号的作用不应只是为了表达教师的评判意见,教师还应考虑学生阅批改符号时的心情。在学生明白教师批改意图的前提下,让批改符号更有人性化可谓是学生给教师布置的一项创造性"作业",要求教师好好研究。

首先,教师可以少用"×"。教师批改作业的符号不要总是看见错就用"×",可以多用"好看"的"√",哪怕打到了其他题目的区域,估计家长也不会投诉。同时,再配以或代以其他符号,以能让学生感受到教师对自己的呵护与期待,也能让学生感受到其他符号的新鲜,也便于教师在学生订正后重新给一个好成绩。

一天,一位女生拿着自己的作业本来到我的面前,说:"老师,您别给我打'×',行吗?"我看了一眼,自然地说道:"你明明写错了,不打'×'怎么能引起你的注意呢?"没想到她鼓起勇气恳求我:"老师,您只给我画一条线,我马上去改。"看着她这么诚恳，我答应了她这个小小的要求。

她立即改正了作业本上的错误，并高兴地把本子再次拿来给我看，我点点头，把"良"改成了"优"。小女孩咧开小嘴笑了，说："谢谢老师。"望着她一蹦一跳出了办公室的背影，我若有所思。

有一位教师是这样使用批改符号的：一是评价学生作业只用"√"，不用"×"，遇到错的地方轻轻画上"＿＿＿＿"；二是只要学生改正且字迹工整，均可得"优"。结果，学生作业本上再也看不到"×"而且都是"优"，个个喜笑颜开。

又如，有一位教师在批改作业时，发现平时一位很优秀的学生不该错的题目错了，于是他没有习惯地打"×"，而是在旁边画了个"？"，表示"老师不相信这题你不会做"，给学生一种信任。

再如，有一位教师采用三维作业评价：正确率画"正"字评价，全对记完整"正"字，有错题画不完整"正"字，有错的作业根据情况少记笔画，当学生把错题订正完毕后，教师再把"正"字中缺少的笔画用红笔补充完整；回答有创意或解题方法新颖可添加一颗星"★"，思维有创意，只是没有完全做对或方法正确但不简便的可添加一个"△"符号，以示肯定；书写则用"↑""↓"表示，书写认真或比昨天有进步画一个"↑"，书写潦草或比昨天有退步用"↓"表示。这样学生一看三组评价符号，就对本次作业正确率、创新性、书写好坏一目了然。

其次，教师可以多用"＋"。如今，许多教师批改作业一般用"优""良""中"的等级制，为了激励学生的作业热情或奖励学生的作业质量，教师还可以在等级的基础上添加若干个"＋"，让学生看到教师的看好。

有一位教师设计了"优优大比拼"活动，一个学生在一次作业中注意到了一个容易疏忽的细节，而且她是全班唯一发现的，教师当即评了"优＋＋＋"，

▶▶▶▶▶▶ 指向"双减"的教学任务新变化与作业活动新设计

同学们都好羡慕，以后作业也细心多了。是啊，评价学生的作业，如果有利于促进学生学习，给10个"+"又何妨呢？

另外，这个"+"后面还可以加一些教师的批语，如果加的是教师的一句甜美的祝词，那就会产生像上述故事中在苹果上写"祝您寿比南山""祝你们爱情甜蜜""永远想念你"等诗情画意的语言效应，让学生充满温暖，乐意订正作业，乐意继续做作业。

我们还应该允许学生"我的作业封面我做主"，对作业封面大胆进行个性化、有创意的设计，比如摘抄或撰写一句自己喜欢的名言、格言；贴上一些喜爱的卡通贴画；用彩笔画上一幅与学科有关的图画……作业封面我创意，作业封面我装扮，喜欢作业从喜欢作业封面开始，让学生每看到作业本就有一种好心情。

总之，让作业形式更漂亮，与学生的喜好"贴心"，让作业内容更充实，与学生的生活"攀亲"，让作业呈现更灵活，与学生的兴趣"结缘"，这种具有适度性、多样性、开放性、沟通性和激励性的作业才会成为学生喜闻乐见的"礼物"，才能产生事半功倍的学习效果，对学生的发展产生积极的作用。

专题五
丰富社团活动

　　落实"双减"政策重要的一环是提高课后服务质量，学生社团是提高课后服务质量的重要平台。多元化社团是学生催生梦想、舞动青春的第二课堂，也是一个实践平台。在这个平台上，学生开发潜能，提升社会适应能力，增强团队合作意识，提高自身的综合素质。

▶▶▶▶▶ 指向"双减"的教学任务新变化与作业活动新设计

提高课后服务质量是落实"双减"政策的重要一环,而开展学生社团活动是提高课后服务质量的重要内容。多元化社团是学生催生梦想、舞动青春的第二课堂,也是一个实践平台。在这里,学生开发潜能,提升社会适应能力,增强团队合作意识,提高自身的综合素质。

学校可以打造"作业辅导 + 课外阅读 + 社团活动"三位一体的服务模式,将课后服务和特色课程相结合,开启学科知识类、艺术涵养类、品格提升类、科学探究类、生命健康类等丰富多彩的社团课程,如开设九章玩吧、三味书屋、机械馆等室内外专用空间,满足学生成长多样化的课外需求。在课程实施上,可以实行"三走"策略:订单式教师走班、主题式年级走班、菜单式校级走班。

专题五　丰富社团活动

活动 1

增加阅读社团活动　减少死读书

如今许多孩子迷恋手机和网络，家长和教师很担忧，要想与内容丰富、掌控性强的移动设备"争夺孩子"，唯有回归教育本源，通过广泛阅读找到他们的兴趣源泉，才是良策。只有快乐的事情，人们才能长久去做。

苏霍姆林斯基说："要使学生掌握深刻而牢固的知识，就必须使学习有一个巩固的大后方，或者说把知识建立在一个广阔的'智力背景'上。"这个广阔的"智力背景"，可以是由阅读获得的广阔的知识海洋。所以，多读书的孩子大都聪明和文雅。

一、用任务驱动阅读活动的开展

教育家朱永新教授说："一个人的精神发育史，就是他的阅读史。"相对于身体发育，精神发育因为其隐性时常被忽视，而一个人生命的宽度和高度由他的精神发育程度决定。研究显示，童年的阅读是最有效的精神培育手段，儿童在阅读经典中认知自己，融入群体，认同国家民族文化，培育家国情怀，做一个大写的人。阅读可以从一个字开始。

为增长知识、提升能力、训练思维，学校开展了"一字一世界"的语文项目式学习活动：围绕最感兴趣的一个字，从字源、联系生活、成语、谚语、古诗

指向"双减"的教学任务新变化与作业活动新设计

词的积累、带有该字的名人介绍、相关字族简介、文字背后的故事、其他学科的延展等角度开展相关探究活动,旨在开阔学生思维,由一字延展开,探寻汉字王国的奥秘。

在设计活动时,充分考虑学生的差异,采用"3+X"的模式,如果独立完成,要求至少选择3个角度探究;如果团队合作,要求至少有3名成员,围绕一个字,从不同角度完成探究活动。

阅读,在语文教学中是非常重要的环节,我们可以利用课文中的名著选段组织学生开展原著阅读活动,也可以设计项目式研究性阅读活动,根据群文阅读文本主题来设置阅读项目,捕捉学生阅读研究思维的撬动点,激活学生思维,促进学生深入阅读、研究作品,扩大思维的广度。如"人生的破茧与作茧人生""祥林嫂、林冲、别里科夫如何对待人生的套子""挣脱套子与套中人生""人生的突围与自我围困""拨开纷繁复杂的社会迷雾"等阅读主题。

我们开展了《林教头风雪山神庙》研究性阅读,研究林冲语言背后人物性格的变化、情节的伏笔;探究《祝福》中的情节设置艺术,中国小说与外国小说在描写上有哪些精妙之处,如何阅读不同类型、不同风格的小说……

我们还把《祝福》《林教头风雪山神庙》《装在套子里的人》和相关电影相互比较,抓住相同点设置研究性阅读项目,引领学生多元思维,如"社会环境中的人物命运""细腻描写手法的镜头效果""中国小说与外国小说在人物描写上的异同"等。[1]

阅读不仅仅是语文学科的事,我们还可以设计"学科+阅读"开展其他学科的阅读活动,引导学生从"学会阅读"向"通过阅读学习"转化,进而促使他们将阅读中蕴含的信息转化为知识和智慧。例如英语学科,可以根据教师提供

---

[1] 刘红:《聚焦项目深刻意蕴,探寻活动激活思维——核心素养视域下的项目式小说群文研究性阅读》,《文理导航(上旬)》2021年第11期。

的英语阅读素材,学会做思维导图、做读书笔记;数学学科,可以从数学文化、历史典故入手,了解数学史、数学故事、数学价值等;音乐学科,可以了解歌曲背后的故事,特别是红色歌曲的诞生过程;化学学科,可以将阅读与实验对接,让阅读促进实验,让实验拓展阅读。实验能让学生直观地感知阅读内容,阅读能催生学生实验的愿望。

在学习与氧气相关的认知时,教师先让学生阅读与氧气有关的小故事:1768年左右,英国的普利斯特列抽出瓶中的空气,本来燃烧的火焰很快就消失了。他又将小动物也放入瓶中,进行同样的操作,发现随着火的熄灭,小动物也死亡了。之后,普利斯特列在1776年发现氧气在物质燃烧中起着最重要的作用。

对于阅读,教师不能仅让学生理解表面上的文字,还要让他们对阅读涉及的内容展开深刻的思考,实验可以加深思考的深刻性。①

我们可以借助现代化技术手段,为阅读提供更多、更好的支持。例如,在"探索太阳系"科学课中,我们利用网络课堂教学管理平台提供太阳系八大行星的数字阅读资料,并发布"建立太阳系模型"的任务和评价要求。学生在电子设备终端能够自主选择阅读资料,获取支持模型搭建的相关信息,上传学习成果并开展评价。

甚至,我们还可以利用孩子对电脑游戏的喜爱,买一些需要经过大量阅读才能玩的游戏软件,例如互动游戏、旅行游戏、神话游戏等,由此让那些仅为娱乐而设计的电脑游戏没有立足之地。

为了促进学生阅读,我们可以借助积累本、摘抄本、手帐本、日记本、采蜜本等工具,定期开展阅读分享会,激发学生的阅读兴趣。

---

① 薛进军:《基于化学阅读的课堂活动的构建与实施》,《数理化解题研究》2021年第10期。

指向"双减"的教学任务新变化与作业活动新设计

二、由阅读引向素养活动的开展

我们可以在阅读之后布置"绘制插图"任务，把阅读感受到的画面进行再现。学生在动手绘画中，可以更深刻地体会人物性格，同时又可以激起学生的阅读兴趣，特别是在阅读分享时，可以展示自己的作品，增强阅读自信。通过绘画还可以让同学们更清晰地看清人物个性，使模糊的形象清晰化。

当学生阅读完一系列的图书之后，我们还可以和学生做故事接龙游戏，每天设定一个接龙的主题，让学生分享关于某主题的阅读过的故事内容。

我们学习课文《故宫博物院》后，开展了"小文物大世界"的故宫专题讲解。学生可以通过浏览故宫博物院的网站、观看纪录片，阅读故宫相关的书籍，设计带家长游故宫的攻略，还可以采用现场解说或者录视频、音频的形式，向同学们讲解故宫的珍贵文物及其历史故事等。

除了做游戏、绘插图、拍视频，对一些有着尖锐矛盾冲突的情节片段，我们还可以在学生阅读后布置舞台剧、音乐剧的创作与表演任务，引导学生深入体验人物的内心世界、动作、细微的性格变化及独特的个性化语言，准确把握人物形象，培养学生实践创新能力。

在《装在套子里的人》中，漫画事件、骑车事件、与华连卡弟弟的斗争、婚事失败四个片段都可以改写成课本剧。

在《林教头风雪山神庙》中，主线中的片段：酒店叙旧、接管草料场、山神庙报仇，或副线中的片段：店内密谋、实施陷害、走向灭亡，这些情节学生都有兴趣进行艺术改编。

在《祝福》中也有故事情节可以改编成课本剧：祥林嫂外逃到鲁镇当女工；祥林嫂再到鲁镇；捐献门槛，未能赎罪，被逐，沦为乞丐。

除了课本剧，我们还采用了多种形式的任务活动培养学生多方面的素养，如

专题五　丰富社团活动

为林冲写一首诗,一首礼赞英雄的诗,然后谱曲,也可以配上合适的其他歌曲的旋律;给祥林嫂写封信,指导她面对生活的挫折困境时,该怎样奋力破茧,找到生活的栖息地,获得永生……①

我们还可以将阅读与课程融合,通过"阅读+",开展各种由阅读引向的素养活动,例如"阅读+旅游",就有了"跟着课文或名著去旅游"或"为旅游去读书"的融合课程;"阅读+美食",就有了"跟着课文或名著去吃私房菜"的融合课程;"阅读+邮票",就有了"跟着课文或名著去集邮"的融合课程;"阅读+交友",就有了"跟着阅读去交友"或"为交友去阅读"的融合课程……融合多种场景或任务的阅读,能够支持多项活动的顺利开展,更能丰富学生的学习经历。

在学生阅读了有关蝴蝶的书籍后,我开展了"阅读+饲养"的素养任务,引导学生结合"昆虫的生命周期"知识,饲养蝴蝶的幼虫并仔细观察其生长发育的过程,并以"自然笔记"方式将观察结果完整地记录下来,最后分享自己饲养、观察蝴蝶的经历。由阅读引发的饲养和观察学习成果的分享,最终激发了同学们参与类似活动的积极性。

可以说,没有哪个孩子不喜欢小动物。孩子可能不爱给我们读书,但是孩子肯定喜欢给他们的小动物读书,哪怕是一只蝴蝶、一只蚂蚁甚至是一些奇奇怪怪的东西,都可以成为孩子读书的忠实听众。

在家校合作上,我们可以以书籍为媒,推广家校共读,由此开展系列家庭教育指导活动。

我们成立了一个小小出版社,以书籍制作为任务,阅读活动为纽带,将孩子与父母、教师和家长、学校和家庭紧密联系起来,探索一条家校合作的新路径。

---

① 刘红:《聚焦项目深刻意蕴,探寻活动激活思维——核心素养视域下的项目式小说群文研究性阅读》,《文理导航(上旬)》2021年第11期。

指向"双减"的教学任务新变化与作业活动新设计

学校请来编辑介绍出版流程，请来儿童作家交流著书心得。我们还设计了创意图书市集活动：一年级"我要上学啦"、二年级"清明画家谱"、三年级"我可爱的家"、四年级"绿色口袋书"、五年级"我的中国梦"，分别结合开学准备期教学、传统节日教育、10岁生日活动、绿色环保教育和毕业系列课程，以项目式学习形式展开各项活动。

如三年级学生通过"父母画像""体验爸爸妈妈的职业""爸爸妈妈的故事""我是小当家"系列活动，制作完成"我亲爱的家"图画书。父母从接受孩子采访、帮助孩子了解自己的职业、带领孩子完成职业体验和家庭岗位实践，到一起准备生日庆典仪式、共同完成图书制作与展示……融洽了亲子关系，增强了学生的家庭责任意识。[①]

总之，阅读的重要性，正如新教育的阅读宣言——

"对人类，阅读是一种生命本体的互相映照，是人类文化精神的集体守望；对教育，阅读是一种最为基础的教学手段，是授之以渔的最终目的；对社会，阅读是一种消弭不公的改良工具，是对人类崇高'价值'和应有'秩序'的坚持；对个体，阅读是一种弥补差距的向上之力，是终身受益的个体福利，是开阔眼界、豁达胸怀、陶冶情操、启迪心灵、修身养性的最好方式；对生命，阅读是一条通向幸福的重要通道，是构建幸福精神世界的根本途径。"

但愿这段"新教育的阅读宣言"也能成为我们的教育宣言，让每一位学生都能具备良好的阅读素养，成为知识渊博的人。

---

① 梁青云：《以阅读活动为载体探索家校合作新路径》，《现代教学》2021年第8期。

活动2
增加美术社团活动　减少单向育人

《国家中长期教育改革和发展规划纲要》指出，要促进学生的全面发展，必须"五育"并举。其中，美育是"五育"中的一个重要维度，而美术教育又是美育中的一个重要途径，可以使学生在接受美的熏陶的过程中陶冶情操，加深对社会和人生的认知与理解。为了最大限度地发挥美育在学校教育中的积极功能，学校应该尤为注重组织美术社团活动的开展。

美术社团能够将学生对美术的认识从一门课程变成一种兴趣甚至是爱好，有效培养学生的团体归属感和个性，通过对美术课程的有效拓展，让对美术感兴趣的学生有更多的时间接受专业的美术指导，丰富学生的艺术生活，形成良好的校园文化，各种美术比赛也能让学生产生良好的竞争意识和荣誉意识。

一、开展丰富的美术活动

作为课堂教学之外延伸的美术社团，与课堂常规严谨的教学方式不同，其内容比较灵活，可塑性较强。美术社团活动内容丰富多样，但总体上应围绕"画""印""贴"这三大块来组织。

首先，说说"画"。我们可以引导学生进行创意联想，增强学生的色彩体验，开展水墨游戏，组织户外写生，等等。社团可以将学生带出课堂，在自然环

指向"双减"的教学任务新变化与作业活动新设计

境中通过所见的人、动植物、建筑、风景等寻找创作灵感,并将它们作为最直接讲授美术知识或通过美术手法讲授其他学科知识的载体。例如,语文学科学习课文《丁香结》后,可以让学生带上纸笔去学校中观察桂花,去绘画和记录。

在设计英语作业时,教师要充分利用学生好奇心强和喜欢绘画的特点,结合课文内容,巧妙设计绘画创作作业,将英语学习与动手操作相结合,直观呈现个人作品,突出学生个性。例如在阅读色彩内容后引入绘画,家庭的画、生活环境的画、校园的画、活动的画等,都是生活的流光溢彩,这种作业形式让学生发挥想象力,学生对此有着很高的热情。

其次,说说"印"。木刻、版画都属于拓印,使用材料为木板、纸板、宝丽板、树脂板、胶板等,目前开发出很多新材料,形成新形式,如吹塑纸版画、KT 板版画、鞋油版画、漏刻版画等。

我们学校美术教室里放着一台小型电窑,电窑不大,只要不足 60 厘米的瓶瓶罐罐,都可以容纳进去,而这就足以让我们手上的泥坯经过火的烧炼变成一件件小小的陶艺装饰品。

陶艺在我们社团是一门全新的活动课程,从小心翼翼的第一窑开始,在打开窑门的那一瞬间,看见釉料经过高温后的变化,惊叹这泥与火艺术神奇的同时,社团学生的胆子也越来越大,活动中不同尝试的失败所积累的宝贵实践经验也越来越丰富,陶罐的体量随之变轻薄,釉料色泽更丰富,制陶的方法手段灵活了许多,造型自然多样起来。

在此基础上,我们尝试着将印章艺术与陶瓷艺术相结合,自此开启了我们陶瓷印课程的探索之旅,包括低温预制陶瓷印坯、高温陶瓷印成品、制作印屏和作品封泥等社团课程。[1]

---

[1] 吴长燕:《陶·印·记——美术社团活动教学随笔》,《新课程》2020 年第 49 期。

专题五 丰富社团活动

最后，说说"贴"。包括剪贴、拼贴、剪纸、布贴、立体创作、废旧材料再利用等形式，组织开展特色活动，如带领学生制作麦秆画、贝雕、烙铁画等，用彩纸制作灯笼，用树叶粘贴手工画，用彩线粘贴线贴画，用纸杯、纸盘做成仿古青花瓷，用小竹笔、尺子、废旧的梳子制作刮画，等等。

牛仔布贴画是在传统布贴画基础上新生的一种手工制作形式，我以牛仔布贴画为内容，以"小伢儿"美术社团为载体，利用废旧的牛仔布料，根据布料颜色深浅不同、厚薄不一、纹理丰富等特点，通过剪、贴的方式创作形成装饰布贴画，提高学生的美术造型能力、创作能力和审美能力。

例如制作江南古民居的房子时，选择牛仔布料中黑色或深蓝色的表现屋顶和门窗，浅色的表现墙壁；同时巧妙运用条纹纹样、牛仔裤水磨、漂洗的工艺产生的纹理，让房子斑驳的墙面更生动自然。裤边、裤缝和裤腰比较厚实，表现房子屋脊、瓦楞等细节部分，厚薄变化加上各种纹理变化将古民居那种斑驳、朴素的特点表现得淋漓尽致。①

在社团活动开展中，教师需要关注学生的美术兴趣和心理特点，例如设置素描小组、色彩小组和创意小组等，通过不同的小组分类，让学生能够在对应的小组展现自身的才华；又如一位教师布置人物风景作业后，课堂上学生画风景，社团中造型能力强的学生画人物，两组作品做一个整合，分开来、合起来都是精美作品。

在帮助学生了解传统民间印染花布工艺时，教师可以将这类实践内容布置在课后的社团活动中要求学生进行实践操作，学生可以自由组合成小组，一方面可以一起寻找原料，按照蓝印花布的工艺尝试印染，一方面使学生形成正确的审美观，另一方面培养学生的动手能力和兴趣爱好，使学生的综合素质得到进一步的优化。②

---

① 黄晓燕：《基于"小伢儿"美术社团的牛仔布贴画创作的实践研究》，《少儿美术》2020年第23期。

② 樊建明：《城乡结合地区初中美术社团活动有效性研究》，《读写算》2021年第15期。

指向"双减"的教学任务新变化与作业活动新设计

我们可以结合本地乡土资源，把民间传统美术资源与学校的美育融合，成立不同区域特色的美术社团。民间艺术形式有很多，如陕西的剪纸、潍坊的风筝、无锡的泥人等。

美术社团活动的开展不只有动手创作和参与制作的单一化形式，静态的美术社团活动一样可以让学生获得美的感受和体验，比如我们可以开展美术欣赏活动。

教师可以播放《阿凡达》《少年派的奇幻漂流》《阿甘正传》等电影片段，让学生在电影赏析活动中获得美的享受；还可以通过幻灯片展示动态的美学名作，如莫奈的《日出·印象》、毕加索的《格尔尼卡》、董希文的《开国大典》、傅抱石和关山月的《江山如此多娇》等，让学生学会赏析中外画作的不同特色、油画和山水画等不同种类不同流派的画作，感受不一样的艺术之美。①

二、举办多彩的美术展览

学生可以通过作品展的方式体验到参加美术社团的快乐，获得成就感。作品展可以让学生以更为直接的方式看到同龄人的创作作品，近距离地获得心灵上的快乐。作品在被展览的同时，对于学生也是一种莫大的鼓励，他们会默默地把自己的作品与同类展出的作品进行比较。

另外，欣赏优秀美术作品有利于开阔学生的眼界，提高他们的美术修养、鉴赏能力和创新能力，对学生开展美术创作也非常有益。教师要鼓励学生大胆想象，激发美术创作潜力。

作品展览的方法可以多种多样，例如，社团成员之间互动交流，在教室的黑板报、窗台、窗户、墙壁上进行展示，将学生的作品拍成照片在电脑上播放展示，挑选布置到外墙或者展板、画廊，创设剪纸长廊、唐诗儿童画长廊等主题长

---

① 薛聪：《新课程背景下初中美术社团活动的探究》，《新课程教学（电子版）》2021年第12期。

廊，开设脸谱教室、面塑教室、摄影室、豆贴画室等专用场所，组织校级的展示以及对外活动交流的展示，还可以将优秀的作品收集做成画册。

马桶虹吸原理图解、海市蜃楼与光的折射现象、爱因斯坦成就介绍、篮球碰撞后的反弹角度……在延安初中的作业展示中，一幅幅原创漫画让人眼前一亮。这些学生手绘的漫画，竟然是物理学科的开放性作业——"物理n格漫画"，学过的物理知识用自己喜欢的方式表现出来，学生的想象力被激发。优秀的作业作品还被学校集结成册，留存展出。①

漫画社团最亲密的学科无疑是美术，但漫画也可以用于许多其他学科，除了上述案例中的物理学科，我们还可以探索它与品德教育结合的可能性，把绘画的乐趣与传统美德的教育相结合，让思政课不再枯燥乏味。

我们还可以使美术社团与心理健康结合。有关心理健康的多项研究表明，美术具备实现"调节心理状态、促进身心健康"的价值。美术社团活动根据其内容的组织形式，可分为美术创作活动和美术鉴赏活动，这两种类型的活动均对学生心理健康有积极的促进作用。

社团常常是教师心中的一个高科技产品的实验基地，一些较难操作的想法，教师会先在社团中实验，有可能的话，再降低难度在课堂上进行推广。由此，通过美术社团得到的一些高质量、高层次美术作品，可以在美术课堂中展览，起到榜样示范、辐射推广的作用。

所以，同样一节课，针对班级学生和社团学生，教师在设计课程时，要因材施教、因地制宜，同一个班上的学生在教室和社团等不同的地方可以用不同的材料、不同的形式表现同一个主题，也就是课堂是一个层面的训练，社团是一个梯度的拔高。

---

① 徐倩：《长宁好作业，在"开放""分层"中实现有效学习》，《上海教育》2021年第10期。

▶▶▶▶▶▶ 指向"双减"的教学任务新变化与作业活动新设计

有一次，我发现电脑组有个好东西——3D打印笔，新兴的事物，一定要敢于尝试，第一个实验基地就是社团，我选择了社团主题中的地方特色——《眼镜的设计制作》。课堂上学生绘画设计，社团学生不仅设计，还可以用3D打印笔来制作，通过对眼镜的主题资源的收集制作，不仅对我们地方文化品牌进行了推广，这些课程文化资源的整合，还成为美术与其他学科融会贯通的纽带，促进了学生多样化发展。①

当然，美术社团作品展览不能止步于校园，教师还应该积极寻求更大范围的展览，如果能在美术馆、博物馆、展览馆、电影院等社会场所展览，对学生、对学校都是一种宣传和激励。另外，美术社团的"走出去"，还可以是与其他学校的美术社团举行交流展示活动。

总之，我们要营造美术社团的活动氛围，充分尊重每个学生的爱好和模块选择，在社团活动室可以听音乐，可以自由交流，可以查阅书刊、网络资料，也可以自愿加入和退出美术社团，尽量避免应试教育带来的压力感和心理负担，使美术社团真正成为学生喜欢的地方，使美术社团活动真正成为学生喜欢的活动。

---

① 束珏琰：《美术社团活动的辅导设计》，《新课程》2020年第41期。

专题五　丰富社团活动

活动 3
增加音乐社团活动　减少艺术无用论

日常的音乐课，已远不能满足学生对音乐的需求，可以说，音乐社团是学生学习音乐的第二课堂，是以学习音乐知识、锻炼音乐技能、了解音乐历史、创新音乐形式为主的一种课外组织，是有音乐天赋、有学习兴趣的学生进一步了解音乐的最佳途径，同时还兼具缓解学生学习压力、丰富学生课余生活的作用。

音乐社团具有教育性、娱乐性、多元化特点。良好的社团建设将很好地拓宽学生的音乐视野，有助于培养学生的音乐表现力、集体协作力和人际交往力，有效地提升学生的音乐素养和审美感受力，推动学生音乐核心素养的发展，同时为学生搭建成长的舞台，活跃校园气氛，丰富校园文化，对于学生的个性特长发展具有积极作用。

一、丰富音乐社团活动内容

兴趣始终是学生参与学习活动的重要前提，学校及教师若想通过音乐社团活动培养学生的素养，就必须依据学生的兴趣爱好来开展活动，帮助学生在乐器、作曲、演唱等方面找到适合自己学习发展的音乐领域，正所谓"选择大于努力"，找对合适的音乐社团才能减少学生在音乐学习过程中受到的挫折和阻碍。

指向"双减"的教学任务新变化与作业活动新设计

首先,我们应该丰富社团类型,使之达到"广"而"精",给学生更多的选择,用多样化的音乐社团内容促进学生的综合发展。其中,"广"的意思是,音乐社团可以是"合唱""管乐""舞蹈""音乐剧"等丰富多彩的艺术种类;"精"的意思是,每种社团的内容应做到精益求精、层层递进。

教师可以根据学生喜欢的音乐类别来划分社团类型,如流行乐社团、民谣社团、摇滚乐社团等;也可以根据音乐的技能来划分社团类型,如演唱社团、乐器演奏社团、音乐编创社团、音乐表演社团等;还可以根据学生喜欢的乐器来划分社团,如吉他社、钢琴社、管弦社、古筝社等。[①]

社团多样化后,教师还要降低加入社团的门槛,让零基础的学生也能够参加社团活动。参加音乐社团的学生具有的音乐素养不尽相同,但是当他们选择参加音乐社团的时候,就说明他们是存在共同点的,他们都对音乐活动具有浓烈兴趣,都希望在音乐社团中有所收获,因此,教师在社团中应该给予每一位学生良好的音乐指导。

音乐社团组建后,教师要找准学生学习的起点,这样便于因材施教,有的放矢。例如合唱社团中,有的学生适合唱低声部,有的学生适合唱高声部。教师要先了解学生的特点,进行合理的组合,提升学生合唱的效果;又如组建器乐社团时,教师要先简单地面试学生,对于已经学过一段时间乐器的学生和刚刚接触乐器的学生要进行分层训练。有的学生节奏感差,有的学生听音能力弱,教师要给予有针对性的指导和训练。对于刚刚接触乐器的学生,教师可以让已经会弹琵琶、拉二胡的学生和不会的学生组建学习小组,让他们做"小先生"。

音乐社团除了可以丰富学生的音乐世界,让他们能够通过音乐这一艺术形式挖掘和发现更多音乐之美,还可以丰富学生的思想世界,让他们看到音乐中的知

---

① 李钰湘:《高中音乐社团活动对学生素养能力的培养》,《新课程》2021 年第 41 期。

识元素或历史背景。

在教学《卢沟谣》曲目时,教师不仅可以教授学生歌谣的具体知识,还可以引导学生通过练习这一合唱曲目体味历史,品味卢沟桥所经历的百年风霜,感悟其中的爱国情怀。演唱时,学生就会充满感情,不仅融入自己对艺术形式的理解,还会融入自己对曲目内容的理解。

作曲家谷建芬编写的《新学堂歌》这本书是为了让儿童有属于自己的歌曲。《新学堂歌》中的歌曲以古诗词为主,内容十分丰富、形式非常简单,在儿童音乐教育与我国传统优秀文化传播中发挥出了关键作用。

将《新学堂歌》引入音乐社团中,不仅可以帮助学生了解中国传统文化,还能够为学生未来进一步学习音乐奠定扎实的基础。

在小学音乐低年段社团中,教师选择《新学堂歌》中的《春晓》作为例子,对这首古诗,低年级的学生在幼儿时期已经能够背诵,歌词熟悉度毫无问题。在学习旋律时,首先,教师采用声音图谱的方式进行教学,以一种视觉化的形式对乐曲进行一种全新的结构分析,它在提高学生兴趣的同时也能使其更快速地学习乐曲结构。最后,教师结合律动舞蹈来加深学生对这首歌曲的记忆,培养学生音乐的表现力和创造力。①

我们还可以让学校音乐社团参与到学校文化建设,例如让音乐社团学生结合校园文化中的校训、校歌、发展史等内容,编写相应的歌曲或者演唱具有代表性的曲目,作为校园文化建设的新媒介、新载体,为校园文化建设和发展提供更广泛的资源。

二、丰富音乐社团活动形式

小学生普遍喜欢游戏,我们可以把游戏这种形式引入音乐社团,提高学生的

---

① 闫航:《〈新学堂歌〉在小学音乐社团课的教学实践研究》,《新课程研究》2021年第21期。

指向"双减"的教学任务新变化与作业活动新设计

学习欲望。在游戏中，教师把相应的教学难点嵌入其中，让学生通过游戏逐步破解。

以《月亮出来了》为例，利用游戏进行活动，如听音识器，通过让学生对生活中声音的体验，利用乐器进行声音模仿，让同学猜乐器名，并说出此种声音与生活中的哪种声音较为相似。

这种游戏模式虽然较为简单，但却是最直接的方式，学生通过游戏可以获得相应知识，加深对乐器的了解，破解社团训练中的乐器教学难点，有效开展社团活动。为保证游戏一直能够吸引学生注意力，教师应经常更换游戏模式，如采用语言游戏，让学生通过切换节奏和音调，与音乐社团活动步调一致，减少枯燥的训练。[①]

为了确保社团课程开展顺利，我们应制订科学合理的管理措施，例如，让每个音乐社团的团长有一定的自主管理权，还可以培养社团骨干力量，为了保证社员都能密切合作，需要通过骨干成员以更加合适的方式、方法去团结社员，让整个音乐社团能够"拧成一股绳"。业务骨干作为社团业务精英，要起好示范带头作用，并且在日常训练和排练中要对其他社员进行辅导与帮助。我们要用好音乐社团的"招牌"效应，不断促进社团专业水平的提高。另外，我们还可以借助家长的力量。

音乐组的教师可以依托信息技术平台，借助家长之力，一边将平时所教重难点制成短视频进行分享，传递学练要点，与家长、学生在平台上互动；另一边跟踪学生学习状态，让家长及时将孩子的所学在平台上"晒一晒"，由教师进行点评与指导，并从中选拔出一些优秀的节目在班级、学校、社区等各类各级文艺会演中进行表演，大大激发学生表演的积极性和自信心，进而促使他们的表演水平有所提升。[②]

[①] 庞春洪：《音乐社团——破解小学"三点半难题"的有效方法研究》，《小学生（中旬刊）》2021年第4期。

[②] 郑琳：《核心素养视域下小学音乐社团建设的思考与实践》，《试题与研究》2021年第30期。

专题五　丰富社团活动

我们在确定音乐社团活动大主题的基础上，还可引导学生结合社会时事、网络文化等内容，确定紧跟时代新思想、新思潮的音乐社团活动小主题，从而优化音乐社团活动的内容，也使音乐社团的活动形式更具时代特点。例如，允许学生模仿《我是歌手》《中国有嘻哈》或者《蒙面歌王》等赛制类型开展音乐社团活动，而并非单纯地进行音乐表演，甚至教师还可以参与打分评比。

教师可将多个类型的音乐社团联合起来划分竞赛小组，要求他们对音乐课堂中学习过的《春天的故事》这首歌曲进行创编、排练以及汇报演出，最后评比出创编最优秀的音乐社团，并给予奖励。

参与活动的所有学生都能够在这个过程中发挥自己的特长，潜能也得到激发。负责音乐伴奏的学生能够强化乐器的弹奏技能，主唱以及合唱的学生能够对演唱的技巧更加熟练，对歌曲进行创编的学生则能使自己的创造性思维得到更大的提升。[①]

当然，竞赛需要合作，作为社团的竞赛更需要团队精神。例如，在江南丝竹社团活动的开展中，学生需要相互配合、相互协作，才能准确地表达出音乐作品的要义。正如专业人士所说："江南丝竹不要求每个人有多么专业的演奏技巧，重要的是乐队的配合。队员一个眼神大家就知道乐曲下一小节的轻重和节奏走向。"

我们需要充分利用当地的音乐教育资源，增添学生进行音乐表演的机会，让音乐社团逐渐从校内扩展到校外，提升音乐社团在当地的影响力，更好地向大众推广音乐文化与艺术。例如，在学校开放音乐社团并邀请家长和社会人士前来参观，或者在广场等地进行音乐表演，还可以前往留守儿童学校和敬老院等地进行音乐表演，让学生通过社团将音乐带到更多的地方。

---

① 李钰湘：《高中音乐社团活动对学生素养能力的培养》，《新课程》2021 年第 41 期。

指向"双减"的教学任务新变化与作业活动新设计

有些家长认为,音乐不是考试学科,孩子应该把有限的时间和精力放在学习写作、趣味英语、思维训练上。对此,除了邀请家长参加音乐社团活动,教师还可以通过家长会、家访等多种方式与家长沟通,改变家长的育人观,还可以将学生参加音乐社团活动中的良好表现展示给家长,甚至学生参加音乐方面的比赛时,教师可以邀请家长一同参加,见证孩子的成长时刻。

每年的元旦晚会是学校主要的文艺活动,传统的元旦活动,都是要求每一个班级出一个节目,随后经过选拔,让那些优秀的节目登上舞台,每年都是以如出一辙的方式举行。在新时代音乐社团的建设过程中,教师鼓励家长和学生共同编制节目,节目的主题可以由家长和学生共同制订,可以围绕父爱、母爱、孩子成长等方面展开。

活动的目的一方面是体现活动的创新性,同时也是化解学生和家长之间矛盾的主要方式。家校联合活动,还可以听取家长对社团活动开展的意见,优化社团活动的组织形式。

总之,在素质教育、新课程理念和"双减"要求下,音乐已经由原本单一的教学模式逐渐转变为丰富多元的课程形式,不再局限于课堂,而应该在校园内甚至在社会上为学生提供更多课外活动的平台和机会,能够使学生通过参与音乐社团活动进行音乐实践,不断丰富音乐文化,不断强化音乐素养。

活动 4

增加 DIY 社团活动　减少困于做题

DIY 是"Do It Yourself"的英文缩写，意思是自己动手做，每个人都可以 DIY 出一份私人定制、表达自我的"产品"来。

一个 DIY 手工达人，应当具备哪些素养，才能做出足够精致的作品呢？通常，我们所认为的 DIY 达人，就是那些动手能力极强，手非常灵巧，脑子还特别灵活的人。没错，这些只是作为一个 DIY 手工达人所呈现的外在表象，然而今天我要说的是，一个动手能力强的人，内在修行是怎样历练的呢？

我认为至少有以下几点：一是有很强的目的性，二是做事不拖泥带水，三是专心致志，四是不闭门造车，五是有一定的审美观，六是明白乐趣的重要性。而这几点，也是我们希望学生能够具备的素养。所以，成立 DIY 社团，开展 DIY 活动，学生在成为 DIY 达人的过程中可以很好地提升综合素养。

一、开展动手制作活动

美术中应用 DIY，可以实现对我国传统手工艺精神的传承与发扬。在美术 DIY 的创意活动中，教师不单单让学生进行绘画类的 DIY 活动，还会引进手绘、石绘、折纸、剪纸、手编等不同的 DIY 活动内容，这些内容多为民间手工艺，其中蕴藏手工艺人的工匠精神与匠心精神。学生在参与这种 DIY 创意活动的过程中，能够通过对折纸、剪纸、手编等不同工艺的 DIY 创新与制作，感受传统民间手工艺人专注、认真的品质，感受我国传统文化的魅力。

教师可以让学生对着镜子观察自己的脸型、五官，然后让学生在公园的草地中寻找石头，可以寻找与自己的头型相似的石头，在石头上利用水彩颜料画自己，可以画自己的五官，也可以绘制自己的整体形象，让学生通过石绘活动发挥自身想象力，同时认识到自然界的美，感受艺术美，进一步提升学生的审美素养。

此外，教师还可以给学生分发纯色的 T 恤，让学生发挥自己的想象力，利用手中的石头，在 T 恤上完成"画自己"的活动，在这一活动中，一些学生选择直接在 T 恤上画出自己的样子，有的学生则直接将石头上的彩绘"印"到 T 恤上，这也是一种创意行为。由此可见，这种不同的 DIY 美术创意活动确实能够锻炼学生的创造能力与创新思维。[①]

卢梭曾说过：要培养学生有爱好学问的兴趣，并要注重教学生研究学问的方法。然而，国家课程的统一设置无法充分考虑学生的个性和特长的发挥，受学时和考试评价体制等因素限制，实验课程开设普遍较少，学生动手训练不足，大部分学生缺乏实践综合能力。因此，我们可以开设相应的社团活动，作为国家课程的有益的、必要的补充。在这里，DIY 还可以理解成学生自己动手操作实验。

我们在化学课之外开设了"化学 DIY"社团活动，适当设置拓展探究实验，以趣味实验为切入点，充分利用学生的好奇心驱动学习，如踩炮碘化氮的爆鸣紫烟、硝酸铵与锌粉的白色烟雾、面粉燃烧、火山爆发、魔棒点灯，五颜六色的蔗糖焰火和各种颜色晶体的水中花园等化学反应给了学生视觉上的冲击，学生自发

---

① 苏佳丽：《探析小学美术教学中 DIY 的应用价值》，《天津教育》2021 年第 2 期。

专题五 丰富社团活动

研究探索实验成功或失败后隐藏的知识，自发组建学习小组，分工合作研究，查资料、提假设、验证可行性、反思讨论、做实验，在增强化学学习兴趣的同时拓宽了学习视野。[①]

相应地，有"化学 DIY"社团活动，就可以有"物理 DIY""生物 DIY""数学 DIY"等社团活动，例如，数学可以开展"魔术大师（百变数学）"社团活动，巧用扣条制作出一个个三角形与四边形，随后，这些简单的形状，又在学生充满想象力的创意下进行"大变身"。在拼拼凑凑的过程中，学生探索着数学世界的精彩，感受着线段的奇妙。

我们还可以用 DIY 来促使学生的阅读成为"悦"读。在学生读完一本书后，指导学生根据书中的角色、情节用手工制作的方式表达对书中故事的理解。

在江阴高新区实验小学"瓷画社"的红色课堂上，听红色故事、绘"瓷画"英雄，同学们各抒所见、各展所能，用热爱和快乐编织出一段美好的校园回忆，留存最美的童年祉印。

泥塑是无锡市柏庄实验小学的特色课程，在进行《三国演义》《水浒传》等经典人物创作时，指导学生阅读相关书籍，将创作人物置于一定的情境中，赋予想象与灵感。

甚至，这样的 DIY 还可以开发成校本课程，在更大范围、更多的领域、更高的层面培养学生的学科素养和科学素养。

我们对初中生物学教材中的 DIY 活动进行了整理，以四个学期时间为顺序，结合校本课程的课时计划，梳理出教材中 DIY 活动的名称。与学生一起明确 DIY 活动的实验目录，进行大致分类，总体分为教材篇、开发篇和创新篇，再分别进行更细致的分类。例如，教学具制作、生物发酵类等。

---

① 罗银先、刘添寿、郑柳萍：《基于发展核心素养的校本课程开发研究——以〈化学 DIY〉校本实验课程开发为例》，《福建基础教育研究》2020 年第 11 期。

指向"双减"的教学任务新变化与作业活动新设计

依照活动目录，师生进行集体备课。在教师指导下，学生进行实验设计，撰写实验方案。学生参与"生物学DIY"校本教材的编写，使学生在动手实践中感受生物学的奇妙。①

更进一步，为完善学生的素质结构，我们可以开发DIY课程群，围绕同一学科或研究主题，将与该学科或研究主题具有逻辑联系的若干课程，在知识、方法、问题等方面进行重新规划、整合构建成有机的课程系统。例如形成爱"布"释手（布艺课程）、指尖魅力（剪纸课程）等多门个性化特色课程的课程群。又如树叶，可以在数学学科中测周长、算面积以及研究树叶的比，可以在科学学科中煮树叶，还可以在美术学科中做树叶书签，等等。

DIY课程群有助于开展STEM教育。STEM教育理念起源于美国，将科学（Science）、技术（Technology）、工程（Engineering）、数学（Mathematics）有机融合在一起，提倡学科之间的整合和融合，锻炼学生的思维能力、动手能力和创造能力。

二、开展动手劳动活动

DIY还让我们想到动手劳动，而关于动手劳动我们首先想到的是劳技课。有人说："教师应该是牧羊人，应该把学生带到水草丰盛的地方，让他们自由寻觅食物。"我们可以借着劳技课组织相应的课后社团活动，这样就可以更好地把学生"放养"到课堂外，不然一双巧手如果只局限在课堂，那就太浪费了。

在《笔袋DIY》这一节劳技课的课后延伸中，我设计了一个"爱心关卡"活动。我平时也喜欢捣鼓一些手工艺品，这次笔袋的制作给了我一个灵感，我发现其实只要改变笔袋的尺寸，装上提绳，笔袋便可以巧变为手拿包。

---

① 周秋慈：《"生物学DIY"校本课程的开发与实施》，《中学生物教学》2020年第6期。

专题五 丰富社团活动

我将自己做的手拿包和学生分享,让他们猜猜这是什么包,几个活泼的学生一下子就猜出来了"是化妆包!老师放化妆品的!"我问:"这个化妆包和刚才我们做的笔袋造型有什么不同呢?"细心的学生发现:"这个化妆包底部立体,是可以站起来的。""我看过妈妈化妆,站起来的化妆包,比较好拿口红什么的,而且其他的化妆品也不会掉出来。"

最后,我将爱心锦囊发给了同学们,锦囊里有底部立体的秘诀,让学生把在课堂上做好的笔袋改造成化妆包,送给妈妈。①

当然,从广义上讲,时时处处都能有劳技活动,例如,在语文课后也能设计劳技活动,在学习了课文《竹节人》后可以让学生根据文中介绍的方法,自己尝试做一做竹节人这一传统玩具,写一写玩具制作指南等;又如在英语课后也能设计劳技活动,在学完《袜子木偶》(The sock puppet)后让学生制作属于自己的专属手偶。戴上手偶上课,不仅让学生切身体验到袜子手偶的快乐,还能巧妙地记住这课的单词……

劳动教育还是打造有亲和力和获得感的思政教育的应有之义。《大中小学劳动教育指导纲要(试行)》指出,要引导学生从工业、农业、现代服务业及中华优秀传统文化特色项目中,自主选择1—2项生产劳动,经历完整的实践过程,提高创意物化能力。

我们开展劳动活动,也可以把劳技课、思政课向课后延伸,拓展成社团活动,这样不仅锻炼了学生的动手能力,培养了学生的劳动意识,还练习了课堂所教的内容,学生的收获更多、兴趣更高。特别是思政课,如果引导学生开展DIY创意实践,不仅可以让思政课动起来、靓起来、潮起来,增添思政课的活力,而且可以将理论观点与生活经验、劳动经历有机结合,引导学生在建构理论大厦的

---

① 吴微:《劳技是快乐的游戏——以〈笔袋DIY〉为例探索劳技课堂中的"闯关式"教学》,《教育界》2021年第2期。

过程中,以动手实践为主要方式,经历深度的理性思辨,获得积极的价值体验、积累可贵的劳动经验,协同实现以劳激趣、以劳启智、以劳植德、以劳健体、以劳育美的多元目标。

针对《中国特色社会主义》综合探究"方向决定道路,道路决定命运",教师以"中国为什么能"为议题,以"改革开放后的中国成就"为情境主题,设计了"聚焦中国成就""点赞发展道路""贡献中国智慧""坚定中国信心"四个环节,制作以"我为祖国点赞"为主题的DIY手帐。为后续"中国为何不会被唱衰"的论证活动和"中国正走向世界舞台中央"的辩论活动做好材料准备。其中,"我为祖国点赞"DIY主题手帐伴随社团活动的深入不断得到丰富和完善。[①]

"手帐"二字源于日本,指便于携带、及时记录、自主创意的小型记事本。如今,DIY手帐已经成为中小学生记录生活、活化知识、驱动创意的生动载体。

附带一提,如果我们重新定义DIY中的每个字母指代的英文,那么DIY还可以指向"心理剧场"这个概念:D(drill)指情景演练,运用心理剧的情景;I(it)指聚焦一个点,指向青春初期某一种共性的心理困惑和问题;Y(yourself),指基于学生自己的情绪个性体验。DIY心理剧场就是基于学生现实生活中存在的共性心理困惑,运用学生自助小团体辅导方式,构建真实生活情景,学生自主参与,带来真实心理体验,运用团队力量寻找解决心理困惑和问题的多种方法,并从中选择适合自己的方法解决学习生活中的问题。

总之,在我国基础教育领域,内蕴"做中学"理念的DIY创意制作凭借自主性、协作性、创意性、生成性、节约性等诸多优点被创造性运用,并在学生课后社团活动中取得了一定实践成果。

---

① 汤晓莉、江舟:《增DIY创意 添思政课活力》,《中学政治教学参考》2021年第8期。

专题五 丰富社团活动

活动 5
增加创客社团活动　减少知识看客

美国的创客联盟提出 SOFT，即：自主性（Self-regulation）、开放性（Open）、灵活性（Flexibility）、创新性（Think different），创客教育的核心理念也正是基于此。创客可以分为"创"和"客"，"创"指的是创造，而"客"指的是在某个领域的一类人。简言之，就是基于兴趣，一群人从事某项可以将自身的一些创意变成现实的活动。

这样的活动可以是学生社团活动，学生社团活动其本身就是将自身思想转化为实践的一种方式，创客教育理念强调将创意转为现实，与学生社团活动的理念基本一致。创客为学生社团活动提供了丰富的素材和内容，创客社团活动鼓励学生将自己的想法应用于实践，在"学中创，创中学"的过程中调动学生的设计思维和创新思维，培养学生的设计能力和创新能力。

一、引导学生学会设计

在创客社团活动中，教师需指导学生拓展思维，将学习的相关理论知识与实际生活有效结合，促进学生之间沟通与交流，通过逐渐尝试，设计一些与学生实际生活贴近的作品。例如在具体设计大赛中通过按键的开关对火箭发射进行设计，充分体现出学生在具体设计过程中的创新思维以及动手操作能力。

指向"双减"的教学任务新变化与作业活动新设计

以设计抢答器的社团活动为例,学生需要根据教师给的抢答器原理和硬件制作抢答器,教师可以先进行原理的解释和说明,强调串、并联电路的连接方式,然后让学生根据教师提供的思路进行设计。

学生在活动前感觉抢答器的设计比较简单,但在实践中存在诸多问题,如有的学生在电池盒背面贴双面胶时无法将双面胶与纸板固定,有的学生将发光二极管的正负极弄反了,有的将蜂鸣器正负极弄反了,有的学生线路连接没有接好,等等。

教师指导学生完成由电路组成的抢答器设计后,可以让学生进一步探索,如介绍电脑中的抢答器软件设计思路,让学生利用所学的电脑编程知识尝试进行电脑抢答器的设计。①

这样设计作品的创客活动可以遍及各个学科,例如,数学创客社团的任务:"设计一款能尽量节省制作材料的茶叶罐",语文创客社团的任务:"为卡夫卡《变形记》设计封面和腰封",历史创客社团的任务:"设计一个包括交通、食宿,考察所到国家地理风貌及人文社会景观的旅行方案"……

语文《詹天佑》学习后,教师布置了语文创客社团"设计图纸"的任务:"假如你是詹天佑的小助手,你能帮他设计一张图纸,并给大家汇报一下设计意图吗?"

在冠以"工程师小助手"头衔的"诱惑"下,同学们来劲了:他们三人一群,五人一伙,画的画,演的演,讲的讲,还真是煞有介事!每位学生都认为自己的设计图纸是最好的,在他们激烈的讨论中,社团成了他们彼此交流、合作、享受成功的乐园!

创客社团的成果,可以是设计作品,也可以是设计文案。前者更多侧重理科,后者更多侧重文科,但不管如何,都需要学生的精心策划。

---

① 李艳:《浅谈如何运用创客教育助力小学生的社团活动》,《天天爱科学(教学研究)》2021 年第 10 期。

专题五　丰富社团活动

国庆假期作业，不同于平常作业，除了"双减"政策，还应该考虑家长监管力度、孩子自觉程度等因素，作业应该要有一定的吸引力。

根据进度，国庆前刚好学完第三单元的"文言山水"——《三峡》《答谢中书书》《记承天寺夜游》《与朱元思书》，那就让学生来一个文言文整合设计的创客活动："造境·空间设计""入境·场景设计""化境·交互设计"这三大设计，除了引导学生感悟"山水之美"，还意在对学生写作设计进行启发。尤其"化境"中对"游客与作者对话"的脚本设计，是这次设计活动的一大亮点也是难点，对学生的语文素养要求很高。

创客教育基本思想应该是发展创造力，这是将学生从知识的消费者转变为知识的创造者的过程。创客社团活动提倡创意分享，是培养学生团队协调能力、创新能力、跨学科解决综合问题能力的一种素质教育方式。

在开展《人间正道是沧桑：世界社会主义五百年》等著作整本书阅读过程中，我们利用社团开展了"回眸世界社会主义五百年"手工展板制作设计活动。

社团成员群策群力，制作的展板呈现为船的造型，寓意社会主义栉风沐雨、劈波斩浪，必将带领我们到达共产主义的彼岸。

展板由横版和竖版两部分组成，立体性强。横版分正面和反面，以时间轴形式展示，图文并茂，既展现了世界社会主义的发展脉络，又展现了马克思主义中国化的生动范式，实现了共时性和历时性的统一；竖版主要采用翻合式卡片形式，既展现关键词，又结合整本书阅读，对影响社会主义发展的关键人物和重要理论进行了简要阐释。同时，设计者为展板配置了《国际歌》《我们走在大路上》背景音乐，增强了共情效果。

二、引导学生学会发明

美国《创客》杂志作者达勒·多尔蒂认为，"创客教育是经验学习，而不是

指向"双减"的教学任务新变化与作业活动新设计

知识学习,主要是学习如何创造的过程,而不是书本上用来考试的东西"。创客教育助力学生社团最为显著的目标在于创造的过程以及创客的体验,所以成果的交流不是"做完就完事""做完给教师评比",而是要在学生群体中交流发现甚至发明的过程,提高自身的实践能力、设计能力和创新能力。

"水浇灌盆栽"的社团活动中,其原理是解决当盆里的土壤湿度不够的时候,装置会自动吸入准备好的水浇灌植物,而土壤湿度达到一定程度时,自动灌水的动作就停止。这一发明解决了教室中的盆栽由于学生浇水不当而造成植物死亡的问题。

在设计过程中需要用到传感器、电路板、编程等更多内容,传感器、电路板等可以由学校直接提供,但编程则需要学生自行设计,在设计过程中学生对编程的认知、编程软件的掌握能力有所不同。因此,可以让学生在交流中共同成长,体验创造的乐趣。

科学课程对提升学生的观察能力、分析能力、探究能力以及创新能力具有重要意义。通过融入创客理念,可以转变传统科学教学的模式,确立学生的主体地位。通过创客社团活动,让一群志同道合的不同班级甚至不同年级的学生能够组织在一起,延续科学的精彩,提升科学素养。

我组织的创客社团每个月举办一次创新大赛,学生可以根据学习的知识以及自身的想法设计产品,题材不限,这样就可以让学生在课后也可以积极地学习和思考。一名学生就根据拉力、弹力等知识,设计了一个自动弹力小车。也有学生根据学习的相关原理制作了一个重力测力器。在这样"人人争当创客"的氛围中,每个学生都会积极地将自身的想法变成现实,这对提升科学教学的质量以及促进学生的全面发展具有重要的意义。①

---

① 段青:《浅析基于创客教育理念的小学科学课程教学途径》,《天天爱科学(教学研究)》2021年第11期。

专题五　丰富社团活动

创客教育离不开信息技术的支持，随着互联网技术的不断发展，信息技术教学被日益重视。在信息技术教学中，创客教育不在于教授学生信息技术基础知识，更多的是培养学生在学习知识的过程中形成对于知识进行综合应用的一种思维模式。创客教育理念能够有效改变学生被动接受教学知识的状态，使学生的学习转变为主动的探索、创新、实践、思考的一种状态，对于学生未来的发展具有积极的作用。

在机器人社团活动中，教师在讲解各类机器人的时候，要重点培养学生在思想层面对人工智能形成初步认识。学生可以自己或者由家长帮助，搜集自己感兴趣的机器人，在社团活动中向大家介绍，还可以开展"制作简易机器人"的创客任务，鼓励学生以团体协作的方式共同完成，培养学生的自主探究学习能力以及逻辑思维能力。

创客空间主要指志同道合的人们聚到一起实施沟通交流、创新、合作的场所。学校可在美术室、图书馆、计算机室、科学实验室等创建相应的创客空间。其实，创客社团就是一种很好的创客空间。在创客空间中，需准备相应的创作工具，比如激光切割机、3D打印机等。

3D打印技术经过了30年的发展，其技术已经比较成熟并且为公众所熟知，各行各业也已经将其在实际工作中进行了应用，现在也开始应用于创客教育中。通过3D打印技术，学生可将所见到和想到的实物进行立体建模，再用3D打印机打印，把想象的物体变为现实模型，这样能直观地将问题很好地进行分析和解决。这一新的技术运用于教育的过程中也开创了一种新的学习方式。

在创客活动中，教师需要时刻关注学生并对活动节奏和内容及时做调整，因为创客社团不一定要求学生为同一年级或同一班级，这样每位学生的学情必然不一致。其中，为学生创设情境化活动环境能够为学生更快更易融入社团活动起到催化作用。

▶▶▶▶▶ 指向"双减"的**教学任务新变化与作业活动新设计**

以"3D打印中国古典建筑模型"作为创客社团活动的内容时，我们可以将中国古典建筑的图片、视频等内容呈现给学生，甚至可以通过组织参观等活动促进学生对中国古典建筑的理解，在激发学生兴趣的同时，也让其受到建筑艺术的熏陶，了解中国古代的工匠精神。①

也就是说，要开展好创客活动，教师不仅需要提供给创客社团物理空间，而且还要提供网络空间，例如创意交流、作品展示、资料查找等相关平台，以促使学生实施创意分享的同时，实现创客空间的创建。

总之，创客教育是一种综合性教育理念，能够将创新教育、体验教育、项目学习等多种形式融为一体，让学生在创客空间内合作、探究和分享等，进一步培养学生的创造力，让学生带着浓厚的兴趣不断学习。

活动6

增加烹饪社团活动 减少生活低能

当前，中小学教育重知识轻实践的现象比较普遍，学生在生活中动手劳动的机会较少，自理能力较差。为加强劳动教育，落实立德树人根本任务，我们可以开设烹饪社团，设计"饮食文化进校园"课程，组织"以食启智，以食育人"为特色的社团活动，这样的活动可以涵盖劳动教育、饮食文化、礼仪教育、感恩

---

① 杨坤、阮李君：《STEAM视域下普通高中创客社团活动设计与实施策略》，《中国教育信息化》2021年第10期。

教育等丰富的教育内容，让学生学会烹饪生存技能，浸润烹饪文化，为将来进入社会做充分准备。

其实，社团本身就是为学生学习和生活服务的，既要丰富学生的课余生活，又要帮助学生学习生活技能。烹饪社团是学生最喜欢的社团之一，学生可以相互探讨烹饪理论，互相切磋烹饪艺术，一起了解美食，一起制作美食，一起品尝美食。

烹饪社团遵循的"为学生学习和生活服务"的宗旨，不仅体现在美食中有着许多科学知识和学科知识，学生可以"跟着美食学知识"，而且体现在学生能帮学校食堂做一些力所能及的事，如宣传"健康饮食"的理念，帮食堂完成拣菜、洗菜甚至配菜等配套服务。

一、为了美食学烹饪

烹饪社团旨在通过烹饪基础的系统性学习，经过实践性操作，为学生今后提供自我服务、为家庭服务做准备。所以，我们要充分考虑其生活性、实用性的特点，在课程内容、授课地点等的选择上都要体现真实性，将多方面知识和技能有机整合，给予学生多种多样的训练机会，使他们通过各种活动丰富直接经验。

老师一声令下，小掌厨们都戴起口罩，奔赴"沙场"。虽然没有火光四溅，但也够热火朝天的。炒锅加热，倒入食材，油"噼里啪啦"地飞溅，吓得胆小者赶紧捂着脸退让。但小掌厨们还是挥铲勇战，不停翻炒。

然而，不一会儿，小掌厨和帮厨们就叫嚷起来："老抽呢？老抽在哪里？""哇，你怎么不加水？要糊了！""盐呢？盐！"叫声此起彼伏，交织成一曲"厨房协奏曲"。

等待半天也没等到我们组女生掌勺的第一道菜出炉，我忍不住上前观察，却

指向"双减"的教学任务新变化与作业活动新设计

大跌眼镜：食材下锅顺序颠倒；一直不停地翻炒却没有放酱油……无奈之中，瞥见一只只红得透亮的西红柿，不禁心生妙计，招呼队友取几只西红柿切块，放入白糖凉拌，几分钟后，凉拌西红柿就成了！

其他组员见此冷盘，口水流了一地，纷纷效仿。不一会儿，桌桌都有一盘凉拌西红柿。①

烹饪社团课程是综合性较强的活动，一般以主题形式开展，学习中华饮食的相关知识，掌握家常菜的菜谱；掌握拌、炒、煮、蒸、炖等烹饪形式，学会制作家常菜；学会搜集、整理、选择信息的方法；能与伙伴友善地协作和竞争，共同分享学习带来的乐趣。教师要凸显课程带给学生生活经验的完整性，并要求学生在各种情境学习中实践和学习。

在"你我学做家常菜"的烹饪社团活动中，我们以素菜和荤菜的类别作为难易程度的区分，以冷菜、热菜、羹汤的顺序让学生逐步学习家常菜，每道菜的学习通过各种不同的方式呈现，有通过视频短片直接学习制作，有通过师生讨论共同制订方案，通过实践操作逐步概括方法。

我们采用组间竞赛及组内合作的形式，将整个班级分为两大组，最终比较两大组烹饪的成果。每个大组中又分别安排了 A（能力较强）、B（能力一般）、C（能力最差）三组的学生，每道菜由若干工序组成，组内根据学生的能力特点分配不同难易程度的工序，最终协同配合完成整道菜的制作。②

至于烹饪菜谱的确定，教师可以安排社团开展"问卷调查"，让学生去了解亲朋好友的口味喜好，并撰写详细的统计分析报告，为设置烹饪社团课程、开展烹饪社团活动提供必要的数据。甚至烹饪空间的布置，也可以由学生社团选定。

---

① 袁洁莹、周春娟：《我是小小美食家——记江苏省南通市海门中南东洲国际学校烹饪社团》，《初中生世界》2018 年第 6 期。

② 金瑛：《特殊教育学校烹饪社团课程的构建与实施》，《文教资料》2018 年第 5 期。

专题五　丰富社团活动

在幼儿设计的图纸上，我们能够看到幼儿设计的小桌椅、低矮的水池，放在活动室中心位置的中空长方形的操作台，靠墙还有一排厨柜，同时还设计了可爱的餐具，如有爱心的盘子、有小熊的锅等。幼儿在设计时联系自己家的厨房，还想到要放置烤箱制作饼干，冰箱用来储存各种食物。看着幼儿的设计，相信大家一定愿意进行炊事活动。

烹饪课程应以活动为载体，可以采用家校合育、学科融合的方式进行食育。在学校社团中，教师讲解相关的理论知识并进行示范，在保证安全的前提下，让学生参与实践；在家庭中，要求学生在父母的帮助下动手实践，给予学生充分自我展示和表达的机会。

我们设定了"五个一"的五级课程活动规划。每一周：开展"周末小厨神"活动，学生每周自己动手煮一次菜；每一月：邀请家长到班里教授饮食文化课；每一季：同班学生自由组队到一个同学家做美食分享；每一学期：举办"班级美味大比拼"活动，每个学生做一道拿手菜，带到学校与全年级同学分享，邀请家长和教师当评委；每一学年：举办毕业餐会项目学习活动，六年级学生用不同的形式完成毕业餐会设计方案，在这个过程中，学生收获的不仅是美食，更重要的是体验了第一次毕业的仪式感和参与感。①

烹饪社团除了开展操作实践，还可以开展课题研究。除了研究美食配方、烹饪技艺，还可以研究美食文化。例如，有一个学校的烹饪社团从"研究蒙古族食品特色"入手，成立了"蒙食文化研究院"，组建了三支小队，分别对蒙古族食品的特色、制作方法和文化内涵进行探究。

---

① 王善刚、王春霞：《北京师范大学青岛城阳附属学校：让美食课堂成为学生成长的地方》，《中国德育》2020 年第 12 期。

二、跟着美食学知识

我们还可以组织学生开展"跟着美食学知识""跟着美食学文化"的社团活动,例如,数学学习"比的知识"之后,我们可以布置学生配制蜂蜜水、酸梅汤等在短时间内可以完成的任务,甚至还可以布置学生酿制老白酒等需长时间才能完成的任务。

爱奇艺中旅游节目播放量最高的《Xfun吃货俱乐部》,主持人在列车中吃到的食物主要是牛排、沙拉、面包等,和学生日常生活完全不同,这种对比激发了学生探究的兴趣,这时再进一步展示欧洲地形、气候分布图,学生就能大体分析出西欧乳畜业发展的区位条件。

又如在印度、马来西亚等国,人们喜欢使用咖喱调味,这种辛辣的调味方式和当地闷热潮湿的热带气候有着密切的关系。

再如日本人的日常饮食,既有各种面食,又有牛排、沙拉、生鱼片,通过这些让学生分析日本文化受东西方文化的影响就一目了然了。

当同学们发现其中的联系后,自然会激发学习的兴趣,并会主动寻找身边类似联系。在将来的学习或者知识的迁移中会立刻回忆到生活中的这些经历或知识并加以应用。

除了"跟着美食学地理",我们还可以"跟着美食学历史",例如,重庆大学的慕容浩老师把《中国古代食物史》烹饪得"色香味俱全",将不同朝代食物的食材、烹饪方式、饮食习惯等知识结合时代背景进行讲述,这门课成了最受学生欢迎的通识课之一。

同样,将饮食文化与美术学科相结合,可以开展中华饮食文化标志设计活动;将饮食文化与音乐学科相结合,可以举办美食歌曲的线上音乐会;将饮食文化与语文、地理和历史等学科相融合,可以开展名人或名篇里的美食诱惑、诗词里的美食、会说话的家常菜、美食家乡的味道、名家与美食等活动。

老北京美食是一项重要文化遗产,每一个品种的制作方式、食用方式,都蕴含着深刻的哲理和北京人特有的审美意趣。我带着学生追溯北京小吃的起源、发展,学习小吃的做法,找寻名家篇章中对美食的描写,感受文字的魅力。

首先,设计一个情境任务:"外地的表姐来你北京的家做客,作为小主人,你要为她推介一种北京小吃,请你从小吃的做法、口味等方面,为她有条理地介绍。"

其次,以图片和视频相结合的形式对京味儿美食分类介绍:可以分为宫廷菜、街头小吃、民族风味等;也可以分为佐餐下酒小菜、筵席用面点、多种小食品等。

最后,让学生从课内正在研读的《骆驼祥子》中找到描写北京美食的片段,谈一谈对小说人物形象塑造的意义。认识美食只是开始,探究背后文化才是本次社团活动的目的。

经过一个学期的美食社团活动,面对日渐消失的老北京传统文化,我又布置了让学生开展后续宣传任务:活动一,绘制美食地图,展现图文结合能力;活动二,写美食制作说明,用说明文的形式展现清晰的逻辑思维;活动三,写美食评论,用文字再现品尝感受;活动四,梳理老字号发展轨迹,展现搜集、整合、梳理的能力。①

烹饪社团课程不仅可以与各学科结合,还可以与 STEM 课程联姻,开展深度的探究活动,促进跨学科知识应用,培养学生综合解决问题的能力。

我将工程思想和实践思想引入科学课程,通过"做酸奶"活动,引入"细菌"概念,把学到的微生物知识运用到生活中,通过"你能为家人制作一款健

---

① 杨晓琦、段秀丽:《结合北京美食文化培养学生趣味阅读的研究》,《语文教学之友》2019 年第 11 期。

指向"双减"的教学任务新变化与作业活动新设计

康、安全的酸奶吗?"这个任务,以项目学习的方式带领学生走进真实生活。做酸奶活动整合了科学、技术、工程、数学四大学科领域知识,尝试带领学生通过开发解决方案、检验设计合理性、权衡方案、讨论修正等过程发展工程设计能力——

一是通过观察酸奶包装盒、社会调查、查阅资料、参观访谈等方式了解酸奶的种类,知道酸奶的主要成分及作用,学会从健康角度选择酸奶。

二是通过观看视频、请教专家,了解乳酸菌的形态,知道有益菌和有害菌,形成对微生物的初步感知。

三是动手实践,为家人制作一款健康、安全的酸奶,树立食品安全意识和健康饮食的观念。

四是提升学生发现问题、解决问题的能力,培养小组合作探究、创新能力。

在社团活动中,我设计了多种多样的评价方案,如学习档案袋、科学小论文、电子小报展览、知识竞赛、微视频分享等,在展示学生项目学习成果的同时,又激励学生进行后续的学习。[①]

总之,在烹饪社团活动中,不管是为了美食学烹饪,还是跟着美食学知识,都能有效解决传统教学对已学知识进行简单重复"炒冷饭"的问题,减少学习的枯燥,实现"有滋有味"地学习。

[①] 包士娟、孟延豹:《基于STEM理念的"DIY酸奶"课程设计》,《中国信息技术教育》2019年第6期。

活动 7
增加励志社团活动　减少消极情绪

"励志"是一个永恒的话题，是个体成长成才的内在动力。励志教育是应用教育心理学、教育激励学和教育管理学理论，激发和唤醒学生内动力，使学生从"被成长"中产生生命自觉，让学生用自己的力量成长，最终达到成人成才的目的。

励志教育是实现"立德树人"教育根本任务的主要途径。传统励志教育大都是家长和学校灌输，学校励志教育形式单一，内容多，但与学生实际需求结合不密切。而留守学生与家长交流的时间更少，有的家长自身知识远比学生还低，因此也不能取得很好的效果。由此，我们可以组建磨炼意志、相互鞭策、共同进步、提高能力、立志成才的励志社团，通过开展健康有益的活动和有系统的训练，使学生意志更加坚定、能力更加突出、素质更加全面。

一、帮助学生坚定好信念

除了定期开展校内外优秀人物讲座、素质拓展活动、定向越野活动、各种技能的培训、生存培训等活动，我们还应充分利用励志社团的集体力量，采用学生与学生经验交流的方式进行励志教育，让学生感受到同龄人的优秀，这种身边的"同辈榜样""优秀吸引"方式更能体现言传身教。

指向"双减"的教学任务新变化与作业活动新设计

看到优秀者,人们自然而然地就会想到自己,自己今后是否也可以如此优秀。这个时候,我们就应该以身边的实际例子让学生看到学长学姐是如何蜕变的,让他们坚定自己的信念,知道自己原以为不能做到的事情,自己现在已经可以做到。例如,很多学生认为自己不能坚持6点钟早起、不能坚持晚自习、不能跑3000米,通过励志社团的21天集训,让学生看到自己完全可以做得更好,相信自己一定能行。①

简单来说,励志教育就是从心理和哲学等方面帮助学生解决一些生活当中所遇到的问题,并且提醒学生未来之路是怎样的,从而使他们梳理好明确的目标,朝着这个目标和方向努力。不过,励志教育作为励志社团比较关键的一部分,我们应选择一些有趣的方式开展工作,以免引起学生的反感,甚至逆反。

今天,在励志社团教室里,欢声笑语,掌声不断,一堂围绕"探索""成长""挑战"主题开展的励志课程点燃了孩子们的热情。课程以游戏切入,引导孩子们在心中树立明确的成长梦想,使他们更有力量面对未来的学习与挑战。

励志社团不能总是说教,应该创新组织方式,使用一些丰富的教学资源来引起学生的兴趣,例如带领学生观看一些励志电影,让他们在情感上受到感染。如《背着爸爸去上学》《阿甘正传》等电影,就极能让学生与故事情节产生共鸣。

本学期选中的小短片有《永不放弃》《不负此生》,主要在大型考试前后播放,可作为考前动员,也可作为考后的激励。

这两部短片传达的都是在逆境中坚持再坚持,表现信念与理想对人的激励作用。学生看后触动很大,有的说:"不论做什么事情都要有目标、有信念,找到正确的方式方法,发挥自己最大的潜能,乐观积极地去面对。"有的说:"看到布洛克最后能达到的极限,我觉得我的学习还是有进步的空间的。"

---

① 寻金锭、欧锴、李海珠:《高校学生社团励志教育实践模式研究》,《中国科教创新导刊》2012年第17期。

专题五　丰富社团活动

作为教师，我们都深深地爱着自己的学生，但并不是所有学生都能像我们期盼的那样，成绩优异。他们经历失败时会沮丧、痛苦，甚至迷茫。他们需要理解、需要支撑以及默默的鼓励，而不是刻板的说教。励志教育社团活动正以一种学生喜欢的方式传递给学生关于信念、关于人生的哲理。[①]

除了观看励志影视，还可以阅读励志书籍，例如《做个有出息的女孩》这本书能够让女孩在充满趣味的阅读中对照自我、反思自我、提升自我；《致青年朋友》是钱理群先生从自己的经历出发，告诉青年人怎样才能避免"外在的黑暗转化成内心的黑暗"，怎样唤醒内心的光明，活出生命的诗意与尊严……

在开展励志社团活动的时候，我们还要根据每个学生的差异，制订不同的方案，从而使整个励志教育的开展更具有针对性。

校园是学生参与学习活动的主要场所，营造良好的校园励志环境能够在一定程度上提升学生的发展效果。在励志社团中，励志教育的开展还可以与校园文化或班级文化结合起来。

小学生以形象思维为主，在以竹文化为依托的励志社团中，教师如果单纯向他们讲解竹文化，无法使他们建立深刻的印象。我们在校园里种植竹子，学生就有了感性认知。尤其在一年四季，无论风吹日晒还是刮风下雨，学生都会看到竹子坚强地生长。

我们在社团右侧墙壁上悬挂以竹为背景的挂图，并邀请语文或美术教师，书写名人名言，如"只要有坚强的意志力，就自然而然地会有能耐、机灵和知识""黑发不知勤学早，白首方悔读书迟。"在社团后面黑板上，绘制了竹形象，展现与竹有关的古诗词、小故事等。

在社团活动中，除了朗读以"竹"为主题的古诗词和开展以"竹文化"为

---

① 董燕乐：《浅谈班会课的励志教育功能》，《新课程（下）》2019年第5期。

主题的演讲活动,我们还组织学生开展竹编活动,竹编的辛苦是对学生的考验,他们在经过反复的失败—尝试—失败—再尝试中锻炼了吃苦能力、动手能力、创新能力、抗压能力,培养了虚心进取、正直坚忍、团结合作的精神。[1]

二、帮助学生管理好情绪

心理学家奥瑞·利欧斯说:"如果你对周围的任何事物都感到不舒服,那是你的感受造成的,并非事物本身如此。能够对感受进行调整,你就可以在任何时候都振作起来。事物本身不会让我们不舒服,但情绪会。"如何调节情绪,让情绪"帮助我",而非"控制我",如何让我"在任何时候都振作起来"?这也应成为励志社团的任务。首先,我们要让学生能够觉察自己的不良情绪。

在一次励志社团活动中,我设计了一个拼图游戏——四人小组一起拼一张图片。游戏一开始,我就拿着手机捕捉学生不同的情绪表现,适时安抚有些学生过激的情绪。时间到了,大家都完成了游戏,但有些小组合作愉快,有些小组却闹得不太愉快。我让学生用一个词来形容自己当时的心情,他们提到了"害怕、快乐、生气、悲伤……"我向他们指出,这些就是我们平时所说的情绪。

接着,我把几十个情绪认知脸谱呈现在学生面前,他们顿时惊呆了。在此基础上,我请他们再回忆刚才自己的情绪表现,并根据低年级学生的特点,让他们分别用面部表情和肢体语言来展示自己刚才的情绪,然后请同桌猜一猜"我现在的情绪是什么"。

通过"猜一猜"游戏,同学们开始认知自己的情绪;在"聊一聊"过程中,他们更进一步知道了人一定会有情绪,这些情绪会自然而然地产生,虽然有时我们并没有察觉,但的的确确存在着。[2]

---

[1] 李莺联:《利用竹文化进行农村小学生励志教育》,《名师在线》2020年第36期。
[2] 邬敏敏:《依托情绪管理,促进小学低年级学生人际交往》,《班主任》2020年第5期。

专题五　丰富社团活动

其次，我们要能够引导学生管理好不良情绪。学生的情绪管理能力对其身心健康发展有着十分重要的作用。相关研究指出，学生的不良情绪与其攻击行为之间存在一定的关系，情绪管理能力越强的学生，其攻击行为发生的概率就越低。此外，情绪管理能力与人际交往水平之间也存在着极大的相关，情绪管理能力越好的学生呈现的人际关系状态也会越积极，而良好的人际关系又会对其学业水平产生积极的促进作用。

我为学生们准备了精美的明信片，鼓励学生利用写感恩卡片的形式感谢那些曾安抚过自己负面情绪的人们，为学生"以温暖回馈温暖"提供了媒介。一张张明信片替学生说出了曾羞于当面说出的那声"谢谢"，也帮助学生意识到在应对负面情绪的过程中，有那么多朋友、老师、家长甚至陌生人为他们提供了足够的帮助和支持。感恩之余，学生更直观地意识到：在应对消极情绪时，他人的支持、安抚也非常重要，同时也要有意识地帮助他人调节情绪。①

在"双减"背景下，教学效率的提升是所有教师关心的问题。而学生学习效率的影响因素有很多，学生的学习情绪是这其中重要的一个因素。转变学生消极学习情绪，利用积极学习情绪构建高效课堂，已经成为教师的教学共识。

在学生情绪管理中，教师还可以让学生掌握一些心理学技巧，例如"吸引力法则"——通过积极的自我暗示，像"我有能力学好所学科目，相信自己"，使自己达到理想的自我；"注意力转移法则"——当感觉到压力较大时，可以做自己喜欢的事情来调节；"合理宣泄"——跟亲朋好友倾诉，或者把压力不良情绪写出来；"静心冥想"——在舒心安静的音乐引导下，静心冥想，想象自己担心的考试已经来临，自己的状态却很放松、心情舒畅……

---

① 郝晶：《设计情绪管理活动　提升学生管理情绪能力——以"我和我的小情绪"系列主题教育活动为例》，《基础教育论坛》2021年第2期。

▶▶▶▶▶▶ 指向"双减"的教学任务新变化与作业活动新设计

我以"优秀"为切口,将积极心理学理念融入社团活动,以"优秀+"的形式,努力赋予"优秀"更多的积极意义。

一是通过"+言说"催生优秀的内生力。我们努力搭建"优秀"的展示平台,通过"优秀者说"探究优秀行为背后的心路历程、思想感受。在学习中,"+言说"指向积极的表现性学习。

二是通过"+任务"助长优秀的带动力。任务,以积极的心态来看待,可以是一个机遇,可以是一级阶梯,也可以是一份责任。在学习中,"+任务"指向积极的任务型学习。

三是通过"+伙伴"焕发优秀的感召力。一个优秀的人必定是一个有魅力的人,其优秀的行为、优秀的品质、优秀的思想等都会转化为由内而外的气质,从而对他人产生一定的吸引。"优秀+伙伴"表达的是一种吸引,合起来就是团队,一个以优秀为中心的志同道合者的团队。在学习中,"+伙伴"指向积极的合作式学习。[1]

总之,励志社团活动的开展,重点不在于选择的内容好不好,也不在于形式如何新颖热闹,而在于学生是否需要和接纳。我们在组织励志社团活动时,一定要弄清楚"是什么?""为什么?""怎么办?"三大问题。针对不同的学生,选择不同的主题,在合适的时间和环境中进行,才能真正产生实效,受到欢迎。

---

[1] 凌红:《让"积极教育"在"优秀吸引"中敞亮起来》,《教育视界》2021 年第 1 期。

指向"双减"的教学、作业与课后服务 丛书

"双减"背景下
如何提升课堂教学质量

殷德玺 ◎ 主编

世界知识出版社

图书在版编目（CIP）数据

指向"双减"的教学、作业与课后服务.2,"双减"背景下如何提升课堂教学质量 / 殷德玺主编. -- 北京：世界知识出版社,2022.7
ISBN 978-7-5012-6539-8

Ⅰ.①指… Ⅱ.①殷… Ⅲ.①中小学—课堂教学—教学研究 Ⅳ.①G632.0

中国版本图书馆 CIP 数据核字（2022）第 080219 号

责任编辑	侯奕萌
责任出版	赵 玥
责任校对	陈可望
封面设计	郝亚娟

书　　名	《指向"双减"的教学、作业与课后服务》丛书 "双减"背景下如何提升课堂教学质量 "Shuangjian" Beijingxia Ruhe Tisheng Ketang Jiaoxue Zhiliang
总 主 编	严育洪
主　　编	殷德玺
出版发行	世界知识出版社
地址邮编	北京市东城区干面胡同 51 号（100010）
网　　址	www.ishizhi.cn
经　　销	新华书店
印　　刷	三河市人民印务有限公司
开本印张	710 毫米×960 毫米　1/16　15 印张
字　　数	212 千字
版次印次	2022 年 7 月第一版　2022 年 7 月第一次印刷
标准书号	ISBN 978-7-5012-6539-8
定　　价	48.00 元

版权所有　侵权必究

前 言

教育理应最具人性，遵循人的发展规律的教育才是真正的教育。然而，在短视化的、功利性的教育中，课堂教学存在着片面追求学习成绩，忽视学生核心素养培养的现象。这样的教学，不仅加重了学生的学习负担，让教育背离了应有的价值取向，还严重影响了正常的教育秩序和学生的身心健康。

2021年7月24日，中共中央办公厅、国务院办公厅印发《关于进一步减轻义务教育阶段学生作业负担和校外培训负担的意见》（以下简称"双减"及《意见》）。伴随着《意见》的公布，教育界掀起了轩然大波：

教师说：课堂时间本来就有限，再搞"双减"，怎么保证教学质量？怎么保证优秀率和升学率？

家长说："双减"是好事，不会"减"了老师，苦了孩子和家长吧？该不会作业翻倍，家长叫苦连天吧？

学生说：我们究竟能享受到多少"双减"福利呢？

面对来自各界不同的反应，我们不能不思考教育的本质。在这样的情况下，国家推出了"双减"政策，让教育回归本源，让教育关注学生的个性化成长，是利国利民，利于学生成长、教师专业化成长的好事。然而，如何将"双减"政策贯彻落实，做到"减负"不"减质"，就成为摆在一线教师面前的一个亟须解决的问题。

课堂作为教育教学的主阵地，作为学生学习知识的主渠道，提高课堂教学效率是学生学习能力和水平提升的关键所在。因此，要确保"双减"成功，教师就要把握第一关键核心要素——"提质"，即要向课堂教学要质量，强化课堂教学这一教育主阵地的作用。

为此，我们组织专家和践行"双减"政策的一线教师编写了本书，用五个专题17个主题的篇幅，介绍了提升课堂教学质量的相关举措，以助"双减"发挥"减负""增效"的作用。

专题一：提高教学质量的关键。本专题围绕"教学质量"这一影响"双减"的要素，设计了四个主题，分别从明确课堂教学目的、提升备课质量、运用高效教学方法和科学设计作业四个方面，强调了课堂教学质量的重要性，以及要提升课堂教学质量，就要从提升备课效率、运用高效教学方法、科学设计作业三个方面入手。

专题二：重构备课新思路。基于专题一的介绍，本专题从备课环节入手，指出在"双减"背景下，要提升课堂教学质量，就需要重塑备课理念，创新思维备课，备课做好"加减法"，从理论到实际，逐步介绍如何在"备课"中落实"双减"的政策要求。

专题三：打造高效课堂新方法。本专题围绕如何打造高效课堂这一大主题，分别从营造有利的课堂学习场、巧用提问发展思维、认真倾听促进思考以及合理互动提升学习效果四个方面，强调要提升课堂教学质量，就要多角度打造高效课堂。

专题四：创新作业设计思维。"双减"政策的落实，离不开为学生作业"减负"，但要实现"减负""增效"，设计与学生的时间、学习的幸福值息息相关的作业就显得格外重要。本专题倡导明确作业的内涵与本质，具体介绍了"双减"背景下要树立课程视域下的作业观，创新设计作业的方式和方法。

专题五：有效巩固课堂教学效果。课堂教学质量的提升，不仅有赖于教师树立备课新思维，改变教学方法，重树教学理念，还需要抓好课后教学效果的巩固。为此，本专题用三个主题，介绍了巩固课堂教学效果的举措，包括：积极反思，可视化学生问题；巧妙拓展，组织课后活动；多元评价，激发学生学习兴趣。

总之，要确保"双减"措施起到"提质""增效"的"双加"作用，教师就要行动起来，不断提升自己的专业本领，学会做"加减乘除"法，明确课堂教学目的，向课堂要效率，方能确保教育实现培养人才的根本目的。

目 录

专题一 提高教学质量的关键

"双减"政策的实施，为教育的常态化和让课堂教学回归提升学生核心素养、培养学生综合能力与创新精神的正轨，创造了政策环境。要保证"双减"的良性运行，就需要学校和教师明确这一措施实施的关键在于提高教学质量，让学生在校内学足、学好。因此，"双减"成功的第一关键核心要素就是"提质"，就是向课堂教学要质量，强化课堂教学这一教育主阵地的作用。

主题1　明确课堂教学目的　／002
　　一、教学：人才培养活动　／002
　　二、课堂教学：人才培养的途径　／006
　　三、教学质量：人才培养的关键　／008

主题2　提升备课质量　／012
　　一、备课：课堂教学的生命　／012
　　二、针对备课：效率提升的关键　／016
　　三、备课必须知道的几件事　／025

主题3　运用高效教学方法　／030
　　一、教学方法：让教学事半功倍　／030
　　二、教学方法的类型及选择　／033
　　三、教学方法的运用：营造探究课堂　／051

主题4　科学设计作业　／053
　　一、作业：课内知识的延伸与巩固　／053

二、创新作业设计　／055

　　三、基于学生布置作业　／060

专题二　重构备课新思路

　　备课是教学流程的起点。在"双减"背景下,教师要提高课堂教学质量,把学生的课业负担和校外培训负担减下去,也要让每一个学生在有效的时间内既"会学"又"学会",备课就变得尤为重要。因此,教师要认真研究学情与教材,重构备课新思路,把握好备课这个教学的首要环节,助力减负。

　　主题1　重塑备课理念　／064

　　　　一、明确备课新理念　／064

　　　　二、立足素养备课　／068

　　　　三、本着"双减"备课　／075

　　主题2　创新思维备课　／085

　　　　一、从学生的立场备课　／085

　　　　二、从"高效课堂"备课　／088

　　　　三、从"精讲精练"备课　／099

　　主题3　备课做好"加减法"　／105

　　　　一、内容钻研做"加法"　／105

　　　　二、教学设计做"减法"　／107

　　　　三、课内外练习做"加减法"　／109

专题三　打造高效课堂新方法

　　课堂是教育的主战场,是学生的生命场。"双减"要求改变课堂"满堂灌""教师主宰一切""见分不见人"的"低效""无效"现象,扎实提升课堂教学质量,提升课堂教学的"质",进而减轻学生的负担。为此,教师要认识到,好方法就是好老师,要努力提升教学方法,以打造高效课堂。

主题1　营造有利的课堂学习场　/ 114
  一、认识学习场及其原理　/ 114
  二、课堂学习场的构成及性质　/ 115
  三、学习场创设方法　/ 119

主题2　巧用提问发展思维　/ 126
  一、像苏格拉底一样提问　/ 126
  二、给予学生选择的特权　/ 131
  三、促成学生小组合作　/ 133

主题3　认真倾听促进思考　/ 140
  一、倾听及其在教学中的作用　/ 140
  二、发挥倾听的作用　/ 141
  三、这样倾听，促进学生思考　/ 142

主题4　合理互动提升学习效果　/ 145
  一、构建共同探究的空间　/ 145
  二、科学设计课堂活动　/ 148
  三、巧妙组织课堂讨论　/ 151

专题四　创新作业设计思维

  "双减"背景下，要提升课堂教学质量，还需要教师规范作业设计，统筹作业总量，做到让作业少而精。想要让作业"少而精"，就需要教师提高作业质量，创新作业形式，多样化地设计作业。

主题1　明确作业的内涵与价值　/ 156
  一、作业的内涵　/ 156
  二、作业的功能与价值　/ 157
  三、作业设计的问题及影响　/ 158

主题2　树立课程视域下的作业观　/ 162
  一、课程视域及其作业观　/ 162

二、改变作业设计理念　／167
　　三、调整作业设计结构　／170
主题3　创新设计作业　／177
　　一、常规作业新方法　／177
　　二、分层作业新思维　／182
　　三、单元作业多元化　／188
　　四、长周期作业巧跟踪　／193

专题五　有效巩固课堂教学效果

"双减"政策的实施，是教育规律的回归。从根本上说，"减负"就是要优化学生的成长环境，改变单一的应试教育局面，保障学生的德智体美劳全面发展。在这一过程中，要提升课堂教学质量和学生的学习效率，就需要教师开动脑筋，积极反思，不断学习与创新，巧妙拓展并组织课后活动，借助于多元评价激发学生的学习兴趣，在"减负"的同时"增效"，为学生打造生态化的学习环境。

主题1　积极反思，可视化学生问题　／206
　　一、研究课堂表现　／206
　　二、剖析典型原因　／210
　　三、合理设计可视化活动　／213
主题2　巧妙拓展，组织课后活动　／217
　　一、巧妙延伸课内知识　／217
　　二、以趣促学，组织活动　／220
　　三、以点带面，扩大成果　／222
主题3　多元评价，激发学生学习兴趣　／224
　　一、关注学生素质，科学评价　／224
　　二、立足成长，跟踪评价　／226
　　三、不断循环，周期评价　／229

专题一
提高教学质量的关键

　　"双减"政策的实施，为教育的常态化和让课堂教学回归提升学生核心素养、培养学生综合能力与创新精神的正轨，创造了政策环境。要保证"双减"的良性运行，就需要学校和教师明确这一措施实施的关键在于提高教学质量，让学生在校内学足、学好。因此，"双减"成功的第一关键核心要素就是"提质"，就是向课堂教学要质量，强化课堂教学这一教育主阵地的作用。

主题 1

明确课堂教学目的

课堂是教育教学的主阵地,是学生学习知识的主渠道。课堂教学效率是学生学习能力和水平提升的关键所在。要确保"双减"措施起到"提质""增效"的"双加"作用,就需要学校和教师明确课堂教学目的。

一、教学：人才培养活动

教学是一个动态发展的概念,是由教师组织学生进行的有目的、有计划的特殊的学习活动。它是教师促进和帮助学生实现有效学习的活动,是培养人才的基础活动。在"双减"背景下,要提升课堂教学质量,首先就要认识并理解教学活动,清楚组织课堂教学的目的,确保教学成为培养人才的活动。

1. 教学的本质

教学要提升效率、达到效果,就需要教师明确教学的本质。基于教学的动态发展过程,业界对教学本质的认识也经历了一定的发展过程,这种认识随着现代教育的发展不断更新和完备。

(1) 教学是学生不断获得知识与能力的过程。

自从"教学"这一概念出现,在社会发展过程中,人们对教学这一活动的认识也因不同层面、不同角度,产生了不同的观点和看法。无论是形式教育学派还是

专题一 提高教学质量的关键

实质教育学派，无论是主知主义学派还是行动主义学派，科学主义学派还是人本主义学派，都在不断地争论过程中，促进了人们对教学本质的认识。其中，"特殊认识论"和"交往说"分别从师生双方在教学活动中的地位强调了教学的动态化。

特殊认识论认为，教学就本质而言，是一种特殊的认识过程，是以认识和反映世界为任务、内容的。在这一过程中，学生在教师的引领下，获得对客观世界的映像，将社会历史经验变为个人的精神财富，因此是一种间接的认识。在这样的过程中，学生的个性获得发展。由此可见，从根本上看，教学活动的本质就是传授知识和获得能力的过程，是通过前人的认识间接地认识社会和自然现象的过程，是一种间接经验的学习。在这种观点的影响下，教学活动往往以教师为主，是以"讲—听"的形式进行，表现为教师讲学生听，教师说学生记。因此，这样的教学是教师有选择地实施教学，教师成了知识的代表，成为学生学习与模仿的对象。这种教学导致的后果就是离开教师，学生就失去了学习的依托，教学就失去了存在的意义。必须承认，在相当长的一段时间里，这种教学本质观始终是我国教育教学的传统，也的确符合人类社会教育发展规律与时代发展需要。然而不可忽视的是，这种教学本质观由于不考虑受教育者的实际年龄和心理发展水平，与时代科技发展不相符，在一定程度上影响了人才培养。

交往说指出，教学是师生双方共同进行的活动，是教师与学生的对话、交流与沟通，是教师、学生和文本之间展开的对话与理解，是师生双方以教学资源为中介展开的相互影响的活动，是一种特殊的人际交往活动。这一观点肯定了教学是师生之间的对话，旨在实现双方知识、智慧、生命、意义的共享。这种观点打破了科学的樊篱，让人与自然、文本实现相互认同，让学生在体验的过程中感受到学习的过程就是生活的过程。相比于特殊认识论，交往说更加注重教学的形式、方法和对学生当下生活的影响，要求以"对话""交流""沟通"为实施教学的主要形式，符合现代教育的发展特点，但将教学活动归结为"交往"或"沟通"并不妥当。

(2) 教学是促进学生有效学习的过程。

无论是特殊教学论还是交往说，都体现了教学之于学生获得知识与能力的重视，但忽视了学生作为一个生命个体，其生命活动状态在教学过程中的体现。本体论弥补了以上二者的不足，在二者基础上提出教学就本质而言是为了促进学生有效学习。

本体论关注学生当下鲜活的学习生活，从人的"生存—实践"这一本体立场出发，指出教学活动就是教师针对学生的实际情况，以教师指导下的学生主动学习为基础，借助于交流合作式的新型师生关系，教师、学生与教学目标、教学资源、教学媒体进行交互作用，促进有效学习的发生，改善学生的学习质量，实现学生和谐发展。可以说，这一有效的学习活动，能够达到促进学生的知识能力的形成、情感态度和创新精神等的培养的目的，使学生成为个性鲜明的人。然而，学生的学习除了知识的获得，还包括能力的提升，而这种能力的提升侧重于在参与社会实践过程中的能力的提升。为此，教学过程要体现社会性，一方面，要实现有效学习，需要师生、生生之间进行真诚的沟通与合作；另一方面，要求教师采取一切有利于学生学习活动的手段，让学生的学习活动能够真正地进行下去，并收到切实有效的成果。

本体论的这一观点，表明教学活动就本质而言，是一种特殊的学习活动，是在教师组织、指导下由学生完成的，在此过程中实现学习者的成长，完成传承与发展文化以及人才培养的三重功能。换言之，教学活动除了为学生的知识能力的学习和提升保驾护航，还为教育的社会功能与社会责任的实现提供了切实的保证。

(3) 教学是一种向学发展的过程。

教源于学，因为有"学"的需要，才产生了"教"的活动。因此，"教"以"学"为中心，"学"以"教"为条件，二者合起来，既指"知识的传递和获得"，也指"引起学生积极的思想活动"。尤其是当教学被看作师生双方共同的活动时，它就需要建立一个"教—学"的谱系，并根据具体的学生、具体的教

专题一　提高教学质量的关键

学内容、具体的授课类型等，实现教与学的平衡。由此可知，伴随着社会的发展，教学的本质已经发展为学生主动接受和吸收社会经验，并在认识、接纳和理解新的信息的过程中，积极做出具备个人特点的解释。

这是对教学的本质在心理上的探究、碰撞和融合的变化过程。它表明，现代教育下的教学不同于简单的知识的传授和学习，是以学习者为主体，发挥主动性的学习的过程，是学生的能力获得主动提升的过程，是学生的学习经历"完全依靠老师—基本依靠老师—相对独立—在老师指导下独立学习—完全独立学习"的过程。①

2. 教学与人才培养

教学的本质观提醒我们，课堂教学要紧扣教学的本质，教师要逐渐淡化自己作为知识的传授者或学生的信息来源的角色，及时把握信息时代教学任务的变化，主动研究和学习，努力提高课堂教学效果，促进学生的主动发展，完成人才培养的任务。

（1）理解人才。

人才是我国特有的一个概念，可谓古已有之。汉代《毛诗序》评价周代诗歌《诗经·小雅·菁菁者莪》如是说："《菁菁者莪》，乐育材也。君子能长育人材，则天下喜乐之矣。"在这里，生长茂盛的植物被用来比喻人才的茁壮成长，以此表达希望人才能够成为天下人喜爱的有华采的人中精华。由此，人才即指人中精华、人中精英。

那么究竟什么样的人才是人才呢？这一标准众说纷纭。1986年6月，中国人才学专家王通讯在其《宏观人才学》一书中指出，人才一方面是指社会上通常称德才兼备的人或有一定专长学问的人；另一方面，在教育学上，人才是指经过

---

① 教育繁星点点：《教学的本质：基于有效教学的分析》。据新浪博客：http://blog.sina.com.cn/s/blog_190024ae30102ypya.html。

学校教育，在德智体诸方面具备了一定素质，基本上可以适应某种工作的人，或获得了中专、大专及大学本科以上学历的毕业生。随着社会的发展，人才的标准也在不断变化。习近平总书记在多次讲话中提到了新时代对人才的新要求：既要有爱国情怀，又要有国际视野；既要有青春梦想，又要有实干精神；既要有健康体魄，又要有学习热情。由此可见，我们所说的人才是指德才兼备、贡献较大、能与时俱进的人。

（2）人才的培养与教学。

人才作为一个国家、一个地方发展的核心竞争力，承担着先进生产力和先进文化的主要创造和传播的工作。作为社会发展的宝贵资源，人才的培养决定着国家和社会的进步。因此，社会和国家都高度重视人才的培养，而人才的培养离不开教育。

综合来看，人才的培养是一个多因素共同作用的过程。具体来说，人才培养离不开两个主要的因素：一个是个体因素，即内部因素，也就是遗传因素；另一个是社会因素，即来自社会、国家和集体的外部因素。其中，社会、国家和集体为人才的培养提供相应的制度、文化和教育，而教育离不开教学。因此，人才培养离不开教学，尤其是基础教育阶段，人才的培养离不开课堂教学。

二、课堂教学：人才培养的途径

正是基于人才培养与教学的关系，学校作为国家教育系统的最基本单元，就要发挥学校教育教学最基本的形式——课堂教学的重要作用，使之成为人才培养的重要途径，尤其是在基础教育阶段。

1. 课堂教学是人才培养的主要形式

国家基于人才培养的需要，相继制定了相应的教学标准和要求，从教学大纲到课程标准，从三维目标到核心素养。这些要求，都要围绕课堂教学展开，都要

专题一 提高教学质量的关键

在课堂教学中落实,都要靠教师在课堂教学中实施。教师的课堂教学,是把理想课程变为现实的最关键的环节,只有在课堂教学中落实相关的要求,在教学中完成相应的培养目标,才能完成育人的任务,才能为人才的培养打下坚实的基础。

优秀的高水平的教师能在充分理解人才培养的相关要求的前提下,主动研究课程,开发补充教材,弥补教材中的不足,提升课堂教学效率和质量,利于人才的培养。反之,教师如果不能充分理解并落实相关的人才培养要求,就无法实现对学生实际获得的知识和能力的培养,无法引导学生养成正确的价值观和态度,也影响着学生道德品质与能力的培养,进而影响人才的培养。因此,课堂教学中科学地实施课程,是人才培养的关键,即课堂教学是人才培养的最重要的环节。

2. 课堂教学是培养发展学生思维的主要渠道

培养人才,就要求教师在课堂教学中不能简单地传授课本上的知识,而是要在教学过程中调动学生的学习积极性,引导学生探索和思考,通过知识的学习培养学生的思维能力;要在教学中引导学生发现问题、提出问题,促使学生在发现问题的过程中学会思考,并培养质疑的勇气。总而言之,学生学会思考才能提出问题,才能在这一过程中养成并提升批判性思维、创新思维的能力。而这种能力,是当前和未来人才培养的重点。

教师只有发挥课堂教学这一主渠道,积极培养学生的思维能力,引导学生学会学习,学会获得信息、认知、技能、价值观和态度,让学习成为一种过程,也成为一种结果;让学习成为手段,也成为目的;让学习成为个人的行为,也成为集体的努力。可以说,当今和未来的社会,人才的竞争会越来越激烈,这种竞争是人的头脑的竞争。教师要在课堂教学中,不断引导学生学会学习,掌握无定式的思维方式,方能适应时代的变化。因此,课堂教学就成为帮助学生改变思维方式和世界观的重要渠道,也成为人才培养的重要渠道。①

---

① 顾明远:《课堂教学是培养人才的主渠道》,《中国教育报》2018 年 9 月 5 日第 9 版。

三、教学质量：人才培养的关键

苏联著名教育家赞可夫说："教学工作最重要的任务就是以最高的效率推动学生的一般发展，以最好的教学效果来达到最理想的发展水平。"在"双减"背景下，课堂教学要发挥人才培养的作用，就需要不断提升教学质量。这是人才培养的关键。

1. 影响教学质量的因素

教学质量，是整个教育的核心和灵魂。教学质量的好坏，直接影响着人才培养质量的高低。因此，在"双减"背景下，要让教学发挥人才培养的重要作用，就需要提升教学质量。教育实践证明，影响教学质量的因素是多种多样的，主要包括人的因素和环境的因素。前者侧重于教师的因素，后者侧重于教学环境，比如国家的教育政策、学校的软件和硬件条件等。

（1）人的因素。

在影响教学质量的人的因素中，既包括学生的整体素质，还包括教师的专业水平和素质。前者是不可控的，后者则是可控的。教师的专业水平和素质，一方面是指教师的专业知识、专业素养，另一方面是指教师的思想道德素质，二者相辅相成。当教师具备了较高的专业知识水平和思想道德素养，就会在课堂教学中充满激情、热情地面对工作，主动自觉地研究和钻研，在明确的目标指引下全力以赴地做好教学的每一个环节。比如耐心细致地备课、条理清晰地讲课、科学地布置作业……因人而异，因材施教，依据学生的心理和情感的需要，积极从教，诲人不倦，使学生愿学、乐学。

"双减"对教师专业能力提出了更高的要求。任教已经23年的吴庆芬立足于提升学生学习的主动性，创设趣味课堂，提升课堂教学效率。她在教学过程中，注意引导学生多看、多说、多做、多想，以培养学生学的能力；对学生积极激

专题一 提高教学质量的关键

励、肯定,促进学生之间的合作与竞争,以激发他们学习的动力。在教学中,她创新教学方法,借助于白板演示、图形分解……用生动活泼的教学形式,强化师生、生生互动,吸引学生的注意力,使学生会学、乐学、爱学,进而在轻松学、少量练中达到会用、活用的教学效果。而为了做到这一切,吴老师认为,课堂时间有限,教师要在课前用更多的时间研究教材、研究学情、研究教法,精准确定教学目标及重点、难点、核心问题,精心预设教学环节、课堂语言及课堂生成等,以课前的充分准备实现精准、简约、高效的课堂教学。[1]

总之,只有教师具备了专业知识与技能,具备了工作积极性,才能主动积极、轻松愉快地组织课堂教学,激发学生的学习主动性,才能使课堂教学质量得以提升。

(2)环境因素。

所谓环境因素,是指用于教学的硬件和软件条件。前者是指用于组织教学的多媒体、投影仪、实验器械等相关设备,后者是指教育部门和学校制定的促进教学、利于提升教学质量的政策、措施等。

"双减"政策实施后,某校教师通过集体备课的形式,集思广益,提高学生的课堂参与度,实现"课堂高效,减负增效"。在集体备课中,学科教师互相切磋、研究,依据教学内容设计问题以激发学生的学习兴趣,同时在问题引领下,针对已掌握的学生的学习情况调整课堂教学,引领学生充分理解学习内容,达成教学目标;科学创设学习活动,利用小组合作的形式组织学生学习和独立思考,学生在参与学习活动的过程中,通过表演、演示实验、展示作品、扮演角色、演讲等,展示学习成果,促进了知识的理解和能力的提升,实现课堂教学目标。[2]

---

[1] 《"双减"名师谈 | 吴庆芬:兴趣是学习的最大动力》。据快资讯:https://www.360kuai.com/pc/98355cf29a3e2937d?cota=3&kuai_so=1&tj_url=so_vip&sign=360_57c3bbd1&refer_scene=so_1,作者对内容略作修改。

[2] 黄兰萍:《期末回眸 | "双减"之下学习有趣又提质》。据玉林新闻网:https://www.gxylnews.com/xwk/jy/202201/t20220114_371241.html,作者对内容略作修改。

2. 提升教学质量：立足根本

课堂教学是一种目的性和意识性都很强的活动。作为一种知识传播和能力提升的渠道，课堂教学要达到使学生掌握知识、习得技能、发展智力，形成态度和相应的品质的目的，成为人才培养的关键，就需要提升教学质量。而要提升教学质量，就需要提升备课质量，运用高效教学方法，科学设计作业。这就需要立足根本，把握关键要素——教师。教师要注意从以下几方面转变观念，提升素养和专业知识与能力。

（1）认清责任，转变观念。

教师要提升课堂教学质量，就要认清肩负的责任，转变教学观念。首先，教师要认识到自身肩负的是为中华民族的伟大复兴培养大批人才的光荣使命，要始终把培养一流人才放在心上，自觉提升教书育人的素质、能力和水平。其次，教师要意识到教学工作的作用在于传递知识，在于使学生最大限度地掌握教学内容的知识点、思维方法和学习训练，这是在教学过程中要实现的基础目标层次；教学工作的高层次，在于通过教学活动引领学生建立科学的思维模式、研究方法并拓宽视野，培养学生的核心素养，即勇于探索的创新精神和善于解决问题的实践能力、创新意识、创新潜质和创新能力。因此，为人师者要转变观念，要在传授知识的同时，激发学生的学习兴趣和探索科学奥秘的求索精神。

（2）提升素养，打造能力。

提升教学质量，教师还要认识到，要承担起以上责任，实现以上教育目标，就需要提升自己的专业素养。

首先，教师要不断学习和掌握现代教育教学理论，在课堂教学中处理好科学性与思想性相结合，知识积累与智能发展相结合，教师主导与学生主体作用相结合，基础理论与应用实践相结合，知识的系统性与认知的循序渐进相结合等方面的关系，不断更新教育教学观念，不断提升自身的教学品质。

专题一 提高教学质量的关键

其次，教师要建立自身的教学哲学，形成有特色的教学风格。换言之，教师要不断提升自己的素养与能力，要在教学工作中明确自身扮演的角色，巧用教学智慧和教学艺术，让自身成为学生的知识库、传授者、指导者和合作者，使学生不但从教师那里学到知识，还能在学习中掌握方法和接受训练。

最后，教师要在教学中为学生的学习创造积极向上的环境氛围，打造高效课堂。为此，教师要使用多种评估策略探究学生的学习心理活动，理解和满足学生的各种学习需求，使他们在课堂内保持持续集中学习的注意力，在课堂外保持学习的主动性。也就是说，教师在学生面前不是一个简单的信息源，不是教书匠，而是学生面前鲜活独立的思想者和行动者。

总之，教育质量固然与社会环境、家长素质、学校管理、办学条件以及学生基础等众多因素有关，但最关键的因素则无疑是教师。可以说，教师是教育质量的决定因素，在"双减"背景下，要提升课堂教学质量，需要教师提升师德修养，更新教学观念，磨炼自己的从教本领，在强化专业知识的同时，讲究教学艺术和教学方法。

主题 2
提升备课质量

"双减"背景下要提升课堂教学质量,要从源头抓起。备课是教学流程的起点,要抓"减负",首先就要抓备课。课备得好坏,直接影响课堂教学效率的高低、教学质量的好坏。

一、备课:课堂教学的生命

备课作为教学的重要行为之一,它的好坏决定课上得是否高效。因此,清华大学附属小学党总支书记、校长,全国著名特级教师窦桂梅老师说:"精彩的课堂设计,就是精彩的人生设计;课堂设计得精彩,就是人生设计得精彩。"要在"双减"的同时提升课堂效率,教师首先就必须从生命的高度来对待教学、对待课堂,提升备课质量。

1. 备课是提升课堂教学效率的前提

充分备课是上好一节课的前提,更是提高课堂教学质量和效果的前提。教学实践证明,教师在备课时付出的时间和精力越多,其对教学内容的把握就更准确,教学活动的设计就更恰当,教学方法的运作就更灵活,教学效果就更好。

北京海淀区中关村第三小学校长、国家督学、全国劳动模范刘可钦认为,教师在备课时,如果注重对教学过程的设计,注重对不同教学思路的追问,注

专题一 提高教学质量的关键

重学生之间的交流与质疑,注重创造性地使用教材,就能预约出课堂的精彩。她在备课时,注重对不同教学思路的追问,尤其是同一节课,在备课时注意透过不同积极寻找相同的地方,从而提升对课堂规律的把握,形成属于自己的教学特色。

一次,刘老师和几位老师一起备"圆的周长"一课,先后根据不同的教学思路、教学方式,设计了两种方案。

方案	教师	学生	比较
A	为学生提供大小不同的用硬纸剪的圆和相关的学习材料,如直尺、彩带等	分成小组按老师所提的要求,先测量出每个圆的周长和直径,再通过计算,寻找圆周长与直径的关系,进而得出圆周长的计算公式	为学生的主动探索提供了一些机会,但依然将关注点放在了计算公式的导出和运用上
B	为学生提供大小不同的圆和相应的材料,这些圆有的是用硬纸做的,有的是用软布做的,有的直接画在一张纸上而没有剪下来	教师提出"想办法找出这些不同圆的周长"这一问题,学生分小组探索圆周长与直径的关系,并得出圆周长的计算方法	借助于"想办法找出这些不同圆的周长"这一问题,引导学生积极合作,诱发其探索与创造的欲望

从以上两种方案的比较可以看出,两种方案并无太大差异,都注意了让学生通过动手操作积极参与学习过程,但仔细分析,两者为学生提供的探索空间有着明显的差别。相对而言,B方案更关注学生主动探索与创造的可能,而不仅仅是为了计算公式的得出。因此,在此过程中学生所获得的数学活动经验有助于形成一种积极的正确的情感和态度,为进一步的学习不断积累有效的经验。就学生学习的积极性和学习方法的形成而言,B方案更有利,也更利于人才的培养。

刘老师的这种备课过程,就是一位教师最为重要的专业成长过程。当一位教师有了备课时的精心预设,就会出现课堂上的精彩生成,也就自然提升了课堂教学质量。据一项关于课堂教学有效性的调查,目前中小学教师的无效劳动大约占50%。这一数据虽然不一定非常准确,但可以肯定的是,在课堂教学中,这种无效劳动或低效劳动的现象确实是普遍存在的。因此,教师要注重备课这一环节,使之成为提升课堂效率的前提。

2. 备课是提升教师专业水平的过程

备课不但是教师课前准备的过程,也是教师提高知识水平和教学潜力、总结教学经验的过程。无论是个人备课,还是集体备课,教师都要一次次地收集资料,一遍遍地处理教材、确定教法,专业水平和教学设计潜力必然会得到提高。尤其在集体备课中,教师在认真准备的基础上参与集体研讨,能学习和借鉴大家的智慧,针对教学中的一般问题进行探讨和研究,拓展思路,提升能力。

某教师在执教二年级"数据收集整理"一课时,在备课时遇到了很多问题,比如,这节课该用什么方法进行教学?重点教给学生什么?全课又该怎样进行设计?用什么样的手段才能把二年级的学生吸引住?这一连串的问题让这位老师无从入手。

在集体备课时,这位老师就这些问题与有经验的教师进行交流,于是这位老师获得了很多有用的点子。比如针对 A 老师提出的"二年级的学生还属于低年级儿童,要注意创设有趣的情境,使课堂教学形象生动,引人入胜,才能把学生带入愉快好学的学习氛围中",这位老师就在新课伊始利用多媒体课件为学生播放动画片以吸引学生的注意力。在选取动画片时,这位老师又结合集体备课中 B 老师的建议,以北京冬奥会的吉祥物——冰墩墩和雪容融引入,吸引学生的注意力。在进行新课教学的时候,这位老师设计了让学生投票选出最喜欢哪一个吉祥物的活动环节,在练习的设计上侧重以看冬奥会运动项目为主,统计出全班喜欢某个运动项目的人数。

就这样,这位老师在集体备课中获得成长,设计出一份新教案,而这份新教案在当地的青年教师调研活动中获了一等奖。

当然,集体备课和教师独立备课相结合,会让教师在备课的过程中,在广泛

专题一 提高教学质量的关键

查阅资料、深入分析教材的基础上,在交流的过程中碰撞出智慧的火花,互相借鉴与学习,思维活跃起来,加深对教材的理解,拓展教学思路,创新教学方法,在提高教学效率的同时,提升自己的专业水平。

3. 备课是教师能力的转化过程

备课过程,也可以促使教师将可能的教学潜力转化为现实的教学潜力。作为一名教师,不但要具备必需的专业文化水平,还必须具备相应的教学能力,同时还必须具备教学潜力。这些都是教师教好课,提升课堂教学质量的必需条件。教师在备课的过程中,就将这些素质,借助于某一资料的分析激发出实际的教学潜力,从而顺利地完成教学任务,提升了课堂教学质量。

江苏数学特级教师徐斌,以十年磨一课的精神成就了理想的数学课堂,也成就了自己的名师之路。尽管徐斌老师的数学课已多次获奖,受到专家和教师们的好评,他却依然用心备课,不断思考,不断创新。可以说,备课时,无论是课堂教学语言,还是新授环节的设计,甚至练习题的安排,他都是在不断研究、修改完善中完成的。诚如徐老师所说:"没有备课的全面考虑与周密设计,哪有课堂上的有效引导与动态生成;没有上课前的胸有成竹,哪有课堂上的游刃有余。在生成的课堂上,需要教师善于激发学生的需求,放手让学生自主探索,需要教师展示学生真实的学习过程,特别是善待学生学习过程中出现的错误和不足,运用教师的智慧耐心引导学生,使之在获取知识,形成能力的同时获得健康的人格。"正是凭着这种备课的认真钻研的精神,徐斌老师在名师之路上越走越顺畅,其教学能力和专业素养越来越高深,成为众多教师学习的榜样。

徐斌老师的成长提示我们,备课之于教师能力提升的重要性。在备课的过程中,教师需要研究文本,研读教参、课标,需要与文本对话,需要查找或补充相应的资料,并在备课中发现问题、解决问题,促进教学的开展。在这样的过程中,教师的能力得以一步一步提升,其潜能得到激发,从而提升课堂教学质量,成就学生,也成就自己。

"双减"背景下如何提升课堂教学质量

二、针对备课：效率提升的关键

备课要成为课堂教学效率提升的前提，就需要教师在备课时备出实效，就需要教师认真研究学情与教材。为此，教师在备课时，要注意把握以下几个效率提升的关键点。

1. 做好教材分析

备课时的教材分析，是教学设计的基础性工作。备课时做好教材分析，方能明确教材的编写特点，清楚编写意图，进而利于从整体上把握教材，发挥教材的功能，以更好地贯彻课程理念，将学生核心素养的培养融入教学中。

地位分析：本教材是在"注重地理观念，反映地理的应用价值，突出学生的自主学习，体现基础性和时代性"这一指导思想下编制的。在正文中，这部分被安排在开篇，体现其在高中地理学习中的基础性和重要性，旨在使学生对地球所处的宇宙环境有一个初步的认识。

内容分析：人教版高中《地理1》主要介绍了大气圈、水圈、生物圈、岩石圈等各个圈层的基础知识及各圈层之间的简单的联系，其中涉及生物学、水文学、物理学和统计学等相关知识。"行星地球"是教材的第一章，包括"宇宙中的地球""太阳对地球的影响""地球的运动""地球的圈层结构"四节内容，旨在使学生对地球所处的宇宙环境有一个初步的认识。第一节是全章的总起，介绍了地球的宇宙环境，……本章第一节和第四节在初中地理课本中几乎没提及，第二节中的"太阳辐射"在七年级上册"影响气候的主要因素"和八年级第58页最后活动中提及，关于太阳活动没有提到。第三节仅在七年级上册第四章第三节中提到。[1]

---

[1] 据360文库：https://wenku.so.com/d/a2545dc86ae0d7715af8de9c9f01be77，作者对内容略作修改。

专题一 提高教学质量的关键

　　以上是人教版高中《地理1》第一章的教材分析。经过分析，教师可以明确该章的地位、相应的知识，以及与前后章节的内容联系，进而科学设计教学活动，合理安排教学时间和内容的侧重点，引导学生温故知新，做好初高中知识的衔接，利于学生知识的学习和能力的提升，促进学生学会学习。这正反映了教材分析在备课环节中的重要作用。

2. 准确目标定位

　　现代教学论认为，要提升教学质量，实现教学最优化，就必须实现教学目标最优化和教学过程最优化。前提就是要在备课时，准确进行目标定位。所谓目标，即教学目标。准确的目标，体现在适应学生的发展状况，处于学生的"最近发展区"；适合学生的需要，处于学生的最佳兴奋点。可以说，好的教学目标，高低难易适于教学对象，因此在很大程度上决定了一节课的效率，决定着一节课的成败。

　　知识与技能：能够划分宇宙中天体的层次是最基本要求，教师需要帮助学生理解地球在宇宙大环境中的位置是有层次的，并非杂乱无序。学生能够描述理解地球是一颗普通且特殊的星球，是本节的重要知识教学目标。

　　过程与方法：需要学生学会分析和利用课本教材给出的图表，比如"太阳系模式图""八大行星轨道倾角与偏心率表""太阳系其他行星与地球的质量和体积比图"等，学生归纳、推论、总结出地球的普遍性及特殊性。学生主动通过互联网等搜集并展示获得的天文知识及探索宇宙奥秘的知识，通过教材给出的表格、图片数据，养成学生良好的科学推理能力。

　　情感态度价值观：本节通过数据的分析，帮助学生树立正确的宇宙观。教材就课文"到哪里寻找外星人"这一问题，可以培养学生科学的探究精神（具有哲学意义）。①

---

① 据 360 文库：https://wenku.so.com/d/a2545dc86ae0d7715af8de9c9f01be77，作者对内容略作修改。

"双减"背景下如何提升课堂教学质量

这是人教版高中《地理1》中第一章第一节的教学目标。从中可以看到，教师依据学生地理知识的现状，从学生的知识掌握程度入手，在新课标的基础上，依托于教材内容结构的分析来确定。这样确定的目标，才能做好知识的衔接，才能兼顾不同层次的学生，让大多数学生"跳一跳摘桃子"，让基础好的学生获得更大的提升空间。教学目标的准确性，体现在哪些方面呢？

（1）要具备契合点。

所谓契合点，是指目标的制订与最终的达成相符合。必须认识到，不能达标的教学是无效教学，部分达标的教学是低效教学，完全达标的教学才是有效教学。因此，准确的目标要求在制订时与教学环节、教学要素相匹配、相吻合。即无论是大目标还是小目标、高目标还是低目标，都要有匹配的内容，大目标要注意在知识的整体性上下功夫，小目标要在内容的细节上下功夫，高目标就要从素养的提升上下功夫，低目标就要从扎实基础上入手。总之，教师要制订出准确的目标，需要切记知识目标要强调理解，能力目标要重视运用，情感目标要突出感悟，创新目标要紧扣变通。总而言之，准确的目标要体现教学内容的选择与组合，要引导着教学方法的使用与调整，要能发挥教学评价的矫正与激励的作用。

（2）要反映教学理念的诉求。

在"双减"背景下，准确的教学目标要体现对人才的培养，要实现学以致用、学以致能的人才培养诉求，要体现学贵求是、学贵求新的创新教育目标，要实现提升课堂教学效率和质量的目的，而不是学以应考、学以求分。因此，教师要确定准确的目标，就需要在科学分析教材和学生的基础上，立足提升教学质量，考虑教学方法的科学性、教学效果的达成性、作业设置的科学性，做到目标定位与达成两手抓的效果。

当然，只有明确了教学目标，才能进一步确定教学的重点和难点，进而目标明确地实施教学，提升教学效率，达到引导学生紧扣目标，完成知识的学习，达到能力提升的目的。

专题一 提高教学质量的关键

教学重点：A. 了解天体和天体系统的层次，地球首先是一颗普通的天体，了解天体系统的层次性对描述地球相对位置具有参照性；B. 运用资料，能够说明地球是太阳系中一颗普通又很特殊的行星，这部分重点在于得出"地球普通又特殊"这个结论的过程；C. 体会、研究地球上存在生命的物质条件以及探究其背后的原因。

教学难点：本节课从遥远的宇宙出发，对于生活在地球上的广大青少年而言，本节课既充满神秘感，又有距离感。刚刚步入高中的学生，普遍存在运用数据和分析问题、解决问题能力不强的现状。①

上述重点和难点的确定同样基于教学目标，是教师在寻找到适宜、适度、适当的目标的基础上制订的，体现了教师的课程理念和专业素养。

3. 做好情境创设

湖南涟源市第六中学校长吴庆芬说，兴趣是学习的最大动力。"双减"背景下提升备课质量，就要注意在备课时，思考如何创设可以激发学生学习兴趣的教学情境。

某教师在教学《荷花》一课时，考虑到低年级的学生缺乏相应的生活体验和感受，从网上搜索有关荷花的资料，选取其中一种美丽的白荷花，利用多媒体集成工具处理加工成课件，用于重点内容第四段的讲解。

"看着，看着，我忽然觉得自己仿佛就是一朵荷花，站在阳光里。一阵风吹来，我就翩翩起舞，雪白的衣裳随风飘动。不光是我一朵，一池的荷花都在舞蹈。风过了，我停止舞蹈，静静地站在那儿……"

这一段课文写得很美，但对于低年级的小朋友来说，怎么才能让他们觉得自己是一朵荷花呢，而且满池的荷花都在舞蹈，这种感受更缺乏，单靠字面理解体

---

① 据 360 文库：https://wenku.so.com/d/a2545dc86ae0d7715af8de9c9f01be77，作者对内容略作修改。

"双减"背景下如何提升课堂教学质量

会极为困难。为此,课前他从网上搜索了有关荷花的资料,选取其中一种美丽的白荷花,利用多媒体集成工具处理加工成课件。

教学时,教师借助多媒体课件,展示经过动画处理的"满满一池荷花","一阵风吹来",荷花还不时地舞蹈。这样的情境呈现在学生的面前,学生看着明丽的荷花画面,听着老师声情并茂的语言描述,伴随着视频播放荷花风光的轻音乐,如置身于真实的环境中,产生了情感体验,最终用自己的知识见闻与已有的生活经验感受荷花随风起舞的特点,产生自己就是满满荷花池中的一朵荷花的感觉。于是当教师提问时,学生们就给出了一个个精彩的回答:"我好像变成荷花了!""我在舞蹈,微风吹来好凉爽啊!"……①

这一教学情境之所以能起到辅助教学、提升教学质量的目的,就在于教师能依据学生实际和教学内容巧妙地创设情境。那么,良好的教学情境具备怎样的特点呢?

(1) 能够调动学生的情感。

好的情境创设,要能起到调动学生的学习情感的作用。这样的情境创设,是有效教学的必要手段,可以起到明确主题、活跃思维、集中学生的注意力、激发学生的学习兴趣、补充教学背景知识、丰富学生的情感体验等作用。成功的情境创设,能巧妙地运用多媒体等手段,收到唤起情感共鸣、引起情感共振等独特效果。

要让创设的情境具备调动学生的情感的作用,就需要教师认识到自己在学生学习时承担的任务,即不仅是传授知识,还在于启迪生命,要让自己拥有一颗能够唤起共鸣、交流情感、融合思想、激发潜能的心灵,从而用一颗心影响另一颗心,以心灵启迪生命。

---

① 蝴蝶兰,《有效教学情境创设案例及反思》。据新浪博客:http://blog.sina.com.cn/s/blog_5c7739400100b8ds.html,作者对内容略作修改。

(2) 具备"新""趣"的特点。

成功的情境创设,还要求具备新颖性和趣味性,以吸引学生,感召学生。教学是一种艺术,离不开情感这一核心。教师要在课堂上感染学生,打动学生,调动学生的思维,震撼学生的心灵,就需要所创设的情境,一方面具备情感交汇的特点,另一方面具备积极向上的感情,以促使学生在学习过程中产生主动、愉快的学习意愿。这种学习意愿的有无和强弱,直接影响着学生的学习效率,直接表现为学生的求知动机的强弱、人生抱负的有无、意志调控和自我意识的强弱、学习兴趣和社会责任的有无等。这样一来,良好的教学情境就可以起到调动学生的学习积极性的作用,从而提升教学质量,提升学生的学习效率。

4. 抓好活动设计

要提升备课质量,还要注意抓好活动设计。可以说课堂教学活动设计的好坏体现着备课是否有效。这是因为教学活动设计作为一节课的核心,以解决教学问题为重点,让形形色色的教学问题在活动中得到解决。活动设计要达到提升教学质量的目的,需注意体现如下几点。

(1) 活动要突出问题的核心。

所谓活动要突出问题的核心,是指课堂活动设计要以问题为线索,推动或引导学生进行探究,即教师在备课中,要注意抛开无意义的问题,排除干扰性问题,侧重讲解理解性问题,引导学生感悟问题,并组织完善问题,设计出探究性问题,在抓住核心问题的同时,促进主要问题的解决,让问题融于活动之中,融入学生的思考之中,发挥引领性作用。

师(用水写"大连"二字):嗨,黑板上的几个字怎么啦?

……

师:刚才,大家看到黑板上的字消失了。这种汽化现象就是蒸发。你能举出生活中的蒸发现象吗?

"双减"背景下如何提升课堂教学质量

……

师：黑板上后写的字更迟一些才消失，说明什么？……请大家看，这是一件刚洗过的湿衣服，你如何让它尽快变干？有哪些方法？……很好，现在请大家把想到的方法归类，并猜测影响蒸发快慢的因素可能有哪些。

……

师：蒸发的快慢与这些因素到底有什么关系？用什么方法来研究？比如要研究蒸发快慢与温度的关系，应该怎么办？能不能同时改变这些因素来研究它们间的关系？应该怎样研究呢？请大家讨论一下。

……

以上是某物理教师在教学八年级"汽化与液化"这一部分的内容时，针对学生的年龄特点，从激发学生的学习兴趣出发，设计的以问题为线索的实验探究活动。在活动中，教师设计了从学生熟悉的晒衣服的生活事例入手，让学生猜测影响蒸发快慢的因素，继而用影响蒸发快慢的因素解释干手器等学生熟悉的生活场景式现象；随后采用小组合作的方式，让学生通过观察、讨论、发表见解，学生在体验成功的同时，培养了观察实验能力、分析解决问题能力、自主思维能力，增强了合作、互助能力。

在这里，问题将整个活动贯串起来，学生在问题的提出和解决的过程中，解决了重点和难点，实现了教学目标，提升了课堂教学质量。

（2）问题要突出信度和效度。

活动设计要达到提升教学质量的作用，首先，要注意提出的问题要保证信度，即提出的问题要与创设的教学情境相符，要面向全体学生并适合全体学生，这样的问题才能起到应有的作用；其次，要注意提出的问题能达到预期的效果，即要将促进学生自主学习和合作学习融合在一起，紧扣教学目标和育人宗旨设计；最后，要注意问题的难度和梯度，即问题要具有启发性、趣味性、创新性和挑战性，问题要由浅入深、由易到难，让不同层次的学生都能参与到活动中，有解决问题的兴趣。概言之,问题要体现因材施教的目的,要具有思考价值,要让学生在问题的解决中生成问题,获得提升。

5. 重视学法指导

"双减"的根本目的在于提升教学质量,减轻学生的学习压力和负担。这里"减"背后蕴藏着的是"加",增加课堂教学的含金量,增加对学生自主学习能力的培养和方法的指导。因此,要提升课堂教学质量,就要引导学生学会学习,重视学法指导。这一点教师在备课的时候,就要将其考虑进去。

(1) 学法及学法指导的意义。

学法,即学习方法,主要指在学习活动中,为了达到一定的学习目标所运用的规则、方法和技巧。作为一种在学习活动中思考问题的操作过程,它体现了认识策略在学习中的表现形式。学生的课堂学习过程是在教师指导下的对知识的认识过程。让学生参与教学过程,变被动学习为主动学习,重要的就是关于学习方法的学习。

无数事实表明,学生不愿学和不会学,主要的原因是他们没能掌握相应的学习方法,倘若一个学生在养成良好的学习习惯的同时,掌握了科学的学习方法,那么其学习效率将倍增,学习质量也就得到提升,进而在学习的过程中不但经常获得成功,感受到成功的喜悦,学习的轻松、愉快和乐趣,假以时日就可能爱上学习、学会学习且能学得好。这正是"授人以鱼,不如授人以渔"的智慧的体现。

(2) 学法指导体现备课效率。

掌握科学的学习方法有助于学生走向成功,那么教给学生学习方法,就成为教师在教学过程中的主攻方向。备课时,是否将学法指导作为重点内容,就成为衡量备课效率的重要条件。具体来说,作为备课的重点内容之一,体现学法指导的表现如下。

一是学法指导要渗透到整个教学过程中。学法指导不能单纯存在,因为这种做法不符合学生的认知规律。只有将学法指导与教学内容相结合，在体现学生作为学习的主体和发展的主体的前提下，引导学生明确应该"怎样学习"，教会学生学会学习。这样的备课，突出的表现就是设计了以"导"为核心的教学结构，将学法指导渗透其中。

二是学生不同，学法指导不同。体现学法指导的备课，首先要做到以学定教，即依据学生的实际情况，明确学法指导的实施。这样的备课，表现在教师能从学生的实际出发，在具体分析学生的学力、明确学生的学习实际情况的前提下，有针对性地设计学法训练、学法指导措施、指导步骤等。唯其如此，学生才能学有所得，不断提高学习自觉性和科学性，从根本上获得学习的方法。

三是环节不同，学法指导不同。在教学活动过程中，学法指导的体现不能一概而论，要依据教学环节而灵活变化。体现学法指导的备课，能依据教学环节，有针对性地对学生进行学法指导。如课前预习环节，对学生进行预习方法的指导，依据学科特点和即将学习的新授内容，引导学生学会预习；教学过程中，灵活引导，让学生在主动完成教学目标的过程中，掌握知识，获取学习方法。需要注意的是，体现学法指导的备课，要明确学法目标，并将其与教学目标巧妙地结合，于是学生掌握知识的过程就是掌握学习方法的过程，进而实现教学效果的最佳化，提升教学质量。

某教师在教学古诗时，设计了将《木兰诗》和《石壕吏》摆在一起同步教学，将学法指导贯穿其中。在教学时，教师借助于提出"木兰为什么替父从军"引出《石壕吏》的"老妪力虽衰，请从吏夜归，急应河阳役，犹得备晨炊"，二者进行对比。由此学生顿悟：二诗虽出自不同时代的不同作者，但有一点是共同的，一个是女儿孝顺父亲去从军作战，另一个是老妇为了保全老翁愿随军烧饭，都表现了我国古代妇女宁可牺牲自己也要保全家人的高贵品质。接下来，教师针对同一问题，接着发问：二人同是从军，"木兰"与"老妪"各充当了什么角色，为什么？学生各抒己见，教师最后归纳，木兰女扮男装是出于当时不招女兵的情况,表现出我国古代年轻妇女的强干;老妪"角色",是对"吏吼"出于无奈,表现出我国古代妇女的朴实。这样的对比,锻炼了学生的联想能力和逻辑思维能力,使学生学会了比较阅读的方法,掌握了"异中求同"和"同中求异"比较法在分析中的作用。①

为此,要提升备课效率,就要注意在备课时抓住学法指导这一关键问题,通过具体事例的引领、示范,让学生模仿、比较,进而在体会中找到方法,领悟方法的妙处。要注意的是,在事例研讨中,要引导学生完成自主思考、讨论、交流的要求,进而实现对学习方法的理解和感悟。

当然,备课要达到提升课堂教学质量,除了以上几个关键点外,也要注意在课堂教学时抓住"活动"与"互动"的激活点,抓住课堂讨论的"适宜"与"生成"的兴奋点;还要在课堂小结时抓住"主题"与"规律"的提炼点,等等。在此不一一讨论。

三、备课必须知道的几件事

在"双减"的新形势下,教师是否转变教育观念,决定着"双减"政策能否落地,能否获得实质性收效。事实上,教师只有转变教育观念,与时俱进,与时代同步,才能在专业路上从容前行,才能适应"双减"新形势。因此,要提升课堂教学质量,教师就需要在备课时,把握效率提升的关键点,清楚以下几件事,自觉提升自己的专业素养和能力,从而让"双减"下的课堂减负增效,成为人才培养的基地。

1. 转变育人观念

备好课需要变革教育观念,也就是要转变传统教育观念,树立全新的教育

---

① 《语文教学中如何进行学法指导》。据百度文库:https://wenku.baidu.com/view/8523d77b59eef8c75fbfb3ad.html。

观。那么，教师应该树立怎样的教育观呢？

多少年来，无论教育如何改革，教师的教育观念都在持续退化。在相当多的教师眼里，教育是为了应付考试，备课、讲课、训练都是为取得优异的考试成绩，因此育人就等于应对考试，教学的好坏等于学生成绩的高低。除此之外，他们不清楚自己究竟还能做什么。"双减"形势下，减的是时间和负担，并不是教学质量，单纯靠大量练习提升成绩的僵硬的教育方式没了时间的支撑，要完成规定的教学任务，教师就需要深思育人方式，转变育人思维。

（1）变"唯分论"为"全人论"。

教师要认识到，学生作为生命个体，应该在智力、心理、体力、社会交往、道德、伦理等各方面得到全方位系统发展，而不能唯分数论。作为教育常识的坚守者，教师要努力让学校成为真正的教书育人的场所，让每一个学生都得到最优发展，而不是只知道"提高一分干掉千人"。为此，教师在备课时，要摒弃打时间仗、拼命刷题、一味应试的观念，树立"尊重规律""回归本真""注重常识""以人为本"的观念；要抛弃"唯分数论""以分数论英雄"的观念，树立"立德树人""全面发展""多元智能"的观念；要放弃"大一统""只见高个儿""只有优生"的观念，树立"没有差异就没有教育""没有差生，只有差别""尊重、信任每一个学生""让每一个生命都有枝可依"的观念；要唾弃"减负就是躺平""减负等于减责"的观念，树立"减负不减质""负担减下去，素质提上来"的观念。

（2）树立发展的学生观，形成"以人为本"的教育理念。

教师要认识到，学生是身心都在发展中的人，其身心的发展过程既是自然的客观过程，也是社会历史文化过程，是自然性与社会性的统一。教师的任务就是在学生的发展过程中，对其给予科学的引导，使之获得健康的成长。为此，教师要进一步深入地理解立德树人的教育目标，认识到要有面向教育未来，树立"以人为本"的教育理念。

专题一 提高教学质量的关键

首先，教师要承认学生之间差异存在的自然性，进而尊重差异，善待差异，认真分析不同学生的心理发展现状，再根据不同学生心理发展的差异制定适合不同学生发展的教育策略，实施不同的教育教学方式，做到因材施教。

其次，教师要正确对待学生身上的问题，用发展的眼光看待这些问题，对学生充满期待和希望。为此，教师要对学生持宽容和理解的态度，在严格要求的同时给予期待，而不是用概念化的定义评价学生，要用"润物细无声"的方式教育学生，引导学生。

最后，教师要时刻牢记学生是有能力的人，有自己的善恶是非观念、处世能力和学习方法，虽然还不一定正确和完善。为人师者要以苏联著名教育实践家和教育理论家苏霍姆林斯基"要相信孩子"的思想为座右铭，给予学生信任，努力为学生营造展示和提升才能的机会，在课堂教学中，多多给予学生鼓励、支持、肯定、赞扬和欣赏，善于发现学生身上的闪光点，激发学生的创新意识，挖掘学生的发展潜能，努力培养学生的创新人格，使其创造力的萌芽蓬勃生长。

总之，只有教师确立这样的育人理念，才能将思维从教书向育人转变，从教学科向教做人转变，才能对学生进行符合教育本质的理解，才能对学生给予赏析式的回应，才能形成自己独到的教育观、学生观和育人观，进而激发学生的学习热情和兴趣，提升课堂教学质量，促成学生乐学，引导学生会学。

2. 深思育人方式

"双减"后，教师要进一步认识到，学生是"历史人""现实人""未来人"整体融合的"完整人"，"工具智慧""精神智慧""符号智慧"整体发展的"创造人"。为此，在备课时，教师要注意创新育人方式，深层次唤醒自己的职业理解和育人追求，改变机械化、照搬式、转嫁式的育人方式，让学生在学习中做到真学、真懂、真信。

某教师在教学"因数与倍数"时，鉴于学生在学习时缺乏兴趣和热情，思

"双减"背景下如何提升课堂教学质量

考引导学生积极、主动参与学习的方式，转变学生的学习方式，使之成为学习的主人。于是这位教师巧用"组织学习"的方式，促进学生主动思考，发现问题，解决问题。

上课伊始，这位教师就用一道求最大公约数的题"难住"学生，当学生苦思无果后，主动请求老师给予讲解。这位教师却让学生以小组讨论的方式，交流意见。学生在热烈的讨论后，产生了不同的方法和观点，并在此基础上进一步进行思考和探究，大胆地提出自己的猜想，尝试进行实践证明。在一番自主活动后，师生、生生之间充分展示了自己的思考方法和探究过程，最后找到了解决问题的方法，实现了新课的学习。

师：同学们，道理只有越辩越明，经过刚才的讨论，我们得出一个结论，如果两个数是互质数，它们的最大公约数就是1。（投影出示）

生1：我们组认为……

生2（反对生1的说法）：我们在用……

师（引导）：大家想一想，最大公约数是求什么？

生：是求两个数公有的约数中最大的一个。

……

经过刚才的发言，举手的学生渐渐少了，但一位同学仍坚持不懈地高举着手，老师请他发言。

生：我认为除了老师在黑板上的例子可以简便，还可以有一种简便处理的方法，那就是……

他的回答让老师和同学都吃了一惊，于是师生进行了验证，发现果然是正确的，大家都露出了佩服的神情。接下来，学生们又认真地看书中例题，并且积极地做了相关的练习题。

在这个案例中，教师的组织教学活动方式，由指令性活动向自主性探索转化，放开学生的手脚和思维，真正培养学生的创新精神和实践能力，让学生自己

专题一 提高教学质量的关键

在观察、假设、探究等高层次的思维活动中获得成果,实现学生学习方式的转变。同时,在教学过程中,学生始终处于发现问题、解决问题的状态中,用自己的思维方式进行探究,形成独特的见解,这是一种合作式的学习,是教师"组织学习"的体现,也是学生主动式学习习惯养成的过程。正是这样的学习过程,才促使学生产生创新的思想火花,才能激活学生的思想,培养学生的表现欲,使学生真正获得知识和能力。这样的课堂教学,体现了"双减"的核心本质。

(1) 培养学习兴趣,转变学习方式。

"双减"的本质并不在于削减学生理应掌握的知识和提升的能力,重点在于提升学生在心理上对学习的排斥和压力,引导学生找到科学的学习方式,把更多的时间还给学生,引导学生自学,培养其自学能力,为学生终身学习打下扎实的基础。为此,教师在备课时,要努力思考并设计、营造生动有趣的教学环境和氛围,以激发学生的学习兴趣,使之由被动学习向主动学习转变。

在此基础上,教师要注意巧妙地组织教学,设计活动,引导学生学会学习,掌握科学的学习方式,学会自学。这种主动获取的知识,不但远远胜过被动强加的学习所得,还能让学生获得成就感,进而增强其主动学习的动力。

(2) 突出"组织学习",强化习惯养成。

"双减"要做到"减时增效",还需要教师在备课时,主动进行教学方式的转变,让教学从课堂讲授转向"组织学习"。教师要从学生的立场备课,借助于多种形式的教学方式,让学生在活动中学习,强化其形成良好的学习习惯。为此,教师要做课程的开发者和实施者,为孩子提供高质量的课程,一方面要转变课程思维,提升自己设计和实施课程的能力;另一方面要借助于集体备课等学习共同体,努力提升课堂教学设计水平,在全面剖析课堂生态的前提下,结合对课堂现状的全方位的观察和研究,组织学生进行学习,使教学设计的重心从"教师教学设计"转向"学生学习活动设计",从"课时教学"转向"主题单元教学",实现教学评一体化,进而促成学生良好的学习习惯的养成。

主题 3

运用高效教学方法

在"双减"下要提高课堂教学质量,还需要教师在教学中聚焦学科核心素养,注意运用高效教学方法,促进学生主动参与,组织学生进行深度学习。于是学生在带着积极的情感"愿参与",借助已有认知经验"能参与",通过多种感官或行为的"真参与"时,其在收获知识技能的同时,也获得了带得走、用得上的学科素养。

一、教学方法:让教学事半功倍

完成教学任务,实现教学目标,需要一定的方法,这些方法统称为教学方法。教学方法包括教师教的方法(教授法)和学生学的方法(学习方法)两个方面,是两种方法的统一。要提高教学质量,就要注意教学方法的选择和运用。可以说,教师能否恰当地选用教学方法,是其能否完成教学任务、能否实现预期的教学目标、能否提升课堂教学质量的关键。为此,教师在明确教学方法的作用的基础上,科学选择和运用教学方法,提升课堂教学质量,促成"双减"落地。

1. 教学方法的作用

可以说,同样的教学内容,教学方法不同,教学质量和教学效果也不同。因此,影响课堂教学质量的因素,除了教师的知识水平与教学态度,关键就在于所

专题一 提高教学质量的关键

运用的教学方法。具体来说，有效的教学方法表现出如下作用。

（1）教学方法影响着教学目标的实现。

作为教学过程的重要组成部分之一，教学方法运用得当，不仅可对教学目标的实现和教学任务的完成起到至关重要的作用，同时还影响着整个教学系统功能的实现。

作为旨在实现教学目标的师生共同活动体系，教学系统由多种要素构成。这其中有动态要素——教师、学生及心理环境，也有静态要素——教学媒体和物理环境。教师和学生这两个动态要素共同控制和制约教学系统进行；而作为物的要素，教学媒体和物理环境为师生互动交流提供载体，并在动态要素中的心理环境的影响下，在教学系统中与人这样的静态要素合作，通过有机运作，为教学提供文化与情感支撑。

由此可见，缺少了恰当的方法，师生互动与沟通就会出现障碍；缺少科学的方法，多媒体和物理环境就无法发挥应有的作用，整个教学系统就不能发挥正常的作用，教学目标的实现自然受到影响。

（2）教学方法影响着学生的学习。

课堂教学中存在着一些普遍的变量，比如学生、教师、环境。它们都会受到教学方法的影响，尤其是学生这一变量，受教学方法的影响最为突出。这些影响表现在学生的学习状态、学习动机、情绪和情感的变化，以及内在需求是否得到满足。教学的最终目的是让学生获得知识，让学生的各方面得到发展，因此，作为教学过程中的主要变量，学生的学习受教学方法的影响格外突出。

教学方法影响着学生学习状态、学习动机，影响着学生对知识与技能的掌握，影响着学生的智能和个性发展，影响着学生科学头脑的形成和科学的学习方法的掌握。好的教学方法可以很好地唤起学生的学习准备，维持其注意与兴趣，以能为所有的学生接受的方式呈现教学，并用以调节学生的行为，解决可能妨碍学生学习过程中的情绪问题，尽可能地扩大学生在学习过程中的成就感。

2. 科学的教学方法，让"双减"落地

"双减"政策要落地，关键在于课堂教学方法的变革。为此，教师在备课时，要注意选择的教学方法不但要减轻学生负担，也要提质增效，要从根本上提升教学质量，大幅提高教学成绩。

（1）改变"满堂灌"的教学模式。

课堂教学的宗旨就是教学生学会、教学生会学、教学生会用，简言之就是要做到"三包"，即包讲、包会、包用。这体现了课堂教学的高度组织化程度。满堂灌的教学方法只能做到教学生学会，只能做到包讲，无法完全做到包会与包用，因此，从根本上说，这样的教学方法只适合少数学生。学生要做到会学、会用，必须通过教师的科学指导、引导、组织、帮助来实现。所以，满堂灌的教学方法难以解决学生会学、会用的问题，更无法解决课堂练习量的问题。一旦课堂上的所有时间都被教师讲授占用，课堂就难以成为学生主动学习、主动练习的主阵地。因此，要让"双减"落地，就需要教师在备课时，设计科学的教学方法，改变满堂灌的教学模式，将学生会学、会用作为课堂教学的重要目标和组成部分，让更多的学习和练习在课堂教学中进行，进而实现"双减"之后提高课堂教学质量、提升教学成绩的目标。

（2）采用体现学生主体、教师主导的教学方法。

"双减"之后的课堂教学改革，要改变传统的以教师灌输为主、学生被动接受的教学方法，运用以学生为主体、教师为主导的教学方法，就需要注意在教师传授知识的基础上，针对学生的实际情况，发挥教师的指导作用，注重对学生掌握知识、运用知识、解决实际问题能力的培养，注意引导学生采用互动式、启发式、探究式、训练式、思辨式的学习方式，最终实现在向学生传授知识的同时，引导学生掌握知识，并组织学生运用知识，帮助学生提高解决实际问题能力。换言之就是实现包讲、包会、包用。唯其如此，才能提高课堂教学质量。

二、教学方法的类型及选择

现代教学论表明：学生在教师的影响下产生掌握一定知识、技能和技巧的需要，满足这些需要的实际与可能之间的矛盾是教学过程所固有的中心矛盾，这一矛盾的解决是教学发展的动力。学生的发展，就是通过教师巧妙地选择教学方法、形式和手段，在解决这个中心矛盾的基础上实现的。因此，要提升课堂教学质量，就需要教师在教学中运用高效教学方法。当然，高效是相对而言，下面介绍几种相对比较高效的教学方法。

1. 探究式教学法

要理解探究式教学，首先要明确探究的含义。探究是多层面的活动，是一种积极的学习过程。在此过程中，要经历观察—提出问题—查找资料（包括浏览书籍和其他信息资源）发现并确定已知，针对未知制定调查研究计划—评价（依据实验证据对已有的结论进行评价）—分析交流（在收集、分析、解释数据的基础上，提出解答、解释和预测，并进行结果的交流）。

（1）探究式教学法的意义。

探究作为一种过程，要求提前进行假设，针对假设展开批判的、逻辑的思考，进而思考可以替代的其他的解释。经历这样的过程，学生的自主学习能力、研究能力、创新能力等会得到提高，进而为此后的知识的运用与创新打下基础。

（2）探究式教学法的特点。

作为一种教学方法，探究式教学注重学生参与，引导学生围绕某一主旨问题进行学习，因此一般具有如下特点。

首先，探究式教学是围绕某一个有意义的问题展开的，要求从多个方面进行探究才能解决问题，要求学生在探究和解决主旨问题的过程中，将教学目标、课标要求和素养培养的要求自然地融于活动过程。

其次,探究式教学强调学生合作学习,且将合作学习处于教学的主导地位,因此,教师要为学生提供支持和丰富的学习材料,帮助引导学生找到答案,而学生则要通过公开展示的方式,将其探究成果分享出来。

(3)探究式教学的实施。

如何实施探究式教学法呢?那就需要教师将学生提出的问题以有意义的探究式问题的形式提出,并引导学生开展一系列的学习和思考。具体来说,这一教学方法的设计实施要包括四个阶段。

阶段一:提出问题。

师:为什么线圈中会有电流?

生:电磁感应现象。

师:插入和拔出磁铁时,有什么不一样吗?

生:产生的感应电流方向不一样。

师:怎么看出来呢?

生:电流表的指针偏转方向相反。

师:怎样判断感应电流的方向呢?[①]

在本阶段,教师需要考虑的是如何运用科学的方法,激励学生提出有意义的问题。要注意的是,并非学生所有的问题都可以用来探究,只有"有意义"的方能用于实施探究式教学。因此,问题的提出相当重要,甚至在某种程度上决定着教学活动的成功与否。为此,教师在教学中不妨运用一些策略引导学生提出更有深度或与之相关的问题。同时为了启发学生,促进学生进行深度思考,还要为学生提供一些阅读参考、视频资料,或者让学生围绕某一主题展开讨论;甚至可以邀请相关领域的专家与学生通过视频或者以面对面的形式进行交流。借助于这

---

① yxlwyp:《高中物理探究式教学案例》。据新浪博客:http://blog.sina.com.cn/s/blog_6c7238e10100van8.html。

样的方式，激发学生对某一主题产生兴趣，促使其思考和讨论，最终拓展相关的知识。

阶段二：整理问题。

这一阶段是在前期讨论的基础上，教师要注意引导学生对讨论的问题进行归纳和总结，在主题基础上已知、未知和猜想，将讨论的内容进行分类。当然，这个过程也可以由学生自主思考或在相互交流中总结。这样进行整理，是为了形成一个问题框架，引导学生学会整理思路，进入解决问题的初级阶段。切记不要对学生在本阶段的整理进行对错的评判。

阶段三：确定问题。

这里的确定问题是指确定主旨问题，是研究性教学法的很重要的一步。教师要引导学生通过问题整理，不仅要找到最有深度探究价值的主旨问题，而且要注意将关注点落在某一个中心问题上。须知，让学生一直对主旨问题保持好奇心是其自主学习的主要动力。当教学走到这一步时，探究式教学要解决的问题就相当明确了，学生已经经历了思维成长的过程。

如下图，有甲、乙、丙、丁四种情况，请思考：

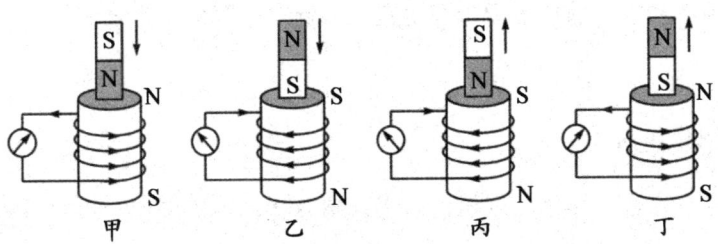

①比较甲、丙或乙、丁两图，可得出什么结论？

插入和拔出磁铁时，线圈中感应电流的方向不一样，所以感应电流的方向应该与穿过线圈的磁通量的增加或减少有关。

②比较甲、乙或丙、丁两图，可得出什么结论？

同样是插入或拔出磁铁，磁通量同样是增加（甲、丙两图）或减少（乙、丁两图），感应电流方向不一样，所以感应电流的方向还应该与磁场方向有关。这时学生会考虑需要在实验记录中标出原来磁场的方向，以及应用右手螺旋定则判断感应电流的磁场方向。

③再比较以上各图，可得出什么结论？

比较甲、丙可得出，磁铁插入线圈时，穿过线圈的磁通量增加，感应电流的磁场方向与磁铁的磁场方向相反。比较乙、丁可得出，磁铁拔出线圈时，穿过线圈的磁通量减少，感应电流的磁场方向与磁铁的磁场方向相同。

④归纳总结，可初步得出什么结论？

磁通量增加时，感应电流的磁场与原来磁场方向相反，阻碍其增加；磁通量减少时，感应电流的磁场与原来磁场方向相同，阻碍其减少。即感应电流的磁场总要阻碍引起感应电流的磁通量的变化，这就是楞次定律。[①]

阶段四：教学设计。

这一阶段是教师进行课程设计的阶段，要重点考虑以下三点：一是要让课程处于可控可管理的状态；二是要让课程具有趣味性，吸引学生一直参与其中；三是要注意课程结果的深度，不能浮于表面。为此，教师在设计内容时，要以课程标准和学生的年龄为参考要素，要针对不同的学生和不同的内容进行课程设计。

2. 案例教学法

认识是一个逐步深化的过程，而实践则为认识提供反馈，可以让人们对事物的认识更准确。基于此，课堂教学中运用案例教学法可以达到事半功倍的效果，因此可以极大地提升教学质量。

---

① yxlwyp：《高中物理探究式教学案例》。据新浪博客：http://blog.sina.com.cn/s/blog_6c7238e10100van8.html。

专题一 提高教学质量的关键

（1）认识案例教学法。

案例教学法，是指学生在教师的指导下，对选定的具有代表性的典型案例进行有针对性的分析、审理和讨论，进而做出自己的判断和评价。这一教学方法不但可以拓宽学生的思维空间，增加其学习兴趣，而且可以提高学生的能力。

师：当你的合法权益受到侵害时，你应该依法维权，那么，当国家、集体、他人的合法权益受到侵害时，你应该怎样呢？我们先来看一个案例。

（多媒体显示案例：刘女士发现有人在偷自己的钱包，就拼命往回抢，其姐也过来帮忙，谁知又来了四五个年轻男子，一起殴打刘氏姐妹。双方相持五六分钟，有上百人围观，无一人帮忙，最终以刘氏姐妹受伤、钱包被抢而告终。）

师：看完这个案例，你有何感想？如果当时你在场会怎么做？

（这个反面案例，使学生激愤不已，通过大家评议，他们明确了自己的责任，教师总结。）

师：同学们，我为有你们这样富有正义感和责任心的学生而感到自豪。我们不仅要维护自己的合法权益，更要维护国家、集体和他人的权益，这是我们的责任。

（多媒体显示：维护合法权益是我们的责任）

教师借学生发言中的一些机智的做法进行总结，引出下一个话题：机智勇敢不能硬拼。

师：在我为你们感到自豪的同时，我也感到庆幸，庆幸的是大多数同学的做法都很机智，这正是我们提倡的：机智勇敢不能硬拼。

（多媒体显示：机智勇敢不能硬拼）[①]

[①] 泰安思品：《道德与法制教学案例分析》。据新浪博客：http://blog.sina.com.cn/s/blog_04f291610102xged.html。

(2) 案例教学法的意义。

在课堂教学中运用案例教学法，可以充分发挥这一教学方法的优势，使学生在充满问题的真实情境中，运用课程知识来分析问题，并找到切实可行的解决问题的方法。可以说，这种教学方法具有启发性和实践性兼备的优点，可以开发学生思维能力，提高学生的判断能力、决策能力和综合素质。

首先，鼓励学生独立思考。不同于传统讲授式教学法，案例式教学法不是只告诉学生为何做、怎么做，而是用具体的实例，引导学生去思考、去创造，在与他人交流中获得成长。这样的教学方法，激发了学生的学习积极性，提升了学习效果，使教学变得生动有趣，不但可以让学生在人际交流中取长补短，获得能力的提高，而且可以让学生在互动交流中受以激励，激发其奋发向上、超越他人的内动力，促使其主动积极地进取、刻苦学习。

其次，激发学生积极的体验功能。这种教学方法将教学的重点放在促使学生的能力的提升上，引导学生将知识转化为能力。教师在教学中科学巧妙地引入案例，将学生带入相应的问题情境中，学生在情境中体验，借助于想象和分析还原案例，形成自己的体验，进而更好地领会案例及其所蕴含的知识，从而在亲身体验的基础上，更深刻地领会知识，促进自身的健康发展，同时在教师的引导下形成对事物的正确的认知，提升实际分析问题和解决问题的能力，形成正确的世界观和价值观。

最后，驱动学生自学能力的提升。不同于师讲生听的教学，案例教学是教师经过精心策划，依据教学目的和教学内容设计的一种特定事物的"现场"，指导学生进入这样的情境，进行独立思考或集体协作。这样的教学重视双向交流，学生需要对案例进行理解，甚至可能需要查找相关的资料，于是在这一过程中不但主动加深了对知识的理解，而且主动缜密地思考，提出解决问题的方案，促使教师和同学加深思考，师生双方在共同成长中理解和补充新的教学内容。可以说，它进一步提高了学生识别、分析和解决某具体问题的能力，培养学生正确的学习理念、沟通能力和协作精神，促使学生进行深度学习。

（3）案例教学法的步骤。

案例教学法在实际的课堂教学中，要达到提升教学质量的目的，就需要教师在运用时，经历如下几个阶段，使之最大化地发挥作用。

阶段一：策划筛选。

指教师从培养学生的核心素养的角度出发，深入钻研课标和教材，深入了解学生的实际情况，在确定教学目标和教学思路后，搜集并筛选具有代表性的案例，以作为展开教学的依据。值得注意的是，案例的选择需要教师运用自己的生活体验，选择具有代表性、真实性、情境性和复杂性的案例。

阶段二：编写设计。

所谓编写设计，是指在确定要运用的案例后，结合教学目标和学生的实际，结合学科特点和案例内容对案例进行必要的加工，比如通过图像处理软件、视频剪辑软件等对案例进行加工，依据案例内容和教学目标设计教学环节，以达到将教学目标、案例、学生的体验与思考、学生合作等元素完美地结合，确保本节课所有问题的有效解决。

阶段三：实施运用。

这一阶段是指在教学过程中，对案例的恰当且科学的运用，重点在于放手发动学生，充分依靠学生来完成教学任务，促进学生能力的提升。教师要在"以学定教"原则的指导下，灵活借助于设计的案例引导学生参与教学活动的全过程，引导学生采取自主学习、合作学习和探究性学习等学习方式围绕案例进行分析、探究和思考。在此过程中，教师要及时评价学生的表现，给予学生科学的指导，启发引导学生学会梳理和总结，最后实现知识的迁移。

阶段四：总结反馈。

本阶段的主要任务就是以学生自评为主，教师点评为辅，帮助学生将对知识的理解从感性认识上升到理性认识，引导学生学会透过现象揭示事物的本质，找出规律性的东西。要注意的是，评析要本着激励的目的，注意案例的延伸，实现师生的共同进步，培养学生的研究意识和问题意识，促进学生创新能力的提高。

3.情境教学法

情境教学是结合学生的生活实际，巧妙地将教学内容与其相结合，进而拉近学生与学科知识学习的距离的一种教学方法。

（1）情境教学法的作用。

情境教学法，不仅能锻炼学生的临场应变、实景操作的能力，还能活跃教学气氛，提高教学的感染力。

新课导入：虚拟主角老人张振国，讲述"老人与梦"的故事。

场景一：1895年的秋天，在南京一个姓张的农村家庭里有一对孪生兄弟降临人间，父亲给哥哥起名为振国，弟弟名为兴业。面对严重的社会危机，父亲变卖了所有的田地得到了3000元，在南京郊外开了一家小型的丝织厂。几年下来，工厂越做越大，总资本在1万元左右……

思考：①1895年，张振国的父亲遇到了怎样的社会危机呢？②联系课本知识，当时的社会有什么因素有助于父亲开丝织厂呢？

场景二：1911年，张氏兄弟17岁，刚刚接受了辛亥革命洗礼的兄弟俩，全面接手了父亲的生意，生意非常红火，进入了"黄金时期"。总资本达10万元……但好景不长，1919年开始，洋厂、洋货再次大量涌入，生意锐减，大量的华厂倒闭，张氏企业总资本也锐减至5万元，张振国第一次感到了沮丧……

思考：①张家的生意在此期间获得了大发展，你知道他们遇到了什么机遇吗？除了机遇，还有什么因素促使其有了大发展？②故事中张家的"生意锐减"的原因是什么？

场景三：在苦苦支撑了几年后，1927年，南京国民政府成立，在张振国的带领下，张氏企业又重新恢复和发展，总资本重新达到10万元。1937年的一声

专题一 提高教学质量的关键

炮响又改变了他的命运：国家碎了，弟弟死了，工厂被抢占了，张振国在极度的悲伤中，揣着仅有的 5 万元只身毅然去了重庆，开了一间"振国丝织厂"，由于要支持打击日寇，税收很重，他的工厂一直处在亏本状态。

思考：①"1927 年，南京国民政府成立"是指代什么呢？此后十年间我国民族工业的发展状态怎样呢？②1937 年，老人命运的改变告诉我们，在抗战期间中国民族资本主义的发展状况如何？

场景四：1945 年 8 月，50 岁的老人哭了，继而露出了久违的笑容，高呼："熬出头了！有救了！"……两年后，老人提着一个简单的行李箱坐在了前往新加坡的渡轮上，深沉地望着扬子江，唠叨着：爸、弟弟，振国对不起你们，振国不亡于鬼子，而毁于老蒋啊，振国对不起你们啊……

思考：1945 年抗战胜利了，老人认为是熬出头了，可是为什么最后他却绝望地离开了呢？①

上述案例就是运用情境教学法组织课堂教学。虚拟情境的创设，将刻板的文字化为一个家族的创业史和爱国史，让学生在故事画面中体验，缩短了历史与现实的距离，激发了学生的学习兴趣和探索的欲望，体现了这一教学法的作用。

首先，这种教学方法为学生搭建了一个自主学习的平台。情境教学法不同于传统教学模式，它打破了教师唱主角的教学环境，为学生提供一个自由学习的平台，教师将学习的主动权彻底交给学生，自己只是充当一个教学情境的搭建者、学习过程的组织者以及学生学习的辅导者，整个课堂的主角是学生，突出且强化了学生在课堂教学中的主体地位。在这样的课堂中，学生自己探究并获取知识，获得情感体验和能力提升，处于学习的主动地位，自己在给定的情境中挖掘知识。

---

① 《例谈中学历史情境教学法的运用》。据文秘帮：https://www.wenmi.com/article/pnopcd02ky0d.html。

其次，这种教学方法提升了学生获取知识、能力和情感的有效性。从认识论的角度来看，学习是一种从感性认识到理性认识、从具体到抽象的认知过程。教师在对教学内容进行深入分析的基础上，将其中缺少直观性和形象性、比较抽象或理性的内容，用情境化的形式展示出来，让其变得生动直观，于是知识的学习之于学生就成为一种感性体验过程。学生借助于感官感知内容，借助于想象理解内容，并在互动中将其上升到理性的高度，实现由"生动的直观到抽象思维"的飞跃。这样所获取的知识不但比较牢固和扎实，也利于学生能力提高和情感升华。更为重要的是，这种情境化的教学平台，将生活画面浓缩，让学生窥一斑以见全豹，或是走进生活讨论生活，或是观看生活画面讨论生活，改变了学生死读书的学习方式，消除了学习的枯燥感，与情境融为一体，使教学达到情景交融的效果。

最后，这种教学方法促进学生探索，培养其创新精神。要提升课堂教学质量，促进学生自主学习，激发学生的学习兴趣，无疑是至关重要的前提。情境教学法不但为学生创设自主学习的平台，而且放手让学生去探索围绕着教学目标和教学内容提供的情境材料，培养学生分析和解决问题的能力以及研究和创新能力。笔者认为，仅仅从提高学生的学习兴趣方面来看待情境教学法的作用是远远不够的，情境教学法更重要的作用在于通过开放式的情境为学生提供了一个广阔的探索空间，让学生在这个空间里自主学习、自由探索。

（2）情境教学法的运用原则。

情景教学法要求将教学过程设计在一个模拟的、特定的情境，借助于教师的组织、学生的演练，创设一种仿真的环境，营造一种轻松愉悦的场景，进而让学生在轻松愉悦的氛围中达成教学目标。为此，要运用这种教学法，实现高效教学，提高课堂教学质量，需要注意以下原则。

首先，要坚持人本原则。这是情境式教学法的突出特点，也是成功运用这种教学法的重要原则。为此，教师要以学生的课堂学习积极性的激发为教学基本点,尊重学生的主体地位。

其次,要坚持目的性原则。情境教学法中的情境的创设是精心设计的,是服务于教学内容的。因此,教师要注意情境创设的目的性。因此在备课时,要充分考虑创设情境的目的是促进学生乐学和学会,选择的情境要能有效地达到教学目的,能激发学生学习的欲望,提升其学习的主动性。

最后,要坚持探索性原则。情境教学法将诸多教学因素、物质手段、思维形式和方法相互交融,共同构成一个有机的系统,让学生在这样的系统中探索和学习,因此,情境中的要素要为体现探索性服务,并且要注意运用的契机。一是针对教材中较难理解的知识,可以运用这种教学方法;二是要抓住教学内容与现实的紧密联系创设情境,鼓励学生在情境中自我理解、自我解读,尊重其个人感受;三是要利用情境尽可能地拓展学习空间,形成学生自我组织和相互启发、互相促进的多向交流关系,使学生勇于探索,敢于标新立异,不断拓宽思路,开创发散思维和求异思维,去获得创新成果,以培养学生的创新能力。

4. 讨论式教学法

讨论式教学法,是指教师围绕着一定的教学目标精心准备,通过预先设计与组织,启发学生就特定问题发表自己的见解,以培养学生的独立思考能力和创新精神。这一教学方法既是知识碰撞的过程,也是情感交流的过程。

(1) 讨论式教学法的作用。

讨论式教学法,是针对教材中的基础理论或主要疑难问题,在学生独立思考之后,教师组织学生共同讨论、辩论的教学方法。这种方法利于提升课堂教学质量。

首先,它活跃了课堂气氛。课堂教学质量的提升,与教师的教和学生的学都密切相关。一节高质量的课,必定是学生乐学、爱学的课。讨论式教学法借助于精心创设的问题,使学生主动参与教学,实现了教学中师生、生生之间的互动和交流。因此,它可以营造互动、民主的课堂学习氛围,激发学生的学习兴趣。

其次,它有利于形成和谐的教学人际关系。讨论式教学中,教师融入学生中,师生之间共同讨论问题、设计教学方法等,学生能感受到教师对工作的责任感、对自己无私的爱,增强了对教师的理解与尊重,师生之间在互相交流的过程中互相学习,不但能调动学生的学习主动性,使学生主动参与,还可以使师生之间的合作与交流变得更加广泛,彼此之间的认识更加深刻,升华了师生关系、生生关系,促成团结互助的学习氛围的形成,有利于形成和谐的教学人际关系。

最后,有助于提高教学质量。在讨论式教学过程中,学生通过独立思考、认真听讲、动手操作、积极发言等形式,主动参与教学过程,不断内化教学内容,在发现问题、提出问题、解决问题的思维中,其智能得到较好的发展;在群体思考的过程中,其思维在相互碰撞中受到启发和补充,加深对知识的理解和掌握。教学质量也因此得以提升。

(2)讨论式教学法的特点。

讨论式教学法可以激发学生对课堂教学的强烈的参与欲望,充分发挥学生的主体性、积极性和创造性,提高课堂效率。这一教学方法具有如下特征。

首先,信息量大,能充分调动学生的学习积极性和主动性。从信息论的角度看,课堂教学是一种信息间的交流,信息在"教师—知识媒体—学生"之间流动,大量的信息促使师生、生生之间形成多向反馈的知识模式,从而使师生都处于思考状态,教师利用信息充分激发学生的学习主观能动性,驱动学生独立钻研,进行创造性学习。学生在教师的引导下,成为信息的接收者和发出者,一种多向交往的课堂教学模式就此形成,激发学生在课堂学习中的主动性和积极性。

其次,调动学生主动建构知识,自主学习。美国认知教育心理学家奥苏伯尔认为,建构知识主要有两种途径:一是接受,二是发现。两者各有优劣,都不可偏废。学生学习主要有三个特点:一是以掌握间接经验为主;二是在有计划、有目的和有组织的情况下进行;三是学习的主动性与被动性并存。作为一种师生、

专题一 提高教学质量的关键

生生间的多向反馈结构,讨论式教学法使师生之间处于讨论式学习的过程中,借助讨论解决问题,学生在课堂中的地位被改变,其思维不再受限于教师,而是能为了证明自己的观点,主动、积极地准备材料、收集证据,进行思考。这是一种发现式的主动建构过程,更能提升学生学习的主动性,促进新知识的获得,提升课堂教学质量。

最后,集多种教学方法于一体,形成一种竞争与合作并存的学习氛围。在实施讨论式教学法的课堂上,教学活动是以互动的方式进行的。这种互动融合了启发、暗示、提问、质疑、讲解等多种教学方法。不同之处在于,这里的启发、暗示、提问、质疑、讲解等不是由教师一个人完成的,而是在活跃的讨论中由师生共同完成的。在这一过程中,教师发挥启发、诱导的作用,敏锐地抓住学生讨论中的信息和暗示,引导学生从不同的角度灵活讨论和思考。学生则在教师的引导下,通过讨论在小组中进行合作学习,小组成员之间相互依靠、相互沟通、相互合作,共同负责,不同小组之间既合作又竞争,整个课堂形成了竞争式互动、合作式互动、竞争—合作式互动三种基本的学习模式。在这样的氛围中,学生培养了思维表达能力,并在主动参与和亲自动手操作中,激发了学习兴趣,促进主动学习。

(3) 讨论式教学法的基本程序。

表1-1 讨论式教学的五个环节

	教师	学生
准备	根据每节课的内容、知识体系和学生的起点行为设计预习思考题	根据预习题,阅读教材,发现问题,提出问题
讨论	根据教学目标和学生预习中存在的问题设计实验和讨论题	互相讨论,回答问题;互相质疑,纠正错误
整理	引导归纳	学会总结,得到完整系统的知识
巩固	布置基础练习	讨论、板演和书面练习
强化	精编综合练习,进行批改、讲评	先复习后作业

"双减"背景下如何提升课堂教学质量

从上述表格可以看到,讨论式教学的具体步骤包括如下五个环节[①]。

环节一:准备。

教师在备课时依据教学内容、教学目标和学生的起点行为,精心设计预习题。

某化学教师在备课时,决定采用讨论式教学法教学"氨 硝酸 硫酸"一节。经过精心钻研,设计了如下预习题,引导学生预习。

①初中已经学习过硫酸的性质,现在为什么还要重新学习?

②稀硫酸为什么具有酸性?它具有哪些酸的通性?

③浓硫酸如何稀释?

④能否用浓硫酸和金属反应制取氢气?

⑤浓硫酸和稀硫酸比较有哪些特殊的化学性质?

⑥硫酸有哪些重要的用途?与其性质有何关系?

案例中的预习题提示我们,在讨论式教学的准备阶段,设计预习题时要注意以下几点:一是问题要具体,目标要明确,要让学生通过预习明确下一课的教学目标和疑难问题各是什么,带着问题进课堂,使课堂具有较为明确的目的性和选择性。二是问题要有程序性和启发性,即问题的安排顺序要与学生的起点行为、思维的发展顺序相一致,叙述要有利于启发学生的思维。三是要考虑问题的深度、难度和广度,即要与学生的知识和能力水平相适应,不能过深过难,以免给学生造成较大的心理压力,致使其无法发挥引导学生理清预习内容的思路的作用,导致预习的价值丧失。

环节二:讨论。

实施讨论环节,通常采用的方式为三种:一是分组讨论,即按座位的远近以

---

① 《讨论式教学法及其运用》。据百度文库:https://wenku.baidu.com/view/c9b4123ebbf3f90f76c66137ee06eff9aff849ce.html。

专题一　提高教学质量的关键

相邻的2—4人为一组进行讨论；二是全班讨论，就是全班同学在教师的组织和引导下就某些难以理解或存在分歧的问题进行讨论；三是二者兼具的方法，就是在分组讨论的基础上，就某些共性问题或存在分歧的问题进行全班讨论，当然此时的讨论需要在教师的组织下进行。

师：请赞同有湖怪的同学举手。1、2、3……你们可以坐到一起去，讨论一下"有"的依据。那么，认为没有湖怪的同学举手。（生纷纷举手）没有中立的。现在，请大家再来讨论，你相信它有的依据是什么？认为没有的依据是什么？（学生自由组合，教师巡回观察，并对个别学生提出的问题进行解答）

师：现在很多同学举手了。首先让不相信的同学来亮观点，请不相信有湖怪的同学说依据。

生4：课文第二小节中，科学家说尼斯湖鱼的总量为20吨至30吨，如果湖里的水怪有30只的话，这些鱼根本就不够它吃的。

师：你的结论是湖怪不存在，你是从生态平衡、湖怪食量这一角度来分析的。

生5：尼斯湖是一个内陆湖，假如有湖怪，它死了的话，它的尸体就会浮上来。如果浮上来没有被发现，尸体还会沉下去。这是很自然的事情。可是科学家去考察打捞，却从来没有发现大型动物的骨骼。而且很多人声称发现了湖怪，但是他们并没有拿出确切的证据。唯一的证据就是那张照片，但照片是模糊的。

师：你是由生物生死规律的角度分析问题，证明没有。不过这里有两点我想告诉你，第一，尼斯湖虽然是一个内陆湖，但它与英国的北海相通，连接大西洋；第二，尼斯湖范围甚广，长度有39公里，宽度有2.4公里，它的平均深度有200多米，这是网上查到的资料。由此可以看出，尼斯湖怪很难被发现。两位同学根据食量、科学家多年的考察，谈了尼斯湖怪可能不存在，从文本中找到了

▶▶▶▶▶▶ "双减"背景下如何提升课堂教学质量

观点和依据。还有吗?①

无论是哪种形式的讨论,讨论的效果都直接决定着讨论式教学的效果,决定着课堂教学质量。因此,在实际教学中,要注意以下几个关键点。

首先,要恰当设置讨论题。讨论题要注意一是要紧紧围绕教学目标,密切联系教学素材;二是要沟通多部分内容之间的联系,顺着学生的思维发展,循序渐进地展开教学过程;三是要难易适度,接近学生知识和智力的"最近发展区";四是容量要适当,内容要具体,切忌似是而非,模棱两可;五是要有启发性和生动性,要能引人入胜,引起悬念,揭露矛盾,同时表述问题的语言要注意利于启发学生的思维,激发学生的兴趣,调动学生积极主动地参与讨论;六是要具有典型性和针对性,即要抓住理解和应用知识的关键提出问题,比如重要概念及规律的理解分析,解决问题的典型思路和方法,易错、易混的问题;等等。如此才能使讨论击中要害,达到预期的教学效果。

其次,要注意调动全班同学参与讨论的积极性。为此,教师在教学中必须做到:一是充分发挥主导作用,善于发现问题,抓住主要矛盾,精心设计实验和讨论题;二是不要急于把正确的结论告诉学生,当学生在发言中有错误时,要想方设法引导其他同学参与质疑和争论,同时还要根据讨论中的反馈信息及时调整讨论的进程和内容,在学生的讨论已解决了主要问题时,应及时转换题目或进行小结;三是不要让少数几个成绩好的学生"垄断"讨论"市场",否则多数学生对讨论就会丧失积极性。

环节三:整理。

所谓整理,就是将零碎和粗浅的认识理性化和系统化。这一过程旨在加深并强化学生的认识,将讨论中出现的各种意见进行去粗取精,提炼升华,从而形成

---

① 《让学生在语文课堂中"动"起来——〈尼斯湖怪被抓住啦〉讨论式教学案例与评析》。据豆丁网。https://www.docin.com/p-1242269389.html。

专题一 提高教学质量的关键

全班学生的共同认知。这一环节对于完善学生的认知结构，发展思维能力具有决定性的作用。在这一环节中，教师要注意科学地组织语言：一是要用语科学、精练、准确和规范；二是要注意观点鲜明，层次清晰，注意其适用对象、条件和局限性，不可绝对化，以免形成思维定式。

生10：这说明那些人是听了这个传说以后，才发表文章和照片的。刚才一个同学说，不能对自己不知道的事加以否定，那么，为什么要对自己不知道的事加以肯定呢？结论应建立在一定的事实和科学分析的基础上。

师：对！一是要用事实说话，二是要用科学来说话。用什么办法才能证明它到底有还是没有呢？

生11：只有科技发展到一定的程度才能证明。

师：对！要用科学的眼睛说话。科普作家王直华是不是在书中定了一个答案？

生（众）：没有。

师：看他是怎样告诉我们的。请大家一起来读一读。

（生齐读最后一句话）

师：这句话告诉我们什么呢？现在我们难以解决的问题，只有借助于将来的科技发展才能找到答案。科学的探索是无止境的。也许尼斯湖怪将来会被发现，有没有这种可能性呢？

生（齐）：有！

师：对，我们要相信科学，勿轻信传言。今天的讨论暂告一个段落。下课后可以进一步查阅资料，继续讨论。[1]

---

[1] 《让学生在语文课堂中"动"起来——〈尼斯湖怪被抓住啦〉讨论式教学案例与评析》。据豆丁网：https://www.docin.com/p-1242269389.html。

"双减"背景下如何提升课堂教学质量

环节四：巩固。

这一环节就是引导学生运用获得的知识分析和解决一些知识性问题，以达到巩固所学知识的目的。简言之，就是课堂练习。需要注意的是，这一环节的练习方式可以多样化，比如问答、板演和书面练习等，也可以将这些形式交叉使用。教师在这一过程中一定要能发现学生练习中出现的共性问题，并及时进行讲评。

练习一：浓硫酸在下列过程中分别表现哪些性质：①浓硫酸敞口露置于空气中质量增加；②浓硫酸使棉布发黑；③用浓硫酸和氯化钠反应制氯化氢；④浓硫酸遇到铁、铝发生钝化。

练习二：6.4克铜与足量浓硫酸反应，有几克硫酸被还原？电子转移的数目为多少？

以上为某教师在运用讨论式教学执教"氨 硝酸 硫酸"时在巩固环节设计的练习题，旨在帮助学生巩固所学知识。

环节五：强化。

这一过程就是对所学知识进一步深化和运用，旨在培养学生探索问题和解决问题的能力。这一环节属于布置作业环节。教师可以围绕教学重点设计选择一些理解性、应用性、分析性乃至综合性习题供学生练习，注意批改和讲评要及时，要让学生明确解题思路、方法和规范的格式。

①实验室里为什么不用浓 H_2SO_4 制 H_2S？

②下列气体可用浓硫酸干燥的有：A. HI，B. SO_2，C. Cl_2，D. H_2。

③用铜和浓硫酸制硫酸铜，既要节省材料又要减少污染，可采取什么方法？写出有关化学方程式。

④请设计一个实验证明木炭和浓硫酸反应产物中有 CO_2 和 SO_2。

这是某教师在讨论式教学结束时布置的作业。作业针对教学重点对学生所学知识进行了强化，促进学生进一步探索，培养其探究能力和解决问题的能力。

总之，作为一种行之有效的教学方法，讨论式教学并不是任何教学内容都适用，教师要结合教学内容，科学选择和运用这一教学方法才能达到高效教学、提升课堂教学质量的目的。

三、教学方法的运用：营造探究课堂

高效课堂离不开高效的教学方法。因此，要圆满地完成教学目标，提升课堂教学质量，就需要教师依据学生、教学内容、教学环境等因素，科学选用教学方法，营造探究式课堂。但任何高效的教学方法，都是相对而言的。要让教学方法高效发挥，起到提升课堂教学质量、为学生"减负"的作用，就需要教师在选择教学方法时，从以下几方面进行考虑。

1. 分析教学目的

教学方法是在教学过程中师生双方为实现一定的教学目的，完成一定的教学任务而采取的教与学相互作用的活动方式。教师在选择教学方法时，当然要将教学目的放在首位。高效教学的每一个环节都有其目的，每节课也都有其特定的教学目的，教师先对教学目的加以分析，明确教学目的后再根据不同的教学目的选择教学方法。尤其是"双减"背景下，要为学生"减负"，就需要提升课堂质量，为课堂"增效"，更需要明确教学目的选择教学方法，比如培养学生的探究意识和能力，可以运用探究式教学法；为提升学生分析问题的能力，可以运用案例教学法；为提升学生的生活实践以及知识的运用能力，可以运用情境教学法；为激发学生的学习兴趣，综合提升合作能力、表达能力等，可以运用讨论式教学法。当然，还可以依据教学目的将多种教学方法综合运用。

2. 钻研教材内容

要实现教学目的，离不开教材，教学目的是在学生掌握教材知识的过程中实现的。为此，教师要依据学科特点和教材内容，采用不同的教学方法。比如语文和英语可以采用情境教学法、讨论式教学法；历史、地理和政治，可以采用案例教学法；数学、物理、化学、生物和科学，可以采用探究式教学法；等等。总之，教师可以针对不同的学科，采用不同的教学方法。当然，同一学科，依据不同的教学内容，也要注意采用不同的教学方法。比如同样是语文，小说或戏剧可以采用情境教学法，议论文可以采用讨论式教学法，等等。

3. 研究学生的情况

"双减"的对象是学生，要减轻学生的负担，教师在选择教学方法时要考虑学生的情况，要注意采用的教学方法适应学生的年龄特征、生活经验、知识基础与智力发展水平。同样的教学内容，学生的年龄和学习基础不同，采用的教学方法也不同。比如同样是一首古诗的学习，小学低年级可以采用表演+背诵方式；小学中年级可以采用讲解+背诵方式；小学高年级则可以采用讨论式教学。同样是化学原理的学习，对于基础好的班级，可以采用探究式教学法；对于基础差一些的班级，则可以采用演示引导法，还要在演示中进行讲解。

4. 了解教学资源

教学资源，一方面包括教学所需要的相关的设备、环境，另一方面包括教师自身的条件。教师选择教学方法时，要针对教学内容，考虑教学的环境和设备，比如教学设备比较好的班级，可以采用多媒体辅助教学的方法，运用电脑、幻灯片、白板等教学设备，以提升教学质量；教学设备和条件较差的班级，可以结合实际情况，采用情境教学法、直观演示法等。

无论是何种教学方法，都离不开教师的执教，所以选用什么方法还要考虑教师自身的条件。教师在选择教学方法时，要根据自己的实际优势，扬长避短，选择与自己最相适应的教学方法。简言之，就是基于自己的认识，做到充分理解和把握教学方法，才有可能在实际教学活动中有效地发挥其功能和作用，才能达到提升教学质量的目的。比如擅长演示实验的教师，在教学科学课时就可以动手演示操作，反之则可以用幻灯、模型、多媒体课件来代替。

主题 4

科学设计作业

"作业布置更加科学合理"是"双减"工作的目标之一,也是"双减"背景下提升课堂教学质量的重要前提。为此,教师需要在明确作业布置的意义的前提下,创新设计作业,站在学生的立场布置作业,方能实实在在地"减负提质"。

一、作业:课内知识的延伸与巩固

作业,就概念而言,《辞海》将其解释为"完成生产、学习等方面的既定任务而进行的活动"。作为一种既定任务,作业起着课内知识的延伸和巩固的作用,在教育和教学中有着特定的意义。

1. 作业的意义

作业是对课上教学的有效延伸,是课堂学习的巩固和深化,是学生课外学习的重要手段。无论是对学生还是教师来说,作业都具有重要的意义。

(1) 作业在学生管理中具有特殊的意义。

众所周知,学生在校的主要任务就是"学习",其中"习"就是练习,就属作业的范畴。如果学生只"学"而不"时习",那么不仅会时学时忘,如同黑熊掰玉米,而且会因为"学"得单调无趣而厌学。由此可见,作业作为一种特殊的管理工具,可以让学生合情合理地"时习",使其有事可做,不虚度时光,并在"学"和"时习"中,有所发现,获得成长。

(2)作业在教学中承担着重要的作用。

作为完整教学的一个重要环节,作业帮助教师树立整体观念,使其优化教学环节。相当多的教师忽略了作业的重要性,甚至不将其看作完整教学的一个环节,认为作业及批改是可有可无的事情。实际上,一个完整的教学过程,开始于备课,经历上课、小组或个别辅导、作业及批改、考试及总结等环节。因此,教师要提升课堂教学质量,就不能忽视作业这个课内知识的延伸与巩固环节。

(3)作业是学生获取知识、形成能力、培养情商的重要方式。

学生对所学知识的及时"时习"和"温故",是理解、巩固、记忆乃至创新知识的重要方式。学生能力的形成必须靠亲身体验,这样才能将知识、能力及良好的非智力因素最终融合于学习过程中,而作业就是将知识化为能力的一种不可或缺的重要方式。

(4)作业是师生评价、改进教和学的重要依据。

学生的学习目标是否达成,教师的教学目的是否实现,都要通过作业的检查和批改获得反馈信息。借助于作业,学生能发现自己在当天的课堂学习上的收获与缺失,能查漏补缺,坚定学习信心,改进学习策略和方法,从而提高学习质量;借助于作业,教师能反思自己的教学,总结经验,进而提升教学策略、方法和手段,甚至在作业中对自己课堂教学中的不足进行适当的强化和补充,进而提升教学质量。此外,作业还是师生教与学的桥梁,是教与学的"晴雨表",借助于作业,教师可以知学生的"冷暖",学生可以"倾吐"自己的得失。

2.作业的种类

就作业种类而言,《教育大辞典》将其划分为课堂作业和课外作业两大类。具体来说,依据教学内容和教学方法等,也可分为多种类型。

专题一　提高教学质量的关键

（1）按目的划分。

作业按目的划分，可以分为巩固型作业、比较型作业和归纳型作业。巩固型作业是以巩固教学效果最佳值为数量标准，应避免数量过大、次数失控，要讲求科学性，不搞无效的机械重复。比较型作业是将正确与不正确的几种答案都给学生，由学生通过比较、选择、判断，完成对所学知识的检验与考查，在比较中掌握知识和形成能力。归纳型作业则是将所学知识按一定的系统进行分类归纳，可以起到新旧联系、扩展知识面、找出知识内部联系和建构知识框架（树）的作用。

（2）按性质划分。

作业按性质划分，可以分为思考型作业、创造型作业和实践型作业。思考型作业意在锻炼学生的思考能力，不需要笔答。创造型作业是指让学生运用所学知识，结合自己的认识、体验、经验进行创造。实践型作业是指让学生动手、动口、动脑，亲自去做，亲手体验，培养操作与运用的能力。

二、创新作业设计

作为课堂教学不可或缺的有益的延伸部分，作业是课程意义重建与提升的创造过程，是学生对课堂教学的深化过程，是评价学生学习和对所学知识掌握程度的依据。然而，当前学生的作业存在着负担重、重复练习严重等问题。为此，在"双减"背景下，教师要创新思维，科学设计作业，让作业成为学生巩固知识、提升能力的利器，成为核心素养培养的重要手段。

1. 创新作业的意义

课外作业对于学生巩固课堂上所学的知识具有相当重要的作用。但要发挥这一作用，前提是学生愿意做作业，并以做作业为乐趣。而这正需要教师对作业进行设计，而非简单地随手布置，要让作业具有一定的创造性和艺术性，以吸引学生，激发学生的自主学习精神和学习兴趣，从而有效提高学生的思维能力水平和技能水平。

（1）作业创新有利于激发学生的学习乐趣。

当前，一些作业陈旧、单调、练习的重复，导致学生对完成作业存在抵触心理，甚至出现厌学情绪；一些作业过难，导致学生对完成作业产生畏难情绪，失去完成作业的兴趣。种种作业设计中存在的问题，造成学生丧失对作业的兴趣。相反，教师如能创新作业，不但利于学生对所学知识的理解和应用，有效提升学生的思维能力和水平，而且可以激发学生的学习乐趣。

（2）作业创新有利于为学生"减负"。

"双减"背景下，教师针对传统作业存在的问题，立足作业创新，有效地设计家庭作业，不但利于激发学生的学习乐趣，而且可以减少"抄袭"作业现象。这是因为作业创新给学生动手实践的机会、创新的机会，使学生在完成作业的同时，体验了成功，提升其自我价值感，在动手动脑的过程中培养和发展了学生的实践能力、创新能力以及其他能力。同时，作业创新时注意选取典型的、极具代表性的练习，减轻学生完成作业的负担，还学生休闲娱乐的时间，因此更大大提升学生的学习欲望。

2. 创新作业的特点

作业创新有利于"双减"政策的推行，利于学生的成长。教师要积极进行作业创新，就需要抓住创新作业的特点，以免在作业的设计上走"老路"，或者"新瓶装旧酒"。

（1）参与对象的主体性。

作业要创新，首先要明确创新作业的特点在于遵循学生的认知特点，要依据学生的兴趣爱好为主题来设计，以此方能充分激发和发展个体潜在智能的实践活动，同时，作业要创新，还要注意形式活泼多样，以利于激发学生主动参与的积极性，体现学生学习的主体性。

　　某班一部分学生在学习上没有自信心，极少获得成功和快乐的体验，以致丧失了在学习上的积极性，老师布置的作业，别人一节课就能写完，他们要写上整整一天，更有甚者，有时一天都写不完。为此，王老师专门设计了分层次作业，为学生减负。在学完《荷花》一课后，王老师将班里的学生分成了三个层次，给学生提供了可供选择的作业。

　　一是针对后进生对一些生字不认识也写不好的现象，布置给他们的作业是：①用自己喜欢的方式，记住本课的生字，并听写；②读熟课文。

　　二是针对中等生，布置的是能巩固本课知识点类的作业，例如，背诵并完成课后习题。

　　三是针对尖子生，布置的则是跳一下就能够着的作业。例如，学完《荷花》一课，布置的作业是：①仿照本文写法，写一个植物描写片段；②推荐课外阅读。读一篇关于描写植物的文章，并把好的段落多读几遍，抄在"采蜜集"上。①

　　（2）设计内容的开放性。

　　创新作业，在设计上融合了课内外、各学科间的知识，取材广泛，选材自由，主要为发展学生的多元智能服务，力求让每位学生都能在作业中展现自己。

　　安老师为了激发学生的绘画兴趣，给低年级的学生设计了快乐作业。这种快乐作业，就是允许学生在作业本的空白处涂一涂、画一画。于是有的同学把背景设计成了神舟六号，有的同学把作业背景设计成一个大大的汉堡和可乐，还有的把作业背景设计成自己喜欢的卡通人物。这样一来，写作业时就不枯燥无趣。在快乐作业中，一旦出现错误，学生可以用不同的方法处理，比如在错字下面画横线，旁边写上"受伤""隔离""抢救"等，再用彩笔涂一涂，绘成一个简单的图案。

---

　　① 呼啦：《小学语文作业设计创新案例之二》。据新浪博客：http://blog.sina.com.cn/s/blog_bc3da1a00102y7ee.html。

这样的作业，极大地提升了学生的学习兴趣，学生作业的准确率比过去高出了几倍，甚至不爱写作业的学生不但能将作业写好，还经常成为班里的作业标兵。

(3) 作业形式综合。

实际上，就信息的传递而言，一次教学就是一个全息、开放的系统，一次作业就可以涉及多个智能领域。创新作业可以发挥这种多向信息传递的作用，即作业在内容上涉及的知识面广，将听、说、读、写、演、唱融于一体，具有明显的综合性。

某教师在教学《九寨沟》之前，布置学生收集介绍九寨沟风景的图片、风俗人情、动植物等有关资料，设计一张"九寨沟"手抄报，在学完之后，布置的作业是让学生搜集有关祖国其他名山大川的图片、文字资料，办一期手抄报或图片展。学生通过各种渠道找来照片、图报、风景名胜介绍、风俗人情介绍、土特产介绍等资料。办起了一张张特色鲜明的小报，并开展了一次生动有趣的"神州大地行"活动。学生在自己动手查找、创编中领略了成功的喜悦，增长了知识、才干，更激发了爱国热情。

(4) 作业体现活动过程的互动性。

作业创新，还要注意让学生围绕某一个作业进行探究，进而出色地完成作业，最后展示其成果。这样的作业具有合作的特点，可以让不同智力强项的学生自觉主动地开展合作、交流，取长补短，体现了互动性、合作性。

学了"千克和克"后，小学数学王老师布置了一份这样的作业。

请用红笔批改亮亮的数学日记，相信你会是个好老师："早晨6时，我从2分米长的床上起来，刷牙洗脸后，坐在8米高的餐桌前喝了一杯250克的牛奶，吃了一个65千克重的鸡蛋和一个100克的面包，然后背着约3克重的书包去上学。"

原来干巴巴的"千克和克"知识练习，摇身一变，成为富有情趣的日记修改。包装后的作业形式活泼，趣味十足，极大地调动了学生完成作业的积极性，使学生觉得兴味盎然。

（5）作业表现过程的创造性。

创新作业针对学生智力的多元性，在内容上具有开放性特点，于是学生在完成作业的过程中，可以自由选择适合自己智力强项的手段尽情发挥，因而可以明显地表现出学生的创造性。

小明听爸爸说去年秧苗长势很差。于是便上网查阅了相关资料，知道pH值以5~6最适宜水稻发芽出苗及幼苗生长。小明想到是不是家里的育苗地土壤pH值不适宜呢？他将想法告诉了老师，老师很高兴，夸他能将知识与生产结合起来，并鼓励他通过实验验证自己的想法。小明请教老师后，用小铲挖取育苗地中央深度为0~20cm处土壤样本，研碎后得到土壤1000g，搅拌后取出土壤样品50g加入自来水25ml，再搅拌。然后立即测量浑浊液体的pH值。

①请你帮助小明选择仪器。研碎土壤可以用实验室中的____、____，测量pH值时可以用____、____、____、____等。

②小明测量的结果是pH=5，你认为土壤呈____性。

③后来小明知道乡农业技术站也进行了测量，结果是pH=7.2，并建议使用硫酸铵作为肥料。你认为土壤呈____性，使用硫酸铵作为肥料可能原因是：_____。

④小明在搅拌后取土壤样品的目的是：_____。

⑤小明把实验结果和过程告诉老师后，老师让他反思并改进实验。你认为小明实验中哪些需要改进：（1）_____；（2）_____。

若有更多合理建议可以奖励，每条2分，总分不超过4分：（1）_____；（2）_____。

总之，创新作业需要教师从为学生"减负"出发，科学设计，帮助学生巩固课本基础知识的同时，促进其各项能力的全面发展，让学生在课外练习中充分体验学习与乐趣的结合，享受学习的快乐，提升成功的信心。

三、基于学生布置作业

"双减"政策的出台，还原教育原本的模样，让教育回归本真。这种本真，就是真正育人的功能，就是让学生不被题海战术打倒，能在高质量的作业中获得学习的乐趣，获得能力的提升。为此，教师在进行作业设计时，要本着提升课堂教学质量的出发点，以"双减"为目标，把握以下作业设计原则，从学生的角度出发，科学设计和布置作业。

1. 体现学生视角、关注作业品质

首先，为了让学生产生良好的作业行为，并借助于作业行为发展其良好的自我调节能力、社会能力等相关的作业品质，教师在进行作业设计时，要注意紧扣学生关注的作业特征，即无论是作业量、作业质量，还是作业控制、作业反馈，都要切合学生的心理，而不是教师的一厢情愿。

其次，作业设计要基于对学生良好的作业品质的培养。所谓作业品质，是指学生借助于作业形成适应性的作业行为，以及由此形成的心理品质，包括主动的时间投入、认知的参与、作业完成过程中的坚持和自主等。为此，教师在作业设计时，要从作业能否对学生的这些方面发挥作用入手，科学设计作业。

2. 坚持"以少促多"，重视积极的情感体验

所谓以少促多，是指用尽可能少的作业量，促进学生尽可能多的认知投入。传统的作业要求以量取胜，这种过量的作业抑制了学生在作业中的认知投入。为了提升课堂教学质量，教师在进行作业设计时，要注意控制作业量，以调整作业量和作业的认知挑战性为指标。为此，教师要精心设计作业，减少低水平的作业，增强作业的可理解性，用少而精的作业减轻学生的心理负担，激发其挑战欲望。

研究表明，学生的情感体验是一个重要的调节器。如果学生能从作业中获得

良好的情感体验，他们就能提升完成作业的主动性，而且作业的完成度和正确率较高，甚至对相应的学科产生积极的认识。这就提示我们，教师在进行作业设计时，要关注学生在作业过程中的情感体验。当然，要激发学生积极的情感体验，除了调整作业量、认知难度、让学生积极参与、给予积极的反馈，还要注意把握学生的心理，增加作业的趣味性。

3. 促其参与，使之体会

通常情况下，学生完成作业是一种被动的过程。在这一过程中，学生似乎成了被控制和改造的对象。这样的感觉极难调动学生完成作业的积极性，因此，教师在设计作业时，不妨给学生参与权和发言权，让学生化被动为主动。比如让学生主动选择作业量、作业难度、作业的形式，甚至作业的反馈方式。

上完《登鹳雀楼》一课后，某教师将作业的布置权下放给学生，让学生自己设计作业。学生提出了各种作业形式。

生1：我打算抄写这首古诗，进行背诵和默写练习。

生2：我打算把这首古诗的意思说一说，并把其中蕴含的道理写下来。

生3：我想根据这首古诗的内容画一画。

生4：我想收集这位诗人其他的诗来吟诵。

生5：我想收集整理包含同样道理的别的古诗。

与此同时，在进行作业设计时，教师还要注意让学生在完成作业的过程中体会知识的关联和应用。比如针对不同年级的学生，在设计作业时，要基于学生的思维发展特点，采用科学的方式，使之在完成作业的过程中感受到知识的关联。为此，教师首先要清楚知识间的结构关系，关注学科整体的知识结构，明确教学目标、重点和难点，以便为作业设计提供坚实的知识逻辑基础。当然，这就需要教师创新作业设计方式，开发多种类型的作业，让学生完成作业的过程成为一种生活实践的过程，成为与他人合作的过程，成为激发知识的社会建构的过程。

专题二
重构备课新思路

备课是教学流程的起点。在"双减"背景下,教师要提高课堂教学质量,把学生的课业负担和校外培训负担减下去,也要让每一个学生在有效的时间内既"会学"又"学会",备课就变得尤为重要。因此,教师要认真研究学情与教材,重构备课新思路,把握好备课这个教学的首要环节,助力减负。

主题 1

重塑备课理念

教师备课的过程，一方面是将自己、学生和教材进行多维整合的过程；另一方面是自己做好知识准备、心理准备和情感准备的过程。在"双减"背景下，教师要提升课堂教学质量，就需要改变教学中"无效率"或者"低效率"的现象，因此，教师需要重塑备课理念，以技巧和匠心精心打造每一节课。

一、明确备课新理念

对于一名教师而言，充分备课是上好一节课的前提，也是取得高质量教学的基础。教学实践表明，教师在备课上所花功夫的多少直接影响授课的质量。尤其是"双减"背景下，备好课的意义更为重大。教师只有明确备课新理念，方能备好课，有效提高课堂教学质量，真正为学生和家长"减负"。

1. 做学习的设计师

备课与上课是教师的两大专业行为。倘若一定要将二者加以比较，则备课更能体现教师的专业性，其意义也更加重大。这一点在本书的专题一已经备述。笔者认为，"双减"背景下，要提升课堂教学质量，教师首先要备好课；而要备好课，教师首先要树立"做学习的设计师"的理念。

专题二　重构备课新思路

（1）备课即设计。

专业的说法是，备课即学习设计。教师要备好课、上好课，前提就是要进行课堂革命，要对学生的学习进行设计改进。"双减"的提出，本身就是对传统教学的挑战，甚至可以称为颠覆。如果按传统方式备课，就无法充分利用课堂教学时间，激活学生的思维，引导学生学习。教师只有做好设计，有效利用课堂时间，有效提升课后作业质量，方能引导学生学会学习，进而达到"授之以渔"的目的。

（2）设计显专业。

美国课程改革专家、UBD 创始人格兰特·威金斯指出，教师应成为学生学习的设计师，因为当教师有意识地、审慎地进行目标明确、证据充分、流程清晰的教学设计时，学生的学习效果会得到极大提升。换言之，教师对于教学进行的精心设计，表现在教案书写的专业性上。

教案作为教师备课的结果展示，作为课堂教学的设计图，可以体现一名教师对教学和学生学习的态度，是教师专业度的一个重要的体现。一个教师倘若能以极其专业的方式看待学生的学习，看待课堂教学，那么其教案就会以专业方案的形式直接关联学生的学习设计。然而，相当多的教师以随意的态度对待学生的学习和教学，其教案书写不够专业，更谈不上专门。这种"不够专业"和"不专门"的表现是什么？

首先，教案的形式陈旧，几十年如一日地套用教学目标、重点和难点、教学过程模板，像流水线一样书写。这就如同一位设计师的设计作品十分陈旧一样，从不推陈出新，从不从客户的角度进行产品设计。

其次，教案的书写不专业，相当多的教师甚至不认真对待和书写教案，更别提对学情和教学内容进行具体分析，只是对教师用书照搬照抄，甚至直接下载网上的教案，根本谈不上用心设计。

最后，教案书写不因人而异。所谓因人而异，是指每一个学生都有其独特性,每一届学生都有其独特性。教师在备课时要认识到学生的不同之处,因人而异,因时而变,科学设计教学,科学书写教案,可是一些教师却一个教案用多年,根本不考虑学生的不同之处。

据此可知,教师要提升课堂教学质量,就要更新备课理念,树立设计意识,不妨从书写教案开始,书写出适应核心素养要求的教案,针对学生学习和教学内容的专业方案,以此直接关联学生的学习设计。当然,既然是专业方案,那么就需要相应的理论、规范、技术和工具的支撑。为此,教师就需要成为学习设计师,掌握高质量的学习设计技术,进而构建高质量的课堂,提升教学质量。

2. 以产品思维备课

如果说教师是设计师,那么教案就是最终要设计出来的产品,学生则是用户。从学习的角度而言,教师作为学习设计师,其最终的设计成果就是让用户——学生借助于自己的设计学会学习,成为自主学习者。而要做到这点,就需要教师在明确自己的设计目标的前提下,遵循产品开发的思维为"用户"进行产品"设计"。

(1) 要用显性的逆向思维明确自己的设计目标。

我们知道,设计师开发一个新产品,常用的方法是采用逆向思维,由结果倒推到开端。教师备课也是如此,教师要在明确自己的教学目标的前提下,用显性的逆向思维,明确在这样的教学目标下要让学生掌握怎样的知识与能力,并在这一目标的指导下边学习边备课。

(2) 要将自己的情感融入设计当中。

每一位设计师的作品都不同,原因就在于其中融入着不同的情感和风格,教师备课也是如此。教师要在明确自己的教学目标的前提下,尊重和满足学生的心理需求和体验,将自己的情感态度和价值观融入教学中,让学生在潜移默化下调整认知走向。就教师备课而言,这一过程就是影响学生的思想情感的过程,也是一名教师的师德修养和专业素养体现的过程，表现在备课中，就是情感价值观的培养过程。

（3）要将用户需求和个人意图巧妙地结合在一起。

好的产品设计一定是在考虑用户需求和设计师的意图的基础上完成的。就教师备课而言，需要教师在把显性的教学目标和学生隐性的内在需求结合在一起进行教学设计。换言之，就是教师在进行教学设计时，不但要考虑学生想学什么，而且要思考自己希望学生能产生怎样的共鸣。如此将显性目标和隐性目标结合，才能实现课程目标。

经历了这样的备课过程，就会营造一种理想的学习状态：学习成为源自学生内在需要的活动。作为学习的主体的学生，能积极参与学习过程，并在其中不断积累与打破经验，建立并改变范式，不断地更新、充实、发展自我，在完成一次又一次学习闭合的同时反复激发内动力，并在巅峰中存续学习的能量。

3. 放大学生差异备课

要备好一节课，需要考虑的维度很多，但最需要考虑的一个维度一定是学情，而学情中最需要关注的就是学生差异。教师只有明确学生客观存在的关键性的认知差异，才能确立教学的基础，才能明确学生发展的前提。学生关键性的认知差异，包括起点差异和思维差异。

（1）起点差异。

所谓起点差异，就是学生的基础不同。这里的基础，包括学生的先天禀赋、成长环境和受教育程度等。这些差异决定着教学的定位。具体到每一节课的备课上，就需要教师了解学生之间的这些差异，从而确定教学起点，以免定位过高或过低导致教学无效，影响教学实施的针对性，进而影响课堂教学质量。

（2）思维差异。

所谓思维差异，是指学生在思考问题时的思维方式不同，或学生之间思维发

"双减"背景下如何提升课堂教学质量

展的侧重点不同。我们知道，学生之间存在着思维差异，比如有的学生抽象思维发展得快，有的学生形象思维发展得好。抽象思维发展得好的学生，学起数学就相对轻松；反之，抽象思维发展得不好的学生，一旦离开实物就没有办法理解一些抽象的概念，学习起来就会格外吃力。这就要求教师在备课时要考虑学生思维的这种差异性，并将这种差异放大，以便有针对性地备课，依据学生的情况采用不同的教学方法或策略，以达到提升课堂教学质量的目的。

二、立足素养备课

"双减"的目的不仅是学生减负，而且是要让教育聚焦学生的全面发展，重视学生核心素养的生成与身心健康的发展。因此，要让"双减"落地，真正为学生"减负"，就需要教师在备课时，基于核心素养培养备课，以减轻家长的后顾之忧，提升学生的综合素养。

1. 核心素养的意义

核心素养就是一个人的品格和能力中的核心要素。对于教育发展而言，核心素养是学生在接受相应学段的教育过程中，逐步形成的适应个人终身发展和社会发展的必备品格和关键能力，它是关于学生知识、技能、情感、态度、价值观等多方面要求的结合体。它指向过程，关注学生在其培养过程中的体悟。因此，教师要基于核心素养的培养备课。

（1）核心素养的内涵。

核心素养是学生应该具备的适应终身发展和社会发展需要的必备品格和关键能力。可以从两个维度理解其内涵：一是它体现着学生必须具备的适应终身发展需要的必备品格和关键能力，二是它囊括了学生应具备的适应社会发展需要的必备品格和关键能力。前者是从学生自身发展的素质需求提出的，具有个体性；后者是从学生适应社会发展的素质要求的角度出发提出的，具有社会性。前者表明，中小学阶段是个体迅速成长发展的时期，学习习惯的养成、优良品格的树立、一些关键能力的发展均在此阶段完成，因此，对于一个人的成长而言，中小学阶段的学习相当重要。在这一阶段，一个人会习得其一生发展必备的主要品格和关键能力。后者表明，信息化社会使社会各个领域都发生了全面而深刻的变革，这种变革深刻地影响着物质文明和精神文明，对社会发挥着重要作用，价值增长借助于知识创新体现出来，为此，教育要与时俱进，为适应信息化社会的需求，将培养复合型和创新型人才作为培养目标。这种新型人才，就知识结构而言，理应是较宽知识结构和精深专业知识的统一；就意志品质而言，应该是创新精神和求实态度的统一；在综合能力方面，应当是自主创新能力和团结合作能力兼具。

（2）核心素养培养的特点。

就目标而言，核心素养指明教育应该培养怎样的人，体现了"全人教育"的理念，立德树人的德育宗旨；就性质而言，核心素养是所有学生应具有的共有素养，它代表了个体普遍应该达到的共同必要素养；就内容而言，核心素养是知识、技能和态度等的综合体现，是知识技能、情感态度的综合表现；就功能而言，核心素养兼具个人价值和社会价值，对个人和社会均有积极意义；就培养而言，核心素养是在先天遗传的基础上，后天学习而成，是个体认知与元认知建构的过程；就评估而言，核心素养需定量测评与定性、形成性评价共同评估；就架构而言，核心素养涉及文化学习领域、个体自我发展领域和社会参与互动领域，反映了个体与自我、社会和文化的关系；就发展而言，核心素养兼具终身发展性和阶段性；就作用而言，核心素养的发挥具有整合性，每个核心素养都是独特的，不存在相互的比较性。

2.基于核心素养的备课前提

当今世界，教育改革发展的共同趋势已经从知识教育走向能力教育、素养教育。我国的教育改革也从"双基"能力走向三维目标，到目前的素养教育。其

"双减"背景下如何提升课堂教学质量

中,知识、能力、素养三者相互转化,相互推动,前两者可以转化为素养,而素养反之可以生发出知识和能力,这就是三者相互联系的一面。由此可见,核心素养是最关键、最重要、不可或缺的素养。这就要求教师将素养的培养贯穿学科教学的过程中,在备课时基于核心素养的培养而备课。

(1) 清楚核心素养与学科教学的关系。

就学科课程教学而言,核心素养包括核心知识、核心能力、核心品质,但并非三者的简单相加,而需要教师在备课时,从素养的高度对学科教学进行目标定位,对教学活动进行组织与设计。

首先,教师要在核心素养的指导、引领和辐射下,精心准备学科课程教学。任何学科的知识都可以分为表层和深层两个结构,表层结构以显性的、系统的、主线的形式存在,并用语言文字符号将学科内容(概念、命题、理论、内涵和意义)直接表述出来;深层结构以隐性的、分散的、暗线的形式存在,是指蕴含在学科知识内容和意义之中或背后的精神、价值、方法论、生活意义、文化意义,是学生素养形成和发展的决定性因素。基于此,教师在备课时,要在研究教材的基础上发现其中蕴含的核心素养的本质,并用其指导、引领、辐射学科课程教学,彰显学科教学的育人价值,使之自觉地为个体的终身发展服务,让"教学"升华为"教育"。

其次,把核心素养的培养融于学科课程教学中。教师要认识到,任何学科的教学除了引导学生获得若干知识、技能和能力,还要促进其生成与提升精神、思想情感、思维方式、生活方式和价值观。教师在备课时,要注意发掘学科教学这种文化意义、思维意义、价值意义,将人的素养的培养融入其中,让学科发挥其独特的育人功能,即在向学生传授知识与技能的同时,培养学生的学习态度,帮助其树立科学的价值观和人生观,将核心素养的培养潜移默化地进行。

最后,借核心素养的培养促成学生学科综合能力的培养与提升。核心素养的培养体现了"全人教育"的理念,这就要求教师在备课时,要发现各学科的共性，形成以核心素养体系为基础的综合教学，将学科知识进行整合，达到培养学生综合能力的目的，这是培养未来社会需要的人才的基础。

（2）让核心素养在学科教学中落地。

核心素养的培养对于学生起着如此重要的作用，教师在备课时要注意落实核心素养的培养，让核心素养在学科教学中落地。

首先，要在备课中建立并把握学科核心内容，重构课程。学科"核心内容"一般是指学科中的主要内容、关键内容，往往是一组内容或一类内容组成的知识群。每一组核心内容都蕴含一个基本的、反映其学科本质的特征。而这些本质特征往往反映学科的基本思想，是发展学生学科核心素养的关键。从教学的角度看，学科核心内容利于教师在备课时把握课程内容的线索和层次，抓住教学中的关键，进而有效控制教学内容及容量，合理安排"脚手架"知识，促成学生逻辑思维能力的提升，而不是掌握更多与其无关的事实内容。这样一来，教师备课就可以做到去粗取精，进而重构课程。

教师一方面可以在学科核心素养导向下对教学内容进行重构，将学科素养跨学科整合，减轻学生负担；另一方面要依据学科核心素养对教学内容进行分析整合，设计出利于学生全面发展的教学内容和教学方法，并在学科核心素养的指导下，由低到高、由浅入深、由表及里、由此及彼地进行教学设计，让知识在学科内整合、学科间整合、内外资源整合、综合性整合。

其次，引导学生有效参与教学过程。教师要认识到，只有学生广泛和有效地参与教学过程，其对学习内容的理解才能真正提升，其核心素养才能真正被培养。为此，教师在备课时，要深入研究教材，树立面向全体学生，关注每一个学生、促进每一个学生发展的理念，要考虑到不同层次学生的发展，尊重学生之间的差异，设计多种活动方式，让有差异的学生实现有差异的发展，让核心素养在教学中具体化、可操作化。

教师要设计一些关键性问题，让学生的参与基于问题情境展开。要注意的是，问题情境的设计要依托核心内容而确定，让学生的探究问题围绕核心内容提出，在解决关键问题时提出。于是学生在有效参与中解决核心内容的关键问题时，原有的认知与新的知识产生冲突，在针对有意义的、值得探究的问题展开探究时加深对知识的理解，促成核心素养的培养。

最后，备课时要注意引导学生围绕关键问题进行深度探究。这是发展学生的核心素养的关键。所谓深度探究，是指教师在教学过程中指导学生围绕一个重要主题进行持续深入的探究活动。其主题从教学的核心内容中提炼出来，其过程是层层递进、由浅入深的。深度探究需要问题的引领，更需要在探究过程中提出新的问题。为此，教师在备课时要在注意设计关键问题的同时，巧妙设计多种方法引导学生的思维发展，学生就可以在探究过程中展示自己对问题的理解和不同的解决方法，而这些不同的方法又引起讨论和争论，学生在这样的讨论中会越来越接近正确方法，获得思维提升的同时，成就能力和素养的培养。

3. 基于核心素养的备课方法

备课，就其实质而言，是教师对自己所教学科思想的阐释，对学科知识体系的梳理，更是对教学活动的组织过程以及所涉及的时间、内容和空间结构的优化过程。教师基于核心素养培养备课，就需要在备课时巧动心思，为学生有效参与教学过程创设机会，将预设与生成相统一，有效地整合课程资源。

（1）深入预设，让生成自然发生。

一节课，只有教师备课时的"预设"深化、超越，教学过程中的"生成"才能自然、有效，才能较好地落实学生学习的主体性，体现以学生为本的教学思想，在"减负"的同时实现对学生核心素养的培养。为此，教师要从备课阶段的预设环节入手，围绕教学目标和学科核心素养的培养深入预设。

第一步：深入研究学科核心素养。

教师在备课过程中，进行教学设计时，要在充分考虑学生的知识背景、生活

专题二 重构备课新思路

经历与情感体验的前提下,把握以学生为中心的宗旨,深入研究学科核心素养,进行科学、深入、超越的预设。教师要对教学内容进行分析,找到其与学科核心素养的对接点,明确教学目标和要求。

第二步:准确把握教学内容。

教材是学科核心素养或课程标准的具体体现,也是学生学习的基本材料。在找准教学目标和核心素养后,教师要深入分析教材,依据学科性质,明确要分析的重点,比如,理科要重点分析知识点和知识体系、知识的应用价值、知识对学生思维和智慧发展的价值、知识对学生的教育价值,文科要分析工具性价值和人文性价值。

第三步:预设学情。

前文提过,要提升课堂教学质量,需要教师在备课时充分、全面地了解学生,考虑到学生的差异性,并针对这种差异性,在把握教学内容的基础上,基于学生对教学内容的理解和掌握实现高质量的预设,提升课堂教学质量。当然,在这一过程中,教师要在深入理解教材的基础上,根据学生的实际和自己的教学风格对教材进行适当的重组,预设学生自主学习的方式和解决问题的策略,使教材能很好地为学生的学习服务。

(2)有效整合课程资源。

课程资源也称教学资源,是在学科教学中可供利用的各种显性的和隐性的因素、素材、条件等。教学是一个动态生成的过程,教师要提升课堂教学质量,为学生"减负",就需要在备课时思考课程资源的运用,并对课程资源进行科学的整合。

方法一:紧扣学生灵活处理。

教师在备课时,要注意从学生的实际出发,贯彻"以学生为中心"的教学理念,紧扣学生设计每一个教学活动。为此,教师要在研究核心素养、钻研课标的同时研究教材,发现其中的新理念、新话题、新选材,以及其贴近学生生活之处，选择与之相配合的资源，采用灵活的活动形式组织教学。在这一过程中，教师要学会根据学生的实际情况，制订"基于教材"又"超越教材"的科学的教学目标，合理调整和安排教学内容、编排顺序和教学方法等。

首先，教师要根据学生的实际情况调整教学体系。教学体系是教材编写时依据课标，综合考虑学科知识的逻辑顺序、学生的认知顺序和心理发展顺序而构建的。它关注的是学生的总体发展规律，不可能也难以照顾到不同群体认知和发展上的差异。因此，教师在备课时，可以针对不同个性的学生，深入理解和把握教材编写体系，根据自己所教学生的认知发展规律和心理特点，合理调整教材体系，形成自己的教学思路，促使学生积极主动地建构知识，全面实现课程目标。

其次，教师要联系生活实际选择教学内容。我们知道，教材作为课程资源，只是实现课程目标的一种案例或范例，且因其并非适合所有学生，不是学生必须接受的唯一的对象和内容。因此，教师可以围绕核心素养和课程目标，认真分析并明确教材内容所要达到的课程目标，基于学生发展的更高的要求紧密联系当地实际和学生经验，选择具体的教学内容，并对教材内容进行必要的调整，或增或换或重组，以保证核心素养的培养和课标目标的真正落实，创设高质量的课堂教学。

方法二：基于实效优化资源。

教师可以在备课的时候，收集一些可开发的课程资源。这些课程资源可以是对教材内容的补充和深化，也可以是学生感兴趣的话题材料，等等。随后，教师将这些课程资源加以优化，进行多元化的配置，继而在备课过程中与教材内容相整合，使之辅助教学。为了提升资源的选择面，教师可以充分利用信息技术和互联网等，多方面获取和处理多种教育资源，也可以基于学生的年龄特点收集一些关于时事、赛事、时尚和娱乐等方面的新闻和信息，还可以从学生的生活经历、体验和兴趣等角度出发，科学挑选课程资源。总之，对这些课程资源，教师要运用自己的反思、重构能力，巧妙艺术地将其加以整合，为己所用，进而上出一节高质量的课。

三、本着"双减"备课

"双减"是一场教育的重大转型,"减负"旨在减轻学生过重作业负担和课外培训负担的同时,提升课堂质量,提升学生的学习效果。而要达成这样的目标,就需要教师本着提升课堂教学质量的目的科学备课。

1. 明确教学目标

教学目标也称为行为目标,是师生通过教学活动预期达到的结果或标准,是对学习者通过课堂教学后能做什么的一种明确的、具体的表述。每一堂课都有其教学目标和教学目的,每一堂课都会确定一定的目标,如学生可以掌握什么知识点,怎样突破重难点,希望学生的学习达到什么程度,等等。目标如此之多,但一节课的时间未必全能达到。因此,教师要为学生"减负",提升课堂教学质量,要在备课时将了解学生当作第一要务,以便科学确定教学目标。

某教师在教学四年级上册"找规律"一课时,经了解,发现学生已有的知识基础差异很大,大部分学生课前已经有了良好的认知基础,但是部分学生的基础较差。于是这位老师在备课时,基于学生的差异,将教学目标设计为"基础目标"和"差异目标"两个。

基础目标:通过合作探究,找到一一间隔排列的两种物体个数之间的关系,并能利用这一规律解决简单的实际问题(所有学生)。

差异目标:①运用一一对应的数学思想解释规律(多数 B 层学生、所有 C 层学生);②会运用规律解决复杂情境中的实际问题(部分 B 层学生、多数 C 层学生);③根据自身能力理解三种类型的区别,识别不同的数学模型,体会化归的数学思想(所有 C 层学生)。

教学后的结果显示,不同层次的学生均有所得,达到了教学促进发展的目标。

"双减"背景下如何提升课堂教学质量

上述案例表明，当教师从学生的认知基础和认知差异出发，遵循"因材施教"原则将教学目标精细化时，可以让不同层次的学生找到各自的目标，并让目标发挥定位、导向、激励的作用，让不同层次的学生均获得提升，进而全面提高教学质量。

（1）依据学生的起点能力，确定教学起点。

所谓起点能力又称起点行为，是学习者从事特定的学科内容或任务的学习，已经具备的有关知识与技能的基础，以及对有关学科的认知水平、态度等。它影响着学生新知的学习以及课堂上的学习效率。教师要认识到，生活在信息时代的学生，随着获取知识的渠道逐渐拓宽，其掌握的信息在某些方面已经比教师更快、更多，其学习准备状态有时远超教师的想象。许多课本上未涉及的知识，他们已经知道得清清楚楚，不一定是真实起点，教师要根据学生的已有基础和经验，找到学生真实的能力起点，确定教学的有效起点。

为此，教师要深入了解学生的现状、过去和未来，并从学生的学习起点、知识和能力素养入手，分析学生是否具备进行新的学习所必须掌握的知识与技能、是否具有学习的自我组织管理能力和心理承受能力，了解学生对所学内容的认识水平和态度，为学生找准真实的学习起点，确定学生的起点能力，进而确定教学的起点。

（2）了解学生的学习需求，把握学习重点。

教师要从发展、成长的角度关注学生，了解其学习需要和兴趣。这就要求教师关注学生对于新学内容的兴趣点、难点，了解学生原有知识固着点与新学知识的"潜在距离"，了解其学习态度，思考用怎样的方式才更利于学生的学习。只有明确了这些问题，才能准确定位学生的学习难点，找到促进学生理解的载体，准确定位学生的现实需求，将教学定位在学生的"最近发展区"，支持学生学习目标的达成。

专题二　重构备课新思路

（3）了解学生的学习差异，把握教学弹性。

学生之间存在着显性和隐性的差异，教师要了解学生，要在群体共性特征的基础上关注个体，不但关注其性别、年龄差异，还要关注其学习兴趣与动机、学习方式等差异，并将差异看作教学资源，进而因材施教，确定教学策略，使每个学生都能在自己的"最近发展区"得到最大限度的发展。

（4）了解学生的学习障碍，以便调控教学难点。

学生的学习"障碍"，其实就是"教学难点"。教师在备课时，要着力分析学生在学习中将会遇到什么问题，以及这些问题为何会成为学生的障碍，会对学生造成多大的障碍，进而在备课时深入钻研教材，设计出有针对性的教学，实现有效备课、有效教学。

（5）了解学生的学习思路，科学调整教学环节。

教师要在备课时换位思考，站在学生的角度了解学生的学习思路，以便在讲课时抓住学生思维的闪光点，让其思维活跃起来，进而一步一步将其引领到授课思路上。

总之，诚如美籍匈牙利数学家波利亚所说："教师讲什么不重要，学生想什么比这重要一千倍。"要提升课堂教学质量，教师就要将学生看作生命体的本源，备课时从学生的角度出发，了解学生原有的知识状态水平和学习能力，了解学生的兴趣和愿望，找到学生的"最近发展区"，进而将教材与学生的生活经验和情感体验结合起来，确定教学目标。

2.创造性地使用教材

当然，在"双减"背景下，要达到"减负""增效"的目的，在了解学生的同时，还要创造性地使用教材，让教学富有新意，以激发学生的学习兴趣，促其主动学习，进而提升课堂效率。为此，教师可以遵循以下思路备课。

"双减"背景下如何提升课堂教学质量

（1）钻研教材，吃透教材。

要创造性地使用教材，将教材教"薄"，提升课堂质量，为学生"减负"，教师首先要钻研教材、吃透教材。为此，教师要从整体上把握教材，清楚学科知识的前后联系。帮助学生建立良好的认知结构。

首先，教师要用整体联系的观点解读教材，把握知识的阶段性和连续性，在各部分知识之间建立联系，使之组成一个纵横交叉、紧密联系的知识网络。在这一过程中，要做好单元整体性阅读和同一知识相关单元之间的联系性研读，帮助学生提高学习效能。

其次，教师从教师、学生、编者等"多角度"研读教材。所谓从教师的角度研读教材，就是从"教"的角度，结合课程标准要求，解读教材的编者意图和教学目标，领会其精髓，发现其中的问题和学生可能存在的疑问，继而从知识的生活化角度解读教材文本，结合学生的认知特点解读教材文本。从学生的角度研读教材，要从学生的认知基础和认知水平研读，要从教材内容对学生会产生怎样有益的影响，是否与学生的生活经验相关的角度研读，要从学生可能存在的疑问、学习的困难点和解决问题的方法的角度研读。从编者的角度研读教材，要从全册教材的基本结构、主要特点研读，要从教学需要注意的问题研读，要从教材每个单元的内容、特点、训练点等入手研读，进而把握教材的每个课时内容，确定教学目标，明确教学流程。

最后，要吃透每一节教材。所谓吃透教材，是指读懂教材的主题情境图、每一道习题，甚至教材呈现的方式。读懂主题情境图，要弄清楚是用什么形式呈现的，如何反映单元要学习的基本内容，以及提供的信息和其在单元教学中的作用，还要弄清楚问题情境中体现的知识点和展开过程，以及其中的图形、图片、场景或情境中渗透的思想品德教育和情感、态度和价值观。读懂每一道习题，是要弄清楚习题的目的，分清其层次，明确其蕴含的解决问题策略，以及拓展延伸的方向和必要性。

专题二　重构备课新思路

总之，教师要经历"愿读—常读—会读—读懂—读深—读广—读透"过程，才能读懂教材、吃透教材，进而为创造性地使用教材打下基础。

（2）创造性地使用教材。

所谓造性地使用教材，实际上就是将教学内容与教学方式进行综合优化的过程，就是将课程标准、教材内容与学生生活实际相联系的过程。要做到创造性地使用教材，需要在研读教材的基础上，对教材的了解做到深入且透彻。那么该如何做呢？

一是要将教材中与当地学生生活实际相差较远的问题情境换成学生熟悉的事物，使之贴近学生的生活，用熟悉感拉近学生与教材的距离，进而吸引学生的注意。

某教师在教学二年级的"数据收集整理"时，考虑到这个班的学生都是农村孩子，于是将教材上统计小动物吃饼干的数量的情境换成吃方便面的情境，让学生统计当前大家最喜欢的品牌方便面。结果学生兴趣激扬，很顺利地实现了教学目标，提升了课堂学习质量。

二是将教材中与学生实际状况有差距的学习内容、数据信息等进行适当调整，使之贴近学生的生活实际，降低问题的难度，提升学生的学习信心，激发其学习动力。

三是结合学生的实际，调整教材安排得过快或过慢的课时，使之适应学生的接受能力，贴近学生的"最近发展区"，利于学生接受和理解。

在七年级"道德与法治"备课时，某教师发现教材中"礼貌待人"一课包括两个内容："交往须明礼"和"行为要讲礼"。后者主要是让学生掌握基本的交往礼仪与技能，养成文明礼貌的行为习惯，既是本课的重点也是本课的难点。于是这位教师依据教学实际，将其调整为两课时，第一课时着重解决前四个方面问题：态度应诚恳；仪表应大方；语言应文明；行为应得体。第二课时着重解决后三个方面问题和教材其他内容：学会谦让，互敬互让；学会道歉；

尊老爱幼、尊重妇女、关爱弱者；移风易俗，助人为乐，见义勇为，关心公益事业。

四是灵活运用教材的同时，整合课程资源并加以有效利用，在避免形式化的前提下，准确把握教材编写意图和教学目的。

某教师在执教《奇妙的克隆》一文时，在备课中，考虑到学生对"克隆"的理解存在一定的难度，在教学环节上，设计了让学生提前查找有关资料，如文字资料、图片资料、实物资料等的预习作业，继而让学生在课堂展示，以此将课内和课外资源加以整合，加深学生对克隆知识的了解，然后在此基础上展开教学，教师得心应手，学生收获多多。

当然，创造性地使用教材主要表现在对教材的灵活运用和对课程资源的综合、合理、有效利用上，为此，除了需要教师具有较强的课程意识，在备课时充分考虑学生的实际情况，针对学生的思维特点，为学生提供多种学习材料和设计多种活动方式，还需要师生共同协作。

3. 用思维导图备课

作为一种图式思维工具，思维导图可以有效归纳整理教学思路，使教学更具针对性、科学性。"双减"背景下的课堂教学，要为学生"减负增效"，教师在备课的时候，不妨在精细化目标、深研教材的同时，灵活运用思维导图，厘清教学思路，抓住核心进行教学设计，提升备课效果。

（1）备课准备。

用思维导图备课，一是要读懂课标，因为课标是教学的纲领，设计教学时读懂且深入理解课标，教学时就能与其契合，设计的教学思路就不但能与其契合，而且更具有创新性、有效性和开放性；二是要读懂且深研教材，如此才能更好地把握教材的地位、目标、重点、难点，进而创造性地使用教材，正确处理教什么、怎么教的问题；三是要读懂习题，如此才能领会编者潜藏于每道习题背后的深意，使之发挥最大的效力；四是要读懂自己和学生，如此才能在清楚学生现状的情况下，端正教学心态，用积极的教学情绪和专业水平影响教学，影响学生，从而师生共学，提升教学质量。

（2）绘制导图。

在做好以上准备后，将自己的教学设计用思维导图方式绘制出来。具体来说，运用思维导图备课可以从三个角度入手。

角度一：从教材入手。

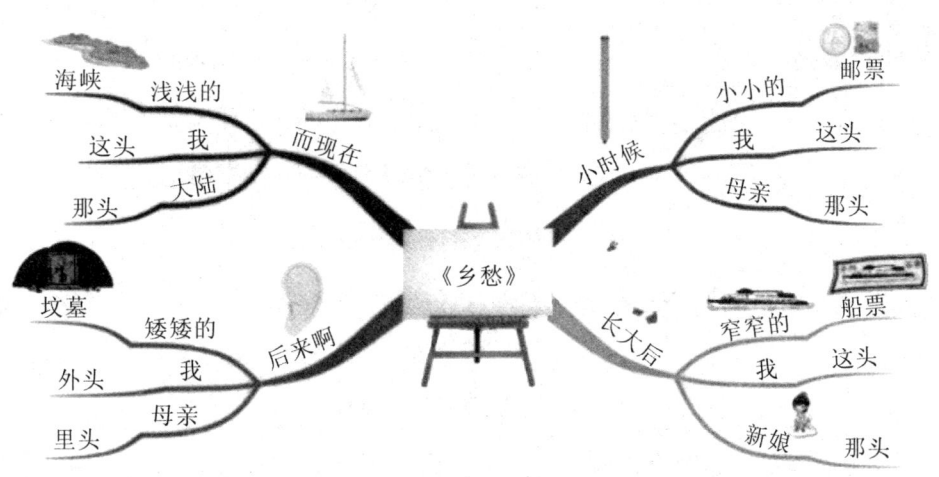

图 2-1　《乡愁》思维导图

教材是联系编者、教师、学生的一个蓝本，是实现教学目标的载体，是有效备课的重要资源。教师在备课时反复阅读教材、钻研教材是必需的环节。经过钻研，弄清每章每节的知识脉络，领悟教材的编写意图后，就可以据此绘制思维导图，并将教学的重难点、方法，以及需要注意之处标在上面，完善自己的备课思路，进而用其指导教学。

角度二：从课标入手。

课程标准是编写教材的依据，是对学生学习后所得的基本要求。教师在备课时，可以运用思维导图将教学过程按三维目标划分，明确各部分要求，继而形成

"双减"背景下如何提升课堂教学质量

以目标为导向,以知识与技能、过程与方法、情感态度价值观为维度的教学过程。这样一来,明确的目标和要达到的结果之间就联系起来,学生就可以明确所学,继而在目标的指引下经历学习与探究的过程。

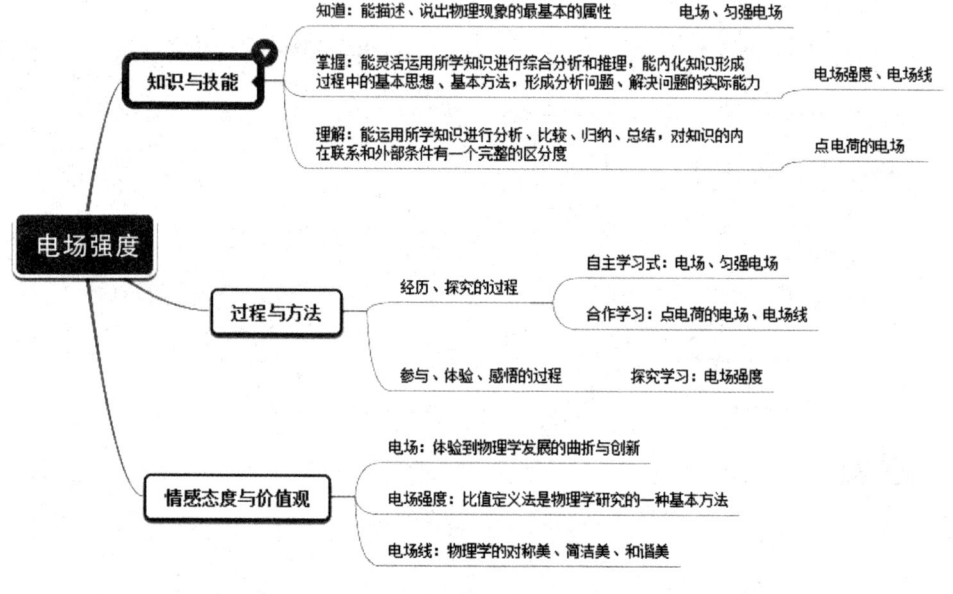

图 2-2 "电场强度"思维导图

从上面的思维导图中可以看到,全图以教学目标为中心主题,以知识与技能、过程与方法、情感态度与价值观为次级主题,再以不同的能级要求为次级主题的子主题,然后将各知识点附于其后,利于师生交流、思考,避免了教学过程的盲目性,可以有效地解决"为什么教"的问题。

当然,在绘制思维导图的过程中,还可以选择关联工具,将不同目标中的同一重要知识点前后串起来,使每个知识点的教学目标变得可视化、显性化、立体化。

角度三:从学生入手。

学生是学习的主体,是课堂的主人,要提升课堂教学质量,为学生的学习"减负增效",就必须研究学生的学情。这就要求教师在备课时,要深入了解学生。前文已经谈过，学生之间存在差异，这些差异表现在年龄、思维能力、认知规律，甚至基础知识和经验，以及学习风格上。教师只有对学生从以上诸多方面加以了解，方能真正为学生的学习"减负""增效"。如何从学生入手，用思维导图备课呢？

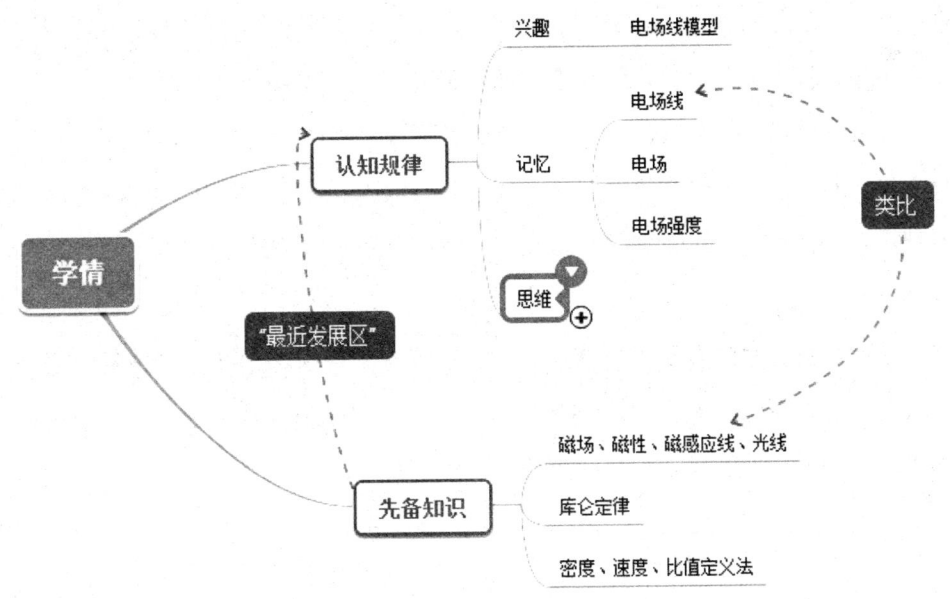

图 2-3　依据学情开展备课思维导图

上述思维导图，以学生学情为中心主题，以认知规律、先备知识为次级主题，再以兴趣、记忆、思维、磁场、库仑定律、密度等为次级主题的子主题创建思维导图。这样的思维导图在备课中，立足"双减"，借助精要的结构，从学生的知识基础和认知规律出发，展示了知识之间的联系，通过寻找新旧知识之间的联系，结合学生的认知规律，寻求学生的"最近发展区"，让学生在头脑中形成知识网络，轻松掌握知识。难能可贵的是，导图中还插入浮动主题"最近发展区"，将分析确定的教学方法作为次级主题，并可以随时修改、更新。当然，要从学生的角度运用思维导图备课，需要教师做到以下两点。

一要了解学生的认知规律。比如中学阶段的学生，其意义识记能力得到了极

"双减"背景下如何提升课堂教学质量

大的发展，对简单、重复的机械记忆产生厌倦之情，教学时宜采用以教师为主导、学生为主体的探究式教学，让学生动手、动口、动眼、动脑，各器官相互配合，多通道协同记忆。如此一来，不但可以有效培养学生的记忆能力，而且可以帮助学生实现知识的意义建构。针对中学生的抽象思维能力正处于发展阶段，理性思维能力还相对较弱的特征，在教学时，要引导学生经历从特殊到一般、从具体到抽象的探究过程，使之学会通过推理归纳自己推出结论。

二要清楚学生的先备知识。这就需要教师运用多种方式了解学生。如研究教材、结合教学内容对学生进行摸底考试或问卷调查，明确教学内容与学生"最近发展区"的距离，再借助于思维导图引导学生寻找到相关的知识储备，将旧知和新知之间搭起桥梁。

由此可见，思维导图作为一种图式思维工具，可以帮助教师厘清教学思路，让教学更具针对性、科学性，有效解决"怎么教"的问题，提升备课的效率，提高教学效率，不失为"双减"背景下备课的良器。

主题 2
创新思维备课

"双减"背景下要提升课堂教学质量，帮助学生"减负"，需要教师教法科学得当，学生学法灵活、科学，而要达到这样的目标，就需要教师在明确的备课理念的指导下，充分了解学生，围绕三维目标和素养培养，创新思维备课。

一、从学生的立场备课

学科教学知识，是美国斯坦福大学教授舒尔曼提出来的一个概念。这一概念的核心内涵在于将学科知识转化为学生可接受的形式，突出对学生的理解，强调教学设计要充分考虑学生的实际情况。这提示我们，教学如果缺少了对学生的了解和尊重，缺少了对学生主体地位的充分体现，那么结果必将是失败的。因此，教师要提升课堂教学质量，就要站在学生的立场备课。

1. 立足兴趣点备课

如果学生在课堂上能实实在在地用好每一分钟，那么其课上一分钟获得的发展与提升将是课后十分钟的练习也无法达到的。因此，教师要用好课堂教学的每一分钟，提升课堂教学质量。一旦学生的课堂学习效率提高，学生的课后的作业负担自然就减轻。这才是"双减"措施落地的根本。而兴趣是最好的老师，教师要在备课时，注意从学生的兴趣点备课。

"双减"背景下如何提升课堂教学质量

某教师在针对数学活动课"倒着想问题"备课时，先调查了解学生，发现他们平时很少接触逆推题目，对此类题目总是望而生畏，存在畏难心理，同时学生的逆思维能力发展很不好，学起来肯定很吃力。于是，这位教师就在备课时，在课前导入环节设计了有趣的情境：同学们，你们想一睹老师曾经的少女风采吗？下面就让我们时光倒流，一起来看"老师快乐成长史"。课件依次出现：1个月前，勇攀永春大鹏山；10个月前，游玩厦门鼓浪屿；1年前杭州西湖泛轻舟；……周岁前，淘气小乖乖，模样像男孩。

上述案例中，教师基于学生的兴趣，设计了别出心裁、与众不同的导入方式，巧妙地将照片的次序与学生"倒着想"的思维方式相契合，很好地缓解了学生的紧张心理，激发了学生的学习热情，唤醒了学生的学习和生活经验，于是在实际授课中，学生在竞猜过程中产生了浓厚的学习兴趣，学习效果自然提升，课堂教学质量自然提高。

2. 从"最近发展区"备课

所谓备课，实际上指教师在课堂教学之前进行的设计准备工作，即教师根据课程标准的要求和本门课程的特点，结合学生的具体情况，对教材内容做教学法上的加工和处理，选择合适的教学方式方法规划教学活动。由此可见，在备课的具体工作中，备学生是核心环节，备学生的工作效果直接决定着备课质量。为此，教师在备课时，首先要了解学生的实际情况，也就是"最近发展区"。

（1）了解学生的知识现状。

教师要清楚学生的"最近发展区"，先要了解学生的知识现状，包括学习程度、已知与未知、已有知识框架等方面。教师可以通过座谈或个别谈话的方式，对这些情况进行具体的了解。这种详细的情况了解，可以帮助教师认清学生在学习上的需求，了解其学习上的困惑，进而在备课时有针对性地进行设计，以便在课堂教学过程中，通过"观察、提问、追问、交流、讨论"等方式关注学生的学习动态，及时给予学生引导。

（2）了解学生的能力现状。

教师要确定学生的"最近发展区"，还要在了解学生知识现状的同时，了解学生的能力现状，如此才能在备课时科学设计问题，确保问题的难易程度符合学生的"最近发展区"。否则，超过学生能力的问题，会挫伤学生的学习积极性，甚至导致学生厌学；低于学生能力的问题，会让学生感到枯燥无趣，进而影响其学习的动力。为此，教师需要在备课前，了解学生是否具备了学习新知识的必备知识和技能，以便确定在学生不具备某种能力时如何弥补和弥补到何种程度。

3. 从认知规律备课

学生是课堂教学中的主体，教学的一切都是为了学生的成长。教学前，学生并不是一张白纸。课程标准明确指出："教学活动必须建立在学生的认知发展水平和已有的知识基础上。"因此，教师备课要做到基于学生备课，还需要了解学生的认知规律。

（1）了解不同年龄段的学生认知能力。

传统心理学认为，认知能力包括观察力、注意力、记忆力、想象力、思维能力和创造力等。现代信息论则认为，认知能力是指对信息的接收、加工、贮存和应用的能力。人一生认知能力的发展有相应的发展规律和特点，各阶段有不同的特点。中小学生的认知能力存在明显的区别。

瑞士心理学家皮亚杰在他的发展认识论的基础上，将认知发展阶段分为四个阶段：感知运算阶段（0—2岁）；前运算阶段（2—7岁）；具体运算阶段（7—11岁）；形式运算阶段（11岁至成人）。由此可知，小学阶段的学生，正处于具体运算阶段，生理、心理都处在不断上升的阶段，无论是观察力、记忆力还是注意力，都处于逐渐增强的过程。比如，就思维能力发展而言，个体的思维是由小学到中学不断发展变化的，是从形象思维到抽象思维的发展过程，是思维发展由

"双减"背景下如何提升课堂教学质量

不成熟到成熟的过程。

研究表明,学生在小学阶段其思维从具体形象思维过渡到以抽象逻辑思维的过程,是思维发展中的飞跃或质变。小学三年级之前偏重形象思维,小学四年级是学生思维发展的一个关键期,是形象思维向抽象逻辑思维过渡的转折期。从四年级开始,小学生逐步具备了人类思维的完整结构,但这一思维结构尚存在进一步完善和发展的空间,因此表现出不平衡性的特点。到了中学阶段,学生抽象逻辑思维的发展进入了关键期和成熟期,但其智力和能力发展同样存在不平衡性。中学生的思维发展处于形式运算阶段,认知结构的各种要素迅速发展,认知能力不断提高,认知的核心成分——思维能力更加成熟,基本上完成了向理论思维的转化,抽象逻辑思维占优势地位,辩证思维和创造性思维有了很大发展,尤其是感知觉能力的发展,逐渐接近甚至超过成人水平。

(2) 清楚认知规律,科学备课。

"双减"背景下,要提升课堂教学质量,教师就要重塑备课理念,建立新的学生观,要尊重学生,全面了解学生。教师除了要认识到不同年龄段学生的认知能力不同,还要认识到相同年龄段学生的认知能力也会存在或大或小的差异。为此,教师在备课时,要基于对学生的认知能力的认识,比如学习兴趣、学习动机、学习能力和学习方式等,站在学生的角度备课。同时,教师还要在设计和组织教学时,关注个别学生的认知水平发展,了解学生当前的思维发展阶段的特征,并有针对性地采取与学生的认知发展阶段相适应的教学策略。比如在课堂上要如何点拨和引导才能达到较好的效果,如何确定每一节课的重点和难点;哪些内容会引起学生的兴趣和思维,可以成为课堂的亮点。

二、从"高效课堂"备课

北京市首都师范大学附属小学校长宋继东在北京市教委举办的"双特谈双减"专栏中提到,"双减"旨在以减轻学生过重的课业负担为切入点,重构一个

专题二 重构备课新思路

高质量的教育体系。其中,高效课堂就是落实"双减"的重要举措。而要创设高效课堂,不妨从以下几方面着手备课。

1. 突出单元教学设计

备课的质量决定着课堂教学的质量。为了切实提高备课的专业性,促进教师备课质量的提升,学校明确提出,减少低效的事务性备课,落实大概念引领下的单元教学设计。各学科备课组必须结合学科特点和学生实际情况,通过提炼大概念、梳理单元知识结构图,构建单元教学结构图,以及教学评一致的教学设计,让学科核心素养在课堂教学中落地,实现变事务性备课为专业性备课。

(1) 单元教学的意义。

在"双减"背景下,教学不能仅仅为学生"减负",更重要的是为学生"增效"。因此,方法的指导和能力的培养至关重要。这其中包括"举一反三"的本领、自主学习能力的提升,以及知识网络的构建。单元教学是基于对教学内容的全面整合,引导学生抓住知识的内在规律,在一点、一例、一类上深入,掌握其内在规律、方法,将知识盘活,做到"举一反三""触类旁通";同时借助于规律方法、单元主题、知识逻辑关系、学科思想、学科要素,将相关知识富有联系地整合在一起,甚至从一点生发开去,因循知识的脉络体系,使学生的学习达到应有的宽度、广度和深度。

(2) 单元教学备课方法。

为了方便读者了解本方法,我们结合中学数学"轴对称"单元的内容简要介绍单元教学备课的思路。教师需要在研究课标、核心素养培养目标和教材的基础上,针对学生的基础,遵循以下思路备课。

第一步:高屋建瓴,打通内在联系。

这是单元教学备课的第一步。在这一环节,教师要根据课标理念、阶段教学的总目标,从宏观与微观的结合上分析教材、驾驭教材,找到单元教学内容的内

"双减"背景下如何提升课堂教学质量

在联系。一般来说，同一单元的教学内容之间，不仅在知识层面上存在一定的逻辑关系，而且每个学科在每个知识板块都有自己固定的一些规律和方法，这些规律方法往往是学生学习得以深入、知识得以盘活且灵活运用的关键。所以在单元教学设计的过程中，教师首先要钻研教材，认真识别并找出这些相应的规律、方法，找到它们之间的内在联系，为学生的学习深入和未来可持续发展打下基础。

轴对称是现实世界中广泛存在的一种现象。学习轴对称的性质，体验轴对称在现实生活中的广泛应用，是本章学习的主要目标，轴对称现象与轴对称图形的性质是"空间与图形"的重要内容。

本章在研究轴对称图形的性质的基础上，研究线段的垂直平分线与角的平分线的性质、等腰三角形的性质，这些内容不仅是对已学过的线段、角、三角形等内容的补充和完善，而且是进一步研究全等三角形、四边形和圆等知识的基础，对学生的后继学习具有重要的作用。

本章立足对生活中轴对称现象的分析，由此概括出轴对称图形的一般性质。学习本章，不仅可以引导学生观察现实生活中的现象并自觉进行数学分析，还能够通过生活中的轴对称现象，进一步丰富学生的数学活动经验和体验，培养学生积极的情感、态度，促进学生观察、分析、归纳、概括等一般能力的发展。

第二步：细研课标，建立知识结构。

确定了单元教学内容之间的内在联系后，教师一方面要在知识结构框架体系下构建单元整体时，挖掘、体现这些规律方法；另一方面要以这些规律方法为主线，打通知识结构框架之间的内在联系，使知识得以快速拓展、延伸，以利于学生对知识的灵活运用，为学生后续学习提供必要的支撑。教师要注意以规律方法为主线，使知识结构富有联系地组织成更大的学科系统，从而准确地确立"三维目标"，为设计教学环节奠定基础，为此，教师在备课时，要着眼于学生未来发展，整体构建单元整体。在理顺教材的前提下，充分研究学科课程标准，研究课程标准中的课程基本理念、课程总目标、分年段目标、内容标准、课程实施建议等，并以此为依据，回看教材，研究学科知识逻辑关系，依据学科内的知识逻辑关系建立相应的知识结构体系。

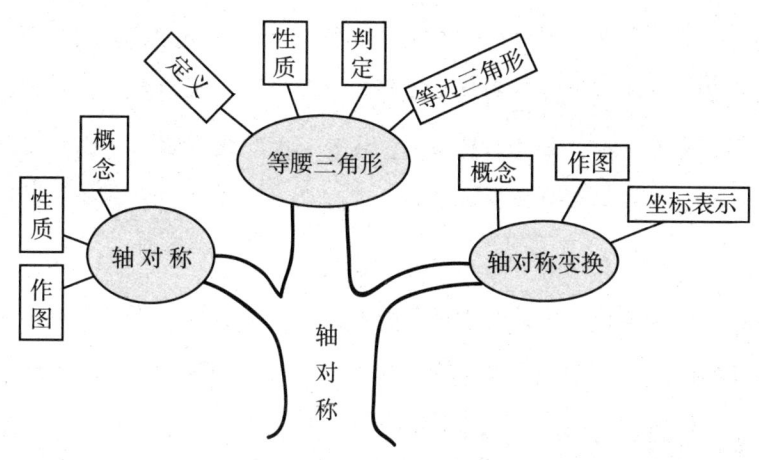

图 2-4 "轴对称"知识思维导图

第三步：整体把握，明确教学目标。

从整体入手，学科知识结构框架体系是教师构建单元整体的重要依据。为此，教师在组织、编排单元整体时，要在前面的基础上，结合自己的理解和学生的实际，借助框架体系，从单元知识框架出发组织材料，编制单元学习内容、要点，保证教案的编制紧紧围绕单元知识框架。在此基础上，确立相应单元的"三维目标"（从"知识与技能、过程与方法、情感与价值观"三个方面深挖教材，并提出多维教学目标），对教材的内容编排、主题等进行选择、调整、优化，进而组成新的单元体系，使之更符合学生实际、学科特点、课程目标。

教学目标

一是知识与技能目标：①通过具体实例了解轴对称、轴对称图形，探索轴对称的基本性质，理解对应点连线被对称轴垂直平分的性质。②探索简单图形之间的轴对称关系，能够画出简单平面图形关于给定对称轴的对称图形；认识并欣赏自然界和现实生活中的轴对称图形，能利用轴对称进行简单的图案设计。③理解线段垂直平分线的概念，探索并证明其性质；了解等腰三角形、等边三角形的有关概念,探索并证明它们的性质以及判定方法。

二是过程与方法目标:经历观察、实验、探究、归纳、推理、证明的认识图形的全过程,掌握综合推理证明的方法。

三是情感、态度与价值观目标:①形成了解数学、应用数学的态度;②在观察、操作、想象、论证、交流的过程中,发展空间观念,激发学生学习图形与几何的兴趣,促其主动参与数学学习活动;③培养学生克服困难的意志,培养创新精神。

第四步:步步迁移,设计教学环节。

根据迁移原理,结合三维目标和教学内容,确定训练重点和共同特点,从整体上考虑教学思路,循序渐进地设计教学环节,一步一步地"引导学生进行学法迁移实践",使所学知识(方法)得到运用,在运用中巩固和发展学生能力。当然,要随时依据收到的反馈,有针对性地调整教学策略。

教学设想

(1) 内容呈现上充分体现认知过程,给学生提供探索与交流的时间和空间。

(2) 注意加强直观性。

(3) 循序渐进地安排技能训练。

(4) 有意识地培养学生有条理的思考和表达。

(5) 注意突出重点内容。

习题设计(节选)

(1) 如图1所示,在一条河的同一岸边有 A 和 B 两个村庄(图①甲),要在河边修建码头 M,使 M 到 A 和 B 的距离之和最短,试确定 M 的位置;若 A 与 B 在河的两侧(图①乙),其他条件不变,又该如何确定 M 的位置?

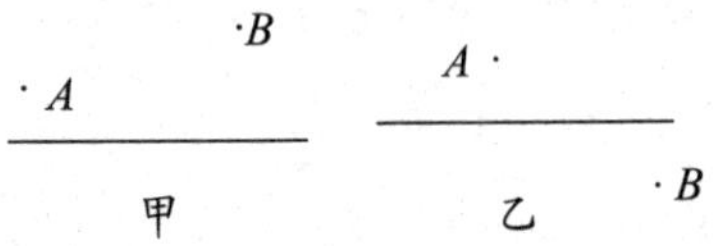

图1

(2) 如图 2 所示，P 和 Q 为 $\triangle ABC$ 的边 AB 与 AC 上两点，在 BC 上求作一点 M，使 $\triangle PQM$ 的周长最小。

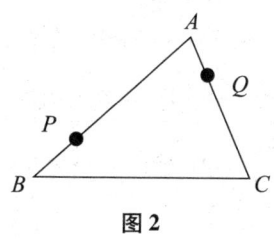

图 2

总之，在"双减"背景下要创设高效课堂，需要教师在备课时依据学科课程培养目标，构建单元整体，使其服务于课程目标对学生培养的诉求。同时，要针对不同的学科，或以教科书中的单元为依托，构建单元整体；或以学科知识结构框架体系重新构建单元整体；或以学科要素构建单元整体；等等，总之一切都是以提高学科教学的针对性、目标性、时效性，全面提高教学效率，提升整体效率为目的。

2. 教学方式注重综合能力培养

学生的学习过程是一个从知识呈现（感知）到知识获取（学得或习得），从知识获取到知识构建，从知识构建到知识内化，从知识内化再到知识提取并应用的过程。知识以什么方式呈现给学生，将直接影响学生的学习兴趣，进而决定学生学习能力的提升。研究与知识相匹配的知识呈现方式，是提高教学质量的重要路径。因此，教师在备课的过程中，要注意教学方式的选择，使之有助于对学生综合能力的培养。

（1）明确教学方法的影响因素。

课堂教学方法众多，如何在教学中培养学生的综合能力呢？这就需要教师在备课时结合教学内容和教学目标，考虑以下几种因素。

因素一：不同教学方法的运用条件。

教师要认识到，不存在万能的教学方法，任何教学方法都有利有弊，因此，

"双减"背景下如何提升课堂教学质量

在选择教学方法时要注意扬长避短。为此,教师在选择教学方法的时候,就要考虑其优劣,选择最能发挥其作用,且可以达到最优教学效果的方法。因此,教师要借助教学方法培养学生的综合能力,就要首先了解各种教学方法。

表2-1 教学方法一览表

教学方法 利用条件	口述法	直观法	实际操作法	复现法	探索法	归纳法	演绎法	独立工作方法
最适宜解决的任务	形成理论和实际的知识	发展观察能力,提高学生对所学问题的注意	发展实际操作技能和技巧	形成知识、技能和技巧	发展思维的独立性,形成研究性的技能和创造性态度	发展概括能力和归纳推理的能力	发展演绎推理的能力和分析现象的能力	发展学习活动中的独立性,形成学习技巧
最适宜解决的教材内容	教材以理论性为主	教材内容可以直观形式表达	课题的内容包括实际练习、进行实验以及完成劳动任务	内容过于复杂或过分简单	教材内容具有中等程度的复杂性	在教科书中,课题内容按归纳的形式叙述	在教科书中,课题内容按演绎的形式叙述	教材适合于独立研究
相应的学生特点	学生具有掌握文字形式的知识信息准备	学生能够接受直观教具	学生具有完成实际操作方向的作业准备	学生没有以问题性方式学习该课题的准备	学生能够以问题性方式学习该课的准备	学生能够进行归纳推理,而进行演绎推理则有困难	学生具有进行演绎推理的准备	学生已做好独立学习课题的准备
教师应具备的可能性	教师掌握这一方法胜于其他方法	教师具备必要的直观教具或能够独立制作直观教具	教师备组织实际操作练习的物质材料和教学资料	教师没有时间以问题性方式组织该课题的学习	教师有时间以问题形式组织该课题的学习,熟练掌握探索性教学方法	教师能够较好地掌握归纳教学法	教师能够较好地掌握演绎教学法	具备在课堂上组织学生独立工作的教学材料和时间

专题二 重构备课新思路

比如我们在上文介绍过的讨论式教学法，如果设计合理、组织得当，可以充分调动全体学生参与课堂教学的积极性，培养学生的合作意识。反之，如果组织不好，则会演变成一种漫无边际的争论局面，最后的学习成果自然是低效的。所以，教师要运用教学方法培养学生的综合能力，就需要清楚各种教学方法的优缺点，并依据具体的教学情境恰当选择。

因素二：学科特点和教学内容。

学科性质不同，其适合的教学方法也不同；同一学科，教学内容不同，教学方法也不同。比如文科和理科的教学方法就不同。比如语文、英语等学科，教学时可采用情境教学法，物理、化学等学科采用实验法更适宜；数学学科因其偏重于严密的逻辑推理，因此宜使用案例教学法、探究式教学法；历史、地理学科则适宜运用案例教学法和讨论分析法等达到教学目标。同一学科，在教学不同的内容时，教学方法也存在差别。比如同样是语文，习作教学宜采用演绎法、案例分析法、阅读法；小说教学则因其属于情感领域的教学内容，更适合用欣赏法和强化法。

因素三：学生的实际情况。

课堂教学中，教学方法的运用旨在促进学生更好地学习，因此，针对不同的学生，采用的教学方法也要有所不同。这是因为学生在智力、能力、学习态度、学习习惯，以及所在班级、学校的班风、校风各不相同，教师要从学生实际出发，选择可以促进学生学习、发展学生的智力和能力、培养学生良好学习习惯和正确学习态度的教学方法。具体内容可以参见本书专题一的内容。

此外，需要考虑的因素还包括教师本身的素养和个性特征、教学时间和现有的实验设备等。总之，要让教学方法发挥培养学生综合能力的作用，教师在选择教学方法时就要注意综合考量多方面因素，本着扬长避短、促进学生能力发展、激发学生学习兴趣、提升学生的自主学习能力的目的科学选择。

（2）紧扣能力目标确定方法。

教学内容不同，培养学生的能力目标也不同，即使同一项能力目标，也能细

▶▶▶▶▶▶ "双减"背景下如何提升课堂教学质量

分出诸多层级。因此，要使教学方法发挥出培养学生综合能力的作用，就需要结合教学内容和能力培养目标，科学选择教学方法。

示例一：发展动手能力，选择实践操作法。

教学有法，教无定法，贵在得法。在理科教学中，尤其是物理、化学、科学和生物等学科中，培养学生的动手能力相当重要。因此，教师在备课时，对于可以让学生动手实践的内容，应尽可能创造条件让学生动手操作。这样做，一方面可以增强学生的新鲜感和好奇心，促进他们乐学、好学；另一方面可以让学生在动手实践的过程中主动探索，获得知识，提升能力，进而提升课堂教学质量。这样的学习，真正让学生"减负增效"。如某科学教师在教学"做一个指南针"一课时，组织学生动手制作指南针，学生们快乐地参与其中，不但增强了对磁铁知识的认识，又培养了动手能力，同时也加深了对书本知识的理解和掌握。

示例二：培养质疑能力，巧用互动教学。

在课堂教学中，如果采用互动教学法，如小组合作学习法、讨论法等，可以让所有学生都能积极参与课堂活动，促进学生的思维发展，使之对问题形成较为全面、深刻、系统的认识。师生之间在课堂教学中积极互动、共同发展，能达到传授知识与培养能力兼顾的效果。这一过程，不但培养了学生的独立性和自主性，而且让学生学会质疑，并在调查、探究的过程中学习，在实践中学习，主动进行富有个性的学习，真正实现了现代教育提出的"会教"学生，学生"学会"且"会学"，课堂教学质量的提升就是必然结果。

示例三：培养归纳推理能力，运用比较分析法。

在教学中，如果要培养学生的归纳推理能力，可以运用比较分析法。这样的方法，借助新旧知识或同一知识的不同侧面的比较，不但可以使学习内容条理清楚，让学生的理解更深刻，而且可以压缩知识，使知识系统化、条理化，减轻学生的学习负担。同时，将二者相结合，更能起到相互补充的作用，让学生快速、准确地掌握知识，提高学习效率。

专题二 重构备课新思路

表 2-2 教学方法之"比较分析法"

共性	特性
HX 为强酸	HF 为弱酸
CaX_2 易溶于水	CaF_2 难溶于水
AgX 难溶于水	AgF 易溶于水
AgX 具有感光性	AgF 没有感光性
HF、HCl 可用 CaF_2、NaCl 与浓硫酸共热	HBr、HI 要用相应的盐与浓磷酸共热
$X_2 + H_2O = HX + HXO$	$2F_2 + 2H_2O = 4HF + O_2$
	$3I_2 + 6NaOH = 5NaI + NaIO_3 + 3H_2O$
酸性氧化物一般不与酸反应	$Si + 4HF = Si + 2H_2O$

以上就是一位化学教师运用比较分析法,引导学生学习"卤素"一节内容时对比归纳的结果。这样的结果加深了学生对知识的理解,起到了压缩知识、引导学生寻找学习方法、减轻学习负担的作用。

总之,教学方法具有多样性,教师在教学中只要用心钻研,开阔思维,总能找到一种或几种方法用于教学中,起到引导学生学习,提升教学效果和学生学习效果的作用,而这是与教师对教材内容的处理,对教学方法运用的能力与水平呈正相关。

3. 着力分层分类设计练习

教学是多样且理性的,它直接影响着学生掌握知识的多少。但知识掌握的程度和结果除了与教学方法相关,也与练习设置相关。可以说,"双减"在很大程度上,就是要改变过去陈旧、传统的题海战术的练习方式,注重以科学、高效、有针对性的练习,帮助学生巩固知识,提升能力。因此,教师要创设高效课堂,还要注意科学设计练习题。笔者认为,鉴于教学内容和学生不同,分层分类设计练习,不失为一种极好的练习方法,也是达到高效教学很关键的方法之一。

"双减"背景下如何提升课堂教学质量

(1) 实施前提。

要在备课中设计练习时做到分层分类,就需要教师明确分层分类的含义及操作前提。分层分类的原理就是因材施教,实际上就是指在练习设置中,要考虑到学生的差异性,要针对不同类型、不同能力的学生,尽可能设计与其"最近发展区"相适应的练习,达到提升教学效果,激发学生的学习信心和自主性的目的。

一是充分了解学生。要在备课时进行练习的分层分类,首要前提就是要了解学生。教师要对学生的具体情况做一个全面的了解,依据其学科基础、学习能力、接受水平、学习态度、学习成绩的差异等,再结合学生的生理、心理特点及性格特征,按课标要求达到的基本目标、中层目标、发展目标的教学目标层次,将学生划分为三个不同层次。

二是针对层次分类设题。将学生分成三个不同层次后,教师就需要针对三个层次的学生各自的不同特点,分别设计练习题。针对一等层次的学生,考虑到这一层次的学生学习成绩好、学习兴趣浓、学习主动、接受快,可以自主学习并掌握课本内容,且能独立完成习题、复习参考题及补充题,有较强的分析、解决问题,甚至探究能力,那么就可以设计一些拓展和拔高的练习题,难易程度要高于其"最近发展区";二等层次是成绩中等的学生,这一层次的学生可以独立完成练习,学习勤奋,在教师的启发下能完成习题,具备一定的解决问题的能力,那么就可以设计略高于其"最近发展区"的练习,侧重于巩固基础的同时稍加提升或扩展;三等层次是学习困难的学生,这一层次的学生学习成绩较差,或者消极厌学、顽皮不学,不过可以在教师的帮助下掌握课本的基本内容,完成练习及部分简单习题,那么就可以针对他们设计一些巩固基础的简单的习题。

(2) 实施方法。

明确了分层分类的含义及操作前提后,接下来就是在备课过程中如何实施这一练习设计的方法,达到为学生"减负"、为教学"增效"的目的。

首先,要注意课前预习,备课有层次。教师在备课时,要针对学生学情,把

专题二 重构备课新思路

握学生的"最近发展区",明确各层次的学习目标,继而指导学生科学预习,让学生从预习中获得满意的效果,从而增强其自信心。

针对"精讲精练"教学策略,某英语教师在备课时设计学案,要求优等生深刻理解和掌握预习内容,文科的单词、句子要主动查资料,理科的例题要先行解答,能独立完成相应的习题,力求从理论和方法上消化预习内容;中等生则要求初步理解和掌握预习内容,会参照练习、课本内容、例题的讲解自行完成练习题,遇阻时,能自觉复习旧知识,主动求教或帮助别的同学;学困生要主动复习旧知识,基本看懂预习内容,试着完成相应的练习题,不懂时主动求教于别的学习伙伴,带着疑问听课。

其次,把教学内容按难易分层。教师要结合课程标准的要求,有针对性地分析教材,熟悉教材的前后联系,掌握教材中的每个概念、例题所处的"地位",对概念、例题恰如其分地分层,有的学生明白即可,有的则要添加材料加以引申,再按不同程度的要求,按难易进行分层,尤其是在安排新知识的理解、知识点的应用和题型的变换等方面,要注意让每个层次的教学内容都能照顾到不同层次学生的思维能力。

当然,基于高效课堂的备课,除了从以上方面着手,教师在备课时还要注意提升师生交流的深度,发挥教师的引领、示范作用。须知,一位具备专业知识与能力的教师,一位极具人格魅力和师德修养的教师,即使是与学生交谈,也可以成为一种教学方法,也能起到提升教学效果的作用。

三、从"精讲精练"备课

怎样提高课堂教学质量,一直是所有教师都在思考的问题。实际上,高效课堂,除了备课时要用心研究学生,精心选择教学方法,还要注意从精讲精练入手。如此才能真正实现为学生学习"减负",让教学"增效"。

"双减"背景下如何提升课堂教学质量

1. 精讲精练的意义

就教学效果而言,作为当代教育方式中的一种表现形式,精讲精练这一教学模式可以说是最好的。因为实施这一教学模式,前提是教师要对教学的全部内容深入了解后,提取出课程的重点内容,再将其讲述给学生,从而让学生在有限的时间内吸收到精华知识,继而挑选有针对性的练习,引导学生找到科学的学习方法,提升其学习技能,使之收获理想的分数。所以,这一教学模式相比于传统的完全复述式的教学,更能强调且突出教学重点,让学生体会到学科核心知识体系,感受到核心素养对个体产生的影响,促进学生对学科学习的热爱。

总之,精讲精练这一教学模式基于"取其精华"的教学原则,让学生在教师娓娓的讲述中吸取课程中的全部精华内容,帮助学生节省大量课堂时间,提升学习效果,是"双减"背景下极好的备课方式。

2. 精讲精练的前提

基于"精讲精练"这一教学模式,备课时就需要明确这一教学模式的含义及运用前提。具体来说,就是要在把握"精"的含义的前提下进行备课。

(1)精:着眼于提炼或挑选出优质内容。

这是"精讲精练"的关键之处,要做到"讲"和"练"都精,就需要在前期的挑选工作中把握"精",提炼或挑选优质的教学内容,使之服务于教学,指导教学。简言之,就是要在备课时做到"提炼""挑选",就要从冗杂的教学内容和课程资源中找出有概括性的、有价值的、有代表性的内容,它不但包括知识,也包括活动、方法、习题等。

第一,教师要对照课程标准,对教材进行深入研究,领悟其精神要义;第二,教师要深入研究学生,尤其是要研究学生完成的学案或学生可能提出的问题,进而寻找到教学的重点、难点和关键点;第三,教师要研究自己选取或设

专题二 重构备课新思路

计,甚至亲手做习题,从中精选最具代表性、能达到预期的目的习题;第四,教师要通过自己以往的相关或同样的教学内容的研究,找出适合集体备课或群体交流的内容,并寻找精讲精练的标准或启发;第五,教师还要注意精选的内容要贴近学生或自己的生活实际,体现学科发展。具体的细节,将在下面的内容展开。

当然,要做到"精",在挑选和提炼时要遵循一定的原则,那就是要在分析、比较、权衡后,找到"优质的东西",即教学目标中最关键、最核心的内容,尤其是重点、难点需要教师发挥教学智慧,运用教学艺术的内容。同时,这些内容的挑选和提炼,还要注意"适合学生",在考虑学生差异性的同时,注意与学生的"最近发展区"的切合度。

(2) 精:钻研教材要细致,教学思路要严密。

要让备课的结果在教学中实现"精讲精练",不仅要注意认真学习课标,深入钻研教材,抓住学科本质思考教材的构成,大到教材的组成部分、每个段落,小到每幅插图、每份材料等,由此了解教材的编写意图,从中提取相应的信息。在这样的钻研基础上,不妨多问几个为什么。

第一,这些信息学生是否可以看出来?如果不行,教师应该用怎样的方式为学生提供怎样的帮助?第二,必须由教师提供帮助、指导的内容是什么?第三,学生在学习过程中暴露出来的问题、提出的问题,可以让教师从中获得什么信息?第四,学生提出的问题中,哪些是必须在课堂上集中解决的?哪些需要教师给予相应的提示,由学生自主探究解决?第五,哪些内容需要教师在课后给予指导?

总之,教师要在认真细致地学习课标、分析教材后,对整个教学进行全面建构,从内容选择到环节设计,从问题呈现到得出结论,从启发引导到评价检查,从时间安排到媒体使用,等等,每一个环节都要付出用心,做到细致、严密,方能真正做到在"精讲精练"中备课。

(3)精：要为学生提供完美的、最好的体验和学习。

教师要做到在教学中"精讲精练"，还需要转变教学理念，改变课堂教学是教师的独角戏的陈旧观念，树立课堂是师生共有的空间，是师生双方在一定的时限内共同体验、探究、思考提升的理念。基于此，备课时就要考虑到课堂时间的有限性，在设计教学内容时注意精练、适量，且要注意体现最富有学科思想与学科价值的内容，解决学生最渴望解决的问题。

当然，基于"精讲精练"备课并非一定要完美无缺，所谓的"完美"是相对的，是在教师以认真细致的态度备课的过程中做到的，是适合学生的课堂教学设计。

(4)精：要节省学生的精力，提升学生的精神。

基于"精讲精练"备课，还需要教师认识到，"精讲"的前提是教师要在备课的过程中，在要讲的内容上投入相当大的精力，用于钻研教材、选择教学资源；用足精力了解学情，清楚学生当下的状态和"最近发展区"；用足精力去钻研教材，与同事共同研究讨论，继而精心设计课堂教学。

总之，要做到"精讲精练"，在备课的过程中需要多角度研究教材，多角度思考教学，这样才能制订出最令自己和学生满意的教学方案，继而使学生充满激情地、以饱满的精神状态融于课堂学习中，在教师的感染和引领下完成高质量的学习。

3. 精讲精练的原则

"精讲精练"作为"双减"备课的一个基本要求，需要教师运用自己的专业知识和教育智慧，对教学内容灵活处理，依据不同的学生和教学内容运用相应的教学技能。但无论是怎样的前提，都需要教师在备课中明确教学原则。

(1)精讲亮点。

教师要意识到，核心素养理念下的课堂教学，各学科之间是融会贯通的，任何一门学科都不是孤立的，即使同一学科，知识也存在前后关联。因此，教师要做到"精讲"，就将教学的亮点进行充分的展示，以便达到"窥一斑以见全豹"的效果。因为学生的注意力是有时间限制的，讲得过多会适得其反。抓住亮点展开进行讲解，学生的接受度就会更好，也利于学生深刻地理解教学内容。

某教师在讲解《人民解放军百万大军横渡长江》一文时，为了帮助学生理解内容，重点讲述了过去那个年代解放军的生存背景及其艰苦的品质和坚定的毅力，学生体会到人民解放军的优秀品质和令人尊敬的爱国精神，进而对人民解放军产生深刻的敬仰之情，激发其努力学习的积极性。

当然，要抓住亮点精讲，需要教师对教材的主要内容进行集中的梳理，了解哪些应该讲、哪些可以略过、哪些可以让学生自学，如此一来才能让学生在有效的课堂时间内学习到最有效果的知识内容。

（2）精讲重点或难点。

"精讲"还要讲教学重点。我们知道，一节课、一篇课文，并非每个方面都需要学生完全掌握，毕竟学生的精力有限，一般教师在备课时都会列出教学的重点和难点，并对重点和难点进行精讲，以便学生主次分明地掌握相应的内容。当然，重点和难点依据教学内容和学生的实际情况可能会存在不同，教师需要在备课时做好相应的分析和准备，继而在课堂上运用一定的教学技能，循循善诱地将其讲解出来，引发学生的逻辑思维，使学生在自己精力最佳的时间学习到最主要的内容，提升其学习效率。

（3）精练要紧扣重点和难点。

在完成"精讲"后，精练是必备的环节。有讲有练方能巩固知识，提升能力。精练要突出"精"就需要在练习题的设计和选择上，注意把握以下三点：一是重点要突出，要围绕重点练习，而且要注意围绕新知识点和新旧知识结合处练习；二是练习要注意体现趣味性，要利于调动学生的学习积极性，形式要灵活、新颖，贴近学生的生活；三是立足于发展学生的思维，要注意层次性，即从

"双减"背景下如何提升课堂教学质量

基础练习、变化练习、拓展练习三个方面,由浅入深、由简单到综合地选择和设计。教师可以有意识地设计一些从不同角度思考的练习,以利于发展学生思维的灵活性,将学生的思想引向更高的层次。

某教师在立足"精讲精练",针对《论语》十二章一课备课时,在精讲部分章节后,设计了如下练习:让学生选择自己感兴趣的部分抄写,并在抄写的句子后写上自己的理解。学生完成练习后,教师针对学生的理解,就有误之处进行再教导,帮助学生走向正确的思维轨迹。

案例中的练习可谓体现了"精",不但可以巩固学生对内容的理解,而且有利于教师发现学生在主题或内容上的错误,及时对学生进行引导,真正实现学生核心素养的培养。这正是精讲精练所要达到的效果。

专题二 重构备课新思路

主题3

备课做好"加减法"

"双减"政策的落实,教师肩负重任。要真正做到教学为学生"减负",帮助学生的学习"提速""增效",就需要教师能立足学生,备好每一节课,设计好每一节课,精选每一道练习题,安排好每一次课后作业。小课堂,大教学;短时间,大容量,要真正让学生"减负",就需要教师能在备课时做好"加减法"。

一、内容钻研做"加法"

"双减"政策下,教师在备课时要有减有加,减的是作业量,加的是兴趣和能力。这就要求教师在备课时,要立足于学生核心素养的培养,重思维,重精选,重能力培养。而要做到这些,精研教材和课标,做好"加法"是前提。

1. 钻研教材做"加法"

教材是教师教学的参照,其本身是完美的,但是面对着一群鲜活的学生,就必定存在或大或小的局限性。教师在备课时,如果一味地依赖教材,不但会让教学拘泥于一个狭小的境地,不能引导学生扩展思维、开阔眼界,更无法达到培养学生具有辩证广博的知识、优良的素养与能力的目的。因此,教师在备教材的环节,就要在吃透教材的基础上,学会做加法,要多方取材,拓宽资源,补充教材，即丰富课程资源；多读一些与教材相关的资源，增强对教材的理解；多学习名师或专家的教学设计，开阔思路；多搜集相关的素材，在丰富教学内容的同时填补空白。

总之，教师在上课前积累的丰富资源，可以帮助教师在教学时，围绕某个主题给学生提供相关的材料。如此一来，教学就成功了一半，教师就做到了以一桶水的储备，给学生提供一杯水或一碗水。

2. 填充细节做"加法"

整体研读教材，抓住内容和知识的联系，是备课的重要步骤。这里的整体研读，主要是指钻研单元教材。一个单元的内容通常包括许多知识点，这些知识点是依据学生的认知心理，由简单到复杂、由此及彼、有层次地安排，其目的是引导学生逐步认识、积累和掌握相应的知识内容。当教师了解了一个单元的整体结构，把握住知识发展的线索后，就可以从中厘清学生的学习过程，再依据单元内容的结构，引导学生以已有知识为基础，探索和认识新内容。在整体分析单元教材时，我们应厘清教材内容的来龙去脉和纵横联系，进而正确地确定单元教材的重点和难点，有的放矢地进行教学。

在这一过程中，我们会发现一些教学"留白"，这些"留白"为师生提供了更多探究分享、讨论交流的机会。这就要求教师能在这些细节处做"加法"，及时补充细节，比如用什么辅助手段引导学生发现"留白"、处理"留白"等，以此提升教学效果，促进学生能力的提升和知识的巩固。可以说，教材中的"留白"，为教师实施体验式教学创造了机会。

某道德与法治课教师在教学"增强生命的韧性"部分的教学中，针对教材中的"留白"，设计了让学生每人带一个生鸡蛋进课堂，然后将鸡蛋立在光滑的课桌上的环节。这一环节中，学生发现鸡蛋不得磕破，也不能放在课桌凹进去或破损的地方，教师要求学生记录失败的次数，比一比谁先将鸡蛋立起来。这一活

专题二　重构备课新思路

动创设了比赛的情境，学生的情绪随着鸡蛋的摇晃或者站立而跌宕起伏。活动优胜者最后现身说法：首先，要找到窍门，就是先将鸡蛋轻轻摇晃几下，使蛋清蛋黄混在一起，从而使鸡蛋重心改变；其次，立鸡蛋时要有耐心，要小心、反复尝试，不要怕失败。很多学生说，课堂上立鸡蛋是他们求学经历中最难忘的一次体验，从小事中能悟出一个大道理。

除此之外，教师还要针对备课中教学内容进行"加法"细化，如学生在什么内容上可能会遇到困难，需要增加什么资源或材料。

3. 适度开发用"加法"

同样的教材，在使用的时候，教师要考虑到地域、文化、学生的不同，在备课时基于这些不同做好"加法"。这就要求教师在用好、用实教材的同时，创新使用教材。为此，教师要在解放思想的前提下大胆创新，为教材添加一些新的内容或观点，比如增加思维的层次性、题材内容的时代性、活动过程的探究性、学习方式的多样性、学习空间的开放性，促进学生的核心素养的培养。

某小学数学教师在进行"百分数的应用"教学前，借助于敏锐的数学眼光，及时地抓住冬奥会的有利时机，把冬奥会这个刚刚发生的学生熟悉的题材作为数学教学的活教材，设计了相应的问题和情境，题材的处理非常得当。结果原本很枯燥的百分数应用题的题材生活化，使学习材料具有丰富的现实背景，增加了教学的信息量，提高了学生探索的积极性，使学生体会到生活中处处有数学，感受到数学的趣味和作用，体验了数学的魅力。

二、教学设计做"减法"

"双减"不仅要减"量"，而且要"提质""增效"，如此方能提升课堂效率。为此，教师在备课时，要向课堂要效率，在进行教学设计时，积极做"减法"，在关注学生的生活体验和感悟能力的培养的同时，让学生在不断思考中一

"双减"背景下如何提升课堂教学质量

步步深入探究，提升思维水平，达到"提质""增效"的目的。

1. 梳理思路用"减法"

科学的教学设计，离不开清晰的思路。因此，教师在深入理解课标、钻研好教材的基础上，要注意厘清教学思路。厘清教学思路最好的办法就是采用提纲挈领的方式，在详细教案的基础上做"减法"，缩写提炼出主线，使各教学环节清晰简洁地呈现出来，比如用不同颜色的笔画出大环节，用特殊记号标注重点部分等，再将这些地方重新整理成教案，于是一个极好的重点突出、提纲挈领的简案就呈现在眼前。

2. 重组优化用"减法"

在进行教学设计时，面对前期搜集、整理、扩充的教学资源，教师需要重组优化，做"减法"。这就要求教师在充分使用教材的同时，针对教材中的某些局限性灵活地处理，大胆地改造，不断加大探索力度，提高思维难度，增加教学密度，提升教学效度，使教学资源更加优化，更好地为教学服务、为学生服务，达到"减负""提质""增效"的目的。

方法一：课内重排。

教师可以采用这种方式，结合学生的"最近发展区"，对教材中一些内容编排不符合学生的认知规律和生理发展特点的内容，尝试做"手术"，重新编排，以利于教学，利于学生学习和接受。

方法二：单元内调整。

同一单元的内容，教师可以在单元教学设计的基础上，从遵循学生的认知规律、基于学生的"最近发展区"的角度考虑，在一个单元内做"减法"。

某教师在教学"小数乘法"时，考虑到学生的实际情况，教学设计环节，在揭示因数和积的变化规律后，直接跳到"小数乘小数"的教学，随后安排让学生自己研究"小数乘整数""整数乘小数"的算法。经过重组教材，不但有效

专题二 重构备课新思路

地防止了原来教材先教学"小数乘整数""整数乘小数"时给学生留下的"小数点对齐"的错觉,而且克服了小数加减法带来的负迁移。

方法三:单元间整合。

教师在整册书备课时,不妨在内容的整合上做"减法",将一些具有内在联系的单元整合在一起,促进学生的理解和学习,便于学生形成知识网络,甚至进行比较学习与阅读。比如某高中语文教师,将同一分册的教材中同一体裁的作品整合在一起,引导学生在阅读中分析,进而理解作者的写作风格,再配合背景资料,加深了对文章的理解,深入领会了学习方法。

总之,在进行教学设计时,教师要在基于教材、钻研教材的同时,依据教学实际情况,在挖掘教材蕴含的教育因素的同时,基于有效、合理地使用教材,充分发挥自身的主导作用,活用教材,创生教材,灵活、创意地使用教材,借助于"加减法",实现教材的再创造与二次开发。

三、课内外练习做"加减法"

课内外练习是课堂教学的一个重要组成部分。学生只有将学到的知识在实践中加以运用,才能检验自己对所学知识的理解程度,才能促进有效的反思发生。而教师也可以获得反馈信息,及时进行纠错和指导。因此,教师在备课时,除了在教学设计环节要基于"双减"的"减负""提质",从提升课堂教学质量的角度,做好"加减法",在课内外练习上也要科学安排练习数量与练习时间,改变"课内满堂灌,课外多多练"的状况,努力做"加减法",以提升练习的有效性。

1. 练习数量做"减法"

一些教师在课内外练习设计时,经常出现重复单调、杂乱无章的现象,这样的练习题不能使学生从练习的安排中领会到知识的结构、加深对基本概念法则的理解。甚至个别教师布置大量的练习,仅仅为了不让学生有玩耍的时间。这种练习设计和安排,其实都是盲目无效的。为此,教师在设计练习时,要围绕教学目标,有目的、有重点地进行,要做到有的放矢地设计,力求用较少的时间精练习题,获得最佳的练习效果。

2. 练习内容做"减法"

教师在练习设计时,要注意到一个班级中的学生,在学习习惯、行为方式、思维品质和兴趣爱好等方面都存在不同,这就决定了不同的学生在学习需求和能力发展上是不同的。为此,教师要转变观念,抛开传统教育"齐步走""一刀切"的教学思想,基于学生个性差异,在练习内容上做"减法",提升练习的质量。教师要基于学生的这种差异,实施分层练习,设计分层练习题,使每个学生都得到发展。而这就要求教师在研究学生和教学内容的基础上,依据不同层次学生的特点,精心设计或精心选择具有代表性的练习,做到数量减量,择优筛选,使练习尽可能在课内完成。

基础题:本诗主旨句"蜀道之难,难于上青天"反复出现有什么意义?

提高题:关于《蜀道难》的主旨,有人说是对友人的劝慰,有人说是对祖国大好河山的赞美之情,也有人说是对国事的忧虑与关切,你是如何理解的?

拓展题:"上有六龙回日之高标,下有冲波逆折之回川"一句是在唐人写本《河岳英灵集》和《极玄集》中,而北宋初的《唐文粹》中却写成了"上有横河断海之浮云,下有逆折冲波之流川"。这两个版本有何不同?

这是某教师《蜀道难》一课的分层练习,尊重了学生的个体差异和多样化,给了学生不同层次发展的机会,体现了教育的人文性。

3. 练习形式做"减法"

"双减"背景下,要提升学生学习的有效性,教师要在基于努力减轻学生的学习负担的同时,加强过程教学,增强学生对新知的探究欲,激发其学习的兴趣,促成自主学习的发生。这就需要教师确立效率意识,精心设计练习类型,借

专题二　重构备课新思路

助于质高量少的练习，使练习有效。为此，教师要在练习形式上做"减法"。首先，减少形式单一的题型，增加思路开放、灵活多变的题型，减少书面练习的题型，增加动手练习、动口练习、社会实践的题型。其次，减少简单模仿与重复的练习，增加重视思维因素、强调技能提升的练习。这样一来，就可以达到提升学生的思维品质，培养学生的创新意识以及动手实践能力的目的。

总之，只有在课堂练习上科学做"减法"，精心设计，力求适度、高效，才能让学生既掌握知识，又发展能力，其素质得到提高。

专题三
打造高效课堂新方法

　　课堂是教育的主战场，是学生的生命场。"双减"要求改变课堂"满堂灌""教师主宰一切""见分不见人"的"低效""无效"现象，扎实提升课堂教学质量，提升课堂教学的"质"，进而减轻学生的负担。为此，教师要认识到，好方法就是好老师，要努力提升教学方法，以打造高效课堂。

主题 1
营造有利的课堂学习场

"双减"背景下,课堂教学的有效性,是学生高效参与重要的表现之一。在高效课堂上,借助于教师营造的有利的学习场,学生积极地参与教学,主动学习,从不懂到懂,从少知到多知,从不会到会;从不喜欢到喜欢,从不热爱到热爱,从不感兴趣到感兴趣,高质量地完成学习任务,让自己获得高效发展。

一、认识学习场及其原理

学习场是如此重要。究竟何为学习场?它在教师打造高效课堂上起怎样的作用?处于这样的场中,学生会发生怎样的变化呢?

1. 场及学习场

要了解学习场,首先要明确何为场。"场"来源于心理学家陈海贤的《自我发展心理学》,它是指包含大量行为线索的环境,这些行为线索会刺激你做出特定的行为。而关于学习场,则来源于德国拓扑心理学家库尔特·勒温提出的一种学习理论。

勒温是基于物理学的场,以及心理学的认知结构的变化,提出的心理学场的概念。他认为,个人的心理行为是在一种心理场或生活空间中发生的,是由所在场作用于他们的力决定的。学习是依存于生活空间而产生的一种行为,它是场的认知结构的变化。

2. 学习场原理

勒温认为，人的状态及其所处的环境，决定于其行为或心理，可用公式 B = f（PE）来表示。公式中的 B 代表行为，P 代表人，E 代表环境。通俗地说，就是人的行动是由其所处的环境和人决定的。勒温从心理学的角度出发，提出每个个体在每一瞬间都有其独特的心理环境。勒温用"生活空间"称二者合而为一的心理场。在他看来，正是在这样的心理场或生活空间中，包括学习在内的个体的心理行为就产生了。而要注意的是，这个心理环境，是个体意识到或不曾意识到的心理事实，而非客观的外在环境；这里的"人"也是当时具有某种需要的人。

而当时的个人与当时的心理环境就合成了当时的生活空间。他认为，包括学习在内的个人心理行为，是在这种心理场或生活空间中发生的。然而，勒温所指的是心理环境，即个人当时意识到的和没有意识到的心理事实，而不是指客观的环境；他所说的人也是当时具有某种需要的个人。

人作为一种复杂的能量系统，会产生不同类型的心理需求。当心理环境中的事实被人感知到后，人就有可能产生一定的诱发力。能满足个体的需要或愿望的正向的诱发力，就对个体具有吸引力；反之，不符合个体的心理需要或愿望的，不但不具备诱发力，还会产生排拒力。基于物理学的原理，吸引力让人趋向某一事物，排拒力则令人背离某一事物。于是这些力彼此交涉，就产生了动力结构，进而构成动力场。活动在动力场中的个体，其行为因为动力结构的变化，具有了或趋向或退避，而个体的行为也会因此发生变化。

二、课堂学习场的构成及性质

用学习场的原理来看我们的课堂教学，会发现其实课堂就是一个学习场，是一个师生在研讨中思想相碰撞、思维相交织、情感相融合形成的合力场。基于学

"双减"背景下如何提升课堂教学质量

习场具备引力和斥力的特点,倘若想运用学习场原理打造高效课堂,就需要明确学习场的构成要素及其性质。

1. 课堂学习场的构成

在课堂上,师生双方面对共同的文本或教学内容进行探讨。在此过程中,双方基于自己的认识展开讨论,讨论中会出现两种不同的情况:一是双方虽然认知水平、切入角度和思维方式不同,但这些不同在某一个点上达成了共识,进而相互影响、相互验证。尤其是当这种共识出现在双方的情感体验与文本或教学内容中蕴含的情感高度和谐统一的时候,师生双方就能心甘情愿地接受文本或教学内容传递出的信息,接受彼此的见解,进而形成思想交流、思维碰撞和情感融合。这样的情感层面和观点层面的统一,更利于信息的传递和接收。在这样思想碰撞、思维交织、情感融合的课堂上,学生的学习意愿更强烈,学习的动力更足,学习的效果自然格外好。反之,如果师生在课堂上的思想不能发生碰撞、思维不能交织,情感无法融合,那么学生自然不能产生强烈的学习意愿,其学习动力自然不足,学习效果自然特别差。这样的情景在现实的课堂中并不少见。下面的情况,或许我们一些老师或亲眼见过,或亲身经历过。

A教师和B教师分别在甲班上同内容的课,A教师的课上,学生学习热情,师生互动频繁,学生思维活跃,发言频繁,随堂测试的结果表明教学效果好,学生掌握得好。B教师的课上,学生明显情绪不高,主动参与学习的热情不足,师生之间缺乏互动,甚至在老师提出问题时,没几个人发言,学生参与度也不高,随堂测试的结果表明教学效果不佳,学生对知识的掌握不太好。

为什么同一个班级、同样的教学内容、同样的学生,只是老师不同,结果学生的学习热情、思维活跃度、发言次数、学习效果等也不同呢?究其原因,和授课教师不同,教师授课风格、学识、个人魅力、生活阅历等有关。这表明,教师对学生的学习产生着作用。同理,我们也会看到这样的情景。

专题三　打造高效课堂新方法

　　同样是在甲班，学生数学课和语文课上的表现不同。数学课上，学生参与度仅为80%，尽管数学老师经验丰富，亲和力强，面对抽象思维占主要部分的学习内容，一部分学生仍旧懒洋洋的，对学习提不起兴趣，更谈不上积极参与学习过程。相比数学课，语文课上学生的表现则积极得多，尽管语文老师是一位年轻的教师，但对于她讲授的小说《项链》，学生几乎人人愿意阅读、倾听、讨论，积极发表自己对人物形象、小说主题的看法。

　　这一案例表明，同一个班级，学科不同，师生面对的文本就不同，思维方式也不同，学生的参与度和学习热情更不同。

　　总之，在课堂这个特定的学习场中，教师和学生的行为受到师生借助于文本研讨形成的特定的心理环境的影响。缺少了师生、文本中的任何一方，情感的交流和思维的碰撞就无法形成，学习场也无法形成；缺少了文本，师生进行情感交流和思维碰撞就失去了支架，学习场自然也无法形成；缺少了教师或学生中的任何一方，或是变成了教师自说自演，或是变成了学生自己阅读或学习，也自然无法形成学习场；缺少了师生围绕文本交流产生的情感体验或思维碰撞，师生之间就无法互相促进、互相感染，学习场自然也无法形成。因此，教师、学生、文本以及师生研讨文本过程中的情感和思维方式，成为构成课堂这个学习场的要素，它们缺一不可。

2. 课堂学习场的性质

　　学习场的构成要素提示我们，要打造高效课堂，教师就要在理解学习场的原理的基础上，利用诸要素之间的关系，发挥自身的专业素养、人格魅力，运用教学技巧和方法，促成学习场在学生学习中发挥积极的作用。因此，教师有必要掌握学习场的相关性质。

　　（1）感染力。

　　综观学习场的构成要素以及课堂教学实践，我们可以发现，学习场是一个极富感染力的环境。身处其中的所有学习者,均会受到其影响,进而产生或积极或消极的行为。学习场所产生的积极的感染力,会促使场中的个体主动参与到学习活动中,让自己成为学习场的一部分,在受到学习场的影响的同时,又反过来影响同处一个学习场中的其他人的学习活动。于是在二者的相互促进中,课堂效率得以提升,学习效果得到提高。同样地,消极的学习场的感染力也是不言而喻的。

(2)方向性。

身处学习场的每一位学习者,其思维都在学习场的牵引下,因为他们面对的是同样的文本或学习内容,思考的是相同的问题,并在为同一个问题积极寻找解决问题的方法。换言之,此时学习场中每一位学习者,其心灵都在受着同一种情感的影响,或是积极向上的,或是消极沮丧的,当然也同样受着同一种思想情感的影响。因此,从这一角度而言,身处场中的个体,其思维的发展方向是围绕着场中的问题发生的,具有方向性。

(3)流动性。

积极的学习场,其思维和情感是流动的。身处其中的学生者,思维处于极度活跃的状态。他们从文本中,从场中其他同学的发言中、从老师的讲解中获取信息,并结合自己的生活体验、情感价值观、已掌握的认知规律,对接收到的信息进行再加工、验证,最终形成新的认知。这时,他们的思维活动处在一个由浅向深的渐进过程,处于由一个问题向另一个问题的流动过程。

(4)群体效应。

学习场的感染力、方向性和流动性,决定了身处其中的学习者的学习活动都会被内在的求知欲驱动,被内心的情感享受引领,加之课堂这个特定环境的暗示作用,于是共同形成一种学习活动中特有的、强大的意识流。在这样的意识流影响下,学习场中的每位学生都会有所思、有所得,进而形成群体效应。

三、学习场创设方法

在学习场中,学生带着积极的情感"愿参与",借助已有认知经验"能参与",通过多种感官或行为"真参与",学生获得的不仅仅是知识技能,而且是能够带得走、用得上的学科素养。由此可见,合理而科学地利用学习场的性质,可以构成积极向上的学习氛围。如何创设积极的学习场,以提升组织课堂教学效率,促进学生积极学习呢?

1. 用导语燃起学习的热情

积极的学习场如同一个发光的球,用其温暖吸引着学生主动靠近。而令这个球发光的能量,就是教师的导语。就教学来说,教师恰到好处的导语,可以将学生引入特定的情境中,唤起学生学习的冲动,唤醒其内在的情感体验,触动其内心最为柔软的感觉,从而为后续的学习打下良好的基础。

(1) 导语的作用。

"双减"政策的推行,是基于学生承受着的巨大的学习和心理压力,是为了促进学生健康成长而提出的。实际上,学生在校的学习时间相当紧凑,在一节课接一节课的紧密安排中,其思维也在不停地转换。或是由抽象思维转入形象思维,或是由形象思维瞬间转入抽象思维。这种变化致使一些学生即使随着铃声进入教室,但状态尚没调整好。换言之,此时学生的学习兴趣还没被激发起来,思维还处于混乱状态。而教师恰到好处的导语,就会为学生注入动力,激起学生的学习兴趣,进而为即将开始的课堂学习活动做好铺垫。因此,导语对于学习场的营造极为重要。

(2) 科学运用导语,构建学习场。

教师在课堂教学时,可以结合导语的作用,发挥其构建学习场的作用。通常情况下,构建学习场的导语可以采用以下几种形式:

"双减"背景下如何提升课堂教学质量

形式一：激趣法。

一般来说，这种导语最好以叙述某种现象或介绍某件事、某张图片、某个小实验开始，常用于抽象的学科，如理论性较强的数学、物理、化学、生物等学科以及讲述说明文时。

某物理教师在上"大气压强"这一课时，设计了一个"竹篮打水"的演示实验。在课前老师准备了一个有盖、底部用针刺了许多小孔的矿泉水瓶。上课后，老师对学生说："今天老师要给同学们表演一个魔术。"接着老师装模作样地像魔术师一样吹口气，拿出那个矿泉水瓶装满水，但没有加盖，提起来，很显然瓶里的水不断由小孔流出来。然后老师说："同学们，你们看到这是一个破瓶，不过今天老师想用它装满水，你们说我能做到吗？"大部分学生都摇摇头，其中一位女生还大声说："那是不可能的。"老师并没有反驳，只是笑着说请同学们拭目以待。学生的兴趣一下被激发，其注意力被吸引。老师接下来就用瓶子装满水，将瓶盖旋紧，再将瓶子提起，瓶子里的水先流了一点，就再也没流了。学生们都发出了"咦"的惊奇声。过了一会儿，老师才笑着说："同学们，并不是老师有什么魔法，它是有科学道理的，若想知道为什么，就请仔细听今天所学习的内容，听完以后你就会明白的。"学生的积极性一下子被调动起来。[①]

这种以激发学生学习兴趣为主的导语，最大的好处在于可以将学生的好奇心瞬间激发出来，将其学习的冲动唤醒，让每一个处于学习场中的学生都能将思维转向同一个方向上，而学习场这个能量球，就因此获得原动力，进而快速启动。

形式二：唤醒法。

这种形式的导语以唤醒学生的某种情感体验为主，旨在营造一种与教学内容相符合的氛围，让学生内心深处的某种感情得以苏醒，于是学生就会与教学文本

---

① 据百度文库：wenku.baidu.cn。

专题三 打造高效课堂新方法

同悲共喜，进而理解并接纳文本中作者或人物的情感，产生情感上的共鸣。而这种情感体验上的共鸣，则牢牢地吸引着学生，让课堂学习场获得持久的能量。

师（先出示一组关于利比亚战争中孩子的图片。最后定格在一张照片上）：同学们，这是在最近发生的利比亚战争中我们同龄人的照片。从这些照片中，你们看到了什么？（引导学生谈谈看了这组图片的感受）是啊，战争给孩子带来了无尽的痛苦，让他们的心灵蒙上了巨大的阴影。那么，他们的心底有着怎样的愿望呢？今天，我们就走进《一个中国孩子的呼声》，通过一个曾被战争伤害过的中国儿童，去听一听来自他们内心深处的呼唤。①

形式三：再现法。

这是指以唤醒学生的生活积累为主的导语，旨在让课堂学习场获得后续力。教师要认识到，人们的学习都是在利用已知来探索新知、验证新知、接受新知。因此，教师要有意识地帮助学生在旧知和新知之间搭起桥梁。这种桥梁就是重现学生生活中的经历或体验，学生就会不由自主地用旧知去验证新知的正确性，并发自内心地接受新知，最后将其转化为自己的已知，再借助已知去探索新知，继而再将新知转化为已知。整个学习就进入了一个良性的循环中。最终，随着"已知"越来越多，学生接受新知的能力越来越强，学习的信心就越来越足，学习的动力也越来越大，学习的意愿自然就越来越强，课堂学习场就这样随着学生的学习意愿越来越强而建立起来，反过来又能促使学生更加热爱学习，能力也逐渐提升。

师（多媒体播放中药房里的药柜图片）：同学们知道菊花放在什么位置吗？

生：第2列第3行。

师：那么多的药柜，第2列第3行到底是哪个呀？谁来找一下？（学生发现4种情况）

师：奇怪了，本来菊花药柜只有一个，现在怎么出现了这么多个，是怎么

---

① 据写写帮文库：xiexiebang.com。

"双减"背景下如何提升课堂教学质量

回事?

师:看来,我们要准确找到菊花药柜就必须知道从哪里数起,需要统一列和行的问题。这节课我们就来学习这个知识——"用数对确定位置"。

总之,无论运用哪种类型的导语创设课堂教学习场,都是为了极尽可能地吸引学生的注意力,将其思维引领到将要学习的内容上,进而让全体学生能充满激情地投入学习,并在有限的时间中获得巨大的收获。

2. 借评价激励主动前行

课堂教学中的学习场一旦形成,学生在投入学习的过程中,会获得一些收获,也会存在一些困惑。此时,教师通常会设置一些问题来了解学生的学习情况,随后课堂就会进入讨论交流的互动环节。从学习场的角度来看,这正是学习场深入发展的时期。此时,教师对讨论交流中学生的评价,就成为促进学习场深入发展、学生主动前行的重要因素。如何让评价发挥促进学习场深入发展,激励学生的作用呢?

(1) 多用肯定评价。

方法一:肯定激励性评价。

为了营造积极的课堂教学学习场,教师要注意对于学生正确的回答,从正面给予肯定性的评价。这样做,一方面可以借肯定某一个或两个学生,达到让全体学生强化知识的效果;另一方面可以让发言学生获得精神上的鼓励,进而增加其学习信心,促使其更加积极踏实地学习。此举将发挥感染力,激发其他学生的好胜心,从而促成学习场的形成。

方法二:肯定指导性评价。

这种评价也属于肯定性评价,不过其针对的是学生给出不太准确的回答。此时,教师的肯定性评价肯定的是其回答中的合理成分,分析其思维或方法的正确之处,继而要注意下沉,启发学生"能否换个角度分析一下",以拓展学生的思维。运用这种评价的同时,除了要激励发言学生,还要注意以此评价激励全班学生,"来,帮他想一想,是否还有其他思路?"这样的问题下沉,相当于为学生的学习助力,结果众人拾柴火焰高,学生的思维更趋活跃,学习动力更加充足,课堂学习场的吸引力就更强。

(2) 给予准确评价。

当然,课堂教学中也会遇到学生回答问题不着边际的情况。此时,教师的评价对于学习场的影响更不可忽视。教师要及时地给予准确的评价,引导学生思考自己的回答的依据,帮助学生找到问题的症结。需要注意的是,教师要注意在其他学生给予正确回答时,鼓励此前答得不着边际的学生,用"谢谢某某同学,他已帮我们证明了这条路是走不通的,今后我们要尽量避免出现这样的错误"之类的语句,以激励前者,让学习场的学习热度不减。

3. 巧妙过渡引导前行

在日常教学过程中,教学环节之间过渡得巧妙与否,决定着一节课的教学是否流畅,是否能吸引学生的注意力,也决定着是否能形成流动的学习场。那么,教学过程中的过渡环节对学习场的形成起着怎样的作用?又应该如何借助于巧妙的过渡创设学习场,引导学生前行呢?

(1) 过渡语在创设学习场中的作用。

学生在学习过程中的思维活动,是由感性认识到理性认识的过程,也是从一个问题的解决向另一个新问题的探讨的过程。在这样的过程中,如何让学生的思维从一种类型到另一种类型,从一个问题的解决策略到另一个问题的解决策略,就需要教师运用恰当的过渡语。

过渡语,也就是引导语,简言之就是一个环节与另一个环节之间的衔接语,它通常包含前后两个部分:第一部分是对此前学习的概括和总结,概括的是学习内容,总结的是学生的学习状况;第二部分是明确接下来的学习内容和方法。可以说，第一部分的内容，不但为后续环节的知识学习做好准备，也为了激励学生，更有信心地开展后续部分内容的学习。须知，随着课堂教学的深入，身处课堂这一学习场中的学生，其思维流会随着学习内容的变化而发生转移，在此过程中，一些学生会基于多种原因掉队，或是分散注意力，或是学业水平较弱，或是教师表述不清致使学生无法理解。结果他们就会游离于学习场之外，成为看客。慢慢地，随着看客的数量增多，学习场就会逐渐消退，最后消失，教学效果自然不言而喻。

由此可见，过渡语直接决定着已经形成的学习场能否长时间存在且持续发展。毫不夸张地说，如果把学习场比作一艘船，那么教师在课堂教学中的过渡语就是这艘船前行的指南针。

（2）利于创设学习场的过渡语。

课堂教学是师生双方共同参与的一种群体性学习活动。学习场就在这种群体性学习活动中产生。在课堂教学中，教师要促成学习场的形成、发展和深化，不但要注意运用导语启动学习场，用评价推动学习场深化，更要注意能用过渡语保持学习场。

对策一：要简明。

简明，即简洁明了。这一语言风格可以从两个角度入手。一是紧扣"简洁"，在概括前一学习环节的学习内容时，注意抓住学生学到的知识，将其概括地点出；或用简洁的语言着重概括后一环节用到的知识点，重点突出。二是"明了"，就是教师要站在学生的角度，用他们可理解的语言，告诉学生接下来要学习什么，应该如何学。

对策二：要富有鼓动性。

惰性和易满足是根植于人性的深处的，教师要认识到，经历了一段紧张的学习后，学生不可避免地在潜意识中想让自己休息放松一下，尤其是已经取得前一段的学习成果后，他们在自我满足感的影响下，会有沾沾自喜的心理。此时，教师就要注意用鼓动性的过渡语，将学生的斗志激发起来，以保证学习场能长时间发展下去。教师可以用诸如"敢不敢再做一次""愿不愿再试一次"等话语来调动学生积极性。

对策三：要富有启发性。

细细分析课堂教学，我们会发现，很多时候，学生之所以由开始的积极参与变得消极怠学，是因为遇到了困难或阻碍。这种困难或阻碍，大多是找不到学习方法，或无法理解接下来的内容。此时，教师要用富有启发性的过渡语给学生以启发，比如"换个角度试试""换一种方法看看"。

当然，课堂教学中的情况是多变的，为了创设学习场，教师就要运用教学智慧和教学经验，审时度势，依据当时的情景，灵活运用过渡语，使学习场得以持续和发展。

需要注意的是，无论以怎样的方法创设学习场，促进学习场的延续和发展，教师都必须发挥重要的影响作用。为此，教师要培养自己的工作激情，以感染学生；要树立先进的教育观，以促成和谐、融洽的师生关系的建立；要厚积薄发，提升自己的专业知识和素养，以便用自己的专业知识、人格魅力，促成并引导学习场。

主题 2

巧用提问发展思维

在课堂教学过程中，教师借助于学生已有知识和未知知识之间的认知空白创设问题情境，在符合"最近发展区"理论的前提下，用高于学生当前认知能力的问题，引发学生的认知冲突，使之处于一种"心理失衡"状态，进而唤起学生的学习主动性，使之为了实现新的平衡，努力寻找新的理论和知识点，实现自主学习，提升课堂教学质量。而这也是打造高效课堂，发展学生思维的方法之一。教师如何巧用提问，达到发展学生思维，促其自主学习的目的呢？

一、像苏格拉底一样提问

苏格拉底是古希腊伟大的哲学家、思想家、教育家，是西方启发式教学的开山鼻祖。他认为，知识原本就存在于个体的心灵，不过他自己因受其他错误的观念所蔽而没有发现罢了，于是在教学中创设了一种提问式的对谈方式。

1. 提问的本质与特点

苏格拉底式提问，又称反诘式提问或究底式提问，就是连续地提出问题，让学生通过理性思考，发现谬误、拓宽思路、获得启发、找到真相的过程，最终得出自己的结论，这样的提问能促进学生思考，发展学生的问题思考能力。这种提问表现出如下特点。

（1）将目的潜藏于问题中。

在双方交流的过程中，提问者不急于和盘托出自己的答案，或强迫对方接受自己的观点，而是借助一连串步步深入的问题，引导对方在自相矛盾中幡然醒悟，在逐渐深入的思考中接近真理或形成正确认知。

（2）提问表现出极强的逻辑性。

苏格拉底式提问具有极强的逻辑性，先是借助于提问让对方陷入自相矛盾之中，发现自身认识上的不足；继而双方进一步交流，引导对方深入思考，自己提出结论；最后归纳、总结，掌握正确的概念或定义。这一过程，遵循了认知发展由浅到深，思维发展由表面到内部、由散到聚的特点，因此极具逻辑性。

2. 提问的运用

从本质上来看，苏格拉底式提问就是启发式教学。教师在教学中如何运用这种提问方式，发展学生的思维，促使学生自主学习呢？

（1）明确提问的类型。

苏格拉底式提问是基于对话展开的，是借助于具体的事例激发学生通过逻辑思维验证观点，肯定自己观点的正确性。这一技巧在教学中可以用于不同层次的学生，用于课程学习的不同阶段，达到促进学生独立思考、提升学生的多种能力、成为学习的主体的目的。要运用这种提问方式，就要明确其提问的种类。

类型一：澄清问题的提问。

这种提问方式多用于不明确对方的意图，为了避免理解偏差而进行的提问。这种提问是通过向对方提问的方式，将自己所拥有的背景信息提升到与对方一致的水平上。这是一种针对具体问题的提问，包括以下内容。

表 3–1　澄清问题的提问方式

针对目的	你这么做，想要达到什么目的呢？
针对相关方	这件事情需要考虑哪些相关人员？和什么样的人有关系呢？
针对背景	这件事情的背景是什么呢？
针对时间	你需要在什么时候做这件事？这件事情的截止时间是什么时候？
针对可用资源	有没有什么可以利用的资源给我呢？
针对效果	你对这件事情的结果有什么期望？这件事情的结果是什么？

类型二：针对某一问题的提问。

这样的提问是就某一具体的问题展开的提问，旨在促使学生进一步深思问题，寻找解决问题的多维思路。可以这样问："这个问题为什么很重要？""你为什么认为这个问题难回答？""针对这个问题，你还可以做哪些假设？""由这个问题，可不可以引出其他问题？"

类型三：对不同类型问题的提问。

一是关于假设问题提问。例如："为什么你会做这样的假设？""在这里……假设的是什么？""我们可以用什么假设来替代？""你好像在假设……""我是否正确理解了你的意思？"这些提问，旨在帮助学生明确自己假设的问题的合理性、动机和可能引发的后续的问题。

二是关于问题起源的提问。例如："是什么让你产生这样的想法？""是什么让你产生这样的解题方法？""你得出这样的观点是受到了其他人的影响吗？"这样的提问，让学生回归理智，客观地看待自己的问题产生的根源，进而深刻地思考，从而更客观地看待问题。

三是关于观点的提问。比如："你想怎样解决……造成的困难？""什么是可供选择的方法？""其他小组对这个问题会产生怎样的反应？为什么？""××的观点与你在哪些地方一致，哪些地方不一致？"这样的提问，帮助学生进一步确定自己的观点、依据，以及观点的独特之处，帮助其思维更周密。

类型四：对问题作用的提问。

这样的提问，是基于训练学生的发散思维，使之学会在解决问题时能多角度、全面思考可能存在的问题。如引导学生说出自己就某一问题提出的理由和证据，可问："可以用什么来举例？""能解释一下原因吗？""你是如何得出这一结论的？"比如针对学生的暗示或结论提问可以说："那会有什么结果？""可供选择的办法是什么？""你说那句话的意思是什么？"

（2）清楚提问的前提。

苏格拉底式提问可以运用于课程学习的不同阶段，以促进学生独立思考，成为学习的主体。在此过程中，学生的讨论、辩论、评估和分析等高级思维技巧被激发。因此，这是一种针对高级思维技巧的训练，需要教师和学生在运用此提问前进行训练。

首先，多用于解决教学难点或学生的困惑之处。目的在于引导学生不断深入思索，使之明确问题的症结，解决重点或难点。

某教师在教学《寡人之于国也》一课时，针对学生对孟子的"仁政"思想和"以五十步笑百步"这句话的含义的理解这一重点和难点，这位老师采用了苏格拉底式提问法。在课堂教学中，她直接问学生。

①文中哪些句子体现了孟子的"仁政"思想？你判断的依据是什么？

②孟子"仁政"思想包括哪些方面？你是如何归纳来的？

③孟子是利用什么方法阐述"五十步笑百步"这个思想的？在文中哪些地方有所体现？

因为这些问题是相互联系的，所以通过这样的提问，学生就要在阅读全文的过程中，深入理解内容，领悟主题思想，最后才能得出答案，而且要基于老师的提问，对自己的结论提供相应的证据或原理，有效地提升了教学效果。

其次，用于对重点内容的深层次学习。学科教学中，教师经常要引导学生对重点内容进行深层次的学习，以达到让学生进行深度思考、深刻地领会、实现深层次学习的目的。

某道德与法治课老师，针对规则和自由、自律和他律是规则教育的重点和难点，考虑到空洞的说教很难真正触及学生内心，也很难让学生在独立面对规则挑战时能做到慎独、自律，于是结合火车霸座社会热点问题，设计了一系列苏格拉底式提问，组织学生进行课堂讨论。

①你怎么评价霸座的做法？如果霸的是你的座，你会怎样向对方说？

②这种现象如果不加以制止，将会造成怎样的影响？

③教材说制定规则是为了保障自由，对霸座男来说，买了票却不能随便坐，这不成了限制自由？

④霸座现象的频发，说明哪些方面出现了问题？怎样才能减少类似事件发生？

⑤买票上车、对号入座是否就是一成不变的规则？

这一系列的问题，将很多学习内容有机地串联了起来，学生非常感兴趣，参与讨论问题的热情极高，收到了很好的教学实效。

最后，用于帮助学生宏观把握学习内容。苏格拉底式问题谈话法，本质上是以问题为导向的自主学习，适用于系统性较强内容的学习。

(3) 使用的方法。

首先，在运用此方法提问前，要制定会话指南。为此，教师要了解每一个学生，而且确保学生之间很熟悉，能记住彼此的名字；教师要向学生说明在运用这一提问方法时，需注意认真倾听和积极参与，不能始终保持沉默，要将自己的注意力放在要理解的概念或坚持的原则上，而不是发言者或自己的表述内容。

其次，教师在向学生提出问题后，要适时保持沉默。这样的沉默，一方面给学生思考的空间，另一方面能创造一种紧张感。尤其要注意的是，在试着重新讨论同一问题时，要在心里默数10秒钟。

最后，一旦师生讨论陷入僵局，要用冷处理，继而通过小组合作的方式缓解这种状况，让学生与邻桌交流探讨。

二、给予学生选择的特权

学者德加默曾说:"提问得好即教得好。"这句话强调了问题设计的重要性。巧用提问创设高效课堂,要求教师在设计问题时,还要注意设计的问题要有一定的层次性和梯度性,给予学生选择的权利。

1. 给予学生问题权的意义

无论是哪一个学科教学,教师都要借助于提问发展学生的思维,自己首先要有强烈的问题意识和较高的设置问题的能力,要能依据教学目标设计有一定开放性、具有层次梯度的问题,也要设计不同形式的问题,还要设计基础与能力兼备的问题。这样做,一方面可以促进学生从不同的角度思考问题,利于学生的思维发展;另一方面,这样的问题,可以让不同层次的学生均能得到思维训练,参与问题的解决,获得解决问题的成就感,提升其自主学习的信心和勇气。

2. 巧设问题,给予学生问题选择权

问题是助推课堂教学、促进学生成长的"能量",要让它发挥在教学中的作用,打造高效课堂,就需要教师在设计问题上,为学生提供选择的空间。

方法一:开放与封闭相结合。

这是指问题的设计要将开放性问题和封闭性问题结合在一起,为不同层次的学生提供选择的机会。开放性问题是指不止一个答案或者答案不确定的问题,封闭性问题是指具有确定答案或唯一答案的问题。前者涉及分析、综合和评价的认知范围,后者涉及识记、理解和应用能力。就问题的难易程度而言,开放性问题相对难度较大,需要学生开动脑筋、经过一番思索才能得出答案,它的答案也往往是开放性的,没有唯一正确答案,学生可以根据自己的理解给出不同的见解;封闭性问题则难度较小,一般只要求学生对知识点进行简单的回忆,不需要做深层次思考。基于此,教师在设计问题时,就要针对两类问题的特点,在课堂教学

中穿串设计,以便让不同层次的学生可以选择自己能解决或能参与的问题,给学生选择问题的特权。

方法二:设计有梯度的问题。

教师要用不同层次和梯度的问题,让不同层次的学生可以选择自己擅长的问题发表见解,进而提升其学习的自信心,获得成功的体验。为此,教师要在设计问题时,让问题环环相扣,逐层递进,遵循从易到难、自简至繁、由浅入深、由表及里的原则,一步一个台阶地把问题引向深入。于是,虽然是同一个问题,但可以及时反馈不同层次学生对知识的掌握程度,启发学生积极思维。

数学课堂上,在学生学完公倍数以后,教师给出这样一道开放题:小红有一堆积木,若2块分一组,剩下1块;3块分一组,也剩下1块;4块分一组,还是剩下1块。问小红一共有多少块积木?

这道题最常见的解法是试误法,这是最低层次;学生能运用2、3、4的公倍数进行解答,这一方法是第二层次;最高层次的解法是学生能运用3、4的公倍数,这是因为他能看出2、3、4的公倍数其实就是3、4的公倍数,所以这是最高层次。这样一道开放题,因为分出层次,不同程度的学生都可以进行探索和尝试,从而使所有的学生都能参与到教学中来。

方法三:借情境将问题分层。

在设计课堂提问时,教师还要注意筛选不同的内容,做到分层次提问。对C层学生,要尽量为其设计较为基本或较浅的问题,目的在于不论回答的对或错,都可以鼓励他们思维的闪光点,增强他们的自尊心与自信心;对于A层学生,可以设计较难、较深的问题,有时甚至可以故意施加压力,训练其能力。为此,教师可以创设问题情境,把一个问题分解成识记了解、理解掌握、综合分析三个层次的问题,让不同层次的学生都有回答问题的机会,从而提高学生参与活动的角色意识,有效地培养他们的思维能力,达到个体的发展、整体的优化。

某教师在教学《师恩难忘》一课时,将学生提出的为什么说"教师的教诲之恩,'我'终生难忘",分解设计成如下问题。

①文章主要讲了田老师的什么事情?

②"我"喜欢听他的课吗?你怎么知道?

③课文中哪些内容写出来"'我'终生难忘老师的教诲之恩"?

这样一分解,三个问题的层次性就体现出来了,不同层次的学生都可以发挥自己的能力,参与问题的解决,当这三个问题都回答后,请 A 层次学生整合起来,问题的答案就得出来了。

三、促成学生小组合作

课堂教学中借助于不同类型的问题,让学生以小组合作的方式互相讨论,可以激发学生的学习热情,促进学生思考,提升学生的参与度,提升课堂教学效率,打造高效课堂。因此,教师可以借助于问题链,促成学生小组合作,使学生在问题的解决中提升学习效率。

1. 问题链及其作用

所谓问题链,就是教师设计出一个系列的问题,每个问题之间环环相扣、层层递进、前后呼应,问题之间具有较强的逻辑性,能够将知识穿插、连接在一起。在课堂教学中,问题链的存在极具力量,它使学生成为学习的主人。

首先,问题链将不同的教学目标和内容融入其中,借助于由浅入深、由个别到一般、由简单到复杂的问题,可以让学生在问题的分享与交流中、在问题的探究和思考中发生联系,进而获得共同的目标,在交流中产生联系链,促成合作小组的形成。

其次,问题链可以照顾到班级内绝大部分学生的认知基础。问题链只有一个核心问题,但有不同层次的问题,给学生搭建了一个前进阶梯,让学生逐步地实现知识内化。

"双减"背景下如何提升课堂教学质量

最后,问题链可以培养学生的综合素质。问题是促进思维的根本,是思维发展的不竭动力源泉。思维的培养并非一蹴而就,而是需要一个系统的认知过程。而"问题链"刚好满足这一需求。它可以引导学生在合作小组中,在问题的讨论与解决中,回忆、对比、分析、综合和概括,达到培养学生综合素质的目的。

2. 巧用问题链促成小组合作

围绕问题解决形成小组合作这一学习方式,让学生在小组讨论中学习,不但可以帮助学生优化学习方法,提升学习效率,强化学生对自己学习的责任感,促进学生能力的发展,而且可以减轻教师负担,提升教学效率。那么,如何让问题链促成学生进行有效的小组合作呢?

方法一:借枝干相连式问题链促成小组合作。

枝干相连式问题链就是在确定某个主要问题的前提下,找出与之相关的其他问题,使学生在串联问题的过程中达到思路清晰、主题明确、自成技巧的境界,获得更多的启发。同时,这样的问题链可以成为目标导向,让学生在关注核心目标的过程中丰富认知思维。

某教师在教学"组合图形的面积"一课时,开门见山地把教材中的例题图呈现给学生,然后设计了如下问题链。

①这个图形是不是我们以前学过的基本图形?

②这个图形能不能转化为我们以前学过的基本图形?

③转化之后应该如何算这个图形的面积?

如此一来就激发了学生参与数学活动的兴趣,让他们主动思考:可以对这个图形进行切分,分成以前学过的会计算面积的图形来进行计算,从而引出分割法或添补法。①

---

① 《紧扣三大"基点",设计数学"问题链"》。据参考网:http://www.fx361.com/page/2018/0412/3378836.shtml。

枝干相连式问题链，需要学生在问题解决的过程中，认知进一步深化，能在相关的线索中找到更多的问题切入点，因此极其适合小组合作形式解决问题。它可以让学生在问题解决中开阔视野，成为自觉探索的主体，获得丰富的感知和真切的体验，形成多元化认知。

方法二：借轮辐聚轴式问题链加深思考。

轮辐聚轴式问题链，就是教师设计一系列问题，使之指向核心目标。这样的问题链中，问题是并列的、平行的，是相对独立的、内容明确的、具有丰富性的，因为问题更有指向性和多元化，因此利于学生有的放矢地进行思考。

某教师在教学六年级下册英文课 Unit 3 *A healthy diet* 的 "Story time" 时，结合 "The importance of healthy diet" 的表达主题，设计了以下问题。

①Do you know about healthy diet?

②What are characters about healthy diet?

③What else do you know about healthy diet?

④How do you think healthy diet is good for us?

这些问题均以健康饮食的价值为中心，分别从健康饮食的特征、类型、评价等方面深入探知健康饮食，有利于学生就 "How to have healthy diet?" 这一问题进行讨论，主动提出自己的观点，在深入交流中形成多元化理解，在深入研读中形成整体意识。

方法三：借一串成珠式问题链激发思维。

一串成珠式问题链，强调由浅入深、层层递进地设计问题，问题之间环环相扣、逐步强化、渐次提高、层层推进，可以激活学生的发散性思维和探究性思维。同时，这些由浅入深的问题，可以让学生在合作讨论中获得更多的启发，唤醒其自我探究意识，使之在循序渐进的学习过程中发现问题的奥秘。

方洪良老师在执教 "物质的溶解" 一课时，设置了六个问题，教学目标定位明确，层层递进。方老师通过一段生活视频引出第一个问题：白糖加到一定量后，怎么就不能继续溶解了呢？在学生给出自己的观点后，方老师提出了第二个问题：试着给饱和溶液和不饱和溶液下个科学定义。学生跃跃欲试，根据生活经验和自己的理解得出定义。针对学生给出的定义，提出了第三个问题：饱和溶液一定不能继续溶解溶质，对吗？学生发表了自己的观点，并很快意识到之前给出的定义有问题。紧接着，方老师提出第四个问题：不饱和溶液转化成饱和溶液的方法有哪些呢？针对上述问题，通过实验进行了直观展示和论证，由学生补充了之前给出的定义。接着，提出第五个问题：饱和溶液真的不能继续溶解物质了吗？方老师展示了一段视频，并且用实验演示了在饱和硝酸钾溶液中加入硫酸铜晶体，学生观察实验现象，一起完善了饱和溶液和不饱和溶液的科学定义。最后，分析实验，提出第六个问题：饱和溶液一定是浓溶液吗，不饱和溶液一定是稀溶液吗？并讲解饱和、不饱和溶液与浓、稀溶液之间的关系。①

案例中，依据相关的素材设计的层层递进的问题，教师唤醒了学生的自觉探知意识，有利于学生深化感知和强化识记所学知识。运用一串成珠式问题链时，要注意引领学生在思考中认真体味和交流，从而使之获得更多的启发。为此，教师要跳出"以本为本"设计问题的窠臼，要多从学生的理解感知和认知难点出发，给学生相应的提示与引导，使之从中发现更多的问题，进而使之在层层深入的问题中自我尝试，深入发展，获得深刻的感知和体验。

方法四：借往复闭环式问题链提升对信息的感知。

所谓往复闭环式问题链，是指同一问题在阅读教学中反复出现，提问引导的方式也一样。这样的问题链看似简单重复，实际上是对问题的一种提炼与升华。它可以让学生在小组合作讨论中用心思考，主动交流，获得更多的思维灵感，从问题的探知中获得有效的感知信息。

---

① 《巧用"问题链"提升课堂教学的有效性》。据搜狐网：https://www.sohu.com/a/255404943_728155。

专题三　打造高效课堂新方法

某教师在讲授柳永的《雨霖铃》一课时，针对如何引导学生读深读透，设计了切入文本，抓住主旨句"多情自古伤离别"中的"伤"围绕着"伤"反复提问、反复品读的一个问题链。

①作者的"伤"情体现在何处？请结合词中描写的景物来分析。

②作者的"伤"情体现在何处？请抓住词中直抒胸臆的句子赏析。

③作者的"伤"情体现在何处？请抓住其不事雕饰的语言来赏析。

④作者的"伤"情体现在何处？请结合作者生平遭遇体会他除了"伤别"之外的其他难言之理。①

这样的往复闭环式问题链，让学生在同一问题的思考中，学会多角度解读，形成发散性思维。同时，学生在重复问题中获得透过现象看本质的考虑问题的能力，促使其在无疑处获得某种醒悟或提示，并且去发现问题、解决问题，形成质疑型思维方式。

3. 问题链中问题的设计要求

问题链中的问题，可以让学生深入问题的思考与解决中，提高学生的观察力与思考力的同时，培养学生的思维感知力，促进学生的交流与沟通，并在此过程中进行深度思考。那么要促成学生小组合作，如何设计问题链中的问题呢？

（1）要在知识重点和关键处设计问题。

运用问题链促成学习共同体的形成时，要注意将问题设置在知识重点和关键之处，以促使学生"无疑而有疑"。为此，要注意抓住教材的重点，紧扣学习目标，巧妙地处理教材。无论是从正面还是从反面设计问题时，都要注意构思严谨，反复推敲。同时，还要注意了解学生的实际情况，在透彻理解文本内容的同时，掌握丰富的材料，明确提问的目的，从而让提问恰到好处地起到推波助澜、

---

① 《阅读教学中"问题链"的设计－最新教育资料》。据百度文库：https://wenku.baidu.com/view/2196ed14e43a580216fc700abb68a98270feac70.html。

"双减"背景下如何提升课堂教学质量

穿针引线的作用。

某教师在讲授《带着尺子去钓鱼》一文时,针对文章记叙了中国客人小张在丹麦带着尺子去钓鱼的奇特经历,其中的两个难点:一是为什么带着尺子,二是小张好不容易钓到鱼后却放回大海。教师设计了以下问题链。

①"疑惑不解"是什么意思?小张为什么疑惑不解?

②"一丝不苟"是什么意思?小张对什么事一丝不苟?

③小张从开始的"疑惑不解"到后来的"一丝不苟"。变化的原因是什么?

这样的问题设计,引导学生在讨论中思考,通过对文中对话的讨论,层层深入理解,体会到人们自觉遵守纪律、保护海洋资源的良好品德。

(2) 要注意提问的灵活性和趣味性。

设计问题时,要注意多用"为什么""怎么样""如何来解决"等开放性问题,要让学生在提问中受到启迪,学得新知;同时要尽量根据教学要求,联系学生实际和教材实际,设计富有趣味的问题。对于一些难度过大的问题,不妨设计铺垫性提问,要抓住重点,避免空泛的问题。

(3) 要注意体现对学生思维的激活。

设计课堂提问不能机械死板,类型应灵活多样,为此,教师要注意选择一些符合学生求异思维或喜闻乐见的方式,综合运用多种提问方式,引导学生学习与探究,在比较和归纳中解决问题。

某教师在讲解光的反射与折射的内容时,提到海市蜃楼现象,通过展示山东威海出现的海市蜃楼的照片,提醒学生在海上出现海市蜃楼现象的图像是正立的像,同时引导学生阅读讨论沙漠中的倒立像,设计如下问题链。

①为什么在海面上的海市蜃楼现象呈正立的像,而沙漠中的像呈倒立的像?原因是什么?

②根据不同界面成像的原理,可以用来解释生活中出现的哪些现象?

接下来,请学生通过查找资料,相互讨论,得出结论。当这样的问题链抛给学生时，学生对所呈现的问题既感到新奇，又产生了求解的欲望，于是他们心怀陌生和新奇，借助于分析问题，查找资料，最后得到了问题的答案。①

这就是运用探究性问题链，让学生于疑问处讨论、探究，进而在老师所运用的针对性强的问题中解决问题。于是，当课堂环境与问题互相配合，随时变化时，学习共同体的气氛就会形成了，那将是一种独特性和灵敏性的气氛，促使学生产生更强的学习欲望和探究欲望，进而让教学活动风生水起。

---

① 《浅谈问题链教学的类型及其作用》。据道客巴巴：http://www.doc88.com/p-8156038329663.html。

主题 3

认真倾听促进思考

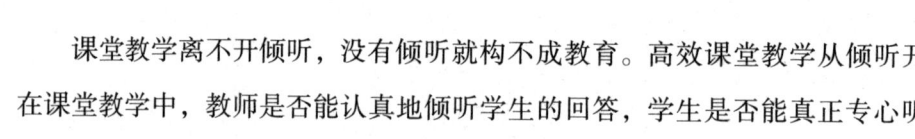

课堂教学离不开倾听，没有倾听就构不成教育。高效课堂教学从倾听开始。在课堂教学中，教师是否能认真地倾听学生的回答，学生是否能真正专心听讲，这些都直接影响着课堂教学效率，也影响着学生的发展。

一、倾听及其在教学中的作用

善于倾听是现代人必备的素质之一，它体现了对人起码的尊重。在课堂教学中，倾听是师生交往的基础，更是高效课堂必不可少的要素。

1. 增强学生的自信心

倾听是一种情感上的积极配合，是对发言者的理解和尊重。当学生发表自己的观点和想法而教师没有真正地倾听时，其自信心会因此而减弱，进而对自己的见解和看法产生怀疑。因此，从某种意义上说，教师在课堂上的倾听远比表达更为重要。

2. 促进交流，强化沟通

教师在教学中的倾听如同一把开启学生心灵大门的钥匙，当一名教师愿意倾听和乐于倾听学生的真实想法或观点时，就是对学生表达的无形鼓励。这种愿意倾听的态度，一旦被学生意识到，他就能感受到教师对自己的关注，认为自己的思想是有价值的、被认同的,这种被肯定就可以激发学生进一步表达的欲望和倾诉的热情。师生之间的距离感就会被打消,从而更加促进交流,强化沟通。因此,教师的倾听可以促进师生间的相互交流,强化沟通。

3. 利于反思和成长

教师能做到积极地倾听学生的想法,势必是站在学生的立场上去了解学生,这是一种情感的互动。教师通过倾听,能更加关注、理解学生的意愿和请求,进而进一步反思自己的教学情况,及时调整自己的教学行为,让自己以参与者的心态置身于教学情境中,从而使自己做到真正教学。这是一种教学反思,更是一种专业成长。

总之,善于倾听是教师的基本素养。教师在课堂上只有善于倾听,才能让自己变得更加亲切,言行更加贴近学生的实际,消除与学生之间的距离感,才能让学生将自己的真实想法表达出来,而教师则因此拥有了进入学生心灵世界的钥匙,促成师生之间的顺利交流。

二、发挥倾听的作用

倾听是一门教学艺术,它需要教师以谦虚、耐心和真诚的心去成就。尤其是课堂教学中,教师对学生不同类型的倾听,可以改变不良的教学氛围,创设适宜的教学环境,对教学效率的提升和学生整体素质的培养都有极大的益处。

1. 真诚的倾听可以鼓励学生

教师真诚地倾听学生的表达,可以为师生双方的交流创设一个温暖真诚的氛围。学生在这样的氛围中,就会自然地表达自己的观点和想法,袒露自己的困惑和不足,从而使教师获知学生的内心感受和独特的思想见解,了解其学习或心理的薄弱之处,进而有针对性地为其讲解或给予其鼓励。同时,教师真诚的倾听,是把学生作为一个有个性、有情感、有思想的鲜活的生命来接纳。这种接纳意着尊重，意味着平等，意味着对生命的高度关注，也表达着对学生心灵的关怀、宽容，这些都可以给学生以鼓励，从而增强其信心和学习的动力。

2. 耐心的倾听促其思考

倾听需要一种定力，教师要在学生的发言离题万里、漫无边际、天马行空，甚至极不顺耳或毫无道理时，耐心地倾听，让其把话讲完，而不是草率打断学生的话。这样耐心的倾听，不仅可以保护学生的自尊心、学习的积极性，而且会使学生感到老师对其的尊重，从而使学生能打开自己的心灵之窗，积极思考，倾诉自己内心的真实想法，而教师则能真正领悟学生发言背后的隐性含义，进而获知教学反馈信息，及时调整教学节奏和教学方法，助力学生的学习，引发学生更深入的思考，从而利于学生的学习，利于提升教学质量。

3. 反馈式倾听提升学习的主动性

教师能在倾听学生的发言时，不断地以某种形式做出与学生倾诉相应的反应，比如以口头语言简单地应答"嗯""好""我明白了"，或对学生的表述做简单的重复、简单的解释，以表示理解；或是以体态语言表达自己的态度，比如将身体往前倾，以示对学生所述内容的重视等。无论哪种形式，这样的反馈都会让学生感受到老师明确而诚恳的态度，会让学生受到激励，提升学习的主动性，激发对学习的热爱，进而乐于参与课堂学习，勇敢地表达自己的观点和看法。

三、这样倾听，促进学生思考

教学中教师的"倾听"是师生交往的基础，是教师真正明白学生的真实想法、了解学生的有效途径。课堂教学中，教师如果善于倾听学生的言说，就可以及时把握瞬时信息，促进学生思考。因此，教师善于倾听，显示出其非凡的课堂驾驭能力和教学机智。教师如何倾听，才能促进学生思考呢？

专题三　打造高效课堂新方法

1. 创设情境，引发讨论

构建主义教学理论认为，学生在学习科学知识之前，头脑里已经有了对所学知识先入为主的观念，并对即将学习的内容有自己的看法和见解。因此，在课堂教学中，教师要注意倾听学生的发言，用自己倾听的态度，为学生创设民主平等的课堂氛围，并针对所授内容为学生创设一个贴近实际的情境，然后提出问题，引发学生思考和讨论。而学生表达自己对所学知识的理解和认识的时候，就是教师了解学生真正想法的最佳时机。此时教师可以通过倾听，引导学生表达自己对教学内容的学习上存在的问题、智慧的发现、自己的理解、存在的困惑等，于是学生的思维和独到见解，不仅有利于教师的教学，还有利于培养学生的发散思维。

2. 参与倾听，适时回应

教师应该参与倾听，这意味着教师不仅是倾听者，而且是参与者和创造者。因此，教师在课堂上，不但要认真倾听学生的发言，还要在必要时给予适当的回应，诸如"你的观点很独特，还有吗"或"讲下去"等鼓励学生。这种反馈式的倾听会使学生深切感觉到被理解。因此，课堂教学中，教师在学生参与教学活动中倾听学生的意见和建议，可以引导和促进学生的学习，帮助学生建构自己的知识体系。当然，此时教师在倾听时表现出来的欣赏的表情，也会刺激学生，使之表现出无限的自我实现的可能，进一步增加其对教师的信任。

3. 做好引导，换位思考

倾听要发挥效果，就需要教师在倾听的过程中做好引导，否则倾听就真的只是"听"，而不能发挥助力教学和学生学习的意义。这就要求教师在倾听的过程中，及时把握适当的时机与学生进行交流，能以学生的角度听取其想法。如此一来就能在学生感到困惑或思路狭窄时，及时给予启发和引导，助其拓展思路。当然，在这一过程中，教师要认识到师生之间思维方式的不同，要理解学生的思考方式，认真听完学生的发言，多给学生一点鼓励和欣赏，帮助其增强自信心。尤其是在听到学生错误的认识时，不要急着下结论，而是在换位思考的同时，听取学生的解释，弄清楚学生错误认识的根源，如此一来才能找到问题的症结，迅速而及时地为学生打通"任督二脉"。

教学作为一种双边活动，只有师生之间形成良性的、平等的互动，才能发挥其作用。而教师在教学过程中学会"倾听"，才能发现学生认识上的疑惑，从而判断学生理解的深度，并决定需要重点讲解的内容，真正做到因材施教，充分发挥学生的主体作用。

4. "听＋看＋思"，发现问题

教师在课堂教学中的倾听，不是单纯的倾听，还要将听、看和思结合起来，如此才能听到学生发言的关键处，听清学生发言的潜台词，听明白弦外音。学生因表达能力的差异或存在种种顾虑，可能会在表达时有意或无意地漏掉或掩盖自己的部分观点或看法，此时教师如果只是简单地听，而不是辅之以看和思，就不能抓住问题的实质。因此，教师在课堂中要将听、看和思结合起来，要在认真倾听的同时，接收和分析学生通过语词表达出的内容外，同时密切关注学生表达时的语音、语速、节奏、音调高低等的变化，关注学生体态的伴随动作，从而获知其不言之意和未尽之意。比如抓住一些关键词句，像"……可是""……实际上""如果……我可能会……"等，及时进行询问、追问，及时和学生讨论，就可以真正获知其本意。这样的过程，就是一种去粗取精、去伪存真、发现问题并究其根由的加工和鉴别过程，对于发挥倾听在教学中的作用至关重要。

主题 4

合理互动提升学习效果

课堂中，师生、生生之间的互动方式与互动质量会对学习效果产生重要影响。教师要创设高效课堂，建立以学生为中心的课堂，不妨借助于课堂上创设的合理的互动，让学生积极、主动地参与学习，投入学习，进而提升教学效率和学生的学习效率。

一、构建共同探究的空间

心理学研究证明，个体处于心理安全、联系广泛的空间，才能愿意开动头脑，积极思考，进而敞开自己、表现自己。因此，要促成师生、生生的合理互动，使师生之间形成纵向和横向的联系，就要构建共同探究的空间，创设合作解决问题的课堂氛围。

1. 营造浓厚的合作学习氛围

促成师生、生生之间的合理互动，就本质而言就是要让学生在自主探究的基础上进行合作交流。这其实就是组织好学生之间、师生之间的多边共同研讨活动的过程。只有组织好这样的活动，才能促成合理的互动，才能让学生的思维在碰撞中迸发出灵感的火花，体验成功的乐趣。为此，教师需要营造浓厚的合作学习氛围。

"双减"背景下如何提升课堂教学质量

方法一：组织多种形式的讨论。

讨论或以同桌互帮式、四人小组研讨式、多人小组合作式和全班合作式等形式展开，以此为学生充分表现、合作和探究搭建舞台。在这样的讨论中，教师再根据学习的具体内容及具体条件，组织学生交流或讨论，促成学生不同形式的发言。

方法二：及时引导促成探究。

课堂教学中，教师要在学生发言时，积极引导学生对教学内容提出疑问，针对学生普遍存在的模糊认识组织讨论，鼓励学生发表自己的独特见解，发展多向思维。

方法三：营造良好的师生关系。

师生关系应是解决难题的合作关系，教师要在教学过程中，借助于自己动态或静态的语言，对学生进行启发和引导，紧扣教学目标，引导学生逐层深化地思考问题，激活其思路。

总之，学生是学习的主体，合作探究原本就是其发自内心的客观需要。教师只有在教学过程中营造浓厚的自主学习氛围，唤起学生的主体意识，激起其学习的需要，学生才能真正调动自身的学习潜能，进行深度学习，提升学习效果。

2. 优化组建合作小组

要构建共同探究的空间，除了营造浓厚的自主学习氛围，教师还要注意为每个学生发挥个性特长、进行群体合作创造机会，以达到优势互补的效果。优化组建合作小组就是重要的方式。教师可以按如下两步进行。

第一步：综合评定，异质分组。

教师可以对学生进行综合了解和分析后，根据学生的知识基础、兴趣爱好、学习能力、心理素质、家庭情况、性别等，将学生按4—6人分成若干异质学习小组。

第二步：明确分工，给予机会。

为了保证每个学生都参与到课堂活动中，提升其学习的积极性，分组后，教师可以对小组内的成员进行明确的分工，让每个人在一个阶段里承担一项责任，担任一个具体的合作角色。比如担任小组活动的组织者、记录者、资料员、发言代表等，一段时间后，组内成员进行角色互换。这样的做法，确保每个成员都能从不同的任务中获得体验、锻炼和提高，便于同伴间的合作，又利于公平竞争，可以收到相互学习、讨论、切磋、交流的效果。

总之，在这样的合作小组中，学优生能得到充分的施展，中等生能得到锻炼，学困生也可以得到启迪和帮助，小组形成信息资源共享、合作学习的氛围，由此带动全班的学习氛围，营造浓厚的共同探究空间。

3. 适当创设自主学习空间

课堂教学是学生活动的主阵地。在课堂教学中，要构建共同探究的空间，首先，就要给学生独立思考的充足时间，如此才能使学生有所发现，而有发现才能促成共同探究的发生。如果学生没经过自己的深思熟虑就参与互动交流，那么探究将流于形式，不能发挥真正的作用。其次，教师在保证时间的同时，为学生适当创设共同探究的空间，比如借助于一些参与表达、动手操作等活动，促使合理互动发生。最后，教师还要给学生发挥主动权的机会，为学生提供探究选择的机会，使之明确自己是学习的主人的地位，为此，教师可以创设一些互动项目，并将其交给小组，由小组全体讨论分工承担具体任务，发挥小组的职能。这样做才能充分尊重学生的爱好和专长，才能调动学生的"合作"积极性，获得预期的教学效果。

4. 科学提出合作问题

苏联著名教育家斯托利亚尔认为："在教学的每一步，不估计学生思维的水

"双减"背景下如何提升课堂教学质量

平、思维的发展，就不可能进行有效的学习。"为此，要促成共同探究空间的形成，不管是营造氛围、合理分组，还是提供项目，都离不开具体的问题。须知，缺少探究的问题，共同探究的空间就缺少了凝聚力。

方法一：借开放性问题推动。

教师可以针对教学目标、教学的重难点，结合学生的实际，设计一些具有思考性或开放性，仅凭个人的力量难以考虑周全，需发挥小组集体智慧的问题，推动学生合作探究。

方法二：借教学措施推动。

教师还可以针对学生的年龄特点，运用多媒体手段，制作一些色彩鲜艳、栩栩如生的课件及教具，营造互动探究的氛围，以激发学生去想、爱想、爱讲。当然，随课件出现的讨论题力求富有科学性、故事性、趣味性、实用性、创造性，做到既能激起学生学习的动机效应，又能增强互动探究的意识。

二、科学设计课堂活动

如上文所说，要借助互动提升学习效果，就需要教师设计相应的课堂活动。无论教师采用哪种形式组织引导学生展开讨论，都是围绕一个个问题展开的，因此，要促成合理互动的形成，就需要教师围绕问题这一互动的核心和关键精心设计，最终达成提升教学效果的目的。

1. 充分研读，有的放矢

在实际教学中，一些教师之所以课堂活动组织得不好，没有达到预期的效果，原因就在于没能深入研读教材和课标，对于教学目标把握不准，因此，要设计好课堂活动，首先就要充分研读教材和课标，做到有的放矢。这是保证课堂活动有效的必要条件。教师要明确，科学合理的教学目标包括认知掌握目标、技能达成目标、心理发展目标，三者分别指向学生在规定的学习内容和学习时间内在认知上要达到的标准、完成学习后要达到的技能水平以及相应的心理品质养成目标。教师要基于这三者，合理设计课堂活动。

教学目标：

通过开放性实验，探究光传播的特点，认识光的直线传播规律，体验探究的过程和方法，学会合作与交流，体验成功的愉悦，进而乐于学习物理。

活动设计：

活动一：探究光传播的特点

第一步：学生选择合适的器材，设计实验，探究光在介质中的传播特点。

第二步：自主评价，先分组进行探究，然后小组内总结实验成果，交流与分享，最后推举代表讲解展示"光在介质中是沿直线传播的"，其他同学评价。

活动二：探究光沿直线传播的条件。

第一步：教师提出问题，"光总是沿直线传播吗？"学生质疑，教师引导学生分析得出"光在同种介质中是沿直线传播"的结论。

第二步：教师提问，"光在同种介质中就一定沿直线传播吗？"播放视频，请学生分析视频中的现象说明了什么。针对学生提出的"光在同种介质中也不一定沿直线传播"，进行演示实验。

第三步：学生根据实验交流分享，总结规律，达成"光在同种均匀介质中沿直线传播"的共识。

上述案例表明，在设计课堂互动活动时，要紧紧围绕教学目标，要将不同类型的互动方式融入其中，如案例中设置了师生、生生互动等多种活动，引导学生经历了知识的发现、证明、应用和检验过程，实现了原理、方法和态度的迁移，有效地落实且达成了目标。

2. 利用资源，选择方法

有效的教学资源对于课堂互动活动的设计和组织可以起到辅助作用，可以促进目标的达成。将科学的方法与资源巧妙结合，有助于提升互动活动的效果。为此，教师设计互动活动，要结合可用的教学资源，选择科学的教学方法。教师要在设计活动前进行方法的预设。但是，"教学有法，教无定法"，方法的选择一定要根据教学内容、目标要求、学生学情、环境条件等因素灵活确定。

活动一：课前学习成果展示，各学习小组针对各自梳理的煤的综合利用流程图展开互评打分，最后选出一张有代表性的展示在黑板上。

活动二：学习小组表演情景剧《苯的发现之旅》，阅读相应的文本资料，如法拉第的发现、米希尔里希的实验、热拉尔的测定、凯库勒的环状结构式，进行"苯与水的溶解性实验""苯与溴水和酸性高锰酸钾溶液的作用"探究实验。

活动三：教师提出学习问题，结合制硝基苯的演示实验，讲解苯的化学性质，让学生结合五个问题进行讨论交流。

活动四：小组竞赛，每组派一名组员到黑板上默写苯的名称、分子式、结构简式，苯燃烧、制硝基苯、制溴的化学方程式，并派代表交叉评阅修改。

以上是某化学教师设计并组织的"来自石油和煤的两种基本化工原料"一课的活动。教师科学选择课程资源，先是设计了小组交流展示活动，激发学生的学习主动性，增强小组合作学习能力，提高学习的内驱力；接着设计了学习小组的情景剧表演、文本资源的阅读和展示、探究实验的操作，引导学生主动参与活动，体会分析和解决问题的思路，激发其学习与思考；再结合问题讨论交流，促进学生对知识的理解；最后用小组竞赛的形式引导知识反馈，检查目标的达成，同时进一步培养了团队精神和合作意识。

案例提示我们，在利用资源进行活动设计和组织时，选择科学的方法要注意以下原则：一是要体现趣味性，要依据课堂教学内容，不断调节学生的学习兴趣，培养学生的学科兴趣，激发学生对知识的探究兴趣，实现"寓教于乐"的教学理念；二是要体现激励性，教师在活动的设计中可特意设定一些激励环节，

专题三　打造高效课堂新方法

设计一些激励性问题，并对学生在活动中的一切正确反应给予积极的强化与肯定；三是要体现自主性，即教师要努力创设让学生自主学习的平台，借助于问题引路，或学生自主探究新知，或借问题引发思考，或组织小组、全体讨论，或小组或个人实践操作，同时辅之以教师的精讲导学，以达到有效促进学生知识与能力的生成与发展的效果。

3. 确保学生的主体地位

无论如何组织活动，保证学生在课堂教学的主体地位是高效教学、合理互动的关键。只有学生的主体地位得以保证，学生才能主动积极地参与教学，自主学习，活动才能在积极、主动和创造的过程中完成。

首先，教师要注意构建民主的课堂气氛。为此，教师要给予每一个学生尊重、信任，善待每一个学生，以平等的态度影响学生，建立一种新型的师生关系及和谐的教学秩序，让民主的气氛充满课堂，促成有效教学的展开。

其次，教师要创造性地运用教材。教师要在深入研读教材的前提下，改革教学模式，提供给学生观察、操作、实验及独立思考的机会；要依据课标和教材的基本要求，创造性地用好新教材，让学生自己查找学习资料，解决问题，并坚持联系生活实际组织活动，充分利用丰富的教学资源和教学手段组织教学。

最后，教师要积极创设利于发挥学生主体作用的教学情境，给学生主动参与学习的机会。为此，教师可以通过一定的活动，不断让学生动口、动手、动脑，通过读读写写、问题质疑、合作探究、动手操作、巩固练习等多种方式，使学生的学习活动成为课堂教学的主体活动。

三、巧妙组织课堂讨论

打造高效课堂，需要借助于合理互动提升学生的学习效果，还需要教师在互动活动中巧妙地组织学生进行讨论。

"双减"背景下如何提升课堂教学质量

1. 提升问题的价值

讨论是围绕问题展开的。因此,要巧妙地组织学生讨论,就要提升问题的价值,以增强讨论的效果。教师要在确保学生主体地位的前提下,充分调动每个学生的积极性,促进学生思考。为此,教师要使问题具有针对性、兴趣性和发展性,符合学生的年龄特征、认知规律、理解能力和个人经历的差异。

一是问题要体现"趣"且"悬"。所谓"趣",是问题要有趣,是指教师在组织讨论式学习时,要根据课堂内容介入生动形象的逸闻趣事、谜语等来激活学生的兴奋点,以顺利促成讨论,实现教学目标。所谓"悬",是指教师创设具有悬念的问题,激起学生的好奇心、求知欲和注意力,使学生对所讲内容产生想听、愿听、乐听的心理,倍加激发求知欲。

某教师在教学郁达夫的《故都的秋》一课时,让学生讨论:"为什么郁达夫笔下的秋景是悲凉的?"这个问题,学生如果不对郁达夫、他的作品以及与他相关的作品有深入、透彻的了解和解析,学生是无法讨论出像郁达夫本人的坎坷生活经历和抑郁善感的气质以及他本人提倡的"静"的文学主张的。这样的问题根本不具备讨论的价值和需要,属于无效讨论。

二是问题要"巧"而"精"。所谓"巧",是指问题问得巧妙,以此促使学生努力思考,让学生在对新问题的发掘和解决过程中,不断提升思维能力,使讨论式学习取得事半功倍的效果。所谓"精",是指创设的问题要小而具体,不一定要重结论,关键要讲求过程,具有可思考性,引导学生在积极思考中有力探索、不断突破、把握重点、体会难点,提升学生的思维能力。

2. 丰富讨论的过程

讨论是课堂互动中最常运用的形式,在讨论过程中学生会各抒己见,有时滔滔不绝,激烈处甚至会发生争辩。于讨论式学习目的而言,这样的状况是极其有益的,但前提是教师要做好引导。因此,在讨论式学习中,教师要丰富讨论的过

专题三 打造高效课堂新方法

程,要保障讨论有序进行和全员实质性参与,以便让学生的能力从不同层次上得到锻炼。为此,教师可以从以下几个方面入手,丰富讨论的过程。

一是要培养学生良好的讨论习惯。一般来说,讨论式学习是以小组形式进行的。通常情况下,小组成员的数量比较固定,或是四人,或是六人。教师要注意对学生学习讨论中良好行为习惯的培养,一方面可以提前给学生分好工,安排好人员的任务,如谁做笔记,谁代表发言;另一方面,教师要要求学生在发言中有礼貌,要合作,要做到以理服人等。关于此点,本书前面已经做过具体的介绍,在此不再赘述。

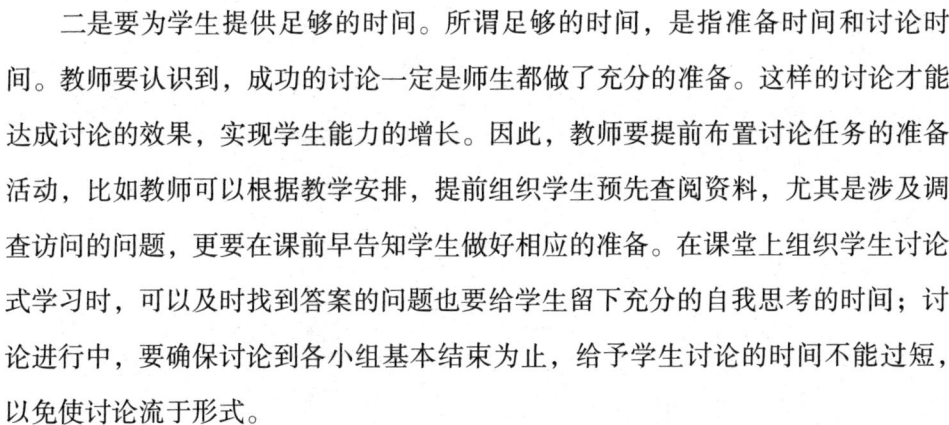

二是要为学生提供足够的时间。所谓足够的时间,是指准备时间和讨论时间。教师要认识到,成功的讨论一定是师生都做了充分的准备。这样的讨论才能达成讨论的效果,实现学生能力的增长。因此,教师要提前布置讨论任务的准备活动,比如教师可以根据教学安排,提前组织学生预先查阅资料,尤其是涉及调查访问的问题,更要在课前早告知学生做好相应的准备。在课堂上组织学生讨论式学习时,可以及时找到答案的问题也要给学生留下充分的自我思考的时间;讨论进行中,要确保讨论到各小组基本结束为止,给予学生讨论的时间不能过短,以免使讨论流于形式。

三是要深入其中予以指导。在学生讨论的过程中,教师要避免讨论过程单调,不妨在学生积极准备和讨论过程中,深入讨论小组,加入学生的讨论,一方面了解讨论的情况,另一方面给予学生必要的指导。无论是只言片语,还是一个点头、一个微笑,甚至一个比画的动作,都可以对学生的讨论起到抛砖引玉的作用。

某教师在教柳永的词《望海潮·东南形胜》时,在讨论式学习时,组织学生以小组为单位选出自己最喜欢的一句进行赏析,可以从炼字用词方面,也可以进行手法分析。布置完讨论的问题后,教师就走下去,挨个儿小组问:"你们小组选择的是哪一句?"并针对这一句稍加指导。这样一来,学生在讨论时就不再盲目。

四是要给予科学评价。在进行讨论式学习的过程中，教师要深入讨论群体，在听取学生汇报讨论结果时，确保高度集中精力，力求快速而全面地把握学生的不同观点或看法，并根据教学内容、生活实际和学生特点做出果断的判断，更要给予学生科学的评价，以肯定和鼓励学生。比如讨论的问题有确定的答案或有多个答案，教师要给予肯定；讨论的问题没有答案，教师就可以将其延伸到课外，鼓励学生和老师一起去研究、探讨。

专题四
创新作业设计思维

  "双减"背景下,要提升课堂教学质量,还需要教师规范作业设计,统筹作业总量,做到让作业少而精。想要让作业"少而精",就需要教师提高作业质量,创新作业形式,多样化地设计作业。

主题 1
明确作业的内涵与价值

作业的价值在于帮助学生巩固当日所学，同时促使其在课后进行自主学习，实现深度学习。当然，要发挥作业作为课内知识的延伸和巩固的作用，就需要明确作业的内涵与价值。

一、作业的内涵

作业，原指古代奴仆的劳动，最早出现于先秦文献《管子·轻重丁》中。后来，《学记》中指出"时教必有作业"，就开始指课外活动，当然也包括课外作业，成为课内学习的延伸与补充，并与课内作业相互依存，相互促进，发展成了一种脑力劳动。到了近代，作业的含义得到拓展，成为有效的教育教学的补充，是为了达成一定的教学目标，与一定的教学和学习任务密切相连的学习活动。其内涵也包括了课内和课外两项，尤其课外作业被看作课堂学习的继续，是用以巩固、消化、理解或迁移课内所学知识的措施，是课内教学工作的延续。此时，作业就具备了如下内涵。

1. 作业涵盖范围广

教师布置给学生的学习任务，不仅包括学生个人完成的，也包括学校布置给学生团体的，完成时间主要在教学时间之外，包括回家、在校休息时间，或其他非教学时间。

2. 作业意义和形式多

首先，作业作为课程的一部分，是课堂教学的巩固和延伸，起到巩固课堂教学的知识与技能的作用。其次，作业要求独立完成或合作完成，形式可以多样，或是文本性作业，或是实践性作业、探索性作业。

由此，作业具备了独特的内涵，即是指学校教师依据一定的目标布置给学生的，让其利用非教学时间完成的学习任务，因此也称为家庭作业。

二、作业的功能与价值

作业就其本质而言，是学生自主学习内化的过程，帮助学生通过独立思考，运用知识解决问题，从而提高学习能力，发展学生的多种能力与品质，具有特定的功能与价值。

1. 培养责任心和毅力

教师要求学生在课外完成作业，要求学生在规定的时间内完成作业。因此完成作业的过程就是对学生的责任心和毅力培养的过程。学生在完成作业的过程中，明确了自己需要承担的任务，知道要靠自己的努力才能完成。天长日久，作业就成为培养学生毅力和耐心的一种方式，也就发挥了培养学生毅力和耐心的作用。

2. 激发兴趣，提升自信

实际上，学习兴趣与学习自信之间是互相关联的。科学的作业设计，不但可以激发学生的学习兴趣，也可以增强学生的学习自信。作业设计的这种科学性就体现在难度适宜，不存在过难或过易的极端现象。完成难度适宜的作业，可以让学生在解决问题的过程中，体会到自我价值的实现，激发其学习兴趣和学习自信。

3. 培养多种能力

首先是自我管理的能力。学生要在规定的时间完成作业，协调好做作业和休息、娱乐的时间，就需要具备一定的自主管理时间的能力。当学生能科学地安排做作业的时间时，这种能力就能得到逐渐培养，也就学会了自主管理时间。其次是元认知能力。元认知是对个体自我认知过程的认识，以及对个体思维和解决问题过程的调控能力，学生完成作业的同时，尤其是在解决一些综合性、问题解决类的作业时，其元认知能力就能得到更好的培养。最后是解决问题和创新实践的能力。作业的类型是多种多样的，面对一些创新类、实践类、问题解决类的作业，需要学生动脑、动手，亲身实践，这样的作业有利于培养学生的问题解决能力和创新实践能力。

4. 促成学习发生

作业在促进学生"学习发生"上具有重要的意义。所谓"学习发生"，就是指学生在外在媒介的支持下，认知水平发生位移。就此理论而言，作业应该成为促进学生认知水平发生位移的关键外在媒介。

当然，作业的功能伴随着时间和对象的不同而发生着变化，同样有积极的一面和消极的一面。倘若教师在作业设计时能多加用心，立足学生的发展，科学设计作业，那么作业就能发挥出以上积极的作用。反之，如果教师设计的作业质量不高，作业就不仅不能发挥培养学生的品质、提升学生的能力的作用，反而会导致学生厌学，甚至致使学生失去学习的自信，影响其身心健康。

三、作业设计的问题及影响

"双减"的本质就是以"习"为中心，把时间还给学生，减轻学生的课业负担。因此，教师要基于"减负""增效"的目的，进行作业创新，认清当前作业设计上存在的问题及造成的影响。

专题四 创新作业设计思维

1. 作业内容"一刀切",形式单一

一线教学的实践表明,当前的教师在作业设计上,存在内容"一刀切"和形式单一的问题。

(1) 内容"一刀切"。

当前,许多教师在设计作业时,忽略了学生的个体差异,对作业内容采用"一刀切"的方式,导致学生出现"饱"者撑得够呛,"饥"者食难果腹,不能调动学生的学习积极性,不能让不同层次的学生在各自的起点上都有所收获。再加上作业缺乏趣味性,影响了学生学习的积极性,无法使之养成良好的学习习惯。

(2) 形式单一,类型贫乏。

调查表明,一个班级的班容量,一般不下四五十人,对教师来说,作业批改是一项非常繁重的工作任务。这就导致大多数教师在作业设计上不注重形式和类型的变化,致使相当多的作业存在重复的、机械单调的练习,且练习缺乏层次性,多为书面性的习题,少有专题活动、社会调查、上网查询等实践活动作业,这就在很大程度上限制了学生对知识的理解、对社会的了解以及人际交往。

同时,大多数教师不重视作业类型的变化,多设计一些封闭性问题。这样的问题,一是表现在答案的绝对性,即大部分是非对即错、有着绝对性的答案,严重挫伤了学生答题的积极性,抹杀了学生自主表达的创意,造成学生的依赖性和思维僵化;二是表现在答案的封闭性,不能彰显学生个性化的理解,不能让学生多角度地自由发挥,很少让学生进行合作、探究,抑制了学生之间交流互动、探索能力的培养。

2. 数量过多,评价单调

在应试背景下,一些学校和教师为了追求高分,尽快让社会或家长看到学生成绩的提升，于是基于这种急功近利的思想，采用题海战术、单调评价的方式。

(1) 数量过多。

相当多的教师在作业设计上，过于随意，只注重数量，而不注重形式和类型，为学生布置远超其承受能力和超出规定时间的作业。调查表明，一些学校的日平均作业量超过国家规定时间的两倍以上。小学生完成家庭作业的日平均时间为1.5小时，初中生日平均时间为2.5小时。初三年级，学生花在作业上的时间超过了3个小时。一些实验学校的家庭作业量甚至超过普通学校两倍以上。有的教师不仅作业留得多，而且在学生做错作业后还要加倍罚做，致使学生苦不堪言。

(2) 评价单调。

作业不仅仅是"教"的重要一环，即反馈与评价，更应该是"学"和"评"的重要组成部分，它应该贯穿"教—学—评"一体化的全过程。而相当多的作业形式单一，作业评价的方式也表现为过于单调。一方面教师基于节省时间、图省事的思想，不去创新评价形式；另一方面，这种贫乏的作业设计，也决定了教师懒于或不愿意进行评价设计。结果就是，作业评价停留于简单的打分或等级评定，评价刻板教条化，缺乏人情味和感染力，不但不能激起学生的学习内驱力，而且会挫伤学生学习的积极性。

3. 碎片化和片面化严重

除了上面的问题，在一些教师的作业设计中，还存在着内容过于碎片化、知识缺乏系统化、作业过于片面化的现象。

(1) 作业碎片化。

所谓作业的碎片化，是基于作业内容层面而谈的。相当多的教师在作业设计上，不能对作业设计进行整体构思，不是站在单元设计和学段作业的整体思路

专题四 创新作业设计思维

上,不考虑知识的整体性,以致作业中的知识过于碎片化,出现了一些跟近阶段学习毫无关联的内容,甚至在高年级的作业中出现低年级的练习内容,或者初中的形式。这种练习设计的无序化和随意性,影响了作业发挥其巩固知识、提升能力的作用。

(2)作业片面化。

与作业内容的碎片化相对的是,一些教师在设计作业时,站在作业系统的高度进行设计,却忽视了学生的年龄和"最近发展区"以及课节内容,结果导致练习内容片面化,练习形式单一化,而不是内容丰富、角度多样、形式各异。

主题 2

树立课程视域下的作业观

学生作业负担重，苦不堪言，究其原因，固然有考试指挥棒的影响，但也与教师对作业的认识相关。错误的作业观导致教师缺乏"备题"的意识，不对作业进行精心设计，不改进作业布置方式，一味注重让学生刷题、练题、做题。因此，要改变当下作业设计中存在的问题，首先就需要教师树立课程视域下的作业观。

一、课程视域及其作业观

要清楚课程视域下的作业观，就需要明确何为课程视域，知道它对教师教学和作业观的形成的影响。

1. 课程、教学和作业

课程视域，是伴随着课程成为一个独立研究领域而出现的名词。要了解这一名词的含义，就需要了解课程和教学。

（1）课程和教学。

课程是与教育相伴而生的。纵观整个教育发展史，课程的内涵有很多种说法，有些学者从不同的角度介绍了课程的内涵。

表 4–1　课程与教学不可分离的因素

角度	概念
范围和序列	针对不同年级的客观目标矩阵（即序列）或一个共同的主题的分类组（即范围）
课程纲要	整个课程的计划，一般包括原理、话题、资源和评价
内容纲要	以有组织的大纲的形式列出一系列的话题
标准	要求所有学生都完成的一系列的知识和技能
教科书	用来指导课堂教学的教学材料
学程	学生必须完成的一系列的学习经历
有计划的经验	学校所计划的所有学生的经验，不管是学术的、运动的、情感的还是社会的经验（波斯纳，2007）

据此可知，在历史发展过程中，课程与教学经历了分离、包含、整合的变化，二者一直相伴相生。课程产生于教学，又植根于教学、服务于教学。有学者认为，从未来发展来看，课程和教学将逐渐整合，即教学成为课程开发的经历，教师需要在课堂上"创作"课程。这标志着课程和教学融为一体，形成了课程视域。相对应地，当教学与课程分离时，自然就形成了教学视域。

（2）课程、教学和作业。

据课程和教学的关系可知，二者作为教育领域中的主要内容之一，虽然早期各自存在，但随着教育的发展，二者已经融为一体，而作业作为教育的一个重要的环节，是课程的一部分，也是教学的隶属、教学的延伸。可以说，作业和课程、教学并不存在明显的界限，因此，当课程和教学逐渐整合，最终就形成了课程视域下的作业观。

2. 基于课程视域的作业观

基于课程视域的作业观，相比于基于教学视域的作业观，无论是作业功能、作业目标、作业内容、作业形式，还是完成方式均表现出鲜明的特征和积极的意义。

(1) 特征。

首先,就作业的功能和目标而言,课程视域作业观将作业的功能扩大,不仅包括对课堂教学中知识与技能的巩固,而且希望通过课外作业达成课堂无法完成的目标。因此,校内学习与校外学习要尽量做到适当互补。同时,课程视域的作业观关注作业目标的多维性和综合性,即除了关注知识与技能,还特别关注学习习惯、方法、能力以及实践创新、综合解决问题的能力、道德等方面的目标。

其次,就作业内容和形式而言,课程视域作业观认为,作业不仅包括学科知识技能的巩固,而且包括一些实践类、操作类、合作类、长作业周期性、以综合解决问题能力的发展等为主的学习任务与活动,强调内容与教学紧密相关、有机互补。就作业的形式而言,强调作业要形式多样,可以将巩固性和诊断性、发展性相结合,也可以将个体性作业与合作性作业相结合,可以将短作业与长作业相结合,还可以将口头作业、书面作业、实验、制作、设计、调查、社会实践、劳动、体育运动等作业类型相结合。

最后,就作业完成方式而言,课程视域作业观对作业的完成形式要求宽泛,依据作业的类型,可以独立完成,可以合作完成,但都要求教师要给予适当的指导,同时鼓励学生坚持完成长周期性的任务,等等。

总之,整体而言,课程视域作业观主要将作业作为课程的一个主要环节,更加强调作业要实现多方面的功能和作用,尤其是能力、道德、实践等方面。从实施方式上而言,课程视域作业观更多强调的是根据课程目标、学生的学习情况自主设计并实施适切的作业目标、内容与评价任务等。就作业个性化和相对性的角度而言,课程视域作业观更加强调根据学校和学生的实际情况自主设计与灵活调整,强调学生在学习过程中的理解、综合运用与创新,强调个性化。

(2) 课程视域作业观的意义。

根据上述分析,课程视域作业观表现出众多特征,这说明它更加科学与灵活,强调作业的目标性、整体性、系统性和动态性,有助于培养学生密切联系生活、解决实际问题的综合能力,激发学生的学习兴趣等,体现了教育专业化、个性化发展的必然趋势,反映了作业问题的现实诉求,更加强调将作业研究的视野从教师转向学生本身。

3. 课程视域作业观的设计理念

课程视域作业观是强调以学生为中心,注重培养学生的兴趣、能力、方法和实践能力等,作业布置强调趣味性、实践性,作业类型要求丰富多样,形式灵活,重视问题的解决,给学生思考的余地和空间,关注学生的实际生活,立足于社会环境,注重学生作业完成的过程,借作业完成培养学生的探究、合作和自主精神。基于此,在作业设计上,体现了如下理念。

理念一:关注学生差异。

课程视域作业观,强调要从学生的视角出发,基于不同学生的情况设计不同作业。为此,教师在设计作业时应注意以下几方面。

首先,要建立正确的学生观,树立"以学生发展为本"的理念,科学地理解和执行。一方面,教师要更关注学生学习的深层次的价值与意义,如在学习中获得的成就感和价值感,同时也强调对学生有待发展能力的培养,要将作业当作课外主动学习的一种有效手段,监督学生课后的学习情况,进而避免作业设计和安排引发的不必要的负担和矛盾。

其次,要科学地理解每个学生的差异,认识到每个学生都是独特的,有着不同的学习风格、兴趣爱好、个性和品格等,在设计作业时要重视这种差异,做到在相应的理论指导下,结合自己的教学经验和学生情况设计具有针对性的作业,并努力提高作业设计的质量和实施的水平。

理念二:注重作业与教学协同。

课程视域作业观,关注课程目标的整体达成问题,作业设计在考虑教学实际效果的同时,不局限于教学内容的巩固,而是在适当巩固的基础上,发挥课外时空的优势，使之成为一种课外学习任务。这样一来，作业和教学就可以共同发挥各自的优势，在学习目标、内容和实施方式上做到相辅相成，各有侧重，共同保障课程目标的实现。

理念三：系统设计作业。

所谓系统设计作业，就是要求作业的目标要系统，作业目标和内容要保持一致，作业的评价要基于作业目标的达成度，并辅以科学的讲评辅导，即遵循"目标—内容—批改—分析—讲评—辅导"这样的系统思维。这就要求教师在设计作业时，要基于学习类型设计相应的作业目标，要对作业内容和形式进行系统思考，要针对不同的学科、不同的年级，围绕以下六个维度将作业目标具体化。

一是要从"作业目标—内容—类型—难度—时境—时间"进行系统思考，二是要从"学段—学年—学期—单元—课时"进行系统思考，三是要从"作业设计—作业完成—作业批改—统计分析—讲评辅导"进行系统思考，四是要从同一年级的不同学科的横向关系进行系统思考，五是要从不同年级的同一学科进行纵向思考，六是要从课程目标的要求，对作业与教学、评价等进行系统思考。

理念四：注重反思改进。

课程视域作业观不仅强调作业要体现差异性和个性化，还注重对学生的作业结果进行反思和再设计，以图改进作业。这样的做法，体现了作业结果对学生的学习情况、教师的教学情况的诊断改进功能，即教师在进行作业设计时，要充分考虑教学的实际效果，要将作业的结果作为设计新的教学任务的出发点，将作业设计目标、内容和数量与教学效果相关联，要充分体现作业本身的诊断和改进功能，即有助于教师发现学生学习中存在的问题，进而反思作业设计自身存在的问题，及时改进作业设计。[1]

---

[1] 王月芬：《重构作业——课程视域下的单元作业》，教育科学出版社，2021。

二、改变作业设计理念

课程视域下的作业观提醒我们,要改变作业设计理念,要从学生的立场看作业,在研究学生的作业心理的基础上,把握学生的心理机制,科学设计作业。

1. 从学生立场看作业

一项基于学生的作业调查表明,在大多数学生的眼里,现在的作业因为主学科作业量大、家长的格外加量,反正也完不成,慢慢地拖着写;现在的作业无趣,主学科强调巩固基础知识但形式单一,"副课"有趣但作业麻烦,都让人"累"。因此,立足于学生的发展,立足于培养学生,基于课程视域下的作业设计,就要从学生的立场看作业。为此,要真正发挥作业的作用,使学生乐于做作业、心甘情愿地做作业,就需要教师在作业设计时,从学生的立场看作业。

2. 基于学生作业心理设计作业

一项针对学生作业喜好度的调查表明,大多数学生虽然感觉侧重于基础巩固的作业"累",但更愿意写这类作业,一方面在于这种作业可以巩固学生的基础知识,使其在考试中获得比较理想的成绩;另一方面,此类作业比较容易写,可以让学生在写作业时获得解题的成就感,避免因出错产生挫败感。而这种心理的产生,除了与学校和教师片面追求考试成绩有关,还与教师对学生作业的评价方式相关,因为作业出错,学生会收到来自教师的负面评价,从而导致自尊心受伤。据此,课程视域下的作业设计,要考虑设计对学生的合作、实践能力进行训练和提升的作业,要在作业设计中采用正向、激励的评价方式,以减轻学生的心理压力,为学生的作业"减负",促成学生能力的提升。

3. 把握学生的作业心理机制

作业心理机制是指学生在完成作业时的基本心理活动过程,以及该过程中影响学生作业完成的心理结构与成分，以及各成分之间的相互作用。它聚焦于微观的学生主体，关注学生在完成作业过程中的心理变化。就本质而言，学生完成作业是一种活动过程，是一种典型的自我调节学习过程。在这一过程中，教师设计、布置作业和学生完成作业的动机等多种因素，直接影响着学生在完成作业过程中的情绪、行为、心理状态，如图 4-1 所示。

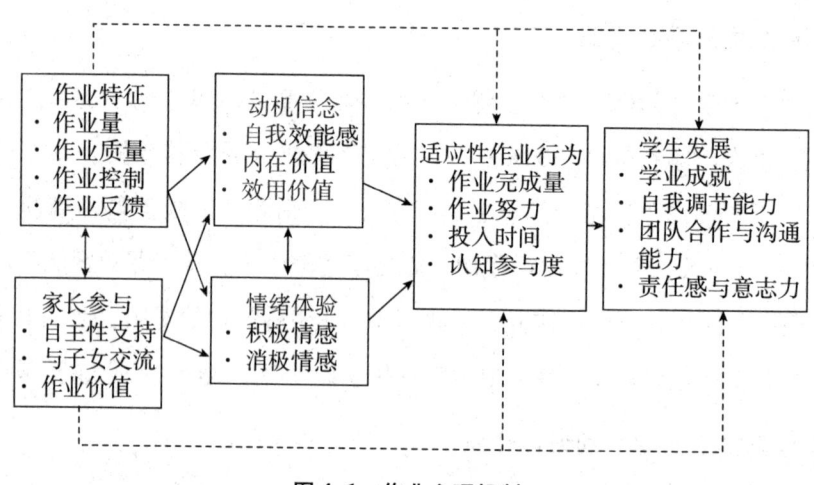

图 4-1　作业心理机制

为此，课程视域下进行作业设计，教师还要在把握学生的作业心理机制的前提下，遵循以下原则。

原则一：要从学生视角理解作业的特征。

由图 4-1 可知，学生良好的作业行为的产生，受多种因素的影响，教师设计作业仅是其中的一个因素，要真正让学生接受作业，产生愿意做作业的行为，就需要教师了解学生如何看待作业，找到学生眼中受欢迎的作业的特征，并在进行作业设计、实施、批改的环节中，注意学生的心理，及时与学生沟通，阐明设计作业的目的和将采用的评价方式，避免学生产生不必要的心理压力和逆反心理。

专题四　创新作业设计思维

原则二：要关注学生作业品质的养成。

所谓作业品质，是指学生产生适应性的作业行为和相对应的心理品质，如主动投入时间、认知上参与作业完成的过程，以及坚持完成作业和自主完成作业等。由于教师在大多数情况下关注的是学生的作业完成情况，而不关注学生在作业完成过程中的心理和行为，如是否抄袭、是否应付式地匆忙写完等，结果没能使作业发挥出对学生的调节功能，反而致使学生养成了马虎、投机取巧、不求甚解、抄袭、定式思维等不良品质，结果学生成了机械地写作业的机器，作业也丧失了其应有的意义。因此，课程视域下的作业设计，需要教师在作业设计中转化思路，关注学生的"作业行为"和"作业品质"，培养学生良好的作业品质。

原则三：以尽可能少的作业促进尽可能多的认知投入。

前文表明，过量的作业使学生产生了消极的作业行为，进而抑制了他们的认知投入。因此，课程视域下的作业设计理念要求教师控制作业量，精心设计作业规则，为学生提供更具挑战性的作业，减少低水平的重复作业，增强作业的可理解性，进行作业分层，以激发学生的认知挑战性，重视作业批改中的认知性反馈。

原则四：让学生获得积极的作业情感体验。

调查研究表明，学生完成作业的过程也是一种情绪变化的过程，当作业让学生产生良好的情绪感受时，学生的作业完成率和正确率就高；反之，学生产生消极的情绪感受时，作业的完成率和正确率均下降。因此，教师在作业设计时，要注意激发学生积极的情绪体验，即要把握不同阶段学生的心理特点，相应增加作业对学生的吸引力。

原则五：要"放权"，让学生参与作业的设计和选择。

长期以来，学生在作业中是被动接受者、被控制者和被改造者，学生完成作业的过程就成了一种被驯化的过程，成了被同化的过程，这不利于培养学生的自主、投入、责任等相关的作业品质，因此教师在作业设计中，要给学生更多的选择权和参与权，如让学生自主选择作业量、作业难度、作业形式和作业反馈的方式，使学生由被动转为主动，进而提升其完成作业的积极性，利于其良好的作业品质的形成。

原则六：让学生在完成作业的过程中，体会到知识间的关联、知识的应用，以及与人合作的乐趣。

知识之间是有着联系的，尤其是小学到中学的教材上，知识点之间会形成网络图。如果学生能在学习过程中找到知识点之间的联系，不但利于知识的举一反三，还利于学生思维能力的培养。因此，教师要基于对知识间的联系、对教材的了解和对学生的认知设计作业，以便让学生体会知识间的联系，学会应用知识，比如进行单元作业设计、实践应用型作业设计。除此以外，教师还要认识到，学生是社会人，与人交往是正常需求，因此要设计需要合作完成的作业，让作业成为学生与他人携手完成的任务，是与他人共同走过的一段旅程，以发展并提升学生的社会能力，激发其完成作业的兴趣和热情。[①]

三、调整作业设计结构

课程视域下的作业设计，除了要改变作业设计理念，还要注意调整作业设计的结构，如此才能发挥作业的作用，培养学生的作业品质。

1. 作业结构及类型

所谓作业结构，是衡量一组作业质量的最终指标，也是最关键的指标之一。一般来说，作业结构主要包含内向结构、纵向结构和横向结构三种（见图4-2），它们作为课程视域下作业设计的典型特征之一，体现了作业设计要具有整体性、系统性、结构性的要求。

---

① 方臻、夏雪梅：《作业设计基于学生心理机制的学习反馈》，教育科学出版社，2014。

专题四 创新作业设计思维

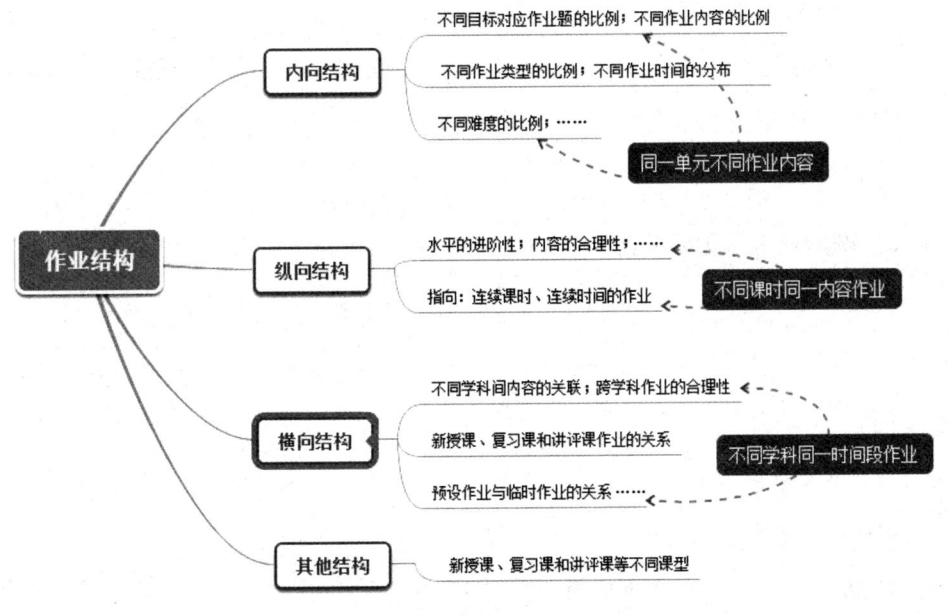

图 4-2 作业结构思维导图

（1）内向结构。

内向结构是指一个单元所有作业中不同作业类型、不同作业难度、不同作业内容等的比例是否合理，主要反映的是作业各个维度内在的自洽性，决定了作业的合理性、适宜性等。教师一旦具有这种内向结构的意识，就会在作业设计时注意到作业结构存在的一些极端性问题，并对其进行反思和改进。

（2）纵向结构。

纵向结构，一般是指连续课时、连续时间内布置的作业，在内容上具有衔接性，在水平上具有进阶性，在要求上具有差异性，主要是从时间维度来纵向反映作业的系统性、发展性问题。纵向结构包括了不同课时、水平的纵向结构和同一类作业不同年级的纵向结构两种。教师具备了作业的纵向结构意识，就能就同一个单元的不同课时设计作业时，考虑到差异和进阶的特征，系统思考前后作业的关系，而非孤立地设计某一天的作业或者某一个课时的作业。

（3）横向结构。

横向结构主要是指不同学科同一时间的作业在内容、要求与能力上的相关性，它反映不同学科之间的关联，凸显学科之间有机衔接，以及部分跨学科作业的设计问题。

2. 调整结构，设计作业

明确了作业设计的结构，可以帮助教师依据学科、学段、课时以及相应的培养目标，有针对性地进行作业设计，以确保作业设计更科学、更合理。先来看一个案例。

一、单元教学目标

（一）识字写字

1. 认识46个生字、4个偏旁；会写28个字。

2. 积累与身体部位有关的词，归类识记带有"月"字旁的字。

3. 学写"主、门、书、我"4个带有点的字，了解"点的位置不同，书写先后也不同"的笔顺特点。

（二）阅读

1. 正确流利地朗读课文，读好长句子及问句，注意停顿，读懂句子所表达的意思。

2. 理解"勇敢"等词语的意思，用扩词的方法积累一些常用词语，归类积累"×来×去"，尝试说这样的词语。

3. 朗读《静夜思》，并背诵积累。

4. 初步感受端午节的传统文化，体会浓浓的亲情。

5. 借助拼音，正确朗读古诗《寻隐者不遇》，并背诵积累。

6. 借助拼音和大人一起读《妞妞赶牛》，读正确，读流利，并能边读边想象画面，感受绕口令的情趣。

专题四 创新作业设计思维

二、各课目标分解

	《静夜思》	《夜色》
识记	认识"夜、思"等9个生字；会写"思、床"等7个生字	认识"胆、敢"等12个生字和厂字旁1个偏旁；会写"色、外"等7个生字
能力与方法	能借助拼音，正确、流利地朗读古诗，背诵古诗	能借助拼音，正确地朗读课文；读好长句子的停顿，读懂句子的意思
情感态度价值观	想象画面，初步感受诗中描绘的景象	初步懂得"克服胆小，做个勇敢的人，能收获美好"的道理

三、作业设计

	《静夜思》	《夜色》
第一课时	（1）把学过的9个生字读给爸爸妈妈听，并试着组两个词语吧 （2）读古诗，并试着背一背吧	（1）把课文读给爸爸妈妈听 （2）读一读、记一记课后题第二部分的词语
第二课时	（1）试着给《静夜思》画一幅美丽的插图吧 （2）和爸爸妈妈一起再背一首关于月亮的古诗吧	（1）试着读一读《妈妈别再送我》 （2）用"……一……就……"说两句话

上述案例是部编版语文书一年级下册第四单元的单元教学目标，以及同一单元下的两篇课文的课时教学目标和作业布置。对比分析就会发现，在作业设计上，教师同时考虑了课程视域下作业设计的不同结构。下面，结合本案例，我们一起来看如何调整结构，设计作业。

（1）依据内向结构，确定比例。

教师掌握了内向结构这种作业的结构，在设计作业时，就可以据此反思作业设计，分别从目标与作业题的对应比例、作业内容的比例、作业类型的比例、作业时间的比例、作业难度的比例等几方面，合理调整结构，使作业设计更加合理而科学。例如，同一单元的一组作业的难度分为简单、中等和难三个等级，教师

"双减"背景下如何提升课堂教学质量

在作业设计时如果有内向结构意识,就可以依据学科、学生、学科及内容,科学地安排三者的占比,那么对于三者在作业中的占比。

四、课目占比

	《静夜思》	《夜色》
识记	把学过的9个生字读给爸爸妈妈听,并试着组两个词语	读一读、记一记课后题第二部分的词语
理解	读古诗,并试着背一背	把课文读给爸爸妈妈听
应用	试着给《静夜思》画一幅美丽的插图	试着读一读《妈妈别再送我》
综合	和爸爸妈妈一起再背一首关于月亮的古诗吧	用"……一……就……"说两句话

上述对比可以看到,针对同一单元的两篇课文的作业设计,教师在作业设计时考虑到了作业内容的比例,每一课都涉及生字的识字、课文的阅读和口头表达三种类型,每种作业类型都对应着一些主要的作业目标和认知水平。

当然,在实际的作业设计中,教师也可以根据不同单元不同课时内容选择不同的类型和水平,只要能确保一个单元的整体结构,以及一个学期甚至一个学段的整体结构都是合理的。

(2)依据纵向结构调整作业。

教师在作业设计时,要从纵向结构的角度,在不同跨度的时间段对作业进行整体设计。如进行作业设计时,同一学科要从一个学段、一个学年、一个学期或一个单元来考虑,不同学科要从一周、一个月来考虑。

方法一:同一学科、同一单元作业的调整。

五、课目作业调整

	《静夜思》	《夜色》
应用	试着给《静夜思》画一幅美丽的插图	试着读一读《妈妈别再送我》
综合	和爸爸妈妈一起再背一首关于月亮的古诗吧	用"……一……就……"说两句话

专题四 创新作业设计思维

从上面的对比可以看到，虽然同是关于应用的作业，但相比《静夜思》，《夜色》的作业难度略大一些，因为要读一篇风格类似的文章，必须理解文章的主题和内容，这是基于纵向水平的进阶设计的。因此，针对同一单元、同一学科的不同教学内容，教师要在设计作业时，依据单元教学目标、课时目标进行分解，并针对课时内容进行调整，依据不同的维度进行设计、调整，并对作业内容、难度逐渐调整。

基于作业的纵向结构，教师在进行作业设计时，要注意不同课时的作业要从内容的衔接、水平的进阶或内容与水平的差异的角度考虑。简言之，就是同一个授课内容，同一个教学目标，要依据课时进行划分，从不同侧面来体现目标的达成，以及能力的提升或知识的学习。

方法二：同一类作业在不同年级的调整。

教师在设计同一类型的作业时，要考虑到年级差异。比如，同样是预习类作业，在不同年级的要求是不同的；同样是复习类作业，在不同年级的设计也不同。

（3）依据横向结构调整作业设计。

简单地说，横向结构可以帮助教师对作业中的跨学科内容进行合理设计，以及对未体现跨学科的作业内容进行调整。这种调整，可以从以下几方面入手。

方式一：分析不同学科学习内容的进度的关联性。

学科教师在设计和布置作业时，首先要学会分析不同学科的学习内容及进度，了解其他学科的知识内容与技能培养，以及其他学科的教学进度。教师可以用列时间表的方式，将不同学科的教学进度和教学内容进行比较，以便在进行作业设计时，避免学科进度差异而对学生完成作业造成阻碍。

"双减"背景下如何提升课堂教学质量

表 4-2 各学科教学进度表

学科教学进度表		数学		语文		英语		物理	
年级	时间	上课进度	作业设计	上课进度	作业设计	上课进度	作业设计	上课进度	作业设计
七	第一周								
	第二周								
八	第一周								
	第二周								
九	第一周								
	第二周								
……	……	……	……	……	……	……	……	……	……

方式二：利用学段知识体系分析作业。

由上表可知，不同学科的知识有其特定的体系，同一年级的不同教师在进行作业设计时，还要注意分析不同学科作业的体系，以便调整作业设计。一方面，教师可以在学校的协调下，或在年级组、备课组的教师协助下，将整个学段的作业设计好；另一方面，教师可以在了解不同学科同一时间段的教学进度的同时，在整体把握知识系统的同时，以教学目标、核心素养的培养、教学内容为依据进行关联分析，从而让作业设计更科学，达到设计出跨学科作业的目的。[1]

---

[1] 王月芬：《重构作业——课程视域下的单元作业》，教育科学出版社，2021。

主题 3
创新设计作业

"双减"首先减的是中小学生的作业负担,因此,对学生的作业要求和布置,就绝不能仅停留于过去的老套路上。教师要树立课程视域下的作业观,重新认识作业的本质,树立全新的作业观,创新设计不同类型的作业,以便在课堂上带领学生更高效地学习,在课后提升学生的学习信心和兴趣,促进学生自主学习能力的养成。

一、常规作业新方法

常规型作业是按常规要求进行设计的,在教学中发挥着相当重要的作用,教师要立足学生的素养培养,本着"减负""增效"的目的,围绕教学目标,科学设计此类作业。

1. 以思维导图设计作业

思维导图运用图文并重的技巧,把各级主题的关系用相互隶属与相关的层级图表现出来,把主题关键词与图像、颜色等建立记忆链接,用于设计预习类作业,不但可以转变学生的学习方式,引导学生把握关键点,而且可以激活课前体验,为学生提供思维抓手,提升学习效果。

（1）变单一填空为思维导图。

根据教材内容和知识进行填空是作业的常见形式，尤其是预习作业的常见形式，但这种作业形式陈旧，不利于激发学生的学习兴趣，甚至在一定程度上束缚了学生的思维，压缩了学生自主学习能力发展的空间。相反，将单一填空变为思维导图的形式，不但可以激发学生主动学习，激活学生思维，而且可以起到指导学习方法的作用。

以下面的作业为例：不看书，能画出以 country 为中心的思维导图，不会写的单词用红笔。

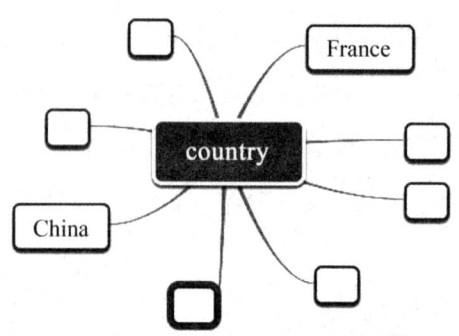

图 4-3　以 country 为中心的思维导图

图 4-3 是某教师针对七年级英语下册第一单元设计的思维导图预习作业。从导图可以看出，教师一改之前简单的单一填空的方式，改用导图来让学生梳理和填写，促进了学生自主学习。

（2）设计关键点思维导图作业。

所谓关键点，就是学生学习的重点或难点。教师可以根据教学内容或知识的关键点设计具有指示性的思维导图作业，比如，将语文课本中相对繁复的文字内容转换成简明直观的图画，将数学的关键概念用图画的形式展示出来。这样一来，学生完成导图作业的过程不再是简单的机械抄写，而是对信息进行加工处理，从而实现了对学生的思维训练，引导学生掌握接收、理解、存储、提取信息的有效方法，提升他们获取和解读信息、调动和运用知识的能力。

专题四　创新作业设计思维

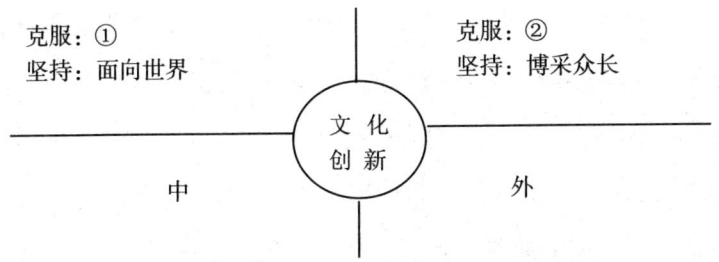

图4-4　"坐标式思维导图"预习作业

图4-4为高中政治"文化创新的途径"一课的预习作业。基于本课的发展要求是讨论"文化虚无主义"和"文化拿来主义"的片面性，而教材中的相关概念采用了混合式的表述，可能成为学生学习的难点。于是，一位教师设计了"坐标式思维导图"预习作业，帮助学生区分二者。

从导图可以看到，这样的预习作业包含着对学习难点的预判以及对思维方法的要求，既是对学生能力的一种考验，也是思维转换的一次演练，利于教师发现学生的认知困惑，了解学情。

（3）设计整体性思维导图预习作业。

这种方法就是教师将教学内容设计成知识结构图的预习作业，引导学生自主梳理逻辑主线，了解课本知识。

以下面的作业为例：阅读课文，填写概括课文内容的整体性思维导图，全面了解课文的内容。

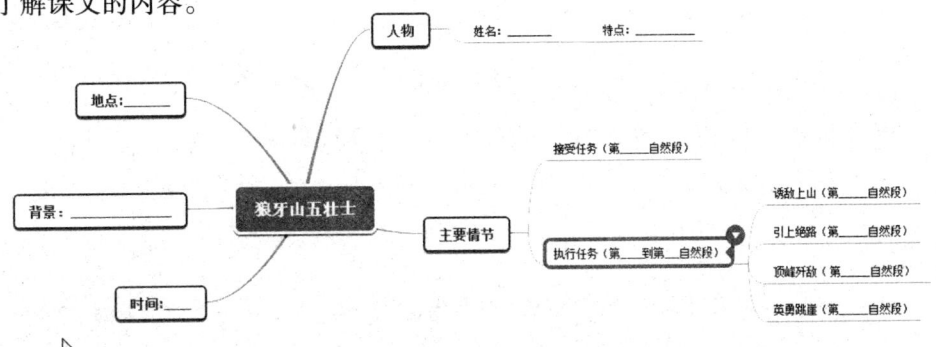

图4-5　《狼牙山五壮士》预习作业思维导图

"双减"背景下如何提升课堂教学质量

图4-5是一位教师在教授《狼牙山五壮士》这篇文章之前设计的预习作业思维导图。学生针对课文填写思维导图完成预习,在此过程中,学生全面了解了课文的内容,了解了整个事件的起始、发展和结束的过程,从而收获良好的预习效果。

这种思维导图的形式,常用于课后作业或复习课,但教师创新地将其前置为预习作业,教会学生借助画图的形式形成知识的整体性思维。对这一方法,教师还可以加大难度,要求学生在阅读教材内容后,自主画出涵盖主要内容的整体性思维导图,那就需要教师事先通过"提供示例—解说画图方法—学生尝试—典型思维导图作业点评"的步骤予以指导。学生经过至少三次尝试和点评后,就能基本掌握画图方法,学会按"锁定主题—浏览课本—识别主干—提炼关键词画出思维导图—依据导图整体解说知识"的步骤画思维导图的方法。

总之,让学生自主画图的预习性作业,更富于挑战性与创造性,也更易于激发学生学习的主动性。

2. 将课内拓展探究前置为作业

考虑到课堂教学的时间有限,教师可以将教材中的一些探究活动以预习的形式,引导学生完成。这样的作业设计不但可以充分利用教材资源,而且利于培养学生的主动探究意识和能力。

(1) 教材"探究活动"的变式运用。

某政治教师在设计"文化创新的途径"一课的预习作业时,针对教材中的五处"探究活动",将其中第二处"根据取其精华、去其糟粕的道理,从'孝'的继承与发展中看道德继承中的文化创新"设计为预习作业:

第一题:上网搜索"二十四孝"故事并选择一个"孝"故事写一篇100字的评论;

第二题:请为自己的"孝"打分(满分10分),并简要说明理由。

学生要完成第一题的作业,需要运用旧知即第四课中"文化继承与发展"

专题四　创新作业设计思维

的相关知识，在旧知与新知"文化创新的途径"之间架起桥梁；要完成第二题的作业，需要反思个体生活经验，将"道德继承与发展"从书本学习延伸到日常的言行举止和生活方式中去。这样的预习作业既隐含着知识的深化理解和灵活运用，又摆脱了知识本位的桎梏，关注学生学习能力的发展和情感体验的升华。

（2）教材辅助文的延展探究。

学科教材中为学生提供了较多的"阅读材料"和选学内容，这些内容用于进行预习作业设计，有利于学生开拓知识视野、增长见识，有利于培养学生自学的能力。教师不妨将其进行延展拓宽，据此设计探究性作业。

七年级地理下册中有"以色列的节水农业"的阅读材料，某教师据此设计了预习作业：

第一题：阅读"以色列的节水农业"，查阅相关资料，了解以色列节水农业的发展现状，说一说它给世界人民怎样的启示；

第二题：请通过资料搜索另举出一个国家采取相应的资源保护的案例。

"以色列的节水农业"让枯燥的教材内容变得生动，拓宽了学生的视野、增添了学习的乐趣，同时也可以潜移默化地提升学生的环境保护意识和节能意识。对于学生来说，网络搜索资源并予以筛选或整合是信息化时代不可或缺的一种学习方法。这样的预习轻松活泼又富有深意，学生的尝试既为后续的理性认知做好了感性素材的储备，也有助于发展举一反三、触类旁通的思维能力和搜索、评价、利用信息的网络信息素养。

3. 变案头学习为体验实践式作业

为引导学生学会多样化的学习，使学生能够在开放的生活实境中通过合作实践实现三维学习目标，教师可以依据"学习金字塔"理论，结合教学内容特点，设计一些体验实践式预习作业。

某初中物理教师在教学"光的反射和折身"第三课时"光的折射"时，设计了如下预习作业,引导学生将自己在预习过程中的疑惑,或想了解的,或不能完成的问题写出来,以激发其求知欲。

做一做:将一根筷子放入装有水的玻璃杯中,从上往下看,筷子有什么变化?将筷子慢慢直立,筷子又有什么变化?再用其他一些笔直的物体试一下,为什么会有这些现象?

上述案例是以实验的方式,让学生体验实验现象,并获知实验原理。下面的这个案例中的作业,则是让学生进行社会实践。

某高中政治教师针对"文化创新的途径"的教学,提前一周向学生布置了预习作业。

作业:拍摄一部微电影《舌尖上的温州》。

要求:以小组合作的方式完成;以温州美食为主题;电影时长5分钟;提交作品必须为原创,严禁抄袭;课堂上展示作品。

上述案例采用的是实践探究的方式,让学生动手实践,在合作、探究和讨论的过程中,提升能力,掌握知识。当然,下面这位教师的作业设计,也可以起到相同的作用。

某化学教师在教学"分子、原子"前,布置学生看书后,自己制作分子、原子的模型,通过制作模型来加深学生对分子、原子概念的直观了解。

可以说,以上三种形式的作业,不仅体现了结合教学内容,还充分考虑到了学生的实践条件和学习负担,让学生的体验实践过程为教学"锦上添花",提高了教学实效。

二、分层作业新思维

班级授课制下学生的学习结果不会是整齐划一的,学生的思维方式一定存在个体差异,其在解决问题中的思想也是多样化的、多层次的。因此,创新设计作业,教师可以针对不同层次的学生,安排不同难度、不同数量、不同形式的作

专题四 创新作业设计思维

业,使每个学生都能得到发展。

1. 就作业量和作业难度分层

作业设计的实践表明,相同数量和相同难度的作业,不利于学生基于不同的"最近发展区"和能力现状的发展。因此,教师在进行作业设计时,可以从作业量和作业难度入手,合理分层。

(1) 分层原则。

依据作业量分层,即教师根据学生个体情况和对其发展要求的不同,对作业的数量进行适当增减,做到过于简单的、学生容易掌握的作业不留,同类作业不重复。分层时,体现以下原则:一是对于学习能力强、态度认真、知识掌握较快的学生,可不留作业或减少不必要的作业;二是对于学习能力薄弱、态度不够认真、知识掌握不够牢固的学生,可以适当增加作业量。这样一来,学有余力的学生可以获得自由发展的时间和空间,使每个学生都获得充分的发展,体现尊重学生的个性差异。

(2) 操作实践。

A 层次:

①《阿长与〈山海经〉》作者是_____,原名_____,选自_____,本文主人公是_____。

②给下列加点字注音或根据拼音写汉字,然后读两遍。

疮( )疤 惊骇( ) 掳( )走

xù 说( ) jié( )问 震 sǒng( )

③刻画人物形象,常用(肖像、语言、动作、心理、神态)描写的方法,本文作者是抓住了哪些富有特征性的细节,塑造人物形象的,请在文中一一勾画出来。

B 层次:

①文章结尾写道:"仁厚黑暗的地母啊,愿在你怀里永安她的魂灵!"此句

的表达方式是什么？如果把这节文字删掉有什么不好？

②课文涉及的事件较多，请找出最令你感动的一处文字，并说说你为什么会被感动。

C 层次：

在你的童年生活中，有没有像阿长这样的给你留下深刻印象的普通人？你怎样看待他们？用一段话写出来。

这是某教师在教学《阿长与〈山海经〉》一课时设计的分层次作业。从内容可以看出，这位教师遵循了按难度和作业量进行分层的原则，将作业设计成A、B、C三个层次，与三大板块的内容（第一大板块应是在学完一课后对基础知识进行积累；第二大板块应是紧扣教材，深化学习，渗透阅读能力训练；第三大板块应是综合探究性作业，适时延伸到课外，拓展能力）一一对应，有利于全面提高学生的语文素养，培养他们具有适应实际需要的多种能力。

2. 基于学生思维多样性分层

培养学生的学习力是实施素质教育的重要内容，也是课程改革进入纵深阶段的必然追求。"双减"在减轻学生的学业负担的同时，旨在培养学生的创新意识和多种能力。这就离不开对学生思维的训练。因此设计作业时，教师可以创造性地从学生的思维多样性的角度，采用灵活的方式设计一题多解等拓展思维的作业，对作业进行分层。

（1）理论依据。

思维是创造的核心，不同的思维方式在创造性活动中具有不同的作用。人基于大脑进行学习，实际上是通过一种曲折迂回的方式进行的，而非简单线性的网络。这是因为每个人在学习过程中的思维和理解知识点的方式各不相同。个体思维方式的形成和很多层面有关系，比如出生环境、生长环境、受教育程度和后天的教育方式等。这种思维方式的多样性，决定了面对同一个问题，每个人思考问

专题四 创新作业设计思维

题的方式、解决问题的方式也不同。这些思考问题的方式和解决问题的方式的差别，就决定了人与人之间的差距。

（2）操作实践。

基于个体思维方式的差距，教师就需要在进行作业设计时针对学生思维的多样性，分层设计作业，锻炼学生思维的灵活性和多样性，让学生在完成作业练习的过程中实现知识的巩固吸收，提升思维的灵活性。

方法一：开放性思考题。

教师可以抓住具体的考查知识点，设计一些开放性的思考问题，尤其是那些可以有多样化的解题思维和思路的习题类型，以训练学生的思维。需要注意的是，教师要在进行作业设计时注意鼓励学生从不同的角度和层面展开探究，引导学生将所有可能的解题方法做归纳总结。这样的训练过程，能够基于练习加强学生的理论知识掌握程度，并且让学生意识到解题思维的多元与发散，这样才能收到更好的训练效果。

学习完"牛顿运动定律"的内容后，某教师设计了如下作业。

在斜面上抛出一个物体（斜面倾角为 $\sin\theta = 0.6$），确保物体落在斜坡上，并经测量物体的降落点与抛出点的距离为 30m，求当物体距斜面最远时的距离与时间。

这个问题的考查要点相当清晰，可以用多种方案和思路解决这个问题。教师旨在借这道题让学生找出各种不同的解题模式，并且将所有自己能够想到的解题方法做归纳总结。最终的解题成果表明，主要的解题方式体现在以下三方面：解法一是由已知条件和平抛运动的规律可求出 t 的值和 d 的值；解法二是根据运动的合成与分解进行 t 与 d 值的求解；解法三是运用两直线距离的公式进行求解。

这样的作业表面上看是一道题，其实在思维层面已经进行了分层，可以让学生意识到，一个看似简单的问题其解题方法和思路可以是多元化的，不但巩固了学生的理论知识，也引导学生学会在解题时及时调整与转换思路，对于学生学会

185

学习起到了很大的帮助。

方法二：生活常识题。

这是指教师在作业设计时，基于学生思维的多样性，设计一些结合生活场景、运用生活常识的题，不但可以夯实基础知识，还能适度拓展，开拓学生的思维，培养其学习兴趣。

某物理教师在教学"摩擦力"一课后，在设计作业时，立足学生物理实验探究能力的培育和提升，采用了基于思维多样性的分层作业。

第一道题：在一场拔河比赛当中，有A、B两个实力均等的队伍要进行比赛，比赛所用的绳子一端涂满了润滑油，而另外一端则什么也没涂，而A队在比赛时正好拿着涂满润滑油的那一端绳子，那么请问，A、B这两个实力均等的队伍要进行拔河，哪队最有希望获得胜利，为什么？请学生试着从摩擦力的角度来进行回答。

第二道题：在小组合作实验中，小组同学围绕"如何测量滑动摩擦力大小"，以小组合作的方式探究影响滑动摩擦力大小的具体因素。

这样的两道题，都立足于思维多样性，为不同层次的学生提供了不同的发展思维的平台，学生在解决问题的过程中，思维的多样性得以体现，进而可以充分发展自己的不同的思维能力。

3. 根据学习风格分层

关于学习力的研究表明，个体思维不存在高低之分，只是表现类型不同。这就是为什么每个学生擅长的学科不同的原因。因此，当一些学生在某一学科的学习表现较差时，其实并非学生笨，而是由于其思维的影响。因此，为了让学生获得发展的机会，就需要针对学生的学习风格分层设计作业。

（1）理论依据。

学习风格是指人们在学习时所具有的或偏爱的方式，换句话说，就是学习者

专题四 创新作业设计思维

在研究和解决其学习任务时，所表现出来的具有个人特色的方式。它对于学习质量、学习效率有很大的影响。从对感觉通道的偏重来看，个体的学习风格分为视觉型、听觉型和动觉型三种。学习风格属于视觉型的人，比较容易接受视觉获得的信息，习惯于在学习时将要学的内容在脑海中组成相应的图像和片段。学习风格属于听觉型的人，比较容易接受听觉获得的信息，对于他人讲解后的知识更容易理解和记忆。学习风格属于动觉型的人，不善于从书本接受知识，更擅长通过实际操作实现知识的学习。

（2）实践操作。

学习风格是个体在长期的学习过程中逐渐形成的，具有稳定性，但也是可以改变和塑造的。教师针对学生的学习风格设计作业，不但可以提升学生的学习效果，而且可以达到对学生不科学的学习风格进行再塑造的作用。

方法一是按智能、爱好分类设计。

基于学生的智能、爱好不同，教师在进行作业设计时可以依据学生的个体差异，为其提供思考、创造、表现及成功的机会，变单一作业为多元作业。

某教师在完成六年级第一单元（以心中有祖国为主题）的教学后，为了充分调动学生语文探究性学习的积极性，积极培养学生的创造性思维，设计了分层作业：

①喜欢画画的学生，把你心中的祖国画出来；

②喜欢写作的学生，可以动笔写作，赞美伟大的祖国；

③喜欢阅读的学生，可以阅读抒发爱国情怀的文章；

④喜欢词句摘抄的学生，可以摘抄爱国的美词佳句。

这样的分层作业设计，既提高了学生语文学习的兴趣，又深化了学生对课文内容的理解。再如下面的案例。

某教师针对"美丽的小兴安岭"一课，设计了如下分层作业：

①爱习作的你，不妨写写你对小兴安岭的感受；

②爱朗读的你，不妨有感情地读出小兴安岭的特色；

③爱绘画的你，不妨画出小兴安岭给你印象最深的景象；

④爱唱歌的你，不妨创编赞美"小兴安岭"的歌唱给大家听；

⑤爱文学的你，不妨摘录文中优美的语句；

⑥爱观察的你，不妨找找小兴安岭的其他特点。

作业布置后，学生的兴趣顿时高涨，大家按照自己的喜好积极参与：有8名学生选择了朗读，4名学生选择了摘抄成语和比喻句，5名学生选择了借助影音资料对小兴安岭重新进行观察、描绘，5名学生选择了绘画……

这里的作业就是依据学生的爱好和兴趣设计的，调动了学生的作业兴趣和自主意识，让学生在思考中陶冶情操，收获了良好的作业品质。

方法二是按学生理解、接受能力分层。

学生因身心发展、性格特长、生活经验和认知方法的不同，在理解和接受能力上存在差异。因此，教师在设计分层作业时，要依据其理解、接受能力的不同对作业进行分层。

某教师在教学完《美丽的小兴安岭》《富饶的西沙群岛》后，结合书面运用的要求，针对学生的理解和能力的不同，设计了学习书面语言表达中词语的运用的分层作业。

观看"小兴安岭""西沙群岛"的多媒体画面，完成下面的作业：

①用本课学到的一个词说一句话；

②连续用本课学到的两个词写几句话；

③用从本课学到的更多的词围绕一个意思写一段话。

三、单元作业多元化

在"双减"背景下，提升作业设计质量，是解决作业"减负"与"增效"的首要问题。作为作业设计的基本单位，单元作业理应成为提升课堂教学质量、

专题四 创新作业设计思维

为学生"减负""增效"的基本思路。

1. 单元作业的特点

单元一般是指同一主题下相对独立并且自成体系的学习内容，或是一个话题，或一个专题，或一个关键能力，或一个真实问题，或一个综合性的项目任务等。单元作业，是相对于课时作业而言的，是以单元为作业设计的标准，打破学科内容章节的界限，旨在提高学生的学习兴趣和素养进行的作业形式。这一作业形式具有如下特点。

（1）体现知识的整合。

单元作业以问题的形式，将"三维"目标进行有机融合和有效落实，突出内容和过程的联系性与整体性，依据学生的认知特点和某个单元的教学内容，设计合理的、有一定思维梯度的作业，注重学习的阶段性和层次性，避免了传统作业的随意性与盲目性。单元作业是将一个单元中的教学内容、教学活动当成一个相互联系的整体来对待的，作业设计应始终贯穿于整个单元主题教学之中。这样的作业，让学生在完成作业的过程中体会到知识的系统性，帮助学生将学到的知识前后关联起来，逐渐构建起知识的内在联系，做到将前后的知识内容逐步深化、不断提高，充分发挥了知识的整合、单元整体教学的功能，有利于学生将学到的知识系统归整、综合应用。

（2）侧重知识的应用。

单元作业强调知识的逻辑性和应用性，这种逻辑性体现在抓住单元内知识体系的内在和多重的联系，并将二者进行整合，形成清晰的脉络；这种应用性，体现在单元作业上可以帮助学生个体在知识的学习过程中形成内在联系、互相协调，促成能力的整体发展。正是基于单元作业的这种特点，学生才能借助于单元作业，从开展的诸多作业活动中，亲身感受并获取知识，加深对知识的理解、运用，找到书本知识与社会实践的结合点。

(3) 突出知识逻辑与心理逻辑的统一。

单元作业注重学生对学习过程的全程参与和全力体验，因此要求学生在完成作业时实现知识逻辑与心理逻辑的统一。

首先，单元作业不仅可以帮助教师清晰地梳理出某个阶段各学科的知识系统，同时可以帮助学生建构知识逻辑，将散点的知识结构化地呈现在学生面前。于是借助于单元作业，学生可以将所学的知识按照知识结构建立起自己的认知结构，逐步形成整体的、综合的、关系式的立体思维品质。因此从这个角度来看，单元作业有利于学生知识的建构与运用，是对课堂教学设计的有益的补充。

其次，单元作业的完成无论从量上还是从质上来说都是具有一定难度的，这种难度一方面体现在综合实践上，另一方面体现在完成作业过程中的持之以恒的耐心、合作等品质上。因此，它就成为培养学生在坚持中勇于实践、在实践中善于合作的最佳载体，有利于激发学生的斗志，减轻学生的作业负担，提高学生的作业兴趣，促进学生的良好的情感、态度和价值观的形成，进而利于学生提高素养和能力，为其终身学习和终身发展打下基础。

2. 单元作业的作用

单元作业的特征表明，在实际教学过程中，在"双减"背景下，单元作业形式具有课时作业无可替代的作用。

（1）利于增强同一单元不同课时作业之间的结构性和递进性。

借助于单元作业，不同课时作业内容与要求之间的关联得以加强，减少了一些针对低水平目标、反复操练性质的作业，避免其简单机械性重复占用学生的时间，减轻学生不必要的作业负担，取而代之的是发展高阶思维要求的作业，突出不同课时作业内容之间的衔接性、递进性，利于学生知识结构体系的形成和能力的提升。

（2）实现课时作业的统整性、关联性和递进性。

单元作业是基于各个课时的作业目标、作业内容、作业类型、作业时间、作业难度等进行的整体设计与统筹分配,其作业目标不仅考虑到知识技能的掌握,还考虑对能力、态度等方面的培养,更考虑到不同的认知水平的差别,让不同课时的学习目标在作业中合理分布与统筹分配,突出课时作业内容上的综合应用性、统整性,而其相对较高的难度也利于提升学生的综合能力。

(3)利于系统思考单元知识,培养教师的作业设计能力。

单元作业是从单元整体的视角,对单元培养目标、教学、评价、作业、资源等进行系统思考,共同发挥知识的传授、能力的提升和素养的培养作用。同时,单元作业形式也需要教师不断提升学科课程的整体把握和系统设计能力,进而更好地发挥作业对学生发展的作用。因此,从这个角度来看,单元作业对于培养教师的作业设计能力有着积极的意义。

3. 设计多元化的单元作业

鉴于单元作业的特点,教师在进行单元作业设计时,就要随着年级的升高、学科教材的编排变化,以及学生身心、能力的发展变化,进行多元化的设计。

(1)合作型单元作业。

所谓合作型,是指以合作为主的作业形式,作业的完成改变了原本由个体完成的状态,转变为团体合作完成的状态,借助于团体的力量,学生互相学习、互相影响,并在交流中逐步建立自信心,增加学习兴趣,提高学习的效率。这种单元作业可以帮助学生在复习、巩固知识的过程中增强与同伴合作的意识与能力,增进生生间的人际交往。

①查一查。课前搜集有关鲁迅先生的资料,在课堂上交流,加深对鲁迅先生的了解。

②抄一抄。积累课文中的词语,并与同学交流自己的理解。

③说一说。学完《少年闰土》《我的伯父鲁迅先生》《一面》《有的人》后,你对鲁迅先生都有哪些了解?你还有哪些收获?

④写一写。《少年闰土》《我的伯父鲁迅先生》是典型的写人文章，文中都是通过具体的事例来体现人物的品质特点的。你能用几件事来体现你的伙伴的特点吗？

⑤读一读。课外阅读鲁迅的作品或与鲁迅有关的故事。

⑥做一做。在班级内举办"走近鲁迅"手抄报展。

作业①基于让学生提前了解鲁迅，以便课堂上能很好地理解课文，迅速地走进文本，旨在培养学生搜集和处理信息的能力。作业②立足于积累，引导学生感悟语言文字的无穷魅力，将课本知识内化为自己的语言，以此提高语文素养。作业③旨在培养学生的倾听、表达和应对的能力，使学生具有文明和谐地进行人际交流的素养，让学生在听与说的互动过程中，再次了解和把握文章的写作特点。作业④立足于促进学生发展，引导学生深入文本，领悟写作方法。作业⑤旨在通过阅读，促进学生精神成长。作业⑥以动手实践的方式，引导学生从不同角度感悟鲁迅的人物形象，使学生学有所思，学会真实地表达读书的体验。

总之，整个作业设计充分体现了语文课程的实践性、综合性，调动学生的多种感官（想、写、看、读、说、听），激发了学生的主动性和创造性，利于学生形成积极的人生态度和正确的世界观、价值观。

合作探究型作业有利于夯实学生的基础知识，增强学生的合作意识，培养学生分析和处理信息的能力。如何设计合作型单元作业呢？一是要在布置作业之初，明确作业的目的和训练目标；二是要预判和了解学生在完成作业过程中可能出现的问题，进而给予学生适时的点拨和帮助。

（2）实践型单元作业。

这种单元作业是以学生在校内外的实践活动为主要载体的单元作业形式，强调学生在情境中综合运用所学的知识。这种单元作业的设计要在内容设计上紧扣教材，难度要依据学生的"最近发展区"，同时要考虑学生完成作业的时间，并要从布置作业到作业完成给予学生过程指导。

专题四 创新作业设计思维

一、提示：写生物的外形结构

1. 观察小组内的玩具汽车，描述它的外形特征：

（1）用基本几何形概括整体的外形结构；

（2）几何形状的组合与变形。

2. 观察、比较玩具汽车与毛绒玩具的造型特点：

（1）用欣赏比较法找出玩具汽车与毛绒玩具的基本结构差别；

（2）探究不同结构的绘画表现方式。

二、作业内容

1. 基本任务：学会用从整体到局部的写生方法，用黑色水笔描绘玩具汽车的造型。

2. 挑战任务：观察玩具汽车的立体效果，尝试用黑色水笔表现玩具汽车的立体效果和机理效果。

3. 秀秀我们的玩具跑车，举行一个"跑车展览会"。

以上是美术写生单元的实践型单元作业"玩具跑车"，作业的设计体现了分层的特点，让不同层次的学生都能参与作业的完成。

实际上，实践型单元作业在其形式和目的上也体现了多元的特点。具体来说可以分为不同类型，如按作业的完成时间分为过程型和准备型，前者用于教学过程中，是为了辅助学生加深对教学内容的理解，后者则用于教学前，相当于预习性作业，旨在让学生先有实践和体验，再来学习，以凸显学习的效果；依据作业的设计目的分为考查型和拓展型，一般放在教学中和教学后，旨在让学生对自己的学习成效有一定的了解。上述案例中的单元作业，按作业的完成时间划分，就属于过程型；按学生的程度划分，还属于分层型。

四、长周期作业巧跟踪

作业创新，除了形式上，还包括作业的时间上。其中，长周期作业就属于作业时间上的一种创新。这种作业不同于普通的家庭作业，不但有着独特之处，在设计形式上也有着自己的特点，需要教师在学生完成作业的过程中科学跟踪，以保证作业的效果。

1. 作业特点

长周期作业是指建立在大跨度时间基础上，需要学生经历一段时间（一周、一月甚至更长的时间）去完成一个主题任务的"长作业"，它以项目、问题、设计为载体，以学用结合为核心，借助于人与人、人与物、人与环境的互动，培养学生良好的学习习惯与解决实际问题的能力。这种作业相比于普通的家庭作业，表现出如下特点。

（1）耗时长。

长周期作业，顾名思义，作业的完成时间长，少则数天，多则一个月或一个学期。这就决定了这种作业内容多，学生在完成的过程中会遇到许多困难和挫折。比如观察蚕的一生这个长周期的科学作业，就需要学生经历几个月的时间。

（2）指向知识的综合运用。

长周期作业的内容多、时间长，决定了其内容必然涉及很多知识点，因此它指向知识的综合运用，在形式上经常是以问题、项目或表现性任务为载体，以激发学生的聪明才智，且学生需要花费一番心血、付出一番努力才能完成。换言之，这种作业的完成，绝不仅仅是教材知识点的再现，更多的体现学科知识中的关键点，需要生生、师生互动与合作，使学生在完成作业的过程中形成坚持、探究和表达等优良的品性。比如，某教师在教学冀教版语文三年级下册第六单元安徒生的作品时，设计了"走进安徒生和他的童话"这一为期一个月时间的长周期作业，就是以项目学习的方式，要求学生综合运用阅读、理解等相关的能力，以及所学的知识来完成作业。

（3）培养优良的作业品质。

长周期作业的时间长、内容多，其间的挫折和困难多，致使学生极易产生畏惧和倦怠心理，甚至丧失自信心，因此这种作业对于培养学生良好的作业品质发挥着重要的作用，尤其是利于培养学生坚持的品性、不畏困难的韧性和做事的耐性。而这些良好的作业品质，对于学生的成长起到了更积极的意义。比如，学生在完成观察昼夜长短这一长周期作业时，就需要每天观察和记录昼夜长短的情况，早上7点、晚上7点观察天空的亮度情况，坚持一年的时间。当学生在一年后整理出四季昼夜长短的变化规律时，其坚持的内在品质已经形成。

2. 作业形式

长周期作业是基于开放和拓展设计的作业，因此目前没有也不适宜设计固定的形式，一般来说，从其载体和目的的角度，划分为三种形式。

（1）积累型。

积累型长周期作业，重在让学生在日常积累中培养良好的习惯，引导学生从小处做起，从点滴开始积累知识，提升能力。

从本学期10月31日开始，教师专门为每一位同学准备了一个漂亮的本子，用于写"每日一说"，不限字数，不限内容，至少5行。让学生记录下每天的感受或所见所闻，要求写出真情实感。格式同日记的格式，书写要工整。

案例中的"每日一说"就属于长周期作业。这种长周期作业为学生写作能力的提升开拓出一条更加广阔的道路，为提高学生的语文素养奠定了坚实的基础。

（2）探究型。

这一长周期作业重点培养学生的问题意识和探究能力，多用于数学、物理、化学、科学等学科中，可以以小组合作的方式进行。此类作业设计的关键在于激发学生的探究兴趣，因此探究问题及活动的组织很关键。设计时要以问题为中心，遵循"提出问题—分析问题—提出假设与收集资料—评价、验证—得出结论"这一过程展开。

▶▶▶▶▶ "双减"背景下如何提升课堂教学质量

同学们,你们一定乘坐过出租车吧?你们了解过出租车费的计算方法吗?你们知道出租车发票上每一栏数据的信息吗?2015年10月8日起,上海市出租车开始了新一轮的调价,取消了燃油附加费,也做了相应的费用调整。那么调整后的出租车收费方式与之前比较,费用到底是涨了还是跌了?请你行动起来,积极参与此次长周期作业。在2015年10月12—30日的时间内,和爸爸妈妈一起实地乘坐一次出租车,留心观察发票,运用我们学习的小数计算的方法,通过计算、上网搜集资料、向爸爸妈妈求教、与同学一起合作等方式比较一下出租车调价前后收费的变化,和同学一起分享自己的结论和建议。逐项完成以下记录单,形成一份简单的微型调查报告。

任务一:和爸爸妈妈一起乘坐出租车。完成"为出租车拍张照(注意车型哟),粘贴出租车发票,解读发票上每一个数据表示的信息(请与发票一一对应写下来),用算式表示出此次乘车总价与单价之间的关系"。

任务二:算一算,发现新旧收费方案带来的车费差异。完成"找一找你了解的最新《上海市出租车调价实施方案》并说说你的理解;接着比一比调价前上海市出租车收费方案;最后,算一算,以此次乘坐的公里数为例,根据新旧方案的不同规定,在路况相同的前提下,比较两次收费的差异"。

任务三:和伙伴们分享自己的结论和建议。完成"现场交流,认真倾听同学们的想法,做简要摘录;同时,认真思考:此次调价后,出租车费用是涨了还是跌了?能对出租车的乘客提出怎样的建议?"

这是小学数学的一项长周期作业。学生在这个作业中主动运用数学知识,探索并解决生活中的数学问题,学习效益非常大。

(3)表现型。

这一作业形式主要用于培养学生的想象力、自我表现力和自信心,对于张扬学生的个性,起到相当重要的作用。学生在完成作业的过程中,经历了准备、体验等方式,展示出浓厚的个性特点,表现出对作业主题的理解。

专题四 创新作业设计思维

某教师在教学冀教版语文三年级下册第六单元安徒生单元时设计了"走近安徒生和他的童话"长周期作业，时间为一个月。学生围绕教材开展了一系列的项目活动。

第一阶段：单元初步印象。通读本单元的课文，对课文进行初步了解。学习生字，解决基础知识部分。

第二阶段：感知故事阶段。读课文中的故事以及课外的安徒生童话故事，完成"读书摘记感悟卡"，谈读书感受；制作故事"思维导图"，梳理故事梗概；绘声绘色讲故事，向大家推荐故事，并均录成视频或音频。多项活动，对故事了解更加深入透彻。

第三阶段：表演故事阶段。选取最喜欢的童话，自愿结组表演童话剧，自己准备服装道具，自己编排剧本，进行演练。拍成视频，在乐教乐学平台中上传，让所有同学都能欣赏到演员精彩的表演。本阶段家长也可参与其中，进行场外指导。可以从技术指导、道具制作、音乐渲染等方面对学生进行帮助与支持。

第四阶段：编故事阶段。首先是续写《一颗小豌豆》《丑小鸭》等故事，在原故事的基础上进行续写，加入自己的想象，体验创作的快感。然后就是自己写故事、编故事，经过教师的指导和同学们的修改，人人都在用笔编织属于自己的童话王国。

第五阶段：走进安徒生阶段。在前面一系列的活动后，学生对安徒生这个人已经有了一定的了解，此时再次通过收集整理资料，完成"我心中的安徒生"手抄小报。

至此，班级内最终形成"读书摘记集""思维导图集""续编童话集""自编童话集""手抄小报集"，还有乐教乐学平台中的推荐故事、童话剧表演等视频（音频）活动成果。通过一个月以来的项目学习活动，学生对安徒生的认识一步步走向深入，各项能力得到有效的训练和提升。[1]

---

[1] 据清香百合的新浪博客：blog.sina.com.cn。

在这个表现型长周期作业中,学生经历了准备阶段(第一阶段和第二阶段)—表演阶段(第三阶段和第四阶段)—收获阶段(第五阶段),能力得到提升,自信心得以增强,满足了个人表现欲,训练了想象力。

3. 作业设计

长周期作业流程长,探究性强,考验着学生的意志品质。因此,教师在设计这种类型的作业时,需要多方考虑,巧妙设计,尽可能为学生完成作业提供最为科学的方案。教师要遵循一定的流程,依据不同的学习目标和培养目标,有针对性地进行设计。

(1)设计流程。

我们先来看一个案例:

某教师在教学六年级下册第二单元"物质的变化"一课时,基于教学实际,确定了"生活中的水渍"这一长周期作业。

作业目标:

①通过安排时间积极地寻找家中和学校中的水渍,了解水渍的分布,提高观察能力;

②通过研究并实施消除水渍,知道消除的方法,提高制订方案、解决问题的能力;

③通过主动从图书馆与网上查阅水渍的资料,了解水渍的特征,提升整理、分析资料的能力。

作业准备:

一、情境创设

生活中,同学们有没有看到过水渍?其实你一旦仔细寻找,会发现它就在你的家中、校园里,到处都是。它们不但会引来很多的细菌,还会影响环境的美观。而且它们非常顽固,不懂点科学知识还真难把它赶走!我们本次的任务就是做一次小科学家,对水渍的来龙去脉做一番研究,帮助爸爸妈妈和在校园打扫卫生的叔叔阿姨将水渍除去!同学们你们准备好了吗?

二、任务过程

我们先来看一个案例:

阶段一:找一找、拍一拍家里与校园中的水渍,了解水渍的性状;

阶段二:上网查阅或在图书馆中寻找关于水渍的资料,了解水渍是什么。同时通过小博士的提示,关注第一单元"物质的变化"的学习,激发学生知识迁移,思考酸性物质与碱性物质方面的概念;

阶段三:整理关于水渍的酸、碱性的资料,以及生活中物质酸碱性的资料后,制订除水渍的计划,并实施与记录;

阶段四:让学生讨论他们都是怎样除水渍的?用的方法能够成功吗?不成功的原因是什么?并在最后建立环保的概念,让学生用绿色清洁剂除去水渍。

从这一案例中可以归纳出长周期作业的设计步骤及相应的设计内容。

步骤一:确定作业主题。

长周期作业,虽然存在于课堂外,但也是一种重要的教学,在制定作业之前,需要对长周期作业的内容进行慎重的选择。教师首先要确定作业内容的起始点,即基于课堂教学的实际,与具体的教学内容同步,其次要找到作业内容的延伸点,即在选定课堂教学内容的基础上,联系生活实际,找到与此内容相关联的作业主题,使作业的内容能够顺利地延伸。最后要明确定位作业内容的达成点,即在内容与情境确定的情况下,定位本次长周期作业的目标,需要学生通过这次的作业达到完成哪些任务,获得哪些的提升?

步骤二:整体设计。

选定内容、确立主题后,接下来就是要进行作业设计。教师必须明确,一份高质量的长周期作业包含真实的问题情境导语、评价的量规、阶段性的任务设置三个重要的因素,要据此进行整体设计。

第一，创设任务情境。教师要针对长周期作业将课堂学习与生活实际相联系的特点，为学生提供一个真实的、有意义的问题情境。

第二，明确任务目标。为保证学生对任务的理解，在描述情境时就要清楚地说明任务完成后的成果是什么，该成果的具体指标有哪些。

第三，设计活动条件，即设置任务驱动作业单。此举是为了使作业顺利完成，考虑到长周期作业的开放度大，学生在课外完成的时间更多，无法获得教师面对面的指导和帮助，将必要的指导与支持以任务单的形式提供出来，以提示学生可以寻求来自他人的帮助。

当然，设置任务单也要分阶段，如此一来学生才能在不同的阶段获得不同的指导，进而在显性任务中发展自身的各种能力。

步骤三：作业备案的设置。

为使作业能够顺利推进，教师在实施作业的过程中要对整个作业做到心中有数，因此就需要为每一份作业配备简要的备案。备案的内容无须繁杂，只要简单记录整个作业的关键信息即可，即主题名称、年级、时间、对应的知识、完成的方式、作业的形式、完成的时间、作业的要求（学习目标）、分阶段任务简述、评价量规。

（2）注意不同类型作业的设计要点。

长周期作业的设计，除了要遵循以上流程和步骤，还要注意把握不同类型的长周期作业的设计要点。

首先，对于积累型长周期作业，考虑到死知识的积累、惰性知识的积累，导致学生在完成作业的过程中，易出现例行公事、机械被动执行的问题。因此在作业的设计上，要注意激发学生的持久兴趣。一般来说，语文、历史、地理等文科，适宜设计这种长周期作业形式，多以写作、阅读、项目学习的方式出现，可以采用循环日记、每日新闻播报、历史上的今天、九点读书、读书日记等形式。

其次，对于探究型长周期作业，要把握设计的关键，就是如何激发学生的兴趣，比如指导学生提问的方法、收集资料的方法，以及发现事物变化规律的一般思维方式。具体来说，可以按以下主要流程进行作业设计：鼓励学生提出他们不懂的问题—确定适合探究的问题—进行任务分工—讨论如何查找文献—讨论如何进行假设—讨论如何进行数据收集和整理—讨论如何用合适的方式呈现出来。

除了以上设计样式，还要注意确定作业方式——探究类的小报、分组汇报、长程实验设计，确定一个体现绩效责任的规则，确保所有人都参与到作业中，且能将他们的思维暴露出来，营造学习共同体，让学生从相互比较中学习，激发其集体荣誉感和自信心，增强作业的完成力度。

最后，表现型长周期作业，多用于艺术、语文等学科，在设计时要把握两个核心问题：一是要营造一定的情境以激发学生的想象力；二是要想办法为学生留出个性化表现的空间。因此，设计此类作业时，首先要保证所选择的主题可以激起学生的兴趣，激发其想象力；其次要引导学生阅读和积累，以便学生在理解的基础上形成自己的认知，表现其独特之处；最后要推出多元展示的平台，让每个学生都能以其最具张力的方式表现自己的独特之处。据此，可以按下面的设计样式进行作业设计：产生共同的主题—围绕主题选择感兴趣的一个方面—分析自己的智能特长—确定合适的表现方式—多元小组进程—评议。

在明确主要作业流程后，还要确定主要的作业形式——主题表现型作业、多元定格和主题绘画。其中多元定格是借用电影或电视术语，是指其中的一个凝固的画面，用以突出或渲染某一场面、某种神态、某个细节等，教师可以指导学生用多种动作来表现一个词语、话题、主题等。

4. 作业跟踪

鉴于长周期作业在实行过程中，许多学生会因为时间长，对作业的兴趣度下降，进而"半途而废"，因此长周期作业在实施过程中要注意进行跟踪，并做好相应的记录，以便对作业的效果进行评估。

(1) 阶段跟踪。

首先,在布置作业时,教师要明确阐述任务,向学生说明任务的情境,以便学生清楚自己面对的任务、要达到的标准、可以分为几个阶段完成,以及每个阶段的任务内容。

其次,要对学生完成作业的过程进行观察,并展开阶段性的交流,以获得学生学习情况的反馈,尤其是要对作业完成过程中表现特别认真、特别好的同学给予鼓励表扬,以激励学生。

最后,要对学生的作业进行展示,即对完成过程中的反馈以及在完成后的情况进行点评,进行展示,以便学生可以在互相交流中取长补短,互相促进。

(2) 做好指导。

长周期作业,无论是积累型的坚持、探究型的操作,还是表现型的展示,对学生都是一种巨大的挑战,因此教师的指导对学生格外重要。在长周期作业中,教师怎样做好指导呢?那就是做好长程指导单,并及时填写。长程指导单是长周期作业进行中的三个指导单的统称,它包括方案记录单、观察记录单和结果记录单。当然,并非所有的长周期作业都要有这三个记录单,但对于实验探究类的长周期作业,这三个记录单必不可少,它们体现了教师对学生的指导,辅助学生进行探究。

指导单一:方案记录单。

表4-3 记录单样式

我们的研究问题:_____会导致紫甘蓝汁变质吗?
我们的预测:(用"√"表示)会/不会
我们的实验方案:(用图片和文字表示)
我们的实验器材:(用"√"表示并填数量)
无盖玻璃杯、有盖玻璃杯、无盖陶瓷杯、有盖陶瓷杯、冰箱、塑料袋、针筒 (   )　(   )　(   )　(   )　(   )(   )(   )
我们的准备:(哪些实验材料、器具等)

专题四 创新作业设计思维

方案记录适用于任何一种长周期作业，主要包括"研究问题""预测""实验方案""准备"四个方面，要将问题的提出—预测—方案的设计三个环节一一体现出来，以帮助学生厘清作业中各探究活动的先后顺序。需要注意的是，这是基于"预测"在前的探究性，学生只有先预测，方能针对预测做准备。此外，记录单还可以依据实际作业内容、学段调整形式，可以用问答的形式，也可以用填空或选择的形式，要遵循由低到高，由简洁到详细的原则。这样的记录单，方便教师有针对性地对学生进行引导，进而推动学生进行更缜密的思考。

指导单二：观察记录单。

这一记录单是为了更好地追踪学生的作业完成过程，保留其活动足迹而设计的，也是教师引导学生对实验、表现任务、问题、相关资料的积累进行观察、记录必需的工具。借助于这份记录单，教师可以及时了解学生长周期作业的进展，决定对学生实行集体或个别指导。这一记录单可以设计成表格，也可以用语音、图片等做记录。尤其是语音和图片，特别适合个性化的长周期作业，比如表现型长周期作业。下面介绍表格式的观察记录单。

表4-4　记录单格式

我的实验记录："保质"用"√"表示，"变质"用"×"表示。										
因素	第1天	第2天	第3天	第4天	第5天	第6天	第7天	第8天	第9天	
我的承诺：每天观察记录一次，直到所有实验对象变质，方可结束实验。 我在探究中的困惑和发现： 我不是孤独的，我可以向父母、朋友、老师、科普馆等求助。										

由案例可知，这种记录单一般包括"时间"和"现象"两个维度，还要有记录"困惑和发现"的地方，同时要提供一些激励、引导性的话语。借助于这

样的记录单,教师可以发现学生的困惑,能发现学生的心理状态,进而及时给予学生指导和帮助,包括一些方法引导、情感激励,促使学生坚持下去,完成作业。

指导单3:结果记录单。

这一记录单可以由学生主动填写,自主分析,以达到培养学生反思精神的目的,进而让教师迅速了解学生的思想动态和作业完成情况,并给予及时的指导。这一记录单的形式多样,可以依年级、用统计学的方式记录。比如,小学低年级可以用数字或画"正"字统计,到了高年级之后,随着学生掌握的数学知识的增多,可以慢慢扩展到使用不同类型的统计图的方式。

表4-5 记录单形式

导致米饭变质的因素	用画"正"字的方法统计
确定,接触空气	
确定,隔离空气	
不确定	

我们小组对统计的实验记录进行分析后,发现导致米饭变质的因素_____(确定、不确定)是_____。

案例中的指导单是针对探究型长周期作业设计的,教师可以依据不同类型的长周期作业设计相应的指导单,以便在学生作业中的重要环节,给予相应的支持。

专题五
有效巩固课堂教学效果

"双减"政策的实施,是教育规律的回归。从根本上说,"减负"就是要优化学生的成长环境,改变单一的应试教育局面,保障学生的德智体美劳全面发展。在这一过程中,要提升课堂教学质量和学生的学习效率,就需要教师开动脑筋,积极反思,不断学习与创新,巧妙拓展并组织课后活动,借助于多元评价激发学生的学习兴趣,在"减负"的同时"增效",为学生打造生态化的学习环境。

主题 1
积极反思,可视化学生问题

作为课堂教学的设计者和实施者,教师的积极反思,对于巩固课堂教学效果起着重要的作用。唯有教师能积极反思教学的得失,反思学生的表现,反思课堂问题的处理,才能可视化学生的问题,进而研究学生的课堂表现,针对典型问题,灵活调整教学方法,创设利于学生学习与提升的活动。

一、研究课堂表现

学生在课堂上的表现,在一定程度上反映了教师的教学质量。因此,教师要提升课堂教学质量,就需要研究学生在课堂的表现。一般来说,学生的课堂表现可以从以下两方面来研究。

1. 学习状态

研究表明,学生的学习状态可以看出其对课堂学习内容的关注度。而学生对学习的关注度,则直接反映了教师的教学情况。因此,教师在研究学生的课堂表现时,可以从研究其学习状态入手。

(1)学习状态的研究方法。

明确了影响学生的学习状态的因素,再来看一看如何发现学生的学习状态,并据此判断其在课堂学习中的状态。

专题五 有效巩固课堂教学效果

首先，要研究学生的目光。在课堂教学中，如果学生的目光跟随教师的一举一动，那表示其全情投入学习；反之则表示其注意力不集中，状态不佳。

其次，要研究学生的神态。如果学生在课堂学习时表现出积极主动的态度，如主动参与活动，积极地参与教学的全过程，对问题情境比较关注，那么就表明其学习状态良好，对学习有着浓厚的兴趣。

（2）影响学习状态的因素。

课堂教学是一种定时、定地的多边活动，因此影响学生的学习状态的因素，就包括了人、环境和学习内容三方面的因素。

第一，学生的学习状态与课堂教学情境有关。教学实践和研究表明，教师创造性地创设的符合学生年龄特征的教学情境，可以营造良好的教学氛围，激发学生的学习兴趣，提升学习效果。

第二，学生学习状态与学习内容有关。当教学内容精彩、能吸引学生的注意力，能激起学生的情感共鸣，能激发学生的探究兴趣时，学生就能集中注意力，投入学习中去。相当多的老师发现，教学中精彩的实验、文字或多媒体展示，能引发学生兴趣，学生能学得有滋有味。比如，某教师在教学"少年王冕"一课时，课文第二、第三、第四小节是重点内容，描述了王冕体谅母亲的艰难、辍学放牛的情景等，是最精彩的段落，当学生朗读到这里时，注意力相当集中，能很投入地阅读，课堂动态发展达到了高潮。相反，课文的其他段落则因为内容比较平淡，学生在自读自悟、圈画标注以及师生长时间的对话时，注意力明显分散，学习效果不佳。

第三，学生的学习状态和教学节奏有关。课堂教学节奏紧凑，环环相扣，学生的思维就会跟着飞速运动，注意力就集中，学习状态就紧张、投入；反之，课堂教学节奏松散、缓慢，学生的学习状态就会懒散，注意力就不集中。

第四，学生的学习状态与教师的教学艺术呈正相关。教育最直接最根本的职能在于启迪、促进和发展人的精神世界。研究表明，教师的教学艺术直接影响着学生的学习状态。其中就包括教学态度与教学风格。美国心理学家卡尔·罗杰斯认为，教师和学生之间的人际关系质量或"某种独特的心理气氛"是决定教育工作效果的最重要因素，而造成这种气氛的条件不是别的，而是"感情的态度"。教师良好的教学态度会反作用于其教学行为，对学生产生正面的积极的激励作用，增强学生的学习热情和学习兴趣，使其由被动的接受者转变为积极主动的学习参与者。反之，如果一个教师的教学态度不好，则会对学生产生负面的、消极的影响。教师的教学风格是指教学过程中，体现教师个人特点的风度和格调，在教学活动整体中重复，体现了一种"韵味""格调""风貌"。积极、高效的教学风格，不但能够增强学生的学习兴趣，而且能大幅提高学生的学习效率。

2. 交流问答

研究表明，在课堂教学中能就课程内容与教师进行互动问答的学生，相比于不积极互动的学生，学习效果要好。因为学生在课堂中交流问答的表现，反映了其课堂教学中的参与度。影响学生参与度的因素有哪些？如何从交流问答中对学生的课堂表现进行研究呢？

（1）课堂交流问答的研究角度。

学生在课堂交流问答的情况，从一个侧面反映了学生参与课堂学习的程度。主动、积极发言的学生，总是十分专注于课堂学习，注意聆听教师、同学的每一句话语，并能仔细领会话语的主题，把有关的意思内化为自身的思维，然后提出自己的观点。这样的学习过程是有效的，能真正促进学生发展。那么，如何观察并研究学生在课堂中交流问答的情况呢？那就是要看学生是否能大胆质疑、提出不同的意见。这一点，可以从以下几方面入手观察。

第一，观察学生的发言次数和发言时的状态。学生发言的次数在一定程度上代表学生对问题的质疑，说明学生处于思考的过程中。这一点从低年级学生的表

专题五 有效巩固课堂教学效果

现上尤其能反映问题。同时，学生发言时是否具有适度的紧张感和愉悦感，能否自我控制调节学习情绪，回答问题是否自信确切，这些也反映了学生是否处于认真的学习过程中，以及对所学内容的掌握程度。

第二，观察学生发言中的质疑。如果学生直接发言、直接质疑，这表明学生在思考，且于思考中感到困惑和不解，需要教师对学生产生困惑之处加以关注和引导。

第三，倾听学生在讨论或交流中的声音。学生在讨论或交流中可以发出多种声音，或是请教交流，或是争辩。交流的声音就是问题产生、思考和解决的过程，而辩论则反映了学生对问题不理解或存在分歧。

第四，注意倾听另类的声音。事实上，课堂上那些不明显的小声的另类声音，恰好反映了学生的课堂学习的真实情况和内心的感受，认真捕捉这些另类的声音，可以发现学生学习或教师教学中存在的问题。

（2）影响学生课堂交流问答的因素。

学习是一个多元化的主动参与过程，是在群体中互动的体验过程，交流问答不仅仅意味着让学生讲出不同的思维方法给他人听，更重要的是让学生在理解他人思维方法的基础上做出比较和判断，让学生在交流中比较各种方法的异同，以达到相互沟通和理解，并在比较中让学生寻找合理、简便的方法，培养学生的多种思维能力，促进学生思考，让学生表达不同的、多样化的思维，在相互启发和沟通中培养学生的多元化思维。因此，教师要有效巩固课堂教学效果，就要明确影响学生课堂交流问答的因素。

第一是教师因素。教师对学生课堂交流问答的影响，主要表现在教法和对学生的态度上。其中，教师的教法是由教师的专业知识和教学技能决定的。前者直接影响教学内容的准确性和权威性，倘若教师的教学不能保证准确性或者确定性，就会影响学生对课堂所学知识的兴趣，进而在课堂交流问答中表现不积极。教师对学生的态度直接体现在教学中，常常影响着学生课堂学习的积极性和对问题的反应。如果教师上课时不能把握正确的教法、合理的重难点，学生就会感觉课堂是枯燥的，进而因为对学习失去兴趣而表现不佳。

第二是学生因素。学生是学习的主体，其是否能拥有高度的学习自主性，往往决定着其在课堂中是否能积极参与交流问答。这一点可以从两方面考虑，一是学生的智力因素，这种先天因素虽然存在，但几乎可以忽略不计；二是后天习惯问题，比如个人的兴趣爱好、学习时的情绪、学习习惯、身体状况等，这些才是最能直接影响学生在课堂交流问答的表现的。当学生遇到自己感兴趣的内容时，学习时情绪好时，养成良好的学习习惯时，身体状况较好时，他们自然积极、主动参与课堂交流问答，反之则不然。

第三是环境因素。这一因素是最容易被忽略的，因为其影响虽然客观存在却不会表现为直接影响学生课堂表现。环境因素可以分为家庭环境、学校环境和社会环境三个方面。家庭是否有鼓励学习的环境，学校是否有良好的学习风气，社会是否有正确的社会舆论，都将影响学生学习的潜意识，进而影响学生的课堂表现。

二、剖析典型原因

以上分析表明，学生在课堂学习上的表现受到多种因素的影响，教师只有在多方面观察和研究的基础上，研究学生问题产生的原因，尤其是剖析典型问题，对症下药，才能找到解决问题的方法。

1. 习惯不好，影响效果

导致课堂教学效果和学生学习效果不佳的原因之一就是学生的一些不良的学习习惯，比如不仔细听讲、只听讲不思考等，这致使学生的学习处于被动状态。具体来说，这些不良习惯的表现及原因如下。

专题五　有效巩固课堂教学效果

（1）一心二用。

一些学生在上课时经常精神溜号，时常沉迷于空想，甚至东翻西看，浪费时间；课堂练习或复习时，常做一些小动作，一边做练习，一边与同桌说话，甚至哪里说话都搭茬儿。这些表现均反映上课不能专心听讲。

（2）思想不集中。

尤其是一些学生在课堂上思想经常开小差，易分神，小动作多，坐不住，爱说话，越是快下课越听不进去。当学生在课堂学习时，不能听清楚并理解重点、难点，那么学习效果自然不佳。

2. 信息过多，分散注意力

一些教师在课堂教学上，喜欢一味地精讲，没能考虑到课堂教学虽然要有一定的容量，但更重要的是要提高效率，结果因为信息过多，分散了学生的注意力，影响了教学效果。

（1）引发过度疲劳。

如果教师在教学中一味地追求容量大，就会造成思维跨度过大，学生缺少思考和交流的余地，难以吸收信息，进而导致过度疲劳，影响课堂教学效果。

（2）令学生无所适从。

如果教师在课堂上讲得过多，学生面对扑面而来的信息无所适从，即使想问问题也不知道从何处问起，于是问题存于内心而不得开解，自然会影响教学效果和学习效果。

3. 认识不清，估计不足

一些教师在备课的时候，没能深入地了解学生，对学生的"最近发展区"把握不准确，过高或过低估计了学生的认知水平与能力，影响了教学效果和学生的学习效果。

(1) 高估能力难以接受。

一些教师高估了学生的认知水平和能力，于是在课堂教学过程中讲得过快过多，结果学生难以接受，课堂教学效果自然不理想。

(2) 过低估计"吃不饱"。

一些教师因为过低地估计学生的认知接受水平，课堂教学过细，按部就班地讲解、板书，不能有效地激发学生的积极思维，没能充分利用课堂上宝贵的时间，不但教学效率低，学生的学习效率也低。

4. 教学无趣，难激兴趣

兴趣是学生学习最好的老师，学生学习兴趣足够，思维发散会更好，对知识的学习和理解更快、更有效。如果课堂教学索然无味，那么教师缺乏兴味地讲，学生就会无趣地听，结果自然不能吸引学生，激不起学生学习的兴趣。这种教学无趣表现在以下方面。

(1) 讲解不科学。

有的教师在课堂讲解中，不能因势利导，急功近利，不遵循学生的认知规律，总想找捷径，造成学生无法理解，甚至引发学生新的问题产生，进而影响教学效果。比如一些教师在讲解例题时，不先铺垫，不先讲常规方法，而是直接讲简便方法，致使学生一下无法接受和理解，影响了教学和学习效果。

(2) 设计不科学。

有的教师在教学活动的设计上不科学，比如，导入环节过于平淡，不能抓住学生的"心"；问题设置不合理，不能促进学生思考；小组合作组织不得力，合作问题设计不合理，不能让学生积极参与；课程资源运用不科学，不能激发学生强烈的好奇心和求知欲……诸如此类的教学活动设计得不合理，均会影响教学效果和学习效果。

三、合理设计可视化活动

捷克教育家夸美纽斯在《大教学论》中说,教学论的意思是指教学的艺术,这种艺术是"一种教来使人感到愉快的艺术"。针对影响课堂教学质量和学习效果的这些典型问题,教师要注意积极反思,合理设计思维可视化活动,以提升课堂教学质量。

1. 思维可视化及其意义

所谓思维可视化（Thinking visualization）,是指运用一系列图示技术把本来不可视的思维（包括思考方法和思考路径）呈现出来,使其清晰可见的过程。这一概念是由华东师范大学现代教育技术研究所思维可视化教学实验中心主任刘濯源首先提出的。思维可视化有利于理解和记忆,可以有效提高信息加工及信息传递的效能。

2. 可视化提升教学效果

基于思维可视化的原理,教师除了在课堂教学中变"强调答案"为"强调答案的生成过程",变"依靠感性经验答题"为"运用理性思考解题",还必须在完成课堂教学后,积极反思,巧妙设计可视化活动,把"看不见的"思维的过程和方法清晰地呈现出来,以便帮助学生更好地理解、记忆和运用。

（1）运用思维导图将知识可视化。

第一,教师可以在完成一节课的教学后,在总结巩固环节,引导学生创建思维导图,构建本节课的知识点解析图谱。教师可以引导学生围绕"学什么""怎么学""为什么要这样学"等问题,认真总结所学的知识,借助思维可视化理念及方法,将其以思维导图的方式逐一呈现,促成知识网络的形成,提升课堂学习效果。

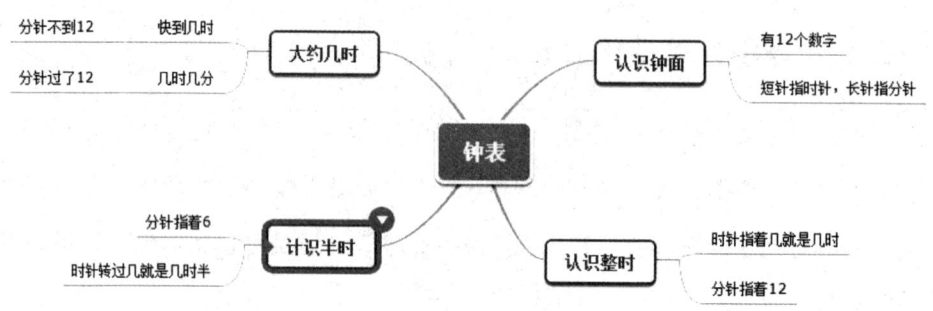

图 5-1 "钟表"学习思维导图

第二，教师可以利用思维导图，引导学生构建教材章节知识系统归纳图谱。为此，教师要认真研究教材，在一个单元（月、学期）教学结束后，利用复习课的时间，将日常教学内容以"一个章节"为单位，运用思维可视化理念及方法，逐一以思维导图的形式呈现，帮助学生实现对知识的结构化、精简化、系统化构建。

第三，教师可以运用学科思维导图及策略模型图构建课堂类型图谱。教师以某类课型（新课、复习课、解题策略课等）为研究对象，以帮助学生提升学习效能为目标，认真研究该类课的教学目标及重点、难点、易错点，创新教学模式，以"一类课"为单位，运用思维可视化理念及方法，逐一以思维导图及模型图的形式呈现，引导学生学会归纳总结，提升学习效果。

第四，教师可以运用学科思维导图及模型图构建优化解题策略图谱。教师要认真研究不同问题或题型，厘清同类问题或题型的思维内涵，规范审题、优化解题策略及程序（包括这类题型需要从哪几个方面来审题、答题及解题的常见障碍和误区、答题规范等），以"一类题"为单位，运用思维可视化理念及方法，逐一以思维导图及模型图的形式呈现，优化学生解决问题的思维，提升其解决问题的能力，进而巩固教学效果。

专题五 有效巩固课堂教学效果

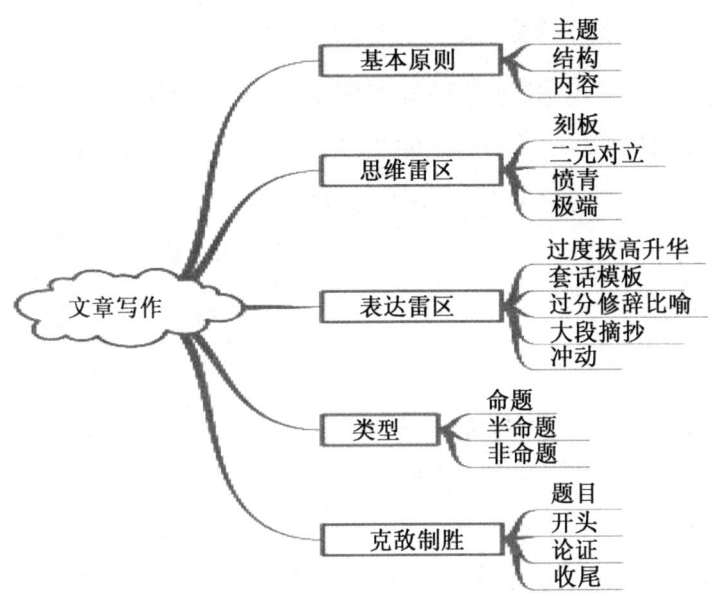

图 5-2 文章写作思维导图

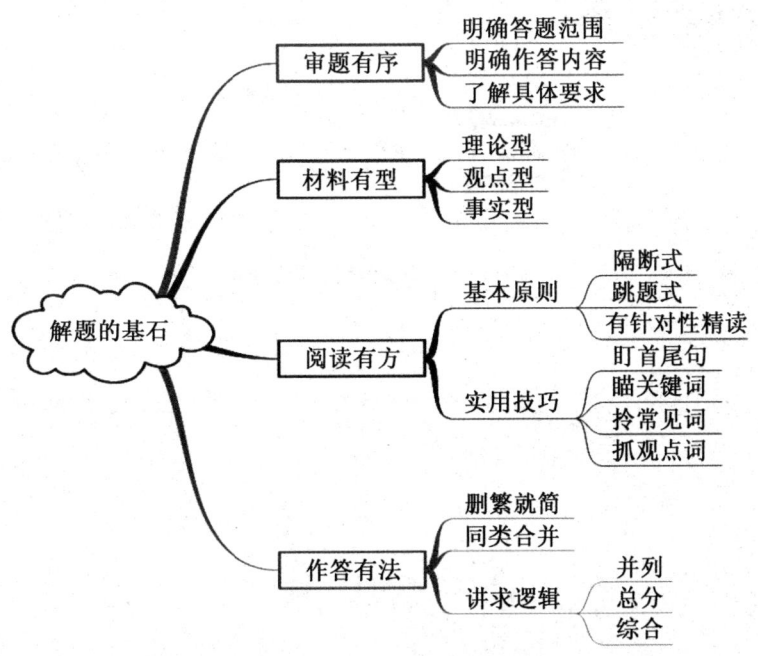

图 5-3 解题方法思维导图

（2）转变学生的学习方式。

教师可以指导学生学会运用思维导图及模型图，以思维可视化的方式方法提出问题、分析问题、解决问题，培养学生的逻辑思维能力，进而转变学生的学习方式，提升自主学习能力，从而巩固学习效果。

一是要将学习可视化，即教师要指导学生学会自主管理自己的学习任务，以思维导图及模型图的形式固化"有序学习"的良好习惯。二是要将学习方法可视化，即教师要指导学生用学科思维导图的方法科学预习和复习知识，实现对知识的"精加工"。三是要将解题策略可视化，即教师要指导学生用思维导图的方法建模各类题型的审题、解题、答题规范。

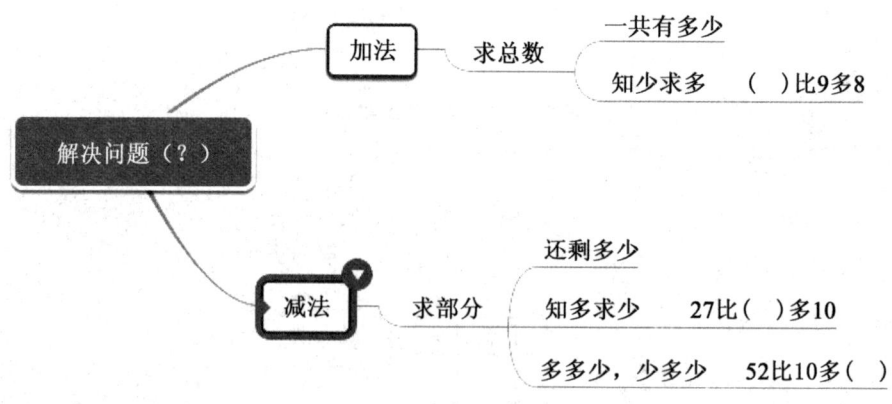

图 5-4　解题策略思维导图

主题 2

巧妙拓展,组织课后活动

没有活动,就没有教育。没有丰富多彩的社团活动,就没有学生喜欢的教育。"双减"背景下,学生在校时间延长,靠讲知识、写作业打发在校时光,既可能伤害学生的身心健康,又可能给他们带来厌学弃学情绪。因此,教师应该结合课后服务,尽可能设计出门类齐全、每一个学生都有兴趣参与的课后活动。

一、巧妙延伸课内知识

课堂教学是学生学习知识、提升能力的基础,但并不是全部。教师要善于挖掘教材知识点,衔接课堂内外,巧妙拓展,组织课后活动,借助于互动活动,突破教学重难点,让学生的学习变得"厚"起来。

1. 读书活动

苏联教育家苏霍姆林斯基曾说过:"让学生变聪明的方法,不是补课,不是增加作业量,而是阅读、阅读、再阅读。"教师可以利用读书会活动,结合学科教学内容,帮助学生拓宽视野,巩固课内知识。

(1) 补充阅读材料。

教师可以适当结合学生的生活实际和教材需要,组织学生进行课外扩展,不但可以帮助学生深入理解教材内容,还可以让阅读成为学生课后练习的有机组成部分，为扩展学生的知识面提供帮助。

某教师在教学完六年级语文下册《北京的春节》一课后，利用读书会的机会，立足课文详略得当的写作基点，安排学生阅读梁实秋的《过年》和斯妤的《除夕》，引导学生体会到老舍在《北京的春节》里写"做年饭"和"吃团圆饭"都只写了一句话，但梁实秋和斯妤写得很详细，从而使同学们懂得，同样写除夕可以有不同的写法，进而扩展节日习俗信息。

（2）渗透跨学科知识。

学生综合素质的提升需要教师在课内教学中下功夫，同样也需要借助于课外活动来进一步深化，以达到润物细无声的效果。教师可以利用读书活动，将不同学科的知识衔接起来。这种课内知识的延伸，会提升学生的学习兴趣，培养学生的核心素养。

某高中生物教师在教学了必修2中的"遗传因子的发现""基因和染色体的关系""基因突变及其他变异"等章节后，为了调动起学生生物学习的兴趣，以课外知识推动对课内知识的学习，利用读书活动，引导学生阅读美国生物学家詹姆斯·沃森的《DNA：生命的秘密》，学生在阅读这本书后，了解了奥地利帝国遗传学家孟德尔遗传定律的提出，到DNA双螺旋结构的发现，再到最终人类基因组图谱的完成的过程。学会了从历史视角来看遗传学的发展，不但巩固了知识，而且加深了对基因和遗传的兴趣，激发了学习生物学的兴趣和动力。

2. 视频观看

视频资源作为一种重要的课内外教学资源，已被广泛地应用于现代教学中。视频资源的运用实现了静态教学向动态教学的转变。无论是电视、电影还是一些短视频，故事都是其中恒久的主题，学生对这些故事的兴趣从不消减。教师不妨针对学科教学内容和特点，组织学生观看相关的视频，不但可以促进学科知识的巩固与学习，还能提高学生的学习兴趣。

专题五 有效巩固课堂教学效果

（1）电影观看。

电影可以通过整体的布局和局部的细节来体现历史社会文化，能够传达特定时空的真实社会图景，因此教师在对影视资源进行有效鉴别，确保所选用的电影资源真实、可靠、有价值的前提下，组织学生利用课外活动观看，可以起到激趣、巩固和提升课内知识的效果。

某历史教师在讲解抗日战争期间的重大战役时，利用课外活动时间，组织学生观看了一系列的电影，如《百团大战》等。影片带给学生真实的情境体验，激发了学生探究历史的兴趣，不但使学生更好地理解了教学内容，而且使学生在课堂讨论时能积极深入。学生在讨论的过程中深化了记忆，加深了对这些重难点知识的理解，发展了历史思维。

（2）视频观看。

一些视频和图片，具有直观性和趣味性的特点，能够使学科知识更好地进入学生的脑海，给学生留下深刻的印象。教师可以精选此类的视频和图片，利用课外活动让学生观看，以达到巩固知识、加深理解、拓展视野的作用。

某小学数学教师在教学"加减法乘除"的相关课程后，安排学生利用课外活动时间，观看根据首都师范大学数学系李毓佩教授的原著《荒岛历险》改编的动画片《荒岛历险》。学生在观看中，在故事的欣赏中，不知不觉巩固了不同的数学符号的用法，认识了数字和符号之间的关系。

3. 社会活动

知识只有获得应用，才能发挥作用。学生在使用知识解决问题的过程中，巩固了知识，加深了对知识的理解，提升了能力。这样的学习，才是真正"增效"的学习，才是实实在在为学生"减负"。基于此，教师可以结合学科教学内容，利用一些社会活动，引导学生理解和巩固所学的知识。

▶▶▶▶▶▶ **"双减"背景下如何提升课堂教学质量**

某道德与法治课教师在教学八年级的"法律是武器"这一内容后,带着学生走出校门,到法院审判庭旁听了一起民事案件的审判。回校后,老师利用兴趣小组活动时间,让学生自愿组合成小组,自主角色分工,自由选择案件,依据法定程序,自己收集相关知识和资料,在课堂上开设模拟法庭。在"庭审"中,老师给予适时、适度的点拨。同学们在实践中探究,以某问题为中心运用所学知识,反复感知,提高了认识,增强了理论指导实践的执行力。在轻松愉快的氛围中,在自主的学习中,理论与实践相结合,学生习得的知识得到了提升和扩展。

二、以趣促学,组织活动

苏霍姆林斯基认为:"所有智力方面的工作大都依赖于兴趣。"兴趣使人的行动产生趋向性。当个体对某一事物产生浓厚兴趣的时候,就会为了得到它而主动发挥聪明才智,自觉努力,并由此积累起相关的知识和技能,掌握相应的规律。学生的学习也是如此。当学生对学习产生了浓厚的兴趣时,他们的求知欲就会被激发出来,就能主动学习。因此,教师利用课外活动,以趣促学,激发学生的学习兴趣,培养学生的主动性,是巩固课堂教学效果的好办法。

1. 动手活动

课外实践活动作为一种自主学习方式,其本质就是强调学习者根据自己的活动能力、活动任务的要求,积极主动地调整自己的活动策略,全面提高自身素质。因此,借助于课外实践活动,将课内知识得以延伸,也是巩固课堂教学效果的一种极好的方式。

(1) 学科学报。

"双减"背景下,要为学生"减负",就需要教学"增效",落实学科核心素养,提升学生综合能力,培养学生创新精神和实践能力。为此,教师可以在课外兴趣小组中,结合学科教学内容,将拓展型课外活动和手抄报实践活动结合起

专题五 有效巩固课堂教学效果

来,引导学生用学报的形式对单元知识点进行梳理总结和扩展,以图谱与学科规律相融合的方式,引导学生完成知识建构,形成完整的知识体系。

比如,"数学学报"不仅可以有思维导图式的知识梳理,也可以有相关题目的匹配,最重要的是要加入学生对相关知识的反思及数学文化的思考,使学生获得对数学理解的同时,在思维能力、情感、态度与价值观等多方面得到进步与发展。

这种利用课外兴趣小组,让学生动手实践,利用学报、思维导图等形式梳理构建知识体系,理解巩固所学知识,强化应用相关知识的方法,对于"双减"政策的落实起到了极好的作用。

(2)小实验。

利用课外兴趣小组,让学生动手实验,也可以延展课内知识,把课内和课外融为一体,让学生充分体验主动探索、合作学习的过程,培养学生的实践能力和实验创新能力。借助于这样的做法,学生既巩固了学科知识,又培养了利用知识解决实际问题的能力,让学生享受运用知识解决实际问题的乐趣,实现了"减负""增效"。

某物理教师在教学"力"的内容后,利用课外兴趣小组,让学生根据二力平衡原理、力臂等知识制作出微型地球仪;在教学了"凸透镜成像原理"后,让学生制作简易望远镜、小照相机等。在教学了"光的折射、反射"等知识后,指导学生利用玻璃瓶、塑料瓶、橡皮管、细绳等物品制作潜艇模型,利用潜水艇的潜水与上浮来证实物体沉浮条件。

在这样的课外活动中,学生通过亲手制作、使用、思考,既提高了实验技能,又培养了分析问题的能力,同时进行动手制作过程本身就是一个有效探索的过程,能够让学生在动手过程中学会分析、学会思考,促进学生创造性思维的发展,在巩固课内知识方面取得了良好的效果。

2. 调查活动

思想品德课在相当多学生的眼里，就是讲道理，并不受广大学生的欢迎。教师可以巧妙地设计一些贴近生活的调查活动，让学生在活动过程中理解理论，在体验中加深认识，不但可以激发学生的学习兴趣，还能达到"减负""增效"的作用。

某道德与法治课教师在教完七年级"对父母的爱，我们发出了吗"一节的内容后，利用课外兴趣小组，设计了三个专题活动。

第一，了解你的亲人。教师让同学们自己设计表格，回家调查了解父母、爷爷奶奶、兄弟姐妹等亲人的生日、兴趣爱好、习惯、基本经历、工作内容等情况，并记录下来，加深对亲人的理解。

第二，讲述亲情故事。要求学生在兴趣小组讲述最令自己感动的亲情故事，用心体会亲人的爱。

第三，给亲人以爱的感动。要求学生用自己的实际行动，让亲人感受到对他们的爱，并记录下他们的反应和感受。

这些活动加深了学生对教材内容的理解，增加了他们对亲人的了解和理解，增进了他们之间的亲情，同时引导他们学会关心人、理解人、帮助人。

3. 竞赛活动

竞技活动对于激发学生的好胜心，提升其学习兴趣也起着重要的作用。教师可以结合学科特点，组织一些课外活动，以提升并巩固课内学习的效果。比如，组织学生进行设计竞赛、演讲比赛、歌唱比赛、作文比赛、辩论赛、书法比赛等，使学生在课外活动的参与中能够学会如何与人合作，其课内相关知识与能力也可以得到明显的提高。

三、以点带面，扩大成果

在利用课外活动拓展学生的课内知识、激发学生的学习兴趣、培养学生的自主

专题五　有效巩固课堂教学效果

学习性、唤醒学生学习的内驱力的同时,教师还要注意发挥"以点带面"的效应,借助于课外活动的群体效应,提升学生对学习的热爱,扩大学习的效果。

1. 课外学习小组

课外学习小组是学生学习的重要形式,也为学生创设了一个熟悉、和谐、融洽的学习环境。教师可以利用学习小组的功能,以点带面,促进学生群体学习积极性和学习效果的提升。

某数学教师针对部分学生对数学学习的畏难情绪,利用课外学习小组,帮助学生建立学好数学的自信心。在讲三角形的面积公式的推导一节时,教师利用课外学习小组,让学生进行一个课外预习活动:让学生自己准备两个完全一样的三角形,在小组内自己拼一拼,然后让学生互相交流,通过拼成的哪些图形可以求出三角形的面积,在此过程中要记录活动过程,最后试着写出三角形面积公式。

这样的小组活动,不仅促成了小组成员的学习交流,还使能力差的学生提前很好地预习,在课堂上再参加学习交流时,就能勇于发表自己的观点和看法,敢于展现自己的探究过程,其自信心得到提升,数学学习的兴趣也得到提高。

2. 社会调查小组

利用学生形成的群体效应,教师还可以为学生创造社会调查的机会,学生在调查的过程中,运用自己所学的知识和掌握的相关的信息解决问题,获得正确的认知,不但巩固了所学,还在集体交流中提升了能力,发挥了特长,认识到了自己的不足和欠缺,点燃学习热情,激发学习欲望。

主题3

多元评价，激发学生学习兴趣

研究表明，学生学习兴趣和学习能力的提升，与评价息息相关。教师对学生的科学的评价，可以帮助学生树立自信心，从而唤起学习的主动性。相反，不良评价则会打击学生的学习信心，抑制其学习的欲望。因此"双减"政策下，要提升课堂教学质量，就需要教师有勇气破除分数唯一的评价标准，坚持从学生的性格特点、特长爱好、人际关系、行为习惯等方面给予多元评价，从学生的成长进步、一点一滴变化中加以客观评价，让学生"看见自己"，树立学习的信心，努力做最好的自己，这是提升课堂教学质量的关键。

一、关注学生素质，科学评价

教师要认识到，学生天性不同，禀赋各异。有的学生接受知识快，擅长考试；有的虽然接受知识慢，不擅长考试，却有可能在其他方面有过人之处。因此对学生的评价，要关注其素质，而不是分数。

1. 素质评价的意义

所谓素质评价，是指在通过观察、记录、分析学生成长的过程中，发现和培育学生的良好个性。素质评价对于学生的健康成长，乐学好学起着重要的作用。

专题五 有效巩固课堂教学效果

（1）素质评价让学生发现自己。

素质评价个性化地关注学生的成长过程，让学生体验成功的快乐，并在这一过程中不断发现自己的长处和不足，及时改正，取长补短，完善自己。同时，这种评价方式还能培养和锻炼学生与人交往的能力、自我管理能力、评价能力、合作意识、主体意识、创新意识，帮助学生建立良好的反思与总结习惯等，让学生发现自己，主动发展自己。

（2）素质评价有利于促进学生的全面发展。

素质评价改变以分数为主的单一评价主体现状，强化了自评、互评、他评，使评价成为教师、学生共同积极参与的交互活动，可以清晰、全面地记录个体的成长，让个体获得积极的反馈，学生可以获得对自身更为客观、全面的认识，保护其心理健康，促进其进一步发展。

（3）素质评价是学生成长的动力和源泉。

素质评价不仅关注"认知""结果"、课堂或校内的表现，同时重视"行为""过程"，即学生为达到目标所做的努力，评价方式较客观，能让学生从不同侧面发现自己、肯定自己，因此能唤起学生成长的动力和学习的信心，促进学生的健康成长。

2. 立足素质，科学评价

素质评价对于学生成长起着如此积极的作用，而一个树立起自信心、能正确地认识自己的学生，会主动地发现自己的优势与劣势，自觉学习，提升自己，而不是因外界的压力而被迫学习成长。因此，教师要激发学生的学习兴趣，就要立足素质，坚持科学原则，对学生进行评价。

（1）评价要真实和客观。

真实就是以客观事实为依据对学生进行评价。教师对学生进行素质评价，首要的原则就是真实性和客观性。这一原则体现在评价是依据所记录的学生成长过程中的客观事实，即突出表现，真实地反映学生的发展状况的。这是中华民族传统的知人、识人的基本准则。

（2）评价要体现方向性和指导性。

所谓方向性，是指素质评价要对教育教学活动起着指导方向的作用。所谓指导性，是指基于评价，利用教学活动对学生进行学习方法、学习习惯等的指导。教师对学生在教学活动中的表现要科学衡量，要结合学生的先天素质和后天培养进行评价，进而有针对性地设计教学活动，对学生进行科学的引导，培养学生的能力，促进其素养的提升，提高其学习的积极性和主动性，激发其学习的兴趣。

（3）评价要坚持发展性和全面性。

所谓发展性，是指评价学生时要将学生看成能在原有的基础上得到发展的独特个体，尊重学生的个体差异和独特性，以发展的眼光评价学生，重视学生的潜能和个性特长。所谓全面性，是指评价学生时要将学生德智体美劳全面发展情况作为评价重点。

二、立足成长，跟踪评价

每一个学生都是独立的个体，都是发展中的人，要发挥评价对学生成长的促进作用，唤起学生的自主意识，使之主动学习，就要关注学生的成长，针对学生的不同个性，因材施教，科学评价，使其成长中的变化成为重要的评价指标。

1. 跟踪评价的意义

建构主义认为，知识的学习不是通过教师传授的，而是学生在一定情境下，通过已有的经验主动建构而学得的。学生是学习的中心，是主动的学习者，学习是对知识的有意义的建构过程。基于这一理论观点，对学生实施跟踪评价，对于提升学生的学习兴趣有着积极的意义。

专题五 有效巩固课堂教学效果

(1) 跟踪评价促进学生完善自我。

跟踪性评价关注学生知识获得的过程和自我的发展,不仅评价学生的知识掌握水平,更重要的是评价学生在建构知识的过程中,是否充分发挥主观能动性,是否努力投入,以及是否能积极地解决困难。同时,这种评价方式注重学生自建式学习,借助于学生积极主动的自我反馈,分析学生的优势与不足,从而促进学生发挥优势,并通过调整学习方式弥补不足,从而完善自我,逐渐取得新的突破和发展。

(2) 跟踪评价利于学生全面发展。

跟踪性评价强调在评价学生的时候,关注其原有经验和个性发展,围绕学生获得知识的信息源、学习策略、创新能力和问题解决能力等进行评价,要全面了解学生,确保评价的真实性、全面性和客观性。同时,在跟踪评价的过程中,不仅教师,学生及被评价学生的家长也都要参与评价,促进了良性评价系统的形成,利于学生的全面发展。

2. 跟踪评价的方法

跟踪性评价贯穿教学或活动各阶段,可以了解学生的学习或活动的进程,让教师获得及时的反馈,利于改进和指导学生的活动。这种评价方式在操作中,主要采用以下方法。

(1) 语言激励。

美国心理学家威廉·詹姆斯曾说,人性最本质的特点,就是希望得到别人的赞赏。教师要理解学生渴望得到赞赏的心理需求,注意在课堂教学中根据目的的不同,采用不同的评价语言,激励学生,让学生获得心理的满足,找到前行的方向,进而唤起他们的学习激情,使之产生莫大的兴趣和动力。

某数学教师在教学中,组织学生进行分组摆图形求面积、分组摆正方体求体积等一系列的合作活动。活动中,每一组的同学中总是由其中的一两个同学代替整组的成果展示,这样就阻碍了其他学生的发展,致使他们总是被动地去观察,进而导致这种动手能力的培养就变成了直观感觉。这位教师基于特定的情况,肯定了学生在活动中的组织,同时巧妙地运用评价语言,激励学生:"每个小组的同学都能积极主动地选出自己的代表,不知道其他小组成员是怎么看这个问题的呢?我相信你们一定在其他方面有新的思路,不妨勇敢地说出来。"在教师的激励下,一些学生提出了自己的不同的方法,教师肯定了他们的方法,并给予引导,使学生建立了整体思维,品尝了成功的喜悦。

这表明,要提升课堂教学质量,实施跟踪性评价,要及时发现学生突出的表现和不足,用激励性的语言鼓励学生,引导学生,促进学生的成长。

(2)成长记录。

所谓成长记录,就是教师要关注学生在课堂学习过程中的表现,针对学生之间存在的或大或小的差异,认真记录其成长中的变化,及时予以个性化的科学指导,引导学生会学习、乐于学习。

表5-1 学生在课堂表现及成长

	课题导入				环节一				环节二			
学生的倾听状态	主动发言	集体作答	做笔记	凝神注目	无倾听	主动发言	集体作答	做笔记	凝神注目	无倾听	主动发言	集体作答	做笔记	凝神注目	无倾听

	环节三				环节四				环节五			
学生的倾听状态	主动发言	集体作答	做笔记	凝神注目	无倾听	主动发言	集体作答	做笔记	凝神注目	无倾听	主动发言	集体作答	做笔记	凝神注目	无倾听

借助于这样的成长记录表格,教师对学生的课堂学习状态进行了解,并在课后总结,发现并思考问题,找到问题的症结,及时与学生沟通或调整教学,采取

相应的措施解决问题，达到提升学生的学习兴趣和注意力的作用，以提升课堂教学效果。

三、不断循环，周期评价

教师在教学评价过程中，除了要进行跟踪性评价，运用激励性语言让所有的学生都能得到激励和赞赏，都能体验到学习的愉悦，还要注意采用周期性评价，借助于不断循环的评价方式，促进学生养成良好的学习习惯，使学生在不断体验成功的过程中，形成对学习的浓厚兴趣。

1. 循环周期性评价的作用

循环周期理论认为，事物的发展有一个从小到大和从大到小的过程。学生的成长也是如此。教师在对学生实施评价时，要认识到学生的变化也是要经历一个由无到有、由小到大的过程的。因此，评价要注意保持一定的周期性，才能发挥相应的激励作用。

（1）强化学生的积极学习心理。

相当多的学生的学习情况不理想，在很大程度上缘于心理的消极。基于这种消极心理，他们丧失了自信心，不相信自己在学习上能获得理想的进步，于是产生破罐破摔念头，进而对学习失去兴趣。循环周期评价会培养学生的积极心理品质，让学生获得持久的、积极的情绪和情感体验，以及对未来的乐观态度，从而在学习上产生向上的动力和实现自我发展的期望。这些积极的心理品质，对于提升其学习兴趣发挥着重要的作用。

（2）利于学生良好的学习习惯的保持。

积极心理学认为，在对学生的行为习惯进行培养时，要从积极的方面去思考，要用"欣赏"式的评价，让学生更容易接受他人的意见，以便对学生产生一种良好的鼓励，从而更好地培养学生良好的学习习惯。循环周期理论就是基于这种理论，对学生良好的学习行为或习惯给予循环周期性的激励或肯定，从而强化学生行为习惯的养成，利于学习品质的形成和保持。

2. 循环周期性评价的方法

循环周期性评价，借助于积极心理学的原理，对学生定期进行积极心理的评价，使学生获得激励，强化其正向的表现，提升学生的学习信心和勇气，激发其学习的兴趣。这一评价方法在运用时，可采用如下方法。

（1）日记评价法。

所谓日记评价法，是指教师借助于学生日记，借评价学生的日记对学生进行周期性评价。一般来说，学生会每天或每周记日记，这些内容就反映了学生的心理。教师不妨采用一周或一个月的循环，定期对学生的日记进行讲评，讲评时对学生进行正向评价，或是评价字迹工整，或是评价能坚持，或是评价能抒写真情实感……这些不同类型的评价，对于学生来说，都能使之获得信心，进而增强其前进的力量，唤起学习的内驱力。

某教师在定期点评学生的日记时，针对一名学生在学习《送东阳马生序》后所写的日记，评价其感触很深，并能结合自身的经历，借机肯定这位同学能将自己的切身体验融入日记，能就事说理，文笔上有了较大的提升。而这种提升在前一段时间就初露端倪，现在越来越明显，相信假以时日，会更加出色。这名学生的自信心被激发，写作的兴趣越来越浓厚，从一个不擅写作文，甚至不喜欢写作文的学生，最后发展成乐于写作文、总是写出范文的学生。

当然，这种日记评价的方式，也可以换成日记接龙，形成长周期作业的方式，从而利于循环周期性评价发挥激励学生学习兴趣的作用。

（2）测试讲评法。

这种周期性评价是基于纸笔测试的前提，以月考或期末、期中考试的试卷为依据，对学生在一段时间的学习上的表现予以评价。需要注意的是，教师在评价

专题五 有效巩固课堂教学效果

时，不要一味地盯着学生取得的成绩，而要能从测试中发现学生的成长之处，对这样的亮点予以放大，并结合跟踪评价激励学生，提升其学习兴趣，促成良好的学习行为的产生。

总之，作为教学过程的一个有机组成部分，周期性的学科试卷评析，不但可以改进教学策略，提高教学质量，而且能在促进学生的知识与能力、过程与方法、情感态度和价值观等的健康发展，以及激发学生的学习兴趣方面起到重要的作用。

指向"双减"的教学、作业与课后服务 丛书

"双减"背景下
学生综合素养活动
的设计与实施

杨春英 ◎ 主编

世界知识出版社

图书在版编目（CIP）数据

指向"双减"的教学、作业与课后服务.3，"双减"背景下学生综合素养活动的设计与实施／杨春英主编.－－北京：世界知识出版社，2022.7
ISBN 978-7-5012-6539-8

Ⅰ.①指… Ⅱ.①杨… Ⅲ.①中小学—素质教育—教学研究 Ⅳ.①G632.0

中国版本图书馆 CIP 数据核字（2022）第 080220 号

责任编辑	侯奕萌
责任出版	赵　玥
责任校对	陈可望
封面设计	郝亚娟

书　　名	《指向"双减"的教学、作业与课后服务》丛书 **"双减"背景下学生综合素养活动的设计与实施** "Shuangjian" Beijingxia Xuesheng Zonghe Suyang Huodong de Sheji yu Shishi
总 主 编	严育洪
主　　编	杨春英
出版发行	世界知识出版社
地址邮编	北京市东城区干面胡同 51 号（100010）
网　　址	www.ishizhi.cn
经　　销	新华书店
印　　刷	三河市人民印务有限公司
开本印张	710 毫米×960 毫米　1/16　14 印张
字　　数	200 千字
版次印次	2022 年 7 月第一版　2022 年 7 月第一次印刷
标准书号	ISBN 978-7-5012-6539-8
定　　价	48.00 元

版权所有　侵权必究

前　言

2021年7月24日，中共中央办公厅、国务院办公厅印发《关于进一步减轻义务教育阶段学生作业负担和校外培训负担的意见》，要求各地区各部门结合实际认真贯彻落实。

…………

随着一系列政策的下发，各级教育部门和学校纷纷开展各项活动，采取相应的措施，以落实"双减"政策。随之而来的问题是，"双减"后学生的课余时间怎么办。为了解决这一问题，各学校立足综合素质培养，大显身手，积极组织并开展一系列课外活动。

乌兰浩特市卫东中心小学积极开发校内资源，开展各种形式的劳动教育；通化市通钢二小组织阅读练字每日打卡、数学金牌小讲师、英语情景剧等特色活动；开鲁县实验小学充分关注学生体质健康提升，通过体育社团和体育活动提升学生的运动兴趣；赣州市三江学校举办各种类型的文艺活动……

随着一系列课外活动的开展，学生的学习兴趣和热情得以提升，学生的特长得以展现，综合素养得以提升。那么如何立足"双减"，科学组织和实施各种课外活动，以提升学生的综合素质呢？一些学校和教师在探索过程中，用自己的行动，为我们提供了可资借鉴的经验。

为此，我们聘请相关专家，在相关学校的支持下，在一线教师的参与下，组织编写了本书，在系统地讲解理论的同时，辅以鲜活的案例和方法指导，侧重介绍活动的组织和实施，以期提升学校课外活动的效果，助力"双减"政策的落实。

全书以六个专题、18个主题的篇幅介绍了科普活动、体育活动、艺术活动、劳动活动、阅读活动和社团活动的设计与实施。

专题一：科普活动设计与实施。科技是国家进步的加油站，学生的科学意识和创新能力是综合素养的体现之一。为此，本专题的三个主题，先从理论层面介绍了科普活动与科技意识之间的关系，使科普活动的设计和组织有理论支撑，让设计更合理，继而从活动的选择和开发入手，介绍了科普活动的主题确定、方案设计，最后针对会议类科普活动、实践类科普活动、传授类科普活动、竞技类科普活动和宣传类科普活动等不同类型的科普活动的组织形式和实施要点加以介绍。

专题二：体育活动设计与实施。体育不仅代表着强健体魄，更代表着积极向上的精神。本专题紧扣体育活动这一中心，以三个主题的容量，分别介绍：体育活动及其意义、体育活动的内容及形式、体育活动的组织流程；在体育活动的设计上则强调了设计要遵循的原则、体现的要素；在活动的组织与实施中，从课间体育活动、课后游戏活动、体育竞赛活动和民族体育活动四个方面，以案例的形式，生动介绍了不同的体育活动的组织与实施。

专题三：艺术活动设计与实施。艺术教育作为核心素养培养的一个实施手段，在实现学生的全面发展中起着不可替代的作用。本专题从艺术活动及其影响、艺术活动的设计、艺术活动的组织与实施三个方面，全面介绍了艺术活动在提升学生的综合素养方面的作用，具体介绍了活动设计原则、主题选择和组织形式，以鲜活的案例和具体的理论介绍了极具代表性的表演类活动、展示类活动和节庆类活动的组织与实施，可借鉴，可学习，可复制。

专题四：劳动活动设计与实施。科学组织学生参与劳动活动，不但有利于培养学生的优良品德，而且可以有效开发学生的智力，增强学生的体质，让学生体会到劳动可以创造美，进而提升其综合素质。本专题从劳动活动及其意义入手，不但介绍了劳动活动的设计原则、主题确定和形式选择，而且以案例加理论的方式重点介绍了校内劳动活动、社区劳动活动和家庭劳动活动的组织与实施，以典型的案例真实再现了劳动活动的组织及实施要点。

专题五：阅读活动设计与实施。组织学生进行阅读活动，可以让学生在阅读中成长，培养学生终身学习的习惯，提升其综合素养。本专题用三个主题，分析了青少年阅读现状，从阅读活动及其意义入手，介绍了阅读活动的方式及特点，阅读活动组织的原则、主题的确定、形式的选择和群体的划分，极具代表性地介绍了班级读书会、阅读竞赛活动和阅读转化活动的组织与实施，无论是学校还是班级组织阅读活动均可得到提示和启发。

专题六：社团活动设计与实施。社团在学校是学生重要的活动组织，可以有效地管理学生的课外活动，提高学校管理的效率，也便于学生与学校、社区进行互动。本专题从社团活动的源起入手，不但介绍了社团活动的类型及特点、社团活动的意义，还具体介绍了社团活动实施的前提、社团活动的设计原则、主题的确定和形式的选择，最后选取有利于中小学实施的文化学习类社团活动、科技类社团活动、文学艺术类社团活动和体育健身类社团活动，具体介绍了这四类活动的组织与实施。

总之，期望本书能在"双减"政策让教育回归本质的形势下，为学生减下负担，提高学生的学习兴趣和学习质量，帮助学校提升教育教学质量、教师队伍质量，积极开发校内资源，为开展各种形式的综合素养培养活动提供一定的支持与帮助。

目 录

专题一 科普活动设计与实施

科学技术的发展，是衡量一个国家综合国力的核心因素之一。学校教育要以现代化教育为契机，全面落实科学的教育发展观，进一步提高科学教育的意识，努力培养学生的创新精神和实践能力。积极设计和实施科普活动，不但可以锻炼学生的动手实践能力，而且可以提高学生的科技素养，增强青少年科技创新能力。

主题1 科普活动与科技意识 ／002

一、认识科普活动 ／002

二、科普活动的意义：科技与创新 ／004

三、科普活动的内容及形式 ／006

四、科普活动的组织流程及前提 ／009

主题2 科普活动的选择与开发 ／012

一、科普活动的主题及其开发 ／012

二、科普活动的方案设计 ／016

三、不同种类的科普活动的设计 ／022

主题3 科普活动的组织与实施 ／034

一、会议类科普活动的组织与实施 ／034

二、实践类科普活动的组织与实施　/ 042

三、传授类科普活动的组织与实施　/ 048

四、竞技类科普活动的组织与实施　/ 051

五、宣传类科普活动的组织与实施　/ 058

专题二　体育活动设计与实施

学生的健康成长关系祖国和民族未来，也是每个家庭最大的愿望和期盼。"双减"背景下，学校一方面要提升教学质量，为学生课堂学习和课后作业"减负""增效"；另一方面要关注学生的身体健康，充分利用课余时间，组织多样化的适宜的体育活动，引导学生加强体育锻炼，提升综合素质。

主题1　体育活动及其意义　/ 064

一、体育活动的意义　/ 064

二、体育活动的内容及形式　/ 066

三、体育活动的组织流程　/ 068

主题2　体育活动的设计　/ 074

一、设计中应遵循的基本原则　/ 074

二、设计中应把握的五个要素　/ 075

主题3　体育活动的组织与实施　/ 081

一、课间体育活动的组织与实施　/ 081

二、课后游戏活动的组织与实施　/ 088

三、体育竞赛活动的组织与实施　/ 091

四、民族体育活动的组织与实施　/ 095

专题三　艺术活动设计与实施

　　艺术教育作为核心素养培养的一种实施手段，在实现学生的全面发展中起着不可替代的作用。它不仅可以提高学生道德水准，陶冶高尚情操，促进智力和身心健康发展，而且可以提高学生的审美观念，提高学生的思想道德素质和科学文化素质。"双减"政策下，组织与实施艺术活动，理应成为培养学生综合素养的重要途径。

　　主题1　艺术活动及其影响　/100

　　　　一、了解艺术活动　/100

　　　　二、艺术活动的影响　/104

　　　　三、艺术活动的组织前提　/106

　　主题2　艺术活动的设计　/108

　　　　一、艺术活动的设计原则　/108

　　　　二、艺术活动的主题选择　/109

　　　　三、艺术活动的组织形式　/113

　　主题3　艺术活动的组织与实施　/117

　　　　一、表演类活动的组织与实施　/117

　　　　二、展示类活动的组织与实施　/122

　　　　三、节庆类活动的组织与实施　/125

专题四　劳动活动设计与实施

　　动手是学生发展思维的体操，这正是"心灵手巧"一词背后的原理。"双减"政策下，科学组织学生参与劳动活动，不但有利于培养学生的优良品德，而且可以有效开发学生的智力,增强学生的体质,让学生体会到劳动可以创造美,进而提升其综合素质。

主题1 劳动活动及其意义 /130

一、劳动活动的意义 /130

二、劳动活动的类型及特点 /132

三、组织劳动活动的前提及步骤 /134

主题2 劳动活动的设计 /139

一、劳动活动设计的原则 /139

二、劳动活动主题的确定 /140

三、劳动活动形式的选择 /141

主题3 劳动活动的组织与实施 /145

一、校内劳动活动的组织与实施 /145

二、社区劳动活动的组织与实施 /148

三、家庭劳动活动的组织与实施 /150

专题五　阅读活动设计与实施

阅读是一个人了解世界和思考世界的过程,也是一个人心灵自我观照的过程。通过阅读,一个人可以反省自我,提升自我,从而养成反思和内省的好习惯。"双减"政策下,组织学生开展阅读活动,可以让学生在阅读中成长,培养终身学习的习惯,提升综合素养。

主题1 阅读活动及其意义 /154

一、青少年阅读现状 /154

二、阅读活动：开卷有益，改变人生 ／155

三、阅读活动的方式及特点 ／156

主题 2　阅读活动的设计 ／160

一、阅读活动组织的原则 ／160

二、阅读活动主题的确定 ／162

三、阅读活动形式的选择 ／163

四、阅读活动群体的划分 ／165

主题 3　阅读活动的组织与实施 ／166

一、班级读书会的组织与实施 ／166

二、阅读竞赛活动的组织与实施 ／171

三、阅读转化活动的组织与实施 ／178

专题六　社团活动设计与实施

社团在学校是学生重要的活动组织，可以有效地管理学生的课外活动，提高学校管理的效率，也便于学生与学校、社区进行互动。科学组织和实施社团活动，可以丰富"双减"政策下的学生生活，为学生创造多样化的展示自我的机会，培养学生的综合素质。

主题 1　认识社团活动 ／184

一、社团活动的源起 ／184

二、社团活动的类型及特点 ／185

三、社团活动的意义 ／187

四、社团活动实施的前提 ／189

主题2　社团活动的设计　/191

　　一、社团活动设计的原则　/191

　　二、社团活动主题的确定　/192

　　三、社团活动形式的选择　/193

主题3　社团活动的组织与实施　/196

　　一、文化学习类社团活动的组织与实施　/196

　　二、科技类社团活动的组织与实施　/198

　　三、文学艺术类社团活动的组织与实施　/202

　　四、体育健身类社团活动的组织与实施　/208

专题一
科普活动设计与实施

　　科学技术的发展,是衡量一个国家综合国力的核心因素之一。学校教育要以现代化教育为契机,全面落实科学的教育发展观,进一步提高科学教育的意识,努力培养学生的创新精神和实践能力。积极设计和实施科普活动,不但可以锻炼学生的动手实践能力,而且可以提高学生的科技素养,增强青少年科技创新能力。

主题 1
科普活动与科技意识

当前,我国的科学技术有了巨大发展,国民的科学素质得到了很大提高,但与一些国家相比,我国在科学技术的发展上还存在较大差距。因此,我们应大力普及科普教育,提升全民科学素质。组织科普活动,是培养学生的综合素养,提升其科技意识的重要方式之一。

一、认识科普活动

科普活动,即科学普及活动的简称,是指在一定的背景下,以开发公众智力和提高素质为使命的一种科学传播活动。这种活动借助于专门的载体和灵活多样的宣传、教育、服务形式,面向社会、面向公众,适时、适需地传播科学精神、科学知识、科学思想和科学方法,实现科学的广泛扩散、转移和形态转化,从而推动社会、经济、教育和科学文化发展。

1. 科普活动的特点

科普活动旨在向青少年进行科技知识的普及,培养学生的科技意识,培养其科学思维和实践能力,这决定了科普活动具有如下特点。

(1) 科学性和思想性兼具。

所谓科学性,是指科普活动在活动内容上具有科学性和技术性,让学生通过参加活动开阔视野，学到科学知识，激发其对科技的兴趣。所谓思想性，是指科普活动是将思想教育寓于活动之中，借助于活动培养学生的爱国主义、集体主义和艰苦奋斗的精神，以及人际沟通与协作、规则意识和法治意识，使青少年养成关心家乡变化、科技进步和国家建设的习惯。

（2）体现实践性和兴趣性。

所谓实践性，是指科普活动在组织形式上，侧重于让青少年在实践活动中经受锻炼、增长才干，利用课外活动的形式，创造课堂教学不具备的优越条件，使学生借助于考察、实验、展教、写作、动手操作等环节获取科学知识，学习科技技能，把理论与实践结合起来。所谓兴趣性，是指科普活动以兴趣激发和引导为原则，吸引学生积极地参与到活动中，同时又在活动中进一步激发兴趣，促使青少年形成科学志向和科学理想。

可以说，综观整个科普活动，都是在一个明确的活动主题的指导下，借助于多种多样的形式，让学生领悟科学知识，锻炼动手能力，形成科技思维和情感。

2. 科普活动的类型

科普活动是在一个时期或一个阶段内集中进行的，具有一定的主题思想或提出明确的口号，且要达到一定教育目的和科学技术知识普及要求。这一活动一般有以下几种分类方式。

（1）按活动范围分。

中小学的科普活动，按活动范围，可以分为社会科普活动、社区科普活动和校园科普活动。前两者侧重于以校外为活动地点，后者侧重于以校内为活动地点。比如，社会性的活动有国际性的"世界科学与和平周""世界环境日"等，全国性的活动有"植树节""爱鸟周"等；省（自治区、直辖市）或市（区、县）级的活动有"古树名木调查""水——生命之源"等；学校活动有"爱心献校园，绿色满人间"等；班级性的或兴趣小组性的活动有"我们居住小区的环境状况调查""被动吸烟的危害""学创造,搞发明""看云识天气"等。

(2) 按活动内容分。

就活动内容而言,中小学的科普活动分为知识学习活动、动手操作活动两种。前者侧重于理论学习,观看、倾听或阅读相应的科普知识;后者侧重于让学生动手实践,在制作或操作中感受科技的力量,发现科学,理解科学。

(3) 按活动形式分。

按活动形式,中小学的科普活动可以分为会议类的科普讲座、传授类的参观、宣传类的设计,以及实践类的知识竞赛、发明创造等。学生在这些活动中的角色不同:如讲座活动中,学生是学习者、倾听者和提问者;竞赛和创造活动中,学生是活动的主体,是行动者。

总之,科普活动的种类和形式繁多,其目的均指向学生核心素养的培养,旨在立足"双减",为学生的学习减负,使学生能乐学、好学,而不是"减效"。

二、科普活动的意义:科技与创新

发展科学,教育是关键,加强科普教育是基础。因此,中小学生要认识到科技发展的重要性,明确自身承担的重任,清楚努力的方向和学习的途径,培养学科学、爱科学、讲科学的兴趣。这正是科普活动的意义所在。具体来说,科普活动的意义体现为以下几点。

1. 培养科学素养,促进终身发展

核心素养是培养自我实现与促进社会和谐发展的高素质国民与世界公民的基础,它不仅立足于时代,着眼于未来,还具有浓厚的政治、经济、文化背景。而科学素养是其重要组成部分,是个体实现终身发展的必备素养。科学素养所包含的质疑精神、理性思维、探究能力等具有高度迁移性的素养,对于中小学生走出学校后的终身发展具有广泛的影响。同时,科技教育是终身教育,中小学生参加

科普活动，接受科技教育，对于其科学素养的形成具有很关键的作用，将使之终身受益。

2. 引导兴趣爱好，丰富学习内容

首先，青少年时期是人生成长的重要阶段，其世界观、人生观和价值观的树立正处于萌芽期，这就决定了青少年群体对外界充满了探究的欲望，具有很强的可塑性。加强对青少年的科技教育，引导他们参加科技活动，不但可以丰富其课余生活，而且可以培养他们对科学的兴趣、爱好和志向。

其次，创新是一个民族的灵魂，是一个国家兴旺发达的不竭动力。身处瞬息万变、充满创新知识和创新事业的信息时代，中小学生的创新意识与创新能力的培养非常重要。未来社会需要创新型人才，而创新型人才需要用创新的方法来培养。科普活动作为培养人的重要载体，将科学知识、科学方法、科学思想和科学精神相互交融，传播科学思想，促进了科学知识的普及，让科学得到传承、应用和发展，在参加活动的过程中，学生增长了知识，受到科学思想的启迪，找到创新解决问题的方法，提高了创新意识，培养了创造精神，提升了思维能力和实践能力。

3. 养成良好习惯，提升科学素质

立足科学素养培养的科普活动，对于青少年养成良好的学习习惯，培养爱国情感也发挥着积极的作用。

首先，科普活动是一种思维发散和创造的过程，学生在参与活动的过程中，需要思考和钻研，因此有利于学生养成勤于钻研、勤于思考、勤于研究的良好习惯。同时，基于培养学生的科学素养的科普活动，可以让中小学生养成"爱科学、学科学、用科学"的良好习惯，对于人的一生发展有重要影响。

其次，提高青少年科学素质行动是保障"科教兴国"战略顺利实施的基础性工程，对增强国家创新能力和竞争力具有重要的作用。科普活动借助于丰富多

样的形式和内容，向中小学生传授科学基础知识和基本技能，培养了中小学生崇尚科学的精神，使之形成科学的思想方法，提高了中小学生的科学素质，促进全民科学素质的提高。

三、科普活动的内容及形式

科普活动的内容广泛，活动形式生动活泼，巧妙地将科学性、思想性、实践性和兴趣性紧密结合起来。

1. 活动内容

科普活动是以主题的形式展开的，因此依据主题的多样性，活动内容可以包括如下几方面。

（1）科学纪念活动。

这类活动包括科技节、科技周和科技月。这种科普活动具有广泛性和社会性的特点，表现在多与全国性、世界性的活动相关，比如，每年3月12日为我国"植树节"，每年6月5日为"世界环境日"，还有"海洋日""地球日""世界水日"等。

（2）高新科技科普活动。

这类科普活动立足于贯彻"科教兴国"的战略，旨在激励青少年学生攀登科学高峰，让青少年了解我国与世界科技的发展，了解现代科学发展的前景趋势，比如微电子技术、生物工程技术、信息高速公路、新材料、新能源、激光、航天技术、环境科学、海洋开发利用、知识经济的现状与发展趋势等。

（3）学科性和专题性科普活动。

这类科普活动或是单项出现，或是成系列出现，其中学科科普活动内容与学科知识紧密相关，包括数、理、化、天、地、生等基础学科的发展，也包括一些新学科、新技术、新知识的内容，比如"太阳能利用系列活动""能源十项系列活动""土地与国情""生活中充满化学""模拟火箭发射活动""农业可持续发展""生物多样性与我们的未来""虎年——救救老虎"等科普活动。

（4）重大科学现象科普活动。

这类科普活动是青少年最感兴趣的，一般会结合一些学科知识讲解，如结合地理知识的关于"哈雷彗星回归""流星雨""月全食""日全食"等重大天文现象的讲座，结合物理学的观测和摄影，结合生物科技发展成就的论文演讲活动，等等。

（5）实用技术科普活动。

这类科普活动立足当地的经济、科技实际情况，旨在向学生普及种植、养殖、电工、机械、病虫害防治、植物保护等实用技术，组织学生开展乡土资源、土壤成分、植被和城市居民小区生态环境的调查，使学生从小就树立关心家乡经济和科技发展的意识。

（6）"热点"问题科普活动。

这类科普活动是依据学生在一定时期内关心的"热点"问题展开的。比如，针对近期地震，可以进行地震预报知识的讲解；针对俄乌冲突，可以介绍网络信息、电子武器和能源问题；结合新科技项目的报道，如针对"中国天眼"FAST，可以介绍宇宙的起源与演化。

除此之外，科普活动的内容还可以按活动范围进行分类。我们应大力提倡组织学校、班级和兴趣小组性的科普主题活动，倡导青少年树立"爱科学，学科学，用科学"的良好风尚，并将其作为实施素质教育的重要措施。

2. 活动形式

科普活动不但要宣传科学思想，传播科技知识，批评反科学的现象，而且要启迪智慧，培养学生的动手能力，等等。这些活动的目的决定了活动形式的多样性。

(1) 校内科普活动的形式。

校内科普活动基于活动范围，可以结合学科知识的学习，本着培养学生的核心素养，激发学习兴趣，提升科学意识的目的，采用以下几种组织形式。

形式1：科普书籍阅读。可以与学科教学相结合，利用课外兴趣班或以读书小组的形式，选定2—3本科普读物，组织学生阅读，并以日记或读书笔记、读后感的形式写出读书心得。当然，这一活动与科普知识竞赛配合进行，更有助于提升活动效果。

形式2：科普知识竞赛。这种形式是将学科相关知识与课外知识相结合，设计出一些问答题，比如百题征答活动，组织学生进行班内、年级、校内竞赛，可以与校内的科技节活动相结合，也可以让学生利用星期六和星期日答题，最后公布比赛结果，给予一定的表彰和奖励。

形式3：科普知识讲座。这种形式的科普知识活动，可以采用请科学家、科研人员到校内，围绕一定的主题，为学生举行知识讲座的形式；也可以组织学生参加兴趣小组，安排一些热爱科技的学生，请他们进行科技知识的讲解。

形式4：科普知识宣传。组织学生通过校会、班会、校园广播电视、宣传录像、板报、标语、电脑小报等形式进行普及科学知识的宣传活动，达到开阔学生的视野，提升学生自主学习能力，对学生进行科学普及教育的目的。

形式5：科技制作活动。可以结合信息技术的学习，利用课外兴趣班或课后活动小组，组织学生开展相应的动手实践活动。比如，美术兴趣小组可以进行科幻画活动；信息技术小组可以开展电脑小报制作、电子板报展评活动；科技兴趣小组可以组织学生进行小发明、小制作，开展航模辅导活动；等等。

(2) 校外科普活动形式。

校外科普活动是中小学科技教育的重要载体，学校或教师要结合课程的实施，因地制宜地开展形式多样的校外科普活动，培养学生的创新精神和实践动手能力。不同于校内科学课程设计，校外科普活动具有更多的灵活性，包括知识的灵活、教育理念的灵活、活动地点的灵活、活动形式的灵活等，因此可以采用的形式也更加灵活。

形式1：参观活动。学校或教师可以组织学生到科技馆、航天活动基地、生物培养基地、机器人基地、爱国主义教育基地，到一些科技大学或综合性大学的相关学院等进行参观，让学生在听、看和体会的过程中，感受科技的存在、科技的影响，培养学生爱科学、学科学的意识。

形式2：交流活动。学校或教师可以组织本校爱好科技的学生，与其他兄弟校进行交流学习，让学生在交流学习的过程中，学他人之长，识自己之智，明自己之短，促进自主学习能力，并提升科技能力。这种形式还可以具体到校际机器人竞赛、校际科技主题演讲等活动。

形式3：研学实践。学校可以组织学生走出去，到社区、大学，到其他国家，学习并研究科技领域的相关内容和知识，甚至到一些大型企业，学习并研究科技对企业发展的影响，以提升学生的科技创新意识与能力。学校还可以组织学生在校外开展实践活动，比如走进农田、车间，动手实践，感受科技的魅力，唤起创新意识。

四、科普活动的组织流程及前提

无论是校内还是校外的科普活动，都是学生学习科学知识，感受科技魅力的重要组成部分。在参与这些活动的过程中，学生能收获到课堂教学以外的科学知识，收获成长。需要注意的是，组织这些科普活动，需要科学的流程和必要的前提。

1. 活动流程

为了提高科普活动的质量，保证活动的效果，在组织活动时，需要遵循一定的流程，精心设计活动方案，突出活动的组织性和科学性，提升活动的效果。

第一步：明确主题，确定目标。

科普活动的主题要鲜明，要有感召力，并从当地科技发展和人才培养的实际出发，要适合学生的特点，比如"21世纪的科技与我们""展开科技创新的翅膀飞翔""创新——迎接知识经济的挑战""寻找科技金钥匙，争当科技小能手"等。科普活动只有在明确的目标指引下，才能有的放矢，因此目的是活动的灵魂。在确定活动目的时，要明确活动进行思想教育、科普教育、技能和技巧教育的要求。

第二步：选择内容，确定形式。

科普活动的内容十分丰富，选择适当的活动内容极其重要，这关系到科普活动的实施和教育目的的完成。一方面，科普活动的内容要适应科技发展的趋势，要立足于当地的实际；另一方面，科普活动要保留传统的基础教育内容，要不断开拓新领域，还要符合青少年的年龄特点、兴趣爱好和知识水平，要融科学性、思想性、实践性和趣味性为一体。

科普活动的形式要力求新颖、灵活多样、富有创造性，要符合学生的实际，要能吸引青少年积极、主动地参与进来，一般来说，可以基于感官的运用来设计形式。比如从听的角度，可以采用科普报告、讲座的形式；从看的角度，可以采用观看科普电影、录像、书刊、展览、表演的形式；从写的角度，可以组织学生书写科普故事、小论文、黑板报；从做的角度，可以采用科学小实验、小制作、小发明和小观察的形式；从玩的角度，可以采用科普游戏、谜语和魔术等方式。

第三步：明确主体，安排实施。

在完成以上步骤后，接下来就是活动的实施了。当然，实施需要针对内容、形式，基于突出学生主体的原则，逐步开展。所谓明确主体，即科普活动要以学生为中心，教师要在活动中充分调动学生的积极性和主动性，让学生成为活动的主人。须知,缺少了学生的主动参与和积极性的充分发挥,任何科普活动都将失去意义。在这样的基础上,开始按部就班地组织活动。

2. 活动前提

组织科普活动,在遵循相应的步骤下,还要注意在组织过程中,考虑以下活动前提。

(1) 要考虑学生间的差异。

组织科普活动的过程中,教师要注意依据学生年龄、心理状态和知识基础的不同,依据学生的兴趣、能力、性格等方面的差异,科学设计和组织;在主题的设计上,要注意由浅入深、由表及里,讲究实效。

(2) 争取外力支持。

科普活动的展开,需要相关的专业人士的支持、相关的单位和部门的支持,因此在组织科普活动时要积极争取一切外力的帮助,即调动一切可用的社会资源。比如具备条件的家长,可以请其在资料、知识和辅导力量上给予支持,或请家长介绍相关专家组织科普知识讲座,或请本身是科技人员的家长给学生进行演示或讲解。

总之,丰富多彩的科普活动的展开,需要各方力量的支持,还需要学校和教师有创新意识,要注意在内容与形式上推陈出新、因地制宜,依据本地区、本学校和本班级的实际情况和科普活动的重点,有选择地开展活动,要注意兼顾科学性、知识性、趣味性和可接受性的原则,以便进一步提升中小学生的科技教育活动的质量及效果。

主题 2

科普活动的选择与开发

"双减"背景下开展各类科普活动,不但可以让学生了解科学知识和技术,促使其善于利用科学知识来解决问题,丰富其学习内容和生活,而且可以使学生认识到科技的力量,是实施"科教兴国"战略,提高国民科学文化素质的基础性工作。为此,学校和教师要在组织科普活动时,针对本地区、本校或本班的实际情况,围绕相应的主题,合理选择与开发活动资源,并依据不同类型的活动,设计出科学的活动方案。

一、科普活动的主题及其开发

爱因斯坦曾经说过:"提出一个问题往往比解决一个问题更重要。"科普活动的开展,主题的确定相当重要。科普活动的主题是科普活动所要传播内容的核心,只有明确了活动的主题,初步明确活动内容、活动目的、活动方向,科普活动才能顺利开展。因此,设计和实施科普活动,要重视和加强活动主题的确定环节,以促进科普活动的顺利实施,提高活动成效。

1. 开发方式

科普活动的主题确定,一方面要考虑到学校和学生的实际情况,以及所在地区的现实情况,另一方面需要从学生的素养培养目标入手。学校和教师不妨从以

专题一 科普活动设计与实施

下几方面入手,寻找并确定主题。

(1)结合学生的实际情况确定。

一些学生缺乏基本的科学知识,经常会提出一些自然、科技等问题。教师可以本着扩展学生的科学知识范围,选择并确定科普活动的主题。比如,针对学生对天气或宇宙问题的好奇,可以设计开展"看云知天气"的科普知识讲座;针对学生航空航天知识的缺乏,可以设计"航天知识巧问答"的科普知识竞赛。同时要鼓励学生积极查阅资料,主动拓展知识。

一些学生对科学常识懂得太少,只知道一些书本上的简单知识,对社会上的相关知识知之甚少。比如,针对海边的学生不清楚潮汐产生的原理,林区的学生不知道森林资源的开发和利用,教师可以设计"探索潮汐与月亮的关系""森林资源的开发和利用"等相应主题。

针对学生存在的一些行为问题,比如乱扔垃圾,浪费水、纸张和电等现象,组织相应的科普活动,如开展"垃圾是放错了地方的资源"科普活动。

总之,选择和确定科普活动的主题,可以结合学生的实际情况,从学生关注或不了解的方面入手,提炼主题。这样的主题不但有利于拓展学生的科普知识,而且能够激发学生的活动热情,有利于学生科学素养的提升。

(2)依据时事新闻或科技动向确定。

科普活动的主题还可以依据时事新闻确定。如针对俄乌冲突引发的能源问题,不同年级的学生,可以确定不同的活动主题,小学生开展"能源知识知多少"主题活动,初中生开展"太阳能的应用"主题活动,高中生开展"世界能源分布与地理环境的关系"主题活动。

确定科普活动的主题,还可以依据科技领域的动态。比如,开展针对人工智能的相关知识,设计"人工智能探秘",组织科普知识讲座;围绕量子通信等前沿技术,组织学生参观科技馆,并请专业人员进行讲解。

总之，这样确定的主题，让科普活动拉近学生与社会的距离，促使学生认识到科技就在身边，推动着社会的发展，更能激发其学习的兴趣，调动其科技学习的内驱力。

（3）结合节日活动确定。

学校可以结合一些特定的节日活动，确定科普活动的主题。例如，结合全国科普日，设计以"食品安全和公众健康"为主题的科普活动；结合植树节，设计以"播种绿色，传递健康"为主题的科普活动。

（4）结合学科知识确定。

学校和教师还可以依据学科教学中学生的学科知识不足的问题，有针对性地组织科普活动，开阔学生的视野。比如，结合生物学科的基因知识，组织"我们不一样"科普知识讲座活动；结合语文教材中的科幻文章，组织"走近科幻作家"活动，让学生与作家近距离接触，了解科技与文学的结合；结合地理学科学习，组织科普演讲活动"珍惜自然资源，呵护美丽国土——讲述我们地球的故事"，提高学生对地理学科的学习热情，增强学生的环境保护意识，引导学生珍惜地球资源，创建绿色家园。

（5）结合本地发展确定。

借助于科普活动，要让学生认识到科技改变生活，科技知识与我们的距离并不遥远，以此确定科普活动主题。比如，结合本地的水资源问题，组织以了解本地水资源状况及水质状况为主题的科普实践活动；结合本地的地形地貌，组织学生开展"土地类型知多少""地球的变迁"等科普活动；针对本地的经济发展状况与资源的关系，确定以"资源与经济"为主题的科普活动。

总之，科普活动主题的确定，可以从"学生与自然""学生与社会""学生与人"三个角度入手，灵活确定主题，选择内容。要尽可能多地让学生获得知识的拓展和参观、考察、访谈、调查、服务、宣传、探究、角色体验等机会，让学生从生活的诸多方面认识到科技的重要性，以获得直接经验，培养其科技意识，提升其科学探究能力。

2. 开发原则

一个好的科普主题，不仅是开展知识的拓展与研究的方式，也是提升学生的服务意识和社会责任感的途径，更是培养学生综合素质的手段。在开发科普活动主题的过程中，要注意遵循以下原则。

（1）针对性。

中小学开展科普活动，主题的确定一定要根据学生的发展特点，结合学科知识的学习，因地制宜地开展。如此一来，才能让科技知识与科技发展起到培养学生的科学创新兴趣和创新精神的作用，起到鼓励学生走出课堂、校门，参加适当的劳动，参观生产流程及科技展览等作用，才能使学生较好地了解科技知识的应用与发展，进而提高学生对新技术、新发明的悟性。

（2）发展性。

"双减"背景下积极开展课余兴趣小组活动，组织科普活动，在主题的确立上，要立足于提升学生的学习兴趣，培养学生的自主学习意识，尤其是科普活动中的设计与操作等实践活动，更要注意立足学生终身发展，让学生结合科技知识，尝试性地开展实验发明项目，调动学生的创造性，为培养其科学素质、科学思想、科学精神，以及科学意识和创造能力等起到积极的作用。同时，主题的设计还要体现与社会发展、科技发展和学生所处环境的发展相联系的特点，让学生真正意识到科技就在身边，科技正在改变我们的生活。

（3）多样性。

为了激发学生参与科普活动的兴趣和主动性，在科普活动主题的确定上，还要注意体现多样性，运用不同方式、不同形式，让学生感受到科技的丰富多彩，科技知识无处不在。同时，多样性还要注意体现在确定主题时考虑到活动形式的多样性，可以将学生的听、说、读、写、做等诸多行为调动起来，让"科学味"充满校园和学生的生活、学习的空间，调动他们的创造性。

二、科普活动的方案设计

科普活动的开展，离不开精心的策划和用心的设计。这就需要在活动开始前，进行活动方案的设计。科普活动的方案设计要把握怎样的要素，遵循怎样的原则呢？我们先来看一个方案的设计。

某中学科普活动方案

为激发学生从小爱科学、学科学、用科学的热情，培养提高学生的创新意识和创造能力，展示学生的创造能力和特长，提高全体学生的科学文化素质，加快普及青少年科技知识教育，引领全体学生接近科学、走进科学，培养学生勤动手、善动脑的习惯，使其养成科学、文明、健康的生活方式，丰富学校课余文化生活，经研究决定，我校将开展2014年科普知识、科技小制作、小发明竞赛活动。

一、活动主题

"放飞梦想，创造未来"。

二、活动内容

1. 科技小发明、小制作竞赛

（1）参赛对象及作品上交数量：各班组织学生开展小发明、小制作活动，每班至少上交3份作品。

（2）作品上交时间：10月20日前。

2. 科幻画比赛

（1）参赛对象：全校学生每班至少上交4幅作品。

（2）绘画要求：以"放飞科技的梦想"为主题，参展作品尺寸为4K纸，画种及材料不限，横竖均可。

(3) 参赛办法：作品一律在画面右下角贴标签，写上班级、姓名、作品名称。

(4) 作品上交时间：10月20日前。

3. 日常生活科普知识竞猜、抢答活动

(1) 参赛对象：全校学生。由学校提供题库让全体同学做准备，各班在班级进行选拔赛，每班选出2名同学参加校级比赛。

(2) 比赛时间：另定。

4. 板报比赛

以班为单位出一期科普知识黑板报。

三、活动要求

1. 参赛者可以是个人，也可以是集体，集体人数不得超过3人。

2. 科技小发明、小制作等实物作品，要放置在透明塑料袋中，袋内放置说明材料。

3. 凡参赛的作品都要贴上标签，写明作品名称、作者姓名、班级及指导教师。

四、评比标准

1. 科技小发明作品要求

(1) 自己选题：选题必须是作者本人发现、提出、选择的。

(2) 自己设计和研究：设计中的创造性贡献，必须是作者本人构思、完成的。主要论点的论据必须是作者通过观察、考察、实验等研究手段亲自获得的。

(3) 自己制作：作者本人必须参与作品的制作。

2. 小制作作品要求

(1) 结构简单，材料易找，加工容易，见成果快。符合少年儿童心理，容易推广普及。

（2）作品设计新颖，形象生动，具有创造性，作品由学生本人独立制作或在老师、家长的指导下完成，不得由他人代替完成。

（3）可制作各种模型。

3. 板报比赛评分标准

（1）内容（30分）。要求：主题明确，整个版面不能少于一篇文章。不符合要求扣5—10分。

（2）版面布局（20分）。要求：长短文章有穿插变化，生动活泼。版面杂乱或死板扣1—5分。

（3）文字抄写（10分）。要求：文字工整清晰，字距、行距适当，篇与篇之间及黑板报四周要有空隙。过于紧密、凌乱或一篇文章中有过多彩色字扣1—3分，错别字按照0.5分/字标准扣除。

（4）刊头（10分）。要求：能适应板报主题思想，须装饰图案，刊头位置不能超过版面的1/5。不符合要求的扣1—3分。

（5）题花、尾花、花边、标题（30分）。要求：题花、尾花、花边须装饰图案，应比刊头图案更简练，色彩丰富，与文章应有空隙。标题应醒目，色彩与文章色彩有区别。题花、尾花不能过于繁杂，以免喧宾夺主，也不能过于潦草、简单。不符合要求的扣1—3分。

（6）板报必须按时完成，否则只得基本分。

五、奖励办法

1. 科技小发明竞赛、小制作竞赛、科幻画比赛、黑板报比赛

（1）各设一、二、三等奖，鼓励奖各若干名。

（2）设指导老师奖。

2. 日常生活科普知识竞猜、抢答活动：每答对一题奖励一份小奖品。

从案例来看,科普活动的设计需要从以下几个方面来展开。

1. 方案要素

组织科普活动,活动方案的设计相当重要。成功的方案设计,可以指引组织者和参与者有章可循,明确活动目的和活动程度,清楚要达到的活动目标。一个成功的科普活动设计方案,一定要具备以下要素。

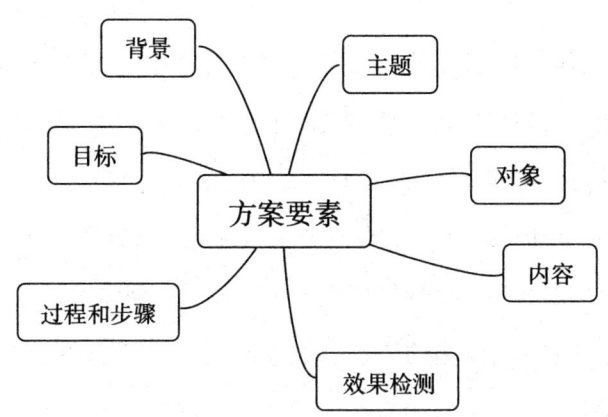

图1-1 科普活动设计方案要素

(1) 主题。

任何一项科普活动,都要有一个科学而鲜明的主题。主题可大可小,但须与活动设计的内容紧密相关。

(2) 背景。

背景是指活动设计和提出的原因、依据和出发点。具体来说,背景要从以下两方面介绍:首先,要介绍活动是如何针对学生的发展或需求而设计的,换言之,就是要说明活动是应学生的哪些发展需要提出的。其次,要说明活动是适应教育发展、人才培养的社会需要提出的,并指出其价值。

(3) 对象。

活动对象是指活动的特定参与者,也就是哪一阶段的学生,或哪些年级的学生。当然，方案中活动对象的确定，主要是考虑到科普活动对参与者的作用和效果。要注意不同年龄、不同场所、不同类型或内容的科普活动，其学生的群体特征都可能有所不同。比如，科学调查体验适合中小学生；科普志愿者活动，尤其是野外的科普活动，更适合初高中学生。

（4）目标。

科普活动目标是让学生通过参与活动达到的一种教育、传播或普及的效果，这种效果应该是明确的、具体的，是可以观察和测量的。目标的制定是设计科普活动的核心问题。因为在科普活动实施的过程中，针对活动对象所提出的明确、具体的要求，要落实在整个活动方案的过程中，是贯穿整个方案的脉络，也是活动的起点和归宿，任何科普活动过程均要为实现这一目标而设计。一般来说，科普活动设计方案中的目标，要从三个维度进行设计，即学生的科学知识的获取、学生的科学方法的掌握和学生的科学态度的培养，其中科学态度的培养包括科学思想和科学精神两个方面。

需要注意的是，确立科普活动的目标，一是目标不能"大而全"，不要持一次活动实现全部目标的目的；二是目标要切合实际，要能通过活动真正实现。

（5）内容。

科普活动内容是指科普活动所包含的实质内涵和意义，是构成上述活动的一切要素。从广义来看，科普活动的时间因素、地点因素、空间因素、范围因素、内部诸要素及结构，都是上述活动内容的重要组成部分。从狭义来看，主要是指科普活动传播、传授或普及的内容，或是活动所包含的具体项目。我们这里所说的科普活动内容，通常都是指后者。

（6）过程和步骤。

科普活动不同于单纯的课堂教学，它具有开放性、自主性和实践性强等特点。在设计活动过程时应充分考虑到这几个特点，使活动过程任务清晰，活动环节衔接紧密,活动形式新颖,活动特色鲜明,活动安全有保障。

(7) 效果检测。

活动效果检测是设计科普活动时的一项重要内容,要针对活动目标的实现情况设计检测方法。其目的是对学生参与活动的实效性进行检测,也是对活动预设的一种检测。这一要素既可以设计于活动过程中,也可以设计在活动结束后。检测的形式可以依据具体活动而定,用讨论、表演、交流、比赛、记录表、反馈、观察、访谈等诸多形式都可以,要对学生参加活动的语言、行为和态度加以评价。

2. 设计原则

在设计科普活动的方案时,要确保方案的可行性,就要遵循一定的设计原则,以便设计出的方案具备实施的可能性。

(1) 科学性和教育性。

在进行科普活动方案设计时,科学性是首先要遵循的原则。所谓科学性,就是方案在设计中要注意结合学生的年龄、认知、生理和心理特点,选择合适的活动内容和适宜的活动方式,帮助他们掌握最优的技能和科学方法,引导他们树立有益于社会发展的科学价值观,达到最佳的育人效果。基于此,科普活动方案要自始至终体现科学性。

教育是培养人的活动,也是使人社会化的过程。科普活动作为教育活动的一种方式,同样要体现教育性,要发挥对人的培养和造就未来社会需要的合格公民的作用。基于此,科普活动的方案设计应遵循教育性的原则。这种教育性一方面体现在活动内容与德育相结合,使活动目标与对学生科学素养的培养相关;另一方面,要将教育性和趣味性相结合,要在保证教育性的前提下赋予活动以趣味性,达到寓教于乐的目的。

(2) 创新性和公平性。

所谓创新性,是指在设计科普活动方案时观念要先进,要有时代性,要与时俱进，要在活动内容的设计上体现开放性，要让活动形式体现多样性。所谓公平性，是指活动要面向全体学生，在坚持公平性的同时，要考虑到学生之间的差异，体现因材施教。

(3) 安全性。

之所以强调安全性，是因为科普活动的形式多种多样，活动范围广，学生动手参与的机会多，因此在方案设计上要考虑活动场所的安全性、活动设备的可靠性、活动对象的可控性，以及活动过程的可监管性。

三、不同种类的科普活动的设计

前文我们提到了科普活动的不同类型，接下来我们针对中小学生的科普活动，介绍一些常见的科普活动的设计。

1. 会议类科普活动的设计

科普知识主题班会方案

一、班会目的

通过开展本次活动，开阔学生的视野，增强他们的动手能力，使学生在活动中了解科学技术具有为人类造福的无穷力量，掌握基本的自然科学知识，进一步激发学生的求知欲和对科学技术的热爱之情。

二、班会准备

为了精心搞好这次科普知识班会，活动前应该精心做好各项准备工作。

(1) 活动前，班级组织筹委会，人员由班主任、班干部组成，对科普知识班会的形式、程序、活动场地、器材的安排等做一些计划，大家商定后按计划筹备。

(2) 动员学生通过报纸杂志、电视、网络等媒体收集有关科普知识、科学趣闻、最新科技成果等，并分门别类做好笔记，个人收集的资料在精心整理后与全班同学交流，以提高资料的利用价值。

（3）本次班会在多媒体教室举行，课前准备课件及其他资料。

（4）挑选主持人。班会主持人从学生中挑选合适人员担任。主持人要对科普知识感兴趣，并且对科普知识比较了解，同时还要落落大方，具有当主持人的基本素质。

三、活动过程

（1）班主任宣布科普知识班会开始，并介绍本次班会的主题。

（2）主持人介绍本次科技班会的形式及主要程序。

（3）几位同学介绍最新的科技成果，以及一些基本的科技常识、科技知识。

（4）学生介绍发生在我们身边的科学发展史上的许多趣闻。

（5）老师介绍科普知识。

（6）欣赏科普知识短片。

（7）班主任总结活动情况。

上述案例就是会议类科普活动的一种。会议类科普活动在设计时除了要围绕方案设计的要素，坚持相应的原则进行活动的设计，还要注意有效整合本校的校内资源，合理利用社会资源。

首先，在活动设计或实施过程中，一要结合学校科普活动的安排，合理安排时间、设计形式。二要获得学校相关部门的支持，促进活动的顺利开展，比如，学校多媒体教室、学校的音响设备等的使用等。三要利用校外资源，比如利用学生家长的力量，使活动需要的相关资源得到满足。

其次，在活动设计的过程中要加强沟通互动，拓宽活动方式，提升活动效果。比如，让学生积极寻找当下人们关注的科技热点或社会热点与科普活动的结合点，确定活动主题；积极与社会的相关部门或组织联系，邀请相关人员参会，并在会上演示或讲解。此外，还可以充分利用发掘出来的家长资源优势，鼓励家长出谋划策，为活动提供帮助。

2. 实践类科普活动的设计

"身边的科技"科普实践活动方案

一、活动意义

科学素质教育是现代教育的重要组成部分，是提升全民科学素质、培养创新型人才的基础。如今科技产品已经是每个家庭日常生活必不可少的组成部分，科学技术的应用已经覆盖社会所有领域。让孩子们熟悉和了解身边的科技知识，对从小激发和保护孩子的好奇心和求知欲，培养孩子们的科学精神和实践创新能力具有重要意义。孩子是祖国的希望和未来，引导他们养成爱科学、学科学的良好习惯，树立科学思想、科学态度，逐步形成科学的世界观是每个教育工作者义不容辞的职责。

二、活动目标

1. 感受科技与人们生活的密切关系，帮助学生理解身边的科学原理，树立科学精神。

2. 培养学生观察问题、思考问题的能力以及实际动手和操作的能力。

3. 培养学生小组合作的精神，学会互相帮助、互相学习、团结合作、共同进步。

三、活动对象

小学3—6年级学生。

四、活动准备（活动地点及教具、材料准备）

1. 准备好活动教室（科技制作室），并检查室内插板及线路安全。

2. 教师做好本次科普活动内容设计、活动安排和要求等相关工作。

3. 电脑、VJC 编程软件、能力风暴机器人、AS－ET702 智能式搭建工程套件箱。

五、活动时间

90—120 分钟。

六、活动过程

1. 活动导入

（1）教师导入，让学生充分认识到科技给身边的生活带来了无穷的好处。

（2）教师向学生展示洗衣机、电梯、取款机、自动门等模型，并介绍所用到的 AS－ET702 智能式搭建工程套件箱和传感器配件。

（3）教师讲解 VJC 编程软件理论知识，让学生熟悉操作，并指导学生进行一定的流程图编程。

2. 实践活动

（1）以小组的方式向同学们发放 AS－ET702 智能式搭建工程套件箱，并给各个小组布置任务，要求各小组根据展示的模型仔细观察，利用套件箱里的零部件搭建出洗衣机、电梯、自动门、取款机等。（每个小组搭建一个实物模型，不提供制作图纸）

（2）在制作的过程中让学生了解齿轮的传动知识和传感器的工作原理。

（3）搭建完成后，让各小组成员检查各自所搭建出来的模型是否有问题，如齿轮尺寸是否刚刚好，电机有没有被卡住等，并思考它们的工作方式，根据自己的想法进行各自初始的编程设计。

（4）编程设计方案分析：初步完成设计方案后，学生在小组内针对各设计方案展开讨论，认真分析设计中的不足，并在运行程序的过程中发现问题，找出解决问题的办法。（如灯泡不亮，传感器没反应等）

（5）教师对学生所设计程序的可行性提出意见、建议，为学生的修改提供参考。指导遵循的原则是点到即止，要让学生积极思考、相互交流，在反复验证的过程中，既锻炼学生逻辑思维能力，又培养小组合作精神。

七、作品的展示、总结及分享（作品图略）

1. 了解这些设备的基本原理，加深对事物的认知，在实践制作的过程中，感受到无穷的乐趣。

2. 各组分享在制作中遇到的问题以及是怎样解决的。

3. 分享当小组成员间有制作思路上的分歧时，是如何协调的。

4. 对各小组的作品进行讨论，小组成员们在制作上或功能上还有哪些可以改进的地方。

八、活动评价

本活动方案对于学生来说既是一次科普知识的学习，又是一次实践创作的活动，既有效地提高了学生对科技与人们生活密切关系的认知，又激发了学生对科学、科技的探索热情，锻炼了学生的动手能力，增强了学生团队合作意识，使学生对身边的事物有了进一步的认知。

实践类科普活动属于科学探究活动，而科学探究从问题出发，提出问题，制订计划，通过实验、观察等基本科学方法获取证据，通过归纳、演绎、分析等科学思维方法对证据进行分析，推理得到结论，公开探究结果并接受质疑。因此，在组织此类科普活动时，要在体现方案要素的前提下，注意以下几点。

一要给学生的实践探究留下足够的时间，并对其探究过程予以关注。比如，要安排具体的探究环节，以保证探究活动的有效性。

二要体现对学生探究活动的指导，重视学生探究体验的指导和升华，以达到通过活动提高科技认知和树立科学意识的目的。

三要注意在活动过程中的分享与交流，促使学生带着问题参与活动，深入理解相应的科学知识，并在评价阶段帮助学生提升认识。

3. 传授类科普活动的设计

"科普小讲座"活动方案

一、活动目的

通过开展本次活动，开阔学生的视野，增强他们的演讲能力，使他们掌握基本的自然科学知识，进一步激发学生的求知欲和对科学技术的热爱之情，同时也丰富学生课余文化生活。

二、活动参与对象

各班级"科普小讲座"分别评选出的优秀者一名（或组合）。（各班班主任于3月18日前将名单及课题上交至年级组长处）

三、活动时间

3月20日（周三）下午。

四、活动地点

学校操场。（以班级为单位）

五、活动形式

围绕科普小知识，以"讲"为主，可以自备实验或道具进行演示。

六、活动负责人

年级组长，各班正、副班主任。

七、评委

各班副班主任。（评分标准另订）

八、活动流程

1. 主持人宣布"小讲座"开始。

2. 各班选手举办讲座。（从1班开始，依次进行）

3. 校长总结。

4. 主持人宣布"小讲座"结束。

九、活动奖项

一等奖1名,二等奖2名,三等奖2名。

该案例是一个传授类科普活动,不过传授者并非专业的专家或研究者,而是由喜爱科普活动的学生以演讲的形式进行讲解,方式可谓独特。因此,在设计此类科普活动时,要注意以下几点。

一是活动多是以讲授的方式进行的,讲授者的身份依据讲授内容而定,可以灵活调整,或是专家学者,或是一线科研人员,或是热爱并经历过科普探究活动的学生。

二是明确具体的时间,以保证活动的主题集中,还要有具体且固定的场所,要以讲授为主,以操作为辅。

三是如果与其他形式相结合,就要设计相应的活动流程,让主持人贯穿活动始终,突出传授者的主体地位,以强调活动的重要性。

4. 竞技类科普活动的设计

电脑制作比赛活动方案

为迎接潍坊市第十二届中小学生电脑制作活动,促进校信息技术教学,提高学生学习信息技术的兴趣,学校经研究决定于2022年10月底举办小学生电脑绘画比赛和电子报刊制作比赛。

一、活动主题:探索与创新

鼓励小学生结合学习实践和生活经历,积极探索、勇于创新,并将自己的想法制作成电脑作品,同时培养学生运用信息技术手段发现问题、分析问题和解决问题的意识和能力。

二、活动内容

电脑绘画、电子报刊。

三、活动具体方案

1. 电脑绘画

面向全体学生开展电脑绘画比赛。三至六年级学生均可参加。班主任做好学生的发动工作，鼓励学生踊跃参加。有兴趣的同学在7月5日前完成。电脑绘画创作要求有以下几点。

（1）创作主题。

发现生活中的问题或提出解决问题的办法；表现学生的生活或参与的趣事，体现童真童趣。

（2）制作要求。

可以使用画图、金山画王、Photoshop等软件进行绘制，并保存为".jpg"格式（普通图片格式）。作品可以是一幅，也可以是多幅。

2. 电子报刊

主题建议：

（1）个人的兴趣爱好（可分为周围人经历、感悟等部分进行制作）；

（2）发现某一问题并调查（可分为提出问题、解决问题等部分）；

（3）地区或民俗特色（可分为调查、亲身体验、感悟等）。

选择一个主题进行制作，页面不少于五页，要求应用多种效果进行制作。

3. 作品格式及报送

作品以"作品名—班级名—学生姓名"格式命名（如童年趣事—5.3—王小二），并交给班主任，置于班级文件夹内统一上报。不限制作品容量。如果制作有困难，可以将作品发到教师邮箱获得帮助（邮箱略）。

四、评奖办法

为了保证评选工作的公开、公正、公平，参赛作品征集结束后，学校统一安排相关教师对作品进行集中评分，分别评选出电脑绘画、电子报刊的一、二、三等奖，并颁发证书。

由案例可知，竞技类科普活动，要紧扣"竞技"二字，围绕科学知识普及做文章。因此，在设计方案时要注意以下几点。

一是明确具体的时间段，规定比赛正式举行的时间，告知打算参加比赛的学生，使其按规定做准备或提前制作。如上述案例中，参赛项目中的电脑绘画要在7月5日前完成。

二是比赛内容和要求要细化，让参赛学生清楚地知道比赛的细节，以确保公平公正。比如，对电子报刊的主题提出明确的要求：（1）"个人的兴趣爱好（可分为周围人经历、感悟等部分进行制作）；（2）发现某一问题并调查（可分为提出问题、解决问题等部分）；（3）地区或民俗特色（可分为调查、亲身体验、感悟等）"，而且要求"选择一个主题进行制作，页面不少于五页，要求应用多种效果进行制作"。

三是参赛作品的格式和评比方法，让学生清楚作品的制作，保证比赛公平公正。如案例中"作品以'作品名—班级名—学生姓名'格式命名（如童年趣事—5.3—王小二），并交给班主任，置于班级文件夹内统一上报"，指出"统一安排相关教师对作品进行集中评分，分别评选出电脑绘画、电子报刊的一、二、三等奖"。

5. 宣传类科普活动的设计

科普宣传系列活动方案

一、指导思想

为了大力弘扬科学精神，普及科学知识，倡导科学方法，传播科学思想，营造创新氛围，我校充分结合自身特点举办以"科学发展、低碳生活，为每一个孩子创造科学新天地"为主题的科普系列活动，以此推动校园科技文化活动全面开展，培养学生"敢于探索、勇于创新"的科学精神；注重与学生学习的科学知

专题一　科普活动设计与实施

识、科学技术相结合，培养学生的创新精神与实践能力，提高学生的科技文化素养，不断推进我校素质教育的全面实施。

二、活动主题

科学发展、低碳生活，为每一个孩子创造科学新天地。

三、活动时间

10 月 10—14 日。

四、活动安排

1. 科普宣传。

2. 活动开展。

3. 科技活动成果展示。

五、活动要求

1. 各班要广泛宣传、营造科学学习氛围，做到精心组织、积极参与、讲究实效。

2. 各班要在普及教育和普遍参与的基础上指导完成作品，参加竞赛，利用科技活动全面培养学生各方面的素质，在活动中培养学生的环保和节约意识。

3. 鼓励教师发挥自身特长，积极辅导学生参加科普活动，通过本次活动，提高教师的科技辅导水平，逐步发展、形成科技特色项目。

4. 各班有关活动资料、材料由班主任负责收集。

六、活动内容安排

（一）宣传活动

1. 将科普活动方案打印分发给各班，各班制订具体、切实可行的班级活动方案。

2. 利用国旗下讲话进行科普活动的宣传动员工作。

3. 利用校园橱窗、学习园地等营造氛围，建设学校的科普文化。

4. 小小科普宣传员带着科技走向社区，服务社区。

（二）内容安排

1. 让科技走进家庭。

活动内容：学生制作科技知识卡片发放到家庭，家长给孩子讲解家庭生活中的科学。

2. 让科技走向社区，服务社区。

活动内容：小小科普员向社区委员介绍中国航天知识，开展"科技活动在校园"活动。

系列活动之一：班班有科学小天地

各班班主任及时地向学生传达各项活动，以让学生做好准备。为了充分体现校科普活动的宗旨，努力营造校园科技文化氛围，要求在10月11日前在班级板报上布置"科学发展、低碳生活"宣传板块。

系列活动之二：科学手抄报比赛

（1）竞赛项目：科学手抄报。

（2）竞赛时间：10月10—11日。

（3）参加对象：一年级至六年级学生。

（4）竞赛要求：各年级的美术教师利用上课时间指导学生学习手抄报的设计方法，让学生充分发挥想象力，围绕"科学发展、低碳生活"主题，制作科学手抄报，各班级同学应全员参加，请各班班主任于10月11日之前将优秀作品展示在班级板报上。

系列活动之三：科学电脑小报比赛

（1）竞赛项目：科学电脑小报。

（2）竞赛时间：10月10—12日。

(3) 参加对象：五、六年级学生。

(4) 竞赛要求：五、六年级各班信息技术教师利用上课时间指导学生学习科学电脑小报的制作方法，让学生充分发挥想象力，围绕"科学发展、低碳生活"主题，制作科学电脑小报。五、六年级的同学根据个人爱好报名参加，请各班班主任于10月12日之前提交优秀电子作品。

系列活动之四：以"科学发展、低碳生活"为主题的中队会

(1) 时间：10月13日。

(2) 参加对象：一至六年级学生。

(3) 活动要求：①在活动中体现科学小发明、小制作：自己制作的科技小作品（如航模、船模、科技小玩意儿等），低年级学生可在家长的帮助下完成；②在活动中培养学生的创造能力（如"我为节约型、生态型校园提金点子"活动）；③通过活动丰富学生的课外知识（如收集"用好身边资源"图片资料）。

由上述案例可知，宣传类科普活动通常是多种形式相结合，兼具实践、传授等活动的特点，因此，在设计此类活动时，要注意突出以下特点。

一要突出趣味性。生硬的说教是不利于他人接受的，科普宣传更是如此。尤其是有些科普知识，一味地宣讲并不利于学生接受，因此在设计上要多动心思，巧妙地融合多种形式，将学生的多种感官调动起来，增强趣味性，提升宣传效果。

二要依据学生的差异确定方式，比如，案例中针对不同年级的学生，采用了不同的宣传方式，让科普知识更加深入人心。

主题 3

科普活动的组织与实施

科普活动是对学生进行科普教育最直接的途径，是学生进行动手能力锻炼的有效手段。"双减"背景下组织和实施不同类型的科普活动，不但可以让学生感受到科技的重要性，营造学科学、爱科学、讲科学、用科学的浓厚氛围，而且可以形成良好的科普文化氛围，促进学生科学素质的提高，增添学生学习的乐趣。

一、会议类科普活动的组织与实施

会议类科普活动是有组织、有计划集中开展的，固定于某一时间段，集中于某一个科技主题的科普活动。

1. 组织形式

这种科普活动是指利用班队会、团会等机会，采用会议的形式，提升学生的科学素养。

（1）主题班会。

主题班会是围绕一定主题而举行的班级成员会议。利用这种形式，针对学生共同关心、感兴趣的科技问题组织科普活动，不但可以激起学生的科技意识和兴趣，而且可以促进学生全员参加。主题班会的形式也可以多种多样，下面介绍其中几种。

专题一 科普活动设计与实施

1. 主持人宣布班会开始

亲爱的老师、同学们,一年一度的科技节又来了,今年的科技节主题是"体验、创新、成长"。我们作为21世纪的建设者,应该掌握一定的科技知识,收集一些科技信息,并用自己的智慧去创造科技小制作和小发明,让科技的种子在同学们的心中深深扎根,让科技之花开满我们的校园。为此,一(3)班举行这次科普教育主题班会。

2. 科技小游戏

(1) 游戏1:科普达人。以小组为单位(每组9人,共6组),回答科普知识选择题,答对的加2分,答错的不扣分。

科普知识选择题:

① 生物进化论的创始人是谁?(C)

A. 牛顿　　　B. 爱因斯坦　　　C. 达尔文　　　D. 爱迪生

② 谁发明了电话?(D)

A. 诺贝尔　　　B. 爱迪生　　　C. 瓦特　　　D. 贝尔

③ 科学家发现,___D___是造成诸多大草原荒漠化的原因。

A. 鹰隼数量太少　　　　　B. 食物链结构不合理

C. 风沙大　　　　　　　　D. 对生态秩序的人为破坏

④ 生命与非生命的最大区别就是,生命系统具有___C___。

A. 不断长大的本领　　　　B. 不断运动的功能

C. 新陈代谢机制和自我复制的机制　　D. 兼并聚集的特性

(2) 游戏2:猜猜"我"是谁?

由主持人读出PPT展示出的谜面,各组派一代表抢答谜底(谜底均为著名科学家),答对的一组加5分,答错不扣分。

① 我是美国人,一位举世闻名的科学家、发明家,一生共有2000多项发明,

其中我发明的电灯给人类带来了光明，为人类的文明和进步作出了巨大的贡献。（爱迪生）

②我是英国人，曾经历时5年进行环球考察。《物种起源》是我的代表作，后来，我又出版了第二部著作《动物和植物在家养下的变异》，并提出5种变异和遗传、生物的生存斗争和自然选择的重要论点。（达尔文）

③我是波兰人，一生中曾两次获得诺贝尔奖，而我与我的丈夫在简陋的书房里艰辛研究并最后发现了镭，这段时间是我最幸福的日子。（居里夫人）

④我是中国人，是中国杂交水稻研究创始人，被大家誉为"杂交水稻之父""当代神农""米神"等。先后获得"国家特等发明奖""首届最高科学技术奖"等多项国内奖项和联合国"科学奖""沃尔夫奖""世界粮食奖"等11项国际大奖。（袁隆平）

⑤我是英国人，是英国当时炼金术热衷者，同时是最负盛名的数学家、科学家和哲学家。我在1687年7月5日发表的《自然哲学的数学原理》里提出了万有引力定律和以我的名字来命名的一个运动定律。另外，我还独立发明了微积分。曾有人说我的智商为190。（牛顿）

⑥我是中国人，1950年8月在美国获得博士学位9天后，便回国任中国科学院近代物理研究所的研究员。此后的8年间，我进行了中国原子核理论的研究。1964年10月，中国成功爆炸的第一颗原子弹，就是由我最后签字确定了设计方案。我又同于敏等人投入对氢弹的研究，最后终于制成了氢弹。（邓稼先）

3. 介绍科技小知识

学生介绍科技小知识，其所在组可以得到5分。

4. 演示科学小实验（由学生做实验演示）

①写密信。

准备材料：糨糊、毛笔、碘酒和一张白纸；透明盆、水。

实验过程：先用毛笔蘸着糨糊在白纸上写字，晾干后什么也看不见。然后，把白纸放在盆中，倒少许水，再倒上一些碘酒，纸上的字就会呈现出来。

②拯救乒乓球。

准备材料：1个被踩扁了的乒乓球、1个杯子和1壶开水。

实验过程：把被踩扁了的乒乓球放在杯子中，倒入开水，一会儿，扁了的乒乓球又圆了。

③纸片托水。

准备材料：白纸1张、水杯1个、水。

实验过程：将水杯盛满水后，用纸片盖住。用手托住纸片将水杯倒置，松开手，杯中的水不会流出。

5. 科技知识竞赛

每组选1名同学作为代表答题。答对加10分，答错扣10分。

题目：

①什么是食物链？（一种生物被第二种生物吃掉，第二种生物被第三种生物吃掉，这种关系就叫食物链。）

②蚯蚓是吃什么长大的？（蚯蚓是靠吞食大量的泥土，将泥土中的腐叶和很小的生物吸收。）

③乘公共汽车时，当汽车突然刹车，你的身体会向哪个方向倾倒？（向前。）

④地球上先有陆地还是先有海洋？（先有海洋。）

⑤噪声有什么危害？（噪声会使人心情烦躁，甚至精神失常。）

⑥空气由哪些气体组成？（78%是氮气，21%是氧气，1%是二氧化碳、一氧化碳、水蒸气等。）

⑦为什么先看见闪电后听到雷声？（光波在空气中的传播速度比声速快。）

⑧月亮围绕什么转？转1周期多长时间？（地球，24小时。）

⑨什么是流星？（指太空中很小的固体或尘埃闯入地球大气层所产生的光迹。）

⑩酸雨是怎么产生的？（工厂排放的废气中的二氧化碳、二氧化硫遇到空气中的水分结合成酸性物质后和雨水混合的结果。）

6. 班主任总结

7. 主持人宣布班会结束

同学们，通过今天的主题班会，我们掌握了更多的科技知识，提高了团队合作意识。希望大家能通过此次活动，培养自己对科学的兴趣和热爱科学、勇于创新的好品质。同学们，让我们快快行动起来吧！我相信，中国爱迪生，就在你我中！

由案例可以看出，这是寓教于乐的科普活动方式，可以融合多种形式于其中，包括讲解、竞赛、游戏等。这种主题班会式的科普活动更能激发学生学习的热情，让科普知识深入其中，提升科普活动意识，强化学习成果。

除此之外，还可以组织以交流学习为主导的科普主题班会。这种形式的科普活动，需要依据活动的主题，邀请相关学科的教师、某一科学领域的专家、研究人员等，参与交流座谈会。在座谈会上，学生可以就主题提出自己的疑问，表达自己的看法，教师和专业人员给予解答，学生从中获得知识，加深对科技的认识，进而提升科学素养。

(2) 队会。

如果说主题班会的形式适合不同阶段的学生，那么队会这种科普活动形式，则属于面向小学生的会议类科普形式。这一形式和主题班会一样，可以将多种形式的活动融入其中，使之共同为科普活动这一主题服务。当然，以队会的形式开展科普活动时，同样要做好相应的计划，并依据计划实施。

为进一步弘扬科学精神，普及科学知识，某小学紧扣"百年再出发，迈向高水平科技自立自强"主题，开展了"全国科普日"主题队会活动。活动中，通过介绍资料、观看视频等形式，向同学们宣讲全国科普日的来历、宣传主题、科技给生活带来的变化等知识，同时结合航天英雄们的事迹，让科技发展是强国之路的理念进一步深入学生心灵。此次队会活动，不仅向同学们普及了科技知识，传播了科学思想，还培养了学生独立自主的能力及学习探究科学的精神，激发了他们的科学梦想和科学志向。

（3）团会。

如果说队会是针对小学生的会议类科普活动方式，那么，团会则是适合中学生的会议类科普活动方式。它同样采用集体会议的形式，运用丰富多彩的活动，组织学生了解相应主题的科普知识，提升学生的科技意识和科技能力。

为了向学生普及自然知识，加深学生对课本知识的理解，进一步拓宽学生的知识面，开阔眼界，更深层次地激发他们的学习兴趣，某校高一（7）班开展了以"中学生科普教育活动"为主题的团会活动。活动邀请了在校实习的某大学的实习教师和本校地理教师。活动围绕"科普活动之旅行到宇宙边缘"展开，实习教师代表向同学们简单地讲解了地球自然知识，又让同学们积极发言，谈谈对自然界、地球乃至宇宙的认识。然后，师生共同观看了纪录片《旅行到宇宙边缘》，学生被色彩绚烂、神秘新奇的画面吸引了，整个教室非常安静，大家都认真地观看着视频，并不时发出阵阵惊叹声。播放完视频后，学生积极地提问，有的问："宇宙真的是这样吗？"有的问："这个片子怎么拍的呀，好神奇！"地理教师就学生种种疑惑的问题认真地逐个给予解答。最后，整个活动在学生的一阵掌声中圆满结束。

这一会议类型的科普活动的组织与实施，激发了学生对知识的一种渴望，对于未知世界的一种好奇，使他们在活动中学到知识，认识到自然科技与人类生活的关系，从而激发他们探究的欲望和成长的力量。

2. 实施要点

会议类科普活动侧重于以开会的方式开展，但这并不代表活动的组织僵化、

教条，而是要在主题的指导下，变换多种方式，以生动有趣的方式进行科普知识的学习。因此，在实施时，要注意在制订计划时把握以下几点。

（1）明确主题。

无论是何种形式的会议类科普活动，都要在明确的主题下，制订周全的计划，如此方能达到预定的效果，让活动有序进行。

通过开展本次活动，开阔学生的视野，增强他们的动手能力，使学生在活动中了解科学技术具有为人类造福的无穷力量，掌握基本的自然科学知识，进一步激发学生的求知欲和对科学技术的热爱之情。

案例是"科普教育主题班会活动方案"的主题，其紧扣"科普教育"，点明了活动的目的。这样一来，后面的活动设计就有了目标和方向。

（2）活动计划要体现程序性。

会议类科普活动在实施时，程序性特别重要。只有把握好程序才能忙而不乱，才能让不同种类的活动交融在一起，为共同的中心服务。

"我是科技小能手"中队主题活动

一、活动背景

21世纪是科技的时代，科学技术的突飞猛进已成为现代社会最显著的特征。高科技的发展是一个国家兴衰存亡的关键，提高国民素质，增强科技意识，培养创新人才是学校教育的当务之急。让学生自主收集活动资料，自主动手制作作品，培养少先队员科学的头脑和实践的能力，突出了教育面向未来的迫切性。

二、活动目标

通过活动强化队员科学意识，更好地培养队员从小树立爱科学、学科学、用科学的思想，培养队员主动参与活动的主体意识和动手创造能力。

三、活动环境

由于中国教育正处于独生子女教育的特殊时期,少年儿童的思想素质、行为习惯受家庭和社会环境的影响,其动手动脑能力不强,科技意识薄弱。在这样的情境下开展科普活动有一定的必要性。

四、活动内容

第一章:像科学家那样

第二章:科技在你身边

第三章:科技作品展示

第四章:科技大讨论

五、活动重点、难点

学生通过自主收集活动资料,自主动手发明创造,培养科学的头脑和实践的能力。

六、活动准备

1. 查阅资料,做到讲一个科学家的故事,搜集一条科技前沿信息。

2. 变废为宝,准备素材。

3. 布置教室,营造氛围。

七、活动过程

1. 各小队整队,向中队长报告人数。

2. 全体起立,立正!

3. 出旗—敬礼—礼毕—唱队歌。

4. 宣布主题中队活动开始:四(3)班中队《我是科技小能手》主题活动现在开始!

5. 讲一讲科学家的故事。(《发明大王爱迪生》《伽利略的一次"开小差"》)

6. 朗诵诗歌《从小学创造》。

7. 队员交流讨论。

8. 中队辅导员老师讲话。

9. 呼号，退旗。

10. 宣布中队活动结束：四（3）班中队主题活动到此结束，谢谢大家！

案例中，对于活动的每一步都进行了细致的计划，操作起来自然顺畅。除此之外，案例还提示我们，在实施此类科普活动时，细节也很重要，比如活动环境、活动时间、活动中的重点和难点，都要一一明确，确保活动的顺利实施。

二、实践类科普活动的组织与实施

学生对科学有着浓厚的兴趣，对新生的科技产品有着强烈的好奇心。为调动学生学科学、用科学的积极性，可以组织实践类科普活动，激发学生的科学创造力。

1. 组织形式

实践类科普活动，在明确的主题下，让学生在固定的活动场地（包括现实的和虚拟的）动手实践或亲身体验，从而认识科学，感受科学，激发其科学探究的欲望。

（1）参观考察。

学校可以利用双休日，组织学生到科技馆、天文馆、科学基地、生态园等地方进行考察、调查、参观等社会实践活动。这种以科普为主题的活动，不但可以让学生真切地感受到科技的发展和科技的力量，体会到科技相关的工作及带来的影响，更能激发学生对科技的热爱。因此，这种形式的科普活动，非常符合"双减"政策下对学生的学习自主性的激发，可以很好地起到提升科学兴趣，激发学科学、爱科学之情的作用。学校可以依据参观内容的不同，利用课余时间，组织学生进行此类活动。

专题一 科普活动设计与实施

为进一步增强青少年的科学意识,提高他们对科学的兴趣,9月5日,某小学组织六年级学生参观科技馆,感受科技的魅力。在班主任的带领下,学生参观了科技馆中的光学、电磁学、声学、数学和力学5个主题展区。学生被神奇的科技力量所吸引,亲身感受到了科技的魅力。

(2)动手制作。

开展多元化的科普活动需要学生增强动手能力。动手制作的过程就是学生形成创新意识并将其应用到实践活动中的过程,可以说,每一个手工作品不仅仅凝聚着学生的热情与努力,更凝聚着学生对科研的创造性、探索性。因此,鼓励学生动手制作,对培养其创新意识,促进其科学素养的提升意义重大。

某小学科学教师结合课堂教学中关于"放大镜成像"的知识,组织学生进行了小制作。这位教师首先为学生讲解了有关凸透镜的知识,告诉他们像放大镜这类曲面的玻璃制品都可以使我们看到的物体变大,接着就鼓励学生利用放大镜进行创作。于是学生产生了很多创意。手机投影仪就是几个学生的小制作。他们首先在纸盒上描画出放大镜的形状,然后用小刀挖掉这个形状并将放大镜放入纸盒内部,用胶带完好地固定起来,同时在纸盒内部塞进些布料,涂上黑色以防光照的渗透。整个过程用到了诸如纸盒、放大镜、小刀、黑色记号笔、尺子、胶带等材料,学生很高兴地进行制作并不断尝试,成功地将手机里的图片投影到黑暗的墙面上。在手工制作的过程中,学生集思广益,有的还大胆地用保鲜膜、胶带、水等材料亲手制作了一个放大镜。

鼓励并指导学生完成充满自主性与独立性的制作活动,一方面提升了学生对于科学研究的自信心与观察力,培养了他们良好的动手能力与操作技能;另一方面促进了学生创新意识的树立,增添了科学实践活动的乐趣,有助于学生进一步提升自己的科学素养。

(3) 科学探究。

瑞士教育心理学家皮亚杰指出:"活动是认识的源泉,智慧从活动开始。"因此,利用科学探究活动,更能激发学生对科技的热爱。所谓科学探究,就是教师结合学科教学内容,引导学生动手探究。比如,结合生物学科,进行植物的种植、动物的观察;结合地理学科,进行岩石或土壤的观察、研究;结合化学学科,进行物质反应的研究;等等。

某地理教师结合教学内容,组织学生进行了学校经纬度的测量的科学探究活动。活动前,教师将班级学生进行分组,每组6—7人,准备了标杆、皮尺或拉尺、手表(与北京时间校准)、计算器、粉笔、实验记录本、相机等,选择在春秋分日前后,进行"经纬度测量实验"的地理课外测量活动。活动中,学生手执工具,互相配合,兴趣十足,热火朝天。这次活动,学生通过对学校经纬度的测量,掌握了太阳高度的变化规律,培养了地理观测能力和实践能力,并且可进一步理解正午太阳高度、地方时差的含义及其计算方法,培养了地理思维能力和地理计算能力。

上述案例中的活动就是结合课堂教学,引导学生进行课外探究,以此激发学生的科学学习兴趣,将课内外学习结合起来,提升课堂学习效率,强化课堂学习效果。

2. 实施要点

实践类科普活动在实施的时候,要依据不同的形式紧扣要点组织,保证环节的科学性,操作的正确性。

(1) 组织参观活动。

如何组织和实施参观活动呢?学校和教师可以按如下步骤实施活动。

第一步:做好活动前的准备。

首先,要在外出前对学生进行相关的教育。一要进行安全教育,加强对学生的人身安全、活动安全、物品安全及其他安全教育。二要对学生进行公德教育，教育学生不能在公共场所拥挤喧哗，要爱护公物。注意公共卫生，不乱扔果皮、纸屑。三要对学生进行组织纪律教育，教育学生在活动时坚决听从教师指挥，统一行动，不得擅自离开班级，不掉队。

其次，要告诉学生活动的目的，即增长科技知识，了解国家日新月异的科技发展，培养爱国热情，增强同学之间的感情，激发对美好生活的向往。

最后，建立活动安全管理小组，班主任要在管理好自己班级的同时，安排各小组的相关负责人，同时，学生在小组内实行结对子，互相关注，互相提醒。

第二步：与家长进行沟通。

教师要在活动前通知家长活动的相关事项。一要让家长明确活动的目的和需要为孩子做的准备。二要对家长提出要求，请家长注意教育孩子听从教师的安排，教育孩子要注意活动安全，不得擅自离队，不得随地乱扔垃圾，做到举止文明，礼貌待人，爱护参观场馆的设施。

第三步：规划好活动相关事宜。

首先要规划好活动路线。教师要提前了解活动的路线，对于不熟悉的地方可以亲临现场考察，做到路线清晰，保证时间和活动效率。其次要做好人员安排，除了对全班学生进行分组和教育，还要注意活动全程做好对学生的管理。

第四步：活动结束后的安排。

首先，要在活动结束时，要求学生到指定地点集合，清点人数。其次，回到学校后可以组织学生围绕活动的成功和不足之处进行活动总结，同时，尽可能将活动的结果化为行动，或是以小制作、小论文、观后感的形式，强化学生的活动感受。此外，可以张贴或评比学生的成果，以激励学生。

（2）科技制作活动。

教师可以根据学校的实际情况，积极组织学生利用课外活动时间开展科技制作活动。比如,结合电学知识的学习,可以组织学生自制电铃;结合物理的光学知识,可以组织学生自制平行光源;结合小孔成像的知识,可以组织学生制作针孔照相机;等等。如何进行此类科普活动呢?

第一步:制订计划。

无论是以兴趣小组还是以其他形式组织学生进行科技小制作,都需要有明确而具体的计划做指导。具体计划的制订方法,可参考上述方案,要明确活动的目的、活动的要求以及活动时间等。

表1-1　风筝兴趣小组活动计划

时间	活动方式	活动内容	参与教师	目标	次数
3月第1—2周	专题讲座	风筝的原理及制作		使学生掌握必要的基础理论知识	1
3月第3—4周	项目实践(趣味制作)	制作风筝		通过各种风筝的制作,培养学生的识图能力和各种工具的使用技巧,了解基本的风筝制作流程	1
4月第1—2周	项目实践(趣味制作)	试飞后进行改进		面向生活,使学生能应用知识解决生活中的一些实际问题	1
4月第3—4周	项目实践(创新设计制作)	自己设计并制作风筝		培养学生的创新思维和意识,帮助学生实现可行性高的一些创造	1

第二步:活动实施。

在本阶段,学生结合计划,开展有针对性的制作活动,比如上述计划中的风筝制作,以及电脑制作、板报绘制等科技类的小制作活动。这一过程包括制作、修改、交流、修改,直至制作完成。

第三步:活动总结。

小制作完成后,整个活动结束。此时教师要组织学生对活动进行总结,引导学生发现所得,强化认识,认识到自身的不足,从而激发学生的科技意识和创新精神,以及学习的内驱力。

专题一　科普活动设计与实施

需要注意的是，这种小制作最好与学科教学相结合，课外兴趣小组是加强学生的科技知识和学科渗透教育的重要阵地。利用课外兴趣小组，使之与课堂教学相结合，组织学生进行极具灵活性、选择性和实践性的动手实践活动。

（3）科学探究。

这种课内外结合的科学探究方式，在组织实施时，要注意以下几点。

第一步：确定内容，制订计划。

在明确探究主题后，基于知识的学习和能力提升、学生的兴趣和基础，以及开展活动的条件等，确定活动内容，讨论、制订活动计划。计划应明确活动内容及目的要求，具体拟出活动计划表，包括活动时间、内容、地点、准备工作及负责人等项目。计划应向全体学生公布。

第二步：做好准备。

按自愿组合或异质分组的方式，将学生按 2 人或 3 人一组分组，小组讨论确定本小组的探究方式以及使用的材料或工具，制作流程和具体分工。

第三步：实施探究。

按照制定的流程，各个小组开始探究。课外探究活动以学生独立活动为主。为此在实施过程中，教师要注意充分调动学生的主动性、积极性，使其感到自己是课外探究活动的主人。教师应在活动中给予学生恰到好处的指导，比如协助学生制订活动计划，给学生讲授相关理论知识，解决学生在活动中遇到的困难和问题，检查活动情况和效果，表扬和鼓励学生。

第四步：归纳总结，组织交流。

活动结束后，教师及时指导学生对观察到的现象、得到的数据进行科学分析，组织学生广泛交流讨论，提出自己的观点，以书面形式表达出来，锻炼他们的归纳、总结、写作能力。

三、传授类科普活动的组织与实施

传授类科普活动，就是以讲授的方式，对学生进行科学知识的传授，引导学生了解科技发展，认识科技前景及其重要性。

1. 组织形式

传授类科普活动，在组织形式上，可以把握"传授"二字，突出"传"与"授"，提升学生的科普知识，培养学生的动手实践能力。

（1）科普知识讲座。

一般来说，传授类科普活动多是以科普讲座的形式开展，也可以以研讨的方式开展，如对话交谈，或是训练的方式，如小制作。无论何种方式，目的都是让学生了解特定的科技知识和科学方法，掌握特定的技能，并在一定时间内和相对固定的场所开展，极具针对性。

2022年2月16日，北京第五十七中学"1+3"科技创新实验班以及各个科技社团的同学汇聚云端，聆听了北京市西城区青少年科技技术馆机器人组教师、优秀科技辅导员闫莹莹老师带来的详细的有关青少年科技创新竞赛的讲座。同学们思考颇深，受益良多。

上述案例就是科普知识讲座。这样的形式，通常会将时间限于一节课，但可以极大地激发学生对科普知识的兴趣，帮助学生开阔视野，使之领略到科学无穷的魅力，帮助学生树立科学精神，激发其掌握科学知识和本领，努力成为国家建设的有用之才的愿望。

（2）访谈交流。

传授类科普活动中的访谈交流，不同于会议类科普活动，而是让学生走近科技人员，走到相关的场所，与专业人士交流，亲身体验和学习，在访谈和交流中获得知识与认识。

专题一　科普活动设计与实施

2019年4月15日下午，中国科学院孙汉董院士和杨雄里院士应邀莅临九峰实验学校，和九峰师生零距离互动交流，畅谈科学与梦想。在交流中，孙汉董院士介绍了自己的专业——植物化学，从我国丰富多彩的植物资源讲到现代中医药的发展成果，强调了植物资源巨大的科研价值，为同学们展现了广阔的科学研究领域，激发了同学们的科学探索精神。孙院士还分享了宝贵的科研体会：第一，要打好扎实的基础；第二，"什么都能做，但没重点不行"，要依托我们中国独有的植物资源，使个人的研究更深入，更使中国在相关领域的研究引领世界水平。杨院士则重点为大家谈了他在神经生物学研究领域的一些收获和感悟。在互动环节，两位院士回答了师生的问题，现场讨论热烈。比如，杨院士就同学询问的类脑智能问题，介绍了类脑智能的基本概念，并旁征博引地阐明了这一研究领域的研究意义和进展；孙院士则严谨地阐释了"中药"的概念——"天然原料"，并坦诚地告诉同学们，在常见的重大疾病研究领域，国外技术已经很成熟，但我国的研究能力可能无法一时之间与之抗衡。

上述案例，正是访谈交流科普活动。这样的活动，不但可以激发学生学习科学、探究科学的兴趣，帮助他们进一步发扬和传承科学精神和科学素养，而且这种与科技人员面对面的交流，可以引导学生尊崇科学和科学家，激发其树立远大的理想。

2. 实施要点

传授类科普活动在组织时，同样要依据形式，在制订科学的计划的前提下，紧扣活动主题，把握实施要点，遵循相应的程序。

（1）科普知识讲座。

一般来说，学校科普知识讲座的组织与实施，在时间、主题上，要注意如下要点。

一是时间通常会与特定的科技活动或节日相结合，比如上述案例就是结合科普日组织的。当然,也可以与学校近期的一些现象或教育主题相关。比如,针对学生乱扔垃圾,可以请环保专家进行垃圾分类的讲解;针对新冠肺炎疫情,可以请医疗人员进行线上关于防护知识或病毒研究方面的讲解。

二是在主题的确定上要结合学生的生活实际和当前的社会形势。这样确定的主题,更贴近学生的生活,更能让学生明白科学就在身边,更能激发学生爱科学、学科学的愿望。

三是在组织和实施时,要注意做好计划,更要强调讲座的纪律,要求学生文明听讲,礼貌提问,在获得科学知识的同时,达到提升学生综合素养的目的。

(2)访谈交流。

访谈交流,即就相关问题,对有关人员的采访。那么这种科普活动如何实施呢?我们要把握以下步骤要点。

第一步:确定主题和邀请对象。

在明确科普活动的主题后,就要确定访谈交流的对象,比如上述案例的对象就是院士和师生,主题就是借访谈了解科技成就,一睹院士的风采。

第二步:确定主持人和访谈地点、时间。

访谈交流活动中,如果主持人不确定,活动就会一团糟。因此,主持人是不可缺少的。主持人一般可以选择学校的教师,或是有经验的学生记者。访谈的时间和地点要明确,通常人数众多的活动,可以选在多媒体教室、会议室等。时间和地点的选择要综合考虑,不但要考虑参加访谈的学生,更要考虑邀请的专家或技术人员。

第三步:明确访谈过程中的要求。

在确定上述相关事宜后,教师要向学生强调活动的纪律和相关要求。比如,保持礼貌倾听,听从主持人的安排;有问题要举手,得到允许才站起来提问;访谈结束要向专家或教师表示感谢,并请专家或教师先离开。

第四步：访谈结束后要进行总结。

教师可以引导学生就访谈活动，以书面的形式写出自己的所思所得，以此激励学生，强化其科学意识和思想。

四、竞技类科普活动的组织与实施

竞赛具有的乐趣性与竞争性是促进学生养成自主学习习惯的重要因素，更有助于推动他们形成科学探究的良好习惯。因此，组织与实施竞技类科普活动，对培养学生的科学素养具有重要意义。

1. 组织形式

此类科普活动，侧重于组织学生进行关于科普知识的问答、科学创意比赛、辩论等。通常采用的形式包括科普作文比赛、创意制作比赛、演讲或辩论、科普知识问答等，也可以将这些形式综合起来。

（1）科普知识赛。

某校围绕"探索宇宙世界"这一主题，组织了一场校级知识竞赛，竞赛的内容是关于宇宙世界的知识，竞赛对象是校内全部学生。竞赛以选择、问答、判断对错等形式对学生的知识能力进行考查。比如，教师向学生发问："几乎没有人不知道万有引力定律，但是万有引力定律到底是谁发现的，大家知道吗？（A. 牛顿　B. 霍金　C. 哥伦布　D. 伽利略）请大家根据自己心中的答案进行选择，记得提前按下答题按钮。"学生兴致勃发，纷纷按下答题按钮，解释道："选A，是牛顿！他认为只要存在两个质点，那么它们在连心线方向上的力就是相互吸引的。而且这个引力是与质量的积成正比的！不过与距离的平方成反比。除了牛顿以外，哈雷在这方面也很厉害！"竞赛结束后，教师向学生分发了答题科普小册子，对表现优秀的学生给予一定的奖励以示鼓励。

组织知识竞赛，学生不仅收获了基本的科学文化知识，增强了学习与竞赛的热情,更在聆听他人回答的过程中,懂得了学习永无止境的道理,进一步唤醒了追求科学、探索科学的激情。

(2) 科学实验比赛。

为进一步提升学生的科学素养,培养学生的创新意识、探究精神和实践能力,某中学举行了科学实验比赛。比赛分成高一组和高二组进行。为确保公平、公正,赛前进行了抽签。学生以饱满的热情、严谨的态度,全力以赴进行实验比赛,赛出了风格,赛出了水平。比赛结束后,采取盲打、双评的评分方式,确保了比赛成绩的真实。通过比赛,学生加深了对物理、化学、生物实验精神的理解,提高了动手能力,培养了严谨的学习态度、科学的研究方法,为以后自身的发展打下了坚实的基础。

上述案例就是竞技类科普活动的一种重要的形式——科学实验比赛。这种活动形式,让学生自己动手参与各种活动和制作,激发学生参与科技活动的热情,培养学生的动手能力,让学生养成良好的实验习惯。

(3) 科技创意比赛。

2022年3月5日上午,以"创新、体验、成长"为主题的第42届株洲市青少年科技创新大赛在株洲市芦淞区何家坳枫溪学校拉开帷幕。此届大赛作品延续了往届的项目和内容,形式多样,涵盖面广,包括发明创造、优秀的科学实践活动、科学摄影和科学幻想绘画等。创新成果组分为中学组和小学组,采取参赛选手现场答辩的形式,参赛者需向评委介绍自己的创作思路,并进行作品成果展示。科幻画一直深受青少年喜欢,每一幅作品都凝结着师生的心血和汗水,评委们通过作品多样的表现形式,能感受到其背后的创意和价值观。科学实践活动组、科技辅导员组、科学摄影组进入终评的作品也很多,各组评委教师依据评审内容、评分标准严格量分。

上述案例就是科技创意比赛的一种。相对来说,案例中的比赛规模较大,形式多样,涵盖面广。学校在组织此类科普活动时,可以依据本校、本地区的实际情况进行。

2. 实施要点

竞技类科普活动的"竞技"二字,体现了活动要表现一种竞争主旨,要让学生在活动中受到激励,因此在组织时,要明确目的,把握不同的活动形式的实施步骤。

(1) 科普知识竞赛活动。

组织竞赛有利于学生形成科学探究的习惯,对于全面培养中学生科学素养具有重要的作用。那么,组织科普知识竞赛活动,要注意什么呢?

第一步:依据竞赛目的,确定竞赛形式。

科普知识竞赛对普及科学知识,提高学生的科学素养有较强的辅导作用,加之其形式生动、方法灵活、作用直接,因而有独特的吸引力和感染力。因此,组织这一科普活动时,可以采用多种形式,通常会采用主持式知识竞赛和对擂式知识竞赛两种形式。

主持式知识竞赛是最常见的基本形式,但对主持人的要求较高,需要主持人集中控制和统一协调竞赛全程及各个方面、各个环节,要具备一定的语言表达能力、分析判断能力、控制调节能力、机智反应能力,以及道德、修养、风度姿态等。

对擂式知识竞赛是以竞赛各方互问互答、对阵打擂的形式进行,可以充分调动参赛学生的积极性、主动性和创造性,引导他们自觉思考研究问题,正确地提出并解决问题,自我强化所学知识,并且在相互问答对擂中激发进取精神,锻炼自己的言语表达能力和机智反应能力。同时,由于问题是参赛各方互相提问的,增加了紧张、热烈、竞争的气氛,也更容易引起观众的热切关注和浓厚兴趣,增强教育及活动效果。

第二步：确定相关人员，做好相关准备。

在确定竞赛类型及参赛人员后，就要做好相关准备。这些准备包括策划布置、试题的设计建立、规则的制定、参赛学生的准备、竞赛器具的购置、赛场的布置安装、对各环节的督促检验等一系列竞赛工作内容。下面重点谈一谈试题的准备和规则的制定。

科普知识竞赛的试题要多样化，最好将概念题、原理题、填空题、判断题、选择题、抢答题、必答题、自选题等多种形式进行灵活、合理的搭配。

竞赛规则是竞赛赖以进行的行为准绳，总的原则应该是使参赛各方机会均等，处于同一"起跑线"上，避免规则上的漏洞造成明显有利于某一方的情况。比如，要明确答题形式和方法，明确竞赛计分规则，以及违例处罚的方式、奖励原则。

第三步：竞赛活动的实施。

科普知识竞赛的实施过程，是以主持人为轴心、全体师生协调一致的行动来完成的。活动实施中要注意以下几点。

一是要注意赛场的控制。这一点主要是由主持人来完成的。主持人除了要有灵活的应变能力、广博的知识、出色的口才，还要对比赛过程进行精心设计。比如，搞好试题的序列组合，注意保持观众与比赛的联系，对选手情绪的调适。

二是要注意竞赛的程序。一般在程序上公开型知识竞赛应注意如下几点。首先，主持人在宣布竞赛开始时要介绍到场的校领导、教师、来宾、评委、记分员、审计员等。其次，主持人要介绍计分规则，评委在五人以上时，累计积分可去掉一个最高分和一个最低分，少于五人时则按实际得分计算成绩。再次，在活动进行中，为防止评分、亮分、算分、核分时间拖得过久而致冷场现象的出现，主持人可以采用如下三种方法处理：第一种方法是下一名选手赛完后再报上一名选手的实际得分；第二种办法是主持人进行现场采访或请观众参与选题竞赛；第三种办法是组织选手或观众献歌献艺等以调动场内气氛。当有两名以上选手得分相等时,主持人应安排加赛抢答,从而公正决出名次。最后,在宣布决赛名次时,通常应从入选的最低名次开始公布,即从鼓励奖或纪念奖开始,再按三等奖、二等奖、一等奖的顺序颁奖。

(2) 科普实验比赛。

这种科普活动在实施时,要注意以下几点。

一是要明确比赛细则。其中包括参赛对象、比赛地点、比赛时间、比赛细则以及成绩评定等。

科学小实验比赛细则

一、参赛对象:七、八年级。经选拔后每班推荐三个小组,进行比赛。

二、比赛地点:篮球场。

三、初赛时间:十二周之前班级自行进行。比赛时间:第十二周,周三下午第八节课。

四、比赛细则

(1) 先填写好科学小实验说明。

(2) 每小组自备实验器材,在评分教师到来时自行进行科学实验演示。

(3) 注意事项:①自备的器材具有安全性,演示具有客观性;②在规定时间内到达规定比赛地点,否则做弃权处理。

(4) 活动负责人:杨泳、曾月霞。工作人员:年级组长以及各班班主任。

五、成绩评定

(1) 实验说明占15%,操作技能占40%,实验演示效果占45%。

(2) 奖励设置:七年级组:一等奖1名、二等奖3名、三等奖5名。八年级组:一等奖1名、二等奖3名、三等奖5名。

二是要在比赛开始前向学生强调注意事项、实验安全和正确规范操作等,以确保实验活动的顺利进行,确保学生在实验中的安全操作和有效操作。

三是要在比赛过程中,安排专人观察学生的操作,以确保操作的科学和规范;在比赛后及时检查学生的实验结果,确保评比的科学性和公正性。需要注意的是,对实验进行评比时,要拟定评比的标准。

1. 实验材料、实验仪器选取正确,熟悉所选的仪器并能正确使用,合乎规范,注意安全。

2. 能按正确的实验步骤,通过观察实验、制作等活动进行操作验证。

3. 实验时,学生分工明确并且团结协作,熟练地完成实验操作。

4. 实验结束后,能将所有仪器、物品及时放回原处。实验态度认真、严谨,实验过程有条理,实验汇报准确全面且条理清楚。

最后需要注意的是,进行科学实验比赛,比赛的内容也要依据学生的年龄、能力和知识水平设定,要科学合理,难易适度。

(3) 科技创意比赛。

无论是何种科技创意比赛,在组织与实施中,要注意制订相应的方案,在实施过程中做到有据可依。

西营中学"科技小制作"竞赛方案

为加强学生的科技教育,培养学生的科学志趣,提高学生的创新思维和动手实践能力,引导他们热爱科学,并积极投身科学探究活动中,学校决定开展"科技小制作"比赛。具体方案如下。

一、主题

培养创新能力与动手能力。

二、比赛宗旨

推动学校教育科技活动的开展,培养学生的创新能力和实践能力,提高科技素养,培养优秀人才,为学校参与竞争储备力量。

三、参赛对象：初中部全体学生

四、竞赛时间

（1）2月宣传动员：学校召开科技节活动动员大会，宣传科技小制作内容、方法。聘请专家进行科普讲座，使学生认识科技小制作活动，激发学生对科技小发明、小制作的创作兴趣。

（2）3月：各班组织学生阅读科技资料，激发科技作品创意，制作科技作品。

（3）4月3—10日：收集学生科技作品。

（4）4月12日：科技评委小组综合评选学生科技作品。

五、作品要求

（1）比赛作品应围绕科技制作，有科技含量，具备创新性、实用性、美观性，并提倡利用废旧物品进行科技制作。

（2）可利用现有材料，经过设计、加工，制作成具有一定科学原理或科技含量的作品；也可结合环保教育，引导学生利用一些废旧物品做材料，变废为宝，进行设计、加工、制作。

（3）作品由学生本人独立制作、小组合作制作或在成人指导下制作，但不得由成人代替完成。

（4）作品形式为小模型、小玩具、小工具、小工艺品、学习或生活用品、科学实验器材、小电子产品等。

（5）凡参赛的作品都要贴上标签，写明作品名称、作者姓名、班级，并详细填写作品登记表，内容可包括制作目的、制作工具、材料、制作方法和过程，作品图文介绍等。

六、比赛要求

（1）各年级、各中队充分宣传动员，要充分调动学生参与积极性。要发动

学生家长参与到活动中来；各班班主任教师和任课教师要互相协作，共同指导学生参赛。

（2）学生在制作前要阅读有关书籍，查阅关于科技小制作方面的资料，写出自己的制作方案和设计原理，同作品一起上交。

（3）班内先组织作品评比，选出一些优秀作品参加学校评比，每班不少于三件。

七、奖励办法

（1）组织有关领导、教师对各班选送作品进行评比，分年级评选出一、二、三等奖，对获奖学生颁发奖状和奖品。

（2）对获奖作品较多和奖次较高的班级颁发优秀组织奖，在班级考核中进行奖励。

（3）作品以能立足于解决实际生活和学习中的小难题者为佳，创意新奇独特者、制作质量较高者、附制作说明者的评奖名次均可优先。

由案例可以看出，方案中要包括主题、比赛宗旨、参赛对象、竞赛时间、作品要求、比赛要求和奖励方法，以便让参赛学生做好相应的准备。

五、宣传类科普活动的组织与实施

宣传类科普活动，是指在明确的主题、相对固定的场所，在某一特定的时间段，组织学生开展的科普知识宣传活动。

1. 组织形式

这类活动通常采用的方式包括科普剧表演、科普知识进社区，以及一些与生活相关的主题宣传活动。

（1）科普剧表演。

科普剧是国际上流行的一种全新的科普形式，它将科普知识、科学实验等以

专题一 科普活动设计与实施

表演剧的形式表现出来,学生在观看表演、跟随人物情节发展的过程中接受科学知识,感受科学精神,参与科学实验,以此激发学生对科学的兴趣。

大战疟原虫的青蒿家族、保护长江的鹰眼护卫队……2021年12月26日下午,江苏省第七届科普剧会演暨颁奖活动和部分获奖作品现场汇报演出在南京举行,孩子们用快乐智慧的科普剧,带着观众体验科学与艺术的魅力。现场演出的节目主题丰富,有关于生命健康与抗击疾病的《青蒿大战疟原虫》《食物的消化之旅》,有反映航空航天成就和航天人精神的《玉兔号失踪记》,还有反映长江大保护主题的《鹰眼护卫队》,普及科学知识的《走进科学之地震》等。此外,南京聋校的学生演出了经过一年多时间准备和排练的历史主题科普剧《郑和宝船》。来自幼儿园、小学、中学的学生用各自不同的表演方式为大家诠释了不一样的科学。

上述案例中科普活动的形式就是科普剧表演。这是一种将科学知识与艺术、文学等知识相融合的方式,能让学生在轻松愉快的氛围中感受科学,正确认识科学,从而激发其学科学、用科学的兴趣和热情。

(2)演讲活动。

组织科普宣传活动,除了课本剧,还可以利用演讲的方式。演讲不但可以渗透科学文化知识,还能在潜移默化中唤醒学生对知识的记忆能力,使其在严肃又轻松的氛围中加强对主题知识的认知与掌握。

某教师在班级开展了一次以"航空知识我懂得"为主题的巡回演讲活动。这位教师提前在学生中普及航空航天知识,让学生热爱航天、感悟航天。学生以此为主题,书写演讲稿,并在年级和社区进行巡回演讲。经过这次活动,学生懂得了更多的航空航天知识,有的学生说自己才知道神舟五号是在酒泉卫星发射中心发射的,是中国最早发射的载人航天飞行器,知道了我国第一个火箭导弹研制机构的首位院长是钱学森,知道了第一位登上月球的宇航员是美国人阿姆斯特朗。同时,在演讲的过程中,学生提升了自身的表达能力。

可以说，借助于演讲活动，学生能潜移默化地接受科普教育，增加了一份承担历史重任与时代重任的责任心，激发了开展科普活动的激情与热血，促进了学生科学素养的提升。同时，学生在准备演讲的过程中需要搜集资料，于是无形中开阔了自己的视野，加深了对科学知识的了解，提升了科学素养。

2. 实施要点

宣传类科普活动的宗旨就是宣传科学知识，提升人们的科普意识，因此，以上组织形式在实施时，要注意相应的要点。

（1）科普剧表演。

科普剧这种宣传类科普活动，在组织和实施时，要注意以下几点。

第一，确定主题，创编剧本。

科普剧主题的确定，要注意捕捉热议话题，题材应尽可能前沿化，即编写创作科普剧的主题，立意要新颖、独特，要从生活、学习、社会热点、世界新闻中发现好题材、挖掘新题材，也可以寻找一些经典的科普知识或内容，进行创新设计。科普剧的剧本创编要注意形式多样化，要将科普知识、科学实验等融入进去，让学生在观看的过程中潜移默化地接受科学知识，感受科学精神，参与科学实验，激发学生对科学的兴趣。

第二，确定形式，挑选演员。

科普剧的表演形式多样，可以是小品、相声，也可以是音乐剧、演唱或舞蹈，可以依据剧本的内容确定。确定形式后，还要注意挑选演员。科普剧的演员一般是教师和学生，需要演员在表演中投入地进行表演，当然也要求对相应的科学知识做到了解或掌握。除此之外，还要注意演员的性格要活泼、外向、开朗、大方，如此才能活跃演出气氛，营造出热烈的舞台氛围，调动观者的热情。

第三，表演指导，加强训练。

演员确定后，要由导演（导演可以是教师，也可以是学生）对演员进行指

专题一 科普活动设计与实施

导，进行彩排。其中就包括对演员语言的训练，尤其是语言表达的训练。表述的语言要简洁、好记、易懂，可以适当引用方言、口头语、网络语；要加强表演技巧的训练，比如利用口头语言和肢体语言塑造角色，因此要注意引导演员观察生活、体验生活，揣摩角色心理。在这一过程中，导演可以对表演进行录制或特写拍摄，帮助演员反复研究和改进。

在完成以上工作的前提下，就可以进行正式表演了。在活动实施的过程中，要注意以下事项。

一是注意安全。演员上下场要注意安全，听从工作人员安排；学生入场观看和离场时要遵守秩序，有序进场和退场，在疫情防控期间要注意戴口罩。

二是注意一些相关的事项。首先不允许观看中吃零食；其次要文明观演，不大声喧哗，不随地吐痰，有问题及时和教师沟通。

（2）演讲活动。

以演讲的形式组织和实施科普活动时，教师需要注意以下问题。

一是要紧扣"科学"主题组织活动，制订相应的计划，以便学生可以围绕这一主题寻找资料，并在指定的范围或标题下书写演讲稿，发表演讲。

二是演讲稿的书写要提出明确的要求，如紧扣主题，围绕科技创新、科学普及，谈经历、说见闻、话成长，抒发胸臆、展望未来，表达自己对科技自立自强的向往和追求。

三是演讲活动的组织要紧扣宣传类科普活动的特点，要以宣传为目的，可以组织巡回演讲。不过，无论何种形式的演讲，在组织过程中，首先要注意明确宣传的对象，其次注意演讲的范围，最后注意将演讲的时间控制在 1 小时左右。

专题二
体育活动设计与实施

　　学生的健康成长关系祖国和民族未来，也是每个家庭最大的愿望和期盼。"双减"背景下，学校一方面要提升教学质量，为学生课堂学习和课后作业"减负""增效"；另一方面要关注学生的身体健康，充分利用课余时间，组织多样化的适宜的体育活动，引导学生加强体育锻炼，提升综合素质。

主题 1

体育活动及其意义

"双减"政策实施后,随着作业量的减少、课外培训机构的减少,学生的课余生活也成为家长和教师关注的重点。体育作为强健体魄的重要教育途径,其重要性不言而喻。因此,认识体育活动的意义,科学组织体育活动,可以引导学生科学利用课余时间,提升其整体素质。

一、体育活动的意义

体育是一种复杂的社会文化现象,它以身体活动为基本手段,旨在增强体质,保持健康及培养人的各种心理品质。中小学开展体育活动对学生的健康成长具有极其重要的意义。

1. 有利于学生的身体健康

体育活动可以满足学生身体活动的需要,促进身体生长发育,增强学生的体质。中小学生处于生长发育阶段,其体力需要锻炼。研究表明,学生每天参加1小时以上的体育活动,利于其体能的提高。相反,倘若学生的运动量不足,那么学生就会产生"运动饥饿",进而影响学生健康成长。科学的体育综合活动,弥补了课内体育活动的不足,满足了学生对运动的需要,发挥了促进学生身体正常生长发育,增强学生体质的作用。

2. 有利于学生心理健康

首先，课外体育活动，打破了课内体育活动条条框框的限制，给了学生更多自由选择的机会，满足了现代教育对培养学生自主性、独立性以及全面发展学生个性的要求，有利于培养学生的主体意识，使之成为有个性的一代新人。

其次，课外体育活动，为学生创设了群体活动的机会和空间，学生大多是自主参加的，因此学生个体会主动和群体其他成员之间建立一定的联系，借助于有声或无声的语言进行交往，于是在友好、协作、互相帮助之中促进了个体融入群体，培养了学生的群体意识，提高了其人际交往能力，使其养成文明礼貌的行为习惯，提升了学生的心理健康水平。

最后，课外体育活动，培养学生终身体育运动的理念。随着社会的发展，越来越多的人认识到体育运动的价值和作用，并形成了终身体育的概念。当终身体育运动成为一种思想、一种趋势，就需要培养学生对体育运动形成长期稳定的兴趣和爱好。而课外体育活动为学生创造了一个自己的世界，使学生可以按照自己的意愿活动，自主选择并安排自我活动，充分感受到按照自我意识从事锻炼的快乐与满足。在长期的自我锻炼过程中，学生的自我锻炼能力得到进一步提高，进而为学生养成终身体育运动的理念奠定基础。

3. 有利于培养未来社会需要的人才

社会发展的现实表明，未来社会的人才必须具有综合素质，即德、智、体全面发展。课外体育活动可以让学生在自我世界里按照自己的兴趣爱好和能力进行体育活动，尽情地发挥自己的运动潜能，并使这种能力得到进一步提高和发展。具有体育才能或天赋的学生可以发展自己，展示自己，从而成为体育活动的骨干，进而成为具有运动才能的"苗子"。

二、体育活动的内容及形式

课外体育活动的意义如此深远，价值如此巨大，因此成为培养学生综合素养的重要组成部分。课外体育活动以其丰富的内容、灵活多样的形式，为"双减"背景下的学生提供了一条全面发展自己、展示自己之路，也促进学生综合素养的提升。

1. 体育活动的内容

基于综合素养培养的体育活动，其内容是十分丰富的。体育活动的内容没有硬性规定，可以说，只要是能有效地达到强身健体、防病治病、调节身心的方法、手段都可以作为活动的内容。具体来说，活动的内容可以分为健身类、娱乐类、保健类和达标类。

（1）健身类体育活动。

此类体育活动包括走、跑、游泳、传统体育项目及各种球类活动等。这类体育活动的特点是运动量适中，以有氧运动为主。

（2）娱乐类体育活动。

娱乐类体育活动包括：球类小型竞赛活动，如足球赛、乒乓球赛、篮球赛等；体育游戏，如拔河、二人三足、端球跑等；体育舞蹈，如健美操、荡秋千、放风筝、郊游等。

（3）保健类体育活动。

保健类体育活动包括走、跑、太极拳、保健按摩、各种医疗或保健与矫正操等。

（4）达标类体育活动。

达标类体育活动是针对《国家体育锻炼标准》和《体育合格标准》的要求选择规定的内容或相关的项目，比如 800 米跑、1500 米跑、立定跳远、引体向上、仰卧起坐、跳绳等。

2.体育活动的形式

基于综合素养的课外体育活动，其组织形式是灵活的，在空间领域方面具有广阔性。其组织形式上没有严格规定，具有很大的灵活性。既可以是全校的、年级的，也可以是班级的、小组的、个人的；既可以是正式组织的，也可以是非正式组织的。

（1）全校性活动和年级活动。

包括早操、课间操、体育节、体育周以及各种形式的体育竞赛活动等。组织此类形式的体育活动，有利于班级之间相互学习、相互促进，有利于加强纪律性教育和培养集体荣誉感，也有利于爱国主义教育。

（2）班级活动和小组活动。

这两种形式的体育活动包括广播体操、游戏、球类、武术、长跑、游泳、登山等。此类形式的体育活动，是开展学校传统体育项目的重要组织形式，是落实学生每天进行1个小时体育活动的重要措施，不但可以有效巩固体育课的效果，而且可以提高体育达标率。

（3）俱乐部活动。

所谓俱乐部活动，就是学校的兴趣小组，一般分为单项俱乐部和综合俱乐部两类。俱乐部是学校根据场地设备、师资力量、体育传统项目筹建的，如健身俱乐部、羽毛球俱乐部、乒乓球俱乐部等。

（4）小团体活动。

这种体育活动一般是学生自发组织的，旨在进行体育锻炼，对于学生体育兴趣的形成和发展、锻炼习惯的养成、终身体育意识的形成和发展，都有着积极的影响。可以说，它是学生在身体、心理和社交等方面发展的良好载体。其形式包括课外篮球赛和足球赛、外出郊游、跳街舞等。

三、体育活动的组织流程

课外体育活动的实施是一个以自觉自愿为主、强制规定为辅，宏观调控指导，微观自主开放为特点的操作过程。其整个组织流程，包括课外体育活动工作计划的制订、实施和检查评价三个环节。

1. 制订活动工作计划

课外体育活动工作计划包括全校活动计划、年级活动计划和班级活动计划三种。每种计划的内容因活动对象的范围不同会有所区别。

（1）全校活动计划。

主要内容包括：课外体育活动的指导思想与目标，早操、课间操、大课间活动的内容及组织措施，年级活动、班级活动和体育俱乐部的宏观安排；体育素质的测试安排；学生体育干部的培训提高；体育活动宣传教育、检查评比的落实；等等。

某中学课外体育活动计划

一、活动目标

根据我校的实际情况，本着"活动应丰富多彩，富有吸引力；充分发挥学生的积极主动性；课堂教学和课外活动互相配合，互相促进；符合学生的年龄特征，照顾学生的兴趣和特长；因地、因校制宜"五大原则，切实减轻学生学习负担，组织全校师生人人参与，在活动中学习，在活动中进步。

二、活动设置

活动分成七年级组，八、九年级组两个组同时开展。根据学生的年龄特征、心理特征及兴趣爱好，各组活动设置如下。

七年级组：体育游戏、跳绳、乒乓球、棋类（以军棋、跳棋为主）、羽毛球、美术和手工实践（以绘画、折纸为主）。

八、九年级组：田径、乒乓球、羽毛球、篮球（基本技术及小比赛）、跳绳（单人或花样或集体）、棋类（以中国象棋为主）、美术和手工实践（以绘画、剪纸为主）、拔河。

三、活动要求

课外活动必须落到实处，指导教师要有明确的活动目标，认真制订切实可行的活动计划，并认真安排好活动内容，及时做好相关记录。根据学校实际情况，保证每次活动质量。

四、活动组织

1. 学校根据实际条件，设置活动项目，统一安排活动的开展。

2. 各年级的活动要做到"三定"（定内容，定地点，定人员），活动有计划，有实施步骤；活动内容切实可行，有利于学生的健康发展；辅导教师做好活动情况记录和活动小组学生的管理工作。

3. 学校课外活动领导小组加强督导，认真巡视，切实保证活动开展的时间和活动效率，杜绝将兴趣小组活动时间移作他用，并确保活动安全。

（2）年级活动计划。

年级活动计划，主要依据本年级学生身心发展的特点、体育基础、运动水平来安排适合本年级学生特点的课外体育活动。

（3）班级活动计划。

班级活动计划是落实班级课外体育活动要求的每天1小时体育锻炼的重要保证。

漳河六年级二班每天1小时校园体育活动计划

为了认真贯彻落实上级关于切实保证学生每天1小时校园体育活动的精神，有效保证我校学生每天1小时的课外体育活动的落实，促进学校体育工作深入开

"双减"背景下学生综合素养活动的设计与实施

展,全面推进素质教育,特制订我校每天1小时课外体育活动计划。

一、指导思想

以"健康第一"为指导,把学校体育运动作为全面推进素质教育的重要突破口和切入点,紧紧把握提高学生体能,增强体质,促进健康成长这个核心,充分发挥体育的育人功能,促进学生全面和谐发展。

二、组织领导

建立健全组织机构,切实加强对每天1小时阳光体育运动的领导。成立以班主任为组长、班干部为成员的阳光体育运动领导小组。

三、落实责任

明确工作责任制,确保每天1小时阳光体育运动不折不扣地施行。建立健全多部门负责的学校阳光体育活动工作责任制和保障机制,确保活动时间上课表,组织人明确,活动内容有安排,场地器材有保障,安全及医务监督有保证,确保每天1小时阳光体育运动不折不扣地施行。

班主任是落实每天1小时阳光体育运动的直接责任人,负责活动的组织、规划、监督、落实。

体育教师、科任教师是落实每天1小时阳光体育运动的实施责任人。

四、活动时间

大课间30分钟,下午第三节课外活动30分钟。

五、活动项目

广播操、眼保健操、长跑、打篮球、打排球、踢足球、打乒乓球、打羽毛球、跳绳、跳皮筋、踢毽子、跳远、赛跑、仰卧起坐等。

六、组织实施

1. 当天的值班领导为课外体育活动的值班领导。值班领导和值周教师要加强课外活动的巡查,及时妥当地处理活动中的突发事件。

专题二 体育活动设计与实施

2. 广播操由班主任负责。

3. 其他活动。值班教师要根据学生的兴趣爱好分成若干个活动小组,选好组长,由组长带领大家活动。

4. 值班教师要密切关注学生活动的安全。遇到突发情况要及时妥当地处理,如果情况比较严重,要及时报请值班领导或报请校长妥善处理。

七、活动评价

1. 每学期期末都要组织一次"1小时课外活动"专项评价活动,评选该项活动的合格班级、优秀班级。

2. 将该项活动的评定成绩纳入优秀班集体的评价之中。

(4)俱乐部活动计划。

总体来说,俱乐部活动计划仍旧属于学校课外体育活动的一部分,因此要在学校课外体育活动的计划框架内制订。

除此之外,还有小团体活动计划及个体活动计划。这两类活动计划,可以由体育教师耐心引导,让学生根据班级活动计划,结合自身的实际,有针对性地制订,在此不多做介绍。

2. 实施活动

制订的活动计划要付诸实施,方能落到实处。因此,接下来的环节就是活动的实施。体育活动的实施,要在确立制度和规范的前提下进行。

制度和规范是保证活动安全、科学、高质完成的重要保证。考虑到体育活动本身的特殊性,在实施体育活动计划时,要注意确立相关的制度,规范活动中的行为,保证学生在活动中的安全。

活动原则

1. 寓教于乐原则:让学生在运动中体会快乐,在快乐中学会做人。

2. 全面性原则：学生全员参与，全面发展。

3. 多样性原则：活动内容形式多样，让学生有可挑选性。

4. 安全性原则：建立完善的安全体系，确保活动的安全性。

5. 因地制宜原则：根据学校实际情况开展活动，追求活动的实效性。

制度要注意落实到人，规范同样也需要人来遵守，因此同时要明确相关人员的职责和工作范围。

体育教师

1. 体育课外活动的指导工作由相关年级的体育教师负责，体育教师按分管区域提前5分钟到达活动场地。

2. 指导体育委员带领本班学生做好准备活动和素质练习。

3. 指导学生进行体育达标锻炼和做好小型竞赛裁判工作。若有小型比赛，体育教师负责裁判工作；无比赛活动，体育教师分区域定点指导学生进行体育锻炼。

4. 对学生进行安全教育和保护。

当然，这一切需要在实施方案中得到落实。因此在体育活动的流程中，编制活动实施方案是实施活动环节的重要内容。实施方案要包括指导思想、活动原则、组织形式、具体内容以及工作职责等。

3. 检查评价

检查评价是促进活动实施、保证活动效果的重要监督手段。组织体育活动，离不开检查评价。这一环节在体育活动组织流程中必不可少。一般这一环节放在活动结束后，依据活动类型采取不同的评价方式。对个人的活动效果，尤其是达标式活动内容可以采用优、良、中、差四级评价标准，对于集体性活动宜从活动的设计、活动的过程和活动的效果等方面进行多角度评价，以利于活动的改进和效果的提升。具体来说，检查评价可以围绕以下几方面进行。

（1）活动组织目的是否明确有效，比如达标性体育活动过程中，学生的最高心率是否在150次/分左右，呼吸频率是否在30次/分左右。

（2）活动组织是否符合学生身心发展水平，即活动环节的组织是否考虑学生的年龄特点及接受能力。

（3）学生是否积极参与，即学生是否参与活动，且全身心地投入进去，而这与活动内容、过程的精心设计，器材的精心选择，教师的精心组织密切相关。

（4）教师是否发挥主导作用，即在活动过程中教师是否注重对学生各种能力的培养，比如在游戏中注重引导学生遵守游戏规则，与同伴合作，培养集体荣誉感、乐于助人等品质。

（5）场地、器材是否做到合理利用，因为场地、器材的合理利用会直接影响活动的效果。

主题 2

体育活动的设计

体育活动,从学生自发的游戏、郊游,到正式运动项目及比赛,凡是有利于身心锻炼与娱乐的体育项目都可作为活动的内容。同时,课外体育活动由于不受特定的教学目的所限,学生活动的空间范围更为广阔,可以在校园内外、室内外、操场、教室、公共体育场所等地方。这些空间领域为学生提供了宽广的活动范围。基于此,在组织体育活动时,就要进行精心设计,以达到提升学生综合素质的目的。

一、设计中应遵循的基本原则

基于综合素质培养的体育活动,要立足于"双减"的要求,借助于丰富多彩的课外活动,让全体学生都能参与进来,培养其从事体育锻炼的兴趣,养成自觉练习的习惯,并能将思维活动与实践紧密结合,促进综合素质的提升。具体来说,活动在设计上要遵循以下原则。

1. 安全性

无论哪一种形式的活动,都要基于学生的发展这一课程目标,体育运动也是如此。活动设计旨在让学生有一个好身体,倘若学生在参加活动时受伤,甚至发生更大的意外事故,那么体育活动就失去了它的意义,甚至对学生的一生造成影响。所以,设计课外体育活动时,要将学生的安全放在首位,要从活动的地点、时间、活动的内容等诸多方面,多动脑筋,用心设计,以防止运动创伤和伤害事故的发生。

2. 趣味性

兴趣是最好的老师,要让学生爱上运动,激发其运动兴趣是必要的前提。因此在活动设计上,要从内容到形式都体现趣味性,可以结合本校实际和学生的年龄、爱好,多设立一些学生喜好的活动项目,如球类、健美操、接力赛跑等,让学生在愉悦的氛围下自主练习。

3. 实践性

不同于其他学科,体育活动有其自身的特点,即学生需要在教师的启发、指导下,主动从事各种身体练习,并在反复的身体练习中,通过思维活动与实践的紧密结合,来掌握体育的知识、技术和技能。因此,在活动的设计上,要体现让学生实践和参与,要让学生在多练习、体会的过程中,感知身体的变化,换言之,就是要让学生承受一定的运动负荷,从而收到提高身体素质、增强体质的实效。

4. 差异性

由于学生在身体发育方面存在着一定的差异,在组织学生进行体育活动时必须注意到学生运动水平的差异,在一些专业技术性较强的运动项目上必须做到因材施教,尽量做到分层活动,根据学生的能力水平进行分组,保证学生拥有良好的自信心,能够积极参与体育活动。

二、设计中应把握的五个要素

体育活动是体育课堂教学的延续,要实现巩固与提高课堂教学效果,发挥学生的主动性，满足学生的运动需要，帮助学生掌握体育知识、技能，增强体质，在活动的设计上就要注意把握相关要素。

一、活动目的

为了促进"阳光一小时"体育活动的开展，丰富学生的大课间活动，加强各班之间的交流，提高学生的身体素质和预防疾病的能力，培养学生的兴趣和爱好，增强班级的凝聚力，培养学生团结协作的精神，特举行本次跳绳比赛。

二、活动口号

跳出健康，跳出快乐。

三、活动时间

第十一周。

四、活动地点

学校操场（如遇雨天改在礼堂）。

五、参赛人员

1—5年级个人速度跳，每班选班级总人数的50%，男女生各一半。3—5年级团体速度跳，每班10名，男女生各5名。3—5年级跳长绳，全班同学。

六、裁判安排

裁判员：夏全美、夏福群、张跃辉、王铁坚、马争鸣、曾慧、夏妍妍、傅彬以及全体大队干部。

七、比赛规则

1. 个人速度跳

参加对象：1—5年级学生；比赛时间：1分钟。

比赛规则：1分钟的时间内，记录单人跳绳次数。跳绳过程中可以停顿，以1分钟结束时的总次数为个人最后成绩。然后把全班跳绳总次数除以全班人数，平均数高者为胜。

专题二 体育活动设计与实施

2. 团体速度跳

参加对象：3—5年级学生；比赛时间：1分钟。

比赛规则：1分钟的时间内，记录单人跳绳次数。跳绳过程中可以停顿，以1分钟结束时的总次数为个人最后成绩。然后把（全组）跳绳总次数除以全班（全组）人数，平均数高者为胜。

3. 集体跳长绳

参加对象：3—5年级学生；比赛时间：5分钟；比赛人数：全班学生。

比赛方法：全班选出两名学生为甩绳员，其余为跳绳员，5分钟内累计跳过次数，次数多者为胜。

八、其他有关事项

1. 各班班主任请在课余时间指导、督促学生练习，以真正体现"阳光体育"活动快乐的过程。

2. 每个班级要求全员参战，如有伤病需出具医疗证明。

3. 请参加比赛的团队（班级）赛前充分做好准备运动，指导学生活动关节，避免出现事故。

4. 按时到达比赛场地，听从裁判员指挥，未按时到场班级（组）视为自动弃权。

5. 未尽事宜，另行通知。

上述案例是某小学跳绳比赛的设计方案，由案例可知，在设计方案时要注意把握以下五个要素。

1. 时间要素

所谓"时间就是生命"，要让学生在"双减"后，体验到运动的乐趣，并在运动中获得发展，就需要考虑运动的时间。所以在设计活动时，要以时间为主线，使之贯穿活动前后。比如，从什么时间开始，到什么时间结束，单项目的活

"双减"背景下学生综合素养活动的设计与实施

动安排多长时间，等等。为此，教师在设计时，要从学段、学年、季节、周次、活动日等方面体现要素。

一是要考虑学生所处的学段来安排活动。小学、初中或高中学段的学生，对活动项目的选择、项目的时数都有不同的要求。

二是要考虑学生所处的学年。要联系学生在这一学年中要学的其他学科，甚至学科的相应知识，从而科学、合理地安排具体的活动时间。

三是要考据季节特点。不同的季节，适宜不同的活动内容和活动方式。比如，春天适宜安排春游，夏天适宜游泳，冬天适合组织踢毽子、跳绳、长跑等。要让活动与季节相适应。

四是要考虑运动的周次。要将相同的活动项目安排在同一周中，以周为单项目的活动单元；也可以将相同的活动项目安排在不同的周中，以月为单项目的活动单元；同一周中确定一个主项目，其他辅之。

五是要考虑具体的活动日。比如，在学生有体育课的当天可以不安排活动，既是为了保证学生的身体得到恢复，也是考虑到学校的场地、器材使用情况。

总之，活动设计要尽可能多样化，兼顾学生的喜好，让学生依据自己的情况进行选择。活动的安排基于以上要素，要具有灵活性，比如，可以安排学生在早读课前以小团体或个人的方式自发跑步，可以在中午午休后组织学生进行各种棋类等体育活动，也可以在晚饭前后安排学生进行球类、广场舞等体育竞赛。

2. 项目要素

体育运动的项目种类繁多，在设计活动时要考虑学生这一主体的特点，让活动适合学生的身心发展。为此，在项目的选择上既要兼顾学生学段特点、组织者的可操作性、学校体育设备的硬件和软件条件等外因，又要兼顾学生身心发展的个体差异、参与的积极性等内因。当然，也可以依据本地区的特点，设计一些极具地方特色的活动。

专题二 体育活动设计与实施

3. 内容要素

体育是一门科学，其内涵涉及自然、社会、历史诸多领域。单就一个项目而言，其活动内容也是千变万化的，因此在活动内容上，不要简单地设计为蹦蹦跳跳，而是要尽可能突出普遍性和灵活性。

第一，要注意学生的全面发展，兼顾学生身心发展的个体差异。一方面，活动内容要让学生在速度、耐力、力量、灵敏、柔软素质练习中自主选择，有针对性地"强健其体魄"；另一方面要考虑到学生的性别差异。

第二，要依据不同的学段、年龄段，选择适宜的运动内容。在活动的设计上，小学阶段的活动侧重以游戏类为主，初中阶段的活动侧重以学会练习方法为主，高中阶段的活动侧重以提高竞技能力为主。

第三，要注意活动内容的普遍性。活动内容只有具备普遍性的特点，才能让更多的学生参与到活动中，同时不增加学生学习的负担，激发其学习的兴趣。

第四，要能调动学生练习的积极性。活动在内容上要考虑不同层次的学生的特点，比如对于优等生要给予其展示的机会，对于其他层次的学生，则为其创造与优等生交流的机会，以便各取所需。当然，也要注意不同的活动对学生的运动积极性的影响。

4. 场地要素

学校课外体育活动的开展，必须有适宜的运动场地做保证。活动场地是学校的硬件设施，各校情况不尽相同。因此，在设计活动时要考虑场地的问题，要针对活动的内容、形式考虑活动场地的选择。为此，教师要充分利用室内、室外环境，校内、校外资源，在做好安全工作的同时，周密部署，严格管理，合理安排活动。哪怕是借助街道、广场或其他场所，也要想方设法地开展好相应的活动。

5. 器材要素

需要注意的是，基于综合素养培养的体育活动，要注意和体育课上的活动加以区别，即要将多种活动项目进行综合练习，因此活动需要的器材会更多。教师在设计活动时，要科学选择器材，也可以鼓励学生自带体育器材。这样不但可以达到预期的活动目的，而且可以使学生养成良好的运动习惯；不但可以让学生仅仅借助简单的运动器材就可以开展运动，而且可以在运动的过程中培养良好的行为习惯和品格。

专题二 体育活动设计与实施

主题 3
体育活动的组织与实施

基于综合素养培养的体育活动，以丰富多彩、极具魅力的特点，发挥着积极的教育意义和锻炼价值。它不但可以帮助"双减"政策下的学生提升体能，而且可以培养学生的意志品质。为了使活动更具吸引力，并发挥其相应的教育功能，在遵循上述原则，把握五要素的前提下，要科学组织与实施体育活动。

一、课间体育活动的组织与实施

利用课间，尤其是大课间，适当地组织学生进行体育活动，可以达到提高学生身体素质、缓解学生学习压力，促进有效休息，消除疲劳的作用。更重要的是，大课间活动的开展极好地发挥了对学生综合素质培养的作用，成为锻炼学生身体的有效载体，为学生每日参与体育锻炼提供了良好机会，对促进学生得到全面发展有十分重要的意义。具体来说，课间体育活动的组织与实施，可以采用多样的形式。

1. 组织形式

课间体育活动，依据时间分为大课间和课间两种形式。由于后者时间较短，基本以学生的自由活动为主，因此重点介绍前者。相比于课间活动，大课间体育活动的时间长，活动时间为 25—40 分钟，活动内容相对丰富，形式灵活，强度也比较适宜，因此不仅可以对学生紧张的学习起到调节作用，而且对促进学生身心健康发展有一定实效。

（1）全校集中型模式。

全校学生在音乐伴奏下进场集合，一起先做中小学学生广播体操，然后是自编校操，或按学校指定的项目统一练习。其特点是规模大，人数多，地点集中，活动时间、内容相对较单一。一般以学生在音乐的伴奏下进行团体操的形式为主，比如广播体操、军体拳、自编校操等。这种形式比较容易组织管理，可以让学生之间互相督促检查，相互促进。

这种活动模式比较适合刚组织大课间活动且没形成自己的特色，场地、器材有限的情况。不过，这种形式如果没有变化，长期下去，会挫伤学生的活动积极性，使之减弱或丧失对活动的兴趣，因此要开动脑筋，变化形式，提升学生的活动兴趣。

安庆二中东区编排的创意课间操"最初的美好"，将戏曲和音乐两种不同的风格相融合，让课间操变得"赏心悦目"，成为校园一道亮丽的风景线：伴着悠扬的黄梅戏小调，上千名学生跟着音乐旋律在操场上舞动身体，时而踮起双脚，时而摇摆双手，时而双掌齐拍，时而上下跃动……动作整齐，朝气蓬勃，青春洋溢。

这套课间操打破了传统课间操的乏味，将一些符合学生特点的体操、舞蹈等动作融合到一起，给学生忙碌的学习生活增添了更多趣味，让其在欢快的环境下锻炼身体、调节身心，也激发了他们的学习兴趣，激活了精气神。

当然，这种全校性的运动，也可以加入一些班级或学校的特色，比如，在全校集中的体育活动完成后，各班可以结合本班的实际情况，依据学生的兴趣爱好，有针对性地组织一些集体性的体育活动。

某小学在开学初就将"跳绳"列为大课间活动中的一个重要环节。下课铃

专题二 体育活动设计与实施

声响起,同学们就拿好绳子来到操场上。在做完课间操和集体舞后,各班由班主任带队到指定地点进行跳绳练习。活动形式可针对跳绳比赛项目进行练习,也可利用绳子创编各种游戏。各班教师积极鼓励学生做到"人手一绳"并跟班指导,参与学生活动。这个时候,同学们就伴随着活泼动感的音乐,舞动着彩绳,欢快地跳跃,这都成为学校大课间一道亮丽的风景。

（2）自由分散型模式。

这种大课间体育活动,是指学校提供各项活动的器材,学生依据个人的兴趣爱好自由组队,自由选择内容,自由活动。原则上,考虑到活动的安全有效,一般会按活动类型划分项目组,安排教师带队,并依据实际情况给予学生指导,科学组织活动,使人人均能参与活动,进而充分发挥学生的自主性。这种形式的活动,由于分组多,规模小,人数少,地点就可以分散,学生进行自由活动的时间就长,活动方式也会比较灵活,甚至不同班级或年级的学生之间会组成小组,提高了学生的活动积极性,促进了学生之间的交流合作,激发了学生对体育运动的兴趣,培养了他们相互协调的能力,提高了其分析问题、解决问题的能力,以及正确处理人际关系的能力。

某小学的操场上,学生们正在开展大课间活动,大家三五成群,用手上的鞭子抽打各自的陀螺,甩起鞭,转起陀,使劲抽打,课间的快乐也随着陀螺转了起来。这些陀螺都是同学们利用周末的时间自己亲手制作的。他们在父母的帮助下,取合适的木头,或手工,或机床,各显神通,打磨成一个锥体,在锥体尖部镶入一颗钢珠,再找一根木棍,拴上一根绳子,制作成抽打鞭。学生们玩着经过自己努力制作的陀螺,兴奋不已,不但自学玩陀螺的技巧,而且"疯狂"地沉浸在抽打陀螺的运动中,给大课间增加了别样的趣味。

需要注意的是,这种形式的课间活动,一方面要有足够大的场地,充足的器材,另一方面要求教师要具备一定的管理能力和体育活动经验,能在指导学生活动的同时，引导学生参与活动。

（3）俱乐部形式。

这个模式的课间体育活动，是相对较完善的模式，是在自由分散型模式的基础上进行的优化。这种模式同样需要学校或教师来组织，不同之处在于，在学生自愿、互助、互惠的基础上，要求团体中的成员具有相应的权利和义务。这样的要求让相当多具有共同爱好的学生组成一个团体，找到了团队归属感。

"双减"后，上海闵行三中利用"全国青少年校园足球特色学校"的优势，引导学生参加体育锻炼。该校组建了一支由不同班级、不同年级女孩参加的足球队。在教练和教师的指导下，球队在 2021 年闵行区校园联盟足球赛中获得了U12、U13、U15 三个组别的冠军。多名学生入选全国校园足球精英训练营和上海市精英训练营。

由此可见，俱乐部这一模式给了学生极大的活动选择空间，可以充分发挥学生的个性特长和自主创新能力，尊重学生的兴趣爱好。此外，这种团体性的活动，可以营造很好的运动氛围，让学生感受到运动带来的乐趣和满足，可以很好地激发学生的学习兴趣，并能在活动中较好地掌握所选项目的技术。

需要注意的是，俱乐部这种形式的体育活动，对场地、器材和指导教师的要求都很高，要求教师要有运动专长或教学专长，能够指导学生比较全面地掌握运动技术。

2. 活动实施

课间体育活动的实施，当然离不开具体的方案。只有制订了周全的方案，有组织地开展，才能确保活动的科学性、计划性和安全性。

一、指导思想

以健康第一为指导思想，不断加强学校体育工作，切实保证中小学生每天 1 小时校园体育活动，使全体学生走出教室，走进操场，实现"天天运动，人人参与,健康成长,终身受益"。

二、组织领导(略)

三、具体分工安排(略)

四、实施对象

高一至高三学生。

五、大课间活动时间

每天上午第二节课后(9:05—9:30)和每天下午第二节课后(15:37—16:02)。

六、大课间活动形式

晴天:

5—7月、9—10月:武术操4分钟+身体素质练习4分钟+太极拳2.5分钟。

1—4月、11—12月:跑操6分钟+身体素质练习4分钟+太极拳2.5分钟。

雨天:室内五禽戏13分钟。

七、活动内容

武术操:第一套武术广播体操"英雄少年"。

跑操:以班级为单位,前后循环慢跑。

身体素质练习:高强度间歇性练习。20秒高强度身体练习+10秒放松。包括深蹲、卷腹、弓步深蹲、平板支撑、俯卧撑、站立卷腹(斜纹肌摇摆)、卧撑收腿跳、侧压腿。

八式太极拳:预备势、起势、卷肱势、搂膝拗步、野马分鬃、云手、金鸡独立、蹬脚、揽雀尾、十字手、收势。

八、安全措施

1. 防范预案

(1)牢固树立安全至上的意识,把学生活动安全放在首要位置。

(2) 重视进退场的安全、衣着安全、器材安全、场地安全,重视方法指导。

(3) 要对学生进行安全教育,落实好安全防范措施。

(4) 伤病学生集中进行康复训练和适度锻炼。

(5) 体育教师要进行巡视、指导与防范。

2. 应急预案

(1) 遇有学生发生摔伤、骨折、扭伤等伤害事故,立即将其送往校医务室救治,情况较严重的由校医务室教师送医院治疗。

(2) 遇有学生出现四肢无力、面色苍白等身体不适症状,立即将其安置到校医务室休息,并给予补充水分。

(3) 发生突发事件时,体育教师应立即向年级部报告,同时通知所在班级班主任。

(4) 班主任了解情况后,及时通知学生家长并陪同学生治疗。

(5) 事后分析原因,及时给出处理意见。

附:武术操、太极拳,跑操,身体素质练习评分表

表2-1 武术操、太极拳评分表

评分内容	参考项目与分值		得分	评价标准
进场	10分			快、静、齐
退场	10分			快、静、齐
着装	10分			服装有无统一
精神饱满	10分			精神是否饱满
动作质量和整体效果	整齐	20分		四肢是否充分舒展(手臂伸直)
	有力度	20分		动作有无凝滞
	到位、合拍	20分		动作是否跟准节奏
总分	100分			

表 2-2 跑操评分表

评分内容	参考项目与分值		得分	评价标准
进场	10 分			快、静、齐
退场	10 分			快、静、齐
着装	10 分			服装有无统一
精神饱满	10 分			精神是否饱满
跑操质量	口号	20 分		口号是否响亮
	步伐	20 分		步伐是否整齐，有没有踩准鼓点
	间距	20 分		间距是否统一（要求为一脚距离）
总分	100 分			

表 2-3 身体素质练习评分表

评分内容	参考项目与分值		得分	评价标准
进场	10 分			快、静、齐
退场	10 分			快、静、齐
着装	10 分			服装有无统一
精神饱满	10 分			精神是否饱满
动作质量	整齐度	20 分		动作是否整齐合拍
	是否标准	20 分		动作是否达到规定要求
	完成数量	20 分		动作数量是否完成
总分	100 分			

上述案例是大课间体育活动的实施方案，由方案可知，要保证大课间体育活动的科学、高效和安全，需要在方案中明确以下几点。

一是明确指导思想和活动目标。案例中明确指出活动是在"健康第一"这一指导思想下开展的，目标是"加强学校体育工作，切实保证中小学生每天1小时校园体育活动，使全体学生走出教室，走进操场，实现'天天运动，人人参与，健康成长，终身受益'"。

二是建立管理机制，明确相应的负责人。案例中不但确定了组织领导人员，还落实到人，具体化到活动的管理及相应的负责人。

三是在相应的活动对象基础上，明确活动形式和活动内容，如针对高一、高二的学生，相应地明确了活动的内容包括三项，且形式灵活，充分考虑了学生的年龄特点和兴趣爱好，以及身体健康状况。

四是细化到时间，考虑到天气情况。案例中的方案不但规定了活动的具体时间，而且针对不同天气设置了不同的时间和活动方式。

五是要有安全意识，要有相应的安全措施。案例中的安全措施包括防范预案和应急预案，可谓考虑周全。

六是方案还给出了具体的评价标准。评价标准要依据活动内容而定，但基本目的在于保证活动的有效性，避免流于形式。

二、课后游戏活动的组织与实施

"双减"政策实施后，学生从作业负担和校外培训中"解脱"出来，课余时间增加了，开展体育锻炼的机会更多了。组织相应的课后游戏活动，对于引导学生科学利用课余时间，避免时间的浪费，锻炼身体，提升综合素质起到了极好的作用。

1. 组织形式

游戏是孩子的天性。教师利用课后时间，组织学生开展体育游戏，一方面能够激发学生对体育的热情，提升其身体机能，另一方面可以帮助学生提升精神状态。具体的组织形式，将趣味性元素加入到体育训练当中，考虑体育运动的相关原理和有关禁忌，体现游戏的快乐。

（1）单人体育游戏。

这种体育游戏让每位学生以单独的个体形式进行游戏，锻炼身体，获得乐趣，培养积极向上的心理。如适合小学生的小兔赛跑、放风筝，适合中小学生的

专题二 体育活动设计与实施

打空降特务、蛙式赛跑、定点空投等。

小兔赛跑：学生用脚踝部夹住1只小沙包，跳跃前进，看谁先到终点。

打空降特务：每人手持1只小沙包，裁判员将降落伞（用手帕、绳子、螺丝帽做成）抛到空中，下降时，用沙包击中者即可得分。

蛙式赛跑：预备，参加游戏的学生横排蹲于起点线上。裁判发令后，即可跳跃前进。并按节奏轮流在身前身后击掌，以先到达终点者为优胜。比赛中不得站起来，倘若跌倒或手触地则为失误，退至起点重做。

定点空投：利用手帕、线绳和螺丝帽做成若干只降落伞。在操场上画一条起投线，再在起投线10—15步远处画一个大圆圈，代表灾区。游戏者每人每次可以连投三至五个降落伞，谁降落在灾区的伞多为优胜。

（2）多人游戏。

这种体育游戏要求学生以小组的形式参加，每组至少2人，让学生在游戏的同时，培养与人合作的意识，提升集体责任感和团队精神。如适合小学生的2人游戏知己知彼、牵环、吊球比赛、拉棒，多人游戏打空降特务；适合中学生的2人游戏螃蟹赛跑、接圈、托球看背、谁的马力足，多人游戏夜航、大风车等。

知己知彼：二人在圈内相对而站，由裁判员在各人背后别上一张字条。发令后，谁先想方设法看到对方的字并说出来，就算胜了。

螃蟹赛跑：参加游戏的每两人算一组，背对背夹住1个篮球。发令后，用侧身跑的方法前进，看谁先到终点并且不掉球。行进中不得用手扶球。如果中途球掉了，就退出游戏。

大风车：游戏的参加者为5人，1个大个子，2个中个子，2个小个子。大个子站中间，2个中个子分别站在前者的旁边，1个朝北，1个朝南，两个人的手相互拉着搭在大个子的肩上。两个小个子一边一个站到中个子的旁边，中个子和小个子相互抓着对方的腰带，大个子两只手分别抓住两个小个子空着的那只手。这样，

5个人就紧紧地连成一个大风车,随后,轮子开始转动,小个子逐渐飞离地面,一直转到处于水平状态,到吃不消为止。转得好、时间坚持久的一队为获胜。

2. 实施要点

体育游戏是开放的、灵动的、双向的,要实施这样的体育活动,需要教师发挥创造性,提升趣味性和多样性,因地制宜地开展多样化的游戏,以达到强身健体,让学生获得不同的感受、期盼、收获与进步的目的。为此,在制订相应的方案时,要考虑学生的特点、学校的情况,注意以下几点。

(1) 准备游戏的场地。

一个游戏能否顺利完成,与游戏前的准备工作密切相关。在开展游戏前,除要在准备场地与器材时,考虑人数多少、活动范围的大小、安全及喧闹因素外,还要考虑场地的圈画。教师可以针对学生的年龄,或自己组织学生画,或指导学生画,以保证游戏活动的顺利开展。

(2) 进行游戏讲解。

要保证游戏的效果和活动的顺利开展,要在游戏开始前,对游戏规则与顺序等进行讲解,讲解要简明生动,富有表现力与吸引力,以引起学生的兴趣。最好是在讲解时将学生直接带到布置完毕的游戏场地上,边讲解边示范,使之一目了然。需要注意的是,讲解时要及时地给予鼓励与帮助,使学生增加信心,坚持下去。

(3) 安排游戏的裁判。

游戏活动要有一定的规则,裁判是必不可少的。为此,在组织游戏时,要指出学生违反规则的行为。裁判可以由教师担任,也可以安排学生代表担任,但必须遵照游戏规则进行,以保证裁判的公正无私。

(4) 保证游戏的安全。

无论是何种体育游戏,安全问题都是首先要考虑的。安全问题的产生或是由于学生的动作过激过猛,或是由于场地器械运用不当。在组织游戏时,要高度重视安全问题,要制定专门的安全规则和防范措施,并在游戏过程中,对可能存在的危险予以强调和提醒,以免伤害事故的发生。

(5)及时处理矛盾冲突。

在游戏的过程中,学生往往会由于游戏的精彩激烈、竞争性强,心理状态过度兴奋,加之自尊心强,进而在游戏的过程中产生情绪问题,甚至经常会为一些小事发生争吵与冲突,一些游戏参与者还会动手打架。鉴于此,教师要果断制止争吵,以防事态扩大,同时注意正确处理事情的矛盾,使游戏重新进行。

最后要注意的是,游戏结束时,教师要用简练的语言,对游戏的情况进行总结,对胜者进行表扬,对败者给予鼓励,对游戏出现的不良现象要进行批评教育,以利于下次活动的开展。

三、体育竞赛活动的组织与实施

生命在于运动。体育竞赛可以调动学生参与运动的积极性,增强学生的团队协作能力。因此,为鼓励学生在课余时间多参加体育运动,促进学生全面发展,可以开展一些体育竞赛活动,使学生在竞赛的过程中不知不觉投入活动中。

1. 组织形式

体育竞赛活动的形式多样,各种各样的体育竞赛活动不但可以充分展示学生的风采,增强学生的体质,还可以激发学生的活力,张扬学生的个性。具体来说,组织体育竞赛活动,可以采用以下几种形式。

(1)运动会。

运动会是学校体育竞赛中规模最大的活动。这种比赛的形式一般是多个运动项目在同一时间进行,且形式较复杂。竞赛的结果是从学生个人和团体两个角度评比。这样的竞赛活动,让不同层次的大多数学生都获得展示自己的机会,不但能促进学生的锻炼,还能培养学生的集体荣誉感。

"双减"背景下学生综合素养活动的设计与实施

"双减"落地以来,为了提升校园的活动力度,某校持续推进综合素质活动,发展体育竞赛活动,培养学生的运动兴趣,强化学生的体育锻炼,助力学生德、智、体、美、劳全面发展。运动场上,跑步运动员冲过终点线的身影,接力运动员满怀期待传递的接力棒,跳高运动员纵身一跃冲击标志杆的高度……这些都体现了学生朝气蓬勃,永不言败的风采。没有了学习的压力,他们能够轻松地面对运动会,专注于运动,展示自己的风采,参与志愿行动,将热情、关爱传递给同学,收获辛苦后的充实与快乐。

组织运动会时,可以在内容和形式上加以创新,以激发学生的活动兴趣,从而促进学生主动参与运动,提升综合素质。

激动人心的轮胎跨越接力、扣人心弦的独轮车障碍赛、律动欢快的仰卧推起成桥……上海江路小学的操场上一片欢声笑语,学生们在教师的带领下正进行着一场超级运动会。本次根据运动难易程度,设置了20个不同的比赛项目,各种活动令人耳目一新。百名学生集体表演的排球操气势恢宏,在欢快的旋律中,排球上下翻飞;学校特色项目独轮车障碍赛,小选手们技术高超,驾轻就熟,跨越一道道障碍;团队合作项目搬运轮胎,紧张激烈,助威声不绝于耳……秋日操场上,一个个运动的身影,绽放着最美的光华。

上述案例就是"双减"政策下,运动会的创新设计。这样的创新设计,不但增强了学生体质,促进了学生全面发展,而且将创新的理念贯注到学生心中,培养其创新意识,使之对运动保持持久的兴趣。

(2) 单项运动竞赛。

这种竞赛是只进行一个项目的比赛,比如田径中的100米、越野跑球类中的足球比赛、篮球比赛等。这是一种相对比较好组织且简单的竞赛活动。

为更好地落实"双减"政策,提高学生的身体素质,促进学生全面健康成长,弘扬体育运动精神,提高校园运动水平,某实验小学在课余时间先后组织了校园足球、篮球、乒乓球等班级联赛。在足球竞赛场上,四年级组首先揭开了第一场比赛的帷幕。赛场上,红蓝双方队员奋力拼搏,互不相让。闪躲、铲球、抢断、补救,沉着冷静的临门一脚……赢得观战同学们的阵阵掌声。小球员们激情四射,奋力拼搏;啦啦队则为球员们呐喊助威,掀起阵阵比赛高潮。活动充分展示出学生顽强拼搏、团结进取的优良品质和积极向上的精神风貌。

(3)单项娱乐性比赛。

这种比赛通常是师生自创的、民间流传的以及学生喜闻乐见的体育比赛,诸如踢毽子、跳绳、跳皮筋、拔河等。这种比赛不受场地、器材的限制,对技能要求不高,因此比赛的内容、规则可以由学校、教师自定。学生参与活动的人数相对比较多,因此可以充分发挥学生的想象力,调动学生参赛和锻炼的积极性。

"双减"落地,体育先行,拔河比赛,扣人心弦,团队协作,奋勇争先。某中学八年级为了丰富"双减"后学生的课余生活,组织了紧张激烈的拔河比赛。活动以班级为单位,男女各9队,共18支队伍参赛,所有比赛实行淘汰晋级制方式。一根长绳,两方对阵。摩肩接踵,凝聚力量。哨声一起,齐心协力。胜负不分,誓不放手。

2. 实施要点

体育竞赛是学校体育文化发展的主要载体,不仅能起到增进健康、增强体质的作用,更重要的是在体育运动中所崇尚的一种公平竞争、团结协作的道德风尚,一种尊重自己、尊重他人、自强不息的道德品质,一种促进相互交流、相互协作的精神。因此,"双减"后利用多种形式组织体育竞赛活动,对培养学生的综合素质可以发挥很重要的作用。为此,在实施不同类型的体育竞赛活动时,要注意以下几个要点。

(1)制订周全的计划。

良好的计划是确保成功的前提。在实施体育竞赛活动之前,制订相应的计划是第一步。计划中要包括竞赛的目的、时间、地点、参加人员、竞赛规则等。

跳皮筋比赛实施方案

一、活动目的

为丰富学生的大课间活动,加强各班之间的交流,提高学生的身体素质和预防疾病的能力,培养学生的兴趣和爱好,增强班级的凝聚力,培养学生团结协作的精神,举行本次跳绳比赛。

二、活动口号

跳出健康,跳出快乐。

三、活动时间

2022年5月7日。

四、活动地点

学校操场。

五、参赛人员

1—6年级个人速度跳,全班同学。

六、裁判安排

各班班主任。

七、比赛规则

1分钟的时间内,记录单人跳绳次数。跳绳过程中可以停顿,以1分钟结束时的总次数为个人最后成绩。按照最新《学生体质健康测试标准》来评分。

八、其他有关事项

1. 各班班主任请在课余时间指导、督促学生练习,以真正体现"阳光体育"活动的目的。

2. 要求每个班级全员参战,如有伤病需出具医疗证明。

3. 请参加比赛的团队(班级)赛前充分做好准备运动,指导学生活动关节,

专题二 体育活动设计与实施

避免出现事故。

4. 按时到达比赛场地,听从裁判员指挥,未按时到场班级(组)视为自动弃权。

5. 未尽事宜,另行通知。

从上述案例可以看出,为了激励学生积极参与,还可以在方案中设计相应的活动口号,同时要将一些补充事宜放在最后,以达到应对突发状况的目的。

(2)要着眼于广大学生。

"双减"政策下实施竞赛活动,旨在鼓励学生参加活动,培养学生综合素养,因此应着眼于广大学生,立足于鼓励,促进更多的学生真正参与竞赛,真正发挥学校课余运动竞赛对学校体育教学、体育锻炼、运动训练的推动作用。为此在制定竞赛规程的比赛内容、参加人数、比赛办法、计分办法、比赛规则等方面要体现出这一点。

(3)要将计划提前下达。

竞赛的目的是促进学生锻炼,因此竞赛规程应在赛前几周,甚至更早发给参赛单位,以便充分做好赛前准备,激励学生锻炼身体。

四、民族体育活动的组织与实施

所谓民族体育活动,是指各民族保留各自的传统体育项目和活动方式,比如汉族的武术、气功,蒙古族的射箭,朝鲜族的打秋千,等等。民族体育活动作为一种民族特色的体育活动,不但可以促使学生强身健体,还能促进民族情感,培养学生的爱国情怀。如何组织和实施这样的体育活动呢?

1. 组织形式

我国各民族都有自己的传统体育活动,少数民族传统体育历史悠久、源远流长,具有十分鲜明的特点和丰富多彩的形式。要组织民族体育活动,就要注意根

"双减"背景下学生综合素养活动的设计与实施

据学生的年龄特点,选择适宜的民族体育项目,制作适宜的民族体育器械,注意研究游戏化的组织方法,丰富民族体育的内容和形式,提升运动的趣味性,还要注意充分调动教师组织的积极性和学生参与的兴趣,从而保证体育活动的质量。

(1) 大课间体育活动。

民族体育活动的实施,首先要注意利用大课间时间,选择学生熟悉的项目,充分挖掘生活中的材料资源,科学组织体育活动。比如,大课间组织集体武术操练;具备条件的学校,学生可以按小团体进行荡秋千、打陀螺、摔跤的游戏;等等。

贵州省民族博物馆杨老师将民族体育活动融入校园大课间,全校师生积极参与。学校先后组织了"押加""板鞋""高脚""板羽球"等传统体育活动,学生充分感受到民族体育的魅力和乐趣,其团结拼搏精神得到提升。哈尔滨市南岗中小学将抖空竹、竹竿舞、腰鼓操、毽球、旱地龙舟、跳皮筋等民间和民族体育活动进行创新改编,使之成为学生的课间操活动,形成了因人而设、百花齐放的新型活动内容。

需要注意的是,将民族体育活动融入大课间,需要在形式上进行创新以调动学生参与的积极性,比如将拔河进行改编,使之成为藏式拔河,由多人变成两人,由手抓绳索变成脖子上套上同一根长绸布。这样的改编更能激发学生的好奇心和参与的兴趣。

(2) 体育竞赛。

除了利用大课间时间进行民族体育活动,还可以竞赛的形式组织民族体育活动。一方面可以依据本地区实际情况,组织相应的民族体育活动;另一方面可以结合季节,组织相应的体育活动。

板鞋是广西少数民族的一项体育活动。南宁市各学校将这一民族体育活动带进了体育竞赛,让其在运动会上亮相。运动场上,30米三人板鞋竞速展开激烈

专题二 体育活动设计与实施

的角逐,开始的指令一发出,队员们似一支蓄势待发的箭,三个人步伐整齐划一,快速前进。三人板鞋注重队员间的协调和默契,体现了同心协力、拼搏进取的时代精神。

2. 实施要点

民族体育活动作为我国优秀的民族文化遗产,所表现出来的趣味性、健身性和娱乐性等特点,符合少年儿童的身心发展规律,符合综合素质培养的目标,对于促进学生身心健康和增强体质起到了良好的作用。"双减"背景下,如何让这一体育活动更好地发挥作用呢?在实施时,要注意以下几点。

(1)综合考虑,科学使用。

要组织民族体育活动,需要考虑学生和学校的实际情况。一方面,要根据学生的需要,按照学生的能力,结合学校的空间、学生的人数,设置相应的民族体育项目,比如人多就可以组织武术,人少就可以组织打羽毛球等,另一方面在开展时,要按一定的时间轮换,给学生增添内容上的调味剂,消除学生的厌倦感。另外,还要针对运动器材和场地等情况,不同水平的学生分时间段开展活动,给学生自主选择的权利,增加活动的乐趣。

(2)适应班级特点,形成班级特色。

在组织民族体育活动时,还要注意研究学生的身体发展现状,及时掌握班级动向,选择适合的体育项目。对于学生更活泼、个性更突出的班级,可以为其选择更具挑战性的民族体育项目,比如高跷、踢球、柔力太极球、呼啦圈接力等,让其通过学习来体验成功的快乐。对于一些缺乏凝聚力、比较松散的班级,可以选择集体项目,比如拔河、双人三脚架、跳绳、大板鞋等,以满足团体发展的需要,使学生在团队协作的实践中体验团结的力量。对于班风比较沉闷、对体育学习缺少热情的班级,则可以选择更轻松易学的项目,比如袋鼠跳跃和拔河比赛,让学生在运动中放松自己,增强对运动的信心。对于一些学生的身体素质较差、对体育活动失去信心的班级，可以选择一些有利于身体素质发展的项目，尤其是培养耐力素质的项目，如滚铁环、风车接力、放风筝等，以提高学生的身体素质，并让他们在大课间活动中选择属于自己的个人空间。

在这一过程中，体育教师要加强对学生的指导，班主任要给予相应的帮助，为学生创造一个宽松有序的体育活动空间，从而使民族体育运动开展得更加顺利。

（3）创新改进，确保安全。

民间传统体育运动在历史演进过程中不断发展，在实践中不断创新和完善。因此，在组织民族体育活动时，必须与学生的游戏、生活、语言、情感、审美等教育相结合，要满足学生学习的需要，符合学生的身心规律，要注意在活动中培养学生的兴趣，发展学生的运动技能。

首先，要注意排除民间传统体育运动的不安全因素，改进不卫生材料。比如传统的民间摔跤运动缺乏必要的大型集体活动防护措施，存在较大的安全隐患，可以将其改为"斗鸡"，这样能使学生更积极地参与。蹴球作为一项复杂的全身运动项目，技术含量相当高，但考虑到其存在危险性，在活动时就要由专门的体育教师负责组织。

其次，为了让民族体育项目既保持传统的民间风俗，又使学生体验到体育活动的趣味性、可操作性和科学性，就要根据学生的需要和生理发展水平，对一些项目进行调整及改进，比如将抖空竹项目改成"悠悠球"。

专题三
艺术活动设计与实施

  艺术教育作为核心素养培养的一种实施手段,在实现学生的全面发展中起着不可替代的作用。它不仅可以提高学生道德水准,陶冶高尚情操,促进智力和身心健康发展,而且可以提高学生的审美观念,提高学生的思想道德素质和科学文化素质。"双减"政策下,组织与实施艺术活动,理应成为培养学生综合素养的重要途径。

主题 1
艺术活动及其影响

艺术是人类文明的重要组成部分,在人们日常生活和学习中扮演着必不可少的角色。艺术活动作为一门综合性的活动,继承和发扬了中华民族的传统文化,促进了学生艺术能力的发展和人文素养的提高,对学生综合素养的培养具有重要意义。

一、了解艺术活动

什么是艺术活动?它起源于什么?有着哪些类型和特点呢?在组织和实施艺术活动之前,我们先来了解艺术活动,认识艺术活动的类型和特点。

1. 艺术与艺术活动

要了解艺术活动,先要了解何为艺术。关于艺术的定义,可谓众说纷纭,主要有模仿说、游戏说、表现说、巫术说、多元决定论以及劳动说六种。无论哪一种说法,其实都反映了人类内心的一种渴望,一种倾诉和表达的愿望,是人类在漫长的历史进程中产生的。因此,艺术其实就是用形象来反映现实,但是比现实有典型性的社会意识形态,是语言的重要补充方法。如同我们在讲话时会用声音的大小表达情绪,大声代表生气或希望引起注意;用哭笑表达情感,笑声代表开心,哭声代表悲伤;用动作表达心情,如手舞足蹈表达开心,来回踱步代表焦急,等等。所以,每件艺术品都应该有其独特的诉求,这种诉求就是艺术的生命

专题三 艺术活动设计与实施

力,这种生命力的形成,就需要通过艺术活动表达出来。

由此推之,艺术活动就是人类为了表达内心的情感、愿望,在长期的发展中不断做出的某种或多种活动,比如出于追求美、交流的需要,人类开始在石、木等自然物上刻画图案,开始放声歌唱,开始纵情跳舞……这些最初的简单、朴素的表达,随着人类社会的发展,就演变成某种活动,进而形成了艺术活动。简言之,艺术活动就是艺术创作和艺术欣赏活动。

2. 艺术活动的类型

从生产劳动中孕育出来的艺术,随着人类文明的发展,其形态也在发生着变化,这就决定了人类的艺术活动的类型也越来越多。基于不同的角度,人类的艺术活动主要包括以下几种分类方法。

(1)依据艺术形态的存在方式。

依据艺术形态的存在方式,艺术活动可分为空间艺术、时间艺术和时空艺术。空间艺术包括绘画、雕塑、工艺美术、摄影艺术、建筑艺术和园林艺术等;时间艺术包括音乐、文学、曲艺等;时空艺术包括戏剧艺术、影视艺术、舞蹈艺术以及新兴的电子游戏艺术等。

(2)依据艺术形态的感知方式。

依据艺术形态的感知方式,艺术活动可以分为视觉艺术、听觉艺术、视听艺术和想象艺术四种类型。视觉艺术包括绘画、雕塑、工艺美术、摄影艺术、舞蹈、杂技、建筑艺术和园林艺术等;听觉艺术包括音乐、曲艺等;视听艺术包括戏剧、电影和电视剧等;想象艺术主要指文学,因为文学的形象内容是以书面或口头语言为媒介,通过想象而呈现于头脑中的。

(3)依据艺术形态的创造方式。

依据艺术形态的创造方式,艺术活动可分为造型艺术、表演艺术、语言艺术和综合艺术四种类型。造型艺术包括绘画、雕塑、工艺美术、摄影艺术、建筑艺术和园林艺术等；表演艺术包括音乐、舞蹈、戏剧、曲艺和杂技等；语言艺术包括文学的各种样式；综合艺术包括电影和电视剧等。

3. 艺术活动的特点

作为一种特殊的社会意识形态，艺术对人的影响，是通过艺术创造—艺术作品—艺术欣赏这样一个活动过程实现的。这一过程实际上就是艺术活动。由此可见，艺术活动对人的影响，从人的精神面貌和思想感情，直到生活的诸多方面。这就使得艺术活动表现出其独有的特点。

（1）形象性和主体性。

形象，即审美形象，广义上包括审美的情境和意境。所谓形象性，是指任何艺术作品都必须是生动、具体且有一定观赏价值的艺术形象。艺术形象是艺术家对社会生活进行审美认识并按照美的规律进行审美创造的结果，同时又是观众的审美对象。艺术家用艺术表象来表达内心的情感和思想观点，因此不同类型的艺术活动，其塑造的形象各具特色，但其最终的核心都是形象性，即都是通过塑造生动的形象来表现情感、思想。比如，绘画、雕塑、摄影、书法等造型艺术，是通过塑造视觉形象来表达情感或思想；音乐这种艺术活动，是通过塑造听觉形象来表达情感或思想；戏剧、影视这些表演艺术活动，是通过塑造综合形象表达情感或思想；语言艺术则是通过塑造不能直接感受到的文学形象等来表达情感或思想。

同时，艺术作为一种特殊的社会意识形态，其生产属于一种特殊的精神生产，这就决定了艺术形象必然具有主体性特征。正所谓艺术源于现实生活并反映现实生活，因此艺术形象融入了作者乃至欣赏者的思想感情，体现出十分鲜明的创造性和创新性。所以，主体性也就成为艺术美的基本特征之一，不但体现在艺术创作上，而且体现在艺术欣赏中。

看过画家罗中立的油画《父亲》的人，无不被画面中的人物形象打动。因

专题三 艺术活动设计与实施

为画家采用写实主义的手法，塑造了一个典型的四川农民形象。这个人物形象是如此鲜活，他端着半碗茶水，其身上贫穷、苦难和劳动的创伤被放大了，正用憨厚的目光注视着每一个看着他的人。这个大巴山农民形象是如此富有个性，将用自己的艰辛劳动养育着千千万万儿女的中国父辈的形象高度浓缩出来。人们站在这幅油画前，内心会不由自主地产生强烈的心灵震撼，除了因为画家塑造的形象逼真、形象，还在于画家将自己十年大巴山插队生活的情感融入其中，将自己对中国农民的同情、关注与深厚的感情渗透在其中。

(2) 审美性和情感性。

所谓审美，即对美的欣赏。美是客观对象的某种价值或吸引力，是一种愉悦的东西，包含或体现着社会生活的本质规律，可以引起人们特定情感反映的具体形象。艺术作为人类精神文化的一种特殊形态，其所体现的艺术美，是将人类的审美意识物质形态化，以客观存在的现实美的具体形象反映出来，这个具体形象就是艺术家创造性劳动的产物。可以说，一个能打动受众的艺术形象，不但体现着艺术家的审美与意识，还寄托着受众的情感或思想，因此才能唤起受众的情感共鸣。从这一角度来看，艺术活动体现了一种审美倾向，具有审美性。

所谓情感性，是指艺术作品中的审美情感，这是一种不存在功利性的具有人类普遍性的情感，是在艺术活动动机的生成、创造与接受过程中存在的重要的心理因素，因此它是艺术创作的基本元素之一。一项艺术活动，不但包含着群体或个体的认知因素，反映着客观的、理智的情感，同时也体现着某种感性的、抽象的情感，因此艺术活动具有情感性。

鲁迅的作品《阿Q正传》中的阿Q这一艺术形象的塑造，本身就寄托着审美性和情感性。对这个游手好闲、好吃懒做的无业游民，人们会滋生出厌恶的情感，同时还会夹杂着一种可怜、可悲的情感。由此可以感受到，作者在塑造这个人物形象时同样也是怀着"哀其不幸，怒其不争"的情感，这是对当时的国民的怜悯、同情和痛恨。而作为一个艺术形象，阿Q的身上也体现了作者的一种艺术的审美，即一种对特定形象的审美倾向。

二、艺术活动的影响

在众多的教育中，艺术教育对中小学生具有无可比拟的优势，不但能进一步促进学生智力的发展，提高学生对情感的感受和体验能力，陶冶学生的情操，提高学生的文化修养，促进学生思维能力的提高，而且可以培养学生的审美素养。

1. 开发智力

艺术活动综合了多种类型的活动特点，调动了人身体上的每一个器官，通过提供新颖独特的材料和丰富多彩的信息，创设开放有趣的活动情境，充分调动学生的好奇心，使学生能够尽情地、自由地参与到各种艺术活动中去，通过语言、肢体、表情等来表达自己内心的情感。在此过程中，学生无穷无尽的想象力和创造力被激发出来。

同时，中小学生，尤其是小学生，其思维正处于发展阶段，注意力集中的时间比较短，但反应灵活，思维敏捷，模仿能力强，想象力丰富，动手能力强。在艺术活动中，借助于艺术与生活、艺术与情感、艺术与文化，以及艺术与科技的广泛联系，其视觉、听觉、嗅觉、触觉等多种感官得以相互沟通和转换，思维受到启发，于是单一的思维方式就向多角度、多层次、多结构的方向灵活转变，智力也相应地得到了开发。

2. 养成良好的品德

艺术活动是培养良好品德的一个重要手段，它能使学生在轻松、愉快的环境中通过身体的每一个部分、每一个器官来表达自己的情感和想法，养成活泼开朗、善于表达的性格，形成团结合作、热情诚恳的品德。在艺术活动中，学生亲

专题三　艺术活动设计与实施

身体验到了祖国文化和传统文化在艺术课程中带给他们的自豪感与归属感，并潜移默化地领略到了祖国博大精深的优秀文化，激发了他们的民族认同感与爱国情怀。

不管哪一种艺术活动，都需要学生付出很大的努力和很长时间的坚持才能完成，于是在活动的过程中，学生会在不经意间收获惊喜，在不经意间获得新奇的血液，使注意力得以保持，从而在快乐轻松的学习氛围中懂得自信、自强，培养积极乐观、不怕挫折、不轻言放弃的精神品德。

3. 培养创新的品格

中小学生不但动手能力比较强，而且有着十分强烈的表现和创造欲望。在这种强烈的创造欲望驱使下，他们喜欢在自己的世界里不断寻求和探索，而艺术活动就成为激发他们创新和实践能力的重要载体。于是，学生在艺术活动这个载体中，不断地探索和实践，其自身的艺术想象力和创造潜力被充分激发；在各种能力的互补、各种知识的联系中，其创造力得到提升，实践能力得到提高，形成敢于创新、勇于实践的精神风貌。

4. 培养审美素养

艺术活动是一种特殊的精神生产活动，对社会生活的方方面面都产生作用和影响，通过创造具有审美价值的艺术品来满足人的审美需要。在艺术活动中，艺术家是通过艺术创造来表现和传达自己的审美意识和审美理想的。而受众，即读者、观众、听众是通过艺术欣赏来获得美感，并满足自己的审美需要的。一个人如果长期受到特定艺术形式规范的熏陶，他的艺术感知方式、审美趣味和审美观念就会深受影响。

于中小学生而言，审美素养主要包括对高雅艺术的兴趣、欣赏和理解经典艺术品的审美能力，以及有品位的审美趣味。审美能力本身就是一种创造力，

▶▶▶▶▶▶ "双减"背景下学生综合素养活动的设计与实施

高雅的生活情趣、超越私欲的宽阔胸怀和超越世俗的精神气质,都需要通过从事艺术活动养成人文素养,是学生道德成长的坚实基础。因此,当中小学生从事艺术活动,欣赏优秀的艺术作品时,可以从中获得美的感悟,在欣赏美的同时,学会判断美。如此一来,日积月累,学生在长期接触艺术作品、参与艺术创作的过程中,积累了较多的审美经验,其审美能力自然逐渐得到提升,创造性知觉和想象能力得到提升,发展把握世界的能力,在成为趣味高雅、气质优良的人的同时,将自己积累的审美经验用于工作或生活中,就能够创造性地工作和生活。

一个学生长期学习绘画,在学习的过程中了解了西洋绘画和中国山水画的不同,前者讲究比例和透视,后者注重笔墨和构图,并认识到这两种差异存在的主要原因在于东西方人不同的宇宙观和人生观。当学生把握了艺术文化传统的这一核心时,他在鉴赏中国画的时候,就能在观赏山水时按照中国山水画的笔墨和构图"裁剪"景色。当面对东西方人画作中的月亮时,他就会明白前者更多的是表达了思乡、悲秋等情结,而后者则不存在这种情感。他就能将这种由艺术活动中形成的审美经验用于工作和生活中,比如工作中作品的设计、生活中家庭的装饰等,甚至可以影响到对个人的物品和衣着的审美。

因此,不同的艺术活动对人的感知方式的塑造不同,一旦学生通过艺术活动培养了这种功能,那么就可以在优秀艺术品长期的熏陶中塑造感知方式,进而受到心灵感染。这就是艺术活动的内在育人机制,这就是艺术活动"以美育人,以美化人,以美培人"的深刻含义。

三、艺术活动的组织前提

艺术活动对学生的生活、情感、文化素养和科学认识等方面的影响是无法替代的。它不但可以培养学生的各种能力,如创新、开拓和艺术审美等多种能力,而且对学生的全面发展以及素质教育有着非常重要的作用。这就要求在组织艺术活动时,要注意以下几点。

1. 要注重学生在活动中的情感体验

艺术活动一定要让学生在其中获得情感体验,展开想象,要让学生通过情感体验,进入艺术作品,获得审美经验,逐步发展审美能力,并获得情感熏陶,进而让优秀的人文基因深植于学生内心。因此,在组织活动的过程中,教师要注意发挥活动的情感作用,要注意激发学生的想象力,让他们凭借想象进行自由创造,进而激发兴趣,养成习惯。

2. 要注意精选活动内容

要发挥艺术活动的教育作用,达到塑造审美和人文素养的素质培养目标,就要在组织活动前,精选活动项目,精选活动素材,让优秀的艺术作品发挥其审美创造、传承人类文明、传播丰富深厚的文化的作用,进而使学生在欣赏这些艺术作品的同时,懂得判别艺术品的优劣,并由此学会欣赏自然之美、人文之美。

3. 要体现学生的实践

要发挥艺术作品对学生综合素养培养的作用,教师就要在组织艺术活动时,让学生能动手实践,使学生在投入艺术实践的过程中,用歌喉、乐器、身体、笔墨油彩等自由探索,发展想象力。如此一来,学生就可以在健康、丰富的个性化活动中发展创造力。

4. 给予科学的评价和激励

要使艺术活动发挥对学生的素养培养的作用,还要在组织活动前,考虑好评价方式的运用,以期让科学、合理的评价,鼓励学生在艺术鉴赏中独立观察、体会并表达自己的理解,在艺术表演和创作中表现自我、彰显个性。同时,科学的评价还能防止学生简单重复书本上的解释和模仿他人的风格。

主题 2
艺术活动的设计

艺术是人类进步,审美意识达到一定阶段的产物。它作为一种意识形态,满足了人们日益发展的审美需要。学生在各种形式的艺术活动过程中,不但获得了美的体验,还能缓解紧张的学习生活,增添活力,同时还陶冶了情操。不过,要让艺术活动实现这样的效果,需要注意科学设计艺术活动。

一、艺术活动的设计原则

审美能力本身就是一种创造力。要让艺术活动潜移默化地影响学生对美的认识,使学生在体验式活动中获得快乐和满足,使其审美在活动中得到发展,在组织艺术活动时,就要遵循相应的原则。

1. 科学性和育人性

所谓科学性,是指组织艺术活动时,无论内容、形式都要符合学生的艺术与审美心理发展规律,即活动的内容要贴近校园生活,符合学生的认知水平和心理特点。为此,在组织艺术活动时要坚持面向全体学生,坚持课内与课外、校内与校外、普及与提高相结合,要让每一位中小学生都乐于参与一种艺术活动,并在活动过程中掌握一种自己喜爱的艺术技能,获得审美体验。

所谓育人性,是指组织艺术活动要以育人为宗旨,坚持先进文化导向,体现

专题三 艺术活动设计与实施

"向真、向善、向美、向上"的校园文化特质,要借活动引导学生树立正确的审美观念,帮助学生培养健康的审美情趣,陶冶情操,提高感受美、鉴赏美、表现美、创造美的能力,促进学生全面发展。为此,在活动形式上要注意丰富多样,生动活泼,要让学生喜闻乐见,以产生良好的育人效果。

2. 实效性和时代性

开展艺术活动还要注意从实际出发,因地制宜,讲究实效,注重活动过程,坚持勤俭和量力而行,提倡开展小型、分散、灵活、多样的艺术活动,坚决反对刻意追求形式、一味讲究排场、追求流行时尚和"高规格"的倾向。要积极探索,创造具有时代特征、校园特色和学生特点的艺术活动形式,坚决遏制中小学艺术活动"成人化"、校园文化"庸俗化"等不良倾向。

3. 计划性和安全性

组织和开展艺术活动,还要注意加强统筹协调、科学部署,合理安排时间和活动项目,既要避免给学生增加过重的负担,也要避免影响正常的教学秩序或学习进度。因此,在组织学生进行艺术活动时,要在综合考虑学生的学习情况、学校的工作安排等前提下,制订科学的活动计划,赴外地参加艺术教育活动应在假期进行,不组织小学生跨区(市)、跨省参加艺术活动。

组织任何活动,安全是第一要务。为此,在组织艺术活动时,要综合考虑各方面的安全因素,确保学生的安全。校内活动,要考虑场地、设备等的安全;校外活动,要考虑气候、交通、水电、食宿、活动场所的条件。坚决杜绝组织不利于学生身心发展的艺术活动。

二、艺术活动的主题选择

要让艺术活动满足学生艺术审美需要,培养学生的艺术审美能力、文化艺

"双减"背景下学生综合素养活动的设计与实施

素养,进而塑造其健康的人格,培养其创造精神和想象力,提升其综合素质,丰富活跃其课余艺术生活,营造良好的校园文化氛围,还需要在组织艺术活动时,科学选择活动主题。

1. 紧扣工作安排

学校任何活动的设计与组织,都要以学校的具体工作安排为导向,要辅助学校的工作,不能影响学校正常的教育和教学内容。

"立德树人　书香校园"文化艺术节活动方案

一、指导思想

为进一步加强学校书香校园建设,积极营造笃学上进、健康和谐的读书氛围,激发师生读书的兴趣与热情,培养读好书、好读书的好习惯,让师生在阅读中品味经典,感悟人生,了解科学,提高素养,放飞梦想。根据文件精神及"读书节"活动要求,特制订学校读书节活动方案。

二、活动主题

"立德树人　书香校园"。

三、活动口号

"我阅读·我成长·我快乐"。

四、活动对象

全体教师、学生。

五、活动时间

2022年4月23日。

六、组织安排(略)

七、活动安排

第一阶段:宣传活动

专题三 艺术活动设计与实施

1. 学校利用集体晨会、班级专栏等宣传阵地加大读书节宣传力度。

2. 进行读书节班级文化布置，要求：形式新颖、活泼、美观、大方，内容符合本次读书节活动主题，彰显班级文化特色。积极营造良好的读书氛围，促进学生学习、读书兴趣的培养。

第二阶段：活动开展

1. 活动内容

（1）讲一节阅读指导示范课。选一名高年级语文教师主讲，全体语文教师参加听课活动。

（2）"我的读书故事"征文活动。选择"美丽邂逅"的一本书、一篇文章，将你与它碰撞产生的思想感情抒发出来，字数文体不限，3—6年级以班级为单位，每班上交2篇"我的读书故事"，于4月22日前送交读书活动节办公室，学校届时评出一、二、三等奖。

（3）办一份读书手抄报。要求全体学生积极参加以"读书"为主题的手抄报比赛，结合本年龄段学生特点，开展读书活动，选择切合主题、短小精悍的文章，可介绍读书格言，摘抄名篇名歌，抒发读书感受等，配以恰当的图画、色彩等，设计要富有创意。要求选用4K的铅画纸。语文教师要进行必要的指导，4月22日，3—6年级各班至少选送2份作品上交读书办公室参与学校评比。各班精选最少15份装订成册，准备在全校进行展示。

（4）"交一本读百本"活动。内容要求："好书都来读，我来读好书"，好书的推荐与分享会调动起更多人的阅读积极性，要求各班举办一次好书推荐会，每个学生把自己喜欢的书在读书月期间带到班级，由图书管理员统一管理，借阅交换，并在班级读书交流会上进行推荐。

（5）"书香班级"评比活动。

根据班级图书角建设，以及班级读书节文化布置评比。经典的文学巨著、大

师的博学多才、不老的精神家园……这些都是我们可以描述的对象,把自己的读书心得、感受及方法等简要地记录下来,写在读书摘抄本上或张贴在班级的一角,4月22日截止,学校将检查评出最好的班级。

(6)举办一次大型的"诵读经典,营造书香校园"主题诵读比赛。时间4月23日,内容不限。

2.具体实施(4月20—24日)

(1)读书月活动启动仪式(4月20日)。

(2)阅读指导示范课教学活动(4月21日)。

(3)"我的读书故事"征文大赛(4月22日)。

(4)办一份读书手抄报(4月22日)。

(5)"交一本读百本"活动(4月22日)。

(6)"书香班级"评比活动(4月23日)。

(7)举办一次大型"诵读经典,营造书香校园"主题诵读比赛(4月24日)。

第三阶段:活动总结

1.评选"读书小明星""书香班级",进行读书成果评比表彰。

2.各班整理、上交本次读书节相关资料。

3.撰写本次读书节活动总结。

在活动设计上可以依据学校或班级的学期工作内容设计主题。比如,学校开展"创建书香校园"活动,那么就可以据此设计一系列以"展示书香校园,营造艺术空间"为主题的艺术节活动,如课本剧的表演、诗歌朗诵、手抄报设计、舞蹈表演等。又如,配合学校的德育教育,设计"立德树人 书香校园"文化艺术节活动,如上文所示的案例。

专题三 艺术活动设计与实施

2. 以节日为中心

节日是艺术活动主题选择的重要节点。一年四季，两个学期，不同的节日，都可以科学安排艺术活动。要注意的是，活动的规模和时间、地点要因节日而变化，比如可以结合雷锋日、妇女节、清明节、劳动节、儿童节、重阳节、中秋节、元旦等节日设计相应的主题艺术活动。

三、艺术活动的组织形式

艺术活动的形式可以从设计形式和组织形式两个角度划分。其中，设计形式依据学生的四种基本艺术能力的发展情况，以学生的感知体验为起点，分为视觉艺术、形体艺术、听觉艺术和综合表现探索四种艺术形式。组织形式基于设计形式，可以采取多种多样的类型，其中基本的组织形式有集体、兴趣小组和个人三种。下面，我们重点来介绍这三种基本的组织形式。

1. 集体形式

以集体形式组织的艺术活动，是组织多数或全体学生参加的一种带有普及性质的活动。这一艺术活动通常按活动涉及的范围，可以分为全校性、全班性，或校际性、班际性的形式。参加活动的具体人数可以根据活动的目的、内容而定。这种形式的艺术活动，对应着艺术活动的设计形式，可以分为以听觉艺术为主的合唱活动，以视觉艺术为主的集体美术作品创作活动，以形体艺术为主的体操或集体舞蹈活动，以综合表现探索为主的集体设计、戏剧表演、展览参观、游艺活动等。

为大力推动中华优秀传统文化在学校的普及和传播，提高学生的艺术修养和文化素质，丰富学生的课余文化生活，2021年10月18日下午，驻马店市第二初级中学邀请了市开发区圆梦艺术团的演艺家们来到学校，为本校师生带来了一场戏剧艺术的盛宴。艺术家优美的舞姿博得同学们的阵阵掌声和欢呼声。艺术家们以身示范,让学生观看了不同行当的表演技巧和艺术风格,激发了学生对传统戏曲的学习兴趣。

这种形式组织的艺术活动,可以在较短的时间内使较多的学生受到教育,对活跃学校艺术生活有较大的帮助。

2. 兴趣小组形式

兴趣小组形式也是学校艺术活动的重要组织形式,尤其是"双减"背景下,这种组织形式的艺术活动,不但能引导学生科学安排课余时间,还能更好地激发学生的学习热情,对学生进行综合素养的培养。

不同于集体形式的艺术活动,兴趣小组形式的艺术活动,会对人数加以限制,在学生自愿参加的前提下开展。这种兴趣小组的活动,也可以从两个角度进行划分。一种是依据活动的主题,可以将同一类型的设计活动细分为很多种,比如以视觉为主的美术活动,可以分为"漫画小组""藏书票小组""剪纸小组"等,根据学科表现形式,可以分为"合唱队""舞蹈队""影视艺术研究小组"等。

无论哪种类型的艺术活动兴趣小组,都需要学生依据其年龄、兴趣点和基础科学进行选择。当然,学生可以参考教师的意见,而在组织这些兴趣小组的活动时,教师还要在既定目标的指引下,依据学生的实际情况制订科学的计划,定期举行。除此之外,教师还可以在兴趣小组的形式上,定期举办展览、比赛、交流等形式的艺术活动。

为进一步落实"五育并举,劳育为本"的精神,激发少先队员对手工制作的兴趣,提高少先队员的动手能力和创造能力,懂得用自己的双手美化生活,2021年1月4—13日,成都市龙泉驿区柏合学校(小学部)开展了手工剪纸创意比赛。学生们尽情发挥自己的想象,凭借自己的智慧,通过折、画、剪、贴等手法，一个个精巧的构想，一份份新颖的创意，一幅幅精美的图案跃然纸上。

案例中这样的艺术活动比赛，可以让学生在"玩"中学习，在"玩"中动脑，提高了学生动手动脑的能力。学生在参与比赛的过程中，不但收获了成功，感受到中国剪纸的艺术魅力，而且丰富了课余生活，真正感受到劳动之美、艺术之美。

3. 个体形式

个体形式的艺术活动，就是强调活动中学生以个体的形式参与，因此可以从两个层面来划分，一个是课外艺术书籍与图像的阅读活动，另一个是艺术表现创作活动。

课外艺术书籍与图像的阅读活动，属于特别重要的课外艺术学习环节。这一艺术活动形式可以开阔学生眼界，增加学生的艺术知识，丰富学生艺术学习的内容，提高学生艺术学习的兴趣。

某小学举办了"爱我祖国，爱我中华"师生书画作品汇报展活动。活动中，学生们逐一观赏书画作品：从连绵的奇山险峰到清新淡雅的荷塘景色，再到栩栩如生的人物形象；从端庄大气的隶书到行云流水的行书，再到飞扬飘逸的草书，挥洒的豪情，遒劲的笔力，让学生们沉浸在书画艺术的海洋之中。他们或凝神细视，或低声交流，对于喜爱的作品反复品味，不时发出由衷的赞叹。

案例中的艺术活动就是以引导学生观展的形式出现的。这样的课外艺术图像欣赏活动，让学生感受到了书画的意境和情趣，领略到中国书画文化的魅力，给学生带来美的享受和心灵的熏陶。需要注意的是，这一艺术活动形式需要专业的艺术教师的引导和帮助。学生在教师的指导下，利用课余时间去阅读和查寻与单元课题有关的书籍和图像资源，比如在学习某一绘画或音乐知识时，查阅与此相关的艺术家的创作生活及经历，以补充课堂学习的知识。

▶▶▶▶▶▶ "双减"背景下学生综合素养活动的设计与实施

艺术表现创作活动属于课堂延伸到家庭作业式的活动。这一活动形式能让学生在某一方面的能力得到提高,提高学生对艺术学习的兴趣。相对于前一种活动形式,这种形式的艺术活动,需要学生花费大量的时间,进行比较长时间的训练。因此,要组织这样的艺术活动,需要制订科学的计划,以便于按计划、适时适量地指导学生进行活动。

主题 3

艺术活动的组织与实施

美育是培养学生审美观和感受美、鉴赏美、创造美的能力的教育。美育以直观形象感人，寓情于理，以情动人，陶冶人的高尚情操，提高人的审美能力，培养高尚人格。科学地组织和实施不同形式的艺术活动，可以让学生感受美、欣赏美，进而学会创造美。

一、表演类活动的组织与实施

表演艺术是由表演艺术家完成的直接诉诸人的视觉、听觉的艺术种类。在学校的艺术活动中，表演类艺术活动是比较常见的组织形式。它在组织形式上常分为歌唱、舞蹈、戏剧、乐器演奏等形式，有时会将多种形式综合起来。

1. 组织形式

表演类艺术活动，基于"演"这一核心，或是以听觉为主的合唱或独唱，以视觉为主的书画表演，以及以综合表现探索为主的戏剧表演、歌舞表演等，或是某一单项活动，如小合唱、集体舞等表演。具体形式如下。

（1）声乐和器乐活动。

艺术活动中，声乐是容易被人接受的艺术表现形式，也是学生最喜欢的一种表现形式。声乐表演是以听觉为主的表演类活动，其中合唱作为声乐的一种艺术形式，是中小学音乐课内与课外活动中的重要内容，它可以促进学生的智力与非智力的发展。合唱包括大合唱、小合唱等。大合唱的人数不限，小合唱的人数原则上不超过15人。

器乐是指各种弦乐器、木管乐器、铜管乐器和打击乐器的表演。器乐表演，也称器乐演奏，是指包括独奏、合奏、齐奏等在内的乐器演奏活动。一人演奏一件乐器，称独奏，如手风琴独奏、钢琴独奏等。合奏包括小合奏、民乐合奏、弦乐合奏、管乐合奏、管弦乐合奏等多种类型。由两个或两个以上演奏者，用相同的乐器，按同度或八度音程关系同时演奏同一曲调，称齐奏，如二胡齐奏、小提琴齐奏等。

为活跃和丰富校园文化生活，提高学生艺术表现力、创造力和审美能力，促进学生全面发展和校园和谐发展，某校举办了以"歌唱幸福生活，争做阳光少年"为主题的合唱比赛。一首首健康向上、积极进取、热情洋溢的校园爱国歌曲在校园内久久回荡，充分展示了同学们热爱校园、热爱生活的情感，表达了同学们用歌声装点生活，用歌声点亮希望，用歌声唱响心中的梦想的愿望。活动现场气氛热烈，高潮迭起。齐唱、领唱或伴舞唱，形式多样，精彩纷呈！歌声或甜美，或悠扬，或铿锵激昂。同学们表情丰富，动作到位。同学们的笑容是那么灿烂，神情是那么投入。

这样的活动，不仅丰富了学生的课余生活，展现了校园文化风采，培养了学生团结合作的精神，还对"双减"背景下学生全面发展产生了积极作用，更有效地推动了学校艺术教育的发展，培养了学生对音乐的兴趣，更好地提高了学生的演唱水平，增强了学生欣赏美、展示美、创造美的能力。

(2) 舞蹈和戏剧表演。

舞蹈拥有着几千年的悠久历史和灿烂文化，具有极大的文化传承价值。舞蹈表演让学习者通过对舞蹈的认知与学习丰富文化生活，在了解舞蹈艺术文化、接

专题三　艺术活动设计与实施

受文化熏陶的同时，也能使艺术修养与精神境界得到提高。艺术活动中，舞蹈艺术活动的组织有利于学生综合素质的发展。舞蹈表演艺术包括独舞、双人舞、三人舞、群舞、组舞、舞剧等。

艺术是审美教育的重要手段。在所有的艺术门类中，戏剧兼容了文学、音乐、舞蹈、绘画等艺术元素和服装、化妆、道具、灯光、音响等辅助技术，具有极高的综合性，因此在审美教育方面戏剧可谓价值最高，功能最强，成为学校艺术活动中最为常见的活动形式。一般来说，学校的戏剧艺术表演活动包括课本剧、校园剧等，并由此衍生出相关的社团。

为了营造良好的班级书香氛围，某小学二（9）班利用课余时间开展了课本剧表演活动。同学们化身为课本中的人物，演绎出别有一番韵味的"经典名篇"，一场场"童趣"版剧目精彩"上映"。同学们积极地利用课余时间对这些故事进行课外延伸和编排，在教师的精心指导下，挖掘教材中的精华部分，使自己听、说、读、写的能力都得到了锻炼。在整个活动过程中，从剧本的撰写、排练时的合作，到演出时的协调，小演员们都自己一手组织和策划。可以说，这次课本剧表演，使学生无论是语文知识的把握、写作水平的提升，还是学生团队协调合作等方面，都得到了提高。学生体验到成功的快乐，更体验到课本剧表演的无穷乐趣。

（3）朗诵表演。

除了以上艺术活动形式，朗诵表演也是中小学艺术活动中比较常见的组织形式，且经常与学科教学活动相结合，比如配乐诗朗诵、经典朗诵等活动。

某小学以"诵读经典美文，弘扬传统文化"为主题，组织了诗歌朗诵活动。活动中，各位选手激情诵读，深情表白，诵读古诗词、儿童诗、经典诗歌、经典美文、国学经典等，诵读的经典美文文质兼美，一个又一个比赛节目让人赏心悦目，观众情感随着小选手的情感跌宕起伏，产生强烈的情感共鸣。学生朗读动作洒脱，情感动人，出色的朗读得到观众一次又一次如潮的掌声和叫好声。

这样的朗诵活动,提升了学生的人文修养,夯实了学生的文化功底,提高了学生的诵读水平,让学生在朗诵过程中接受经典古诗文的熏陶,接受中华传统美德潜移默化的影响和教育,营造浓厚的书香校园氛围,将古诗文教育与培养学生良好习惯、高尚情操、优秀品格的人文教育有机融合。

2. 实施要点

组织表演类艺术活动时,除了要依据活动目的采取相应的组织形式,还要注意在实施活动时的一些基本要点。

(1) 师资力量。

艺术活动不同于其他类型的活动,其具有高度的专业性,因此决定了活动实施成功的关键在于指导教师。可以说,一次艺术活动组织成功与否,指导教师起着至关重要的作用。艺术活动的指导教师人选,除了学校相关学科的教师,最好是有丰富表演经验的专业艺术人员。从声乐、器乐的演奏,到舞蹈和戏剧的编排,甚至到朗诵,无一不需要专业教师的指导。这些专业的指导教师,除了可以聘请相关人员,还可以调动家长或其他社会资源,到剧团、音乐学院等单位聘请。

(2) 相关器材。

这些器材包括表演用的音响、乐器、服装以及其他相关设备。要确保活动的顺利实施,活动前,要确保这些器材及时到位,同时在活动开始前要检查器材是否存在问题,如有问题要及时检修或临时调配。一些学校的设备不全或存在问题,就需要通过协调向兄弟学校或家长借用。

(3) 相关素材。

这里的相关素材,依据不同的表演活动,包括声乐和器乐表演的乐谱,舞蹈表演需要的动作编排,戏剧表演需要的剧本,以及朗诵表演需要的文字内容。其中,舞蹈表演需要的动作编排和戏剧表演需要的剧本,可以在教师的指导下,由具有相关特长或才能的学生完成。这样做可以锻炼学生的能力，促进学生的成长。

（4）活动环节。

要成功组织表演类艺术活动，还要注意活动的环节处理。具体来说，包括以下环节。

第一步：制订好方案或计划。

在明确表演活动的目的后，就可以制订相应的计划。计划中要明确演出时间、活动地点、参演人员、演出准备以及相关要求等。

一、活动宗旨

为充分展现同学们的风采，进一步激发同学们围绕中心，立足语文，夯实语文基础、积极进取的学习热情，特举办此次以"青春"为主题的诗歌散文朗诵会，让八年级全体同学走进文学，沐浴经典，陶冶心灵，同时通过对诗文的深刻领会与研究，使同学们的"五月风"诗歌朗诵会向更高更深的方向迈进。

二、活动主题

沐浴文学—享受青春—飞扬诗心。

三、参加对象

八年级全体同学及热爱文学、诗歌人士。

四、活动安排

（1）5月20日前以小组为单位或个人自愿报名，并将诗歌题目内容报给"五月风"书友会。

（2）活动时间：五月下旬，具体时间另行通知。

（3）活动地点：八年级教室。

五、邀请嘉宾

有关领导及热爱诗歌人士。

六、作品要求

朗诵脚本可以选用优秀经典诗词（鼓励原创作品，散文诗词亦可），时间为3—5分钟。

七、注意事项

(1) 根据诗歌内容决定上台顺序，原则上主张脱稿朗诵，亦可诵读。

(2) 作品主题鲜明突出，内容健康向上。

(3) 朗诵者要精神饱满、姿态大方，感情真挚、表达自然，能通过表情的变化反映诗歌的内涵。

(4) 朗诵熟练，声音洪亮，吐字清晰，普通话标准，能很好地把握诗歌节奏，朗诵富有韵味和表现力，产生共鸣。

上述案例是一项诗歌朗诵表演活动的方案。可以看出，方案不但包括具体的时间、活动人员、地点，还包括参加活动的素材的要求，以及活动中的具体事项。

第二步：活动准备。

在明确方案后，可以安排报名参加活动的学生进行积极的准备，教师可以给予相应的指导，以帮助学生提升能力，同时也有利于激励学生。

第三步：活动实施。

具体活动实施的过程中，教师要及时给予激励，注意活动纪律等相关要求，并在活动结束后及时予以总结和表彰。

二、展示类活动的组织与实施

展示类艺术活动，侧重于以视觉为主的活动，包括美术作品、书法作品、剪纸作品、泥塑作品、面塑作品的展示。

1. 组织形式

展示类艺术活动，是以视觉为主的艺术活动，其特定的要求决定了活动侧重于向外界展示学生的艺术创作成果。这些成果主要包括学生的美术创作、书法创作等。除此之外，学生现场绘画或书法展示，也可归入此类艺术活动。

（1）作品展示。

作品展示，是指将学生围绕某一主题完成的绘画、剪纸、书法、面塑、泥塑或陶塑等艺术作品在特定的时间、地点展示出来。

2022年北京冬奥会前夕，为营造文明祥和的迎冬奥氛围，弘扬非物质文化遗产——剪纸艺术，某校二年级开展了"剪雪花，迎冬奥"主题活动。同学们将传统剪纸与冬奥元素相结合，通过创作剪纸作品表达对冬奥会的祝福和对祖国的热爱。这些紧扣冬奥主题的作品表达了同学们对北京冬奥会、冬残奥会的祝福与期盼。

（2）创作展示。

绘画中美术学习对学生的作用，比语言还要大。绘画可以直接刺激儿童的右脑，让学生更聪明，更健康，更有活力。书法是中华民族文明发展的瑰宝，在中小学生中开展书法活动，不仅能提高学生的书写水平，还可以促进大脑发育、思维发展，培养学生智力、观察力、模仿力，对继承和发扬祖国传统文化具有十分重要的意义。为此，组织学生围绕某一主题现场创作美术作品或书法作品，不但可以调动学生的艺术学习热情，而且可以展示学生的艺术才华与能力，培养学生的信心，提升学生的综合素质。

为了学生的德智体美劳全面发展，培养学生的审美能力和动手能力，某校组织了学生现场绘画和书法临帖活动。在各位班主任的配合下，活动有序进行。参赛同学满怀激情，胸有成竹地用心创作，书法作品行款整齐、美观大方，或刚劲，或娟秀；绘画作品注重以艺术手法和创造性思维来表现学生对生活的感悟和对真善美的向往。这些作品反映了学校师生的生活情趣和朝气蓬勃、奋发向上的精神风貌。

这样的艺术活动，给学生提供了一个展示自我的平台，培养了学生的艺术创作能力，陶冶了学生的文化修养和心灵内涵，达到了美育育人的效果。

2. 实施要点

展示类艺术活动的重点在于一个"展"字，因此，确定组织形式后，在活动实施过程中，也要注意把握几个要点。

（1）有明确的主题。

展示类艺术活动，应该要基于特定目的进行组织，因此，活动实施要有明确的目的，比如为了庆贺某一活动，为了纪念某个人或事件，等等。

为了进一步丰富校园文化生活，培养学生健康的审美情趣和良好的艺术修养，提高学生的综合素质，培养学生感受美、表现美、鉴赏美和创造美的能力，加强校园文明建设，推动学校的改革和发展，提高学校的办学品位，结合学生的个体情况，为每一位学生创造终身发展的机会和培养学习方向与特长，特举办"校园书画展"。

（2）有具体的要求。

无论展示的作品，还是现场创作，必须有明确的要求，让参与活动的学生能清楚自己应怎样做，保证活动的顺利开展。比如，展示作品的尺寸、规格，现场创作的工具准备，等等。

作品要求：

1. 围绕"书画缤纷　舞动青春"这一主题进行创作。

2. 作品类型：油画、素描、剪纸、摄影、书法（毛笔或钢笔）、海报、卡通画、漫画。

3. 书法作品字体不做要求，形式以毛笔书法为主，钢笔为辅，格式不限。可以另附作品说明（如作者思想、精神）。

4. 绘画作品要求不限，海报不小于A2纸。（手绘）

5. 投稿作品必须是作者自行完成的创作,如发现有代笔者一律取消参评资格。

6. 有创意者优先选用。

(3) 有具体的环节。

展示类艺术活动,有时会涉及作品的收藏、评比,此时就需要明确活动的环节,并在各环节进行科学的组织,以保证活动的顺利开展。

1. 创作阶段:学生按规定在现场完成创作。

2. 点评阶段:由特邀的知名书法教授和美术学院教授对参赛作品进行点评。

3. 展览阶段:评选出的优秀作品先进行装裱,然后在学校的展示栏进行布局展览。

4. 赏析阶段:在展览阶段过后,学校会举行一个绘画书法交流会,并邀请知名人士对学生作品进一步进行赏析。

(4) 活动安全。

除了以上相关的活动要点,活动安全也是重要的内容。因此,在组织活动时,在方案的实施中,要体现对安全的重视。一方面要提醒参展的学生注意安全;另一方面要做好观展学生的纪律维持和管理工作,以确保展示活动的顺利实施。

三、节庆类活动的组织与实施

节庆类艺术活动,是为了纪念或庆祝举行的活动。活动多是综合类的,也有某一专项类的活动。无论何种形式,都要进行科学组织和实施,确保活动的效果。

1. 组织形式

节庆类艺术活动,依据不同的节日或庆祝目的,可以分为以下几种形式。

"双减"背景下学生综合素养活动的设计与实施

（1）艺术节活动。

艺术节是学校为在校学生提供的一个很好的学习、展示、交流特长的平台，能综合、全面地组织各项艺术活动，对于丰富校园文化、促进学生的综合素质全面发展等起到积极的作用。

某校组织了首届校园文化艺术节。学校30多位师生同台演出，绽放青春活力。活动主题是"阳光下成长"，演出节目共11个，包括舞蹈、歌伴舞、配乐诗朗诵、京剧表演、校园课本剧、音韵书画等艺术形式。节目内容紧扣时代脉搏，以丰富的精神内涵和强烈的艺术表达，热情讴歌党和祖国，尽情赞美校园生活，全面展示了新时代学生热爱祖国、努力学习、勇于开拓进取的精神风貌。这次艺术节，对提升学生的审美素养，陶冶学生的道德情操，培养学生的爱国情怀起到了积极的作用。

（2）文艺会演。

文艺会演指的是文学和艺术表演，有时指文学或表演艺术，是人们对生活的提炼、升华和表达。以文艺会演的形式组织学生进行艺术活动，让学生互相学习，交流经验，不仅能激发学生艺术学习的信心，也能激发学生学习艺术的兴趣和动力。

炫丽的舞台、婀娜的舞姿、奔放的音乐、优美的歌声，营造了热烈、欢快的艺术氛围，喜庆欢乐的气氛荡漾在校园的每个角落。某校元旦文艺会演正在校多功能厅举行。开场舞《希格希日》优雅柔美，歌舞剧青春洋溢，串烧舞动感激情，小品风趣幽默，相声富有创意。舞蹈《回到夏天》、相声《摩登青年》、合唱架子鼓《左手指月》、独唱《鹿 Be Free》、舞蹈串烧、古筝弹奏等节目，各具特色，异彩纷呈，让整台演出跌宕起伏，极具艺术性和观赏性。

文艺会演不但可以让有艺术特长的学生展示自己的才华，激发其他学生对艺术的热爱，培养其审美情趣，同时还能丰富"双减"背景下学生的校园生活，增强班级凝聚力和集体归属感。

2. 实施要点

节庆类艺术活动是综合性的文艺活动，因此在实施活动时，要注意对活动的节目、形式等提前进行策划安排，还要加强对活动进程的指导。这样的艺术活动组织要求高，难度较大，准备周期较长。具体来说，要把握以下要点。

（1）要有确定的主题和形式。

一场成功的节庆类文艺活动，首先要选出一名优秀的导演，由其对活动进行策划。导演要注意考虑活动的目的，明确活动的主题与形式。比如，迎接新年到来的"迎新春文艺晚会"，既要回顾过去一年的成绩，又要喜迎新年的到来，可以"收获""钟声""迈向辉煌"等为主题。

（2）做好各项准备工作。

在确定活动的主题和演出时间、地点后，还要积极做好一系列准备工作。具体包括以下几点。

一是运用多种形式进行宣传，扩大活动的影响，吸引学生关注并参与。

二是向学生征集节目或下达节目任务。要在认真策划活动的节目形式的同时，广泛动员和安排班级或学生准备节目。如果参加的节目较多，就要组织人员对节目进行初选，确定正式演出的节目。如果是按照节目形式下达任务，就要组织人员加强节目的准备，并随时检查和指导，确保节目质量。

三是在活动正式举行前，组织学生进行彩排，并请专业的教师进行指导，针对问题进行分析改进。

四是确定工作人员，比如舞台总监、主持人、舞台联络、灯光、音响控制、话筒保管、服装、化妆、摄影摄像、礼仪服务、领导和评委的邀请等。要在活动前进行人员培训，提出具体的工作要求。

五是精心设计、布置活动场地，要突出主题，简洁大方，有较强的创意。最后要注意的是，做好活动前场地的安全检查、设施设备的安装，并制订出安全工作预案，以便应对活动中的突发状况。

（3）做好活动现场的管理。

节庆类文艺活动，因为是综合性的活动，一般参加活动的人数比较多，因此要做好活动现场的管理。一要做好观众的组织管理；二要做好参演人员的管理；三要对演出的各个环节做好检查，确保按照预定方案演出，若遇紧急情况要灵活处理。

（4）做好活动的收尾工作。

在活动结束后，要注意做好现场清理工作，避免发生安全事故或造成安全隐患，确认观众是否完全离场、水电是否关闭、演员是否全部离场等；要对演出人员的表现进行总结，并予以表彰或奖励。

专题四
劳动活动设计与实施

　　动手是学生发展思维的体操,这正是"心灵手巧"一词背后的原理。"双减"政策下,科学组织学生参与劳动活动,不但有利于培养学生的优良品德,而且可以有效开发学生的智力,增强学生的体质,让学生体会到劳动可以创造美,进而提升其综合素质。

主题 1
劳动活动及其意义

劳动是人类为生存而做出的行动,对于个体的发展、社会的进步都有着积极的意义。组织中小学生参与多种形式的劳动活动,对学生的成长、发展,以及综合素质的提升都有着积极的意义。

一、劳动活动的意义

新时代教育强调培养全面发展的人,在此背景下,学生参与劳动活动就显得尤为重要。学生参与劳动活动,在劳动实践中培养主体意识,提高自主能力、创新能力,发展个体特长,培养良好品德,提高整体素质,培养全人素养。

1. 为学生未来发展打下基础

劳动是人类主观的、感性的活动,是个体凭借物质手段改造客观物质的过程。个体的主体性离开了具体的实践活动就无法体现。对于中小学生而言,单一的课堂教育具有局限性,不利于学生个体的发展。学生参与劳动活动,经历劳作的辛苦,培养劳动习惯和技能,获取相应的知识与能力,磨炼意志,提炼思想,使其适应未来社会政治、经济、文化发展对人才的客观需求,为其未来发展打下基础。

2. 培养学生的创新能力

国家的兴旺、民族的昌盛靠创新，实现现代化离不开创新，因此，加强科学思维方法的培养，发展学生的创新能力，就成为当前中小学教育追求的目标。

首先，学生参与劳动活动，能够了解社会，了解他人，探索未知，探索未来。在劳动活动过程中，学生的好奇心得到满足，想象力和创造性思维得以发展，进而有效地提高创新意识，激发掌握技能的热情和欲望，启迪才智。

其次，学生内心都渴望独立和成功，都希望获得展现个人才华的机会。劳动活动给予学生一个相对自由、自主、独立的小天地。于是，学生在劳动中体验和成长，在劳动中创造并获得劳动成果，进而在教师的鼓励、引导下多角度思考问题，从而获得新一轮的创新。

3. 培养学生的品德

著名教育家苏霍姆林斯基在《全面发展的个性的培养问题》一书中写道："我们认为学校的教育使命就在于，要使劳动进入个性的精神生活、进入集体的生活，要使劳动早在少年时期和青年早期就成为一个人的最重要的品质之一。"学生参与劳动活动，懂得了稼穑之苦，知道了自己现在优渥的生活，是来自包括父母在内的无数劳动者的辛勤付出，这样，他们才能从内心去尊重劳动，尊重劳动者，也通过从事劳动所获得的深刻体验更加懂得劳动的价值和意义。同时，劳动活动又培养了学生坚韧的意志、顽强的性格，以及自信力、忍耐力、自制力，使学生学会与人相处、协作，提高了独立生活和处理事情的能力。因此，劳动活动对于培养学生的品德具有重要意义。

总之，劳动是人们生存的基本要求，热爱劳动是一种高尚的思想品德。中小学生参与劳动活动，是其成长的必要途径，是实施具有树德、增智、强体、育美的综合育人目标的重要途径，是传承人的劳动基因的重要方式，更是促进人全面发展的必要方式。总之，劳动活动是实现对学生融德、智、体、美、劳于一体的五育目标，实现"完整的人"的全人教育的重要活动。

二、劳动活动的类型及特点

学生参与不同类型的劳动活动，不但培养了未来的生产者所必须具备的良好主体意识、创新能力和科学思维方法，而且在接触自然、了解社会的过程中，培养了热爱劳动的习惯和艰苦奋斗的精神，逐渐提升了未来社会发展需要的全人素养。那么，适合中小学生参与的劳动活动包括哪些类型？具有怎样的特点？

1. 生活劳动活动

生活劳动活动，顾名思义，就是指基于生活的劳动活动。它包括洗衣做饭、擦窗扫地、买菜洗菜、清洗碗筷……可以说涉及衣、食、住、行的诸多方面。中小学生的主要生活在校内和家庭中发生，因此，生活劳动活动就包括校内生活劳动活动和家庭生活劳动活动两种类型。劳动技术是一种自我服务，是可以提高生活自理能力的技术。

（1）校内生活劳动活动。

中小学生的校内生活劳动活动，主要包括：第一，校园环境卫生的保洁活动，即校园中包干区的环境卫生的保洁活动；第二，教室、寝室的清洁卫生活动；第三，学生个人的清洁卫生工作和物品的整理劳动活动。这些具体的劳动活动，需要学生尽心尽力，细心地完成。校内包干区要做到每天打扫地面的落叶、垃圾，清除绿化带上的垃圾和枯枝；教室、寝室的清洁卫生更要每天打扫，一个地方也不能落下；学生个人的清洁卫生和物品的整理，不但要整洁规范，更要考虑到对周围环境中的人和物的影响。

这些校内劳动活动，可以充分发挥学生的能力，让学生从事一些校内劳动锻炼，提高学生能力的同时，提升其对集体的责任感。

专题四　劳动活动设计与实施

（2）家庭生活劳动活动。

劳动是每个家庭成员的责任和义务，因此家庭劳动也是中小学生生活劳动活动的重要内容。这些劳动包括家庭环境的清洁、清洗餐具、准备饭菜、制作饭菜、洗衣叠被、整理物品等。这些劳动活动可以让学生在获得技能锻炼的同时，认识到自己在家庭中的责任和义务。这是一种润物细无声的教育，是劳动融入生活的教育。这样的劳动可以增强学生的家庭观念。

2. 生产劳动活动

生产劳动活动指学生在教师指导下，走出教室，进入实际的社会情境，直接参与和亲身经历各种社会生活活动。这是一种集体的劳动，可以提高学生的劳动知识技能，是让学生走进社会，体验不同职业、不同行业的岗位及工作的最为有效的方式。根据活动开展的场地，生产劳动活动可以分为以下两种。

（1）基地体验。

基地体验是指学生到学校为了开展劳动实践建设的劳动基地参加活动。这些基地或是综合性的，学生可以在其中体验到不同类型的生产劳动；或是主题式的，如农场基地，学生可以参加田间劳动，感受农民劳动的艰辛，以及作物从种植、生产到收获的全过程，增长相关的知识。

（2）厂区实践。

这种劳动活动是组织学生到合作的工厂进行实践，参观工人制作产品的同时，亲手劳动，了解不同产品的生产流程和不同职业的工作要求。

3. 服务性劳动活动

服务性劳动活动，是指学生在教师指导下，在校内外开展的一些力所能及的服务性、公益性、体验性的学习与实践活动。学生可以从中获取直接经验，发展劳动能力，增强社会责任感。这是一种社会公益劳动，有利于培养学生热爱社会、乐于助人和互助的意识。

（1）校内服务性劳动活动。

校内服务性劳动活动是指学生帮助同学或教师开展的一些劳动活动，如帮助图书管理员进行图书馆的图书整理、登记工作，到食堂帮厨，帮助实验教师进行实验仪器的整理，帮助微机教师进行电脑系统维护等。

（2）校外服务性劳动活动。

这种劳动活动一般是针对社区开展的一些服务性劳动活动，比如参与垃圾分类、清除非法广告、帮助孤残老人和儿童、慰问军属烈属等各种形式的劳动活动，从而促使学生进一步了解社会，增强社会责任感。

三、组织劳动活动的前提及步骤

"增强劳动感受，体会劳动艰辛，分享劳动喜悦，掌握劳动技能，养成劳动习惯，提高动手能力和发现问题、解决问题的能力……"劳动活动对学生的成长可谓好处多多。想要让劳动活动发挥培养学生的全人素养的作用，在组织劳动活动时，就要做到有目的、有计划，掌握相应的前提和步骤。

1. 组织劳动活动的前提

在组织学生进行劳动活动之前，要让学生明确劳动活动的意义，端正劳动的态度，即将正确的劳动理念传达给学生。为此，要从以下几方面对学生开展教育活动。

（1）宣讲劳动的意义。

在开展劳动活动之前，可以运用多种方式提升学生对劳动的认识，明确劳动对个人成长的重要意义。可以通过召开主题班会、观看影片等诸多方式，对学生进行关于劳动的意义的宣讲。

专题四 劳动活动设计与实施

"劳动最光荣"主题班会

一、活动目的

1. 通过活动让学生认识到劳动的重要性。

2. 体验劳动的快乐,从小培养爱劳动的习惯。

3. 教育学生尊重劳动人民,珍惜劳动成果,体会和珍惜父母的辛苦和劳动。

二、主要方法

演讲法、表演法。

三、会前准备

全班准备歌曲《劳动最光荣》《采茶扑蝶》;学生准备劳动故事、诗歌朗诵、劳动节知识;主持人准备开场白、串词和小结以及有关劳动的诗句;班长准备倡议书;学生准备劳动感受或身边人的劳动故事发言稿,或给父母的一封信。

四、班会过程

1. 主持人致开场白,全班齐声合唱革命歌曲《劳动最光荣》。

主持人点拨:歌声唱出了热情,歌声唱出了力量。那么,我们之中又有多少人知道劳动的辛苦呢?有多少人了解相关的知识呢?接下来,让我们了解一下五一劳动节吧!你了解它的来历吗?下面让桑延强同学来给我们讲讲有关五一劳动节的知识吧。

2. 了解五一劳动节,吟诵有关劳动的诗句。

3. 学生讲劳动者的故事:《毛主席学编草鞋的故事》《修鞋老人徐大爷的故事》。

4. 学生讲身边人的劳动故事。

5. 学生读写给父母的信。

6. 小品表演《大扫除》。

7. 表彰班里的劳动模范。

（2）清楚不同阶段的学生需要参与的劳动活动内容。

学生的年龄不同，体能不同，对技能的掌握程度也不同，因此，在开展劳动活动时，要注意针对学生的年龄及身心发展特点，科学设计活动，要明确不同阶段学生需要达到的劳动能力水平。

表4-1　学生在不同阶段的劳动内容

不同阶段		劳动内容
小学	低年级	以个人生活起居为主要内容，完成个人物品整理、清洗，进行简单的家庭清扫和垃圾分类等，树立自己的事情自己做的意识，提高生活自理能力；参与适当的班级集体劳动，主动维护教室内外环境卫生等，培养集体荣誉感；进行简单手工制作，照顾身边的动植物，关爱生命，热爱自然。
	高年级	以校园劳动和家庭劳动为主要内容，参与家居清洁、收纳整理，制作简单的家常餐等，每年学会1—2项生活技能，增强生活自理能力和勤俭节约意识，培养家庭责任感；参加校园卫生保洁、垃圾分类处理、绿化美化等，适当参加社区环保、公共卫生等力所能及的公益劳动，增强公共服务意识；初步体验种植、养殖、手工制作等简单的生产劳动，初步学会与他人合作劳动，懂得生活用品、食品来之不易，珍惜劳动成果。
初中		兼顾家政学习、校内外生产劳动、服务性劳动，安排劳动教育内容：承担一定的家庭日常清洁、烹饪、家居美化等劳动，进一步培养生活自理能力和习惯，增强家庭责任意识；定期开展校园包干区域保洁和美化，以及助残、敬老、扶弱等服务性劳动，初步形成对学校、社区负责任的态度和社会公德意识；适当体验包括金工、木工、电工、陶艺、布艺等项目在内的劳动及传统工艺制作过程，尝试进行家用器具、家具、电器的简单修理，参与种植、养殖等生产活动，学习相关技术，获得初步的职业体验。
高中		开展服务性劳动和生产劳动，理解劳动创造价值，接受锻炼、磨炼意志，具有劳动自立意识和主动服务他人、服务社会的情怀；持续开展日常生活劳动，增强生活自理能力，固化良好劳动习惯；选择服务性岗位，经历真实的岗位工作过程，获得真切的职业体验，培养职业兴趣；积极参加大型赛事、社区建设、环境保护等公益活动、志愿服务，强化社会责任意识和奉献精神；从工业、农业、现代服务业以及中华优秀传统文化特色项目中，自主选择1—2项生产劳动，经历完整的实践过程，提高创意物化能力，养成吃苦耐劳、精益求精的精神，增强生涯规划的意识和能力。

专题四 劳动活动设计与实施

2. 组织劳动活动的步骤

要组织学生进行相应的劳动活动,除了要让学生明确劳动的意义,清楚自身需要掌握的劳动技能和可以参加的劳动活动,还要明确组织劳动活动的步骤。

(1) 确定活动主题。

组织劳动活动,同样需要明确活动主题。可以依据季节的变化,组织相应的劳动活动,如植树节活动;可以依据节日活动,组织相应的劳动活动,如五一劳动节的劳动活动;可以配合相应的教学内容,组织相应的劳动活动。

(2) 明确活动方式。

一般来说,劳动活动方式包括专题讲座、主题演讲、劳动技能竞赛、劳动成果展示、劳动项目实践等形式。同时依据学生的学段,小学低年级以组织校内劳动为主,小学高年级则以校内和校外相结合的方式为主,但要注意控制校外劳动活动的比例,普通中学则要兼顾校内外。

(3) 制订活动计划或方案。

在明确了活动的主题、活动方式后,还要制订相应的活动计划。活动计划中要包括活动主题、活动目标、活动时间、活动地点、活动对象、活动具体的内容等。

一年级学生劳动技能大赛活动方案

一、活动目的

为培养学生的动手、动脑和生活实践能力,树立学生"自己的事情自己做"的自主意识,培养孩子们热爱劳动的情感,提高劳动本领,感受劳动的乐趣,同时也丰富学生的课余生活,让学生在劳逸结合中获得健康、全面的发展,特举办本次劳动技能大赛。

二、比赛地点

学校前操场(孔子像前)。

三、比赛内容安排

比赛内容：穿衣服，系红领巾；整理书包。

比赛方法：听口令，先穿衣服，系红领巾，再整理书包。

材料准备：（1）穿衣服，系红领巾：自备一件秋季校服衬衫、一条红领巾。（2）整理书包：自备语文课本、数学课本、两本练习本、两本大书（A4 大小）、一个文具盒、三支铅笔、一块橡皮、一把尺子、一个书包。

评判标准：（1）衬衫扣子扣好（包括袖口的纽扣），红领巾要在领子底下，红领巾的角对着颈椎，打的结基本要成梯形，两个尖拉出来后要一长一短。（2）根据书本大小归类，放置整齐。

四、参赛人数

随机抽取 20 人参加。

五、比赛时间

2022 年 4 月 30 日下午 1:00。

（4）做好活动评价。

劳动活动完成后，还要注意对活动情况进行评价，指出问题，表扬表现优异的学生，以激励学生，提升学生对劳动活动的重视，提升学生的能力，并在活动中提高学生的思想认识，让其树立劳动光荣的信念。

专题四 劳动活动设计与实施

主题 2
劳动活动的设计

  精心设计的劳动活动，能吸引学生投入其中。当学生投入劳动中时，他们能享受到劳动的乐趣，体验到劳动带来的快乐，进而自觉热爱劳动，形成良性循环。因此，立足于学生综合素养培养的劳动活动，需要精心设计，方能取得预期的效果。

一、劳动活动设计的原则

  苏联教育家马卡连柯非常重视劳动和劳动教育，他认为，劳动永远是人类生活的基础，是全部教育总体中不可或缺的手段。他借助于劳动活动对学生进行教育的原则，可以用来指导劳动活动的设计。

  山东乐亭是农业大县，棚菜生产全国闻名。学校利用这一地域优势，师生齐动手，在学校劳动实践基地建立了一个温室大棚，在寒冷的冬季也能进行劳动教育，让学生们感受劳动的快乐，也体会父母劳作的艰辛。温室大棚建成以后，学生们在辅导教师的指导下，陆续栽种了韭菜、油菜、甘蓝、生菜、苦苣、香菜、西红柿等十余种蔬菜，利用劳动课时间带领学生走进大棚，讲解蔬菜的习性特征，教授给学生劳动技能。在基地劳动过程中，同学们不叫苦，不喊累，埋头苦干，互相帮助，他们用眼睛去观察，用心灵去体验，用理智去感悟，他们在劳动

139

中感受乐趣，在汗水中品味幸福。学生们既懂得了劳动果实的来之不易，又体会到了父母平时劳作的艰辛，从而养成勤劳节俭、感恩父母的优秀品质。

1. 互补性

劳动活动不能孤立于学生的学习教育的内容之外，要将其与学科学习内容和学生的综合素养的培养结合起来。因此，在设计劳动活动时，可以与学科教学内容结合起来。比如，在学生学习了相应的动物学知识后，可以组织学生到家禽饲养场工作，体验生活，感受到劳动的快乐。

2. 主体性

劳动活动的设计要体现以学生为主体的原则，即要让学生在活动中做主角，将重心放在关注学生劳动过程中的体验和感悟，引导学生感受劳动的艰辛和收获的快乐，增强学生获得感、成就感、荣誉感上。

3. 指导性

所谓指导性，是指劳动活动的设计，要体现教师的指导作用，要将指导贯穿于活动的全过程，包括劳动技能的指导、安全活动的指导，鼓励学生在学习和借鉴他人丰富经验、技艺的基础上，尝试新方法、探索新技术，打破僵化思维方式，推陈出新。

4. 趣味性

劳动活动的设计，还要注意依据学生的年龄和身心发展水平，在考虑学生的年龄特征和体力健康情况下，不应加重学生的负担，而要借助于生动有趣的活动，吸引学生参与，让学生手脑并用，从而使之在参与过程中感受到劳动的快乐。

二、劳动活动主题的确定

劳动活动主题的确定，决定着活动的中心内容，反映着活动的背景。因此在确定活动的主题时，要注意从以下几方面考虑。

1. 从活动的时间考虑

活动的主题要与活动的时间相符，比如春季可以开展以"植树""种植"为主题的活动；夏季可开展以"生活"为主题的活动，让学生利用节假日进行家务劳动；秋季可开展以"收获"为主题的活动，让学生感受收获的幸福和辛苦；冬季可开展以"育苗""扫雪"等为主题的活动。

当然，也可以依据学生的时间安排来确定，比如将季节变化和学生的生活相结合，设计不同主题的劳动周，一周是家务劳动，另一周是校内劳动。

2. 从活动的内容考虑

在设计劳动活动时，不妨以劳动类型为主题，分别设计校内劳动活动和校外劳动活动、生活劳动活动和生产劳动活动。校内劳动可以根据劳动生活内容确定主题，比如"校园清洁小能手"；校外劳动则可以设计"做父母的小帮手""做大厨一天"等活动。

3. 从活动的地点考虑

活动的地点，可能是校内、校外，可能是社区、家庭，也可能是车间、农田，那么就可以此确定主题。比如，社区、家庭可以确定"还小区清洁的空间"的垃圾分类主题；车间、农田可以确定"体验食品包装""庄稼种植"等主题。

总之，无论是怎样的活动，都要从学生的角度出发，以助力学生的成长和保证学生的安全为前提。

三、劳动活动形式的选择

明确主题后，自然涉及劳动活动的形式确定。劳动活动的形式可以分为专题讲座、主题演讲、劳动技能竞赛、劳动成果展示、劳动项目实践等多种形式。那么,在组织活动时究竟采用哪种形式呢?需要从以下几方面考虑。

1. 从学生的角度考虑

劳动活动设计时,要考虑的一个重要的指标就是实践性强。如果一项劳动活动缺乏实践性或实践性不强,就无法体现让学生参与劳动活动的意义。因此,组织劳动活动时,要根据学生的年龄、心理特点,选择劳动活动的形式。下面简单介绍几种。

(1)劳动竞赛。

以竞赛的形式组织劳动活动,可以激发学生的劳动兴趣,培养学生积极的劳动情感。当学生以竞赛的形式参加劳动活动时,劳动就带着兴趣进行。对于学生而言,整个劳动活动的趣味性是吸引他们的地方,劳动的具体内容则次之。因此,在组织学生进行劳动活动时,一定要选择具有集体活动色彩的形式,且将不同的集体活动形式同具体的劳动内容很好地结合起来,以激发学生的劳动兴趣,进而提高学生参加活动的自觉性。而劳动竞赛先天具备的竞赛特点,使劳动活动的过程中有了适当的竞赛因素,从而使学生在劳动中获得愉快的情感。这种方式尤其适合小学低年级的学生。

为从小培养学生的劳动意识,使学生懂得珍惜他人的劳动成果,提高学生劳动能力,引导广大学生养成爱劳动的好习惯,某校利用课余时间组织了劳动竞赛。各班选拔出两名优秀劳动能手,比一比谁能在20分钟的比赛时间内在校园内拾到最多的废弃垃圾。比赛一开始,同学们像离弦之箭一般,迅捷地穿梭于校内各个角落,凭借一双火眼金睛和勤劳的双手,搜寻出不少废弃垃圾,让校园变得干净整洁,也为校园增添了浓厚的劳动氛围。最终,每个年级各选出了三个"劳动班级",并赋予获奖学生"劳动小能手"称号。这一劳动活动,让学生体会到劳动的快乐,激发了学生的劳动兴趣。

专题四　劳动活动设计与实施

（2）角色游戏。

这种形式的劳动活动可以针对小学低年级学生开展，让学生分别扮演不同的角色，进而开展校内和家庭中的劳动实践，使学生的好奇心和兴趣得到激发，劳动情感始终处于最佳状态，进而在一种美的艺术享受的过程中掌握相应的劳动技能与技巧。

某小学在一年级组织了以"悟孝"为主题的劳动活动，让学生以角色扮演的形式进行劳动，通过劳动教育激发学生理解父母、感恩父母的情感。在活动中，教师指导学生实践"摆放收拾餐具""泡茶"等劳动活动。教师找了几个学生分别扮作爷爷、奶奶、爸爸、妈妈和客人，然后学生按教师的指导模拟摆放餐具或端茶敬客，再让同学们检查评论。这样的实践活动，生动有趣，让学生乐意参加。

（3）体验实践。

这种形式的劳动活动更适合小学高年级学生和中学生。活动组织时可以采取先参观再体验的形式，也可采取讲解＋体验的方式，让学生到劳动基地或家庭进行指定的劳动活动，进而使之发自内心地认识到劳动之于自己、社会和家庭的重要性，从而掌握劳动技能，养成良好的劳动习惯。

2. 从学校的角度考虑

组织劳动活动要从学校的角度来考虑，应基于不同学校的实际情况。

（1）校内活动。

一些学校基础设施差，资金不足，那么在组织劳动活动时，就要从学校的客观情况出发，以最经济的形式，收到最好的效果，比如校内劳动活动可以组织学生到班级的责任区参加劳动，美化责任区。一些学校的基础设施齐全，场地宽广，资金雄厚，而且建有专门的劳动实践基地，那么就可以围绕基地做文章，让学生到基地进行一些实践类活动，以此培养劳动兴趣，学习劳动技能。

▶▶▶▶▶▶ "双减"背景下学生综合素养活动的设计与实施

某学校利用大课间以及课外活动的时间开展草莓种植实践活动。在劳动中，教师给学生们详细讲解草莓的特点和种植草莓的步骤，种植需要的土壤、水分等各种相关知识，并给大家传授了草莓观察日记的写法。同学们在教师的带领下开展移苗、培土、浇水等活动，进一步了解草莓的品种、生长期、生长习性等特点。种植过程中，同学们小心翼翼栽植草莓，看着地里自己亲手种植的草莓，体会到了劳动的乐趣。

（2）校外活动。

对于小学高年级的学生和中学生，可以依据学校可能获得的社会资源，组织学生到校外进行活动。这些活动包括校外的公益劳动，给予学生积极参与并实践劳动技能的机会，为学生的成长提供更广阔的空间与平台，让其感受劳动的快乐与光荣。校外的参观活动，是指学生有组织地参观一些生产企业，清楚一些产品的生产制作过程，并在可能的环节参与其中，感受并体验劳动者的工作。比如，组织中学生在超市工作，让他们了解超市工作的环节，理解工作人员的辛苦，并在某些环节如理货中亲自体验感受。

某小学五年级以"走进超市，体验劳动，触摸艰辛"为主题，组织了劳动活动，让学生体验超市一线工作。在超市的配合下，学生们参与了生鲜小组、食品小组、百货小组和收银小组的工作，通过角色体验，感受到了工作的不易，理解了只有通过努力才有机会成功的道理。

专题四 劳动活动设计与实施

主题 3

劳动活动的组织与实施

劳动活动是学生身心发展的需要,是他们未来生活的需要。劳动活动可以促进学生的主体性发展,调动学生参与实践的积极性和主动性。因此,科学地组织与实施劳动活动,有利于学生身心健康发展,提升其综合素质。

一、校内劳动活动的组织与实施

校内劳动是最容易实施的劳动活动。其劳动范围可以是生活类的活动,也可以是服务类的活动。因此,科学地组织与实施,能有效提升劳动活动的效果。

1. 组织形式

依据校内资源,校内劳动组织形式多种多样。下面介绍几种组织形式及组织活动时的注意事项。

(1) 专题讲座。

这样的劳动活动是以劳动技能的讲解、劳动知识及先进的劳动人物的学习为主的活动。讲座可以围绕劳动模范、某一行业的劳动标兵等人物进行讲解,以真实的事件对学生进行劳动教育,促进学生对劳动光荣和劳动的意义的认识。

为培养学生树立正确的劳动意识,形成科学的劳动观,某校利用晚自习时间在体育馆开展"勤四体 知艰辛"劳动教育知识专题讲座。讲座由聘请的劳动模范和校长主持。他们分别用通俗朴实的语言，结合自身劳动经历，深入浅出地阐述了自己对劳动的理解，同时还结合学校的实际情况，比如宿舍、班级、值周等内容，指导和鼓励学生积极参与到各项活动中，在劳动中体验艰辛，增长能力，应对挫折，锻炼成长。

（2）主题演讲。

这一劳动活动的形式也是立足于对劳动的价值和意义的宣讲。这样的劳动活动是在明确的主题下，让学生表达自己对劳动的理解，谈自己对劳动的感悟，进而提升学生的劳动意识，促进学生良好的劳动习惯的养成。

某校于5月开展"美好生活劳动创造"主题朗诵，在学校教师的动员下，每位学生都积极参与，在班级里与同学分享参加劳动的感悟、收获。演讲活动，同学们以诗歌朗诵、文章演讲形式参与其中，用具有丰富情感的文字致敬"劳动"。最终，经过班级初选、年级推荐，九名同学脱颖而出。这次活动让学生们懂得了劳动最光荣、劳动最崇高、劳动最伟大、劳动最美丽的道理，增强了学生弘扬劳动精神、传承劳动美德的意识。

（3）劳动成果展示会。

学生劳动成果多种多样，有清洁的环境、摆放整齐的桌椅，也有收获的蔬菜和瓜果，更有学生手工制作的成果，以及关于劳动宣传的黑板报、手抄报。可以将这些劳动成果展示出来，举行劳动成果展示会，以此激励学生。

"双减"后，某中学组织学生在系统的文化知识学习之外，有目的、有计划地组织学生参加日常生活劳动、生产劳动和服务性劳动，让学生动手实践、出力流汗，接受锻炼、磨炼意志，培养学生的正确劳动价值观和良好劳动品质。初一年级各班班主任、任课教师带领全体学生开辟了各班的劳动教育实践基地，并在基地上种了菜苗。一个月后，学校举办了劳动成果评比活动。各班种植的蔬菜摆放在操场上，全校师生参观欣赏，并从"蔬菜长势，菜地布局是否合理，种植间隔是否合理"三个方面进行量化打分,最后分别评出一等奖1名、二等奖3名、三等奖4名,并利用升旗仪式进行了表扬。

(4) 校园售卖活动。

这样的劳动活动既可以售卖学生的劳动成果,如手工制作的产品、基地种出来的蔬菜和瓜果,又可以售卖学生的一些创意作品。总之,只要是劳动成果,都可以进行售卖。以这种形式激励学生,让他们明白劳动最光荣、劳动创造财富的道理。

(5) 校园志愿服务。

校内公益服务性质的劳动活动,可以让学生们全面参与学校的管理,体验到自己就是学校的主人,在日常学习生活中牢固树立劳动最光荣、劳动最美丽的观念,养成热爱劳动的习惯,培养吃苦耐劳、艰苦奋斗、勤俭节约的精神。

学生们从洗菜到打餐,全程参与;校长办内,学生们帮忙收发文件;图书馆内,学生们帮忙整理图书;医务室内,学生们帮着整理健康档案……这是某中学的学生在进行校内劳动活动。一天下来,学生们感觉很辛苦,但也很有意义,真正爱上劳动,学会劳动。

2. 实施要点

形式多样的校园劳动活动,要取得预期的效果,就需要在实施前后和实施过程中,把握好一些相关的要点。

(1) 做好活动的指导和宣传。

要让劳动活动发挥教育和引导学生的作用,就要做好劳动活动的宣传工作。在活动开始前,要针对活动在校内宣讲,介绍活动的组织目的、要达成的效果,以及活动举行的相关事宜,吸引学生积极参与。

(2) 做好技能指导。

劳动活动不同于其他活动,需要一些专业的技能指导。因此在组织活动前,最好针对活动内容，组织学生进行技能指导或活动指导。指导可以由教师承担，也可以请活动相关人员指导，以保证学生活动的效果。

（3）做好活动的评价。

科学的评价对学生参加活动起到了激励作用，同时也强化了活动的效果。因此在实施活动后，要做好相应的评价工作。评价的方式要以激励为主，要依据活动的不同形式进行评价。原则上要奖励优秀者，激励参与者，以发挥评价的促进作用，比如竞赛式的劳动活动，可以按不同的标准多给学生一些获得奖励的机会。评价不仅要关注学生个体，还要关注学生群体，让学生在劳动活动中增强集体荣誉感和团队合作精神，促进学生与人合作。

二、社区劳动活动的组织与实施

社区是现代城市的一个最基本的细胞，是人们守望相助、安居乐业的幸福家园。社区劳动活动是培养学生的劳动意识和习惯，进行综合素质评价的又一途径。社区劳动活动属于校外劳动活动，组织和实施以社区为劳动范围的活动，要注意采用相应的形式，科学实施。

1. 活动形式

社区是社会的一个投影，学生在这里进行劳动活动，可以体验社会劳动的特殊，感受到劳动的多样性，以及正是不同劳动者的辛苦付出才造就了社会的美好。

（1）公益劳动。

公益劳动为培养学生的社会性创造了极其有利的条件。社区公益劳动能够帮助学生走出课堂，开阔学生的眼界，感受生活的各个方面，促使学生热爱集体，融入社会，更能提升大家的社会责任感。组织适合学生的公益劳动活动，让学生去做，有利于培养学生的社会技能和社会责任感，使学生了解劳动的意义所在，明确其理应承担的社会责任，使之学会审视和反思，促进其成长。

专题四 劳动活动设计与实施

在劳动活动中，可以让学生担任社区服务者、家园建设的劳动者，通过清洁家园、防疫宣传等活动，增强他们对社区家园的热爱，使之产生归属感。具体来说，可以组织学生在社区进行打扫楼道、清理小广告的活动，可以组织学生进行绿地和楼道清理，等等。

某小学组织学生开展了社区劳动活动，开展了"小手拉大手，劳动最光荣"的主题活动。同学们在教师的带领下到社区打扫楼道、擦拭楼梯扶手、拔草等。通过活动，进一步树立了学生的文明卫生意识，使学生体验到了劳动的幸福感和帮助人的快乐感。

（2）社区劳动体验。

社区劳动体验指学生深入社区，参与各种社区工作，从事生产性劳动、生活性劳动、服务性劳动，体验不同类型的劳动特点，比如到社区工厂做工人，做社区活动的讲解员，做社区的环保人员，等等。在不同类型的社区活动中，学生感受社区劳动的特点，认识社区，了解社区，在动手动脑、出力流汗的过程中接受锻炼，磨炼意志，培养正确的劳动价值观和良好的综合素质。

某中学组织学生到社区进行劳动活动。在社区工作者对他们进行活动前培训后，他们来到社区市场，开始了工作。有的学生选择固定地点集中售卖，有的学生选择流动售卖。性格外向的学生很快就将选择的商品售卖出去；性格内向的学生稍显困难，在被拒绝后显得失落，但都慢慢地适应了；有的学生在售卖完自己的商品后，还能帮助其他人。此次劳动活动，学生通过参与社会生活，学习到如何分享与合作，增强了人际沟通能力和战胜困难的勇气。

2. 实施要点

组织学生进行社区劳动活动，要注意在实施的过程中，把握好活动组织的要点，以便保证活动能顺利实施，产生实效。

(1) 做好组织管理。

社区服务形式多样，但无论是怎样的形式，都要考虑到活动的安全和协调，因此要做好组织管理。社区服务一般是以小组的形式进行，小组可以由学生相互协商后建立，也可由教师按异质原则进行分组，一般一组至少三人，同时各小组要选出一名组长，小组成员的组成可不限班级。

(2) 制订活动方案。

在社区劳动活动中，学生可以在一个固定的活动小组完成所有的社区服务活动，也可以根据实际需要参加或组织不同的活动小组。但无论是怎样的活动，必须在活动的目标和方案的指导下开展，因此要提前制订好小组活动方案。

(3) 做好劳动活动的协调。

社区是学生进行劳动活动的广阔课堂，在组织劳动活动前，要广开渠道挖掘社区资源，以便为学生创造更多参与社会劳动活动的机会。考虑到社区劳动活动涉及劳动的方方面面，因此要注意到学校劳动教育和社会劳动的联系，在此基础上做好活动安排，更有利于劳动活动的顺利实施。

三、家庭劳动活动的组织与实施

家庭作为学生成长的根基，家庭劳动对于学生的健康成长有着重要的影响。因此，组织家庭劳动活动，可以使学生获得内在所需要的和有教化意义的东西，对学生综合素质的培养至关重要。

1. 组织形式

家庭劳动活动的组织形式多种多样，依据劳动活动开展的地点和内容，可以分为不同的种类。除了此前介绍的角色扮演，还可以采用体验实践的方式。

(1) 角色活动。

家庭活动的组织可以请家长配合在家中进行，也可以在学校组织。在学校组

专题四 劳动活动设计与实施

织中,对于小学低年级的学生,最好的方式就是角色活动,让学生以角色扮演的方式开展活动,在活动中体验不同的劳动的经验和技能。

(2)体验式活动。

体验式劳动活动,可以让学生真实地感受到劳动的乐趣和收获,获得劳动技能。这种活动方式,可以请家长配合在家中进行,也可以在学校组织。比如,利用学校的食堂,组织学生进行做饭炒菜的活动,可以很好地激发学生的学习兴趣,让学生品尝到劳动的快乐的同时,培养热爱劳动的好习惯。

某小学六(3)班在学校"家政室"开展了以"美味共分享,动手齐参与"为主题的趣味活动。在教师与家长的指导下,学生们一起动手做菜,分享劳动成果。活动开始前,教师对学生们进行了分工,洗菜、清洗碗筷、清洗厨具……一切都井井有条。当准备工作完成后,学生们先观摩了家长的制作过程,然后再与家长、教师一起合作,完成蛋挞与可乐鸡翅的制作、包馄饨、煮火锅等。

2. 实施要点

家庭劳动活动的组织,同样需要注意实施的要点,才能保证活动的效果和活动的顺利实施。

(1)计划要具有梯度。

凡事预则立,在组织活动时要有计划,要针对学生年龄特点与成长规律分梯度设置活动,从低到高,难度逐次增加。

(2)做好沟通。

在组织家庭劳动活动时,要和家长多沟通,帮助家长转变"学习代替一切"的错误观念,使家长明白家庭劳动的价值,从而为孩子提供一定的劳动机会,让孩子参与家务劳动,帮助父母打扫家里卫生,布置家里的装饰,采购家里需要的物品。

（3）要进行方法指导。

组织学生进行家庭劳动活动时，教师或家长对学生进行基本方法和技能的指导是十分必要的。一方面，教师可以利用劳动课或兴趣班的机会，对学生进行缝纫、烹饪、切割等基本生活技能的指导；另一方面，可以请家长配合，对学生进行相关技能的指导。这样一来，学生掌握了劳动技能，在参与劳动时成功率更高，参与劳动的热情自然就高。

（4）及时给予激励。

在组织学生进行家庭劳动活动时，除了引领学生，请家长一起劳动，共同体验劳动的快乐，还要及时欣赏并分享学生的劳动成果，给予学生肯定。一方面，要定期开展劳动分享活动，以家庭为单位进行展示，分享不同的劳动形式与多样的劳动感悟；另一方面，要在班级组织展示活动，让学生展示自己的劳动技能，使学生对家务劳动产生积极情绪，将热情投入到家务劳动之中，在体会父母的不易的同时，体验劳动的价值，感知生活的意义。

专题五
阅读活动设计与实施

　　阅读是一个人了解世界和思考世界的过程，也是一个人心灵自我观照的过程。通过阅读，一个人可以反省自我，提升自我，从而养成反思和内省的好习惯。"双减"政策下，组织学生开展阅读活动，可以让学生在阅读中成长，培养终身学习的习惯，提升综合素养。

"双减"背景下学生综合素养活动的设计与实施

主题 1

阅读活动及其意义

作家王蒙曾说:读书使我感觉良好,使我进入一个美好文明的世界,我清晰地感觉到读书在增长我的知识、见闻、能力。读书就是和朋友切磋谈心,读书也是对自己灵魂的追问。由此可见,读书对成长中的青少年学生,有着非同寻常的作用。

一、青少年阅读现状

知识的获得与广泛的阅读积累息息相关,对于成长中的青少年来说,全身心投入阅读是成长阶段的重要任务。然而,当前青少年的阅读状况堪忧。

1.快餐式阅读影响学生的阅读能力

随着经济的快速发展,网络、电视、手机发展迅猛,电子化、网络化时代已经到来,多媒体渗透到人们生活的方方面面,信息的传播也越来越多元化。这种多元化的信息传播方式,使得青少年学生的阅读出现片段化和网络化现象。这体现在他们的阅读方式的变化上。单从阅读量来看,青少年学生的阅读量是相当大的,但这种阅读不是传统意义上的阅读,而是通过网络、手机等方式来阅读。然而,网络、手机可以提供的阅读,极易造成碎片化,最终变成快餐式阅读,影响学生的阅读能力。

2. 功利性阅读使青少年丧失阅读兴趣

考试指挥棒的驱使下，有些家长、教师片面追求学生的分数，使得相当多的青少年学生在阅读时往往抱着一种急功近利的思想，更多想的是获取好成绩。这种急功近利的阅读心态令青少年失去了阅读兴趣，就算是阅读，也是针对作业、考试中出现的文章，学校要求的必读书目；相反，一些选读的内容健康、知识性强的书籍，没有要求就不读了。这种功利性的阅读，使学生难以享受到阅读带来的快乐，更不能认识到阅读的本质。

3. 网络挤占青少年阅读时间

网络是个虚拟的世界，丰富多彩的内容对青少年学生有着强大的吸引力，在缺乏有效的引导和监督下，一部分学生沉溺于网络中难以自拔，往往受不良信息影响而不能正常阅读，严重者甚至被歪曲了价值导向，在不良思想文化的侵蚀下走上邪路。有些学生的纸质阅读率下降，形成"非网不读"的阅读倾向，偏离了正确的阅读方向。

二、阅读活动：开卷有益，改变人生

苏霍姆林斯基说过："让学生变聪明的方法不是补课，不是增加作业量，而是阅读，阅读，再阅读。"由此可见，组织学生阅读意义重大。

1. 为学生打开获取知识的又一通道

知识的来源有两个，一是自己直接获得的经验，二是借鉴自他人的经验。人类自古以来积累了丰富的经验，这些经验以文字的形式传承下来，从最早的甲骨文、楔形文字，到如今的方块汉字、字母文字。通过阅读不同形式的文字，人类从中获得了前人的经验，增长了知识，开阔了视野。一个经常阅读的学生不但在阅读中积累了丰富的词汇，掌握了相当多的精彩语句，而且可以提升语言表达能力和写作能力，同时在阅读中涉猎多方面的知识，知识面远比不读书的学生宽广。所以，阅读让学生增长知识，让学生站在巨人的肩膀上，看得更高，看得更远，为学生获得知识打开又一通道。

2. 促进学生成长

学生的成长，包括精神和肉体两个方面。阅读可以帮助学生的精神获得成长。著名作家郁达夫说："世界上的大思想家和大发明家，都从书堆中进去，再从书堆中出来。"同样，一个醉心于阅读的学生，其精神世界一直在成长，内心是强大而快乐的。

读书可以净化心灵。当学生沉醉于阅读时，他们在文字中感悟人生，关注内心世界，充实自己的精神生活，从而形成了一个人素质中最基本、最核心的部分——价值观、审美观、道德观和人生观。于是，他们会在阅读中悟出很多人生的道理，透视眼前迷雾，走出人生黑洞，踏上铺满阳光与鲜花的道路，迎接人生的春天。

同时，学生在阅读时，那些优质图书，不但让其从生动有趣的故事中汲取快乐，而且在鲜活的人物形象理解中，体味关于爱、友谊、忠诚、勇敢、正直乃至爱国主义等永恒的人类精神，从而开启自己的内心世界，激荡起品味人生、升华人格的内在欲望，促进学生独立、自然地成长。

可以说，阅读是一个人了解世界和思考世界的过程，也是一个人心灵自我观照的过程。通过阅读，一个人可以反省自我，提升自我，从而养成反思和内省的好习惯。

三、阅读活动的方式及特点

青少年阅读现状提示我们，在"双减"政策下，充分利用课余时间，组织阅读活动，引导学生学会阅读，享受阅读的乐趣，不但可以使学生认识到阅读的

专题五　阅读活动设计与实施

本质，还能让学生在阅读中获得思想认识的提升，树立正确的人生观和价值观，提升综合素养。

1. 读书会

读书会就是为了开阔视野、培养宏观思维、交流知识、提升生活，为了学习知识、交流思想而组织起来的团体。"双减"背景下，读书会是一种极好的阅读组织活动。班级读书会或校园读书会是开展阅读活动的极好的选择。

"双减"后，某校开展了《西游记》《红星照耀中国》整本书阅读系列活动，一方面实现课内与课外有效链接，另一方面丰富学生的课余生活。同学们在兴趣和问题的引导下进行阅读，增加了阅读深度，提高了学习效率。活动过程中，还将纪录片、影视等多种媒体形式与书本相结合，同学们对历史事件有了更加深刻的理解，也更加惊叹于神话故事中瑰丽的想象。

上述案例就是班级读书会，即以班级为单位，在教师的组织和指导下开展的阅读活动。活动的时间可以是课内，也可以是课外；活动的地点可以是学校，也可以是家庭。顾名思义，学校读书会就是在全校范围内组织的读书活动。无论哪种读书会，都具有沟通自由、交流轻松和公开化的特点。

（1）人数不固定。

读书会作为一种活动组织，一般参加的人数不多，可以是十来人、二十来人或者三十来人组成，也可以是三五个人组成，总之，人数可以随时增减。

（2）目的固定。

无论读书会的人数多或少，其活动的目的不变，依旧是会员们围绕一本书共同阅读和交流、讨论。

2. 阅读竞赛

阅读竞赛是为了培养学生良好的阅读习惯，进一步推动语文课内阅读向课外阅读的延伸，促进学生知识水平和人文修养的提高，在组织学生广泛开展课外阅读的基础上开展的一项活动。其目的是激励学生阅读。就本质而言，它是推动阅读的形式，而不是阅读方式。

"双减"教育，落地生花，减负不减质，减负不减效。立足于学生全面发展，以德为本，让学生茁壮成长。为了激发孩子们的阅读兴趣，提高孩子们的阅读能力，某小学开展了学生阅读能力竞赛活动。赛场上，同学们沉着冷静，认真答题，时而埋头疾写，时而托腮沉思……最终，同学们自信满满地交上了考卷。

一般来说，阅读竞赛的形式，可以是阅读能力竞赛，也可以是阅读知识竞赛。竞赛的范围，或是侧重于学生在阅读速度和阅读质量方面的比较，或是就学生阅读内容的丰富、涉及面广狭的比较，都极具趣味性和竞争性。

3. 师生共读

"师生共读一本书"活动，是"双减"政策下，为了丰富课后延时服务校园文化生活，依托课外阅读，以学生能力发展为目的，遵循"趣、活、精、实"的原则，组织学生阅读的活动。这一阅读活动的特点在于，需要由教师引导学生，师生共读同一本书。借助于书籍，师生成为共同的学习者、阅读者，形成教师引领、学生自主阅读的局面。

这样的阅读活动，对低年级的学生而言尤其有效，教师在教室里的示范阅读，对学生产生了强大的吸引力，激发了他们的阅读兴趣，使之养成良好的阅读习惯。当学生看到教师手里和自己手里读着同一本书的时候，他们就会基于心理暗示与向师性，主动阅读，用心阅读。这样的阅读活动，可以说是激发学生阅读兴趣的最好的催化剂。

为推动班级读书活动持续健康发展，切实有效提高学生的读书兴趣，陶冶性情，使学生领悟做人做事的道理，某中学组织了"书香校园，师生共读"国学经典诵读活动。活动中,学校近千名师生同场诵读,学习国学经典,传承国学精髓,歌颂祖国,陶冶情操。

这样的阅读活动中,教师发挥着引领和指导的作用,对培养学生良好的阅读习惯、正确的阅读方法,提高学生阅读的自觉性,都起着重要的作用。

4. 亲子共读

"双减"政策下,越来越多的家长认识到阅读的重要性。在这一背景,组织亲子阅读活动,对激发孩子的阅读兴趣,培养孩子的阅读习惯,创造良好的阅读环境起到了重要的作用。

为营造浓郁的书香氛围,某小学在新学期开学后,积极开展了亲子共读活动,让阅读成为亲情与爱的桥梁,促进思想上及心灵上的交流合作。这一活动赢得了广大家长的共鸣与支持,孩子们每天放学回家后,不少家长都抽出一定的时间,放下手机,和孩子一起阅读。在品读过程中,家长们走进孩子的内心深处,沟通交流,加深了对孩子的了解,同时也让他们感受到家的温馨。

研究表明,阅读并不是一件简单的事,而是一种建构意义的心智活动。如果孩子的身边有一个"有协助能力"的大人,尤其是孩子信任的家长,孩子的阅读将变得更有趣、更有深度。因此,亲子共读活动更能激发孩子的阅读兴趣,增强孩子的阅读理解能力,促使孩子更轻松地阅读,使之成为一个更自主、更熟练的阅读者。

主题 2
阅读活动的设计

"立身以立学为先,立学以读书为本",阅读是成长的重要路径,阅读素养是学生全面发展的重要基础。阅读活动的有效开展为学生提供了更为广阔的空间和成长的有利契机。"双减"政策背景下,学生获得了更多可自己支配的时间。此时,科学设计阅读活动,让阅读为"双减"做"加法",就显得格外重要。

一、阅读活动组织的原则

苏霍姆林斯基在《怎样培养真正的人》一书中指出:"让学生在图书世界里生活,这是当今学校一个重要的教育问题。"可见组织阅读活动的重要性。而要将阅读活动组织好,就要遵循以下原则。

1. 科学性

阅读活动要组织得好,首先就要坚持科学性的原则。这种科学性表现在内容和组织两个方面。

(1) 内容科学。

内容的科学性,表现在活动要遵循教育规律和小学生身心发展特点,寓学于乐,要能激发学生的阅读兴趣。

阅读是读者在已有框架引导下进行的理解活动。因此,在组织阅读活动时，要注意在充分了解学生原有阅读理解能力的基础上，通过有效的设置，让学生开阔自己的阅读理解视野，拥有突破阅读障碍的勇气，找到阅读兴趣所在，真正走进文本，走进作者的心灵世界，体验到自我超越和自我发展的乐趣。坚持有利于全面优化学生素质基础结构的原则，遵循学生实际学力、智力、心力的量力性原则下，在读本内容的选择上，注意由易到难、由中到外、由短到长，努力寻求效用的功利性与品位的经典性的有机统一，强调读本的典范性和精品意识。

（2）组织科学。

组织科学，表现在活动的组织要循序渐进、有计划地开展，目的要明确，要让学生的阅读能够有计划、有目标地进行。为此，要将阅读活动的推进对应学生的阅读，要制订相应的分段阅读计划，即依据学生的年龄、认识水平等，分年龄段为学生制订阅读活动计划。同时，阅读活动不仅要在宏观上制订计划，还应该在具体细节上制订计划。比如，对课外读物的书目进行整理，合理推荐课外读物，针对不同的班级设计相应的阅读手册，让学生能够主动参加丰富多彩的读书活动，让不同年龄、不同层次的学生都能在阅读中获得成长，找到快乐。

2. 选择性

阅读活动的选择性，一方面表现在阅读内容上，另一方面表现在活动形式上。

（1）阅读内容。

时代不断发展，知识也不断更新。对于阅读的书籍一定要认真选择，很多图书能发挥积极作用，但不否认有的图书也存在消极因素，因此，在组织阅读活动时，要注意在博览群书的基础上，侧重经典，有选择地面向学生开展阅读活动，只有这样才有助于学生德智体美全面、健康发展。

(2) 活动形式。

活动的选择性，是指给学生选择开展阅读活动的权利。中小学生，尤其是小学生，还不能够像成人那样具备辨别是非的能力，不论社会经验还是阅历都有所欠缺，所以很难在初期做出适合他们阅读的选择。在组织活动时，要注意形式的多样化，给学生选择的自由，让每位学生都能找到自己喜欢的读书活动的形式。

3. 引导性

古人云：腹有诗书气自华。只有多读书，才能从别人的思想库里不断获取营养，不断夯实自己的知识底蕴。对于中小学生来说，读书离不开引导。因此，在组织阅读活动时，还要坚持引导性原则。这种引导突出地体现在方法的引导上。

阅读给学生打开一扇心灵的窗户，开阔他们的心灵视野，但如果学生不具备阅读能力，就不能理解阅读内容，不会阅读，阅读活动就失去了意义。但学生的阅读能力不是天生的，也不是一下子就形成的，而是在长期的读书实践中逐步培养起来的。同其他知识积累一样，阅读能力的养成要有一个从低级到高级的渐进过程。因此，对学生进行阅读方法的指导就成为组织课外阅读时要突出的原则。活动的组织要体现出对学生进行阅读方法的引导和指导，即教师要在认真筛选推荐作品的同时，站在一定的高度把握作品的内在特性，逐步、有序、分阶段、突出年龄特点地指导学生有重点、有方法地开展阅读。

二、阅读活动主题的确定

确定活动主题是开展活动的第一步，也是关键的一步。阅读活动同样也需要明确主题。具体来说，阅读活动的主题，可以从以下三方面确定。

1. 参考学科教学内容

让阅读活动与学科教学相配合，不但能起到辅助学科学习的作用，还能找到学科知识与课外知识的契合点,更能让学生在课堂学习的基础上获得能力的提升和知识的拓展。因此,确定阅读活动的主题,可以从学科教学内容出发,如结合语文学科教学进程的"探寻鲁滨逊的足迹——《鲁滨逊漂流记》阅读",结合生物学科知识学习的"欣赏自然世界的美好——《昆虫记》阅读"等。

2. 配合学校的目标

阅读主题的确定,也可以配合学校的教育或活动的目标。每个学校都有自己的发展目标和教育目标,这些目标对学校的发展、学生的发展起到引导作用。在确定阅读活动的主题时,可以参考学校的这些目标。比如,在 3 月开展学雷锋活动,那么就不妨以此为主题,阅读一些公而忘私的人物的传记;学校要在节日组织活动,那么在活动前就可以组织一些民风民俗类图书主题阅读活动。

3. 切合学生的发展需求

学生的成长是一个发展的过程,在成长的过程中,学生会存在这样或那样的需求。这些需求或是物质的,或是精神的。巧妙地配合学生的这些需求,用阅读引领学生成长,不失为一个很好的方法。阅读活动可以根据学生的发展需求来确定主题。比如,针对处于青春期的学生,可以确定"我和青春有个约会"的阅读主题,组织学生进行关于青春期的心理、青春期的故事等图书的阅读;针对学生之间的矛盾,可以组织学生进行关于友谊、人际关系处理类图书的阅读。

三、阅读活动形式的选择

在组织学生参加阅读活动的过程中,教师的鼓励、引导是必要的,同时也要充分尊重学生的自我选择权和自主活动权,在组织活动时要为学生营造一个自主讨论、组织、操作、交流和评价的良好环境和氛围。为此,阅读活动的组织形式就相当重要。如何选择阅读活动的形式呢?

"双减"背景下学生综合素养活动的设计与实施

1. 依据书籍的特点选择

阅读活动的组织形式，要依据书籍的特点选择。书籍的种类繁多，学生最常阅读的是文学类、历史类、科普类和应用类的书籍。针对这四种不同的书籍，在组织阅读活动时，要选择不同的形式。

阅读文学类书籍，要透过文字了解作者构建的世界，了解内容背后的深意，那么就可以采用主题阅读的形式，辅以征文、手抄报等形式，有条件的甚至可以请作者到学校，组织读者见面会活动。

阅读历史类书籍，比较适合用"照镜子读书法"，即从别人的故事中照见自己的影子，以此提升自己的思考水平，解决自身的问题。可以采用师生共读或亲子共读的方式，以便于在阅读中讨论，同时还可以辅以征文、辩论赛等活动。

科普类书籍主要介绍相关领域的科技成果、最新研究动态，或是与生活息息相关的科学常识，里面会包含一些专业术语，因此在阅读时需要一定的知识储备和逻辑推理能力，因此就可以采用师生共读的阅读活动方式，多发挥教师的指导作用，同时可以开展一些"奇妙化学""亲近物理"等科学课堂活动。

应用类的书籍是介绍理论、方法和实用技巧的书，用于解决读者正在或即将面临的问题，可以让学生自由阅读，或是采用阅读竞赛的方式，让学生在阅读速度的竞争中快速阅读。同时可以开展一些木版年画、花灯制作等手工制作活动。

此外，阅读诗歌类的书籍，可以通过举办朗诵会，激发学生阅读的热情，让学生感受诗歌的句子、用词的特点。

2. 依据学生的特点选择

阅读活动的选择也可以依据学生的特点来确定。针对小学生尤其是小学低年级的小学生好动的特点，在阅读上可以采用朗诵的形式，举办朗诵会或朗诵比赛，激发他们阅读的兴趣和热情。对于初中生，可以结合不同类书籍的阅读方法，辅以校园剧的形式，将一些文学作品用表演的形式展示出来，提升阅读效果。对高中生而言，其理性思维已得到提升，因此不妨以讨论会的形式组织阅读活动。

四、阅读活动群体的划分

青少年是祖国的未来，是民族的希望，阅读活动开展的效果如何，对学校书香文化氛围的营造以及学生的思想发展和素质提升影响巨大。而举办阅读活动的针对性，也是影响阅读活动开展的一个关键要素。因此，组织阅读活动时，也要注意对学生的阅读群体进行划分。

1. 依据兴趣爱好划分

阅读活动的组织，要考虑到学生的阅读兴趣。在组织小组形式的读书会时，就需要依据学生的阅读兴趣划分群体，具体可以按书籍的内容和特点划分。比如，将喜欢读文学书的学生分为一个小群体，组织读书会活动，还可以将喜欢文学类书籍的学生，再细分为诗歌、小说等不同的读书小组。

2. 依据客观条件划分

所谓依据客观条件划分，是指依据阅读活动的举行地点、时间等进行划分。比如，按学生家庭距离的远近，划分读书活动小组；按学生的作息时间划分晨读活动、暑期读书活动、寒假读书活动，以及周末读书会；依据节假日举行节庆读书活动、读书竞赛；配合相应的教育活动举行读书活动，如"学雷锋活动日"、作家或伟人的诞辰之际举办的传记阅读、讨论、演讲、辩论、朗诵等读书活动。

"双减"背景下学生综合素养活动的设计与实施

主题 3

阅读活动的组织与实施

"书犹药也,善读之可以医愚。"阅读是如此重要,科学组织阅读活动,能够为学生的阅读助力。为此,明确不同的阅读活动的组织与实施,对于提升阅读活动的效果,促进学生养成爱读书、会读书的习惯至关重要。

一、班级读书会的组织与实施

班级读书会作为以班级为单位举行的阅读活动,具有时间更加集中、组织程度更高、成员之间彼此相当了解的优点,对学生和教师均有着极其重要的意义。这一阅读活动在组织和实施上,也要注意把握组织的基本策略和实施要点。

1. 组织形式

班级读书会的组织方式不同于一般的教学,它应该是粗线条的,应该鼓励学生自己扫清文字障碍,允许学生"不求甚解"。"兴趣第一,学生本位"是班级读书会应该遵循的原则。为此,在实际操作时,可以采取以下几种组织形式。

(1) 整本书阅读。

所谓"整本书"可以是同一本书,也就是"班级共读书",也可以是多种书,也就是"自由阅读的书"。在阅读中,师生共读,从而寻找到共同的语言、共同的密码。班级共读的一本书的形式很多,根据阅读对象的性质不同,可以组织绘本阅读活动、文字类图书阅读活动。前者适合小学低年级学生,是引导他们进入阅读世界的最好的钥匙。后者比较适合小学高年级及以上的学生,要突出阅读中的指导和激趣。

(2) 单篇文章阅读读书会。

这种读书会依据选择的阅读书籍可分为课内延伸阅读和群文阅读。课内延伸阅读是指读书会的内容立足于学科教学内容选择有针对性的阅读内容,以延伸或拓展学生的知识,比如语文可以从文章的背景、作者、主题等方面选择类似或相关文章进行阅读,科学可以选择相关的科普文章阅读,化学、物理和数学等可以选择前沿的发现或相关领域的一些名人传记进行阅读。群文阅读就是围绕一个主题选择一组文章组织阅读活动,引导学生联系阅读、比较阅读。阅读的主题可以结合时令、节日等,使阅读与生活有机融合,比如母亲节前后,可以引导学生阅读《荔枝》《秋天的怀念》《母亲的回忆》及泰戈尔的《新月集》等。

2. 活动要点

班级读书会这种阅读活动,各学校在组织的时候为什么反响不一呢?有的倍受学生欢迎,成为学生期盼的活动;有的则成为学生的负担,一提到读书会,学生就痛苦不堪。鉴于以上情况,在实施这一活动时要注意把握以下要点。

(1) 做好沟通和引导。

首先,在组织活动时,要找到激发学生阅读兴趣的方法,使学生对阅读的态度由"要我读"转化为"我要读"。教师可以借助于悬念法、抛砖引玉法等激发学生的阅读兴趣。教师还可以利用讲故事法,勾起学生的阅读欲望。

某教师组织了整本书的班级读书会,开始的时候,教师每天读一段书中的内容。听着教师绘声绘色的讲述和声情并茂的朗读,学生们如痴如醉。这位教师每每读到中间,还会随时向学生提问,引得他们跃跃欲试。当学生沉入其中时,教师就戛然而止,让学生感到意犹未尽。结果一段时间下来,教师发现,没等自己推荐，学生纷纷询问书名，并自发地去买或借这本书来阅读。没过多久，一次晨读时，教师发现学生们几乎人手一本自己给他们读过的那本书，而且读得津津有味。接下来，读书会活动的实施就顺理成章了。

其次，在组织阅读活动前，要与家长沟通，让学生得到家长的支持，进而使其在学校被激发的阅读兴趣得到深化、延续，形成一种阅读的习惯，愿意参与阅读活动。教师可以通过调查问卷等形式，向家长渗透活动的意图，了解家长对开展班级读书会活动的态度，在获得家长的认可后再组织这种阅读活动自然就顺畅得多了。

（2）做好相应的准备。

相应的准备，包括活动的空间和活动的资源。活动的空间，可以依据学校的实际情况科学选择，也可以依据活动的组织时间选择。在学校，可以选择图书馆、阅览室等场所，并准备好活动需要的相关资源，即图书和教师，前者是阅读的依据，后者是引导阅读的主体。其中教师对于这一阅读活动的推动来说相当重要。如果组织者是班主任，那么就可以借助于学科教师的力量，让学生的阅读范围更广，与各学科的教学内容相联系，从而达到资源的拓展和延伸。如果组织者是科任教师，那么就可以借助于班主任的力量让班级读书会办得更圆满。

（3）确定主持人及职责。

主持人是读书会活动的穿针引线之人。在主持人的引导下，学生具体开展阅读活动，并在阅读过程中有序提问、有序讨论；教师适时指导、科学引导，进而控制时间和进程，保证活动在有限的时间内产生效果。在组织读书会活动时，应先确定主持人，并明确其职责。

选定：每周五第三轮活动结束时，鼓励大家自荐为下周主持人；在没有人自荐的情况下，由读书会负责人权衡活动顺利进行和锻炼新人目的，酌情指定。

专题五 阅读活动设计与实施

要求：

1. 讲普通话，口齿流利，吐字清晰，熟悉本周所要讨论内容的范围，对讨论内容有自己独到的见解。

2. 熟悉活动流程，适当时候提醒发言者注意发言时间；维持活动秩序，确保发言人发言不受影响，比如不插话、不打断。

3. 主持人需要按照固定流程、话语格式开展主持活动，容许适当改变。

4. 双周活动结束时，主持人收集并记录本次活动遗留下来的问题，保存到下周活动前交给教师解答。

5. 主持人自由发言时间；第一轮大家发言过后主持人上台发表观点；第二轮主持人在每个讨论环节征求全体意见时可以发言；如果有人对主持人第一轮发表的观点进行补充、修正，双方可以进行一个环节的讨论。

（4）制定活动流程和规则。

做好沟通和准备后，就要确定活动的时间，明确活动的要求，制定相应的活动流程和规则。

活动流程

1. 单周时间：首先由教师解答双周读书会讨论遗留下来的问题，之后，主持人主持活动；双周时间：由主持人陈述讨论的范围、注意事项并开始第一轮发言。

2. 第一轮中，主持人上台发表意见即结束第一轮发言。第二轮，举手发言讨论，自由争取。（特别是读书会新成员，如果第一轮发言没有准备好，本轮在听了大家发言后可以积极举手表达自己的见解。）

3. 讨论环节：

（1）如果b对a在第一轮发言中的某个观点持不同见解，请举手向主持人申请发言。

（2）a发言过后，由主持人询问a同学是否对自己的观点进行再表述、补充或者修正。

（3）需要的话，请在3分钟内向主持人表达清楚，并如前继续下去；没有的话，宣布继续。

（4）a、b同学讨论结束后，有不同观点的同学举手示意进行补充、修正，之后，教师进行问题的延伸，学生可以就这个问题向教师请教。（其他情况听从主持人安排）

4. 第三轮：单周请教师解答讨论后依然存在的疑问，双周由主持人统一记录问题；主持人鼓励读书会成员自荐为下周主持人；读书会成员讨论划定下周读书会讨论范围，原则上和教师进度保持一致。

活动规则体现了对活动现场的要求，因此要关注活动的纪律、效果以及影响。因此，规则要从主持人和发言者两个角度来制定。

发言注意事项

第一轮发言注意事项：

1. 按照坐序从第一排从左到右、从前到后依次上台发言。自行决定是否带发言稿，表达形式不限，一切以清晰表达观点为最终目的。

2. 讲普通话，咬字清晰，语速适中，报出姓名、班级，时间控制在3—5分钟。

3. 在发言人发言过程中，任何人不得中途打断。如果你对a同学的观点持不同见解，认为需要补充、修正，请记下a同学的名字、观点，利用第一轮和第二轮的时间间隙，寻找素材，认真思考，组织语言，为第二轮讨论做准备。

第二轮讨论注意事项：

1. 讲普通话，咬字清晰，语速适中，时间控制在3分钟以内。在发言人发言过程中，任何人不得中途打断。

2. 表达形式不限，一切以清晰表达观点为目的。

二、阅读竞赛活动的组织与实施

阅读竞赛活动的组织要以落实"双减"政策，丰富学生的学习生活，提升学校的教学水平为原则。本质上来说，竞赛只是阅读活动的一个载体，是为学生搭建的拓宽知识、激发兴趣、培养能力、展示自我的平台，是为提升学生的自信心和内在素质，为优秀学生的产生和发展创造条件，并为今后的学习打下扎实的基础。因此，在组织和实施时，也要注意组织形式和实施要点。

1. 组织形式

阅读竞赛活动要紧扣"阅读"展开，形式可以多种多样。可以组织朗诵比赛，也可以组织知识竞赛。

（1）朗诵比赛。

朗诵是把无声的文字作品转化为有感情的音符、形体语言的创作活动。它是一个通过视觉器官、听觉器官共同参与，将诉诸视觉的文字转化为言语的过程。朗诵比赛不仅可以提高学生的阅读能力、艺术鉴赏能力，还可以陶冶情操，开阔胸怀，文明言行，增强理解，可以有效地培养学生对语言词汇有细致入微的体味能力以及确立口语表述最佳形式的自我鉴别能力。因此，组织朗诵比赛是推动阅读活动的开展，激发学生参与阅读积极性的极好的方法。

某校二年级全体学生开展题为"阅读的力量"的朗读大赛。朗读的文章有优美抒情的散文，有妙趣横生的童话，也有激情洋溢的诗歌。有个人、团体多种形式，不同的风格展现了参赛选手的风采，也赢得了现场观众的阵阵掌声。由各班学习委员组成的评委，本着公平、公正、公开的原则进行评比，小评委们根据朗读比赛的标准，评出了"朗读小百灵""朗读小明星""朗读小能手"，整个比赛进行得非常顺利并圆满结束。

(2) 知识竞赛。

知识竞赛可以使阅读推广变得更加立体，也是对学生知识的横向、纵向的全面考核。丰富的知识储备、完整的知识体系是参赛学生所必备的，同时在信息化时代，学生更需具备高效快捷的检索、获取知识的能力。因此，从阅读的知识收获的角度组织竞赛也是推动阅读活动开展的一种重要的方式。

为了培养学生良好的阅读习惯，进一步推动学生的阅读由课内向课外延伸，促进学生知识水平和人文修养的提高，某小学在组织学生广泛开展课外阅读的基础上，举行了一到六年级的语文课外阅读知识竞赛活动。竞赛内容丰富、涉及面广。赛场上，同学们热情饱满，用实力证明了自己课外阅读的水平。

2. 实施要点

阅读竞赛活动是唤起学生的竞争意识，激励学生更好、更专注地阅读的重要手段。实施这样的活动时，同样要把握一些要点。

(1) 做好活动方案。

阅读竞赛活动，无论是班内还是校内，甚至更大规模的活动，都需要制订具体的方案，以便活动的开展有的放矢，科学规划和准备。

阅读竞赛的活动方案

一、指导思想

为了培养学生课外阅读的习惯和热爱母语的情感，把课内语文教学和课外阅读结合起来，培养学生爱读书、会读书的良好习惯，培养学生阅读经典文学的能力，促进学生自主学习，主动发展，以全面提高学生语文素养，特举办此次阅读竞赛活动。

二、活动内容

本次活动分年级进行：初一以《繁星》《春水》为主；初二以《骆驼祥子》

为主；初三以《水浒传》为主。

三、竞赛时间

2022年6月28日下午。

四、活动准备

1. 学生提前阅读完相关名著，并做好批注，同学间相互交流。

2. 各年级准备一份试题，试题根据情况可设置填空题、选择题、连线题、问答题等。

3. 各班进行初赛，选拔出四个代表参加年级比赛。

4. 张××、王××和李××三位教师担任主持人、读题教师，各年级推选两名学生。

5. 邀请记分员及监督教师。

6. 邀请学校领导参加并做总结讲话。

7. 调试音响，无线话筒两个。

8. 小黑板两面，每位选手一个桌牌（上面打印选手序号），每班打印"××班代表"标志。

五、奖项设置

个人奖：各班奖优秀选手一名，奖励80元，其余参赛选手发一个笔记本。

六、活动过程

1. 主持人开场白，介绍领导、嘉宾、记分监督教师及各班参赛选手。

2. 宣读纪律要求。

（1）不能在场内随意走动、高声喧哗。

（2）禁止将书本、纸张、手机带入场内。

3. 宣读竞赛规则。

4. 竞赛。

5. 评分，评出比赛名次并颁奖。

6. 领导总结讲话。

从案例可以看到，竞赛活动的方案要包括活动的指导思想、活动内容、活动时间、参赛人员、参赛要求、评价规则，以及活动的相关规定，要尽可能细化到每一个环节，以便于活动的组织和顺利进行。

(2) 做好准备。

依据活动方案，明确了竞赛的相关事宜，接下来就需要依据竞赛的形式和要求，进行积极的准备。首先要明确竞赛是单人的竞赛，还是侧重于集体的竞赛，并在此基础上做好准备。当然，无论是单人赛还是集体赛，都要做好参赛人员的选拔。

参赛人员的选拔，首先，需要各班级进行初选，在初选的基础上，确定本班的参赛人员或参赛代表。其次，教师要对相关人员进行指导，请参赛学生积极地做好准备。

就朗诵准备而言，先依据竞赛的要求，选定参赛的诗文，然后用心准备，积极练习。教师要给予指导，从语气、语调、动作、神态等，全方位指导学生。就知识竞赛而言，参赛选手也需要依据竞赛的相关要求进行准备。如果知识竞赛的准备没有具体的内容规定，就是全面考查学生的知识广度，对知识理解和识记的牢固程度。

总之，准备环节中，参赛人员的选择相当重要。如果是单人竞赛，那么或是采取全班推举，或是由教师指定，或是学生自由报名。如果是集体竞赛，那么最好由全班选举，如此才能具有代表性。

(3) 准备相关素材。

竞赛的相关素材，依据竞赛的形式而准备。如果是朗诵比赛，可由参赛选手自行准备，或由组织者分发下去。如果是知识竞赛，就需要指导教师出题。竞赛题最好从学生必读书目中整理题目，类型以选择题和填空题为主，要富于趣味性和指导性。

初中生课外阅读知识竞赛试题

前言：名著是人类文化的精华。阅读名著，如同与大师们携手共游，可以增长见识，启迪智慧，提高语文能力和人文素养。

一、填空题（20分）

1. 冰心在印度诗人泰戈尔《飞鸟集》的影响下，写成了_____和_____。用她的话说，是将一些"零碎的思想"收集在一个集子里。它们大致包括三个方面的内容：一是_____；二是_____；三是_____。（5分）

2. "人最宝贵的东西是生命。生命对于我们只有一次。一个人的生命应当这样度过：当他回首往事的时候，他不因虚度年华而悔恨，也不因碌碌无为而羞愧——这样，在临死的时候，他能够说：'我整个的生命和全部精力，都已献给世界最壮丽的事业——为人类的解放而斗争。'"这段话出自_____（国别）尼古拉·奥斯特洛夫斯基的小说_____。该书的主人公_____是一个无产阶级英雄，他的故事就是取材于作者的亲身经历。（3分）

3. 祥子是现代作家_____自己最钟爱的小说_____中的主人公。作者在这部小说中创造性地运用了北京市民的_____，"把顶平凡的话调动得生动有力"，给通俗的文字又增添了"亲切、新鲜、恰当、活泼的味儿"，使人一读就能感受到小说的民族风格和地方特色。（3分）

4. 某剧院前贴出一张海报，上写"豹子头刊金印后，野猪林伏洒家前"。据此，可猜测这场戏与《水浒传》中_____和_____两位英雄有关。（请填写人名）（2分）

5. "滚滚长江东逝水，浪花淘尽英雄。是非成败转头空。青山依旧在，几度

夕阳红……"这是我国古代文学名著《_____》的开篇词。该书的作者是_____。(2分)

6. 写出下面故事涉及的人物的名字。(2分)

(1)《水浒传》中"智取生辰纲"的组织领导者是_____。

(2)《西游记》中"大闹五庄观、推倒人参果树"的是_____。

7. 法国作家罗曼·罗兰的《名人传》包括《贝多芬传》《_____》《_____》三部传记。其中，_____(人名)饱受耳聋折磨。(3分)

二、单项选择题（8分）

1. 下面对文学名著的点评不正确的一项是（　　）

A.《格列佛游记》是一部杰出的讽刺小说，作者用虚构的情节和幻想的手法，揭露并批判了当时英国统治阶级的腐败与罪恶。

B.《童年》是高尔基以自身经历为原型创作的自传体小说三部曲中的第一部，这部小说生动地再现了19世纪80年代俄罗斯下层人民的生活状况。

C.《格列佛游记》的主人公格列佛热衷于航海，性格坚毅的他在小人国、大人国历险多年，历尽千辛万苦，终于得到了可观的财富。

D.《水浒传》中的英雄性格各不相同，但在"义"这一点上却是共同的。晁盖劫取生辰纲是"义"，宋江私放晁盖是"义"，鲁提辖拳打镇关西也是"义"。

2. 下面不是《名人传》中的人物的是（　　）

A. 贝多芬　　B. 莎士比亚　　C. 米开朗琪罗　　D. 列夫·托尔斯泰

3. 下面是中国古典四大名著中的人物与情节，其中搭配不当的一项是（　　）

A. 鲁智深——倒拔垂杨柳　　B. 孙悟空——大闹天宫

C. 诸葛亮——三顾茅庐　　D. 刘姥姥——进大观园

4. 古典名著《西游记》中，孙悟空最具有反抗精神的故事情节是（　　）

A. 闹龙宫刁石猴借宝　　　　B. 观音院斗宝失袈裟

C. 齐天大圣大闹天宫　　　　D. 孙悟空三打白骨精

三、多项选择题（多选、少选均不给分）(9分)

1. 下列作品集属于鲁迅的有（　　）

A.《野草》　　　B.《彷徨》　　　C.《且介亭杂文》

D.《呐喊》　　　E.《朝花夕拾》　　F.《二心集》

2. 下列作品中的人物与作品搭配正确的有（　　）

A. 关胜——《三国演义》

B. 贾宝玉——《红楼梦》

C. 威廉·罗宾逊——《鲁滨孙漂流记》

D. 史进——《水浒传》

E. 虎妞——《骆驼祥子》

F. 玛丽亚·雅科夫列夫娜——《童年》

3. 下列表述正确的有（　　）

A. 格列佛所到达的"飞岛"是借助磁石或升或降，从一处移到另一处。

B.《西游记》是中国古代第一部浪漫主义神话小说。

C. 中国第一部歌颂农民起义的长篇章回体小说是施耐庵写的《水浒传》。美国女作家赛珍珠在将它翻译成英文时定名为"四海之内皆兄弟"。

D. 18世纪欧洲最杰出的思想家卢梭建议每个成长中的青少年尤其是男孩子都应该读一读《格列佛游记》。这是一部流传很广，影响很大的文学名著。它表现了强烈的进取精神和启蒙意识。

E. 冰心，中国现代文学史上第一位著名女作家，她一步入文坛，便以宣扬"爱的哲学"著称。

F. 《水浒传》的结构很有特点,作者采取了先分后合的链式结构。

四、概括简答题(共10分)

1. 《格列佛游记》中,在小人国,格列佛是如何帮助利立浦特国打败不来夫斯库国的?(含标点20字以内)(3分)

2. 名著往往是"经实践检验和沉淀"的"磨脑子"的书,但读过后往往令人受益终身。请从下列名著中任选一部,简单写出你熟悉的一个情节,并说说对这一情节的体验和感悟。

供选名著:《汤姆·索亚历险记》《格列佛游记》《水浒传》《西游记》《童年》《骆驼祥子》《钢铁是怎样炼成的》(7分)

三、阅读转化活动的组织与实施

在很多时候,阅读的影响并非直接从阅读表现出来,而是从学生的言谈举止,甚至思想和思维上表现出来的。同样的道理,组织学生的阅读活动,并非一定要立足文章的阅读,还可以换一种方式,从阅读转化活动的角度入手。如何组织和实施阅读转化活动呢?

1. 组织形式

阅读转化活动,侧重于从学生在阅读中的收获入手,也可以从学生在阅读过程中的感受入手,因此可以组织成果展示会、分享讨论会,促进学生阅读,促进学生养成阅读中思考的读书习惯。

(1)成果展示会。

学生阅读的成果可以从多方面表现出来,比如,因为阅读提升了写作水平而自己创作作品,写出精彩的作文;因为在阅读中获得了体会,写出了读书笔记或心得;等等。可以通过展览的形式,将学生的这些成果展示出来,这样不但可以分享成果,还能促进学生的阅读,激发其阅读的信心和力量,也可以发挥榜样的作用。

某小学开展了"整本书阅读"成果展示活动。展示活动中，学生们八仙过海各显神通：有的分享自己喜欢的故事、书目、片段或章节，有的分享自己的读书笔记，有的分享自己的阅读体会，还有的展示了自己的整本书思维导图……一张张阅读记录卡，一份份阅读手抄报，一篇篇读后感，记录着学生们阅读成长的足迹，融入学生们读书的热情和满满的收获。活动开展得有声有色。

除了这种纸质的成果，还可以组织动态的成果展示，比如情景剧表演，让学生将自己对人物的把握和理解付诸言行，表达出来。

（2）分享讨论会。

不管是什么形式的班级读书会活动，定期组织学生进行分享讨论，可以培养学生认识问题的能力，让他们知道怎样活化阅读，怎样进行产生智慧的思考，从而找到自己人生的一条清晰的道路，同时还能推动班级读书会的进程，促成阅读成果的转化，这对让学生持续保持阅读兴趣起着相当重要的作用。因此，可以组织学生举办分享讨论会，以此推动阅读活动的开展。

1. 通过这次班级读书会，你对其中的哪些人物最感兴趣？为什么？

2. 关于多萝西：多萝西的哪些行为让你敬仰？

（1）坚持。无论遇到什么，都没能动摇她回家的决心。（在困难中前进，在荣誉前后退……）

（2）珍惜友谊。她爱交朋友。有了朋友，他们就能相互扶持着前进。

（3）爱护弱小。救田鼠女王，让他们获得了更多帮助。

（4）决不屈服。面对西方魔女的折磨，她始终没有退缩。

（5）……

3. 关于稻草人、铁片樵夫、胆小狮。他们三个都有着致命的缺点，稻草人没有脑子，铁片樵夫没有爱心，胆小狮没有勇气，他们都想跟着多萝西到翡翠城去寻找奥兹大王，想得到脑子、爱心和勇气。可没想到连奥兹大王也是假的，根本就不可能给他们这些东西，可最后，为什么他们获得了自己想要的东西？

（1）稻草人：在历险的过程中急中生智。

（2）铁片樵夫：在历险的过程中获得爱心。

（3）胆小狮：在历险的过程中激发勇气。

4. 关于魔女。

（1）善良魔女：北方魔女、南方魔女——永生。

（2）邪恶魔女：东方魔女、西方魔女——灭亡。

5. 关于奥兹大王。

2. 实施要点

组织将阅读结果转化的活动，同样需要针对不同的形式，做好相应的准备。下面就以上两种形式，谈一谈实施的要点。

（1）成果展示会的实施要点。

依据展示的形式和内容，成果展示会需要提前做好相应的准备。

如果是纸质成果展示会，需要选定地点，并将需要展出的成果准备好，分门别类处置，或是张贴，或是悬挂，或是摆放，总之，以达到让参观者清晰地了解和观看、欣赏为目的。不妨在展示之前进行一次班内或小组内小范围的评比，将其中的优秀成果挑选出来，再参与大范围的展示。

如果是动态的展示，如情景剧的表演，则可参照本书前面关于表演类艺术活动的组织，提前改编剧本、选定演员、确定演出的相关材料，提前进行彩排，以保证演出成功。

（2）分享讨论会的实施要点。

讨论与分享就是让学生借助于读书后的讨论进行思考，借助于读书后的分享

专题五 阅读活动设计与实施

学会与他人合作,扩大知识面,学会学习和借鉴他人的知识与能力,提升自己。鉴于此,在组织活动时,要把握好以下几个要点。

要点1:确定活动目标。

作为一种讨论活动,阅读分享讨论会同样要设定预期的目标。以一个月的系列阅读为例,学生在完成一个月的阅读活动后,用分享讨论会的方式,搭建一个交流的平台,针对所读的图书,设定深化阅读感受,提高阅读能力的分享问题。

要点2:预定实施过程。

对分享讨论会的过程设计,需要提前了解学生在阅读中的期望和共同关注的话题,将这些话题加以整理、归纳和提升,从而设置相应的问题,引导学生结合这些话题进行交流,从而深化他们对内容的理解。同时,要从学生的角度出发,站在学生的思维上思考学生在讨论时会遇到哪些问题,从而找到解决问题的方法,为学生营造一个宽松、自由、平等的讨论氛围,从而让他们能说出心里所思所想,进而达到思维和思想的提升。

要点3:准备好相关素材。

分享讨论是阅读的升华,它对提升学生对阅读内容的深层次理解起着重要的作用。尤其是对班级读书会这样的阅读形式,分享讨论是活动的灵魂。为此,在分享讨论前,要做好讨论会的安排,编制讨论书单,以保证讨论是集中的,而不是无边无际的。

《爱的教育》读书会讨论单

作者: 　　　　　　译者:

1. 这本书在说什么?

(1) 请问这本书主要在说些什么(两个部分)。

(2) 请用简单的几句话说说这本书的特色。

2. 我的看法

(1) 书中的哪一个事件（或哪个角色）让你印象最深刻呢？

(2) 看到同学欺负弱小应该怎么做？同学如何对自己的行为负责？

(3) 你最想对书中的哪个人说哪些话呢？请写下来吧！

亲爱的_____：

3. 分享时刻

我想把这本书推荐给_____，因为_____。

我是____年级____班的小书虫

2022 年 7 月____日

专题六
社团活动设计与实施

　　社团在学校是学生重要的活动组织，可以有效地管理学生的课外活动，提高学校管理的效率，也便于学生与学校、社区进行互动。科学组织和实施社团活动，可以丰富"双减"政策下的学生生活，为学生创造多样化的展示自我的机会，培养学生的综合素质。

主题 1
认识社团活动

社团是各种群众性组织的总称。学校社团是指具有某些共同特征、爱好的学生，在学校的引导下而组成的一种互益组织。它丰富了学生的生活，为学生心灵的成长创造了温馨的空间。

一、社团活动的源起

社团，又称社会团体，是具有某些共同特征、爱好的人相聚而成的互益组织，也是为一定目的由一定人员组成的社会组织。社团活动，则是社团成员组织的多种多样的活动。

1. 社团活动的起源

在中国，最早的社团活动起源于两宋，是伴随当时经济的长足发展出现的。当时喜好文学的宋徽宗首倡社团活动。不过当时的社团活动只限于文人墨客谈词说文，达官显贵们嬉戏玩乐。比如，当时同文社是文人卖弄文辞的地方，清音社是喜欢弹唱的人聚集之处，锦标社是喜欢射箭的人活动的团体，英略社是喜欢舞弄棍棒的人凑在一起的地方，蹴鞠社是喜欢踢球的人一起活动的组织。发展到现代，社团活动的范围不仅限于玩乐，开始扩大到了参与社会其他活动，其活动范围也从成人的社会发展到了学生的社会——学校，于是出现了学生社团及其活动。

专题六 社团活动设计与实施

2. 学生社团活动的起源

学生社团是学生依据兴趣爱好，自愿组成，按照章程，自主开展活动的学生组织。学生社团的活动主要围绕着学生的生活，但其内容已经开始介入社会的部分内容，比如我国第一个严格意义上的学生社团就是在特定的政治背景下形成的。

1904年，京师大学堂组成了抗俄铁血会，它就是我国第一个严格意义上的学生社团。当时，社团的成员都是青年学生，也就是大学生。他们通过集会、演讲、办报、发传单等方式抗议日本、俄国在我国东北地区发动战争。到了1919年"五四运动"前后，一大批现代意义上的社团风起云涌。社团的成员也是广大学生，在"五四"新文化和民主爱国运动的影响下，社团成员广泛开展活动，出版刊物，宣传爱国思想和民主思想。1918年末，在北京大学红楼图书馆的一个房间里，傅斯年、罗家伦、顾颉刚等在蔡元培、陈独秀、胡适、钱玄同、李大钊等师长的直接指导与帮助下，成立了北京大学第一个学生社团——新潮社。与此同时，还出现了另外两个学生社团。可以说，这些学生社团对当时爱国民主运动的深入开展起到了积极的作用，同时也生动地反映了那个时代青年们的思想面貌。

现在，社团从大学发展到中学，进而发展到小学，其活动范围也逐渐细化，活动内容随着学生年龄的不同而发生变化，成为学生在校学习期间提升个人专长、培养个人兴趣的组织。

二、社团活动的类型及特点

社团，从活动的目的来看，分为营利性和非营利性两种形式。学校属于非营利社团，在学校组成的学生社团属于第二课堂的引领者，其具有思想性、艺术性、知识性、趣味性、多样性的特点吸引了广大学生积极参与其中。就中小学而言，其社团主要包括以下几种类型。

"双减"背景下学生综合素养活动的设计与实施

1. 文化学习类

此类社团为学习交流提供平台,并经常组织相关学科的学习活动,为学生的学习提供支持,创建互相交流学习的空间。这类社团可以依据学科划分,如语文社、数学社、理化社等。参加这类社团的学生,多是基于文化学习的需求,依据自己对学科学习的需要,力求取长补短。

当然,不同学科的社团会依据学科特点和社团成员的需要,不时组织一些交流活动或主题活动,甚至创办本社团的刊物。比如,组织一些学科的专题讨论会、学习方法交流会,或者与学科学习相关的活动,如语文学科的阅读课、物理学科的实验课等。

2. 艺术兴趣类

此类社团创办的基础是成员有着共同的兴趣爱好和艺术追求,社员的目的在于发展自己的兴趣爱好,在专业学习之余,一起组织并体验参加活动的乐趣,丰富校园文化生活。艺术兴趣类社团在所有的学校中都是学生人数最多的,也是学校社团的主力军,不但人员数量多,而且种类多,活动形式也多种多样。这是因为学生的兴趣不同,于是就依据自己的兴趣创办了不同的兴趣类社团,如棋社、琴社、话剧社、摄影社、电影社、舞社等。正是因为艺术兴趣类社团可以满足学生不同的精神需求,其也就成了大部分学生选择的对象。

3. 体育健身类

体育健身类社团是具有相同体育活动兴趣的同学,为提高自己的某项技能自发组织的体育活动类社团。这类社团的活动比较注重趣味性,一般以举办全校性比赛及定期集中训练为主。它是中小学引导学生增强健身意识、增强体质的有效载体,受到爱好体育的学生的喜爱。

4. 公益服务类

公益服务类社团主要是以进行社会服务、实践公益类活动为内容而结成的学生社团。公益服务类社团是校园文化建设的重要组成部分，有利于学生道德思想水平的提高。社团活动的举行主要是利用学生的课余和闲暇时间进行环境保护、义务劳动、社会调查等社会公益服务活动。

三、社团活动的意义

学生社团由兴趣爱好相近的同学组成，在保证学生完成学习任务和不影响学校正常教学秩序的前提下开展各种活动，旨在活跃学校的学习氛围，提高学生的自治能力，丰富学生的课余生活，交流思想，切磋技艺，互相启迪，增进友谊。它在提升学生的综合素质方面发挥着载体和途径的作用，具有重要的意义。

1. 有利于综合素质的提升

现代智能理论认为，人的智力是多元的，而且人的智能发展是不均衡的。课堂教学在大多数情况下是针对大多数学生的，并不过分强调学生的智力特点和水平，更多的是对学生进行所谓智力训练，且学习成绩是对学生进行评价的主要标准。换言之，"双减"之前，分数决定着学生在教师、家长，甚至同学心目中的地位。这就使得学生的个性被忽视，不利于学生的和谐发展。而社团活动在某种程度上弥补了这些不足。

文化学习类社团为学生的学科学习提供了一个与他人交流、学习的平台，让学生在对应的学科社团中，通过交流和学习，解决问题；艺术兴趣类社团为学生展现自己在某一方面的特长提供了机会，有利于学生提升自己的某一专项技能，从而获得自我价值感；体育健身类社团为学生健康的体魄的形成提供了一个平台；公益服务类社团则可培养学生乐于助人的社会责任感。因此，从这一角度而言，社团为学生发展个性提供了平台和途径。

借助于社团组织的专项训练，学生个体遗传素质被诱发，其特长得以表现。同时借助于反复训练，学生便形成某种气质，或者说个性。可以说，社团活动起到了提升学生个体素质的作用。除此之外，社团组织的各种活动，为学生的专项技能提供了展示和提升的机会，达成了知识和技能的运用这一素质目标，于是，学生在活动中进一步提升知识与技能，提高了综合素质。

2. 培养学生健康的心理

对处于紧张的学习中的学生而言，社团组织可谓心灵的港湾。学生在自己喜欢的社团中，与团队成员相互交流，获得友情的慰藉；通过参加自己喜欢的活动，释放压力；通过活动，共同分享成功的喜悦，共同分担失败的痛苦。可以说，社团组织在培养学生的能力的同时，也让学生获得智慧，更为其心灵提供了自由的空间。在这里，学生可以借助群体的力量疗伤，激发再奋斗的意志和力量，在团队成员共同营造的温馨和喜悦的氛围中，加深了对学校、对社会的爱，增添了对生活、对人生的信心。

同时，学生利用社团活动提供的跨越班级、开放性交往的环境，获得了更多结交志趣相投的知心朋友的机会，这让他们在遇到问题或困难时，获得了更加多的心理支持。而借助于社团组织的活动，学生锻炼和提高了社会活动能力、人际沟通能力以及某些特殊的技能，获得或提升了自我价值感，变得更加自信，也促进了心理健康。

总而言之，社团在借助于不同类型的活动，让学生获得很好的锻炼的同时，培养了学生的综合素质与能力，让学生得以体现个人价值，结交到志同道合的朋友，获得心灵的成长。

四、社团活动实施的前提

社团活动的平台是社团，只有在明确的社团活动宗旨下，在和学校、家长等做好相关的沟通的前提下，才能组织并实施社团活动。

1. 明确社团活动宗旨

中小学开展社团活动，一方面发挥文化教学的辅助作用，提升学生的课余时间的利用率；另一方面丰富学生的课余生活，活跃相对枯燥的学习氛围，提升学生的学习积极性。因此，在组织社团活动前，要反复明确这一社团活动的宗旨，在组织社团活动时，从设计活动到组织实施，都要体现这一宗旨。

2. 量物而行

所谓量物而行，是指社团活动的组织需要相当多的必备的物质条件，比如场地、设施设备等，因此，组织社团活动时，要充分考虑并分析学校的实际情况，因陋就简，遵循开展社团活动必须量"物"而行的原则。如体育类社团在组织活动时，要针对本校的场地和器材设计活动；计算机类社团在组织活动时，一定要考虑本校的计算机教室和网络情况；音乐类社团在组织活动时，一定要考虑学校现有的乐器和音乐教室的设备；科技制作社团在组织活动时，要了解学生或学生现有的原材料等。只有做到这些，才能让社团活动不增加学校或学生个人的负担，起到辅助教学，提升兴趣的作用。

3. 依人而行

所谓依人而行，是在组织社团活动时，要清楚活动需要动用的人力。这里的人力，不仅指学生，还包括活动需要的后备力量的支持，如专业的指导教师、专业的技术人员，以及相关部门或单位的人员。

首先看学生的力量。这里指的是学生的基础。因为学生社团是根据学生的兴趣爱好和特长而设立的，如果学生没有一定的基础，那么在社团组织的一些活动中就无法获得真正的体验或成长。一些活动，在组织活动前，要了解学生的基础，比如戏剧、舞蹈等，必要时要进行培养训练。

其次是指导教师。在组织社团活动时，一要考虑本校教师的能力和特长，以便在遇到问题时能找教师寻求帮助；二要考虑是否能找到相应的资源，找到可以提供指导的专业教师。比如，艺术兴趣小组要组织活动，就要考虑在本校是否可以找到相应的指导教师，或是否有外面的专业教师可以提供帮助。这样一来，才能扫清活动组织中的障碍，让活动真正达到效果，而不是表面热闹，无实质作用。

最后是家长。有些社团活动一定要与家长沟通交流，得到家长的支持才能组织训练，比如一些体育项目、艺术项目，一方面可能需要离校活动，另一方面活动可能产生费用，因此，都要征得家长的同意才能组织。

4. 做好沟通与管理

开展社团活动时需要完成活动规划、活动策划、活动准备、活动开展、活动协调以及善后等各个环节的工作，其中涉及很多小问题。这些环节和问题的解决，涉及社团内外、班级内外、学校内外等诸多的人力或物质等环节的协调。在活动的组织过程中，还要做好相应的管理。因此，在组织活动前，一定要充分考虑这些因素，提前想好沟通的环节、沟通的对象和管理的方法。

专题六　社团活动设计与实施

主题 2

社团活动的设计

科学设计丰富多彩的社团活动，对提升学生的综合素养起着积极的作用，有利于学生个体的全面发展，符合核心素养下的学生观。同时，社团活动的开展拓展了学生的发展空间，使其可充分发挥自身价值，对其全面成长具有十分积极的意义。

一、社团活动设计的原则

要确保社团活动发挥课堂学习的辅助作用，培养学生的综合素质，就需要在设计社团活动时，遵循以下原则。

1. 教育性和实践性

所谓教育性，是指在设计社团活动时，要立足于让学生通过参加社团活动，在思想、观念、知识、技能、能力乃至情感、态度、价值观上发生积极的，或深或浅，或大或小的变化。所谓实践性，是指设计社团活动时，要能让活动达到促使学生动手、动脑，而且在具体的情境中操作或体验，进而使之产生真实的情感体验的目的。比如体育社团组织比赛，文学社团组织创作活动，艺术社团组织摄影或编排舞蹈、话剧等，都要体现让学生参与实践，化知识为能力的特点。

2. 灵活性和针对性

所谓灵活性，是指组织社团活动要考虑学校的硬件条件、师资状况和学生的认知特点及能力水平，要灵活处理活动的规模、范围和专业程度，以便活动更加方便实施，更具操作性。比如，体育社团活动可以组织最为常见的篮球比赛，艺术社团可以组织歌唱，文学社团可以组织诗朗诵或读书会等。总之，用灵活的社团活动，为学生提供成长的空间。

所谓针对性，是指社团活动要有目标、有计划地开展，要具有可操作性，要给参与者更多的选择空间。因此，在组织社团活动时，一定要制订相应的计划或方案，且在其中明确指明活动的目的，比如为培养某项语文能力，为提升学生的文学作品改编能力或影视剧欣赏能力。活动的目标明确了，计划制订周全或完备了，活动组织起来自然就能少一些障碍，少一些盲目性，多一些针对性，活动效果自然就好了。

二、社团活动主题的确定

社团活动的主题是活动的核心，指明了活动的目标，有利于参与者在活动中明确目标，协调或调动自己的知识与能力。因此，社团活动主题的确定可以从以下几方面入手。

1. 以时间为线

所谓以时间为线，就是在确定社团活动的主题时，按一年、一个学期、几个月的时间线索确定相应的活动主题。比如摄影社团可以设计以"四季校园的美好"为主题的校内系列摄影活动，体育类社团可以设计一天的"晨跑"、一周的"周跑"，甚至一个月的"月跑"等。

2. 配合学校的活动

社团是依托学校而存在的，社团的成立，并不是只为某一届学生提供锻炼的平台，而是为整个学校提供一个实现梦想的机会，因此其活动一定要与学校的工作安排相协调。在设计主题时，可以考虑学校的具体工作安排或学习安排，有针对性地设计活动，这样不但可以达到资源合理利用的目的，还能提升活动的效果。比如，结合学校组织的五一劳动节活动，公益服务社团可以开展到社区进行环境保护的宣传活动；结合学校开展的重阳节活动，绘画社团可以组织"夕阳红"画展，将提前绘制的有关老人的画作展示出来。

3. 以节日为轴

所谓以节日为轴，就是利用一年的各个节日，形成拓展活动，比如利用元旦，文学社可以组织诗歌朗诵，手工社可以制作关于元旦的一些手工，舞蹈社可以编排庆元旦的舞蹈。不同的节日都可以拓展出不同的内容。

三、社团活动形式的选择

社团活动的组织，要在保证学生完成学习任务，且不影响学校正常教学秩序的前提下开展，要有益于学生的健康成长，有利于学校各项工作的正常开展。因此在活动形式的设计上，要充分考虑以上因素，灵活选择活动形式。

1. 讲座类

所谓讲座类，是指社团活动以向社团成员进行知识普及或技能传授为目标，邀请教师或相关人员，为社团成员进行知识的讲解或相关内容的介绍。这种活动的场地可以在学校轻松找到，如利用学校的会议室、多媒体教室或学生教室，针对社团的性质组织开展。

开学不久，某校的文学社就举办了一场题为"思接千载视通万里——文采从哪里来"的文学讲座。讲座由校语文组的教师兼作家郭老师主讲，社长李红主持，全体成员以及慕名而来的其他同学共60余人参加。讲座中，郭老师结合各种素材详细分析选材的方法与技巧,并在现场与同学们互动,举了许多精彩实例,得到学生听众的热烈反响。讲座有效解决了部分学生写作没有思想,空洞乏味,要么堆砌材料,要么颠三倒四,思路混乱,不知所云的问题。

2. 比赛类

比赛类的社团活动,可以有效地激发社团成员的内驱力,使社团成员互相切磋,提升能力,并促使成员在活动中反思自己,取长补短,学习他人,提升自己。这样的社团活动,在文化学习类、体育健身类、艺术兴趣类的社团中都可以组织。

6月24日,某校篮球社在校操场举行了一场篮球比赛,同学们本着友谊第一、比赛第二的宗旨全身心投入比赛中。同学们迅速分为两队,跳球争权,比赛一开始,便展开了激烈的对抗,积极争抢篮板,奋力拼搏,挥洒着汗水,打出了自己的风采。此次比赛为"双减"后的课余生活增添了色彩和活力,一方面增强了同学们的体质,锻炼了他们的身体,另一方面提升了同学们的团队合作能力。

3. 培训类

培训类社团活动以帮助社团成员提升能力为目的。这样的活动旨在提升相应社团成员的能力,具有针对性强的特点。比如,针对不同球类的社团开展的技术培训,针对话剧类社团开展的剧本写作培训,针对机器人社团开展的关于机器人操作的培训,等等。

为促进校新闻社团工作的开展,帮助社团成员更好地了解新闻稿撰写方式,某校记者社团专门于2021年5月21日中午,在校会议室组织了一场业务培训会。会上,语文组的刘老师、本地报社的金老师出席本次培训会。参加本次培训会的主要成员是社团的记者以及文学社的全体成员。会议上,刘老师给成员们讲解

专题六 社团活动设计与实施

了新闻的分类、新闻文体特点、新闻的定义等各项内容,主要强调了一定要记住新闻的六要素:五个W和一个H,五个W即表示"何时"(when)、"何地"(where)、"何人"(who)、"何事"(what)、"何故"(why),一个H表示"怎么发生的"(how)。金老师则结合自己的工作经验,给成员讲解新闻的标题、新闻的导语、新闻的主体和新闻的结尾等。此次培训会的开展使同学们对新闻的撰写有了初步的了解,以此更好地完善自我,提升自我,同时为以后的新闻撰写打下了良好的基础。

4. 实践类

实践类活动,是指社团活动立足于让其成员通过动手操作、亲身体验等形式,提升能力,强化知识与技能,形成某一领域或某一方面的感受和认知。这种社团活动可以在任何一个社团内组织与实施。比如,文艺兴趣类社团组织学生排演舞蹈,公益服务类社团中的绿色协会组织学生到社区捡拾垃圾,爱心社组织学生到养老院或儿童之家进行活动,这些都是实践类活动。

5月27日中午,尽管大雨滂沱,但某中学爱心社的30多名成员,还是在社长和校领导的带领下,开展了"爱心进社区"活动。他们冒雨行走在社区的街巷中,拿着一瓶瓶食用油,抬着一袋袋米,走进孤寡、特困家庭,给这些家庭送上端午节的祝福。此次活动向社区10户孤寡、特困家庭和九华山社区"爱心超市"赠送了钱物。

当然,社团活动的形式还有很多种,需要依据学校、学生和具体的情况灵活组织,科学安排,在此仅举以上四类,以供借鉴。

主题 3
社团活动的组织与实施

组织相应的活动，不但可以让社团生机勃勃，还能发挥社团的作用，促进学生成长，辅助学校教育或课堂学习。因此，不同类型的社团需要依据本社团的实际情况，科学组织和实施社团活动。

一、文化学习类社团活动的组织与实施

文化学习类社团包括不同学科的社团，如语文社、数学社、英语社等，也包括写作社、阅读社、口语社等。这些社团以提升学生的学习成绩为目标，为学生的学习提供辅助力量。因此，在活动的组织形式上要考虑社团的性质。

1. 组织形式

文化学习类社团可以依据成员的要求，或是学生学科学习的实际情况，设计相应的活动形式。下面介绍几种形式，以供参考。

（1）知识讲座。

学生的知识面相对较窄，不管是语文的听说读写能力，还是数学的思维能力，英语的口语和写作等，都需要知识的讲解和方法的指导。因此，可以定期组织知识讲座，邀请校权威的学科教师或学科名人，甚至一些学科的尖子生，谈一谈学习中的问题怎样解决，以及具体的学习方法或策略，以此帮助学生提升相应

专题六 社团活动设计与实施

学科的学习成绩。

为提高学生的学习能力,培养学生良好的学习习惯,转变初中时的学习方法,有效地学习高中数学,切实提高学生的学习成绩,找到适合自己的学习方法,科学合理制订各自的学习计划,某校数学社团利用星期三下午活动时间,在录播室开展"怎样学习高中数学"专题讲座社团活动。活动中,数学教师就预习、听课、做笔记、复习等方面做了详细的介绍,并结合自己的学习经历介绍了怎样理解知识点,掌握知识点,遇到问题时是怎样解决的。同时,社团成员有问题可以及时提出来。教师耐心解答学生的疑问,解决学生的困惑,为全体社团成员做了一次富有成效的专题讲座。

(2) 专题文化节。

这项活动可以充分体现学科互相渗透的原则。举办校园专题文化节,学生会加深对某一文化的理解,同时也能提高鉴赏能力、研究性学习能力。举办专题文化节最好与乡土文化相结合,以本土文化为教材,这样,学生容易有感而发,研究也容易出成果。

某校文学社在学习了"民俗民风"的相关内容后,举办了民俗民风文化节。文学社成员一起研究家乡的民风民俗,书写家乡的民风民俗,宣传家乡的民风民俗。这一活动获得了良好的效果。学生更多地留意了身边的事物,明白了"一方水土养一方人"的内涵,激发了热爱家乡的热情。

(3) 展示活动。

这种形式的社团活动是将学生的社团活动成果展示出来,以提升学生的活动乐趣,并让学生将知识学以致用。活动在学生的实践活动的基础上,将学生动手实践的成果展示出来。展示的内容包括语文的创作、数学的探究成果、化学的实验发现、物理的调研报告等。展示活动让学生认识到,知识的习得除了来自课堂,还要做到"从生活中来,到生活中去",使之意识到学习知识的用处,当然也提升了他们的学习兴趣。

除此之外，文化学习类社团活动，还包括开展实践活动、编演剧本、办手抄报等诸多形式，在此不一一介绍。总之，一切活动都要立足于发展学生的能力，引导学生不断丰富知识与提升认识。

2. 实施要点

在确定社团活动的组织形式后，文化学习类社团活动在实施的过程中，要注意把握以下几点。

（1）要注意富有趣味。

活动的内容和形式，都要具有新奇性，以激发学生的学习兴趣。同时要依据学生的年龄和思维特点，科学确定活动形式。比如，针对小学低年级学生的思维以直观形象为主，在组织活动时就可以多选择游戏类活动。

（2）要贴近学生的生活。

文化学习在学生的印象中，原本就是课堂上的讲授，因此在组织社团活动时，就要打破这种界限，不但形式要灵活，而且选择的活动材料也要贴近学生的生活。这样一来，学生就会因为遇到自己过去经验中熟悉的，与自己未来目标相联系的事物，而产生主角感，对活动产生浓厚的兴趣，从而乐于参与活动，且能做到集中精力。

（3）要与学生的课堂学习相联系。

组织社团活动如果局限于课本内容，学生会感到乏味；如果脱离课本内容太远，学生会感到厌烦。正常的激励水平应在上述二者之间找到一个平衡点，因此选择的内容应符合学生的知识水平。

二、科技类社团活动的组织与实施

科技类社团包括科技兴趣小组、科学课外班、第二课堂、××科学（科技）竞赛队等。如果说科学课堂是科学教师完成科学教育与教学任务的主战场，那么科技社团则是科学教师完成科技辅导员任务的阵地。

专题六 社团活动设计与实施

1. 组织形式

组织好科技类社团活动，可以开阔学生科学视野，培养学生科学兴趣，全面提升学生创新意识和创新能力。下面几种活动组织形式，可供参考。

（1）科技竞赛。

组织科技竞赛，是科技类社团活动的组织形式之一。这一形式可以促使学生深入理解科学、技术与社会的相互关系，激发其对科学的兴趣，培养他们对社会的责任感。这一活动形式可以围绕着科技小制作、科技小发明、科技创新、电脑应用等展开。

某中学为推动"双减"往"实"往"深"里走，大力推进课后服务课程建设。校科技类社团助力"双减"，组织了校园编程大赛。比赛分两个阶段进行，分别为创意编程竞技和创意程序设计。58名参赛选手以优异的成绩，证明了科技类社团活动的圆满成功。比赛给学生提供了展示自我和表达创意的平台，也让他们用行动证明了自己的能力。

（2）实验探究。

科技类社团活动离不开实验探究。这种活动形式，让学生将所学的知识、掌握的技能在探究活动中加以运用，使学生初步领会科学的方法论，提高其观察能力、思维能力、创造能力和实践能力，从而促进其科学素质的全面提高。

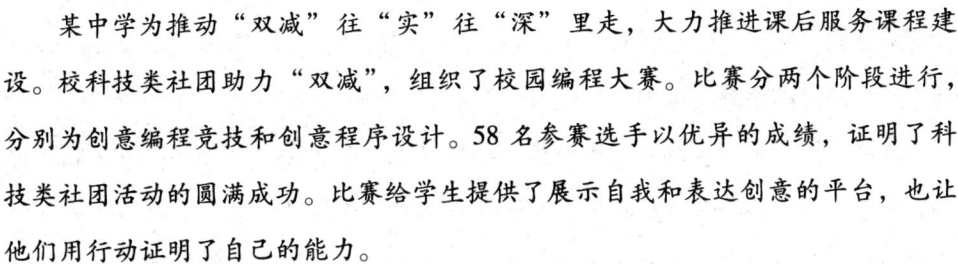

制作植物标本活动

某学校的生物社团，结合生物课堂知识，组织了以"制作植物标本"为主题的活动，以帮助学生加深对植物的特点的感性认识，培养动手能力，让学生在紧张的学习氛围中得到适当的放松。活动开始前，学生先观看了一个教学短片，了解了植物标本的制作过程，然后通过观看实物，了解制作标本时需要用到的材料，最后从教师手里领取采集工具。在听了教师介绍的关于采集的注意事项，明确了自己的任务后，学生们开始在校园内采集自己喜欢的植物，并学习辨认植物的形态学特征，了解植物属于哪个分类单元。采集完毕后，学生将植物进行整理，放上吸水纸和瓦楞纸后，分批放入标本夹中，并用绳子进行固定。

本次社团活动将更多的时间放在引导学生自主采集植物上，不仅扩大了学生对植物种类的认知范围，也让他们学到了一定的分类学知识，实现了"做中学"的目标，真正体现学生在学习过程中的主体地位，培养学生发现问题、解决问题的能力，更好地落实生物学核心素养的培养。

（3）项目实践。

在科技类社团活动中，项目实践活动让学生在充分的实践活动中，通过观察、操作、猜测等方式，培养探索意识，学会运用所学的科学知识和方法解决一些实际问题，培养学生探索科学的兴趣，提高创造能力，发展科学思维和问题意识，使社团活动更具生命力。

纸箭飞梭——纸火箭远准赛是第三、第四届广东省青少年科技创新实践能力挑战赛的小学组比赛项目。这一参赛项目的完成，就是以科技社团的组织活动形式进行的。在活动中，教师让学生自由组成小课题组，团结协作，解决小课题中遇到的难题，学生从火箭的造型入手，找资料，看图片，动手制作自己的小火箭，经过不断提出问题，不断验证，一次次提出新的设计，一次次推翻重来的过程，最终设计出参加比赛的纸火箭的最佳造型，创造性地完成课题研究任务，取得了丰硕的成果。

这样的科技类社团活动，是学校课堂教学的有益补充和拓展，既为学生所喜闻乐见，又能够很好地培养学生的科学精神和实践创新能力。

除了以上活动形式，还可以组织科技讲座、论文创作、培训指导等相关活动，培养学生的自主创新能力和实践能力，提高学生的动手、动脑能力，让学生真正做到学科学，讲科学，用科学。

2. 实施要点

科技类社团在学校的活动中，借助于组织活动，起着传播科学知识，传授科学方法,培养科学思想、科学精神的作用。在实施活动时,要注意以下要点。

(1) 要明确教师的作用。

在科技类社团活动中,教师发挥正确的作用是活动成功的关键。因此,在实施活动时,教师要明确以下几点。

一要在设计活动时注重和生活紧密联系,以便学生发现问题和实践操作,要利用学生对周围事物的好奇心,引导学生仔细地观察、思考生活中各种各样的问题,促使学生从生活中找到探究的主题。

二要积极主动地调动学生的"学",灵活定位自己的角色,以促使社团活动顺利完成。要在学生遇到技术问题无法解决时,鼓励学生自学,利用视频资源、文字资源等获得信息或启发,还要鼓励学生采取"自助式"的问题解决方式。根据兴趣组建的社团中,有的学生已经接触甚至掌握了相应的科学技能,因此,教师可以组织学生相互交流、相互学习。

三要善于利用自己手中的资源,帮助学生解决问题。比如在遇到无法解决的技术问题或指导问题时,要主动"借力",或是请求其他教师、同学的帮助,或是利用家长资源,但要注意尽量不要让家长为难。

四要在组织社团活动时,将自己定位为"研究活动的一员",与学生共同确定研究问题,找寻解决问题的思路,组织社团成员通过完成实验方案而共同获得研究成果。

总之,在科技类社团活动中,教师不仅要做指导者,还要成为社团成员的好伙伴、好参谋,甚至好后勤人员,在帮助学生成长的同时,提升自己的专业技能。

(2) 要循序渐进。

科技类社团的性质,决定了其活动成果不是短时间可以取得的,因此在活动的实施中,要注意分阶段、分步骤,要循序渐进地组织活动。

第一阶段:紧密结合教材组织科普活动。可以组织学生按照科学教材的内容进行科普实验，提高自己的科学技能，使学生掌握必要的基础理论知识，为即将进行的科技活动指明方向。

第二阶段：科技制作（趣味制作）。可以通过制作和展示各种小发明、小制作，培养学生的识图能力和使用各种工具的技巧，提高动手能力。

第三阶段：项目实践——小发明（创新设计制作）。可以让学生自己设计并编写创意说明书。培养学生的创新思维和意识，帮助学生实现可行性高的一些创造。

（3）要做好活动记录。

科技社团活动的长期成果是学生科学素养和创新能力的发展，学生的每一项科学实践经历，对他们的成长都是有益的。因此要注意做好活动记录，这样一方面可以见证学生的成长，激励学生，另一方面，活动记录可以成为宝贵的资料，提供借鉴。

（4）活动要与学校发展相协调。

学校一般都有中长期或者短期发展愿景，科技社团的活动要主动融入学校的发展愿景，要紧跟学校发展的节奏，获得学校的支持。因此，社团的活动要尽可能与学校文化找到融合点。比如，生物社团可以结合学校的阅读文化节活动，组织学生写种植日记，把种植日记以图文结合的方式做成黑板报、手抄报，甚至可以制成绘本手册在校园里推广，在增进学生种植体验的同时提升其人文素养。这一点，可以在制订社团活动计划的时候就体现出来。

三、文学艺术类社团活动的组织与实施

文学艺术类社团活动是学校实施艺术教育的主渠道之一，它在丰富学生校园文化生活，发展学生兴趣与特长，促进学生全面发展等方面，发挥着不可估量的作用。

1. 组织形式

"双减"政策实施后，文学艺术类社团在校园文化建设中起到了巨大的推动

专题六　社团活动设计与实施

作用，让学生有机会进一步接触文学艺术，进一步了解文学艺术，并在多种形式的活动中受到文学艺术的熏陶，培养审美素养，提升综合素质。

（1）表演活动。

文学艺术类社团不是立足于枯燥的学习，而是组织一些形式活泼的社团活动。比如，文学社可以针对语文学科，组织成员自选课文改编成课本剧公开展演，学生在改编、排练、演出的过程中，阅读能力、写作能力、交际能力、表达能力都会得到大幅度提高；美术社可以组织现场临摹、剪纸、面塑、泥塑等活动，让大家欣赏美，对美术产生浓厚的兴趣；舞蹈社团可以利用节日组织舞蹈表演，在音乐舞蹈中表现美，感受美，使学生增强自信，学会展现自我。

某中学文学社成员自编自导，公开演出了话剧经典《雷雨》，赞叹声连连。在学校的多媒体教室，经过精心准备，文学社的课本剧《雷雨》正式拉开帷幕，演员再现了周朴园、周萍、鲁侍萍、鲁大海等人物形象。精彩的演出，博得台下观众的阵阵掌声。演出结束，观众纷纷要求和参演同学合影。

文学社举办表演活动很容易激发学生学习语文的兴趣，加深他们对课本的理解，很好地对课堂教学进行广度的延伸，是促进学生全面素质提升的一个重要的手段。

（2）展示活动。

艺术类社团中的书法、水彩、泥塑、精微素描等社团的作品展示，文学社团的作文、发表的文章的展示，舞蹈社团和钢琴、电子琴、古筝社团的演出等成果展示，以美启智，以美育人，培养了学生人文精神，提高了学生审美素质，为热爱文学艺术的学生铺就生命的艺术底色，为他们提升成功的底气，唤起其内在的学习动力和成功的渴望，增强其自信心，为学生储备一生的美好与幸福。

经过一个多月的作品征集和精心筹备，某中学高一年级学生美术社团绘画作品展在校本部中楼大厅举办。从300多幅作品中选出60幅呈现在大家面前，展现了校社团美育的优秀成果。展览作品主题健康向上，内容丰富多彩，获得了参观师生的高度评价，广大师生通过观看展览，开阔了视野，丰富了知识，交流了感情，振奋了精神，审美情趣和文化品位得到进一步的提高。

（3）培训活动。

文学艺术类社团还可以定期组织培训学习活动，针对学生在写作、绘画、舞蹈等方面的学习与提升，进行专业的指导和训练。文学社可以进行写作技法的培训，解决学生在写作中遇到的问题，对学生的作品进行品评；美术社可以利用培训活动对学生进行美术专业技能的指导与训练；舞蹈社可以利用培训在进行技能技巧和基本功训练的同时，针对学生编排的舞蹈进行动作以及表情、身体的协调性等的指导；等等。这样的培训活动，对学生夯实基本功、提升专业知识起到了重要的作用。

某班文学社采用分散和集中相结合的原则，定期对学生进行培训，比如对本班的同学利用作文课进行指导，对其他年级的学生则利用课余时间进行分散学习指导。在实践中，文学社把语文教学和文学社活动很好地结合起来，让学生进行诗歌创作、对联创作、优秀作文创作活动，并针对创作的作品有针对性地进行指导和培训。为了打好写作基础，文学社有针对性地进行景物描写、人物描写、场面描写、细节描写、补写等活动的指导和培训。通过这样的活动，学生学会了抒发个人情感，学会了体悟生活，学会了书写自己，极大地调动了创作热情。

2. 实施要点

文学艺术类社团组织各类活动旨在通过活动，提升学生的专业技能和专业知识，促进知识技能的实际应用，积累相应的知识与经验，培养学生的能力，达到综合素质培养的目的。在组织和实施这些活动的过程中，要注意把握以下要点。

（1）明确社团活动的目标。

社团活动的目标是以文化基础教育为主，通过教师的专业引导和有针对性的训练，让学生对知识的掌握经历从理解到实践检验的过程，进而培养学生的各项能力，提升其综合素质。因此，在组织活动时，要以此为根本，融合多种方式，依据学生的年龄和基础，灵活地组织活动。这一目标的明确，可以在每次的活动计划中加以体现。

<h3 style="text-align:center">文学社学期活动计划</h3>

本学期，在扎实做好校园文学社基础工作的同时，继续开展丰富多彩的文学活动。此外，吸引更多同学投身文学社活动，并加强计划与指导，使活动向规范化、经常化发展，让活动取得实效与长效，使校园文学社成为七中校园文化的一道亮丽风景。

一、常规工作

1. 搞好每周二的写作培训及文学沙龙活动，计划邀请校外或校内的一些优秀教师与成员们进行交流，使成员们更深入地了解文学，提高写作能力和文学鉴赏能力。

主要成员：七年级。

活动时间：每周二下午第七节、第八节课。

活动地点：学校南报告厅。

2. 拓宽成员作品发表渠道，继续向各类报刊推荐学生的优秀作品，多方位完善、展示文学社形象，提高文学社的影响力。

3. 做好《馨荷》社刊的编辑出版工作。

4. 继续完善文学社网站建设，增设QQ群，为文学社成员提供交流平台。

5. 做好文学社档案的整理工作，如建立文学社成员档案资料卡，包括学生详细资料、星级评定、作文发表登记等。

二、具体计划

3月

1. 制订新学期文学社工作计划。

2. 通过考试方式从新初一学生中招募新成员。

3. 召开新成员、社团干部会议，布置全学期文学社工作。

4. 布置文学社活动室，精心打造自己的"家"。

4月

1. 做好参加第十四届"叶圣陶杯"作文大赛复赛的投稿工作。

2. 召开一次文学社成员写作经验交流会。

3. 为迎接4月23日第21届世界读书日，举办"亲近文学，诵读经典"演讲活动。演讲内容必须为成员自创，选材可为近期阅读的书目。

5月

1. 面向全校学生征集期中考考场佳作。

2. 校园文体节期间，在全校范围内举行第四届"馨荷杯"现场作文大赛，并展出获奖作品。

6月

1. 举行一次与其他校文学社的联谊活动，互相学习、共同提高。

2. 邀请市文联作家来文学社开展讲座。

7月

1. 召开学期末社团总结表彰大会，对学期中表现优秀的成员颁发奖品和荣誉证书。

2. 带领部分成员去北京参加第十四届"叶圣陶杯"现场作文决赛。

8月

带领优秀成员外出采风，开阔视野，积累素材，完成一篇游记散文的写作任务。(地点待定)

本学期，我们将尽最大努力按计划完成各项工作内容，相信在我们的共同努力下，学校文学社会越办越好、越办越精彩！

专题六 社团活动设计与实施

（2）结合学生的情况组织。

在组织各类社团活动的时候，一定要从学生的爱好和需要出发，通过开展多种形式的活动，为学生提供灵活而丰富多彩的学习空间，以达到激发学生的潜在智能，促进学生个性特长发展的目的。

（3）体现社团活动的特点。

既然是社团活动，就要体现社团活动的特点，要注意因材施教，因地制宜，根据本校的教学设备、学生的兴趣爱好等来确定活动的内容和形式，要体现教育性、科学性、实践性、思考性、趣味性、自主性、开放性、层次性，要渗透国情意识、竞争意识、经济意识、民主意识、合作意识，要注意提升学生的创造能力、应变能力、交往能力、组织能力等。

（4）要灵活安排活动时间。

在组织活动时，要注意灵活安排活动时间，可以采取固定时间与不固定时间相结合的形式，比如每周确定一个固定的时间段进行活动，其余的活动则可以利用课余的零散时间，也可以让学生自愿到指定的社团活动地点开展活动，以满足不同学生的兴趣需求。

（5）要对活动进行反思与小结。

社团活动情况的反思与小结，对社团的成长和水平的提高起着至关重要的作用。活动的反思与小结可以从两个方面进行：一是就活动过程中学生的表现进行小结，肯定好的方面，表扬表现好的学生，同时，也要提出问题，鼓励学生继续努力；二是就活动内容的实施和解决情况进行记录和反思，根据实际情况来确定下次活动的内容和要注意的问题。

（6）要实施有效的评价。

有效的评价更能激发学生的学习兴趣和热情，在社团活动中，可以采取平时表现和定期评价相结合的方法。平时表现可以在日常活动过程中以作品展示、阶段性测试等方式进行，并编制相应的表格进行记录，作为总体评价的依据。阶段性评价，一方面以学期考勤、整体表现为参考，分成员自评、分组评价、成员互评、教师评价等方式进行；另一方面社团也可以制定相应的考核内容，严格进行考试，最后打分评价。

当然，针对最终的评价结果，要对表现优异的学生进行适当的语言及物质奖励，为团体成员树立好榜样，以此激发其他学生的学习动力。而对后进的学生，则一定要及时了解原因，和学生谈话，帮助学生进步。

四、体育健身类社团活动的组织与实施

体育健身类社团是在各体育单项基础上形成的，以各项运动项目为主要活动形式，学生自我组织和自我管理，利用课余时间开展各种体育活动。由于体育项目不同，社团可以分为篮球社团、排球社团、乒乓球社团、毽球社团、田径竞技社团、珍珠球社团、健美操社团等。由于活动规模不一，活动时间不定，形式自由，在组织此类社团活动时，形式要科学，注意实施要点。

1. 组织形式

健康的体魄是青少年为祖国和人民服务的基本前提，是中华民族旺盛生命力的体现。体育健身社团发展是校园文化中最简单明了、最直接的体现，是中小学校园文化的重要组成部分。

作为体育课的延伸，体育健身社团活跃了校园的氛围，最大限度地满足了学生对体育锻炼的需求，陶冶了学生情操，有利于学生身心健康发展。

（1）培训讲座。

体育健身类社团，定期开设学习讲座，可以引导学生进行理论学习，剖析学生在训练或活动过程中的心理状况，指导学生学习各个项目的基本知识、基本技能，并学习各个项目的竞赛规则或游戏规则等，针对学生基本应用水平进行训练指导。这样的培训讲座对学生科学锻炼意义重大。除此之外，还可以采取培训讲

座的方式，对学生进行运动安全教育、损伤的处理方法的培训。

某校开设的田径社团、排球社团、武术社团、啦啦操社团、毽绳社团、体适能社团等定期组织有针对性的培训活动。各社团结合日常课程安排以及学生的实际情况，包括身体、心理、年龄特点以及不同项目的运动特征，合理利用相关的资源进行培训指导，不断提高学生的身体素质，培养学生顽强拼搏的体育精神。社团成员水平不断提高，多次在区、市比赛中获奖。

培训活动可由教师或专业教练，结合学生的实际问题进行指导，也可以采用看录像、学习理论知识或体育精彩集锦的方式进行。培训过程中可以适时组织一些小型比赛和游戏，既丰富社团培训的内容，又提高学生的实战水平。

（2）竞赛活动。

体育作为一种竞技性活动，除了可以帮助学生强身健体，还有利于提升学生的上进心和竞争意识。竞赛活动则是体育健身类社团经常组织的活动。通过不断参与各种比赛，学生的技能得到提升，积累了丰富的经验。竞赛活动的组织可以分为定期或不定期、正式或非正式的方式，可以依据学生的学习情况、学校或班级的工作安排灵活调整。

某小学武术社团，利用大课间组织竞赛活动，同学们在互相较量中，检验学习成果，提升了防身自卫能力，达成了增长劲力、抗击摔打、培养道德情操、弘扬民族精神的目标。在层级性的比赛中，他们的武术操、太极拳、太极剑、太极扇等水平，不断得到提升。

（3）表演展示。

体育健身类社团的活动，除了培训讲座、比赛竞技，还可以表演展示的形式组织。这是因为体育本身就是一种力量的美，无论是有力的武术动作，还是融入了力与柔的健美操，不但可以给人带来美，还能培养人的审美素质。因此，不妨组织表演展示，将活动内容与教育性、艺术性相结合。采用适合学生的年龄特点的方式来组织社团活动，不但有利于提高学生的运动兴趣，还能增强集体意识和荣誉感。

▶▶▶▶▶ "双减"背景下学生综合素养活动的设计与实施

为了促进学校艺术团队建设，活跃校园文化生活，某校健美操社团举办了一场别开生面的期末健美操汇报活动。活动分为队员的表演及教练的点评两个部分。在表演部分，社团队员们将明亮灿烂的笑容、动感有力的动作，健美操的激情和活力淋漓尽致地展现在大家面前，赢得了在场领导、教师、家长、同学的热烈掌声和喝彩。在点评部分，教师准确到位的点评，给队员以激励和信心。

2. 实施要点

科学、合理地组织体育健美社团活动，不但可以使学生的综合素质得到较大的提升，而且可以培养一大批特长生。为此，在组织和实施活动的过程中，为了达到实效，除了要制订相应的社团活动计划，还要从以下几个要点入手。

（1）制订科学的活动计划。

排球社团活动计划

一、活动主题

为了提高学生排球运动的水平，活跃校园气氛，让学生在课余时间学到更多的知识，结合学生的实际情况，在确保学习效果的前提下，特制订本学期排球社团的活动计划。

二、活动目的

1. 使队员能坚持学习、训练，认真刻苦，服从指挥。

2. 掌握基本的排球技术，包括垫球、传球、发球，了解基本的排球裁判常识等。

3. 提高排球队员的身体素质。

三、活动时间

周一至周四 19:30—21:00。

四、活动地点

室内排球馆。

五、活动内容

1. 3月19—22日：垫球。

2. 3月26—29日：传球。

3. 4月2—5日：复习垫球、传球。

4. 4月9—12日：扣球。

5. 4月16—19日：发球。

6. 4月23—26日：复习扣球、发球。

7. 5月7—10日：学习基本的排球裁判常识。

8. 5月14—17日：学生自行学习。

9. 5月21—24日：社团成员自行组织比赛。

10. 5月28—31日：社团成员进行垫、传、扣、发球的配合练习，组织社团学生组队报名参加排球社团内部的排球比赛。

11. 6月4—7日：学生比赛，学生执裁。

12. 6月11—21日：排球社团学生进行排球比赛。

13. 6月25—28日：比赛总结，放松，娱乐排球。

六、活动对象

自愿报名参加排球社团的全体学生。

七、活动注意事项

1. 每次活动每位队员都必须准时参加。

2. 每次活动都要服从教练的安排与指挥。

3. 每次活动结束必须进行总结，并根据队员的表现给予适当的评价。

4. 在活动过程中，懂得自我保护，防止受伤。

由上述案例可以看出，活动计划的制订要周全，不但要包括具体的活动目标、活动内容、活动对象和活动时间、地点，还要指明活动的注意事项，将活动的管理体现出来。在注意事项中，强调了运动的安全，更体现了将安全放在第一位的意识。

（2）确保活动的科学性和内容的系统性。

社团的活动是面向部分学生的，除了要有组织、有计划地进行，还要注意活动的科学性和内容的系统性，以确保达到强健学生身体的目的。为此，在社团活动的时间与内容的安排上，除了要积极征求学生意见，尽可能避免出现学生学习与社团活动的时间冲突，并结合不同年龄段学生的实际来对每次活动时间做出恰当调整，以此来避免学生产生厌倦感，确保活动效果。同时，在项目内容的设计上，还要根据学生身心发展特点、兴趣爱好等，适当增设一些竞赛、校外参观等活动。在传统项目基础上，结合本校实际条件，多开设一些有特色的校本课程，以此来全面适应学生兴趣爱好，优化社团活动的内容。

（3）严把安全关。

虽然社团活动坚持自愿参加和普及提高的原则，让学生在运动中提升身体素质，启迪智慧和陶冶情操，但安全始终是活动中首要关注的问题。社团不但要建立规范的运动规则和要求，以规范学生的运动行为，还要对学生的身心健康进行跟踪管理，每学期结束要对学生做出全面评价，把特长技能提高和学生品德行为培养相结合，引导学生树立身心健康协调发展的意识，树立学会做事要先学会做好学生的意识。

（4）及时做好沟通协调。

社团活动作为学校教育的一部分，需要每个家庭和社会的配合。而每一位学生都离不开家庭和社会，因此社团在组织活动的同时，要将关心每一位学生的健康成长当作责任，应该在学校、家庭和社会之间建立一个立体化的教育教学"网络"，共同为增强学生的身体素质服务。为此，在严格管理的同时，要注意与学生本人、家长做好沟通。社团要建立学生社团活动档案，及时掌握学生的学习、锻炼、身心健康状况，并及时向学生及其家长提出健康指导意见或建议。

指向"双减"的教学、作业与课后服务 丛书

"双减"背景下
作业的创新设计与批改

主　　编 ◎ 李贝贝　王晓丽
副 主 编 ◎ 吴　琼　安　颖
参与编写 ◎ 刘梦雪　孙凯旋　荣　菲　徐甜甜
　　　　　　陈　艳　戚文晓　李亚琪　任慧杰
　　　　　　李茂荣　刘丛丛

世界知识出版社

图书在版编目(CIP)数据

指向"双减"的教学、作业与课后服务.4,"双减"背景下作业的创新设计与批改 / 李贝贝,王晓丽主编. -- 北京：世界知识出版社,2022.7
ISBN 978-7-5012-6539-8

Ⅰ.①指… Ⅱ.①李… ②王… Ⅲ.①中小学—学生作业—教学研究 Ⅳ.①G632.0

中国版本图书馆 CIP 数据核字(2022)第 080218 号

责任编辑	侯奕萌
责任出版	赵　玥
责任校对	陈可望
封面设计	郝亚娟

书　　名	《指向"双减"的教学、作业与课后服务》丛书 "双减"背景下作业的创新设计与批改 "Shuangjian" Beijingxia Zuoye de Chuangxin Sheji yu Pigai
总 主 编	严育洪
主　　编	李贝贝　王晓丽
出版发行	世界知识出版社
地址邮编	北京市东城区干面胡同 51 号(100010)
网　　址	www.ishizhi.cn
经　　销	新华书店
印　　刷	三河市人民印务有限公司
开本印张	710 毫米×960 毫米　1/16　16 印张
字　　数	300 千字
版次印次	2022 年 7 月第一版　2022 年 7 月第一次印刷
标准书号	ISBN 978-7-5012-6539-8
定　　价	48.00 元

版权所有　侵权必究

前 言

在 20 世纪末，国家就提出要"深化教育改革，全面推进素质教育"，山东省也在 2004 年启动新课改项目，各级、各类、各阶段学校都在积极响应，根据新课改的要求，更新教学方式，稳步推进素质教育。但是，在作业布置与批改方面，很多学校仍然延续传统模式。随着新课改的不断深化，传统作业模式的一些弊端，如作业设计的单向性、作业答案的绝对性、作业形式的封闭性、作业评价的单调性、以学科为中心而忽视学生的差异性等，日益成为推行新课改和素质教育的绊脚石。

新课改下的作业设计应该立足于学生核心素养和能力的培养，强调培养学生积极主动的学习态度，不仅通过作业巩固学生的基本知识和基本能力，达到素质教育形式下对于学生基础知识和基本技能的"双基"要求，更要侧重促进学生形成正确的价值观念，适应学生不同发展诉求，培养学生符合全面发展的要求，拉近学生与现实生活、现实社会问题的距离，激发学生的学习兴趣，使学生积累社会经验，从而进一步培养学生主动参与、乐于探究、合作交流、发现问题、分析问题、解决问题的能力。基于当今教育改革的要求，出现了比较流行的作业设计形式，比如录音作业、课本剧作业、调查实践性作业、分层作业、弹性作业、个性化作业等丰富多样的作业类型。这些创新形式的作业，是对传统作业模式的大胆创新、勇敢尝试，必定为新课改深入推进注入新的力量。

2021 年 3 月，教育部提出了做好中小学教育教学工作的八项举措，其中明确要求"着力强化学生作业管理，鼓励布置分层作业、弹性作业、个性化作业，基于学情分析下的作业，坚决克服机械、无效作业，认真分析学情"。2021 年 4 月

12 日，教育部办公厅印发了《关于加强义务教育学校作业管理的通知》，要求创新作业类型方式，针对学生的不同情况精准设计作业，根据实际学情精选作业内容，通过作业精准分析学情。为贯彻会议精神，在一线教学中，教师也应该采取相应措施落实"减负"政策。课外作业的设计就是很好的着眼点，优化课外作业设计，减少机械性、重复性的作业，让学生真正能够从作业中有所收获，为学生减负，为教学增效。

2021 年 7 月 24 日，中共中央办公厅、国务院办公厅印发了《关于进一步减轻义务教育阶段学生作业负担和校外培训负担的意见》（以下简称《意见》），提出"全面压减作业总量和时长，减轻学生过重作业负担"。"双减"之下，全国各中小学校迅速开展了有关作业改进的实践和探索，取得了一系列的成果。但当前仍存在学生作业数量多、质量不高等问题。因此，当前研究和关注的重点问题是如何真正地、更加有效地减轻学生的作业负担，切实满足不同学生的个性化需要，从而进一步发挥作业的育人功能。

"双减"政策下，提倡对学生施行素质教育，侧重培养学生的知识运用能力。并且，现在中小学生课业负担过重、压力过大，严重影响了学生的学习积极性，遏制了学生个性发展，实现"双减"至关重要。通过"双减"，减轻学生课业负担，将作业可操作性、可检测性落到实处，切实做到通过作业布置帮助学生理解、掌握课堂基础知识和基本能力，使学生的思维能力得到拓展和提升，激发学生的学习兴趣和潜能，进而培养学生的学科核心素养和综合能力。

综合以上研究，我们得出结论："双减"背景下的作业设计应该依据课程标准，充分考虑不同学生的个性特征和能力，设计内容、数量、要求和形式各不相同的作业。学生可以根据自身需要来选择适应其能力发展水平的作业，从而使每一个学生的个性都能得到发展。"双减"背景下的个性化作业的特点在于"减负""提质""增效"。即一方面，各学科要在严格控制书面作业总量的基础上，积极创新作业形式，增加作业的趣味性、实践性、开放性，切实减轻学生负担；另一方面，除了传统作业中所体现的巩固知识目标，个性化作业更多地考虑了学生的个性化发展需要，为不同学生的全面发展提供助力。

作业作为巩固学生基础知识和基本能力常用的方法之一，只有发挥其最大的实用性，才能收到事半功倍的效果。但是，传统作业设计的种种弊端，致使作业流于形式，学生敷衍塞责，反而收不到应有的效果。

本书的一些观点论述切合了新课改，在"双减"政策的大背景下，从不同类型作业的设计角度，为在新课改和国家"双减"政策下如何高效地完成作业设计提供了理论支撑和一些经典案例，包括弹性作业设计、个性化作业设计、基于学情的作业设计、分层作业设计和基础性作业设计等。

弹性作业的设计立足于不同水平的学生对于作业的要求，引导学生根据自身学习能力、学习水平，自主选择合适的作业，提高学生学习兴趣，激发学生学习主动性，提高学生学习能力，提升学生已有的核心素养，培养学生正确的价值观。同时，设计相应的弹性作业，学生可以自由选择、自主学习、合作探究，使得不同学生的能力都能得到不同程度的提高，学优生能够"吃得饱"，学困生的作业压力能够减少，大大减轻了学生的课业负担，从而提高学生的作业效率，真正达到事半功倍的效果。

学情既有共性，也有个性，是复杂的，也是多变的，针对不同的学生需要采用不同的教学手段与活动，即"因材施教"。一切教学活动应以学情为原点，其中，作业正是这样一种重要的教学活动。《意见》指出，要"发挥作业诊断、巩固、学情分析等功能"[①]。对学生来说，作业是提高自我学习质量的重要方式；对教师来说，作业也是诊断学情、巩固知识、反馈教学效果的必要途径。因此，作业的设计与评价也要坚持以学情为原点。

"双减"背景下的"个性化作业"是指，依据课程标准，充分考虑不同学生的个性特征和能力，基于全面、群体、具体的学情分析，基于教师评价手段的多样性、灵活性，改变传统的作业模式，在教育思想、教育理论的指导下，在深入研究全体学生全面发展的学情的基础上，教师根据每个学生的具体个性特征（包括年龄因素、语言潜能、知识水平、认知风格、学习策略、学习需求和兴趣爱好等）设计适量的作业，使不同层次的学生都能选择出适合自身发展需求的个性化作业，从而获得成功的喜悦，增强自我效能感，个性得以充分、自由、全面地发展。

---

① 《关于进一步减轻义务教育阶段学生作业负担和校外培训负担的意见》，人民出版社，2021，第4页。

学生的身心发展有着共同的特点，但其学习目的与动机、学习习惯与方法、智力水平与接受能力等方面存在着差异，这些差异反映在学习成绩上，往往形成优等生、中等生、学困生三类学生。教师设计作业，通常都是统一题目，这不利于学生通过作业练习在自己的"最近发展区"得到充分发展。作业评价也是用统一标准，或好或差，或对或错，这样也不能调动全体学生（特别是学困生）的积极性。为了使作业设计符合各类学生的实际，使作业评价更有实效，布置作业时应遵循因材施教的原则，根据学生的个性差异，设计阶梯式的作业与练习，供不同层次的学生选择。这种弹性作业的设置在当前课改形势下显得尤为必要。

分层作业设计可以调动全体学生的积极性，使他们在不同程度和不同方面均有收获，让学生最大限度地感受到成功的快乐，对于激发学生学习兴趣、促使学生主动获取知识、提升学生能力和核心素养、大面积提高学生学习成绩是非常有效的。

很多学生成绩不理想不是因为难题失分，而是基础题失分较多。通过试卷分析，我们发现是因为他们没有牢固地掌握基础知识，很多教师的教学进度很快，以致学生前面的内容还没有透彻掌握就又要学习新的知识，最终导致他们很多知识都学不扎实，基础不牢。给学生设计作业要围绕课程标准和教学目标，根据学生的实际学习水平和课堂的教学内容设计出具有基础性和针对性的作业，借助基础作业令学生掌握扎实的基本功。只有掌握了基础知识，才可以更快更好地学习更深层次的知识。

不同类型的作业并不是孤立的，弹性作业设计、个性化作业设计、基于学情的作业设计、分层作业设计和基础性作业设计等类型的作业都是相互联系、彼此相关的。只要是作业设计就要考虑到学生的差异性，都要遵循学生的身心发展规律，都需要考虑学生的学习情况的层次性等因素。该书对不同类型的作业设计，分别从设计的原则、设计的理论基础、作业评价方式的多样化、不同作业案例等方面进行了阐述，相信能为"双减"背景下的作业设计提供有力的帮助和支撑。读者们，让我们一起探讨学习吧，希望本书能为您打开作业设计的思路提供借鉴和帮助。

目 录

概 述 新时代呼唤作业新革命

"双减"背景下作业的设计应既减轻学生看得见的负担,帮助学生从牺牲玩耍、牺牲休息、牺牲锻炼的机械训练、题海战术中解放出来,又减轻学生看不见的负担,帮助学生减轻学业压力,提高学习兴趣,变被动接受知识为主动探究生活、探究社会、探究世界,进而谋求自由、全面、个性的发展。

主题1 "双减"背景下作业设计的变革 / 002
 一、"双减"背景下作业设计的重要性 / 002
 二、"双减"背景下作业创新的目标性 / 004
 三、"双减"背景下作业创新的必要性 / 010
 四、"双减"背景下作业设计的依据 / 011

主题2 "双减"背景下作业批改方式的变革 / 013
 一、落实课程目标要求 / 013
 二、配合国家"双减"方针 / 016
 三、激发学生写作业的主动性 / 018
 四、培养学生的综合能力 / 020
 五、训练学生的学科核心素养 / 022

主题3 "双减"背景下作业改革预期达成成效 / 026
 一、影响作业有效性的因素 / 026
 二、"双减"背景下作业设计与批改的预期目标 / 028
 三、"双减"背景下作业设计与批改的多样目的 / 030

专题一　基础作业的设计与批改

教师对于基础作业的设计要少而精，避免机械复习的同时，也降低学生的课业压力与学习负担，促进学生的学习积极性，注重学生科学合理的发展；而作业的批改要具有针对性，找到错误，针对出现的共性问题，抓住问题的根本及时做出调整，把学生理解的偏差纠正过来。

主题1　基础作业设计与批改的常规做法　/ 032
　　一、以一节课为单位布置作业　/ 032
　　二、以教师为主体布置作业　/ 033
　　三、以全体学生为对象布置作业　/ 034
　　四、以单一学科为目标布置作业　/ 036
　　五、以考点知识为重点布置作业　/ 037

主题2　基础作业设计与批改的学科特点　/ 038
　　一、文科类学科基础作业特点　/ 038
　　二、理科类学科基础作业特点　/ 041
　　三、艺体类学科基础作业特点　/ 043

主题3　基础作业设计内容和形式的多样化　/ 047
　　一、自主型作业　/ 047
　　二、选择性作业　/ 049
　　三、积累型作业　/ 050
　　四、创编型作业　/ 053
　　五、调研型作业　/ 055
　　六、课题型作业　/ 055

主题4　基础作业评价方式的丰富化　/ 056
　　一、评价方向基于课程标准　/ 056
　　二、评价标准多元发展　/ 058

三、评价方式适切应用　/ 060

四、评价结果趋向发展　/ 061

五、作业讲评讲求效率　/ 061

六、作业纠错有效跟进　/ 062

主题5　基础作业经典案例与分析　/ 064

一、作业布置的现状　/ 064

二、设计基础性作业的意义　/ 065

三、教师合理设计基础性作业的策略　/ 065

四、经典案例　/ 068

五、案例分析　/ 071

专题二　分层作业的设计与批改

分层作业使所有学生对自己的学习水平都有清晰的认识，都能准确地制订自己的学习目标。分层作业的设计和批改要体现出作业的层次性，主要从作业量的分层、作业难度分层、作业要求的分层及完成作业的时间分层四方面考虑。

主题1　实施分层作业的意义　/ 074

一、激发学习动机　/ 074

二、优化评价方式　/ 075

三、形成良好的学习习惯　/ 076

四、兼顾全体学生　/ 077

主题2　分层作业的设计原则　/ 078

一、科学性　/ 078

二、主体性　/ 079

三、差异性　/ 081

四、开放性　/ 082

主题3　**分层作业的实施策略**　/ 084
　　一、作业量的分层　/ 084
　　二、作业难度的分层　/ 088
　　三、作业要求的分层　/ 092
　　四、完成作业时间的分层　/ 096

主题4　**分层作业的实施效果**　/ 097
　　一、拓展学生减负空间　/ 097
　　二、分目标培养学生　/ 098
　　三、富有针对性　/ 099
　　四、培养兴趣　/ 100
　　五、落实普及教育　/ 101
　　六、丰富课余生活　/ 101
　　七、学有所用　/ 102

主题5　**分层作业经典案例与分析**　/ 103
　　一、分层作业案例的目的和意义　/ 103
　　二、本作业案例的分层设计与实施　/ 104
　　三、分层作业案例　/ 105
　　四、作业的实施过程和分析　/ 106
　　五、本分层作业案例的有效性分析　/ 107
　　六、作业分层评价与实施　/ 109
　　七、本作业案例引发的单元分层作业（练习）的问题与对策　/ 109

专题三　弹性作业的设计与批改

　　基于"双减"政策下的具体要求，教师要设计合理的弹性作业，将作业落到实处，使学生在减压减负的前提下，学习效果不受影响，甚至使学生的学习效率得到提升，能力和素养得到大幅度培养和锻炼。同时，教师要更加关注作业设计的多元化、个性化，批改作业时要注意作业质量，让弹性作业发挥无限潜能。

主题1　弹性作业的概念界定　／112
　　一、理论层面的弹性作业　／112
　　二、"流于形式"的弹性作业　／119
　　三、"双减"背景下的弹性作业　／122
　　四、基于学情分析的弹性作业　／125

主题2　弹性作业的设计原则　／126
　　一、科学性原则　／126
　　二、针对性原则　／127
　　三、多样性原则　／127
　　四、灵活性原则　／127
　　五、适量性原则　／128
　　六、开放性原则　／128

主题3　弹性作业设计类型　／129
　　一、社会实践型　／129
　　二、家庭实验型　／133
　　三、自主开发型　／136
　　四、合作型　／139

主题4　弹性作业的评价建议　／142
　　一、以学科素养为引领　／142
　　二、评价主体多元化　／143
　　三、评价方式多样化　／144
　　四、评价要有针对性　／145
　　五、评价体现差异性　／145

主题5　弹性作业经典案例与分析　/ 146

　　一、本作业案例设计意图　/ 146

　　二、设计本弹性作业案例的意义　/ 147

　　三、本弹性作业案例的设计　/ 147

　　四、案例展示　/ 149

专题四　个性化作业的设计与批改

　　个性化作业的设计应根据学科的特点和学生的差异，有计划、有步骤地设计与应用，使学生所获得的基本知识、基本技能、基本方法、基本思维系统化与综合化，发展学生系统思考问题的能力；个性化作业批改完可以通过激励性的语言评价学生作业中的亮点，满足学生的精神需求，尊重学生的学习成果。

主题1　个性化作业的概念界定　/ 154

　　一、传统意义上的个性化作业　/ 154

　　二、"双减"背景下的个性化作业　/ 154

　　三、基于全面性、群体性、具体性的学情分析的个性化作业　/ 155

主题2　个性化作业的设计原则　/ 156

　　一、学科特色原则　/ 156

　　二、多样性原则　/ 157

　　三、自主性原则　/ 158

　　四、趣味性原则　/ 159

　　五、综合性原则　/ 160

主题3　个性化作业评价建议　/ 161

　　一、评价主体多元化　/ 161

　　二、评价方式多样化　/ 163

三、评价突出过程性 / 165

四、评价标准灵活化 / 166

五、评价以激励为主 / 167

主题4　不同学科个性化作业设计 / 168

一、人文社科类个性化作业设计 / 168

二、自然科学类个性化作业设计 / 173

三、艺术类个性化作业设计 / 179

四、体育类个性化作业设计 / 182

主题5　个性化作业经典案例与分析 / 184

一、本作业案例的设计意义 / 184

二、本作业案例的设计策略 / 185

三、本作业案例的评价方式 / 186

四、本作业案例的实施手段 / 187

专题五　基于学情分析的作业设计与评价

学情分析下的作业设计要以学生为本，以提升学生自主作业、自主学习的内驱力为目标，充分激发动机，提升作业效果，发挥作业对学习的巩固、提升、反馈、调节的作用，这也是实现作业减负的重要途径；作业批改与评价要由从结果性评价中解放出来，侧重发展性评价，这有助于学生发现自我潜能，增强自我反思能力与自我调控能力，树立学习信心。

主题1　立足学情原点，精准分析 / 198

一、初始学情分析 / 199

二、连续学情分析 / 202

三、核心素养引领下的学情分析 / 203

四、学情分析常用方法 / 205

五、学情分析常见误区 / 207

主题 2　基于诊断学情的作业设计策略　/ 209
　　一、课前学情分析下的作业预设　/ 209
　　二、课中学情分析下的课堂作业设计与调整　/ 213
　　三、基于诊断学情的作业设计原则　/ 216

主题 3　基于巩固学情的作业评价策略　/ 219
　　一、分析作业样本，诊断课后学情　/ 220
　　二、进行针对性评价，巩固发展学情　/ 223
　　三、基于巩固学情的作业评价建议　/ 226

主题 4　基于学情分析的作业经典案例与分析　/ 230
　　一、本作业案例的学情分析　/ 230
　　二、本作业案例设计目的　/ 230
　　三、设计案例　/ 231
　　四、过程实施和评价　/ 235
　　五、作业的反馈与修改　/ 235

参考文献　/ 237

后　记　/ 239

概　述
新时代呼唤作业新革命

"双减"背景下作业的设计应既减轻学生看得见的负担,帮助学生从牺牲玩耍、牺牲休息、牺牲锻炼的机械训练、题海战术中解放出来,又减轻学生看不见的负担,帮助学生减轻学业压力,提高学习兴趣,变被动接受知识为主动探究生活、探究社会、探究世界,进而谋求自由、全面、个性的发展。

主题 1

"双减"背景下作业设计的变革

一、"双减"背景下作业设计的重要性

何为素质教育？简单一句话：促进学生德、智、体、美、劳全面发展，培养学生的创新精神和实践能力。素质教育已经提出很多年了，与素质教育相配套，我们国家于 2001 年开始实施基础教育课程改革。到今天，我们的素质教育推进得仍不理想。值得庆幸的是，至少是在课堂教学层面，教师们都已经意识到学生的主体地位，都尽可能地在一节课中激发学生的兴趣，调动学生的积极性，引导学生去合作、去探究，去用自己的智慧叩开新世界的大门。而作业，作为教育教学环节中的一个重要组成部分，也到了不得不变革的时候。2021 年 7 月，国家层面出台"双减"政策，直接"点名道姓"。"双减"政策是党中央、国务院从为党育人、为国育才的战略高度，坚持以人民为中心的教育理念，克服功利化、短视化教育行为，为落实立德树人根本任务，发展素质教育，保障每个儿童的健康成长做出的重大决策。实施"双减"政策，不仅是对我国教育格局的重大调整，更是教育观念的大变革。[①] 显然，在"双减"政策的大形势下，如果教师留作业依然停留在多多益善的认知层面，必将影响学生的发展。

1. "双减"之下，作业设计的内涵解读

"双减"政策对于作业明确提出，要"全面压减作业总量和时长，减轻学生过重作业负担"，并给出五条具体建议：①健全作业管理机制；②分类明确作业总量；③提高作业设计质量；④加强作业完成指导；⑤科学利用课余时间。这意味着作业的全过程——从作业的设计到布置再到批改、反馈与讲解——都要进行一次彻底的"革命"。作业应该做到"三精三限"，即"作业选择精心，作业布

---

① 张志勇：《"双减"背后教育观念的大变革》，《中国教育报》2021 年 8 月 7 日。

置精准,作业反馈精细;限时,限量,限难度"。同时,因学生基础有差异,习惯有差别,"分层作业,个性选择"将成为必然趋势。[①] 所以,减轻学生的作业负担,既是减轻学生看得见的负担,帮助学生从牺牲玩耍、牺牲休息、牺牲锻炼的机械训练、题海战术中解放出来,更是减轻学生看不见的负担,帮助学生减轻学业压力,提高学习兴趣,变被动接受知识为主动探究生活、探究社会、探究世界,进而谋求自由、全面、个性的发展。

2. "双减"之下,作业设计的意义分析

(1) 作业设计推动学生能力提高。

一方面,掌握知识是为了发展能力;另一方面,能力是掌握知识和技能的前提。知识和能力是教学的基本任务,两者相辅相成又对立统一。知识的掌握和能力的发展并不一定是同步的,比如"高分高能"现象——既掌握了大量知识,又具备较高的解决问题的能力;再如"高分低能"现象——虽然通过死记硬背、题海战术等掌握了大量知识,但是实际解决问题的能力很差。一些传统作业强硬地灌输给学生大量知识,得到的实际是高分低能的结果,所以,"双减"之下,作业的设计在注重学生掌握基础知识的同时,更要注重学生能力的培养。

(2) 作业设计推动学生良好行为养成。

首先,通过作业实现能级控制。即完全达标,满足学生双基达成的需要;基本达成,基本满足不同学生的实际需要;部分通过,考虑一定程度上有所提高的需要;少数冒尖,推动部分学生的潜质的高端开发;整体推进,控制学生能力的循环上升。其次,通过作业达到态度控制。如了解学生对待作业的态度,寻找积极态度的维持和消极态度的转变的策略。最后,通过作业进行精力控制。主要是期望学生形成较为持久的注意力,全身心投入学习中,也包括相对于其他学科的精力、资源的控制,让学生更重视本门课程的学习。

(3) 作业设计推动教学过程进一步完善。

一个完整的教学过程包括备课、上课、作业的布置和批改、课外辅导、学业成绩检查与评定等环节。作为其中重要的一环,作业既是教育教学整体一贯思想的体现,又有利于促进教育教学向最优化方向发展。一方面,对教师而言,通过对作业的精心设计与批改,来了解学生对于知识的掌握及灵活运用能力,并以此为根据反思自己的教学内容、教学策略、教学进度等,及时发现问题,精准修

---

① 杨荣国:《浅谈学校落实"双减"的有效途径》,《永州日报》2021年10月12日第3版。

正;另一方面,对学生而言,"从做中学"的过程中,更加明晰自己的优劣势,并慢慢做出改变,慢慢得到提升,慢慢增强学习的自信心。

(4) 作业设计推动教育教学提质增效。

作业,于教师、学生而言,就像吃饭和睡觉一样,每天都会接触到。其虽然不及吃饭、睡觉那般重要,但是做作业、批作业的过程牵扯了学生、教师大量的时间和精力。从某种程度上讲,作业还成为学生喜不喜欢某位老师、喜不喜欢某门学科的重要影响因素。由于让家长们每天都走入校园、走进课堂去感受学校的教育教学是不现实的,因此作业还成为家长和社会了解学校教育的一面"镜子"。

(5) 作业设计增进师生之间、亲子之间的情感交流。

在很多教育学者看来,作业是"师生之间的桥梁",是"师生之间的晴雨表"。不恰当的作业设计会让学生对教师心生厌烦,而简单的"√""×""合格""不合格"等教条评价方式更是容易让学生对教师产生"爱咋咋的"的心理。恰当的作业则会使学生愿意通过作业表达自己的想法,拉近师生之间的距离,无形中课堂也会变得更加高效、有趣。

精心而有效的作业设计一方面有利于家长进一步了解自己的孩子,减少父母和孩子之间的代沟,增进亲子感情;另一方面,还可促使温馨融洽的家庭氛围形成,并进而促进孩子身心健康发展,人格正向养成。

作业的有效设计,可以减少非必要的作业安排,减轻学生对作业的排斥程度,更加有效地发挥作业的育人功能。

二、"双减"背景下作业创新的目标性

作业作为课堂教学的延伸,其根本目的在于培养德、智、体、美、劳全面发展的人。在"双减"政策的新形势下,作业如何改、改到哪里去才更加科学,如何将作业保持在合理、适度的范围内,是一项特别值得关注的研究课题。早在2001年7月,教育部就颁布《基础教育课程改革纲要(试行)》,提出了新课程改革的方案,也提出了新的作业观,指出:在作业功能上,应强调形成性和发展性;在作业内容上,应突出开放性和探究性;在作业形式上,应体现新颖性和多样性;在作业容量上,应考虑量力性和差异性;在作业评判上,应重视过程性和激励性。现就作业的布置、作业的内容和形式、作业的评价反馈等方面的创新改革目标试分析如下。

1. 作业的布置:变学生的被动完成为主动参与

《基础教育课程改革纲要(试行)》明确提出:改变课程过于注重知识传授

概 述 新时代呼唤作业新革命

的倾向，强调形成积极主动的学习态度，使获得基础知识与基本技能的过程同时成为学会学习和形成正确价值观的过程。

学生不是作家笔下被虚构的小说，不是画家笔下被描摹的图画，更不是顺应老师的配角，而是具有主观能动性的人。作为一种活生生的力量，学生带着自己的知识、经验、思考、灵感、兴致参与教学活动，并成为教学不可分割的一部分，从而使教学呈现出丰富性、多样性和复杂性。[①] 所谓"牛不喝水强按头"的做法要改变，为此，作业的布置要努力弱化"教师权威"，努力变学生的被动完成为主动参与。在具体的作业布置中，可进行如下尝试。

（1）自选式分层作业。

韦纳的成就归因理论认为，个体对行为的成败结果所做的归因，会影响个体的情绪反应以及对后继行为的成败预期，并进而影响后继行为的积极性。从这一理论分析，作业太简单，对学生没有挑战性；作业太难，学生完成作业的积极性就会被挫伤。这样的作业都应属于无效作业，都是在浪费学生的时间。因此，教师精心设计并布置自选式作业，学生根据自己的水平进行相应选择，就可以最大限度地实现全体学生都有所发展。

案例对比：外研版八年级《英语》上册《Module 1》课后作业

案例1：把课本第137页的单词：mistake/understand/advice/should/possible/write down/notebook/forget/pronounce/aloud 在作业本上抄写3遍。

案例2：运用新学习到的 mistake/understand/advice/should/possible/write down/notebook/forget/pronounce/aloud 这10个单词中的3个创编一个情景故事，如果觉得3个没有挑战性的，可以增加到5个、7个甚至是10个单词，自主选择做哪个难度的作业。

这样，作业布置就不再只是教师单方面的权利，而是学生"量力而行"，选择自己感兴趣且能够完成的作业去完成。这个过程，是学生学习负担的减轻，也是一种归属感的获得，更是理解力的进一步提高。

（2）自创式作业。

支架式教学策略根据维果茨基的"最近发展区"理论认为，对较复杂的问题通过建立"支架式"概念框架，可以使得学习者自己沿着"支架"逐步攀升，从而完成对复杂概念的意义建构。而我们的传统作业布置，一般是教师设计好明

---

① 黄荣坚：《改变传统作业模式，使学生变"被动作业"为"主动作业"》，《新课程·小学》2008年第12期。

"双减"背景下作业的创新设计与批改

明白白的题目让学生完成。在这个过程中，学生处于被动应付的状态，主动性得不到发挥，能力得不到提升。但把作业的设计权也放给学生会怎样呢？

案例对比：浙教版六年级《数学》下册《数的整除》课后作业

案例1：完成课本第79页的4道练习题。

案例2：请同学们把自己父母的手机号码依据已学的数学知识编排成一道竞猜题，同学互猜并尝试拨打电话进行验证，自己设计的问题恰当并竞猜出号码数量排名前五的同学可以获得相应奖励。

实践证明，学生对自己"创造"出的问题更感兴趣，练习也更主动、投入。"案例2"中，教师没有大搞题海战术，其布置的作业只是给学生提供了一个"支架"，学生们根据已学知识自己创设问题并参与作业评价，看似枯燥的数学知识与日常生活做了很好的对接，学生们兴趣盎然，不但没有增加课业负担，反而使知识的学习变得轻松起来。

2. 作业的形式：变单一无趣为丰富多彩

《基础教育课程改革纲要（试行）》中明确提出：改变课程实施过于强调接受学习、死记硬背、机械训练的现状，倡导学生主动参与、乐于探究、勤于动手，培养学生搜集和处理信息的能力、获取新知识的能力、分析和解决问题的能力以及交流与合作的能力。

"椰壳效应"说的是这样一个故事：有对父母因为孩子不爱吃饭的问题很是烦恼，即便每天追着喂饭，最终的结果也不尽如人意。有一天，这对父母发现孩子对椰子很感兴趣，于是便灵机一动用椰壳做餐具给孩子盛饭。没想到这个小小的改变却见效明显，孩子因为喜欢椰子，居然也爱屋及乌地喜欢上了吃饭。

作业形式的丰富多彩，一方面，可以激发学生的学习兴趣，使学生保持注意力；另一方面，可以提高学生灵活运用知识的能力。在具体的教学实践中，作业的主要形式有以下几种。

（1）常规巩固型作业。

这类作业以强化基础知识和基本技能为主要目的，紧紧围绕课堂教学内容，并以书面形式进行表达，是传统作业的主要内容和主要形式。"双减"政策下，作业要进行创新设计，但并不意味着对于传统作业简单的抄写等内容和形式就一定采取全盘否定的态度。传统作业的内容、形式在巩固基础知识方面还是具有一定优势的，只是教师在具体实践中一定要把握好一个度：适度保留，不可过分强化。

概　述　新时代呼唤作业新革命

（2）实践探究型作业。

这类作业以实践、探究、发现、创新为目标，在教师、家长或社会人士的指导下，学生通过实践性行为获取贴近生活、社会或科技等方面的知识。我们常说的动手操作、观察积累、生活体验、资料检索、调查访问、创意设计等都属于实践探究型作业。有专家指出，给学生布置的实践性作业，应从学生现有的生活经验出发，巧妙、恰当地结合教学内容；脱离学生生活、难度太大的实践性作业会使学生丧失探索和钻研的兴趣，哗众取宠的实践性作业只会弄巧成拙，反而与素质教育背道而驰。因此，这类作业的设计要点在于，一定要考虑到学生的身心发展特点和生活实际，一定要从小处着手，一定要有"精细化"的指导和管理。

（3）情感体验型作业。

这类作业以丰富学生的情感体验、培养学生的家国情怀为目的，常见的形式有参观访问、观看影音图片、社会角色扮演等，从广义上讲，这类作业也属于实验探究型作业。通常意义上，一节课的时间大约为45分钟。在这45分钟的时间里，学生们学知识、提能力，被安排得紧锣密鼓，教师们有意识地进行情感、态度与价值观的渗透，但似乎收效甚微。这种情况下，情感体验型作业就可以充分发挥其效能。以统编版八年级《历史》下册《抗美援朝》一课为例，根据《义务教育历史课程标准（2011年版）》，本课的课程标准阐述为"认识抗美援朝、保家卫国的正义性"，给出的教学活动建议是"学唱《我的祖国》《英雄赞歌》等歌曲，学习志愿军将士的爱国主义和革命英雄主义精神"。在具体的教学过程中，学生们在课堂上学习抗美援朝的时间、原因、领导人物、经过、结果、影响等基本史实，其间虽然也有相关感人故事或影视资料的讲述、播放，但往往因为时间等因素的制约，学生们的情感体验是不充分的，就像在遥远的地方看历史，所表达的"革命英雄主义精神""爱国主义精神""今天的生活来之不易""为中华之崛起而读书"等感想也只是泛泛而谈，并没有真正激发起学生内心深处的情感。而以抗美援朝这一历史事件为背景的影视资料有很多，例如《长津湖》《跨过鸭绿江》等，如果教师们在学完这节课后的周末，布置学生们看视频、谈感想，想必这样的作业既会受到学生们的喜欢，又会有利于学生们情感、态度与价值观的目标达成。

（4）综合提升型作业。

课程改革要求增进学科之间知识和方法上的联系。而综合提升型作业就是将语文、数学、历史、物理、美术、体育、信息技术等学科打破边界，使学科间知识相互交叉、渗透、融合，最终产生教师思路打开、学生视野开阔、学生综合应

"双减"背景下作业的创新设计与批改

用能力提升、双学科或多学科"共赢"的效果。

案例参考1：覃爱萍的说明文单元作业

学完说明文单元后，可让学生以"贺卡的制作"为题，写一篇说明文。当时正值"教师节"来临，笔者就布置学生亲手给自己最喜欢的老师做一张"教师节贺卡"，比比看谁做得最好。然后再根据自己的亲身体验把制作贺卡的过程写成一篇说明文。结果，收上来的贺卡千姿百态，充分展现了学生独特的创造力、想象力。最令人满意的是，这次作文上交出奇地快与齐，而且学生们写得头头是道。动手操作不仅使学生对所学知识理解得更深刻，对习作素材的积累有很大的帮助，还增强了学生的写作兴趣，无形中还进行了一次"感恩教育"。[①]

案例参考2：于漪的《截肢和输血》一课作业

第一课时：

1. 结合美术课，把"截肢"这一部分内容用连环画的形式勾勒五至六幅简图。认真体会白求恩同志对工作极端负责的精神。

2. 朗读课文，把"截肢"部分缩写成300字的短文。

第二课时：

1.《截肢和输血》是选取人物的生活片段加以记叙的，同学们课外可以读一读周而复写的《诺尔曼·白求恩断片》和《白求恩大夫》，更加深刻地理解他崇高的国际主义精神。

2. 把"输血"部分缩写成200字的短文。[②]

我们发现，于漪的作业设计，一方面给学生提供了丰富的背景资料，有利于学生基础知识的积累；另一方面，语文作业不再是孤立存在的，它可以和美术、音乐，甚至是数学学科相融合。这样的作业设计有助于学生发散、开放性思维的发展，拓宽学生的视野。

3. 作业的内容：变封闭呆板为活泼有趣

《基础教育课程改革纲要（试行）》明确提出：改变课程内容"难、繁、偏、旧"和过于注重书本知识的现状，加强课程内容与学生生活以及现代社会和科技发展的联系，关注学生的学习兴趣和经验，精选终身学习必备的基础知识和技能；改变课程结构过于强调学科本位、科目过多和缺乏整合的现状，整体设置九年一贯制的课程门类和课时比例，并设置综合课程，以适应不同地区和学生发展

---

① 覃爱萍：《对技校传统语文作业形式的新思考》，《职业教育研究》2008年第12期。
② 李华：《初中语文作业设计与评价研究》，华东师范大学，2007。

的需求，体现课程结构的均衡性、综合性和选择性。

"双减"背景下，作业的内容不能仅仅局限于书本知识，不能简单以提高分数为导向、以巩固知识为目标，而要贴近学生生活实际，以问题为导向，引导学生自己去发现问题、探究问题、解决问题。为此，一方面，作业中包含的问题不仅要真实，而且要易于理解，契合学生的学习兴趣，从而能够激发学生探究真实世界的欲望；另一方面，要从激发学生综合的甚至跨学科的知识学习与运用的角度设计探究问题，开展基于项目式的作业，从而创新作业形式，促进学习者创新创造能力、科学探究思维、工程设计素养等更为高阶的素养培养；此外，《深化新时代教育评价改革总体方案》要求"坚决改变用分数给学生贴标签的做法，创新德智体美劳过程性评价办法，完善综合素质评价体系"，从这个意义上说，作业也是过程性评价的一种有效方法，应当视作学生综合素质评价体系的一个有机组成部分。以问题为导向的创新型作业模式，强调教师应转变"死记硬背、知识巩固"的作业观，树立面向"能力培养，素养提升"的作业观，从而将作业由简单的课程延伸的功能，转向实现"作业育人"和"过程评价"的双重功能。[①]

案例对比：人教版二年级数学《轴对称图形》课后作业

案例1：①课本第29页，做一做。图形中哪些是对称的，找出它们的对称轴；②练习七第1、第2题。除了在数字中有对称现象，在我们学习的汉字和字母中有没有对称现象呢？

案例2：①找一找身边的轴对称物品，哪些可归类于轴对称图形；②自己动手设计轴对称图案并说明它们的对称轴；③学中国民间剪纸艺术，尝试剪出对称又美观的图形。

《轴对称图形》这节课的重难点是理解轴对称图形的特点、认识对称轴等，主要应用于生活，感受数学与生活的紧密联系。两相对比，新的作业内容已经走出课本，走出标准答案，其与生活的联系以及与其他学科的融合更能激发学生主动探知的欲望，利于学生深度理解和打开思维。

4. 作业的评价：变思维固化为开阔深刻

《基础教育课程改革纲要（试行）》明确提出：改变课程评价过分强调甄别与选拔的功能，发挥评价促进学生发展、教师提高和改进教学实践的功能。

---

① 詹泽慧、钟柏昌：《教育评价改革背景下，作业方式创新的四大途径》，《教育家》2020年第42期。

（1）作业的评价应尊重合理的不同。

黄全愈博士在《素质教育在美国》一书中说道："创造性只能培养，不能教！""有'创'才有'造'。所谓'创'就是打破常规，所谓'造'就是在打破常规的基础上产生出具有现实意义的东西。"一千个读者眼中有一千个哈姆雷特，每一个学生都是一个鲜活的个体，每一项作业都是学生独特思维的体现。面对作业，教师的评价应该是一次鉴赏、评价、完善的过程，而不应该是简单生硬的是非对错的判定。尊重每个学生的不同，多使用激励、表扬性评语，才能更加促进学生思维的开拓、能力的提升。

（2）作业的评价方式应从单一走向多样。

备课、上课、批作业、参加各种培训……各种任务充满教师的日常工作。教师工作量很大，很难对每个学生的每样作业都进行仔细批阅与反馈。那么，创新作业评价方式就比较重要了。比如说，课外作业可以按组抽批，也可以让组长协助评价。有的课外作业只需检查做没做，然后集体讲评，这样就是一次批阅加订正的过程。精批与略批相结合，自批与互批相交替，既缩小了批改的重点，又找到了批改的焦点，能让学生从批改中获得较为集中的收获。多样的评价方式，让学生也成为评价的主人，教师在减轻负担的同时，还可以较为全面地了解、把握学生的作业情况。

三、"双减"背景下作业创新的必要性

1. 传统作业产生的现实要求

过重的作业负担作为一个现实的教育问题，不仅严重影响了中小学生的身心健康发展，而且已经演变为超出教育边界的社会问题。《中国国民心理健康发展报告（2019~2020）》中显示，青少年的抑郁症检出率为24.6%，其中重度抑郁比例为7.4%。年级越高，抑郁的人数越多，小学阶段的抑郁检出率为一成左右，其中重度抑郁的检出率为1.9%~3.3%。初中阶段的抑郁检出率约为3成，重度抑郁的检出率为7.6%~8.6%。高中阶段的抑郁检出率接近4成，其中重度抑郁的检出率为10.9%~12.5%。原因何在？往大处说，是家庭、学校、社会各方面的压力使然；往小处说，过重的课业负担逃脱不了干系。

2. 作业的政策性要求

今天的作业问题不再是教师和学生的私人问题，而是社会关注的热点问题。与作业相关，除了上文中提到的"双减"政策，教育部还在2019年发布了《中

概 述　新时代呼唤作业新革命

共中央　国务院关于深化教育教学改革全面提高义务教育质量的意见》，文中对作业管理、设计、批改、辅导等环节提出了明确要求。2020年全国基础教育综合改革暨教学工作会议以及2021年全国教育工作会议中明确提出，要抓好中小学生作业、睡眠、手机、读物、体质管理。2021年4月教育部办公厅发布了《关于加强义务教育学校作业管理的通知》，文件中明确提出把握作业育人功能、严控书面作业总量、创新作业类型、提高作业设计质量、加强作业完成指导、认真批改反馈作业、不给家长布置作业、严禁校外培训作业、健全作业管理机制、纳入督导考核评价等十条要求。政策要求清清楚楚，明明白白。国家层面围绕作业频频召开专项会议并出台文件，可见作业的创新改革已"迫在眉睫"。

3. 作业的时代性要求

国以才立，政以才治，业以才兴。人才的培养要从娃娃抓起，伴随着计算机网络技术的高速发展，当今世界人才判断的标准已不是掌握大量知识，能够运用知识、创造知识才是信息时代的育人目标。信息时代对于人才的界定有了新的标准，对育人目标也就提出了新的要求，倒逼作业进行创新改变。学生作为作业的主体，新时代下，作业更需走出"育分"的圈子，因材施教，充分发挥每一个学生的主动性，培养学生创新开放的思维和动手操作的能力，注重知识与生活实际、社会实践的联系。

作业的创新改革关乎培养德智体美劳全面发展的社会主义建设者和接班人，关乎人才的培养，关乎祖国的未来。以作业改革为支点来撬动教育改革，让作业生动活泼，让教育"返璞归真"，让师生教学相长，让生命健康成长。

四、"双减"背景下作业设计的依据

"双减"政策下，作业的创新设计归根结底就是要通过减少作业数量，提高作业质量来解决目前学生在作业过程中存在的"高耗低能"问题。那么如何进行作业的高阶设计？在具体实践中，一定要把握好三个方面的依据。

1. 依据学科课程标准

新时期，为全面推进素质教育发展，教育部对义务教育各学科课程标准进行了修订和完善。课程标准不仅是指导教师教学的重要依据，也是教师创新作业设计的重要依据。数学学科具有严谨性、严肃性，历史学科注重培养学生的唯物史观、时空观点、历史解释、史料实证、家国情怀等核心素养……每一学科有每一学科的特点，所以教师在进行作业创新设计的时候，一定要研读课程标准。

2. 依据学生的身心发展特点

加德纳的多元智能理论认为，人的智力内涵是多元的，每个人都由相对独立的八种智力成分组成，这八种智力成分以不同方式，不同程度地有机组合在一起。正是因为这八种智能成分的不同组合，每个人的智能发展各具特点；在不同的环境和教育背景下，人的智能又会朝不同方向发展。也就是说，每一个学生的智力都各具特点并有自己独特的表现形式，有自己的学习类型和学习方法，教师要根据学生身心发展和课程学习的特点，尊重学生的个体差异和不同的学习要求，给每一个学生提供思考、创造、表现及成功的机会。

3. 依据中考、高考的顶层设计要求

中考、高考的政策变动引领着中国教育的发展方向，也牵动着万千家庭的教育选择。早在 2018 年，习近平总书记就在全国教育大会上指出，要努力构建德智体美劳全面培养的教育体系，形成更高水平的人才培养体系；要深化教育体制改革，健全立德树人落实机制，扭转不科学的教育评价导向，坚决克服唯分数、唯升学、唯文凭、唯论文、唯帽子的顽瘴痼疾，从根本上解决教育评价指挥棒问题。

2016 年 9 月，教育部发布《关于进一步推进高中阶段学校考试招生制度改革的指导意见》，明确提出以下几点任务。

1. 依据义务教育课程标准确定初中学业水平考试内容，提高命题质量，减少单纯记忆、机械训练性质的内容，增强与学生生活、社会实际的联系，注重考查学生综合运用所学知识分析问题和解决问题的能力。要重视对有关学科教学实验操作的考查。

2. 各省（区、市）要按照普职招生规模大体相当的要求，切实做好中等职业学校招收初中毕业生工作，鼓励和引导动手能力强、职业倾向明显的学生接受职业教育，为培养高素质技术技能人才奠定基础。

3. 要给予有条件的高中阶段学校一定数量的自主招生名额，招收具有学科特长、创新潜质的学生，推动高中阶段学校多样化有特色发展，满足不同潜质学生的发展需要。

2019 年 11 月，教育部发布了《中国高考评价体系》，明确提出"一核四层四翼"。

所谓"一核"，就是坚持立德树人、服务选才、引导教学的核心功能。试题强调注重彰显立德树人的根本任务，引导考生树立正确的世界观、人生观、价值观。在服务选才方面，通过开放型试题和材料分析题，有利于选拔具有较高学科

素养的考生。

所谓"四层",就是坚持必备知识、关键能力、学科素养、核心价值的统一。试题强调对学生认识、分析和解决问题所必须具备的学科知识和能力的考查;要求考生具有运用比较、归纳等思维方法分析问题的能力,具有从相关材料中提取关键信息的能力;要求考生具有唯物史观等基本的学科素养;引导考生树立正确的国家观、民族观和文化观,增强民族自信心和自豪感。

所谓"四翼",就是坚持基础性、综合性、应用性、创新性的统一。试题侧重考查考生对学科基础知识和基本理论的掌握程度,综合运用不同学科和知识、思想方法发现、分析和解决问题的能力,理论联系实际的能力,独立思考并进行批判性和创新性思维的能力。

上述两份文件中提到的具体要求,为教师的日常教育教学指明了方向,更为作业的创新设计提供了有力抓手。

主题 2

"双减"背景下作业批改方式的变革

一、落实课程目标要求

课程目标是指课程本身要实现的具体目标和意图。它规定了某一教育阶段的学生通过课程学习之后,在发展品德、智力、体质等方面期望实现的维度,它是确定课程内容、教学目标和教学方法的基础。可以说,课程目标是指导整个课程编制过程最为关键的准则。确定课程目标,首先要明确课程与教育目的和培养目标的衔接关系,以便确保这些要求在课程中得到体现;其次要对学生的特点、社会的需求、学科的发展等各个方面进行深入研究,如此才有可能确定行之有效的课程目标。课程目标有助于澄清课程编制者的意图,使各门课程不仅注意到学科的逻辑体系,而且关注教师的教与学生的学以及课程内容与社会需求的关系。[1]

---

[1] 全国十二所重点师范大学联合编写《教育学基础》,教育科学出版社,2002。

"双减"背景下作业的创新设计与批改

要想让作业批改方式的改革落实到我们的课程目标要求,首先我们需要明确的是课程目标的具体分类。

1. 传统的课程目标分类

在西方的课程编制或设计中,长期以来占支配地位的主张是把课程目标分为"事实、技能和态度"三个领域。[1]"事实"是指已被正确认识到的客观事物、现象、关系、属性及规律性的总称。"技能"是个体运用已有的知识经验,通过练习而形成的指挥动作方式和肢体动作方式的复杂系统,主要体现在能够表现和实行的,如阅读、写作、书写、表演、语言沟通、批判性思考等方面。"态度"是个体对某一对象所持的评价和行为倾向,主要是指个体对各种刺激来源的倾向和感受。

2. 布鲁姆等人的目标分类

美国著名心理学家、教育家布鲁姆等人受认知心理学的影响,将教育目标分为认知、情感和动作技能三个领域,每个领域又分为不同的层级。

(1)认知领域。

目标从低级到高级共分为六层:①知识:指对先前学习过的材料的记忆;②领会:指把握知识材料意义的能力;③运用:指把学到的知识应用于新的情境;④分析:指把复杂的知识整体材料分解为组成部分并理解各部分之间联系的能力;⑤综合:指把各种要素和组合部分组合成一个整体;⑥评价:指对材料(如论文、小说等)做价值判断的能力。

(2)情感领域。

情感是指价值内化的程度,这类目标共五级:①接受或注意:指学习者愿意注意特殊的现象或刺激;②反应:指学习者不仅注意到某种现象,而且主动参与,做出反应;③价值评价:指学习者将特殊的对象、现象或行为的价值标准相联系;④价值观的组织:指学习者遇到许多价值观念出现的复杂情境时,克服价值观之间的矛盾、冲突,对各种价值观加以比较,接受重要的价值观和价值标准,形成个人的价值观体系;⑤价值或价值体系的性格化:指学习者通过对价值观体系的组织,逐渐形成个人的品性。

(3)动作技能领域。

共分为七级:①知觉:只运用感官获得信息,一边了解与某动作技能有关的

---

[1] 廖哲勋、田慧生:《课程新论》,教育科学出版社,2013,第160-164页。

知识、性质、功用，一边指导动作；②准备：指对稳定的活动的准备；③有指导的反应：指能在教师的指导下表现有关的动作行为；④机械动作：只经过一定程度的练习，学习者的反应已经形成习惯，能以某种熟练和自信水平完成动作；⑤复杂的外显反应：指包含复杂动作模式的熟练动作操作；⑥适应：此阶段练就的动作技能具有应变能力，学习者修正自己的动作模式以适应特殊的装置或满足具体情境的需要；⑦创作：指学习者在学习某动作技能的过程中形成了一种创造新的动作技能的能力。

布鲁姆的目标分类有着广泛的应用，特别有利于测量和评价。

3. 加涅的目标分类

美国心理学家加涅在20世纪60年代初，在对学习、教学设计等进行了深入研究之后，提出了五种学习结果，并以此为学习目标。

态度：是通过学习形成的影响个体行为选择的内部状态。

动作技能：是指一种习得能力，如能写字母、跑步、做体操等。

言语信息：是指学习者通过学习以后，能记忆诸如事物的名称、符号、地点、对事物的具体描述等具体的事实，能够在需要的时候将这些事实表述出来。

智力技能：指学习者通过学习获得了使用符号与环境相互作用的能力。智力技能由简单到复杂、由低级到高级又可分为四个亚类：①辨别；②概念；③规则；④高级规则。

认知策略：是学习者借以调节自己的注意、学习、记忆和思维等内部过程的技能。

加涅的学习结果分类，既有助于对学习结果的测量和评价，又特别有利于课程与教学的设计。

4. 我国的课程目标分类

我国20世纪末21世纪初的基础教育课程改革，提出了三大维度的课程目标，即基础知识和基本技能，过程和方法，态度、价值和世界观。①

2001年2月，国务院批准《基础教育课程改革纲要（试行）》（以下简称《纲要》），标志着我国第八次基础教育课程改革全面启动。此次课程改革在新课程的目标上充分体现了时代的要求。在具体目标上，《纲要》指出："改变课程过于注重知识的传授的倾向，强调形成积极主动的学习态度，使获得基础知识与

---

① 李允：《课程概论》，吉林人民出版社，2006，第105－111页。

"双减"背景下作业的创新设计与批改

基本技能的过程同时成为学会学习和形成正确价值观的过程。"形成了"三维一体"的课程目标,即在原来双基的基础上,提出了过程和方法、情感态度和价值观的三大维度。这种三维目标在各科的课程标准中,努力做到具体化和操作化。①

根据以上课程目标的分类,在进行作业批改方式的改革时,就要求我们必须立足于课程目标,并着眼于课程目标的要求来进行。

二、配合国家"双减"方针

2018年9月10日,全国教育大会在北京召开。习近平总书记在大会上发表了重要讲话。习总书记在讲话中指出,教育是民族振兴、社会进步的重要基石,是功在当代、利在千秋的德政工程,对提高人民综合素质、促进人的全面发展、增强中华民族创新创造活力、实现中华民族伟大复兴具有决定性意义。教育是国之大计、党之大计。我们的教育必须把培养社会主义建设者和接班人作为根本任务。② 习近平总书记的重要讲话将教育的地位与作用提高到了前所未有的新高度。我国的教育改革创新也踏上了新的历史征程。新时代,我国教育改革创新需要解决若干新问题。其中,义务教育阶段减轻学生负担是一个长期存在又在新时代有新表现的关键问题。2021年7月24日,中共中央办公厅、国务院办公厅印发《意见》指出,要全面提高学校教学质量,同时,全面规范管理校外培训机构,优化教育生态,减轻学生作业负担与校外培训负担,缓解教育中的焦虑情绪,推动形成科学合理的教育教学模式。③

"双减"政策聚焦立德树人,坚持学生为本,把保障学生权益作为根本出发点。习近平总书记在全国高校思想政治工作会议上指出,要坚持把立德树人作为教育教学的中心环节。④ "双减"政策围绕立德树人根本任务,树立健康第一的教育理念,让义务教育回归立德树人的初心。"既把学习搞得好好的,又把身体搞得棒棒的",这是习近平总书记对全国广大青少年的殷切期望,也是"双减"政策的工作目标。减轻学生课业负担,促进学生全面发展、健康成长,是落实立

---

① 李允:《课程概论》,吉林人民出版社,2006,第272-273页。
② 《习近平:教育是国之大计、党之大计》,央广网,2018年9月11日。
③ 刘复兴、董昕怡:《实施"双减"政策的关键问题与需要处理好的矛盾关系》,《新疆师范大学学报(哲学社会科学版)》2022年第1期,第102-108页。
④ 《习近平在全国高校思想政治工作会议上强调:把思想政治工作贯穿教育教学全过程 开创我国高等教育事业发展新局面》,《人民日报》,2016年12月9日,http://dangjian.people.com.cn/gb/nl/2016/1209/c117092-28936962.html。

概　述　新时代呼唤作业新革命

德树人根本任务的基本要求。"减轻学生课业负担是关系到培养什么人、怎样培养人的问题，是贯彻党的教育方针，落实立德树人的问题。"[①] 在"双减"政策中，关于"全面压减作业总量和时长，减轻学生过重作业负担"中明确提出五项要求，即健全作业管理机制、分类明确作业总量、提高作业质量、加强作业完成指导、科学利用课余时间。其中，关于作业批改方面也做出了明确的建议，即不得要求学生自批自改作业，严禁给家长布置或变相布置作业，严禁要求家长检查、批改作业。此外，在加强作业完成指导方面，"双减"政策明确提出要求：教师要指导小学生在校内基本完成书面作业，初中生在校内完成大部分书面作业。教师要认真批改作业，及时做好反馈，加强面批讲解，认真分析学情，做好答疑辅导，不得要求学生自批自改作业。

根据以上"双减"意见中对于作业批改的相关要求，我们可以对作业批改方式做出以下调整。

1. 面批面改

所谓面批面改，就是教师与学生面对面进行作业批改，而不是以往的"统一批阅—统一下发—再讲解改错"。面批面改的作业批改方式的优点体现在，一方面教师能够及时发现学生作业中的不足之处；另一方面，也能够让教师及时与学生查找、探讨并总结其作业中的优点与不足，共同分析问题出现的原因，继而找出恰当的解决方法。尤其是对作业错误率较高的同学来说，这种面批面改的作业批改方式，它的正面作用会发挥得淋漓尽致。但需要格外注意的是，在采取面批面改方式的过程中，教师需要熟悉并掌握每个学生的实际学习状况，尤其是对于优等生可能出现的问题要提前做好准备，以便应对自如。教师在进行面批面改时，可以进行一对一的单独式辅导，也可进行一对多的集中式辅导。既可以将一名同学作为批改对象，也可集中三四名具有共同错误点的同学进行共同指导。这样不仅可以让学生得到知识上的精确点拨，教师也可在此基础上不断地反思进取，互助互利，相得益彰。

2. 随堂批改

在传统的作业批改方式中，教师大多采取课后批改的方式，这种课后批改的方式在一定程度上影响了作业反馈的效率。为了落实"双减"政策的要求，我

[①] 顾明远、钟秉林：《以人民为中心，将"双减"落到实处——专家解读〈关于进一步减轻义务教育阶段学生作业负担和校外培训负担的意见〉》，《中国教育报》2021年7月6日。

们可以适当地将作业批改安排在课堂中进行。作业在课堂统一订正，可以节省教师课后大量的工作时间，也可以对学生作业中常见的错误进行特别指出。这样既能够提高学生完成作业的积极性、速度以及作业完成质量，也可以锻炼学生的反应能力，还能够让学生把握住最佳的反馈时机，有效地提高作业反馈的效率，从而解决传统的课后作业批改方式带来的消极影响。

三、激发学生写作业的主动性

教与学，教师与学生，是贯穿在整个教学过程中的最基本的一种关系。教与学各以对方的存在为自身存在的前提，二者之间是相互依存、相互作用，且相互促进的。其中教师是主导者，学生则是主动者。教与学相互影响与作用的规律体现在两个侧面，共同构成一个有机的统一体，即主导与主动的统一。

1. 教师和教的活动起主导作用

所谓教师的主导作用，是指教师在教学过程中处于领导者、组织者和教育者的地位，其遵循学校的培养目标和学生身心发展的规律与特点，对学生施加影响，促进其全面发展。教师不能包办代替本应由双方共同进行的活动，而应当引导、启发、帮助和激励学生主动积极地学习。另外，教师的教以学生的主动学习为基础。学生是认识的主体。要把人类积累的认识成果和经验转化为学生的精神财富，要把知识转化为学生的智力、能力和思想观点，必须通过学生自己的认识和实践才能实现，这是任何人都无法包办代替的。辩证唯物论告诉我们：任何事物的发展变化，都是内外因相互作用的结果，外因是条件，内因是根据，外因通过内因而起作用。学生对教师所施加的影响，并不只是消极被动地接受，而是以能动的主体的姿态去思考和抉择，主动积极地做出反应；他们可能采取完全肯定和接受的态度，也可能采取批判和扬弃的态度，还可能采取完全否定和鄙弃的态度。这也就是说，学生对教师传授的教学内容，既有可能积极吸收，也有可能消极接受。即便属于后者，也需要一定的主动性，否则就根本不可能有任何的接受。

2. 学生的学是教师教的出发点和归宿

教师教的行为，目的是引起学生学的行为。教师教的过程，也就是为学生的学服务的过程。学生的学习情况和学习效果是检验教师教的主要依据。不仅如此，教师的教只有依赖于学生的学，依赖于学生的积极配合，才能够产生预期的效果。所以，教师是否发挥了主导作用恰恰表现在学生是否具有学习的主动性和积极性上。教师主导作用发挥得越好，学生学习的主动性、积极性、独立性和创

概 述　新时代呼唤作业新革命

造性也就越强。反之亦然。没有学生的积极配合，教师的主导作用也必然落空，这样就不会产生积极有效的教学活动。①

不难看出，在我们日常的教学以及学习活动中，学生应该是学习的主体，是拥有健全的意识，且能够能动地进行认识与实践活动的人。学生作为学习的主体，一方面，他们能够能动地认识世界和改造世界；另一方面，他们也能够能动地认识自我，并不断地完善自我。在这一过程中，学生应该是不断发展、不断变化完善的，且具有主动性与创造性。所以我们可以说，学生的学习主动性是指正处于发展过程中的学生的那种需要通过教学来调动、培养和提高的学习动力、参与学习的能力和创造学习的才能。这种主动性应该是建立在学生的学习主体地位之上的。②

为了激发学生学习以及做作业的主动性，充分发挥学生在学习过程中的主体地位和作用，我们在进行作业批改方式改革的时候，也可以采取以下几种方式。

(1) 组长代批。

新一轮新课改以来，课堂实行小组讨论学习的方式受到广大师生的关注，学生对这种新颖的课题教学模式感到很好奇。把作业做好以后由组长批改，批改完成后由组长负责领导小组讨论，解决作业中的问题，当组里讨论解决不了的时候报告给老师，同时小组长要向老师报告本组作业情况，并且组长负责把作业分成好、中、差三类，方便老师复查，根据分类老师可以更好地了解学生做的课后作业情况，以便后面对学生进行有针对性的讲解。为了避免有些学生偷奸耍滑、逃避任务，可以实行小组长轮流责任制，让每位学生都有机会得到锻炼。同时小组要注重全员参与，让每次作业的批改不只是小组长一个人的事，其他小组成员也要参与其中，由组长领导共同解决问题。组长代批的作业批改方式能给学生提供更好的学习氛围，学生之间的相处方式更加和睦，有利于形成互帮互助的学习风气。

(2) 小组互批。

我国古代教育专著《学记》中记载："独学而无友，则孤陋而寡闻。"英国作家萧伯纳说："两个人各有一种思想，交流后就有了两种思想，甚至还会产生

---

① 李秉德：《教学论》，人民教育出版社，2001，第 31－32 页。
② 杨明均：《试论学生的学习主动性》，《四川教育学院学报》2002 第 1 期，第 8 页。

思想的火花。"① 实际教学中发现，同学之间互相批改作业的方式得到大部分学生的喜爱，同学互批作业还可以增强学生之间的学习交流，通过批改他人作业，可以查看其他同学在解题过程中的方法、思路，思考自己作业中存在的问题。尤其是对自己做错的或者有疑惑的问题，可以看别人是如何解决的；当自己看不懂的时候还可以向他人请教，加深学习。在数学中，对于同一个问题可能会有多种不同的解法，由于自己思维的局限性，再优秀的学生也不可能想出所有的解法。一般情况下，学生只是采用自己想到的一种办法进行解题，而学生在批改作业过程中，会就同一个问题发现其他同学采用的不同的解题方法，这样可以充分地培养学生的发散性思维。学生自主参与到作业批改工作中，一方面可以调动学生学习的积极性，培养他们主动学习的习惯；另一方面，在参与作业批改的过程中，学生能够认识到自己作业中存在的问题，进而弥补自己的不足。同时也对学生之间的交流有很大帮助，可以培养学生互帮互助的精神，增强同学之间的感情，培养班级的凝聚力。②

四、培养学生的综合能力

高考说明中将综合能力界定为"学生综合运用多学科的知识分析和解决实际问题的能力"。但当前形势下对综合能力的理解不能仅仅着眼于升学考试，而应该从学生终身学习和发展的高度来重新认识。因此，我们将综合能力界定为："综合能力就是个体适应和改造自然与社会的能力。它直接表现为求知的能力、做事的能力、表达交流的能力、创新的能力和自我反省的能力。其本质是人关于认识和改造自然与社会的知识技能、方法策略、情感态度与价值观体系。"③ 综合能力的外在表现形式可以是求知的能力、做事的能力、表达的能力、创新的能力、自我反省的能力。但这并不意味着可以将综合能力理解为这几种能力的简单相加，孤立简单的相加并不能够有效地提高学生的综合能力，它应该是这几种能力在更高程度与更深层次中的有机结合。

那么，我们为什么要强调对学生综合能力的培养呢？

1. 培养学生的综合能力是适应知识经济时代对人才的要求

随着社会的不断发展，现代科学技术体现出了综合化与总体化的趋势，它是

---

① 张守军、姜庆相：《让作业批改成为教师和学生情感交流的桥梁》，《教学研究》2009年第12期。
② 陈绩艳：《初中数学课后作业布置与批改的有效策略研究》，陕西师范大学，2016。
③ 卢巍：《学科教学中培养学生综合能力的研究》，《山东教育》2004年第8期，第28－29页。

概　述　新时代呼唤作业新革命

科学、基础、经济与社会高度协调的科学，各种科学方法互相渗透并互相作用。知识经济需要具有综合能力的人才，这是对教育提出的一大难题与挑战。这就给我们的基础教育提出了一个发展的目标与方向，就是为当今与未来社会培养合格的建设者，去适应和融入综合化的趋势，重视学生知识面的扩展，培养学生的综合能力，为他们将来成才打下坚实的基础。

高科技的发展需要有高人文的制约，教育者只有重视培养人的科学素养和人文精神，引导学生对科技、社会的综合思考，提升学生的思想境界，才能更好地促进学生的全面发展。杨叔子教授批评了那种人为地割裂科技教育与人文教育的现象，指出"文理分家，重理轻文，学理工的不知人文，学人文的不知理工，就是所学的专业，内容也很狭窄，这势必严重地妨碍、制约、损害乃至扼杀人的本性、人的思维的发展、人的创造性的发展、人的全面发展"。由此，培养学生的综合能力目的之一就是要有利于学生科学精神、人文精神的培育，使学生在知识、能力、人格各方面的综合素质得到发展。[①]

2. 培养学生的综合能力也是适应国际教育发展的必然趋势

1996 年由雅克·德洛尔先生任主席的国际 21 世纪教育委员会向联合国教科文组织提交的《教育——财富蕴藏其中》的报告中提出，教育为未来"既应提供一个复杂的、不断变动的世界的地图，又应提供有助于在这个世界上航行的指南针"。"为了与其整个使命相适应，教育应围绕四种基本学习加以安排；可以说，这四种学习将是每个人一生中的知识支柱：学会认知，即获取理解的手段；学会做事，以便能够对自己所处的环境产生影响；学会共同生活，以便与他人一道参加人的所有活动并在这些活动中进行合作；最后是学会生存，这是前三种学习成果的主要表现形式。当然，这四种获取知识的途径是一个整体，因为它们之间有许多连接、交叉和交流点。"这被称为教育的四大支柱的学习，是终身教育的基础和宗旨。[②]

四个"学会"既是一个有机整体，又各有其内涵："学会认知"更多是为了掌握认识的手段，而不是获得经过分类的系统化的知识，它要求人们扩大知识面，接受普通文化教育，在学习知识中要学会运用注意力、记忆力和思维力。"学会做事"是教会学生实践他所学的知识，它绝不只是熟练某些操作技能，学

---

① 詹耀强：《高中历史教学与学生综合能力的培养》，福建师范大学，2003。
② 国际 21 世纪教育委员会：《教育——财富蕴藏其中》，联合国教科文组织中文部译，教育科学出版社，1996，第 75–87 页。

会某些重复不变的实践方法。在当今的社会发展背景与要求下，学会做事意味着越来越注重能力方面的要求，而不是资格方面的要求。"能力则是每个人特有的一种混合物，它把通过技术和职业培训获得的严格意义上的资格、社会行为、协作能力、首创能力和冒险精神结合在一起。"而且"交往能力、与他人共事的能力、管理和解决冲突的能力越来越重要"。"学会共同生活"是"基于对我们之间日益增加的相互依赖性的认识，借助于对未来的风险和挑战的共同分析，促使人们去实现共同计划，或以理智的和平的方式对不可避免的冲突进行管理"。委员会认为这是必要的乌托邦，"教育的使命是教学生懂得人类的多样性，同时还要教他们认识地球上的所有人之间具有相似性又是相互依存的"。为此，教育既要教学生在认识自己的基础上逐步"发现他人"，又要通过从事一些共同的活动来帮助学生寻找人类的共同基础，为实现共同目标而努力。当人们学会认知、学会做事、学会共同生活的时候，就能够在人类社会生活中学会生存。由此可以看出，《教育——财富蕴藏其中》这一报告提出的教育四大支柱强调了人们在终身教育的道路上必须掌握的四种获取知识的途径，而这四种基本学习所要求的能力是综合性的，它包含了知识学习的能力、实践能力、与他人合作和社会交往的能力等多种能力。这些综合学习的目的正如报告中所说的"在于使人日臻完善，使他的人格丰富多彩，表达方式复杂多样，使他作为一个人，作为一个家庭和社会的成员，作为一个公民和生产者、技术发明者和有创造性的理想家，来承担各种不同的责任"。[①]

综上所述，我们在进行作业批改方式改革的过程中，一定要关注学生综合能力的培养。

五、训练学生的学科核心素养

2014年教育部研制印发《关于全面深化课程改革 落实立德树人根本任务的意见》，提出"教育部将组织研究提出各学段学生发展核心素养体系，明确学生应具备的适应终身发展和社会发展需要的必备品格和关键能力"。由北京师范大学等多所高校的近百名研究人员组成的联合课题组，经过了三年的研究工作，在精心开展研究，提出素养框架、开展转化研究，对接课标修订、广泛征求意见，认真修改完善的基础上，于2016年9月正式公布了中国学生发展核心素养的研究成果。中国学生发展核心素养以培养"全面发展的人"为核心，分为文

---

① 詹耀强：《高中历史教学与学生综合能力的培养》，福建师范大学，2003。

概 述 新时代呼唤作业新革命

化基础、自主发展、社会参与三个方面，综合表现为人文底蕴、科学精神、学会学习、健康生活、责任担当、实践创新六大素养，具体细化为国家认同等18个基本要点。各素养之间相互联系、相互补充、相互促进，在不同情境中整体发挥作用。核心素养是党的教育方针的具体化，是连接宏观教育理念、培养目标与教育教学实践的中间环节。党的教育方针通过核心素养这一桥梁，可以转化为教育教学实践可用的、教育工作者易于理解的具体要求，明确学生应具备的必备品格和关键能力，从中观层面深入回答"立什么德、树什么人"的根本问题，引领课程改革和育人模式变革。

可以说"核心素养"之于学生的发展，是有着根源性与支撑性作用的，它是学生发展的根基和支柱，也是我国新一轮课程改革的关键和依据。它需要与学科课程相融合，并以学科课程为载体，在学科教育过程中得以具体化，那么在核心素养与学科课程之间搭建起桥梁的，就是学科核心素养。

那么，到底什么是学科核心素养呢？有人认为："所谓学科核心素养只是通过学习某学科的知识与技能、思想与方法而习得的重要观念、关键能力与必备品格。"① 也有人认为："学科素养是学习者在学习过程中所养成的、学科特有的、比较稳定的心理素质。也可以说，学科素养是学习者了解学科必备的基础知识、基本技能和基本能力、科学的世界观，以及能用科学态度与方法判断与解决学科问题的能力。"② 以上关于学科核心素养或学科素养的定义的研究，是立足于学科体系，但在一定程度上忽略了社会和学生发展的要求所得出的。因此，我们可以将学科核心素养的定义再次进行完善，将其定义为：学科核心素养是以学生发展核心素养为前提，不同学科在学生核心素养养成中的特定素养，包括必备的基础知识、基本技能和基本能力，科学的世界观，以及能用科学态度与方法判断与解决学科问题的能力。③

学科核心素养的结构是学科核心素养的重要构成。有人指出，"学科素养 = 学科知识 + 学科能力 + 学科方法 + 学科思维 + 学科情感"，这成为各个学科界定学科素养的通用公式。但不同学科的学科核心素养应该体现出学科的特色。

我们以生物为例，生物学学科核心素养，顾名思义，是基于生物学科的本质属性，以知识、能力、情感内容为主要载体，凝练出来的独特的育人价值，主要

---

① 邵朝友、周文叶、崔允漷：《基于核心素养的课程标准研制：国际经验与启示》，《全球教育展望》2015年第8期。

② 周慧：《中学地理学科素养的内涵、结构与培养策略》，《教育导刊》2010年第8期。

③ 南纪稳：《学生核心素养、学科核心素养与教学改革》，《当代教师教育》2019年第4期，第81页。

"双减"背景下作业的创新设计与批改

目的是促进学生的核心素养的发展。《普通高中生物学课程标准》（2017年版）（以下简称《高中生物学课标》）指出："生物学学科核心素养是学生通过生物学科学习而逐渐形成的正确价值观念、必备品格和关键能力。"[1] 生物学教育专家刘恩山指出，生物学核心素养是学生学习生物学课程后终身受益的结果，能展现生物学课程特有的育人价值，需要在每节课中加以培养。[2] 吴成军认为，生物学学科核心素养是学生通过学习生物学内化的带有生物学科特性的品质，是学生科学素养的关键成分。[3] 谭永平强调，生物学学科核心素养是学生形成基本的生命观和生物学基本观点，是科学素养的重要组成部分。[4] 这四种具有代表性的定义具有相同的特性，均强调了生物学独特的育人价值、独特的本质属性、对学生身心的积极影响，并指明学科核心素养的特征，即具有相对独立性、阶段性、发展性、开放性。《高中生物学课标》敲定生物学学科核心素养包括生命观念、科学思维、科学探究、社会责任四个组成要素。[5]

福建省建阳第一中学的黄桂凤老师基于学科核心素养对高中生物课后作业批改进行了研究。黄老师针对生物课以及生物作业的现状，设置了一份高中生物作业现状的调查问卷（内容包括做作业的时间、态度，学生上课积极性情况，教师作业批改方式等），选取100多名高三学生，进行问卷调查。调查结果如下。

黄老师任教的建阳第一中学本校是当地重点中学，学生的综合能力和水平都是非常优秀的。学生对生物课注意力集中的程度，对生物作业的喜欢程度，以及上生物课是否能积极思考并回答问题等，只有接近50%的学生达到要求，这对学生学习生物是很不利的。学生对老师布置的生物作业的认真程度以及每天能按时完成生物作业的情况也只有近60%的学生能达到要求。学生最喜欢的作业批改方式为：全批全改39.44%、部分批改36.62%、小组互评4.93%、学生互评14.08%、学生自评4.93%。学生是否喜欢老师在作业中写上批语：喜欢占71.83%，不喜欢占14.08%，无所谓占14.09%。由此可见，学生对作业批改情

---

[1] 中华人民共和国教育部：《普通高中生物学课程标准（2017年版）》，人民教育出版社，2018，第4页。

[2] 邱玉韦：《聚焦多个维度，培养学生的生物学科核心素养》，《中学生物教学》2016年第8期，第9–11页。

[3] 吴成军：《基于生物学核心素养的高考命题研究》，《中国考试》2016年第10期，第25–31页。

[4] 谭永平：《中学生物学课程在发展学生核心素养中的教育价值》，《生物学教学》2016年第5期，第20–22页。

[5] 刘杨：《初中生生物学学科核心素养的测评研究》，陕西师范大学，2019。

概 述 新时代呼唤作业新革命

况相对喜欢全批全改、部分批改以及学生互评。而不同的批改方式中,学生最在意的还是老师的批改评语,即多数学生希望老师在批改作业的时候写批语,跟学生进行交流,而不仅仅是批改作业而已。对于作业中存在的问题,学生较多通过同学之间的相互讨论来解决,也有不少学生通过教师的讲解解决。根据调查问卷显示的结果,黄老师意识到教师改变作业批改方式是迫在眉睫的。

黄老师对于生物作业的批改方式做出了如下调整。

(1) "隐形的交流式"作业批改方式

对收上来的作业,教师不仅要进行批改,还要对学生近期来的表现进行评价。一个教师可能有好几个教学班,涉及的学生也很多,而不同的学生平时学习基础、成绩不同,课堂表现也不同,所以教师要因材施教,针对不同层次、不同性格的学生给出不同的反馈。比如对于一些不太爱发言的学生,教师要想尽办法找出学生的"闪光点",给予适当的鼓励和教育;对于成绩优异的学生,教师给出的评价要侧重引导其进一步思索,提出更高、更有挑战性的要求。教师给出的评价对学生来说太多、太复杂,都会导致低作用和不真实。

①批改"基础薄弱的学生,上课精神状态不佳的学生"作业的批语采用跟踪性的语言交流。

②对以前不喜欢生物,但是现在喜欢生物的学生,给予适当的鼓励。

③对成绩优秀的学生,给予肯定并提出更高要求。比如,学生的字体不端正,不利于高考答卷。

(2) 创建"合作—互动式"作业批改方式

教师可以在课堂上布置与内容相关的知识点的识记,第二节课上课前当场默写检验。然后让学生以同桌或者前后桌为单位进行互改,并填写作业中的问题及亮点,给出激励性的批语。这样相互促进有利于提高学生的综合评价能力。

(3) "画图与评语相结合"作业批改方式

漫画式批改作业,对教师的美术功底提出了一定要求。现在我们很多老师是多面手,利用漫画式批改方式使原本正式死板的作业批改多了一些人文关怀。漫画式批改方式使学生很喜欢交作业,改变了传统刻板的师生关系,师生关系更加和谐,同时也提高了学生的学习兴趣。实践证明,学生对漫画式批改方式很喜欢。这是对作业批改方式的一种新的有效探索。

黄老师经过一年的测试研究发现:使用新型的作业批改方式更能提高学生的学习兴趣,促进学生学习进步,提升班级成绩。

由此可以看出,基于核心素养的生物教学既要培养学生的生命观念、理性思维等能力，又要培养学生的科学探究精神以及社会责任感。"隐形的交流式""合作—互动式""画图与评语相结合"等批改作业的方式不仅能改善课堂教学，活跃课堂气氛，提高学生学习的兴趣，还能把科学探究以及社会责任等核心素养要求通过师生、生生间的交流，准确地传达给学生，将被动学习转为主动学习，符合新课改下核心素养的要求。

主题3

"双减"背景下作业改革预期达成成效

一、影响作业有效性的因素

1955年，教育部发布新中国第一个"减负令"——《关于减轻中小学生过重负担的指示》。在教育领域，"减负"可以说是一个被说烂了但一直未能有效实施的词了。"双减"政策的出台，彰显了党和国家切实减轻学生课业负担的决心和力度。"双减"政策的出发点是好的，但关键在于由上到下地落地实施。单就减轻学生的作业负担来说，在实际的操作过程中，必将遭遇诸多困难和挑战，应充分考虑到诸多影响因素，积极应对重重挑战。

1. 学校因素：科学管理，统筹安排

（1）学校要建立健全作业管理体制机制，组建起以业务校长为主要负责人的作业管理机构，对教师作业的设计与批改进行定期校内公示和适当奖评或监督。

（2）学校要把作业设计作为一项重要的研究课题并纳入教研体系，不断发挥作业的学情诊断功能，提高教师的作业设计质量。

（3）制订课后服务实施方案。

充分利用好课后服务时间，指导学生认真完成作业，对学习有困难的学生进行补习辅导与答疑，指导小学生在校内基本完成书面作业，初中生在校内完成大部分书面作业。

(4) 创新学生的综合素质评价方案。

在现行的学业水平评价机制体制中，学生的综合素质评价一直占有较高比重。综合素质评价一般分为"道德品质""公民素养""学习能力""交流合作与实践创新""运动与健康""审美""表现能力"七个维度（不同地区或学校结构略有差异），每一维度又被细分为若干项目。在这众多项目中，学生日常的作业完成情况往往因为能够占据一席之地而得到学生的格外重视。因此，学校的综合素质评价方案对于作业的完成质量提出更高要求，必然刺激学生作业更加高效完成。

2. 教师因素：高阶设计，精准反馈

(1) 教师是作业管理的第一责任人。

大多数教师认为，作业的布置就是为了巩固课堂所学知识。显然，这已经窄化了作业的功能。信息时代之下，单纯的知识授受已经不能满足时代发展的要求。那些机械重复的、为提高分数而布置的作业早已让学生望而生厌，作业成效也微乎其微。所以影响作业有效性的因素首先在于教师转变其作业观，并在深入研究教情、学情的基础上对作业布置、作业形式、作业内容等方面进行高阶设计。

(2) 教师对作业的批改、反馈也是影响作业有效性的重要因素。

长久以来，由于时间紧张、任教班级学生人数众多等方面原因，教师对于作业的批改大多停留在浏览阶段，在很大程度上可以说是应付了事的，更谈不上通过作业了解学生并与学生进行交流。由此，作业所发挥出的效能可见一斑。

3. 学生因素：主体能动，习惯养成

(1) 学习动机。

兴趣是最好的老师。对于自己喜欢的科目，学生的学习积极性往往更高。相反，对于自己不喜欢的科目，学生在接受新知识的时候，往往处于被动状态，表现出一种极强的抵触情绪。这种现象表现在作业方面，就是学生先做自己感兴趣的作业。所以，学生的学习动机是激发、维持作业完成的强大动力。奥苏贝尔认为，学习动机与学习效果之间存在双向互惠的因果关系，一方面，学习动机可以引发、定向和维持学生的学习活动，取得相关的学习效果，取得成功的学习体验；另一方面，学生获得成功的学习体验反过来又会增强学生的学习动机。从这一理论出发，作业的主体是学生，学生学习动机的激发与维持是非常必要的。

(2) 学习习惯。

学习的发生，动机不能一直起到维持作用，学习动机与学习效果之间也并不总是正向一致的关系，有良好的学习动机，没有良好的学习行为和习惯，其学习效果也不尽如人意。因此，良好行为习惯的养成也是影响作业有效性的重要因素。学生的学习有一种依赖性，尤其是在完成无人监督的课外作业的时候，一部分学生确实能够独立、高质量完成，但更多的学生是边玩边做、先玩后做，甚至只玩不做。所以，学生作业的过程中是否制订了切实可行的学习计划、是否具备较强的意志调节能力等至关重要。

4. 家长因素

学生的作业在很大程度上是在家里完成的。所以，家长对学生作业的态度及指导对于作业有效性的发挥也具有极其重要的影响。一方面，作业是学生的作业，家长要摆正态度，监工式陪写作业要不得，一味好心地嘘寒问暖也要不得。但这并不意味着家长对学生的作业就可以放任自流，适时督促还是必要的。另一方面，家长还要带领学生在社会生活中亲身体验和实践，比如说，节假日主动带孩子去参观游览，参加一些公益活动等社会实践类活动，锻炼学生的观察能力、语言表达能力，培养学生的社会责任感，使学生学到书本上学不到的知识。

二、"双减"背景下作业设计与批改的预期目标

"双减"之下，减的是学生的负担，却对我们的学校教学提出了更高的要求——教师的教和学生的学要比以前更加高效。作业作为教育教学环节中的一个重要组成部分，其高质量设计的重要性不言而喻。减轻学生的作业负担并不等于不布置作业或者少布置作业，而是要在质和量上对其进行高阶设计，在批改与反馈上更加精准，以期打破传统作业的弊端，在短期或长期内产生如下效果。

1. 教师教学水平的提高

"这道题我已经讲了三遍了，学生们怎么还是做错了？""这套题考查的都是基础知识，为什么学生们得分这么低？"教师讲了，不等于学生会了；学生会了，不等于能准确应用了。"双减"背景下作业的创新设计与批改，使教师转变教育理念，从"育分"转向"育人"。创新教育教学方法，根据学生的实际情况和需要，综合采用不同的教学方法，做到使学生"乐于参与""积极参与"到教学活动中来。《小学生家庭作业情况调查分析》中指出，教师更加准确地把握教学的深度和广度，进一步提高教学水平，学生的课堂学习和课后作业质量都会有所提高。

2. 学生学习状态的转变

学生之所以排斥做作业，是因为传统作业具有机械、无趣等种种弊病。"双

减"政策推动作业"革命",高阶设计的作业力求能够最大限度地帮助学生摆脱过度追求作业的难度和数量而带来的恐惧感和厌恶感,使学生在做作业的过程中感受到自由、快乐和有意义,变被动作业为主动作业,重新燃起对学习的兴趣。

3. 学生素质的全面提升

传统作业强调的是学生基础知识的掌握,忽视了学生在身体素质、心理建设、道德品质以及情感、态度与价值观等方面的发展。"双减"政策推动作业"革命",通过高阶设计的作业,不仅能培养学生的习惯,锻炼学生的思维,而且能促使学生从沉重的作业负担中解放出来,有了更多强身健体的机会,有了更多发现兴趣发展个性的精力,有了更多亲近自然、走进生活、走向社会的时间,从而促进学生综合素质的全面发展和个性追求的自我实现。

4. 课程改革的更优化发展

无论是课堂教学还是课后作业,都会影响学生的发展,影响课程改革的效果。作业如果出现问题,就会导致连锁反应,不仅影响教学效果,而且会对学生的学习兴趣产生不良影响,从而影响课程改革的整体效果,甚至走上课程改革的反面。我国新一轮课程改革正在进行中,作业设计作为一个重要因素必然也会对其产生重要影响。对家庭作业的研究,可以直接反馈给教师一种直观的信息,布置什么样的作业才能不仅能减轻学生的负担,提高学生的实践能力,又能促进教学的进步和完善。所以,从这个角度来说,作业设计又可以推动课程改革向更优化方向发展。

5. 教育链下家庭、学校、社会的良性发展

"交叠影响域理论"认为,在学生的成长和学习过程中,主要受到三个背景的影响,分别是家庭、学校和社会。这三个背景构成了互相交叉的三个圆,中间被交叠影响的部分就是学生。对学生影响的大小,取决于这三个圆重叠的面积有多大。长久以来,整个教育的生态已经逐渐重叠压缩成了一个圆,放到学生身上,就是从家门到学校再到培训机构的生活状态。"双减"政策推动作业"革命",高阶设计的作业,从学校层面而言,必将倒逼教师对课堂和作业都要进行更加精心、高效的设计;从家庭层面而言,家庭教育支出进一步减少,亲子关系更加和谐,家长焦虑感必将有所缓解;从社会层面而言,学科类培训有所收敛,短视化、功利化的应试教育风气将被弱化。整条教育链将健康且富有生气,教育将走向良性、可持续发展。

三、"双减"背景下作业设计与批改的多样目的

对于学生而言,"双减"背景下作业的有效设计和批改,除了最直观地达成减轻学生作业负担这一目的,更重要的是期望通过作业的布置、作业的内容和形式、作业的评价等方面的转变,切实激发学生的学习主动性,促使学生思维真正打开、能力真正提升。

1. 通过有效的作业设计和批改,增强学习的趣味性,激发学习的主动性

孔子曰:"知之者不如好之者,好之者不如乐之者。"可见,兴趣在学生学习过程中发挥着重要作用。作业作为学生学习的一部分,其有效设计和批改,可以将学生从教师权威中解放出来,从狭窄的抄抄写写和题海战术中解放出来,做到"不唯上""不唯书",真正从内心深处去主动探求真理。如此,学生才有望越学越聪明、越学越能干,彻底摆脱"课内损失课外补"的被动局面,成为主动自律的学习者。[①] 真正使学生的学习从"要我学"变成"我要学"。

2. 通过有效的作业设计和批改,学生的能力提升得以真正发生

学习知识不是目的,目的是在学习知识的过程中培养学生的独立自学能力、合作探究能力、反思总结能力等。教育家苏霍姆林斯基曾说过:"在人的心灵深处,都有一种根深蒂固的需要,就是希望自己是一个研究者,而在儿童的精神世界中,这种需要特别强烈。"由此可见学生们对于自身能力提升的迫切希望。通过有效的作业设计和批改,学生不再只是学习的机器,真真正正成长为一个具有独立意识的人、具有创新精神的人、具有实操能力的人,可以更好地融入生活、服务社会、贡献国家。

3. 通过有效的作业设计和批改,训练学生的多学科结合能力

物理学家、量子论的创始人普朗克曾说:"科学是内在的整体,被分解为单独的部门不是取决于事物的本质,而是取决于人类认识能力的局限性。实际上存在着由物理学到化学、通过生物学和人类学到社会科学的链条,这是一个任何一处都不能被打断的链条。"通过多学科或跨学科的作业设计,资源被进一步整合,不仅能够取得单一学科无法达成的效果,往往还会产生令人意想不到的新的突破。

---

① 杨小微:《"双减"政策激发中小学的创意与活力》,《人民政协报》2021年8月25日第101版。

专题一
基础作业的设计与批改

  教师对于基础作业的设计要少而精,避免机械复习的同时,也降低学生的课业压力与学习负担,促进学生的学习积极性,注重学生科学合理的发展;而作业的批改要具有针对性,找到错误,针对出现的共性问题,抓住问题的根本及时做出调整,把学生理解的偏差纠正过来。

主题 1

基础作业设计与批改的常规做法

一、以一节课为单位布置作业

以一节课为单位布置作业是教师教学中比较常见的做法。这种做法既是对本课的补充，又是对知识的巩固与加深，灵活机动，时效性强。有的教师在讲解重点、常考点的知识时，需要迁移到其他的相关知识层面上，由于课堂时间有限，就会选择一带而过，那么课后将所涉及的迁移知识以作业形式呈现，是教师们最常见的选择。

以课为单位的作业在设计的时候，要紧紧围绕本节课的知识点来设计。若该课以新授为主，作业形式可以是默写、抄写、背诵知识点等。若该课以复习为主，作业形式可以是做经典练习题、拓展应用题，题目设计不宜过多。这类作业相对来说作业容量不大，在批改时可以分课后批改和课上批改。课后批改有组长批阅、教师抽查批阅等形式，课上批改是下一节上课批改上一节课的作业。因作业容量不大，操作起来也比较快。但是教师们往往忽略学科与学科之间的相关性，不注重培养学生对所学知识融会贯通的意识。以一节课为单位来布置作业主要有以下弊端。

1. 作业质量不过关

在核心素养教育理念下，有些教师仍然用传统的教育理念来看待作业，单一学科作业就只单纯设计本学科的知识，学生的拓展思维根本得不到锻炼。新时代教育理念追求知识融合，追求学科的融合教学，作业作为课堂的延伸，理应体现学科与学科之间的相关性，理应考虑学生在学习本学科时，能发现与其他学科知识点的联系与区别，这样的作业才能真正做到拓宽视野，开阔眼界，锻炼思维。并且老师们重视本学科习题量，认为学生只要把本学科的题做多了，就会熟能生巧，即使达不到理想结果，也能在做题时照着葫芦画瓢。在这种认知下，教师在作业设计时通常重数量而不重质量，恨不得把课后习题都布置下去，导致学生学习压力增加。然而，任何学科学习都是讲究思维和技巧的，教师在教学中应注重对学生综合思维能力的培养。教师们不妨放下当前的题海战术模式，踏踏实实筛选对学生发展有用的作业。这就要求学校针对办学行为加强规范性，进一步加大教师监管力度，定期对教师布置的作业进行抽查。加强分级协同管理，始终将学校的教研、师训作为教师设置作业的专业支撑。

2. 作业内容缺乏应用性

任何学科的实用性和应用性都有明确的独特性。由于作业以单一的学科知识为主，教师在设计作业时根本没有意识到此功能，因此忽略了作业题目与其他学科之间的相关性。俗话说"史地不分家""理化走天下"，学科知识之间是相辅相成的，有些学科的知识解释是其他学科研究的本质。教师在设计作业内容上应尽可能地考虑材料的实用性，筛选科学、有价值的研究素材。新课程改革的步伐持续向前迈进，涌现出了众多的教育模式。这就对教师的作业布置提出了更高的要求和强有力的理论依据，作业内容的选择要全面具体，着重培养学生运用理论知识解答现实问题的能力。除了课堂上培养学生的学习能力，还要提高学生的知识运用能力，以确保作业设计内容的实用性和应用性。因此，学科教师需要整合知识、整合关联问题进行作业设计。只有这样，才能真正发挥作业的效果，体现作业的价值。

二、以教师为主体布置作业

以教师为主体布置作业是指任课教师以自己的意志来进行作业设计，作业布置形式可能是口头叙述，例如完成某某练习题，或者让课代表分发试卷、预习案等。作业内容往往是教师结合以往对该知识点的考查经验来设置的，或者教师通过课堂上对学生学习状态的把握来布置，这种作业类型往往存在众多问题。

1. 作业深度不明确

现代化教育要求关注每一位学生的成长，大到学校层面上安排的各种学生成长活动，小到教师布置的作业，但是很少有教师做到这一点。在调查中发现，有些教师为了方便批改作业，减轻作业的任务量，不假思索安排作业，为作业而作业。在作业内容上很少进行细致的揣摩和筛选，全体学生的作业内容完全一致，成绩优异的学生短时间内就能完成，而成绩较差的学生费尽心思、绞尽脑汁也做不完，很容易让学优生降低学习的动力，失去学习兴趣；让学困生挫败感常存，导致他们"知难而退"。这样布置作业会使学生缺乏主动学习探索的能力，被动地接受事物，被动地解决问题，被动地发现问题，多数学生已习惯于回答老师提出的问题，而不习惯于主动向老师提出问题。另外，大多数学生是为了学习而学习，为了应付考试而学习，这种应试技巧会使学生变得懒于思考、创新。这样的作业忽视了对他们的动手能力与社会实践能力、创新精神的培养。

2. 作业数量不合理

"减负"口号一直在喊，但大多数学校仍存在学生写不完作业的情况。相对于小学，中学学习的科目有所增多，各科的学习时间也十分有限。各科教师为了各科成绩，会让学生的课后时间尽可能花在自己的学科上，就会布置大量的作业，本质上希望学生能够熟能生巧，掌握更多的该学科知识，但实际上，学生在做作业的过程中，往往抱着完成任务的心态，盲目地、机械化地做作业。这就与现代化教学理念的作业设计初衷相悖，既达不到巩固知识的效果，也浪费了学生许多宝贵的时间，让学生对作业有一种应付、抱怨的情绪，严重打击学生学习积极性。对于面临升学的学生，每天学习任务强度高和课余安排超负荷，加之频繁的各类形式考试比赛，忙得焦头烂额，保证不了基本的睡眠时间，容易产生近视、过度肥胖、失眠、焦虑等不良状况，这对学生的健康成长非常不利，甚至部分学生因作业负担重、学习压力过大、校园生活枯燥等原因选择辍学。

3. 作业形式不创新

在调查中发现，大部分的初中学科作业形式单一，主要围绕"摘抄、默写、背、答、做"这五个方面进行。摘抄即抄写生字、生词；默写相关概念、公式；答就是在课堂上留下一些问题，让学生课下查找资料进行解答；做课后习题、试卷；背就是指导学生按照教学要求背诵相关的段落或者课文。形式枯燥，学生容易产生厌倦心理。作业要根据教学目标进行科学设计，围绕教学目标进行难易适度、具有挑战意义的设计。不依据课程标准、教材内容、学情来确定作业，会使作业形式机械单一，是缺少尝试弹性作业、分层作业、跨学科作业、项目式、长周期的作业设计。

三、以全体学生为对象布置作业

以全体学生为对象布置作业是相对于以教师为对象布置作业提出的，这种作业形式注重学生的发展，体现以学生为主体的教学原则。这种作业设计应遵循以下原则。

专题一 基础作业的设计与批改

1. 个性化

每个学生的认知发展水平是不同的，要使作业体现以学生为本，必须明确把握学生的学习归因，如年龄、家庭背景及教育背景等，这些都会导致每个学生的学习能力、应用能力及辨别能力不同。要想更好地调动每位学生的主动性和积极性，教师就必须根据每个学生的个性特点来布置相应作业。

2. 趣味性

初中阶段的学生，对新事物具有很强的好奇心，作业设置应尽可能增加作业的趣味性，以吸引学生注意力，从而发现每个不同个体对新鲜事物的接受与分析能力，使学生融入自身特征，积极主动地学习。

这就要求教师在作业的布置上要关注每个学生的个性与知识水平，将培养学生的全身心发展放在第一位，既要考虑到学生之间的差异，又要结合教学实际，符合教学内容要求。具体实施策略可参考以下几点。

（1）作业设计有层次。

任何学科教学都要面向全体学生，因材施教，让每位学生都能得到关注。因此，教师在进行作业布置时既要充分考虑教育教学的需要，又要兼顾学生之间的差异，满足每个层次的学生需求，让每位学生的个性都能得到发展。这就要求教师所布置的作业有层次、有梯度、有区分度。对于优等生，教师可设定有难度、有挑战性的作业；对于接受能力较弱的学生，教师可多设计与基础知识有关的作业；对于中游的学生，教师可提供给他们自由选择作业的权利，既可挑战难题，又可巩固基础。另外，教师可开展集体研讨，发挥集体的聪明才智，设计出一份有梯度、有层次的校本作业。教师可在题目旁边标注 A/B/C。A 代表基础题，B 代表中等难度的题目，C 代表挑战性题目。这样，学生做作业时便一目了然，可以根据自己的学习能力自主选择适合自己的作业。这就要求教师在评价机制的建立上也要体现层次性。对于学困生给予充分的成就感与满足感，让其树立学习的信心；对于优等生给予一定的压力，使其对难题充满挑战欲望，从而逐步消除两极分化现象。

（2）创新作业形式。

就目前教育形势来看，静态的书面作业无法满足当前学生学习和发展的需求。在初中科目教学中，教师设计的作业既要帮助学生巩固基础知识，又要锻炼其解题能力，就拿英语学科来说，还得注重学生语言表达能力和开放性思维的培养，因此教师要尝试多元化的作业形式，比如英语作业，要包括听力作业、口语作业与书面作业。作业内容应与生活、社会接轨。

英语科目在设置 What do you usually have for breakfast 作业时，教师先让学生利用网络查找自己感兴趣的食物词汇，再布置一个采访身边朋友或亲人的调查作业，并让学生用表格的方式呈现出采访的结果。这种类型的作业可有效提高学生做作业的兴趣，还结合了语言的交际性，使学生在现实生活中能巧妙运用所学英语知识，锻炼语言交际能力，达到学以致用的效果。另外，在设计英语作业时，教师要设计新颖的、创新型作业，如制作英语小贺卡送给亲人、朋友，制作英语手抄报，描述自己的所见所闻，英语话剧表演，学唱英文歌，等等，其他科目也可借鉴。

（3）设置实践化作业。

实践性操作是发展学生个性很好的手段，现实中大多数教师仅看重书面作业的设计，针对不同类型问题进行书面作业的训练，而常常忽略了实践性作业的重要性，因为该类作业看起来很烦琐，并且不容易被验证和实施，但是实践性作业，是将书本知识与实际生活相结合的重要方式。在新课程改革背景下，这种作业形式将成为以后编书、命题形式的特征，因此有必要促进教师在学科作业中设置该类作业形式，使学生解决实际问题的意识和能力在课后作业中能得到培养。让学生灵活运用学科思维，解决不断变化的生活问题，学会在日常实践中从所学科目的角度观察和分析问题，并提高学生所学科目的核心素养，具有解决问题的能力，使学生的思维空间可以有更广阔的发展。

四、以单一学科为目标布置作业

以单一学科为目标布置作业是指围绕某一学科知识点布置的作业，是跨学科融合布置作业的对立面。分科教学模式使大多数教师墨守成规，作业布置都是以单一学科为主，不会考虑相关学科对其他学科学习的重要性，拘泥于一门学科的内容，缺少融会贯通，使学生思维受到局限，难以在学习中纵观全局。在过分强调单一学科重要性的背景下，直接导致了作业设计的死板与学生学习的倦怠，使学生的整体学科素质下滑。

现阶段，我国初中教学仍以分科教学为主，作业同样分科布置。各个学科间缺少联系，各科教师之间也缺少沟通，长期以来学生会认为每个科目是独立的，这一学科的知识与其他学科是没有交集的，面对问题时打不开思路，束手束脚，割裂学生对学科与学科的统一认识，造成在面对综合问题时目光狭窄，缺乏全局分析与判断的能力。不利于学生对知识的统一领会，更不利于创造性思维、发散性思维的培养。随着基础教育的不断改革，跨学科融合作业必将受到更多的关注。有专家指出，注意学科渗透，让学生明确自然事物的相互联系，关心科学技术的新发展，是学生树立正确世界观的前提，因此以单一学科为基础布置作业，与当前新的教育理念有所违背。

《中国学生发展核心素养》中提出：学生发展核心素养是指学生应具备的，能够适应终身发展和社会发展需要的必备品格和关键能力。并提出六大素养，这其中每一个素养都无法孤立存在，相互融合、相互渗透是六大素养的集中体现，表现在教学过程中，即各个学科之间的相互融合。核心素养的培养要求打破学科的界限，在学习本学科的基础上，不断融合其他学科的相关知识内容与优越的学习方法等，改变"学科本位"，突破思维定式，运用新颖独特的融合作业培养学生的综合能力，实现全面发展的核心目标。

五、以考点知识为重点布置作业

目前，部分教师仍然受唯智主义思想影响，只关注高频考点来布置作业，提升学生学业成绩，作业成为单纯的知识演练与技能提升的载体，学生被动地深陷"题海战术"沼泽。教师以优秀学生的作业标准来批改全体学生作业，单一追求分数。这样往往造成一些不好的现象。

1. 学生急功近利

应试教育背景下，教师总是把学生的表现量化为分数来评价某一学生优秀与否。先贤崇尚的"不拘一格降人才"的良好愿望根本得不到实现。时间长了，掌握了多少知识、良好人格是否形成，并不是学生最关心的，他们所关心的是，分数是80分还是50分，在班级里能排在第几名，这会致使学生对学习的意义和目的产生误会。学生理应是德智体美劳全面发展，现在却单一追求成绩好、分数高，导致学生忽略自身全面发展的重要性，更多地关注怎样使自己的分数变得更高。慢慢形成"重分数，重利益"的价值取向，部分学生变得急功近利。

2. 教师角色定位模糊

教师并不应该被比作园丁，因为园丁会把花草修剪成他们喜欢的样子。教师应该是导游，把他的学生带到科学的花园里，让学生感受科学的美。在布置作业时，如果只注重是否联系到考点，那么说明这个教师对自己的职能还模糊不清。在课堂上，教师是学生的引导者、管理者；课下是他们的挚友，与学生和谐快乐相处。学习的过程也是学生主动学习，教师给予适当的指导，共同创造知识的过程，因此，在作业设计上应注重培养学生的全面发展。

主题 2

基础作业设计与批改的学科特点

一、文科类学科基础作业特点

1. 人文性

人文性是文科类科目的本质，学科本质就是对学科性质和核心在哲学层面上的认识。文科就其本质而言，是在一定的本质观指导下对人类文科学科的重构和解释。文科学科隶属于人文社会科学，与社会科学和自然科学的发展有着密切的联系。文科学科是人类文明的重要组成部分，在传承文明遗产、提高社会公民素养等方面有着举足轻重的作用，这也是其人文性的体现。从文科类中汲取经验教训，鉴往知来，顺应文科学科发展的趋势，是文科学科所承载的社会功能。另外，人文性是由文科学科教育观所决定的。学科教育观就是在以学生为本的原则下，以学科本质为基础，理解本学科的共同和独特的育人价值。中学文科学科课程通过重大学科事件、文科学科人物和文科学科现象，展现人类演变的基本过程和丰富的文科学科文化遗产，反映人类社会的发展趋势。由此，学生能够通过文科学科课程的学习，拓展学科视野，培养学科意识，发展学科思维，提高文科学科素养；增强文科学科使命感，深化对伟大祖国，对中华民族，对中华文化的认同，以及对中国共产党，对中国特色社会主义道路的认同；增强世界意识，拓宽国际视野。在此基础上，人文性特征还体现在促进学生树立正确的世界观、人生观、价值观和文科学科观。这就是教育的育人价值，它回答了在当前中国政治、经济、社会文化和发展趋势下，在"立德树人"的教育宗旨下，"培养什么人、怎么培养人"的问题。所以，人文性培养是文科学科教育的终极目标。

众所周知，人文素养的培育是一个漫长的过程，大多要依靠教学环境来潜移默化地进行。拿地理学科来说，中学地理是与我们生活息息相关的，在地理教学过程中时刻渗透对人文素养的培育是十分必要的。这就要求中学地理教师应积极创设良好的地理学习环境，利用情境教学，营造人文气息浓郁的课堂氛围，润物细无声地将人文素养的培育渗透学科中，传递到学生身上。例如，教师可以组织学生建立专门的兴趣学习小组，指导学生结合当地环境设计相应的地理野外考察实践活动，带领学生实地考察、收集素材、交流研讨、分享成果等，带领学生一起探索，建立平等和谐的师生关系。再如，在一些有条件的学校，教师可以借助地理实验室，开展更为丰富的地理教学活动，模拟各种地形地貌，组织学生制作校园微模型等，形成大胆探究、敢于行动的地理学习氛围。此外，教师还可以在校园和班级布置中加入更多的地理元素，开展各种校园活动，如"防止水污染""节约用电、用水"等保护环境活动，创造更具人文气息的校园。

2. 时空性

时空观念包含两个维度，即时间和空间，而在有些文科学科中这两个维度转变为文科学科时序性和文科学科地理性，这是由于文科学科事件都是在特定时间和空间发生的，具有一定的真实性。这种时空观是在特定的时间和空间联系中对事物进行观察分析的意识和思维能力，例如地理学科中，地貌的演变、海陆的变迁、山体的形成，历史学科的纪年、时序、年代尺、阶段特征和大事年表等都需要学生们有良好的时空观念来对待，它是学习文科学科的核心思维方法。因此，从某种意义上讲，学好文科学科知识，就需要利用文科学科时空观念对文科类事件和人物进行分析和掌握，这是明确事件发生发展的基础，也是学好文科学科的必然要求。

因此，文科教师在布置作业时应认识文科时空观念的重要性，以历史学科课程为例。第一，作为历史学科最基本、最重要的两个特征——时间性和空间性，其对学生掌握好历史时间发展脉络是十分重要的，一方面，其能够有效帮助学生建立相对完善的知识脉络体系；另一方面，其能够帮助学生厘清历史长河中的人物思想变化，这都是学习文科学科发展横向思维和纵向思维的重要支撑力。第二，良好的时空观在宏观分析问题、微观比较差异方面也发挥着重要作用，比如，任何历史事件在时间和空间上都有一定的综合性，二者结合能够促使学生对历史事件有更准确和深刻的认识。从微观层面上来说，历史学科事件发生的时间、发生的位置以及结束的时间和地点等都能够让学生将各事件之间进行细微的对比和分析，从而获得更加清晰的认识。因此，这就要求历史教师在历史学科教学中培养学生学科时空观念，并运用这种思维方式学习历史，学习其他学科，能够引导学生树立更高的学科思想高度，具备更广阔的文科学科视野。

但是目前，初中文科学科教学中培养学生文科学科时空观念仍存在很多问题。通过对教学现状的调查可以发现，在教学改革和素质教育不断推进下，地理、历史学科教师开始逐渐认识到这两科在时空观念上对于学生学习文科学科知识的重要性，但是往往在具体教学实践中，应试教育思想亘古不变且占据主导地位，教师的教学重点和内容仍紧扣考点，导致学生在学习文科学科知识时，缺乏有效的技巧和策略，尤其是对时空观念意识的渗透，不能很好地运用到学习当中，严重影响学生的学习效果。有些学生在运用文科学科时空观念时，没有将文科学科时间和空间进行有机的结合，割裂了二者之间的内在联系，导致无法获得真实、有效的知识，对很多概念都模糊不清。

3. 语言逻辑性

文科类学科相对于理科类学科来说，在本质特性上，最大的区别在于文科的语言逻辑更突出。文科科目语言逻辑性强，这要求教师在实际教学中，注重专业语言逻辑性的应用，不管在描述问题还是解答问题上，都要将语言组织好，层次鲜明，提供给学生良好的模板，谈话、讲演、辩论、各类文章的写作无一不是语言逻辑探索的对象。目前，在文科课堂上应该把这些与学生素质密切相关的实际知识多给学生讲讲，以提高他们运用语言表达思想的水平。当然，中学生因教学时间的限制很难系统地学习这些逻辑理论。考虑到这一实际情况，中学生可以只学习这些语言逻辑知识的某一个部分或某几个部分。譬如，学生都较为重视书面语言的逻辑性，重视写作议论文时应当遵守的逻辑，那么就可以多找几篇逻辑性强的议论文范文来讲解语言逻辑，分析议论文的逻辑结构，用逻辑形式说明议论文中论证形式的正确与错误。这样做不是对写作课所讲内容的简单重复，而是从逻辑的角度深入实际，更为具体地弥补写作课一般不能深入解析的语言逻辑问题。其实，语言逻辑也是一门学问，也可以说是逻辑学与语言学、写作理论等知识结合产生的边缘科学。其对于任何学科，尤其是文科学科有极其重要的影响，教师是否重视学生语言逻辑的培养直接影响学生文科素养的提高。当然，探索文科语言逻辑培养方法还在成长阶段，有许多具体问题还在研究探索之中。可以这样说，凡是学生关心的语言运用方面的逻辑内容，都可以在文科课堂上加以探讨。像学习数学一样去学习思维的逻辑形式理论，并在此基础上进一步研究探索语言运用过程中表现的逻辑问题，这应该成为文科学生培养语言逻辑的必由之路。文科学生学习逻辑也应该坚持这一学习方法,不能放松对思维的逻辑形式理论的学习,甚至不对学生进行逻辑形式推演的训练。缺少或忽视对思维的逻辑形式理论的学习和训练,绝不会是成功的逻辑教学。走逻辑现代化的道路是逻辑教学改革的关键,也是中学逻辑教学改革的正确方向。

二、理科类学科基础作业特点

1. 空间性

理科课程,对学生空间思维能力的要求较高,空间性也是理科类学科的核心本质。在理科教学活动的各个环节都应该渗透对学生空间性的培养。

在一定程度上,理科实际教学当中的重难点,大部分集中于空间图形相关教学知识层面,都属于空间感的培养,例如数学上的抽象图等。因此教师要时刻渗透这种思维方式,引用身边常见的例子,方便学生们理解与掌握,帮助学生突破空间图形难点,确保空间图形的教学效率与质量。在理科学科课堂教学实践中,涉及的相关数学知识问题相对较多,通过培养学生的空间思维,可为学生后期更好地学习其余知识奠定良好基础。空间性,是理科课程核心思维落脚点,占据重要位置,这种思维的形成能够帮助学生更好地去学习和掌握更多理科知识,从空间事物着眼,高效迅速地对于空间事物实施系统化分析及判断,实施完整谋事思维处理过程,实现空间思想上的有效转化。如数学学科课堂教学实践中,教师通常会利用教具培养学生空间思维,积极引导学生实施数据与图形的转化,将空间思维优势凸显出来,引导学生更好地理解及掌握该部分知识。

因此,在实际的教学工作中,教师要时刻渗透空间思维的传授。

(1) 思维能力培养。

中学生理科课堂教学实践中,空间思维贯穿整个知识框架结构,是保证有效理解题目和解题的重要手段,是一种数学思维方法。在物理、数学知识当中,关于空间和图形层面的教学,必须通过侧重于培养学生空间思维来促进学生思维能力的提升和发展,并让学生逐步形成抽象思维,使学生的思维敏捷力得以增强,协助学生把所学知识融合到现实应用中去,在头脑中形成具有自己风格的空间思维模式,以解决抽象的问题。

(2) 空间观念培养。

空间和图形,属于物理、数学学科当中知识点最多的部分,更属于平面几何较为基础性的知识,内含图形及其变化、图形及其位置相关知识内容。实践教学当中，通过指导学生更为深入地理解空间立体图形，并把握好它和平面图形之间的内在关系，便于学生更好地掌握空间图形相关数学知识、技能方法等，发展学生的空间思维。

（3）教学难题渗透。

对于中学生来说，其思想意识及感知能力处于初期发展阶段，能够快速掌握、模仿更为形象化的一些数学知识，针对比较抽象、生涩、需要较强的逻辑思维的数学知识，一时无法快速接受、掌握。对此，通过培养学生空间思维，注重空间整体构思，注重数学知识与空间图形的有效融合，将一些抽象性的知识点通过图像变得更为直观与形象化，让学生能够在极短的时间内掌握这些抽象性的数学知识。

（4）逻辑理论推理。

理科类学科课堂教学实践中，教师通过持续培养学生空间思维，能够让学生利用一些生活中的数学元素，绘制相关的物体图形，更快速地解答数学计算难题，从而极大地促进学生逻辑思维与发散思维能力的提升，促进整体数学教学质量的提高。

2. 时效性

巴甫洛夫生理学研究证明，新形成的神经联系并不巩固，容易受到抑制，抑制最严重的是在刚一形成暂时联系后。因此布置作业应及时，即在授课的相应环节布置限时性练习，达到讲练结合、突出重点、分散难点、反馈及时的目的。整堂课授完，教师应该及时分类布置有关新课的基础型、综合型、拓展型课外作业，最好要求学生当天在校完成，这对巩固知识、防止遗忘效果较好。同时，无论是在课堂还是课外，教师要设法监控学生作业，尽可能做到监督及时、辅导及时、批改及时、讲评及时、更正及时。为有效落实作业的及时性，充分发挥作业的反馈功能，学生作业最好分类限时，实行边交边批、早交早批，根据需要既可定点批，也可巡回批。

3. 操作性

理科类学科操作性特征主要是指物理、化学、生物课程的实验操作。我们将理科实验操作能力定义为：在学习理科知识、解决理科问题和科学创造过程中，根据一定的目的和任务，借助理科实验装置，运用一切已知信息，通过实验手段，实现实验方案或制作计划的能力。理科是以实验为基础的学科，对实验教学的重视程度直接影响到理科教学的成败。而对学生实验操作能力的培养，是理科

专题一 基础作业的设计与批改

实验能力培养的重要内容之一,也是学习理科的必要基础。学生在实验过程中,操作的规范、准确和熟练程度是实验操作能力强弱的最好体现。

因此,实验作业的评价也应有所变化,应重视评价学生的实验技能,如能否正确使用本标准要求的实验器材和测量工具,能否正确记录和处理实验数据等。评价学生的实验技能,可以采用纸笔测验的形式,但更好的方法是结合学生做实验的过程进行。已有研究者对初中理科实验操作能力表现性评价进行了建构,以此为基础,教育工作者可以对实验操作能力的培养过程和结果进行评价。

基础教育课程体系不仅可以反映时代精神,也体现了素质教育的理念。理科类学科作为自然科学的基础学科,不仅要促进学生的全面发展,更要努力使全体学生的科学素养得到提高。新课改对物理、生物、化学实验提出了更高要求:第一,《新课程标准》把科学探究列入课程内容之中,将以往学习知识重心转移到学生实验动手能力的培养与实验探究,不但要求学生学习理论知识,还要让他们经历科学探究的过程,体会实验的乐趣,促使他们养成勤于思考、善于探究的好习惯;第二,新课程标准不是对个别学生的精英教育,而是面向全体学生的普及教育,关注的是所有学生的全面发展,尤其是提到实验探究对学生全面发展的影响;第三,生活的联系,这也是现代科学教育的发展趋势。《新课程标准》注重教材与现实的联系,充分体现了"从生活走向理科,从理科走向生活"的教育理念,极大地提高了学生学习理科的兴趣。随着课程改革在我国的实施,人们也越来越重视实践教育。

三、艺体类学科基础作业特点

1.感官性

艺术类科目最大的吸引力不仅仅在于感染人、影响人,还能够激发人的想象力、创造力,提高审美能力和鉴赏能力。例如音乐课堂,对于学生来说就是一场爱与美的熏陶,是一次心灵和听觉的沐浴。因此,老师必须充分地调动学生的感官,进而引导学生感受每一个旋律的跳动、每一个节奏的律动,体悟每一个音符背后的传奇故事,以提高学生的音乐欣赏能力。

另外,在新课程改革背景下,中学音乐教学非常重视学生对音乐的感知和体验,重视学生在音乐艺术中的全面发展。基于此,中学音乐教师可以引入多元感官联动策略,强化对学生听觉、视觉等的刺激,促使学生利用多重感官体验、欣赏音乐艺术,提高音乐教学效果。在课堂上,教师需要引导学生通过肢体动作带动音乐表达，抒发音乐情感。例如，一些学生在演唱中会出现高音不稳、渐弱、声音颤抖、长音保持不住、咬字不够清晰等问题，而机械化的训练难以让学生有效弥补短板。针对此问题，教师可以引入奥尔夫教学方法，让学生通过拍手臂、捶肩、转脖子、甩手放松身体，并体验身体动作的能量对声音支持的意义等方式，提高音乐训练效果。

美术课的感官性特征也十分突出。中小学阶段的学生已经具有一定的形象思维能力，但是需要教师引导他们展开想象，培养学生的创意思维，让学生运用更多样的艺术表现方法获得成就感。如美术课堂上，在学习点彩这一创作方法时，教师可以首先让学生展开想象，尝试运用不同的方法来表现不同颜色、不同形状的点，再让学生随意表达一些不同的背景、搭配、色彩。这样的实质性练习可以帮助学生改变固有的想法和思路，在绘画中加入自己的创意，以此丰富学生的想象力，营造活跃、有深度的课堂氛围。比起简单的模仿绘画，这种教学方式更能激发学生的学习兴趣和创作热情，促使学生掌握更多的美术感知方法和行为表达策略。

教师作为艺术人文知识和鉴赏方法的传播者，应在教学过程中不断拓展艺术基础知识和审美知识的传播途径，将传授审美知识作为教学的重点，增强学生对多元化美术常识的理解、积累与构建。教师应帮助学生在建立艺术科学文化知识体系的基础上，提升美术鉴赏能力，加深对美的理解。音乐、美术教师应当不断强化美术教学能力，增强艺术文化的教学意识，营造具有包容性的艺术课堂，采用开放互融的艺术教学模式。

2. 实践性

艺体类学科主要形式是说、唱、画、动，因此作业设计中首先应体现实践性特征。就美术学科来说，在课堂上，教师应做好引导和答疑解惑的工作，增进学生对所学知识理解的深度，另外，教师也应该鼓舞学生经常独立动手实践。例如，在绘画的过程中，同一个物体看的角度不同，画出来的也不同，横看成岭侧成峰，远近高低各不同。而对于小学生而言，在各方面发展较不成熟的前提下，鼓励和引导学生去动手实践验证往往比实际的理论教学更加直接，理解更加深刻。因此，在美术学科的教学过程中应注重向学生实践能力的培养方面倾斜。另外，教师可以适当、适时地开展实地写生活动，引领学生们由教室走入我们的真实社会生活，脚踏实地地去接触大自然，感受社会百态。美术学科的其中一个特点就是实地写生，作为一门视觉艺术教育，美术课不能仅仅限制在课堂上，更要

专题一 基础作业的设计与批改

在真实、丰富的生活中,通过真切的观察、感受、实践等活动激发灵感,捕捉题材,进而利用美术学科特有的方式去记录、描绘生活。在实际教学过程中,也可以定期组织学生出游写生,例如,在春天和初秋时节带领学生去公园、河边、田野里、草地上进行写生。这样真实而又丰富的创作对象学生们自然喜欢,也会带着强烈的兴趣与好奇心去创作作品,这样创作出的作品自然更加新颖,更加有灵魂。更重要的是,在这样宽松活跃的环境中,学生们最大限度地发挥了他们的创造力、想象力,也真切地懂得了"艺术来源于生活"的真理。另外,组织学生观看艺术展览,站在巨人的肩膀上看世界,通过学习借鉴,可以学会欣赏,提升语言表达能力和美术认知能力。教师在组织学生参观艺术展览时,应当为学生提供适宜的美术鉴赏情境,鼓励学生积极根据观察所得和掌握的美术基础知识鉴赏美术作品。艺术与生活本就是融为一体的,教师应在生活实践中不断地提升学生的艺术修养,通过引导学生感悟身边事物开展美术鉴赏实践活动,培养学生的艺术描述能力和观察能力,最终达到提升学生的鉴赏、学习水平的目的。

3. 综合性

艺体类学科的基础作业,有非常强的综合性特征。美育也恰恰是实现艺术教育的必经之路,能够培养学生表现美、感受美和创造美的能力。因此,艺体学科之间具有一定的交叉综合性。就音乐美术学科而言,它们都是艺术教育,也都是要借助情感对学生进行培育,它们能够净化学生的心灵,培养学生的审美情趣和高尚情操。我们应该把美术"请进"音乐教学中,使两者教学巧妙结合,夯实学生的艺术基础知识,提高学生的艺术素养,促进学生综合素质提高。以此课堂为例,综合性特征表现在以下几方面。

(1) 找寻音美,提高学生的学科素养。

音乐课堂教学中,强调通过欣赏、视唱、感受、分析、比较的方法达到提高学生音乐素养的目的。美术课堂教学中,强调通过观赏、绘画、分析、比较开发学生的潜能,培养他们的创造力。教学中可以根据两门学科在艺术上的异同,进行有效迁移与整合,在提高学生审美能力的同时,提高学科教学质量。音乐课可让学生根据对作品的理解,用绘画形式表现作品;绘画教学中可播放一些与绘画内容相关的音乐,帮助学生理解作品。在欣赏教学《在希望的田野上》一课时,除了要求学生认真听赏和感受音乐,还可以给学生提出绘画要求,要求学生根据对歌曲的感受,在听赏音乐的同时绘一幅有关草原的图画,加深学生对音乐作品的理解,体会蒙古族人民热爱生活、热爱大自然的思想感情。虽然学生感受音乐的能力有限，绘画创作水平不高，但在音乐的启发下，他们会把想象中的蓝天白云、绿草地和羊群形象地表现出来。教师可挑选几幅较好的绘画作品，伴随悠扬的旋律，用多媒体向学生展示。学生欣赏着优美的旋律，观赏着自己的绘画作品，能够加深对音乐作品的理解，完全沉浸在艺术美的氛围当中。听赏音乐，给学生的美术创作提供素材，观赏学生的绘画作品，丰富他们的形象思维，听赏观赏相结合，音乐美术相联系，两者相辅相成，可以有效提高教学质量。

（2）利用学科综合性特点，可培养学生的创造力。

音乐的魅力就在于它能给人们驰骋想象的空间。同一首音乐，一百个人会有一百个不同的理解，会产生一百个不同的想象。教师可针对这一特点，让学生在欣赏音乐时展开想象的翅膀。中学音乐课本中，几乎所有页面都配有插图，这就是最直观的教具。把歌曲的主要内容通过视觉形象表现出来，符合学生乐于接受形象事物的认知特点。要培养中学生的音乐思维形象化，插图的催化作用可进一步丰富他们的音乐想象力，特别是低年级教学一定要很好地运用插图，充分发挥课本插图的作用。在管弦乐《小狗圆舞曲》欣赏教学中，教师可借助画面把小狗追逐自己尾巴的场景展示给学生，让学生有初步的感知过程，再结合音乐去观察、去想象、去创造。美术教学中可结合教学内容播放相关音乐，为学生创设情境，让他们在视觉和听觉上得到双重的情感体验，激发他们的表现欲望，充分发挥他们的想象力和创造力。

艺体类学科很多方面是融会贯通的，其综合性、实践性强，教师在作业设计时应考虑学科之间的关联，注重培养学生的综合思维。

主题 3
基础作业设计内容和形式的多样化

一、自主型作业

培养学生学习主动性、自觉性是教师有效教学的基础,作业作为教师把控学生知识深度和广度的载体,就更应该体现出本身的自主性特征。因此,该种作业类型在设计时应富有趣味性、探索性。

1. 设计反思型作业

学之道在于悟,悟之道在于主动。也就是说理解需要靠学生自己的领悟才能获得,而领悟又要靠对思维过程的反思才能达到。一个人只有不断对自身经历的活动进行反思,才能提高自己的认识水平,促进思维的发展,进而认识事物的本质。由于学生的年龄特征及知识认知结构水平的限制,再加上非认知因素的影响、考试的压力,学生在学习中往往不会对自己的思考过程进行反思,不会分析、评价和判断自己的思考方法的优劣,也不善于找出和纠正自己的错误。特别是一些学困生,缺乏对学习过程的反思,不仅导致他们学习质量低下,思维水平不高,还严重阻碍了他们思维能力的提高。因此,在设计作业时,教师应尽可能引导学生对解题过程进行检验和反思,分析具体方法中包含的学科基本思想方法,对具体方法进行再加工,从中提炼出应用范围广泛的一般思想方法。

作业设计 1(数学):若 $f(1/x) = x + \sqrt{1+x}$ $(x>0)$,则 $f(x) = ($)。

作业设计 2(地理):东北地区特殊的自然地理环境使得大米品质好,请尝试解析青藏地区青稞和小麦单位面积产量高的原因。

让学生在问题解决的过程中反思它们之间的内在联系,进而探索一般规律,这样的作业不仅有利于学生比较容易地抓住问题的实质,更可以有效提高学生的思维抽象水平。同时,教师还可以通过作业设计,引导学生对某一问题进行反思,并将该问题进行推广、引申,让他们在将问题由特殊推导出一般的过程中深化认识,提高自己的学科思维。

2. 设计错解辨析作业

鉴于某些学科的高度抽象性,学生只有通过自己的思考建立起自己的理解力时,才能真正懂得所学知识的本质。否则,学生对学科知识的理解就只会停留在表面,解题时也就常常出错。而学习本身就是一个不断尝试错误的过程,学生正是在不断地发生错误、纠正错误的过程中获得了丰富的知识,更重要的是促进学生对自己的个性化理解进行重新建构。我们知道课后习题绝大多数都是解答题,有时学生能够解决问题,但对于概念的理解仍然是片面的。所以,教师可以针对学生学习中的困难与错误,设计一些新的问题形式,比如辨析题、改错题等。通过错解辨析,使学生有效巩固所学知识,并在获取知识的过程中形成原理概念和方法。

另外,学生在作业中难免会出现这样那样的错误。对于错误的原因必须进行认真分析,只有找到了错误的原因,才能真正巩固知识,掌握技能。所以,教师还应该设计错误作业剖析,比如要求学生把作业或试卷上做错的题整理到"错题本"上,并对错误原因进行剖析,从而找出学习中的问题并加以解决。

作业设计1(数学):求曲线 $S: y = 3x - x^3$ 过点 $A(2, -2)$ 的切线方程。

错解:因为 $y' = 3 - 3x^2$,$y'|_{x=2} = 3 - 3 \times 4$ 等于 -9,因此所求切线方程为 $y + 2 = -9(x - 2)$,即 $y = -9x + 16$。

剖析:曲线与直线相切,并不一定只有一个公共点;求曲线过某一点的切线方程,这一点未必一定是切点,有可能另一点的切线刚好过该点,因此应注意求曲线"过某一点的切线"与"在某一点的切线"是有区别的。

知识是由概念命题所组成的逻辑系统,概念是基础,任何学科当中每一个术语、符号和习惯用语都有着具体的内涵。这些特点反映在考试中就要求考生在解题的时候,要透彻理解概念的含义,弄清不同概念之间的区别和联系。

有关学习论的著作通常把教与学分为三个水平:记忆水平、解释性理解水平和探究性理解水平。作业设计应该促进学生的学习由记忆水平向解释性理解水平转化。利用错题进行教学,有利于学生重构知识体系。建构主义理论认为,学习的过程不是学习者被动地接受知识,而是积极地建构知识的过程,是学生自主构建知识和能力的过程,是学生创造精神和创造能力的培养过程。因此,将错题有效解决,可以加深学生对知识应用条件的理解,能鼓励学生"通过理解而学习",在分析、求解和纠错的过程中,学生会主动地对相关知识进行梳理,多角度、多层次地理解未曾内化的知识，重构知识体系，并且会对相关知识的理解深刻而持久。

二、选择性作业

教师要全面了解学生，就要开展选择性作业布置。有学者提出，对于学生的了解主要可以从两个大的方面进行把握：一是了解学生的知识结构，主要包括学生已有的知识储备和学科素养；二是对学生的学习状态进行了解，如学生的学习习惯、注意力集中程度和学习欲望等。通过这些途径，很好地了解学生之间的差异性，才能有的放矢地布置作业。选择性作业布置可从作业内容、作业难度、作业数量上考虑。

1. 在作业内容上

作业的分层可以设计成必做题、选做题和挑战题，让学生有选择的空间，这也在一定程度上保护了学生的自尊。每个人都有实现自己理想的愿望。因此要激发学生的求知欲，当学生不再把作业当作应付的差事之后，作业将会成为他实现自身理想和愿望的工具，促进学生自觉行为的产生，提高自身知识水平。因此在作业设计过程中可编制两类题目：第一类为基础题，能够为所有学生完成并且必须完成，这一类作业对学生的兴趣照顾较少；第二类为专题作业，针对学生的兴趣而编制，以满足学生个体特殊的兴趣和求知欲。作业设计的目的应该明确，即提供给学生思考分析的机会，让学生能够运用所学的知识独立面对、解决问题，培养学生的能力。因此，教师在作业的设计过程当中要设计一些具有探究性的知识，激发学生的学习兴趣和独立思维能力。

2. 在作业数量上

在作业的数量上，可以将学生分为甲、乙、丙、丁四个等级，在对学生分层的基础之上，对作业的量以及作业的难度进行控制，满足不同层次学生的需求。哈里斯·库珀在作业的时间安排上提出了10分钟法则，主要内容是有效的作业与学生进行作业的时间密切相关，随着学生年龄的增长、年级的上升，可以适当增加10分钟的作业时间。哈里斯·库珀还指出学生学习的时间应该在一个合理的区间，过多或过少都不利于学生的成长，如短于10分钟的作业完全起不到作业本身的作用，若超过2小时，对于学生的发展也起不到积极的效用。1小时至1.5小时的作业时间，对于学生知识的巩固与拔高所起到的效果是最好的。美国在研究中对于作业的时间进行了一定的实验，经过数据分析得出结论，作业的时间与学生的学习成绩有着一定的联系,在作业上花费过多的时间对学生学习成绩的提高并没有过多的效用,因此应该找到适合学生的作业时间。过少或过多的作业都不利于学生成绩的提高,作业的数量和完成作业的时间应该控制在适合学生的水平,而这适合的时间范围为1小时到1.5小时。

3. 在作业难度上

可以将作业难度划分为三类,分别是难度系数为1.0的基础性习题、2.0的中等难度习题乃至3.0的拓展提高类习题。另外,将学生分为甲、乙、丙、丁四个等级,在对学生分层的基础之上,对作业的量以及作业的难度进行控制,满足不同层次学生的需求。这就要求教师在平时教学过程中对学生多进行鼓舞,实现不同层次学生之间的纵向流动。

我们知道,实际的教学过程中有些练习题的难度不适合学生的发展,练习题题目过于简单会让学生在学习过程中感觉到无趣,而太难的题目反而会让学生在完成作业的过程中受挫,两者都起不到以作业巩固知识的作用,因此作业的难度应该适合学生的水平。针对这一问题,我们应该结合学生实际情况以及学生对知识的掌握程度进行作业的布置,要加强作业的针对性。

三、积累型作业

积累型作业注重培养学生主动发现、积极探索的能力,可以让学生更加深刻地理解书本知识与现实生活之间的联系与差异,学会用学科的眼睛发现问题。作业形式可以有以下几种。

1. 创办报纸式展示积累作业

信息时代,每天都会产生大量的新闻。在这样的时代中,学会阅读新闻,并能抓住新闻的重点从中获取信息,提高思维的敏捷性和思想的洞察力,对每个人都至关重要。

在语文学习中,新闻文体也是学习的内容之一。教师在带领学生学习新闻文体后,以往给学生布置的作业便是让学生在识记新闻的六要素——五个"W"一个"H",即Who(何人)、What(何事)、When(何时)、Where(何地)、Why(何故)以及How(如何),了解新闻的结构的基础上,反复完成练习题,以保证学生在应试时能获得高分。殊不知,新闻这一文体比较严肃,学生读后觉得枯燥、无聊,且让学生通过死记硬背的方式识记新闻文体的知识点,更是使得学生排斥、厌烦。为了解决此类情况,教师应当在作业设计上下功夫,如何能让学生

专题一　基础作业的设计与批改

不用机械做题、不用死记硬背就能掌握新闻文体的知识点？这是教师在教学新闻文体时迫切需要解决的难题。基于此问题，设计了创办报纸式展示作业，将办报式展示作业布置成新闻文体学习后的练笔作业，有利于加深学生对新闻文体的学习，锻炼学生新闻稿的写作能力。创办报纸式展示作业，就是在为学生创设情境的情况下，让每个学生都成为"记者"，鼓励学生将情境中的事件以小报纸的方式客观地进行报道。例如，人教版高中语文教材必修一中第四单元的导读就对本单元的学习内容与目标进行了相应的说明："这个单元学习新闻和报告文学。学习新闻作品，要注意新闻结构的多样性，分清新闻事实与新闻背景、客观叙述与主观评价，在此基础上，去粗取精，抓住有用信息。"因此，在完成本单元的学习之后，学生对新闻这一文体的相关知识有了一定的了解，结合学生最近正在学习"习近平新时代中国特色社会主义思想"，因此教师可以布置以下几类作业供学生选择参考：

（1）采访报道本次学习活动，写一篇新闻稿。

（2）将学习内容绘制成报纸，要求图文结合。

所有稿件将张贴在班级或校园中进行展示，一起评出"十佳新闻稿件奖"，进行表彰奖励。稿件截止时间：本周末22：00。

这样的作业，不仅能让学生在"做"中掌握新知识，还能以此为契机，让学生留心观察身边发生的事件，培养学生细心的习惯；更重要的是，教师将每个学生完成的作业进行展示，并让同学参与评价，既能让学生欣赏到他人作业的优点，也能看到他人作业中的不足之处，以帮助每个学生取长补短。这样，学生在完成作业的过程中锻炼了自身的新闻写作能力。

2. 观点写作式展示积累作业

这种作业是将平时积累的素材、观点以写作的方式呈现给大家，既加强了对平时所积累素材的认知，又锻炼了学生的写作能力。

书写、写作能力，是每个学生都应具备的一种能力。不管哪种学科，大胆写自己的观点，写自己对周围事物的认识和感受，不拘形式地写下见闻、感受和想象，表现自己觉得新奇而有趣的或印象最深、感受最深的内容，才是目前学生急需培养的能力，更是培育科学理性精神的奠基石。有个笑话说，现今的学生有三怕：一怕写作文，二怕文言文，三怕周树人。学生对写作提不起兴趣，更别说提高写作水平了。古人语："言为心声""情动而辞发"。换句话说，就是教师在设计此类作业时要关注学生的写作动机，刺激学生产生"我要写""我要为展示作业而写"的欲望。例如,语文教师可以这样进行设计：

比如,在教学《再别康桥》后,教师可以鼓励学生周末回到自己的母校、家乡,让他们寻找自己此前的记忆,回忆一下在母校、家乡发生的最让自己难忘的事,或是母校、家乡里最不舍的人,记录自己的感想,可以是一小段话,可以是一篇小作文,也可以是一首小诗……教师可以不对文体进行限制,让学生自主选择最能表达自己感情的文体。当学生完成作业后,教师应将学生的作业进行分类并拍照,之后可以"唤起回忆"作业展为主题,根据学生所写的不同文体,将其分为《诗集》《作文集》《感想集》几大板块,用图片形式在微信公众号中进行推送,也可以将其张贴在教室的墙面、公告栏等位置进行展示。

又如,鉴于目前高考作文多是任务型驱动作文,选题多与时事紧密相关。此前,江苏省高考状元白湘菱的历史科目没有达到招生要求中的A+,名校是应按照规则不予录取白湘菱,还是应该打破规则,"不拘一格降人才"？由此引发了社会热议。由于此类事件与学生联系密切,教师可以以此为题,设计一篇发言稿,让学生表明自己的观点看法,等待学生写完之后对他们写的发言稿进行展示。

再如,2020年是新冠肺炎疫情肆虐的一年,在这一年中,我们国家为了打赢疫情阻击战做出了不懈努力,教师可以布置一次佳作欣赏式展示作业：在疫情防控期间有没有让你感动、难忘的事情发生,写下你的感受与感想,与大家一起交流分享。文体不限,字数不限,要求有真情实感,创作完毕之后将在公众平台进行展示。由于网络传播具有广泛性、即时性、便捷性的特点,学生的作业观赏与评价的群体则更加广泛,不再局限于以往的教师一人品、一人批。

此外,教师还可以将学生每一次写作中的佳作进行扫描、影印,将全班学生的佳作编选成册进行展示；或者在教室的墙面上设置一个展示栏,将学生的佳作张贴进行展示,让每一个学生都能对其进行赏析,"在观摩各个同学作业的时候,学生自己在心中设置一把'尺子',用这把'尺子'丈量自己的作业与别人作业之间的距离。以自己的评价标准对他人的文章进行评价,从而使得学生的文章修改能力得到锻炼"。青少年学生都希望获得他人的赞赏与关注,而佳作欣赏式展示作业则将展示变成了学生写作的动力,使得学生从"被迫写""不想写"变为"主动写""我要写"。在长期的练笔、写作下,学生的观察能力能够得到锻炼,同时也可提高学生的写作水平。

3. 素材直接展示积累作业

在实际教学过程中,学生要积累的东西很多,如字、词、丰富的论据、典型的案例、优美的语句等。尤其是文科类学科，丰富的素材是学生广泛阅读的体现，也是写作的关键。现今，由于技术的进步，搜索资料变成一件极为便捷的事情，与此同时也使得学生在积累方面养成了懒惰的坏习惯，学生若不动笔抄写素材，写作时则会"无从下笔"。基于此，教师应设计素材积累式展示作业，要求学生准备一个积累本，并在平时生活、学习中将发现的美句、美段、美词抄写到本子上，每周进行一次展示。这样的作业以展示驱动学生在阅读时进行记录，有利于学生养成勤阅读、勤记录、勤积累的好习惯。同时，由于每个学生积累的素材都不同，将素材进行展示，有利于将多样的素材汇集，以达到不同素材的碰撞与交流。学生在观看素材展时也可以记下自己喜欢的素材，并将其用在写作中，使得学生在有限的时间内可以收获丰富的素材，从而增强学生的知识储备，进而在写作时做到"下笔如有神"。

展示性作业在作业形式上有所创新，作业类型丰富多样，使作业从单一的书面抄写中走出来，锻炼了学生的听、说、读、写能力。同时，将作业与朗诵、表演、吟唱、绘画、辩论相结合，以课堂、教室、网络为平台进行展示，作业的趣味性、丰富性得到增强，学生完成作业的热情能得到激发，学生学习的兴趣也能被唤起。

四、创编型作业

创编型作业是引导学生根据已有的知识，通过改、说、唱等形式再现、拓展、延伸课文内容，或加工、整理、采集、剪贴、展评与课文有关的图文资料，编辑专题手抄报、电脑报，或根据对诗文的理解进行书法、绘画创作等。根据加德纳"多元智能"理论，为避免导致其他智能的浪费和众多人才的埋没，教师应在作业设计中关注学生多元智能的发展，而不单单是某一种能力的单向发展，应考虑为学生创设一个发挥和展示才华的机会，将多种智能结合起来，综合提高学生的学科素养，使他们能够得到全面的进步。

按照课堂划分标准，创编型作业可有课内深化及课外延伸两大板块。课内深化主要是紧密结合教材及教学活动，促使学生深入挖掘知识宝藏，并化为己用，如续写、仿写、缩写与扩写。这类作业能有效巩固、强化所学知识，达到以读带写的目的。课外延伸是根据课文内容，由学生创作成诗歌、小品或戏剧，并可组织排演，以此来诠释自己对教材的独特理解，如一份手抄报、一组摄影作品、一张网页、一项工作方案，甚至一份设计图纸。这些作业既体现了学科的综合性，又充分锻炼了学生的设计、分析、思考能力。就具体内容而言，创编型作业可分为以下几类。

"双减"背景下作业的创新设计与批改

1. 设计制作类创编作业

（1）编制手抄报。

中学生喜欢写写画画，表现欲很强。根据这一特点，可以在一些节日里布置他们中的三四人一组编制学科报。如教师节、植树节都可让学生根据主题设计版面，编排内容。在编报过程中，既丰富了课外知识，又培养了学生的创新思维能力和综合能力。设计制作类作业还包括：为本校招生写广告语、设计心目中理想的社区、想象 20 年后我们所居住的城市等。设计制作类作业可以展示学生的动手能力，发挥学生的想象力，比较切合学生的实际。对制作成果进行评价时，应以鼓励为主，保护好学生的积极性。

（2）做明信片。

这种作业类型比较适合英语和地理作业，比如，用英文介绍自己家乡的风景名胜、传统文化，或者结合当地的自然地理环境介绍当地的特色农作物。例如，英语教师在教学人民教育出版社 2003 年版 *SEFC* 第二册第 15 单元 "Destination" 后，让学生假设自己在最喜欢的一座城市旅游，想从那儿给朋友寄一张明信片。要求设计一张有当地特色的明信片，明信片要体现该城市的显著特征，要有当地的英文介绍。

2. 调查分析类创编作业

教师通常可以以问题的形式提出，以激发学生的好奇心，一方面鼓励学生发挥语言的交际能力，获取所需要的信息；另一方面可以培养他们对已获取的信息进行分析、归纳、总结，并得出结论或者表达看法的能力。

调查研究按范围可以分为内部调查和社会调查两种。内部调查主要在班级或家庭内部进行，例如，询问班级同学对体育运动的爱好，并按水上运动、球类运动、田径等项目分类，计算喜欢各项运动的人数的百分比，写出调查报告，并向班级汇报。与内部调查相比，社会调查的挑战性就大多了，学生不仅要克服害羞心理，勇于和他人交流，还要学会用全面发展的眼光看问题，因为某一社会现象和问题的出现，绝不是偶然的，所以此类作业比较适合高年级学生完成。

3. 解决问题类创编作业

这类创编作业的设计应具有实用性，使学生能够用自己所学的语言知识解决现实生活中的问题。受限于所处的语言环境，学生很少有机会用英语解决问题，因此，可以将来源于生活的真实问题设计成可以在课堂上展开的、与教学内容相

专题一 基础作业的设计与批改

符的,并可能在现实生活中运用的任务。但有时解决一个问题需要一定的时间和精力,这就要给学生提供必要的准备和指导。

例如地理作业中,教师讲解了西北地区农业发展的限制因素是水资源,那么只要解决本地区水资源的问题就可以发展农业,请找出西北地区的绿洲农业主要分布在哪里,然后通过这种方法分析青藏地区的农业。经过调查发现,学生通过收集资料能够找出"河谷农业"等专业术语。

五、调研型作业

调研型作业类似于实践性作业,是学科课外作业的优化和补充,以期改善传统的作业模式,帮助学生摆脱单调的机械抄写,彻底解放学生天性,激发其潜能。在作业内容上,注重知识复现的同时更加关注学生的能力提升,根据真实的生活任务进行课外作业设计,突出个性化与社会化。在作业形式上,更加追求多元化,强调开放性,注重培养学生的研究意识与合作能力。在作业完成方式上,鼓励学生以同伴合作的形式,通过多感官参与、体验,切实提高语言实际应用能力。

六、课题型作业

课题型作业是沟通知识与现实生活的桥梁,学生需要在某种特定的生活场景中完成作业,拓展学习的场所,从而使学生在学习教材的同时,也开始关注生活。它突破了传统作业片面重视教材知识的观念,将学科的学习从单一的课堂拓展到社会生活的各个方面,使教学接近生活实际,注重挖掘生活中的教育素材,师生共同感受生活、表达生活。

课题型作业是一种综合性很强的作业,它不仅仅局限于某些知识与技能,更需要学生综合能力(联想、归纳、类比、演绎等)及社会交往能力(合作、交流等)的共同参与,也不以学科为局限,而是注重跨学科的学习和现代科技手段的运用。这种作业方式,可以为学生提供一个平台,使他们能掌握查找资料、搜集和整理资料的技能,培养他们的合作态度和参与意识,初步具备搜集和处理信息的能力,因而它能促进学生综合素质的全面提升。课题型作业并不是简单地抛弃"双基",而是融"双基"于其中,它需要学生在课上掌握的基本知识和基本技能的参与,并以此为基础,提高并扩展学生多元学习的机会与体验,丰富学生在课堂中的"知识储备",从而实现新课程提出的"三维目标"。课题型作业的确定要做到"三个结合"。一是师生共同确定课题,在师生交互过程中共同确定学习研究的内容；二是要与教材相结合，做到源于课本但又高于课本；三是要与中学生的生活现实密切结合，要充分考虑学生年龄特点及生活空间，课题的提出要符合学生的"最近发展区"。课题的研究往往以小组为单位集体完成，学生明确了"课题作业"的任务后，就必须围绕课题寻找途径，主动搜集信息，加工处理信息，并解决问题。这是一项富有创造性的工作，学生在此过程中不断获得成功的喜悦，不再把作业当成负担。

以地理作业为例，地理"课题型作业"一般是小论文的形式，也可以是一个小制作、一幅画等反映研究成果。确定课题后，学生们分小组通过自己的走访、调查、查阅资料、研究分析等途径搜集信息，然后对这些信息进行整合处理，完成论文或制作。例如，学完关于南方的自然环境后，让学生做一个"南方饮食文化与当地自然环境的关系"的课题。把全班分成六组，给学生一周时间去收集不同的饮食资料和环境特征，在小组内汇总后编制一份"南北粮食作物差异表"，一周后拿到课堂上做汇报，当堂评出等级，并给全组人加相应等级的相同分数。每组同学都希望自己小组是最好的，所以在查找资料时非常努力，在汇报时都积极展示自己的小组成果。这种作业能够开拓学生的视野，并且教给他们一种全新的学习方式，让他们学会使用各种媒体搜集信息，为他们的终身学习打下基础。

主题4

基础作业评价方式的丰富化

一、评价方向基于课程标准

随着社会的不断发展和科技的不断进步，在教育教学方面，无论教学形式、教学内容还是教学过程，方式方法上都发生了极大变化。在这样的前提条件之下，教师对学生的评价更应该清楚、规范、合理。这就要求教师不断地优化自己的教学形式，利用更加科学的方式进行相应的教学，加强对学生评价方案的研究。目前"双减"政策正在逐步落实，学生课后作业不宜过多，因此，设计作

专题一　基础作业的设计与批改

业的目标依据要更加科学具体。作为一名人民教师，在进行学科的作业发布时，要将具体的知识做更加细致的划分，将学科课程标准与作业的落实过程完美结合，实现评价形式的优化。这要求教师在布置作业时，作业内容不仅要具有学科自身特点，也要注重不同章节之间的联系。这样的作业举一反三，兼顾了其他知识点，提高了作业质量，拓展了学生思维，符合"双减"教育背景下的作业要求。那么这种作业的评价方式也应该发生变化。有些教师在评价的时候不知道该以哪个学科为标杆，有些教师只关注自己所教学科的知识点，导致评价效果差，形式主义强。课程标准作为教师教学的依据，在评价中应发挥主体作用，才能不让评价偏离方向，脱离实际，另外，在评价时要体现综合性。在作业布置上，相应的目标与学习的目标必须保持一致，要将课标的每一个单元进行更加细致的划分，对于学习的目标还可以通过具体的指示性动词或可观察、可测量的形式进行呈现，做到作业与学习目标一致，保障具体教学过程的严谨性，这样可以通过对作业的评判过程来了解学生具体的学习与成长情况。这就要求教师在设计作业时明确课程标准要求与知识点之间的评价方式，适当把握知识的深度与广度，对于不同层次的学生的学习掌握程度要有更加明确的判断，分辨好能力层级。

例如八年级地理作业，其作业评价标准见表1-1。

表1-1　地理作业评价标准

	简要介绍石榴的习性	以镇长身份介绍当地自然条件（气候、土壤、水源等）并简单概括	以市长身份介绍当地社会条件（政策、交通、技术支持、市场销售状况）并简单概括	简要概括当地石榴发展与当地自然条件和社会条件的关系	运用所给图文资料提取关键信息，简明扼要、条理清晰，既运用地理专业术语，又兼文学美感
优秀	①以石榴为第一人称 ②习性要素（所需气温、降水和土壤的条件）	①镇长身份介绍 ②结合所给图文资料，要素全面，有具体叙述 ③使用专业术语	①市长身份介绍 ②结合所给图文资料，要素全面，有具体叙述 ③使用专业术语	关系表述准确	①信息提取准确全面 ②语言连贯，条理清晰 ③专业术语运用恰当，介绍有美感

续表

良好	①以石榴为第一人称 ②习性要素全面	①以镇长身份介绍 ②结合所给图文资料，要素全面，有具体叙述 ③个别介绍未使用专业术语	①以市长身份介绍 ②结合所给图文资料，要素基本全面，有具体叙述 ③个别使用专业术语	关系表述较准确	①信息提取准确全面 ②语言连贯 ③专业术语运用较恰当
合格	①以石榴为第一人称 ②习性要素基本完善	①以镇长身份介绍 ②结合所给图文资料，要素基本全面，个别没有具体叙述 ③部分介绍未使用专业术语	①以市长身份介绍 ②结合所给图文资料，要素全面，个别没有具体叙述 ③部分使用专业术语	关系表述语言啰唆	①信息提取准确全面 ②语言较连贯 ③专业术语不充分
不合格	①以石榴为第一人称 ②习性要素有某项缺失	①以镇长身份介绍 ②结合所给图文资料，要素基本全面，个别没有具体叙述 ③未使用专业术语	①以市长身份介绍 ②没有结合所给图文资料，要素全面，有具体叙述 ③未使用专业术语	没有概括	①信息提取缺失 ②语言不连贯 ③专业术语运用不恰当

二、评价标准多元发展

1. 促进评价主体的多元化

首先，教师是直接评价者，教师的评价在很大程度上影响了学生学习的动力。教师在评价的过程中，如果能够运用一些激励性的语言，对于促进学生学习来说是非常有帮助的。例如，批改一些比较优秀的学生的作业时，教师可以评价"解题思路非常清晰，能够看到你的作业，对老师来说是一种享受，如果能够用不同的解题方法来解这道题，那么会更好"。批改学习成绩不是特别好的学生的作业时，老师可以评价"相信通过你自己的努力，一定会想出正确的答案"。

其次，教师可以让学生自我评价，就是让学生批改自己的作业。通过自我评价，学生可以发现自己的作业有哪些问题，并且在自我反思的过程中认识到自己与其他人的差距。对于自我评价机制，教师可以通过有效的引导，让学生在学习

专题一 基础作业的设计与批改

的过程当中变得更加积极。通过自己给自己评价的方式，可以提高学生进行独立探索的能力，也有助于学生反思自己的学习成果是否达标。结合自我评价，教师可以在此基础上引导学生进行小组评价，促进学生们之间的交流与思想的碰撞，培养学生独立思考的行为与能力。

最后是教师评价，结合前面自我评价、小组评价的结论，教师提出自己的见解，让学生对自己的发言进行查漏补缺。这样的评价方式可以给学生营造和谐浓厚的学习氛围，并且在相互交流的过程中，可以达到学生之间"共发展同进步"的目的。

2. 加强练习评价，为学生打开求知大门

学生们除了在课堂上认真听讲，课下的作业练习也是非常重要的。作业的布置能够有效地了解学生的学习情况，也能帮助学生加强记忆。传统的教学方式中，作业的评价都是教师的工作，并且作业都是强制性的布置，作业评价的范围和主体都受到了限制，学生作业完成的质量比较差。基于此种情况，有人提出了"以评促练，生生互练"的学习模式，在布置作业以及对作业进行评价的过程中，不应该只有教师一人参与，学生也可以参与进来，可以和教师共同选择布置作业的内容。教师也可以引导学生自主选择相关的作业题进行练习。这种方式可以改变之前每题必做的思路，以学生的学习情况为根据来选择相应的习题进行练习，充分践行因材施教的教学模式。

3. 自主拟题评价，给学生再学习的机会

单从学科来讲，学生自我能力的提升是提升成绩的关键。在布置作业的时候，在题目的模拟过程当中，设计者要与时俱进，不断地发散思维，完成思路上的拓展。这样的设计形式从一定层面上有助于克服传统作业布置的固定性和机械性。在自行拟题的过程中，老师应该给学生说一些注意事项，做好引导工作，结合一些资料进行拟题。

在人教版小学数学四年级下册第一节"四则运算"教学中，教师可以让学生结合自己所学知识，在作业本上出题并且进行解答。有的学生可能根据课本课后习题"买票"出题，"游乐场上午卖了86张票，下午卖了108张票。那么游乐场这一天一共卖了多少张票？答：86 + 108 = 194（张）"。这样的话，学生会对这一节的知识点有更深刻的理解。

综上所述，学生作业评价的每个环节和阶段以及实施的过程是有着很强的联系性的。在评价的过程中，从作业的设计者的角色来讲，要学会不断地优化自己

的思维模式以及评价方式,将更加多样化的实践思想展现在教育教学的过程当中。在对学生进行作业评价的过程当中,要起到积极的引导作用,促进学生良好习惯的养成,以及注重学生自主思考问题能力的培养,最终完成学生成绩的提高。

三、评价方式适切应用

在新课程背景下,强调评价体系的构建要以促进学生的成长、教师的专业发展以及教学质量的提升为核心,在作业评价中,采取合适的评价模式,可以构建出全方位的教育评价体系,能够有效提升初中课堂的相关实力,同时还能够让学生不断地反思自我,提升自我。因此作业评价应有效可行。

1. 注重评价方式的多元化

即从单向转向多项,增进评价主体之间的交流与互动,构建出多方参与且存在交互作用的评价体系。借助于多种渠道的反馈信息,促进学生的成长,提升学生成绩。从教学实践来看,如果学生没有参与到教学评价中,就很难发挥评价的积极作用。在现代教育中,要让学生参与到作业评价的过程中,强化学生的主体地位,激发学生参与评价的积极性,确保评价活动的顺利开展。

2. 了解学生的自我防卫心理

评价方案与实施结果的好坏,与评价方案的科学性与评价工具的有效性密切相关。同时,科学的评价方法,能够帮助教师及时了解学生的心理,进一步优化评价方案。在评价过程中,由于处于被动地位,因此学生会出现掩饰自身不足的行为,形成改变自己行为的自我防卫心理。为了更好地避免这一问题的出现,教师需要让学生成为评价的主体,提升评价活动的透明度,让学生从被动地位转变为主动地位。通过这样的方式,能够让学生参与评价的心理状态发生质的转变,当学生能够主动参与到评价活动中,便证明学生的自我防卫心理已经消除。

3. 重视作业评价的公平性

为了让学生积极参与到评价活动中,教师需要让学生进行互评与自评,从而帮助学生获得更多的学习信息。学生的多数时间是和同学在一起的,因此相互之间了解比较深入,能够更好地看到同伴的优势与不足,在相互评价的过程中得到的结果往往更加真实。但是在互相评价中也存在一定的问题,比如不公平性,正是因为学生之间比较熟悉,所以在评价中可能会附带一定的情感色彩。对此，教师需要充分信任学生，引导学生积极公正地进行评价，增强学生的参与度，助力学生的成长。在必要情况下，教师要为学生提供表达自己想法的机会。积极正确的引导可以帮助学生更好地理解作业评价的目的与内容，了解作业评价的具体实现过程，从而帮助学生更好地了解自己的学习情况。

四、评价结果趋向发展

作业的设计应符合学生的认知发展规律，同样，作业的评价应趋向学生的发展。

对于作业评价，一些在这一方面有着很高学术地位的专家曾经说过，对于评价来讲，最终的结果在于能够有一个正向的激励与引导，同时教师也要以发展的眼光看待学生。只有将激励与批评结合起来，才能够最大限度地促进与激发学生的潜力，在潜移默化中增强学生的学习信心，还能对学生的全面与个性的发展起到促进作用。

例如，在课堂上一个很常见的现象，学生可能出现做小动作的行为。在这个时候，教师不应该只批评学生，应该以一种更加合适的方式告诉学生，让其认识到自身错误的同时，还能够明确知道自己的优点。可以通过夸奖他是一个聪明的孩子的形式来对目前学生所处的状态给予一个相应的评价，并告诉学生，老师愿意帮助他，然后共同努力。

对于大多数学生来讲，教师往往是一个十分神圣的存在。他们对教师往往很敬重。也因此，教师的一句赞美或者一个微笑，都可能激起学生很大的学习动力。无论是哪个学科，学生都能够收获到更多的信心。只是一味地批评，可能会适得其反，学生只会养成逆反心理，会影响其信心的建立。在学生成长过程当中，教师可以通过成长记录袋的形式，留下他们成长的足迹，并且通过这种形式将学生最满意的作业或者最满意的考试试卷作为其成长的礼物。与此同时，每周的荣誉奖章都是他们优秀的证明。这种形式有效地促进学生学习积极性的同时，还能够让他们切实地感受到成功带来的喜悦，也能够为家长了解自家孩子提供一个更加便利的途径。

五、作业讲评讲求效率

1. 精批改——审视问题根源

作业讲评讲求效率第一，作为教学的引导者，教师首先要认识到作业评价自身所拥有的价值。作业评价能够对学生在学习过程当中遇到的障碍进行有效的清除，同时，对于易错的题目，学生也会拥有更加深刻的印象。教师在进行作业评价之时，应该做到更加细致、具体。与此同时，也可以通过对之后的相关习题的解答，来不断地纠正学生出现的相关错误，同时要做好相应的统计。

另外，教师对相关学生作业进行批改的过程，其实也是对学生近况了解的过程。在这一过程当中，教师要及时发现问题，并且做好记录。

2. 重引导——提升思维层次

作业的批改过程是以帮助学生纠错为最终目的的。因此，教师在进行相关评价的过程当中，要认清评价的关键，对于学生在学习过程当中的思维要有一个更加明确的把握。同时教师在对作业进行讲解的过程当中，思维要有一个更加层次清晰的脉络，注意学生自身学习进步的相关空间，激发学生思考的能力，对于出现错误的知识点，要保持其更加长久的记忆。

与此同时，有的教师在进行相关解题运算的讲解之时，也会尝试一些更加新颖的教学形式。这种形式虽然看上去层次更加分明，然而从一定层面上，也会给学生带来相应的困惑与苦恼。

所以教师在进行作业评价的过程当中，首先要注意到学生自身在思维发展方面的相关层次，注意主动引导；其次要更加有效地为学生搭建思维的阶梯，对于相关题目当中隐含的知识点也要进行本质的剖析，让学生能够更加容易理解。

3. 探究——暴露知识本质

教师在对知识进行相关的传道授业解惑之时，要明确知识自身的本质。知道学生是整个学习的中心，也是作业实际情况的中心。教师对作业的布置，把控学生的思维是十分重要的。与此同时，对于错误的题目以及相应的知识点，教师要找到错误的根源，让学生对于相关的知识能够更加有的放矢，达到高效学习的最终效果。

六、作业纠错有效跟进

作业纠错是教师与学生的一种互动方式，教师可以及时了解学生对知识点的掌握情况，以便对症下药，因此，教师应提高作业批改效率。作业布置要讲究策略和技巧，作业内容在于精而不在于多。教师应设计有技术含量的题目，在批改作业时要关注学生的解题思维、作图痕迹，以便掌握学生的学习情况，对学生的解题过

专题一 基础作业的设计与批改

程做出合理评价。对于计算题,虽然结果很重要,但是中间的推导过程也不能忽视,不能漏掉,即使结果正确,过程错误也无法得分,这是解答这类题目最容易出现的问题。教师在批改作业时要注明问题,做出提示,让学生独立解决问题。学生也应该注重教师的批改意见,及时更正问题。基于此,在作业纠错过程中应该考虑以下几点。

1. 合理布置作业

对于作业纠错来说,只有通过更加合理的作业的布置与批改,才能够更加积极地发挥批改的教学作用。在完成一天的课堂学习之后,教师对于作业的布置过程当中,要在把控相应的作业布置量、避免机械复习的同时,也要降低学生的课业压力与学习负担,提高学生的学习积极性,注重学生科学合理的发展。作业在布置过程当中,教师要遵循的唯一原则以及十分重要的原则就是少而精,通过提高相关作业内容的质量,来让学生能够在作业当中获得相应的成就感。对于学过的知识,还能够起到一个相应的巩固作用,促进学生的发展。

在教学八年级物理"长度与时间的测量"之后,教师可以布置分层的探究性作业:①测量家中书桌的长度和宽度;②如果有兴趣,可以尝试测量电视屏幕尺寸,了解与电视尺寸有关的知识。通过这种形式来激发学生对问题的思考,层层递进,从而保证学生参与作业纠错的积极性。

2. 针对性纠错

学生的作业完成之后,教师需要进行相应的批改,在批改的过程当中要更加具有针对性,找到相应的错误,并且能够在错误的问题上发现背后隐藏的相应原因。针对出现的共性问题,教师首先要从自身的角度出发,对于相应的教学形式以及教学方法进行自我反思,并及时做出调整,从基础上抓住问题的根本。其次,讲清错误的知识点,让学生明晰产生错误的原因,从错误本身入手,不断地深化知识,掌握和理解知识。总之,要做到因材施教,对症下药,尽力将学生理解的偏差纠正过来。

3. 开展纠错练习

对于相应的作业,在批改的过程当中,单单靠教师的评语是远远不够的,在这一过程当中,还需要学生自己主动地进行问题的探索,通过探究的形式找出错误的原因。这是自主学习的必然途径。

在教学"密度"之后,教师在布置作业过程当中,可以通过让学生解答的形式有意识地出现各种类型的错误,来进行相应的习题的引导,通过对错误原因的纠正,来让学生有一个更加清晰而明确的解题思路。纠正错误:一盒盒装牛奶的体积是_____ m^3,如果牛奶的密度为 $1.2×10^3 kg/m^3$,一盒牛奶的质量为_____ g。喝掉一半,牛奶密度将_____(填"变大""变小"或"不变")。

对于这道题,由于牛奶的体积单位通常是毫升,但是学生在进行单位换算时往往会忽略这一点,从而往往会产生错误。所以针对这一问题,教师就应该通过有意的引导来对问题进行常见的辨识与解决,让学生有一个更加深刻的认识;还能发现错误的共性,在每次测试之时,找出这些错误的原因并及时纠正,不断提高解决问题的能力;也可以在布置作业或考试时告诉学生答案,让学生根据答案及时检查错误。另外,对于学生来讲,教师还要让其明白题目的不同影响,不断培养学生的审题意识以及相关能力,同时不断地培养学生谨慎的学习思维。学会寻找错误的原因,使"寻找错因"成为一个关键的教学"线索",最终达到提高学生自主学习能力的目的。

主题 5

基础作业经典案例与分析

一、作业布置的现状

近年来,素质教育的理念得到了广泛推广,可是很多家长的教育观念还是受到应试教育的束缚,认为除了课堂学习,教师应该给孩子布置足够的作业,作业越多,孩子对于知识的掌握度就越高,觉得作业训练有助于孩子考取优异的成绩。面对升学率的压力以及家长的期盼,很多教师不得不给学生布置大量的作业,而且会经常给学生布置一些难度偏高的题目,这种做法在一定程度上对学生产生了不好的影响,大量而又复杂的作业会让他们对学习产生厌恶心理,大大降低了他们的积极性,而且不合理的作业也会对他们的学习产生负面影响。

二、设计基础性作业的意义

对于教师而言，给学生设计作业是教学中的一个重要环节，因为设计作业的初衷是帮助学生更好地巩固复习课上所学的知识，所以教师应该充分重视作业设计，真正地给学生设计出合理的、符合学生发展需要的作业。最好的选择是给学生设计一些基础性作业，基础性的作业可以帮助学生对课堂所学知识进行很好的回顾练习。如果教师给学生设计的作业与平时课上所讲授的知识没有必然的联系，学生就会产生一种错觉，觉得课上所学的知识是没有用的，反正作业与课上所学无关，也就不必认真听讲了。与此同时，教师不能设计难度系数太大的作业，难度过大不仅会给学生造成一定的压力，还会降低学生的学习积极性。所以教师应该明确自己的教学目标，根据学生的实际学习水平和课堂的教学内容设计出具有基础性和针对性的作业，借助基础作业扎实学生的基本功。学生只有掌握了基础的知识，才可以更快更好地学习更深层次的知识。

三、教师合理设计基础性作业的策略

1. 设计基础性的每日 10 分钟作业

很多学生成绩不理想不是因为难题失分，而是基础题失分较多，通过试卷分析，我们发现是因为他们没有牢固地掌握基础知识，很多教师的教学进度很快，以致学生前面的内容还没有透彻掌握就又要学习新的知识，最终导致他们很多东西都学得不扎实。因此，针对此问题，教师应该在平时设计作业的时候，把课堂上新讲的知识和讲过的旧知识进行融合，一份作业可以有 70% 是新讲内容，30% 是旧知识，这样，一方面可以巩固学生新学的知识，另一方面可以帮助学生复习旧知识。最重要的是，教师可以适当减少作业的量，设计的题目要精简而又囊括基本的知识点。很多教师会布置很大的题量，事实上，很多的题目涉及的知识点都是重复的，没有特别大的意义。教师可以每堂课给学生布置 10 分钟的作业，让学生当堂完成，随时观察学生的学习进度，对于学生出错率高的题型做细致讲解，这样既提高了效率，又减轻了学生的学习压力。

2. 设计游戏性的基础作业

对于学生而言，相比于枯燥的教学，他们更喜欢游戏教学。所以为了激发学生的学习积极性，提升教学质量，教师可以尝试着将教学和游戏做一个巧妙的融合，给学生设计具备游戏性的基础作业。比如，在给学生讲解完"方向，左与右"这个知识点的时候,可以在课堂上与学生做一些小游戏帮助学生体验所学知识。教师可以让学生"听口令",指出自己身上的躯干分布的左右位置,还可以拿出地图投影在墙上,给出几个地方,让学生说一下哪个地方位于哪个地方的什么位置,实行答对奖励制度,提高学生的参与度。

3. 设计具备实践性的基础作业

教师最大的教学目标是将学生培养成具备独立分析、解决问题能力的人,所以除了课本理论知识的讲授,教师还应该注重培养学生解决问题的能力,给学生设计一些具备实践性的基础作业。可以给学生一周的时间完成布置的实践作业,比如,教师可以给三年级的学生安排这样的任务:"同学们,元旦马上要到了,为了庆祝节日,班级要举行联欢晚会,现在要麻烦你们做一些准备工作。"安排学生统计一些班级学生喜欢的水果和饮料,然后安排学生以小组为单位去调查一下校园超市里这些食物的价格,做好相关的记录,然后让各组同学进行分享交流。另外,可以安排学生自己动手布置教室,给学生一些彩色的纸张,让学生运用学过的"轴对称图形"的知识,剪一些好看的图案张贴在教室里。可以给学生设计下面的题目:"假设布置教室需要6根彩带,现在有一根很长的彩带,需要剪几次?"又比如,"教室里面要悬挂气球,每隔2米就要悬挂一个气球的话,教室每一边的长度是8米,假设每一边都要悬挂的话,一共要挂多少个气球?"设置这份作业是希望帮助学生学会运用所学知识解决生活中的问题,虽然这些作业很简单,但是可以帮助学生很好地复习所学知识,将理论知识运用到实际生活中,培养了他们的综合能力。而且当学生完成这些作业的时候,教师的肯定和赞赏可以帮助他们树立自信心,感悟到学习的乐趣。

4. 多样性基础作业让学习变得丰富多彩

学生活泼好动,好奇心较强,他们喜欢唱歌表演,喜欢玩游戏,喜欢动手操作,喜欢想象,因此教师在布置作业时要充分考虑学生的兴趣、爱好、愿望等特性,布置一些内容丰富、形式多样的作业,这样既能避免学生产生疲惫心理,也能进一步激发学生的学习兴趣,提高作业完成的质量。例如,在英语的教学中,利用节假日活动主题,可以让学生编写英语小报或制作英语贺卡,内容可以是中秋节、万圣节、圣诞节、春节、感恩节、教师节、儿童节等中西方的节日,在卡片上可以绘上学生亲手设计的图画,写上英语祝福语。学生在制作过程中要寻找资料、收集资料,这一过程无形中培养了他们收集信息和阅读材料的能力,在进一步理解英语、运用英语、巩固英语知识的同时,培养并提高了学生的动手创作能

专题一 基础作业的设计与批改

力。当然，学生在创编手抄报时，教师或者家长应给予适当的指导。

英语教材中大量的内容都与实际生活息息相关，比如生活用品、学习用品、家里的电器等。学过这类单词后，教师可布置学生动手为家里的物品贴上英语标签，对于一些有难度的单词，可以与家长配合完成。学生对于这个作业的积极性很高，他们认真、工整地书写单词，将英文标签粘贴到日常用品上，在家中，随处可见英文标签 fridge、door、desk、sofa、window、table、lamp、bed、TV 以及 cupboard 等，这种作业不仅可以使学生牢记生活中的实用英语，还可以形成浓厚的"家庭学习型"氛围。这样，学生既可以向家长展示他们的英语水平，又可以在做事的过程中复习英语、运用英语。在讲授三年级上册 Numbers 一课时，笔者要求学生在自己身边找找，了解哪些地方使用了所学的数字，并且用英语讲出来，他们根据自己所看到的，说了很多门牌号、车牌号、电话号码等，并且都深刻地记下 110、120、119、114、12345 等数字。在日常生活中，我们能在公共场所看到许多醒目的标志牌，它们给我们带来了很多方便。教师可以让学生在节假日外出游玩时，收集身边的日常英语，比如以下的一些英文标志：Push（推）、Pull（拉）、Entrance（入口）、Exit（出口）、No Photos（严禁拍照）、No Smoking（禁止吸烟）、Toilets（厕所）、No Spitting（禁止吐痰）、Men's Room（男厕）、Ladies' Room（女厕）、Elevator（电梯）……

综上所述，可以发现基础性作业设计的重要性，教师想要有效地提升学生的学习成绩，应该采取正确合理的方式，不能盲目依靠大量布置作业去提升学生的学习成绩。要懂得以学生为本，设计出符合学生实际学习情况的基础性作业，帮助学生牢固掌握基础知识，打好学习的基础，引导学生真正地爱上学习。教师要全面了解学生，就要开展选择性作业。对于学生的了解主要可以从两个大的方面进行把握：一是了解学生的知识结构，主要包括学生已有的知识储备和学科素养；二是对学生的学习状态进行了解，如学生的学习习惯、注意力集中程度和学习欲望等。通过这些途径，很好地了解学生之间的差异性，才能有的放矢地布置作业。

基础性作业也要考虑分层的因素，可从作业内容、作业难度、作业数量上考虑。作业的分层可以设计成必做题、选做题和挑战题，让学生有选择的空间，有能力发展的空间，这也在一定程度上保护了学生的自尊。每个人都有实现自己理想的愿望。因此要激发学生的求知欲，当学生不再把作业当作应付的差事之后，作业将会成为他们实现自身理想和愿望的工具，促进学生自觉行为的产生，提高自身的知识水平。

四、经典案例

Part Ⅰ　小学英语基础性作业

1. 抄写、默写本模块单词。

（1）认真听录音跟读 M4 单词、四个方位名词。

（2）抄写本单元词汇。

invent　paper　important　printing　print　right

----

between　bicycle　mouse　beside　man

（3）默写以下单词：*right　between　bicycle　beside　man*

（4）把出错的词汇标注出来，用红笔修改，并默写。

----

2. 找出发音不同的选项。

（　）A. imp<u>or</u>tant　　B. m<u>or</u>ning　　C. f<u>or</u>　　D. h<u>o</u>mework

（　）A. th<u>e</u>se　　B. M<u>a</u>ths　　C. th<u>i</u>nk　　D. th<u>i</u>rteen

（　）A. w<u>a</u>s　　B. cl<u>a</u>ss　　C. l<u>a</u>st　　D. gr<u>a</u>ss

（　）A. t<u>oo</u>k　　B. g<u>oo</u>d　　C. f<u>oo</u>t　　D. f<u>oo</u>d

（　）A. t<u>oo</u>th　　B. c<u>oo</u>k　　C. s<u>oo</u>n　　D. n<u>oo</u>dles

3. 根据提示完成句子。

（1）Chinese people _____（发明了许多重要的东西）。

（2）He _____（印刷了）our class newspaper yesterday.

（3）Look！He _____（在……前面）the house.

（4）_____（看）this man _____（自行车旁边的）。

专题一 基础作业的设计与批改

He _____（来自中国）。

（5）The book _____（两把椅子之间的）is Amy's.

4. 熟练朗读重点功能语言。

（1）Chinese people invented paper.

（2）I printed our class newspaper yesterday.

（3）Chinese people invented printing, too.

（4）He invented this bicycle.

（5）Look at the man beside the bicycle.

5. 根据思维导图复述课文。

Unit 1

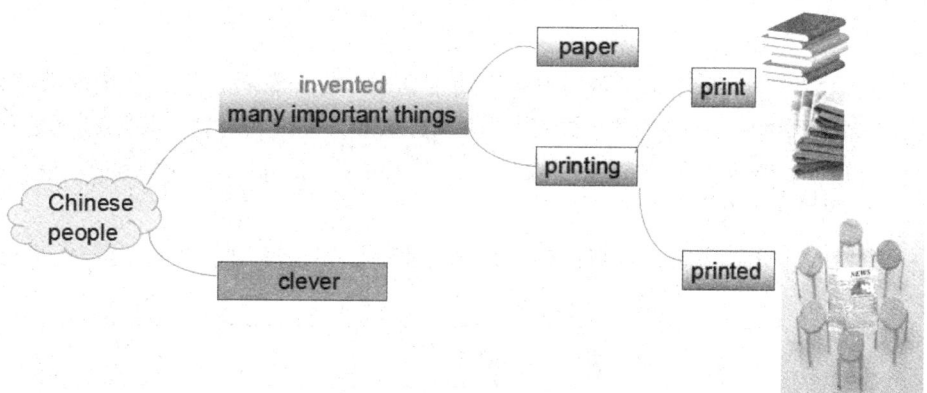

Unit 2

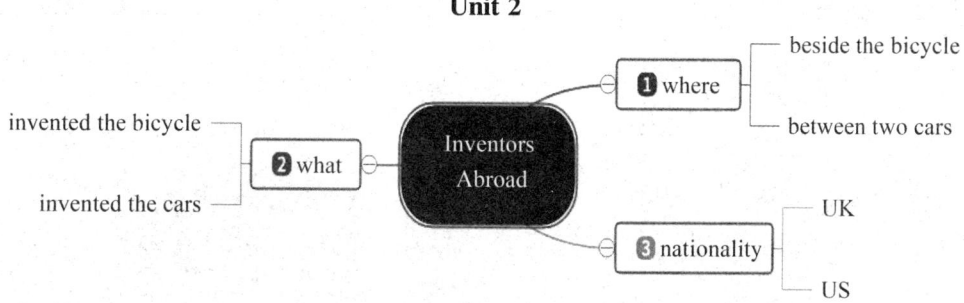

评价标准：1. 能根据思维导图说出课文主要句型。★
　　　　　2. 能根据思维导图说出课文大概内容。★★
　　　　　3. 能根据思维导图准确地复述课文。★★★

Part II 小学英语发展性作业

1. 搜集中国四大发明，完成资料卡。

Invention（发明）	Time（时间）	Inventor（发明人）	Influence（影响）
paper	_____ dynasty（朝代）		They are very _____.
Printing	_____ dynasty		
gunpowder（火药）	_____ dynasty	Chinese people	
compass（指南针）	_____ dynasty	Chinese people	

2. 根据制作好的资料卡，写一篇解说词，介绍四大发明。

同学们，今天我们来参观博物馆，请根据制作好的资料卡，综合运用所学语言，向大家介绍一下我们国家的四大发明吧！（简单画一下我们的四大发明，做一张海报。若查不到具体的发明人，可以写 Chinese people，可运用所学相关语言，丰富语言形式。）

要求：①紧扣主题，逻辑清晰，意思连贯；②表述准确，书写工整；③不少于 30 个词。

☆☆	能够用正确的时态和句型表述
☆☆☆	能全面地把朝代、发明人等情况书写出来

_____ invented _____   _____ invented _____
in _____ dynasty.   in _____ dynasty.
_____   _____

专题一　基础作业的设计与批改

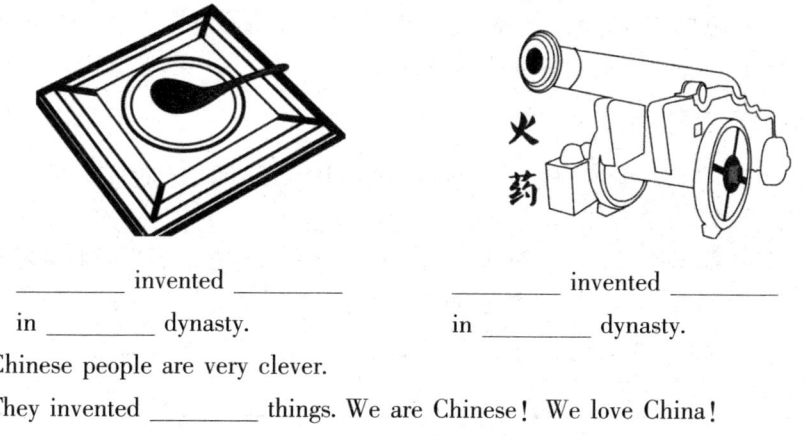

_____ invented _____ in _____ dynasty.

_____ invented _____ in _____ dynasty.

Chinese people are very clever.

They invented _____ things. We are Chinese! We love China!

五、案例分析

1. 该案例设计的意图

该案例不仅设置了非常基础的巩固性作业（Part Ⅰ），还在巩固性基础作业的基础上设计了需要应用基础知识来辅助完成的发展性作业（Part Ⅱ），这样在基础作业的基础上注重了作业的分层设计，层层递进，有利于英语基础知识的巩固，更促进了应用英语知识解决实际问题能力的提升，同时与中国的四大发明相结合，促进了学生们对中华文化的了解，提高了学生们探索中国历史和中华文化成就的兴趣和积极性，更好地实现了"知识与技能""过程与方法""情感态度与价值观"的育人目标。

因此，精心设计作业是英语教学中不可缺少的重要环节，教师不仅要重视书本上知识的传授，更应该像对待课堂教学一样着眼于英语作业优化，重视作业的设计与布置，使小学英语作业趣味浓厚，形式多样，把更多的课余时间还给学生，真正地为学生减负，让学生爱上英语作业，让英语课堂的教学效果得到更好的延伸。

2. 作业实施的措施

Part Ⅰ基础性作业：该部分利用课堂时间完成，结合给出的评级标准，通过同桌互评和组内互评等方式尽快完成批改，然后自己用红笔订正，错误的订正三遍，整理到错题本上。

Part Ⅱ发展性作业：该部分利用课后时间完成，可以通过询问父母老师和同学或者查阅相关资料获取相关答题信息，可以以小组为单位，通过小组合作探究，根据制作好的资料卡，写一篇解说词，介绍四大发明，小组内选择最优秀的作品进行展评，推荐口语较好的同学进行解说。

3. 评价和反馈

（1）评价要求：①紧扣主题，逻辑清晰，意思连贯；②表述准确、书写工整；③不少于30个词。

（2）Part Ⅰ基础性作业：该部分出现错误较多的地方，下节课上课之前集中默写，再次巩固检查。课后抽查部分同学，看看对错题的订正巩固情况。Part Ⅱ发展性作业：选出较好的作品，在班级展示栏里展示并进行范文欣赏和诵读，进行英语作文素材的积累。

☆☆	能够用正确的时态和句型表述
☆☆☆	能全面地把朝代、发明人等情况书写出来

专题二
分层作业的设计与批改

分层作业使所有学生对自己的学习水平都有清晰的认识，都能准确地制订自己的学习目标。分层作业的设计和批改要体现出作业的层次性，主要从作业量的分层、作业难度分层、作业要求的分层及完成作业的时间分层四方面考虑。

主题 1

实施分层作业的意义

一、激发学习动机

教育心理学认为，学习动机是激发个体进行学习活动，维持已引起的学习活动，并使行为朝向一定学习目标的一种内在过程或内部心理状态。从学习动机的成分来看，一方面，它包括学习需要与内驱力，即某种因缺乏而力求得到满足的心理状态；另一方面，它包括学习期待与诱因，即主体对学习活动所需要达到目标的主观估计。在国家"双减"政策之下，进行作业的分层设计可以使学生更好地向着当前的学习目标迈进。举个简单的例子，在课堂末尾阶段，若教师布置的是传统的"一刀切"式的作业，会让一部分学生感到简单，而另一部分学生感到困难。学生心理上也会产生抵触情绪，无法使课堂进行的学习活动维持下去，无法将课堂上引起的学习需要延伸到课下和课后的作业中，无法转化成学习期待，无法进一步激发学生的学习动机。

从学习动机产生的诱因来看，内部的学习动机是自主性、自发性的，而外部的学习动机是诱发性、被动性的。因此，从学生的学习效果最优化来看，内部学习动机的激发更有利于学生的自主学习，笔者认为分层作业的设计是更加有利于激发学生的内部学习动机的。打个比方，当历史或政治教师布置的作业为背诵"辛亥革命的意义""五四运动的作用"等作业时，不同层次的学生对待作业的心理感受会有所不同。高水平学生会感觉作业偏简单，"吃不饱"；低水平学生会感觉题目枯燥和抽象，可能有部分低水平学生都未完全理解这两个事件的历史意义，对于这些学生来说，学习的被动性也就增大。反之，同样的内容，我们进行分层设计，比如说，A层学生查找关于辛亥革命影响的文字、图画、影像、口述史料；B层学生查阅观看辛亥革命纪录片；C层学生回家给父母讲一下自己所理解的辛亥革命的影响等，这样根据学生的不同水平去布置不同的作业任务，对于学生来讲完成的过程会更加有兴趣、有价值。对于理解力较强的学生来讲，单

专题二 分层作业的设计与批改

纯的背诵这样的作业并不具有吸引力和挑战性,自然也就激发不了学生的内在学习动机。而对于对历史缺乏兴趣和理解的学生来说,和父母讲一讲自身所理解的辛亥革命的意义,会推动他们去主动理解辛亥革命的意义,进而进行课本的复述。

从耶克斯-多德森定律来看,学习动机与学习效果呈"倒U形曲线"。适当的任务难度,产生最适合的学习动机,学习效果才会最优化。学习动机越强,有机体的学习活动积极性越高,学习效果越佳。因此,对不同群体的学生,他们所需要完成的作业难度应该具备差异性。所以,在日常教学中布置分层作业,有利于激发学生的学习动机,引起学生兴趣,兼顾更多群体。在激发更多层次学生的内部学习动机后,进而提高学生学习的积极性,使学生在课下也能够高效完成作业。长此以往,学生对课堂上的知识点掌握程度更好,对学科繁杂的知识点做到融会贯通和体系化,从而从对知识的识记层次到达理解层次,进而飞跃到运用层次,提升能力素养,最终达到学习效果的最大化。

二、优化评价方式

评价是教学的重要组成部分,无论是教师的教还是学生的学都需要评价。评价的作用不言而喻。评价的进行会让教师和学生发现问题所在,不断提升和改进。在如今教学评一致性的环境之下,评价方式的优化又显得尤为重要。从评价的主体来看,评价分为他人评价和自我评价。从传统的评价方式和角度来说,评价大多是教师对学生的评价。从作业布置和批改的角度看,传统观念中还是教师希望通过作业布置与批改对学生课堂所学内容进行巩固,并了解其掌握程度即学习效果的评价。在笔者看来,分层作业的实施,不仅是传统的教师对学生学习效果的评价,也可以是学生对教师所授内容的评价,还可以是师生之间进行双向的评价。

在历史课上,教师讲授第二次工业革命后工业化国家发生的变化时,讲到随着人口的增长,妇女地位的提高,越来越多的女性走出家庭走向工作岗位,女性地位、女性权利在发生改变。教师可以针对这一变化布置分层作业,让男女生分别就这一变化结合身边的实例,谈感想和看法,写一份小论文作业。

在这一作业中,教师根据性别的不同,分别让男女生站在自己的立场说出社会分工发生变化的原因和引发的对当时及现今社会的影响。因为现代社会中,也存在男女性别的讨论和分歧。比如,男女地位之争,男女工作权利之争,等等。由于学生性别角色不同,学生们会表达出更多的想法和意见。这样一种分层作业就是以性别进行分层设计的。

  同时，教师在学生作业的批改过程中，会有所收获和想法，这对于教师课堂所讲内容也是一种扩展。不同的作业，就要采取不同的评价方式。那么对于这种讨论形式的作业，教师的评价没有非好即差之分，而是要挖掘每一份作业中的思维含量。在评价方式中，针对比较有思维含量的作业，教师也完全可以采用分组互评的方式。这种评价会让更多学生的思维受到不同意见的启发。再者，针对这一作业，也可以采用男女生辩论的形式谈一谈大家对于女性地位提高的看法。在对学生分组分工过程中，A层次和B层次学生可担任辩手和主持人，C层次的学生可做陈词总结，部分C层次的学生可做赛后点评。这样的评价方式实融合了自评和他评，锻炼了学生的语言表达能力和思辨能力。所以说分层作业的布置不仅可以激发学生探究学习的积极性，也可以优化和深化教师和学生的评价方式。

  当然，既然是分层作业，评价的标准也要进行分层。例如，上述的分层作业中，观点深刻、史论结合且表达清晰的作业，理所应当获得高分；思维流畅性、新颖性强可以获得较高的得分；辩论中不仅是教师，所有学生也都是评委，都可以进行评价。这样，分层作业也会很好地实现评价方式的优化，而不仅仅是背诵做题等刻板的评价方式。

三、形成良好的学习习惯

  学习习惯是在学习过程中经过反复练习并发展，成为一种个体需要的自动化学习的行为方式。良好的学习习惯是指有目的的课前预习，查漏补缺的课后复习巩固，独立、主动地完成作业，有条理、归纳总结的思考等好习惯。好习惯的养成并不容易。在教学生涯中，每年都会遇到很多家长问笔者，怎么样能让孩子养成良好的学习习惯呢？这是家长的困惑，但同样也是给教师们出的难题。而分层作业的设计和实施，会一定程度上影响学生习惯的养成。因为分层作业兼顾不同学生，其产生的思维价值、情感价值和动机价值，有利于训练学生的学习策略，提高学习效率，有利于培养学生的自主学习能力，有利于培养学生的创新精神和创造能力，有利于保护学生对学习的积极性，使学生终身受益。所以在教师教学和学生学习过程中，分层作业的布置可以帮助学生养成良好的学习习惯。

  学生的分层作业完成得越好的时候，好的学习习惯会逐渐地形成并不断完善；同样，当学生具备良好的学习习惯时，作业会更高质量地完成。二者之间是相互配合，相互成就的。

专题二 分层作业的设计与批改

当作业进行分层设计时，对于不同的学生会有不同的作业和要求，自然而然对于作业的完成也就不一致，这对于有些想在学习和作业上"偷懒"的学生就提出了挑战。当作业的完成不能再走捷径时，学生就会认真对待自己的任务；而在作业的完成过程中，搜集资料、整理问题的答案都是对学生能力的锻炼和知识的提升，而这个过程恰恰也是学习习惯养成的过程。在生物课中，有人体构造的讲解，在布置作业时，教师可以分小组要求学生分别做出不同的人体器官模型，当然这里具体如何细致地分层布置我们不做过多说明，但是在这个作业的完成过程中，学生可以自主分工合作，例如，如何查阅资料，制作模型需要哪些材料，步骤如何设计，等等，既可以提高学生的合作能力，又可以锻炼学生独立思考和动手的能力。在平时历史学习中，有学生不擅长做客观题，有学生不擅长做文字材料题或图表题等，那么分层作业的有效性就在于教师可以根据不同学生存在的困难问题进行作业的布置，经过一段时间的练习，学生会提升短板，可以有针对性地养成某学科某知识点的良好思维习惯。所以作业的分层可以促进学生好的学习习惯的养成，学习习惯养成可以促进学生更好地进步和发展。分层作业的重要性可见一斑。

四、兼顾全体学生

有人认为，分层作业对好学生来说可以得到更好的锻炼和提高，那对于差一点的学生来讲是不是要求比较低，甚至是无要求呢？针对这样一些看法，笔者有着不同的意见。

首先，作业的分层一方面是给学生减轻课业负担，另一方面也是兼顾全体学生的更好的做法。我国伟大的教育家、思想家孔子早在几千年前就提到教育要"因材施教"，理学大家朱熹更是首次提出"因材施教"的原则。在平时教学和传统的班级授课制中，在布置作业时，教师很难做到真正全体兼顾的因材施教。毕竟一个班四五十个学生，任课教师又兼顾几个班的教学，从客观上讲确实很难做到全体学生的针对性教学和作业批改。

其次，在一个班级中，学生的水平参差不齐，对于某一节学习内容的掌握情况也参差不齐。当布置统一的作业时，消化吸收快的学生必然出现"吃不饱"的现象；同样，学习吸收能力弱一点的学生反而会觉得"吃不消"，所以才更需要在课下完成作业时的"区别对待"。

笔者认为，分层作业不是每节课一成不变的分层标准。当某个知识点或某节课内容简单时，可以对绝大多数学生提出较高的要求；当某个知识点较难掌握时，可以适当地对学生降低要求。所以分层作业的设计不仅是某个作业的"小分层"，从长期来看，也可以是"大分层"。成绩总体不很理想的学生并不是每节课都是属于需要被"照顾"的，在某一方面也可能是擅长者。

我们一直在提倡教育的民主化，要实现教育机会均等，要实现教育起点平等、过程平等、结果平等。在学习过程中，进行作业的分层，兼顾全体学生就是最直接的过程的平等。因此，笔者以为，分层作业的设计与批改既可以更好地实现全体学生的"因材施教"，可以兼顾全体学生，又可以实施教育机会均等，何乐而不为呢？

主题 2

分层作业的设计原则

一、科学性

科学性是判断事物是否符合在时间和空间存在的事物、现象和过程中的标准，富有科学依据而不是凭空想象的，科学性同样适用于分层作业的设计。笔者认为，分层作业的科学性是指在进行作业设计时，要符合客观事实并服务于教学目标的实现，而不是为了分层而分层。也就是说，在设计作业时，教师要客观判断影响分层的依据，例如学生的认知差异、学习兴趣、学习态度、学科特点，除此以外，还要结合教学目标，考虑学生通过作业的完成达到能力提升的目的。这样的作业设计有理有据，而不是凭空想象。

从维果茨基的"最近发展区"理论来看，教师不仅要看到学生现在的水平，还要关注学生在教师的帮助之下可能达到的水平，使学生能够在教师的帮助之下"够一够就能摘到桃子"，而不能随意地制订学习目标。目标过高，挫伤孩子积极性；目标过低，分散学生注意力，学生会自己降低要求。同样，在分层作业设计时，教师在科学性的基础上进行作业的布置，科学性的前提是教师具备较高的专业素养。

分层作业的科学性立足于充分的学情分析。作业的布置需要考虑实际情况，

专题二　分层作业的设计与批改

具体问题具体分析。举个简单的例子，笔者在一次教研活动中听一位历史教师的公开课时，这位老师留了一个课下作业，让学生在分析之后写出"为什么甲午中日海战的失败标志着洋务运动的破产"。而从当时的情况来看，学生还没有学习甲午中日战争这一课，那这位教师在课中布置作业时就忽略了学情中学生的知识储备这一点，不符合科学性原则。还有在一节小学科学课上留下的作业是：回家向爸爸妈妈描述北极的极寒天气。对于现代社会的小学生而言，对寒冷的体验都并不深刻，那么对于北极的极寒天气的感受更失之偏颇。所以，作业的设计一定要按照科学性的原则来进行。

在科学性的指导下进行作业的分层设计更加合理、有效。在笔者看来，科学性之外还可以考虑到思想教育的因素，做到科学性与思想性的统一。例如，在学习五四运动时，教师把作业布置为观看电视剧《觉醒年代》中有关巴黎和会的片段，并写出观后感。一方面，对于八年级的学生来说，具有开放性、实践性、开拓思维的作业更能激发他们的兴趣；另一方面，通过观看历史剧写观后感，也可以使学生直观地感受那段历史，激发学生的爱国情怀。

二、主体性

主体性原则一般来说就是承认、重视并坚持主体在实践和认识活动中的地位和作用的原则。教育本身是双边活动，既要发挥教师的主导性，又要发挥学生的主体性，学生是作业完成的主要承担者，所以分层作业的设计，要以学生的需求为导向，发挥学生的主体性作用。笔者认为，分层作业设计的主体性是指在分层作业设计时，在课程标准、核心素养的目标指导下，要从学生的立场和角度出发，而不是以教师的眼光去看待学生作业的需求和效果。

为了更好地发挥学生的主体性，笔者认为可以结合元认知理论进行作业的设计。董奇在元认知发展历史的基础上将元认知归纳为"个人在参加认知活动时对认知过程所进行的自我调节和自我意识"[1]，简单来说，元认知就是对认知的认知。元认知不是一种知识体系，而是一种活动过程。元认知包括元认知知识、元认知体验和元认知监控调节，相对应地，元认知策略分为计划策略、情感体验策略和监控调节策略。

结合元认知计划策略发挥作业设计的主体性。"计划策略包括任务分析、自

---

[1] 董奇：《论元认知》，《北京师范大学学报》1989年第1期。

"双减"背景下作业的创新设计与批改

我条件分析、目标确立、策略选择、时间分配、结果预测、拟定细节等方面。"①认识主体对自己、竞争对手以及任务进行正确的分析和定位,制订适合自己的计划和目标,选择恰当的策略,合理分配时间,为实现目标最优化提供客观条件。举个例子,历史复习课后,教师可以引导学生利用"自我鉴定表"的方式对学生自身在历史复习中的问题状况进行自查自检。以下仅举一例。

自我鉴定表

1. 注明日期。
2. 本节课需要记忆的问题是否已掌握?(是/否)
3. 往年的考试真题正确率如何?(好/较好/较差/差)
4. 本节课我的短板在哪里?(基础知识/答题技巧/学习态度)
5. 课下需要解决的问题是?(比如背诵/专题练习等)

上面所举例子,其实可以根据学生不同的学习情况进行相应的调整,调整的内容教师可以根据对学生的观察和了解给予适时指导。"自我鉴定表"拟定之后,学生可以依照表内内容对照自己的作业完成情况进行更全面的分析,如此教师可以更确切地知道学生的需求,学生对自身也能有一个明确的认知,之后教师再根据学生的自我认知和教师反馈来设计最适合学生的分层作业。

结合元认知情感体验策略发挥作业设计的主体性。"元认知情感体验是伴随认知活动产生的认知体验和情感体验,它可以在认知活动的每一阶段中产生,可以是对'知'的体验,也可以是对'不知'的体验。"②元认知体验策略包括重视并分析"知"或"不知"的原因,解决"不知"带来的消极情绪、提升自我效能感,等等。教师可以通过以下方法帮助学生提高作业完成的自我效能感。一是设置暗示语,例如:"我一定行!""我能做得更好!"二是作业批改法,将暗示融入复习生活中。教师可根据平时注意到的学生情绪变化和作业的完成情况,在作业批注里对学生进行鼓励,例如"你做得很棒!""老师相信你可以做得更好。""你是个很有潜力的学生。"诸如此类的话。三是灵活机动地掌握评价标准。每个人的能力和成功标准都是不同的,不能搞评价的"一刀切",否则就会降低认知主体的自我效能感。所以,灵活地掌握评价标准是保证积累成功经验、减少挫折的有效途径之一。在学生自己筹划力所能及的作业时,教师应干预学生

---

① 杜晓新、冯震:《元认知与学习策略》,人民教育出版社,1999,第3页。
② 王娜、孙霜:《小学认知与学习》,山东人民出版社,2015,第154页。

专题二 分层作业的设计与批改

作业质量的评价标准。根据学生不同的学习水平、不同的任务作业，制订不同的评价标准。例如，能力高的学生作业相对重，评价标准也就会高；后进生的作业任务难度低，评价标准也就相对低，当他们完成作业时强调他们的成功，使他们不断积累成功经验，逐渐树立起自信心，从而增强他们的自我效能感，为分层作业的设计与完成提高信心和兴趣。

结合元认知监控调节策略发挥作业设计的主体性。教师要根据学生认知水平、学习兴趣、学习态度等多种因素的不同设计不同的作业，在设计过程中，有不适当的作业要求也需要及时改进。因此，为了更好地发挥作业设计中学生的主体性，更好地发挥作业的作用，让学生在有限的时间内掌握更多的知识，教师要学会"随机应变"地调整作业内容。例如，在学习红军长征一课时，教师设计了"重走长征路"的活动，学生以小组为单位进行小组活动，1组进行地图设计与演示，2组到当地博物馆当讲解员讲述这段历史，3组可搜集红军长征中令人印象深刻的故事开个故事会……那么在这个分层作业活动过程中，教师应该随时掌握学生的动态和作业效果，如有的学生性格内向不适合当讲解员，可让其去到1组进行地图演示，依据学生的及时反馈，全面考虑，以更好地对学生进行作业的分层设计。

三、差异性

教育心理学中谈到学生之间存在很多方面的差异，首先存在认知差异和性格差异，认知差异又存在认知能力差异和认知方式差异。

认知能力差异是指学生在智力方面存在的差异，又分为个体差异和群体差异。从智力个体差异来看，多数学生的智力水平为90～110，处于中等水平，当然会存在智力超常和智力低下的特殊学生。不同学生的智力发育水平也会存在差异，例如早慧或者大器晚成。从智力群体差异来看，男女生之间的认知存在很大不同。男生偏逻辑思维，擅长推理、理解，所以男生相对擅长理科；女生更偏形象思维，擅长读、写、讲，因此女生相对擅长文科。不同年龄的认知能力是不一样的，不同的成长经历和文化水平也会使认知能力存在差异。小学生的思维偏形象逻辑思维，所以在作业设计时要依托具体的实物。例如，当学习加减运算时，对于小学生来讲，"5+7-4=？"这样的数学运算就不如"小明和妈妈去超市买苹果，小明在袋子里装了5个苹果，妈妈装了7个苹果，之后小明又拿出了4个苹果放回去，请问小明和妈妈总共买了多少苹果"，这样好理解。而中学生的思维偏抽象逻辑思维，所以在数学运算中，可以直接加入未知数和符号的运算。这也就是要根据学生的思维差异来进行作业的差异性设计。

认知方式的差异更多的是学生对信息加工的不同。有的学生是冲动型的认知方式，在平时学习过程中反应特别快，不注重细节，这就是典型的冲动型认知；有的学生侧重细节，反应时间较长，但是答案正确率高，这是标准的沉思型认知方式。除此以外，还有场独立、场依存型等认知方式。学生性格不同，在学习过程中产生的学习诉求也会不一样。性格会影响到学习方式、学习内容选择、学习速度和学习质量。不同学科之间的作业设计也有差异性。这就要求教师在进行分层作业的设计时，必须进行差异性设计。

差异性是指要根据上述学生存在的诸多差异，设计更加适合不同学生的作业。当然，差异性之下要尽可能地减少家庭、环境、学习兴趣、动机等非智力因素的影响，避免出现"双减"之下分层作业的实施反而拉大学生之间的差距的现象，这绝非我们想要看到的结果。因此，在设计作业时，不仅要考虑到不同学生的不同需求，还要使学生感到有挑战性。

四、开放性

1993年《中国教育改革和发展纲要》第一次提出"素质教育"一词，素质教育是要面向全体学生，以培养学生的创新精神和实践能力为重点，促进学生的全面发展和个性发展。开放性原则之下的作业完成，更能锻炼学生的能力和素质，这与我们的教育目的是一致的。这些年的教育改革也一直围绕着这一目的而进行。

开放性原则是指在作业设计时不局限于某一内容或形式、作业完成的场景或地点、作业布置的时间和作业评价的手段等，作业的设计可以是多种多样的。笔者认为，开放性又可以分为形式的开放性、地点的开放性、时间的开放性和评价的开放性。

形式的开放性是指打破人们对作业的刻板印象，从作业的内容和形式来看，传统的作业布置大多是背、写、做题、练习等方式。开放性原则之下，可以是表演、辩论、实地考察、模拟场景等形式的作业。学生在数学课上学习了加减乘除运算后，教师可根据学习内容进行分层设计。例如，学生放学回家后，可在家长陪同下当一次家庭的采购员，可根据性别分层采购不同的东西。第二天和同学、教师进行分享。在布置语文作业时，教师可根据观点不同进行分层布置，例如关于"中学生上网的利弊"这一题目，学生可选择想阐述的观点进行分组，搜集整理资料、整理观点，最后来一场各抒己见的汇报活动。历史作业的布置更是多姿多彩，可以设计让学生演一幕历史情景剧，学生自主分组分层，擅长表演的学

专题二　分层作业的设计与批改

生可以负责表演，擅长动手的学生可以做道具，文笔好的学生可以写台词。将具有不同才能的学生编排在一组，各尽其能。

地点的开放性，教师可以打破常规的作业完成场所，可以是教室、实验室、家庭，也可以是菜市场、科技馆、博物馆。多数情况下，学生的作业要么是在教室完成，要么回家后在家里完成。"双减"政策下的分层作业，教师更应该考虑如何让学生在有限的时间内掌握大量的学习内容，那么激发学生的积极性就是非常重要的事情。当学生可以走出教室和家庭完成作业时，学生的积极性和热情是极高的。换个不一样的场地，学生是充满热情和新鲜感的。例如，在讲解新石器时代文物遗址时，学生可根据自己的兴趣在教师提供的文物选项里进行选择，做出相同选择的学生自动组成一组，可以去到教师指示的博物馆进行实地观察学习，然后在课堂上交流自己的所见所闻。这样一来，作业的设计就不仅仅局限在一教室、一书桌了。

时间的开放性是指作业的设计不局限于某个特定的时间和阶段。笔者认为，作业的布置不仅可以在课后设计分层，在课中、课前都可以操作。一般来说，作业作为课堂的延续是巩固课上内容的手段，所以一般教师都是布置课后作业。在这里笔者要说的是，分层作业也可以在课前和课中实施。例如，在课前预习的导学案中，除了设计基本教学目标要掌握的内容，还可以设计提升类的内容，使得平时课堂上"吃不饱"的学生"开开胃"。而在课中讲解时，同一个问题可根据学生的学习能力进行分层。例如数学课上，证明两个三角形相似时，对于中等学生提出两种解法的要求，中等偏下的学生仅解出一种即可，中等偏上的学生要把解法写全面。这样在课堂上，也可以尽可能做到兼顾全体学生。除此以外，笔者认为，分层作业的时间开放性还体现在时间的长短上。根据时间将作业进行分层，有些作业可以是一学期一次的学期作业，有些可以是一节课一次的课堂作业。例如，七年级下学期开学伊始，某校的历史教师就布置给学生这样一个作业："用各种史料论证统一一直蕴含在中国历史发展的趋势之中。"在学期结束后上交作业。这样的作业打破了以往人们对作业布置时间仅限于当天或隔天的认知，开启学生作业的"时间分层"。其实，时间分层的作业更利于学生知识整体性的构建。

评价的开放性是指不要局限于某种作业设计的评价方式，分层作业的评价可以是不同评价主体和不同评价方式进行的。"十个手指有长有短，盛开的荷花也有高有低"，改善评价的方式也有利于提高学生的积极性和学习兴趣。从评价的主体来看，分层作业之下，可以让学生在小组中互相评价、组长之间互相评价。从评价的方式来看，教师可以改善传统的"对""错"评价方式，采用星级或等级评价方式。例如，在辩论赛中，观点表达深刻、有理有据、清晰且全面的小组可拿到 A，观点表达有理有据、清晰但不全面的小组可拿到 B，观点表达模糊、论据不充分的拿到 C。当然，在书面性的作业批改时，可以增加鼓励性和针对性的话语，例如"第几题存在哪些问题""这次进步明显，下次争取全对""注意书写和卷面"等，让不同情况的学生在作业批改中可以感受到分层式的个性化评价，让不同的学生有不同的收获。同时，教师还可以制作学生作业"记录手册"，跟踪记录每位学生的作业过关情况，鼓励学生每天进步一点。作业评价开放性的作用也与我们今天所倡导的教学评一致性的目的是相统一的，可以更好地促进教学评一致性的实施。

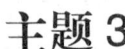

主题 3

分层作业的实施策略

为贯彻落实中央有关精神，进一步规范学校教育教学管理，坚决扭转一些学校作业数量过多、质量不高、功能异化等突出问题，2021 年 4 月教育部办公厅印发了《关于加强义务教育学校作业管理的通知》（以下简称《通知》）就相关工作进行部署。《通知》强调，要严格控制书面作业总量，提高作业设计质量，并鼓励作业分层。

要提高作业质量，体现出作业的层次性，需要从作业量的分层、作业难度的分层、作业要求的分层及完成作业时间的分层四方面考虑。

一、作业量的分层

《关于加强义务教育学校作业管理的通知》第二条指出：严控书面作业总量。学校要确保小学一、二年级不布置书面家庭作业，可在校内安排适当巩固练习；小学其他年级每天书面作业完成时间平均不超过 60 分钟；初中每天书面作业完成时间平均不超过 90 分钟。周末、寒暑假、法定节假日也要控制书面作业时间总量。

专题二　分层作业的设计与批改

文件中只给出了时间的要求，那么作为教师，如何通过作业量的分层，保证在规定的时间内每位学生都能按时完成作业呢？

1. 作业量分层的含义

作业量的分层是指教师可以根据学生个体情况和对其发展要求的不同进行作业增减。要做到这一点，需要每位一线教师认真观察所有学生的反应及变化，对每位学生的学习情况了如指掌。

现在很多地区的学校，根据学生的成绩把学生都分出了 A、B、C、D、E 等级，有的学校分得更细，把 A 又分成了 A1 和 A2，B 分成了 B1、B2 和 B3。通过这种分层，明确不同层次学生的学习水平和学习要求，进而进行精准的作业量布置。这种分层体现了教育既要面向所有学生，又要尊重学生的个体差异，做到因材施教。

2. 作业量的分层需要遵循的四个原则

（1）差异性原则。

不同水平的学生作业量要不同，作业要具有针对性，确保每位学生都能按时完成自己的作业，同时也要使不同的学生在规定的作业时间内都要有事可做，要充分体现分层布置的要求。

比如初中的数学计算题：乘方和幂的运算或二元一次方程组的计算，基础弱的同学只需布置 3~4 道题，基础较好的同学可以在增加计算难度的同时增加题量，以提高其做题速度及准确性。

再比如，八年级生物《遗传和变异》的单元作业布置。由于这部分内容概念多、易混淆，而且涉及相关的计算和逻辑推理、语言解释说明题，对于基础弱的学生来说做题速度会明显下降。针对这种情况，在布置作业时可以结合学生课堂做题速度，有差异性地进行作业量分层。C 层以下的同学可以只填写相关知识点并构建概念图模型；C 层学生在完成知识点、概念模型构建的基础上，完成三道概念判断题；B 层的学生在前面的基础上完成一道遗传综合题；A 层学生在 B 层作业基础上再加一道中考遗传综合题。

综上所述，作业量的分层要根据学生能力的水平体现出差异性，既保证后进生能通过作业查漏补缺、按时完成作业，又能使优等生"吃得饱、吃得好"，能在作业中体验到一定的挑战性，保持积极的学习状态。

（2）均衡性原则。

充分发挥学科组和年级组的集体智慧，制定合理的分层作业量，合理确定各

"双减"背景下作业的创新设计与批改

学科作业比例结构。

每门学科要想把作业设计得精、准、少，又要合理分层，教师们背后需要付出很大的努力，要钻研课本内容，研究中、高考题，整合题型，还须了解相关的时政热点，这靠一个人的力量确实很难完成。所以《通知》中要求，作业布置必须作为学科教研内容，这就要求作业的设计要集所有学科教师的智慧共同完成。同时，为了更好地实现作业量和时间要求一致，《通知》中还提出：每学期初要对学生作业做出规划，加强年级组、学科组作业统筹协调，合理确定各学科作业比例结构，建立作业总量审核监管和质量定期评价制度。所以，要想让作业量不超时，除了学科组教研保证本学科作业质量，还需要各学科教师配合，确保作业量在各学科间的均衡。

根据国家对作业量的要求，很多学校规定了每科作业的完成时间。根据完成时间，各学科教师科学地设计相应的作业量。在这种情形下，作业量减少，但是学习目标没有降低反而有所上升，这就要求教师的分层作业针对性要强、要精。同时为了保证每科作业的完成时间不超标、各科作业均衡，学校每天都要在教学大厅展示各班各科作业完成时间。

作业布置的均衡性不仅使教师在设计作业时心中更有数、分层更合理，同时也体现出素质教育中要求的"促进学生的全面发展"原则。

（3）非机械性原则。

过于简单的知识以及学生上课已经掌握的内容不必再留为课下作业，切忌布置重复性抄写作业。

一方面，重复性抄写使学生机械工作，不做思考。通过观察学生以及和其他学科老师之间的交流，发现很多学习能力较弱的学生很喜欢这种机械性作业，但是效果微乎其微；而学习较好的学生不喜欢这种作业，感觉是在浪费时间。

以初中生物学科为例，重复性抄写几乎没有任何作用。重复性抄写作业不具备思维价值。学生的大脑并未进行运转，只是机械性地重复，低效而费时。在一线教学工作中，一位教师曾经让一个学生抄了20遍的"物质循环的特点是周而复始；能量流动的特点是单向流动，逐级递减"，但是当学生把抄写内容交给老师的时候，老师再提问，他一点儿也答不出来；还有一个同学把两个特点答反。重复性地抄作业也是对时间的浪费，让学生久坐在学习桌前，易对学生的视力产生损伤。当前社会，中小学生的平均视力值急速下降，而且学生近视日趋低龄化。因此，从视力保护的方面来说，更要避免重复性的抄写作业。

另一方面，现在的教育及考试越来越注重学科核心素养，注重考查学生的能

专题二 分层作业的设计与批改

力;只是背过而并不理解知识点,在考试过程中是很难答对题目的。很多学生把知识点背下来了,但是不会做题,答案写得满满的,得分却很低。经常在核对答案后,听到学生这么说:原来是这么写啊!举个例子,有学生来问食物链和食物网的题目,笔者问:①食物链和食物网中有什么成分?②不含(或缺少)什么成分?她能很流利地答出来。但是题目中给了一个食物网,问:图中还缺少什么成分?她却蒙了。笔者给她解释完,她才明白,和②的答案一样。

通过上述案例分析,我们可以看到,在追求素质教育的时代,应试教育的模式已经不能满足中考和高考的需求。而且机械性的作业对学生成绩的提升效果微乎其微,所以我们要优化作业布置,少布置或不布置机械性作业。

但是,我们要注意区分:机械性作业不等于背诵默写作业。背诵默写作业还是必不可少的,但是我们在布置这部分作业时,要做好相应要求,而不仅仅是死记硬背。教师要保证学生在背诵默写的同时对知识有一定理解,纳入自己的知识思维框架。

以上面生态系统中物质循环和能量流动的特点为例。根据初中生物课程标准的要求,初中生物目前特别注重考查学生的能力和素养。所以布置学生背诵默写这两个特点时,同时设计了开放性作业:

①根据课本画出碳循环示意图,并用语言文字描述碳循环的过程。

②结合课本知识,并查阅资料,设计碳循环或水循环的简易创新实验或演示模型,并用语言文字解释循环过程,同时说出其中生物的能量去向。

(4)灵活性原则。

灵活性原则指的是对于不同层次的学生,可以根据学生当时的水平及时调整作业量。对于学习能力强、态度认真、知识掌握较快的学生可以不留作业、减少徒劳的作业,也就是说对于这部分学生的作业量可以不做硬性要求,以教师引导、学生自觉完成作业为主;对于学习能力薄弱、态度不够认真、知识掌握不够牢固的学生,可适当增加作业量,以巩固基础为主,并加强作业监督。

以初中英语为例,A层学生上课就能将知识掌握得较好,这部分学生教师可以引导其去练习阅读和作文,对作业不做硬性要求;C层及以下的学生基础较弱,教师要增加作业量用于单词默写及重点句子的摘抄背诵。

这样的作业量分层可以让学有余力的学生获得自由发展的时间和空间,同时保证后进生基础能跟上,进而得到进一步发展的空间,从而实现让所有学生都能得到充分的发展,真正做到"教育面向全体学生"。

二、作业难度的分层

要想真正地给学生减负，在布置作业时教师不仅要考虑作业量，更要考虑作业的难度。

1. 研究作业难度的意义

研究作业难度的分层势在必行。公办学校一个班一般有四五十个孩子，步调统一的作业无法检测出学生真实的思维水平，也难以使学生得到个性化培养。教师要真正沉下心研究符合学生特质的分层作业，使每个学生得到不同的发展。2021年9月28日山东省教育厅制定出台了《山东省普通中小学强课提质行动实施方案》，并制定了《义务教育学校教学质量基本要求（试行）》。该实施方案第九条指出：要注重因材施教。充分借助信息化手段精准分析学情，学校每学期至少开展一次基于学科教学的学情会商，提升课堂教学针对性和实效性。制订学业述评实施办法，任课教师每学期对每个学生进行学业述评，根据学业述评情况因材施教，通过分层教学、小组合作、家校协作等方式，为学有余力的学生拓展学习空间，对学习困难学生实行针对性辅导，努力消除"陪学"现象。

在作业分层中，作业的难度会直接影响学生作业的完成度和分层作业的效果。比如，数学作业C层的学生只需做完两个一元二次方程组的计算题，但是难度设置不当，学生一个也做不出来，这样的作业就失去了分层的意义。所以，在设置分层作业时，必须研究作业难度的分层。

2. 影响作业难度的因素

要想准确地评估作业难度，需要了解影响作业难度的因素。笔者结合自身教学经验，总结了以下影响因素。

（1）影响作业难度的主观因素。

其一，基础知识、基本概念的掌握和熟练程度。虽然现在的题目越来越难，创新题型越来越多，但是对题目的理解和解答主要还是围绕着课程标准中的基本知识和基本概念进行的，因此，基础知识、基本概念（简称"双基"）的掌握和熟练程度不仅影响基础题的解答，更影响对难度较大的题目的理解。所以"双基"还是基础，必须掌握扎实，这影响其作业的难度。

其二，整合知识、灵活运用知识的能力。一般来说，当学生整合知识的能力较强、可以灵活运用所学内容时，同样的作业对其来说就较容易；反之难度就较大。举个简单的例子，在历史学科中"民族资本主义的产生和发展"这一题目

专题二 分层作业的设计与批改

对知识整合运用能力不同层次的学生来讲,难度自然不同。民族资本主义的产生和发展在不同时期发展速度不同、原因不同,这需要联系某一时期的历史背景,对于学生知识的掌握和应用能力要求较高。这里笔者就其中某几个阶段简单说明一下。民族资本主义在洋务运动时期产生,受洋务运动的影响,当时的中国创办了近代军事工业、民用工业,刺激了近代民族工业的产生;在1912—1919年,民族资本主义甚至获得了发展的黄金时期——进入"短暂的春天"这一阶段,除了受到当时民国政府鼓励兴办实业的政策影响、群众性的爱国抵制外货的运动影响,还有非常重要的外因——西方列强忙于欧战(第一次世界大战),放松了对中国的掠夺,所以才使得这一时期的民族资本主义发展迅速。当一战结束,列强卷土重来之后,民族资本主义又陷入发展的泥潭之中。从上面的例子可以看出,学生只有具备较强的知识整合能力才可以很好地思考并解决这个问题,作业难度也不会太高;若学生不具备该能力,则作业难度较高。

其三,学生的迁移运用能力、理解能力及语言表达能力。现在的试题开放性越来越高,特别注重考查学生的迁移运用能力、理解能力和语言表达能力。以初中生物为例,遗传图解的内容在中考中几乎是必考的,以往主要是要求学生会画遗传图解,能够用遗传图解来解释相应的现象;而近几年的中考题越来越考查学生用语言文字来解释现象或原因和能力。所以学生的迁移运用能力、理解能力和语言表达能力也影响着作业的难度。

其四,学生的阅读提取信息的能力及读图、读表的能力。现在的中考题也紧跟高考的命题趋势,题干越来越长,信息量越来越大,信息也越来越新颖,而且图表、曲线图的出现率越来越高。根据题型来看,考试越来越注重学生阅读提取信息的能力、读图读表的能力,在作业中这种题型更是常见,所以这几方面的能力势必影响作业的难度。

(2)影响作业难度的客观因素。

其一,题干阅读量的多少。随着高考题干越来越长,中考各学科试题的题干也有逐渐加长的趋势,加上题干涉及的内容大多是学生没见过的,所以学生不易理解,从而导致学生在规定的时间内很难答完题,增加了试题难度。

其二,前后选项的混淆程度及选项的编排顺序。选择题四个选项相似性越大,学生越容易错。同样的四个选项,排序位置不一样,会导致学生的答案不同,这要取决于选项和选项之间的干扰程度。所以选项的编排顺序及相似性都会干扰学生的判断,增加做题难度。

其三,背景资料的新颖度和复杂程度。现在的题目背景资料普遍比较新颖,一般都是时事热点，可能是政治方面的，也可能是科学发明或先进技术方面的。如果背景资料是学生不熟悉的，且内容又比较复杂，学生就会读不懂或很难从中提炼出和试题相关的信息，这就会加大试题的难度。

其四，题干中表达方式的转变。主要体现在题干的表达方式与课本上、学生记忆中的内容不一样了。比如，学生记忆的是"生态系统的功能是物质循环和能量流动"，当把题改成"沂山生态系统充分发挥_____的功能，将各种成分联系成为一个统一的整体"时，很多学生就不知道答什么，对于 C 层的学生，在考试这种紧张的状态下很难将这两句话联系在一起。

3. 作业难度分层的实施措施

（1）作业难度的设置应略高于学生原有的知识水平，题目设置按照由易到难、层层递进的原则，给学生提供一个可以选择的范围。

可以设置基础题、中档题和能力提升题，这样既有照顾后进生"吃得下"的打基础、补漏补差的作业，又有照顾优生"吃得好"的提高性作业，还有照顾中等生"吃得饱"可以消化、加以巩固的作业。这样精心设计的分层作业，既解决了学生差异的矛盾，充分发挥了学生的智力因素，又激发了学生非智力因素的发展，也调动了学生学习的积极性。

一般情况下，能力强的会选做较难的，能力弱些的会做基础题或中档题。但由于学生的好胜心强，会有一部分基础弱的学生在自己的"最近发展区"去跳一跳，尝试着做一些难题。因此，教师要了解每个学生，并找出不同层次学生各自的"最近发展区"，精心设计不同层次、多梯度、难易有别的作业。以小学语文为例，可以写读书笔记，基础弱的同学以摘抄为主，中等学生以概述为主，能力较强的学生以谈感受为主。

（2）学校作为落实"双减"政策的主体可以进行大胆尝试，最好通过集体教研确定。

如有的学校要求教师针对不同层次的学生创建班级 A、B、C 等级作业"题库"，题目来源可以是教材、练习册及教辅资料题，也可以是师生的自编题、改编题，特别是易错类改编题。同时要求教师对分层作业进行动态管理，也就是一段时间后根据学生发展情况的异同，让学生进行 A、B、C 不同层级作业的轮换。这样，学生一直在自己的"最近发展区"发展且不断进步，从而使每个学生得到个性的发展。

专题二 分层作业的设计与批改

(3) 针对不同层次的学生作业，做好作业评价，保证作业效果。

对于基础作业完成度好的学生，应当给予肯定性的鼓励，让学生获得"成就感"，从而促进学生保持积极的学习主动性，也便在下次练习中逐步增加难度，更好地挖掘学生的潜力，进而提高学生的学业水平和思维层次。

而对于能力强、态度认真的学生，教师要引导他们在基础扎实的基础上，主动去做拔高的习题，当然还是以学生自觉为主、教师引导为辅。

4. 作业难度的分层原则

(1) 难度适宜，作业难度的设置要符合学生的学习水平。

难度要在学生的原有知识水平和"最近发展区"之间，既让学生感受到一定的难度，又不会被吓到、失去信心。所以教师在设计分层作业时，要保证每个层次的作业难度是符合学生相应水平的。对于后进生可以降低难度，增加其成就感，提高其学习积极性和学习兴趣。比如，初中语文学习了《黄山奇石》一文，可以布置"抄写生字词和找出奇石的名字"的作业给后进生做。这种作业难度小，易完成，在完成作业的过程中，后进生会得到一种满足感，进而可以提高其学习劲头。

针对中等生，要保持一定的难度，在保证"双基"的基础上，提高其做题能力和思维能力。这类学生的可塑性较大，他们中的一部分学生，通过努力很有希望向上跳到优等生行列，但如果稍微松懈就会退到下一等级。因此，在布置作业时要保持一定的难度，既能达到巩固"双基"的目的，又使其能跳一跳去挑战其最近发展区的作业，努力完成跳跃层级的目标。比如，学习了《黄山奇石》一文，就可以布置"抄写生字新词和找出文中的比喻句，并想想把什么比作什么"的作业给中等生做。

对于优等生，要加大难度，提高其综合能力。这类学生基础一般很扎实，对知识的领悟能力强，一般的题目对他们而言无挑战性。所以在布置作业时有必要增加难度，促使他们在较高的知识平台上发展。比如，学习了《黄山奇石》一文，就可以布置"写出你积累的比喻句或自己创造三个比喻句"的作业，要求他们学习课文的写作技巧，学会用比喻句写看图说话。

总之，作业的难易要根据各类学生的学情合理设置，保证各层次学生既能完成本层次目标，又不会因为难度大而排斥作业。

(2) 合理调整作业难度，遵循由易到难的原则。

学生在作业过程中很容易因为题目难度过大而丧失自信心，从而导致做题效率下降。尤其是理科，教师在设计作业时更要考虑这一点，可以将作业分层为三个部分：基础概念题、基础应用题、拓展训练题，而且可以将这三种类型的题目按照由高到低的比例进行设计。这样的设计可以在一张试卷中完成作业难度的分层，还能使学有余力的学生突破自己进入上一层。同时这样的设计还可以帮助学生更加有效地完成作业，帮助学生认识到自己在学习中所存在的不足之处；教师也可以根据作业的完成情况判断出学生在学习中存在的薄弱环节。

（3）作业难度的设置要和教学目标一致。

比如说，一元一次不等式这节课的目标为：①了解一元一次不等式的定义；②会解数字系数的一元一次不等式；③能准确在数轴上表示出解集。教师在教学完一元一次不等式这部分内容后，根据三个教学目标在设计相关作业时开头设置五道基础概念题，包含了一元一次不等式的概念理解题及解集的数轴表示题（这部分题多数同学能完成）；接着是两道基础应用题："6. 已知 $x<a$ 的解中最大的整数解为3，则 a 的取值范围_____。7. 当 a 为何值时，不等式 $a(x-3)>2(a-x)$ 的解集为 $x>4$？"最后是一道拓展训练题："8. 当 k 为何值时，关于 x，y 的二元一次方程组 $\begin{cases} 2x-3y=5 \\ x+y=k \end{cases}$ 的解满足 $x>y$？"这样不仅可以有效地让学生巩固学过的知识，还能够让学生作业的难度大大降低。

三、作业要求的分层

1. 教学目标

作业要求的设计和分层不能脱离教学目标。我们首先来谈一下教学目标。

（1）从三维目标到核心素养目标。

2001年，教育部印发了《基础教育课程改革纲要（试行）》，规定了在各学科课程标准中教学目标的统一性，即实现知识与技能、过程与方法、情感态度与价值观三维目标。三维目标的提出，打破了以教师为主体的教学模式，突破了以知识传授与知识理解为主的传统教学规范。但是，此时学业成绩依然是评价学生学习的主渠道，高考和中考的试题沿用传统模式，教学基本上围绕第一维目标展开，使第二维和第三维目标形同虚设。这是三维目标在教学实践中的困惑。

为把党的十八大和十八届三中全会关于立德树人的要求落到实处，充分发挥课程在人才培养中的核心作用，进一步提升综合育人水平，更好地促进各级各类学校学生全面发展、健康成长，2014年教育部印发了《教育部关于全面深化课

专题二 分层作业的设计与批改

程改革　落实立德树人根本任务的意见》。该意见明确界定了核心素养，即学生应具备的适应终身发展和社会发展需要的必备品格和关键能力。很多学者认为，学科核心素养生成的本源是知识，对学生而言，基础知识的理解和基本技能的形成是学科核心素养生成的前提和条件，是学科核心素养的一级水平，将其称为知识理解水平（与我们常说的"双基"对应）。将学科核心素养的二级水平称为知识迁移水平（也就是"问题解决"）。知识迁移是指学习者把理解的知识、形成的基本技能迁移到不同的情境中去，促进新知识的学习或解决不同情境中的问题；将学科核心素养的三级水平称为知识创新水平（也就是学科素养中经常提到的"学科思维"）。知识创新是指学习者能够生成超越教材规定内容的知识，或者对问题进行推广与变式得到一个这种界定。知识理解、知识迁移、知识创新就是发展学生学科核心素养的三级教学目标。

关于教学目标和核心素养的关系，有这样两个著名的观点，笔者觉得很有道理。

著名观点一：双基是教学目标的1.0，三维目标是教学目标的2.0，核心素养是教学目标的3.0。

著名观点二：核心素养是三维目标的整合（三个维度是统一在教学过程中，不可能分设）。

（2）教学目标和教学水平的关系。

教学水平是教与学的行为，包括知识的获得、知识的应用和教学评价；教学的水平包括记忆水平、解释性水平和探究性水平三个等级，不同等级水平的教学所能达到的目标是截然不同的。

记忆水平的教学，对应学生认知水平。学生可以识别或记住事实材料，使之再认或再现，但是对知识不理解，只是机械地模仿。这一水平的教学对应的教学目标有：①识记：记住事实（名称、定义、符号、公理、定理、公式、性质、法则等）；②模仿：在标准情境中做简单的套用或依照示例做机械的模仿。

解释性水平的教学指的是教师变换各种角度对知识和技能的讲授和解释，设计各种例题和变式，这一水平教学对应的是理解水平和应用水平。达到的学习目标有：①解释说明所学知识；②领会所学知识：能用自己的语言或用其他形式加以描述；③灵活应用所学知识：从变式情境中区分出知识的本质属性，或把变式灵活转换为精确的表达式。

探究性水平的教学指的是有目的地引起新问题情境的认知冲突，促使学生积极介入。教师与学生共同参与，提出问题和解决问题、共同进行研究和评价。这一水平教学对应的是综合水平和评价水平。对应的教学目标有：探究性理解，通过对知识、技能的综合理解，能从多种角度或相对复杂的联系中阐明知识、技能的本质特点，可以进行再创造。

以上三种层次的目标是相辅相成的，后一层次的目标常常是在前一层次目标的基础上发展的，它应包含前一层次的目标。

由于知识的不同、学生水平的不平衡，教师在设计教学目标时也要有层次性。

2. 作业要求的分层

首先，作业作为教学的一部分内容，也要以教学目标为中心进行设计，作业要求的设计也要与教学目标相一致。

（1）作业要求的设计原则。

第一，整体性原则。作业的设计要从学科整体出发，从单元、专题的角度进行设计、要求。现在的教育越来越注重单元教学，试题的整合性也越来越强。现在很难在一个题目中只看到一节或一章的知识点。这就要求教师在教学过程中要注重前后知识的联系，学会整合知识点，而在设计作业要求时也要体现整体性原则。以初中生物为例，在学习了"鸟的生殖和发育"这一节后，在设置作业要求时，不仅要求学生掌握鸟的生殖发育特点，还要分析出鸟与昆虫、两栖动物之间生殖发育的异同，总结出鸟的生殖发育的优点。

第二，可行性原则。作业要求要适度、恰当，符合学生实际，学生能够在规定时间内完成。作业要求的难易要根据各类学生的学情，具有可行性，保证各层次学生都能按时完成本层次目标，关注作业的时效性。不能设置超出学生能力的作业要求，杜绝作业由家长或变相由家长代替完成的情形。

第三，科学性原则。对不同层次、不同类别的知识，用不同的行为动词做出具体而恰当的描述，严格把握词语的准确性、描述的严密性。同时，作业要求符合学生身心发展和认知规律，表述简洁，方便操作。

第四，层次性原则。作业要求的设计也要有层次性，体现出不同的水平要求。以小学生二年级的语文作文为例，当语文课学习了拟人句、比喻句后，教师布置作文：我最喜欢的动物。作业要求：尽量使用拟人句和比喻句来描写该动物的外形。这种作业对于大部分学生来说是很困难的，很多孩子都需要家长的帮忙才能完成。在这种情况下，教师的作业要求应该分层，使其更具有可行性，比如，后进生的作业为"摘抄课本上的比喻句、拟人句"；中等生的作业为"根据

专题二 分层作业的设计与批改

观察和想象，写出两个比喻句和两个拟人句"；优等生的作业为"尝试用拟人句和比喻句来描写自己最喜欢的动物"。

（2）作业要求的分层。

上文提到教学水平有三个：记忆水平、解释性水平和探究性水平，对应的作业类型也就是基础型题目、中等型题目和探究式题目。而对应的层次正好是布鲁姆认知领域的六个教育目标层次：知道（识记）、领会（理解）、应用、分析、综合和评价。所以在进行作业要求的分层时，也主要围绕这六个认知层次进行。在前面提到，根据学生发展情况的异同，让学生进行 A、B、C 不同层级的作业。A 层的作业要求应该主要侧重于分析、综合和评价能力，这类作业一般具有创新性和开放性，难度较大，B 层的同学要求达到领会和应用能力，C 层的同学要求达到知道的层次。

其次，作业要求的分层具体的体现方式有两种。

一种类型是作业中有不同层次的题目：基础题、中等题和探究能力提升题。教师根据学生的水平，对不同层次的学生布置不同的作业，达到不同的要求。以生物学中食物链和食物网这一课为例：C 层学生的作业要求为通过基础题的练习学会食物链的正确书写，能说出食物链中只有生产者和消费者，无非生物成分和分解者；B 层的学生要通过中等题和部分能力提升题，学会根据图表（数量关系和食物关系）书写食物网，正确数出食物链的条数，正确找出某两种生物的关系；A 层同学要通过探究能力提升题，在达成 B、C 目标的同时，能够用语言准确解释不同生物之间的数量变化原因，并能用曲线图正确表示不同生物的数量变化。

另一种类型就是在一个大题中，包含了不同层次的小题，所有层次的学生做的题目一样，但是对不同的同学提出的要求不同，这个时候的作业要求主要是通过评价标准实现的。以生物题目为例，具体的评价量规如下表所示。

指标	A 等级	B 等级	C 等级	自评	师评
资料分析（10分）	能结合材料和所学知识，说出疫苗在体内如何发挥作用；能依据自己的接种情况判断该疫苗的类型（8~10分）	能结合材料和所学知识，回答问题；能依据自己的接种情况判断该疫苗的类型（5~7分）	能依据自己的接种情况判断该疫苗的类型（0~4分）		

不管是哪种方式的作业要求的分层，最终的目的都是使作业的设计具有层次性，既要有面向全体学生的巩固性作业，也要充分考虑不同层次学生的学习现状，设计不同梯度、不同功能的层级作业，满足学生的个性化需求。而学生可以根据自己的学习能力，自主选择完成层级作业，从而自检学习目标的达成情况。

四、完成作业时间的分层

现在的考试，尤其是中考和高考，很多学生面临着做不完题的现象，而所有的考试时间都是固定的，所以我们在布置作业的时候，也要考虑学生的作业完成时间。由于每个学生的知识水平和做题速度不同，在设计作业时也要考虑完成作业时间的分层。完成作业时间的分层，可以从以下两方面入手。

1. 将每项作业的时间具体化、层次化

如果我们的作业是按照基础题、中等题和能力提升题分层设计的，可以对每项作业设置完成时间，便于学生了解自己所处的水平。并根据作业完成的总时间划分A、B、C三个层次。以生物单元题目为例，如下表所示。

作业序号	作业类型	学习水平	预计完成时间（分钟）
1	资料分析	C 应用	4
2	资料分析	B 理解	6
3	选择题	C 应用	3
4	学以致用	C 应用	15

注：分层标准（总时长）——A层：≤24分钟；B层：25~30分钟；C层：>30分钟。

而要实现这个具体的分层，就需要对学生的做题速度做到精准掌握，这个可以通过目标生来实现，从每个层次中选择3~5个学生，观察并记录相似作业的完成时间，以此作为分层依据。

2. 在设计课堂检测题的评价时，增加完成时间的评价

课内作业的评价，除了根据正确率做出分层评价，还可以增加完成时间的分层评价。通过这种评价，在提高做题正确率的同时，使学生意识到完成时间的重要性，做题时可以有意识地控制时间，从而促进学生做题效率的提升。

主题 4

分层作业的实施效果

一、拓展学生减负空间

在提倡素质教育的今天,我们的学生太累,课内课外作业过多,学生不堪重负。《关于加强义务教育学校作业管理的通知》中对各年级的学校作业时间做出了明确要求。《义务教育语文课程标准》也提出:"教师要精心设计作业,要有启发性,分量要适当,不要让学生机械抄写,以利于减轻学生负担。"可见,从国家层面到学校层面都在实施减负。"减负增效"就是减轻学生学习负担、思想负担、内容负担、作业负担,其内涵是减少课内外那些机械重复、低效的活动,提高学生学习知识、运用知识的能力和综合素质。"减负"并非不要学生勤奋学习、刻苦钻研,它的目标是"增效",是追求教与学的有效性,增进学习的效果。在当今教育制度下,升学竞争压力客观存在,不写作业就想考好学校几乎没有可能。要想既减负又增效,唯一的办法就是要采用科学的教学方法,优化作业设计,实施分层作业,提高作业效率。

要想优化作业设计,首先教师要从题海思维模式中解放出来,在少而精上下功夫,进行分层作业,对学生进行差异化指导,题目设计上注重知识相互联系及拓展延伸,把充足的空间、时间留给学生自己发挥,充分发挥学生的主体作用和教师的主导作用,从而在减负中实现增效。

要做到这一点,教师们的工作量肯定要加大,就像一个教研员说的:教师要代替学生去做大量的题,将题目精练浓缩,分层设置后发给学生。下面,我们看一下几位教师是如何通过分层作业拓展学生减负空间的。

江西省瑞金市解放小学的数学教师朱美华,发表了《以减负增效为导向的小学数学作业设计研究》的文章,文中针对小学生作业量大、负担重的现状,提出在数学教学过程中,要改善数学作业设计方式,以减负增效为导向,提升学生的数学学习效率。朱老师提出:合理调整作业难度,遵循由简到易原则。朱老师认为，作业难度大会打击学生的自信心和学习积极性，所以教师在设计数学作业时可以将作业划分为三个部分：基础概念题、基础应用题、拓展训练题，而且可以将这三种类型的题目按照由高到低的比例进行设计。这样不仅可以帮助学生更加有效地完成作业，更加能够帮助学生认识到自己在学习中所存在的不足之处。比如，教师在教学完简易方程这部分内容后，在设计相关作业时，可以先布置 2~3 道基础概念题，例如："判断以下几个是否是方程：$4+3=8-x$；$9x+3y=6$；$8x-4<9$。"这种题目对学生来说只要对基本概念了解就迎刃而解了。教师在设计更高难度的题目时，可以从方程的基本解法、方程的应用这些方面进行题型设计，数量控制在 1~2 道即可。这样不仅可以有效地让学生巩固学过的知识，还能够让学生作业的难度大大降低。

陈碧宇老师在《有效思维作业拓展减负空间》中提出尝试进行思维作业的"四性"实践，即根据学生实际对作业从目的性、针对性、层次性、反思性四方面进行最优化设计，关注作业效果，拓展学生减负空间。其中的层次性就是分层作业：布置作业时根据学生不同层次，布置不同难度的作业，让不同的学生都学有所获。比如，每个班根据进度快慢每个星期开设 1~2 节阅读课，以保持学生对阅读课高昂的兴致。结合"不动笔墨不读书"的阅读习惯，带着任务进行阅读，每一节阅读课完成一篇读书笔记，设计了学生阅读课的思维作业，分为基本作业和提升作业。基本作业是读书笔记，通过读书笔记格式的规定，养成学生读书的良好习惯，不在多，贵精。提升作业是思维导图，通过思维导图的绘制，概括文章观点和厘清作者思路，培养学生条分缕析的能力，更好地促进学生思维的思辨力和逻辑性。根据学生的实际情况进行选做，基础一般的同学只要求完成读书笔记，基础较好的同学还要完成思维导图。思维作业设计有梯度，既避免程度较低的学生胡做乱做，对学习产生厌烦情绪，又避免了程度较好的学生觉得难度不够不爱思考的问题，让各类学生都能跳一跳摘到果子，有所提升。

二、分目标培养学生

作业分层本质上就是根据学生的学习特点和学习水平在不同层次上分目标地培养学生，使不同层次的学生都能跳一跳摘到果子，有所提升。

通过在作业难度、作业要求和作业时间上的分层，保证所有学生对自己的学习水平都有清晰的认识，都能准确地制定自己的学习目标，从而实现以下分目标培养效果。

专题二 分层作业的设计与批改

1. 使基础薄弱的学生夯实基础，提升自信心

通过布置简单的知识点填空题或简单的概念辨析题，帮助基础薄弱的学生巩固基础知识，夯实基础内容，提升基础能力。同时又避免了相对能力太难的题目，易使其重拾学习的信心。以生物学科为例，八年级《生态系统》这部分考点较多，但是题型和知识点比较固定，易掌握。通过基本知识点的夯实和基础题的练习，基础弱的学生对这部分知识也学得较好。当笔者问某个学生掌握得较好的问题时，经常会听到学生自信地说：老师，这个题我会做。这个时候感觉他全身散发着光彩。而这种自信会使他们在上课时更加认真积极地学习。作为一名教师，上课看到这样一张张充满希望的脸，面对着一双双认真的眼睛，心里会产生莫名的感动，这反过来会让笔者更有动力和信心去教好他们。

2. 为中等生巩固提升、更进一步搭好了阶梯

分层作业，使中等生更清楚自己的学习水平，可以通过中等题目的测试更好地了解自己知识和能力上的差异。通过对应层次题目的训练，中等生可以更好地找出自己能力范围内的弱项，而不是基础难题一把抓，在复习时可以有的放矢，更有针对性地复习，从而提升学习效率。同时，能力提升题的设置也为其更进一步提高了动力，激励着他们在自己的最近发展区往上跳一跳去摘更好的桃子。

3. 提升优等生的学科素养和分析综合能力

对于基础较好、上课认真听讲的优等生，基础知识掌握得已经很扎实，再去做过多的基础题其实是在浪费时间。这部分学生可以通过分层作业多做能力提升题和学科素养提升题，培养综合分析能力，提升对材料的分析能力，对图表的分析能力及语言表达能力、实验设计能力。总之，就是要提升学生的学科素养能力。以生物为例，可以多提供实验设计题、实验分析题、原因分析题及时事热点相关的综合题目，一方面锻炼能力、拓展思维，另一方面提升做题速度。

三、富有针对性

黎长明老师在《个性差异背景下的小学数学分层作业设计研究》中提出：做作业本身不是目的，只有使学生们能够通过作业不断地提升自我才是目的。由于文化环境、家庭背景及自身因素的影响，同一个班级里的学生各科水平均不同。要让每一名学生都能获得成功，"一刀切"的作业要求显然不能做到。这就要求教师在布置作业时能对不同层次的学生提出不同的要求，只要达到要求的都应该给予肯定。所以说分层作业的目的之一就是使教师们所留的作业更富有针对性。

通过分层作业，提高作业针对性，实现了因材施教，帮助学生补齐了学习过程中的短板。分层作业使不同水平的学生做不同难度和不同形式的作业，而这些作业恰好是用来巩固其课堂上的弱项的，通过这种形式的分层作业，能有针对性地帮助学生补齐短板，还能减少不必要的重复作业。以初中数学为例，教师通过分层作业让计算基础弱的同学练习计算题，而应用题能力差的练习应用题列式。通过这种形式，节约了学生的时间，提高了学习效率，学生可以比较有针对性地巩固自己的弱项。再比如英语，有的学生阅读好，有的同学听、说能力强，教师就可以在复习阶段有针对性地分层布置作业：听、说能力强而阅读弱的主要做阅读题，阅读能力强而听、说能力弱的同学作业为听说训练题。

同时，分层作业还可以针对学习较好的同学布置难度较大的题目，使其通过学习不断进步，在提高其学科核心素养和综合能力的同时还能使其认识到学无止境，养成谦虚、不骄不躁的良好品质。

所以说分层作业富有针对性，可以确保每个学生都能通过作业不断提升自我，从而实现教育面向全体学生的要求。

四、培养兴趣

分层作业给每一个学生提供了思考、创造、表现和成功的机会，让每一位学生都体会到了成功的喜悦。学生的学习兴趣是从哪里来的？就是从成功的喜悦中来的。所以说，分层作业还能更好地培养学生的兴趣。

南京市六合区龙袍镇中心小学的徐家华老师提出语文作业可以采用"多选一"、自选题和"补交作业"等多种形式的分层作业形式。他提出不仅作业要求不同，形式也可以不同。以作文为例，家里没有电脑的，可以采用写日记的方式；家里有电脑，又具备文字录入能力的可以采用电子习作的方式。由于每天的家庭作业总有一些难易不同的题目，他认为"自选题"的语文家庭作业是另一条有效途径的分层作业形式。根据"跳一跳，能够到"的原则，学生可以自主选择适合自己且能较好地完成的作业去做。当然，教师还要做好评价工作。对于主动降低要求的那些"偷懒"的学生，教师要密切关注，及时提醒，让他们能正确对待。而对于学习能力较弱的学生，教师也要多关心，多鼓励，让他们逐步提高要求，缩小差距。对于他们的"闪光点"，教师更是要善于发现、及时表扬，让每一名学生都能够获得成功，从而享受成功的喜悦。通过这样的分层作业和教师的及时正向的评价，学生在享受成功的喜悦的同时会增强对该学科的兴趣。

以生物学科为例，在学习了花的结构及枝芽的结构后，教师可以根据学生的掌握情况，针对抽象能力弱的同学，布置实物观察作业：寻找不同的花和芽进行解剖观察，通过同伴互助或教师指导，辨认各部分结构，并进行课堂展示。通过这种形式的作业，学生一方面可以更好地掌握知识点，另一方面，教师适当的鼓励性评价，可以提高学生的学习兴趣和学习积极性。

所以说，分层作业在一定程度上可以培养学生的兴趣。

五、落实普及教育

普及教育是指国家对全体学龄儿童实施某种程度的普通教育。各国都把实施初等教育作为第一步目标，随着政治、经济的发展进一步提高要求。普及教育与以法律规定强制实施的义务教育有所不同，但是许多国家为有效地实行普及教育，通常也都以法律形式规定其义务性质，称为普及义务教育。

落实普及教育，就是要求教育要面向全体学生，降低辍学率。很多学生辍学的主要原因是厌学和对学习没有兴趣。而学生之所以厌学，是因为"应试教育"给他们带来了极大的压力，应试教育常采用题海战术，学生被逼着做数不尽的题，在这种情况下会产生逆反心理。特别是对学习成绩差的学生来说，长时间得不到教师和同学的认可，更容易产生厌学情绪。

所以很多省区市和学校在落实普及教育方面都对教学做出下列要求：要求各科教师要切实减轻学生负担，不搞题海战术，不做无效劳动。

分层作业的出现就是为了减轻学生负担，削弱题海战术，提高作业的针对性。通过分层作业，减少了很多无效作业，不同层面的学生都在作业中得到了提升，实现了教育要面向全体学生的要求。分层作业减轻了学生的作业负担，也使不同的学生在完成作业的同时感受到教师的重视，获得了满足感，进而提高了学生对学习的兴趣，减少了厌学的情绪和辍学的念头，实现了控辍保学的目的。

所以说分层作业在一定程度上落实了普及教育。

六、丰富课余生活

分层作业要求教师在设计和布置作业时，根据不同层次学生的各种情况，如课堂表现、掌握情况及智力水平等，设计出不同类型、不同水平的作业，减少机械性、重复性的作业。

以往这种机械、重复性的作业占多数，学生对这样的作业非常反感，大量的无效作业占去学生大部分的课余时间，抑制了他们自身兴趣爱好的发展。而分层作业的实施在一定程度上减轻了学生的作业负担，学生可以拥有更多的课余时间。

另外，分层作业的设计还体现在作业形式的多样性上。教师可以通过实践作业，在提高学生实践能力的基础上，进一步丰富学生的业余生活。以生物课为例，教师可以根据学生的兴趣布置部分实验性作业，比如，在学习种子的萌发时，可以布置实验探究性作业：学生利用家中现有的材料，设计实验探究种子萌发的条件，观察记录种子萌发的过程。在完成这个作业的同时，不仅使学生明确了种子萌发的外部条件，学会了实验中的对照设计，还培养了学生科学的探究精神，丰富了学生的业余生活。又如英语学科，可以根据学生的爱好和英语口语水平布置舞台剧或配音的作业。这种作业对于爱好表演、英语口语好的学生是非常有吸引力的，学生通过课下搜集素材、进行排练，在完成作业的同时，还能丰富业余生活，更好地提升自己。

同样，在历史学科中，分层作业的设计可以更好地丰富学生的日常生活。例如，对于"古代中国的婚服变化"这一作业设计，教师可根据学生的学习水平进行分组，或者学生可根据自身的实际情况自由组队，将此次作业分为三个梯队：善于观察且善于交流沟通的同学成立第一梯队，负责实地考察收集资料，比如去博物馆参观、去档案馆查阅相关资料；善于整理资料且细心的同学可组成第二梯队，进行资料的筛选和整理；擅长制作课件和操作多媒体的同学，将最终的结果进行制作和展示。在这个过程中，每个同学都可根据自身的实际情况和特点选择自己可以负责的内容，甚至是可以负责团队的后勤工作，这样可以使每个同学都发挥出自己的特长并有所收获。在这个过程中，同学们可以走进社会场所中，而不是把作业的完成局限在教室、学校和家庭之中；在完成作业的同时，同学之间也可以加强联系、探讨，既可以激发创作的灵感，也可以增强同学之间的情谊，达到我们所说的丰富学生课余生活的目的。

总之，分层作业通过减少无效作业、丰富作业形式，解放了学生的业余时间，丰富了学生的业余生活。

七、学有所用

随着素质教育的推进，教育越来越追求创新性和实践性。从近年的中高考来看，各科解决实际问题的题目越来越多，而这也是考试的难点。所以，目前的作业设计也讲究学有所用。

专题二 分层作业的设计与批改

而分层作业是根据不同学生的水平有针对性地设计的，分层布置的实践作业都在学生的能力范围内，可以保证学生保质保量完成，使知识学以致用，而不会致使作业流于形式。

以生物学学科为例，通过分层作业，教师可以根据学生的不同水平布置实践作业，使学生在不同水平上学以致用。比如，学习了生态系统后，可以要求 C 层的学生使用老师提供的材料制作生态瓶；B 层的同学在制作生态瓶的基础上还要兼具美观，尽情展现出自己与众不同的感受力与审美观察力；A 层的学生可以自己寻找原材料，在制作生态瓶的同时进行创新。通过分层实践作业，每个学生都可以学以致用，真正理解生态系统的组成和功能。

英语学科现在越来越重视听说和阅读的实用性，所以英语教师也可以根据学生的听说能力进行分层作业的布置。比如，小学生学习了"How's the weather today?"及天气类单词后，C 层的学生可以制作天气图标，B 层学生在制作天气图标的基础上可以模仿天气播报员录制天气预报视频，A 层的学生可以自己仿写一段天气预报播报内容并录制视频。通过分层作业，可以让各水平的学生在生活中使用所学单词，真正做到学以致用。

综上所述，我们可以看到，分层作业可将实践作业更好地落到实处，使实践作业更好地被学生所接受，既减轻了学生负担，同时又关照了全体学生，促使教学效果达到"最优化"。

主题 5

分层作业经典案例与分析

一、分层作业案例的目的和意义

学生的身心发展有着共同的特点，但其学习目的与动机、学习习惯与方法、智力水平与接受能力等方面存在着差异，这些差异反映在学习成绩上，往往形成优等生、中等生、学困生三类学生。我们设计作业，通常是统一题目，这不利于学生通过作业练习在自己的"最近发展区"充分发展。作业评价也是用统一标准，或好或差，或对或错，也不能调动全体学生（特别是学困生）的积极性。为了使作业设计符合各类学生的实际，使作业评价更有实效，布置作业时应遵循因材施教的原则，根据学生的个性差异，设计阶梯式的作业与练习，供不同层次的学生选择。

给不同的学生布置不同的作业，如本案例中A层作业目标、B层作业目标和C层作业目标，并对学生们完成作业的要求和标准做了相应的要求，有利于调动全体学生的积极性，使他们在不同程度和不同方面均有所收获，让学生最大限度地感受到成功的快乐，这对于激发学习兴趣，促使学生主动获取知识，大幅提高学生学习成绩是很有效的。这样还有利于给学生提供相互学习和取长补短的机会，从而满足不同水平学生的学习需求，使课外作业的作用能够得到最大限度的发挥。

二、本作业案例的分层设计与实施

1. 学生分层

在教学中，根据学生的学习能力、学习态度、学习成绩的差异，结合教材和学生的学习可能性水平，再结合初中阶段学生的生理、心理特点及性格特征，按课程标准所要达到的教学要求，可将学生分为A、B、C三个层次：A层是学有余力的优等生，即能掌握教材内容，独立完成习题，完成教师布置的复习参考题及补充题，可主动帮助和解答B层、C层学生的难点，与C层学生结成学习伙伴；B层是成绩中等的学生，即能掌握教材内容，独立完成练习，在教师的启发下完成习题，积极向A层同学请教；C层是学习有困难的学生，即能在教师和A层同学的帮助下掌握教材内容，完成练习及部分简单习题。

在编排座位时，最好4个人（1个A层、2个B层、1个C层）为一个学习小组，便于讨论、辅导、交流、提高，体现群体中的"优势互补"。注意分组是相对的，并非一成不变。经过一段时间学习后，由学生自己提出要求，教师根据学生的变化情况，引入适当的竞争机制，做必要的层次间的升降调整（一般是半个学期或一个学期为一次），激励学生上进，最终达到C层逐步解体，A、B层不断壮大的目的。

在分组时，教师要经常与学生进行交流，主要是避免被分在C层的同学有想法，让他们认识到这是教师更关心他们，对他们今后的学习更有好处，等等。

2. 作业分层

学生作业分为两类：课内作业和课外作业。这两类作业均要分层次，对不同

专题二 分层作业的设计与批改

层次的学生提出不同的要求。课内作业可分成基础题、提高题、创新题三类；课外作业布置分为必做题和选做题两种。

（1）作业要求要分层。

根据不同能力的学生，提出不同层次的作业要求，供学生自主选择。对于学习能力强、态度认真、知识掌握较快的学生可减少单纯知识型的作业，设计一些应用型或探究型的作业；对于学习态度不够认真、知识掌握不够牢固的学生，则设计一些基础型、知识型的作业，以达到巩固复习的目的。这样，学生根据自身实际自主选择，体现了作业要求的自主性。

在完成作业时间上也可以分层要求，更有利于学困生"吃得了"。例如，要求优等生隔天交的作业，学困生可宽限几天。这样可保证学困生的作业质量，使之扎实巩固知识，逐步形成良性循环。对作业要求进行分层，无疑激发了学生做作业的乐趣，学生在轻松愉快地完成作业的同时又能掌握知识技能。

（2）作业内容要分层。

根据课堂教学的知识结构和学生掌握知识的实际情况，设计或选择一组有层次的作业习题，让学生能在自己的"最近发展区"收到意想不到的效果。平时将课内作业的设计划分为三个主要层次：基础型作业、提高型作业、创新型作业，不同层次学生可任选其中几道解答。

三、分层作业案例

《Module 3》Unit 1 第一课时"My school"重点是句型教学，通过对学校中餐厅、教室等的介绍，来熟练运用句型 These/Those are…。

A 层作业目标：

（1）能掌握 These/Those are…句型，并能结合 There be 句型的结构，运用所学句型、词组用自己的语言介绍 My school。

（2）会区分 These/Those are…和 There be 两种句型结构的不同用法。

作业设计说明：A 层学生对于 These/Those are…句型和 There be 句型的结构用法掌握扎实，所以作业主要考查学生是否能灵活运用句型结合学过的词语对场景进行完整的语段描述。

B 层作业目标：

（1）能掌握 These/Those are…句型，并能结合 There be 句型的结构，运用所学句型、词组及教师提供的语段框架介绍 My school。

（2）简单区分 These/Those are…和 There be 两种句型结构的不同用法。

作业设计说明：B层学生对于These/Those are…句型和There be 句型的结构掌握不是很扎实，所以作业主要考查学生是否能够根据句子意义正确使用两种句型。

C层作业目标：

（1）能看懂These/Those are…句型，在句子中能初步理解不同句型所表达的不同意义，并能简单区分These/Those are…和There be 句型。

（2）能运用教师提供的写作模板进行仿写。

作业设计说明：C层学生对于These/Those are…句型和There be 用法掌握十分薄弱，所以作业主要考查两种句型的理解及初步运用。

四、作业的实施过程和分析

（1）养成型作业：听录音三遍，争取背出。抄第28页重点、拓展词组和对话两遍。（默写保持在90以上同学可以不抄词组，C层抄第28页重点、拓展词组和对话两遍）

（2）应用型作业：用完整语段介绍 My school（A层独立完成，B层框架完成，C层仿写）。

This is _____ . It is _____ . There are _____ . Look, these are _____ . Those are _____ . I like _____ .

（3）诊断型作业（A、B层必做，C层选做）：

三、完成句子

1. These are ____ .（橡皮）

2. _____（这些是）buses.

3. _____（那些是）flowers? Yes, _____ .

4. _____（这些是）picture books.

5*. There are some _____（橡皮）in my hand.

6*. Are these books nice?（肯定句）

四、回答问题

1. Which book do you like best?

2. Are these newspapers?（做否定回答）

3. Are there any books in the library?（做肯定回答）

4. Where are the newspapers?（在书架上）

5. What can't you do in the library?

五、本分层作业案例的有效性分析

1. 学生作业情况分析

养成型作业：从作业反馈情况看，绝大部分学生完成得较好，抄写认真。有3位学生没有完成，有2位学生抄写单词出现了错误，侧面反馈出C层学生完成作业态度欠佳。但听录音完成情况不理想。45位学生中，有18位学生没有听录音签名。尽管有一定客观原因存在，但数据比例的呈现，侧面反映出学生对口语和听力的不重视。

应用型作业：作业反馈情况比预测的效果要好。A、B两层学生除了3位同学出现了复数遗忘，其余学生都能完整地用简短的话完成对My school的描述。有十来个同学在他们的短文中较好地引用了上课时的教学文本题材，较好地丰富了写话的内容。C层学生除了2名学生，其余都能较好地进行仿写，但在批阅过程中发现，由于他们对单词掌握不够熟练，在短文中出现了较多的单词拼写错误，有待于课余进一步巩固。

诊断型作业：这部分作业教师设计了两个部分——完成句子和回答问题题型。设计的主要目的是培养学生思考问题、解决问题的能力以及怎样把新学的词组正确运用到句子中。从作业反馈情况看，A、B两层学生对there be句型、these \ those be句型等不同句式的不同结构概念比较清晰。主要错误出现在第3题，疏忽了一般疑问句。第4题没有注意there的意义，第6题学生没有从意义上去理解、解决问题，其余题型整体完成情况很好。C层学生由于缺少一定的分析能力，从他们选做的题目中可以看出，他们做题缺少了细心和认真，单、复数错误率很高，these和there的区别他们还是容易混淆，有待于进一步加强练习。

2. 典型错题分析

完成句子部分第3题：_____（那些是）flowers？Yes，_____．

正确答案：Are those，they are　　错误答案：Are those，those are

原因：学生知识迁移能力弱。虽然能默写学过的单词、词组等，但不会联系上下文灵活运用，不能真正地运用所学知识。学生没有注重对句子中关键词的捕捉与理解，阅题马虎。

6*. Are these books nice?（肯定句）

正确答案：These books are nice.

"双减"背景下作业的创新设计与批改

错误答案：These are nice books.（这个答案错误主要出现在介于 A、B 之间的学生。他们用心去思考了题目，但未能真正理解本句中 These 的正确用法。）These are books nice.（这个答案错误主要出现在 B、C 两层学生。他们粗略阅题，看到 these 他们就想到了 these are，做完题目他们也没有去检查答案的正确度。）

原因：教师在教学时思维训练还不够，设计练习时灵活性不强，导致学生综合运用能力差；没有用心去理解本题句子中 these 的意义和作用。

3. 解决措施

（1）注重书面作业布置及作业指导说明："作业的布置"是"课堂教学过程中的作业"中的基础环节。这一环节的工作做好了，学生完成作业的思路就清晰了，就能优化作业的过程，提高作业的效率。在作业辅导时要提醒学生注意单复数正确运用，注意认真读题，理解句子的意义。根据 A、B、C 三个层次学生的实际，在布置作业时应各有侧重点。A 层同学要避免机械抄写和简单反复，远离死记硬背和机械训练，B、C 层次同学要夯实课文中的重点内容。写话是对学生在语段中运用知识能力的检查；练习卷属于诊断型作业，在上课的基础上能检验不同层次学生对于句型的掌握程度。其中 * 题属于有难度的题目，A 层同学是必须掌握的。

（2）作业的批改：教师不仅要查阅学生完成作业的"量"，更要查阅学生完成作业的"质"，即是否有优秀的甚至是创造性的答案，正误率情况，正确的答案是否有水平层次的差异，答案错误错在哪里，有几种错误类型，原因是什么，等等；在学生作业上做怎样的"点""批""评""改"，即根据作业的目的和要求，在查阅学生作业之后，想告诉学生什么，具体写的内容可以千差万别，但是要写鼓励性评语、讨论性评语、明示性评语、人性化评语；做好作业批阅的必要记录，即收集相关的、必要的信息，便于分析，以提高作业讲评的质量，同时为确定个别辅导的对象和内容提供依据，更能为有的放矢地调整自己的课堂教学打好基础。

（3）作业的讲评、矫正：作业讲评的"重点内容"大致包括四个项目：一是优秀答案，尤其是创造性的答案的介绍和分析；二是典型错误的归类、归因以及纠错的主要方法；三是普遍性错误的情况、原因及其解决的方法；四是错误率高或错误频率高的题目除分析外，再举一反三设计相关知识点的题目当场加以练习。

作业的订正应尽量面批，特别是练习题。在对巩固练习题讲评后，尽量人人面批，并对特别差的同学要求其当面陈述答题思路，检测其是否真正掌握。结果在面批时发现个别同学仍有错误，必须"再订正"，并要求其当面订正，直至完全正确。

六、作业分层评价与实施

1. 分层评价，要有针对性

对学有困难、自卑感强的 C 层学生，采用表扬式评价，使他们看到希望，只要他们的作业认真做了，只要作业有了进步，哪怕是一点点的进步，教师都不能忽略，要让他们得到肯定；对成绩一般的 B 层学生，采用激励评价，并大胆指出其不足，指明其努力的方向，让他们进步得更快；对成绩好的 A 层学生，采用竞争式评价，评价要更具体、更清晰、更明确，同时要提出更高的要求与标准，使他们更加努力，以期让他们发展得更快、更高、更强。

2. 分层评价，要有鼓励性

德国教育家第斯多惠说，教学的艺术不在于传授本领，而在于激励、唤醒、鼓舞。教师评价对学生自我评价影响很大。教师要善于抓住学生作业中的每一个闪光点，及时表扬，让他们体验成功的喜悦。因此，要在评语上下功夫，评语既要体现问题的所在，又要体现教师的赞许和期望。

3. 分层评价，用心沟通

作业分层评价是师生间心灵沟通的过程，对每个层次的学生都很有意义。"罗森塔尔效应"表明，教师的理解、宽容和期待可以激发学生的荣誉感和进取心，保护学生的自尊心。作业分层评价，不仅有利于学生养成改错的好习惯，还会让每个层次的学生获得成功的体验，从而增强学生学习的自主性和自信心。作业本上不仅有教师对学生的评价，有时也会有学生的反馈，告诉教师他的烦恼和希望、建议，这对增进师生情感、帮助教师及时调整教学方法、提高教学效果都有很大的促进作用。

七、本作业案例引发的单元分层作业（练习）的问题与对策

1. 存在的问题

（1）作业缺少一定的趣味性。作业设计既要针对当天课堂所学的内容，又要针对学生当下的水平及真实的生活情况，让学生有机会去用一用，尽可能地

"在用中学，在学中用"，让英语学习与生活融为一体，从而激发学生完成作业的兴趣。

（2）应在课堂铺垫的基础上设计作业。作业设计应考虑学生的参与度。如何让同一班级中不同层次的学生都能更好地完成作业，达到对课堂知识的进一步理解和掌握，这取决于在课堂教学中如何进行铺垫。利用层层铺垫，使知识点由易到难逐步落实。分层设计，让不同层次的学生有选择地训练，可有效地避免不做练习或抄作业现象，大大提高学生的参与度。

（3）在作业训练的引导方面，一是引导学生养成先复习、后做题的习惯；二是设置"优辅差"，以帮助学生体验学习过程，获得浓缩的学习方法，并进一步促进学生形成解题感悟。

2. 有效对策

（1）有效的课堂教学设计是教师的一种创造，富有生命力的课堂教学需要教师做精心的准备，教师对课堂教学设计的考虑应是多方面的，流畅的教学过程固然令人叹为观止，但作业设计的针对性将是课堂教学有效的保证。

（2）英语学习是一种对语言的学习，英语教学并非对知识的传授，而是对学生进行语言能力的培养，教师在课堂中要关注的重点并非知识点是否讲透，而是要考虑是否有让学生进行语言训练的内容，是否达到了在语境中学习语言、运用语言的要求。

（3）英语课堂教学的作业设计应是多角度、全方位的，我们要关注的是学生在听、说、读、写方面的训练，教师要关注口头作业和书面作业的有机结合。在作业设计中要把握好每一个教学内容及每一个教学环节，教师要关注学生在作业中的体验，以及学生能否通过对作业的体验获得学习语言、巩固语言，直至运用语言的能力。

（4）在英语课堂教学中，每一项作业的设置要力求有针对性。在教学过程中，教师要关注学生对作业完成的情况，作业的设计只是一种预设，要考虑作业的有序性，要遵循由易到难的原则，同时也应考虑学生个体间的差异。在作业推进过程中，教师要智慧地进行处理，适时地进行调整，使作业的设计更有生命力。

（5）教师要善于积累资料，在课堂教学的实践中，备课组内要通过集体的智慧，对于一些优秀的作业设计通过实践和反思，及时进行修改、补充，通过反复地实践和调整，使作业设计更完美。只有这样，才会使教师自己解放出来，同时，也才会实现对学生的真正减负。

专题三
弹性作业的设计与批改

　　基于"双减"政策下的具体要求，教师要设计合理的弹性作业，将作业落到实处，使学生在减压减负的前提下，学习效果不受影响，甚至使学生的学习效率得到提升，能力和素养得到大幅度培养和锻炼。同时，教师要更加关注作业设计的多元化、个性化，批改作业时要注意作业质量，让弹性作业发挥无限潜能。

主题 1
弹性作业的概念界定

一、理论层面的弹性作业

1. 弹性作业提出的背景：传统作业布置和批改的弊端

在 20 世纪末，国家就提出要"深化教育改革，全面推进素质教育"，山东省也在 2004 年启动新课改项目，各级各类学校也在积极响应，根据新课改要求，更新教育教学方式，稳步推进素质教育。但是，在作业布置与批改方面仍然延续了传统作业模式。随着新课改的不断深化，传统作业模式带来的弊端，日益成为推行新课改和素质教育的绊脚石。关于传统作业模式的弊端集中体现在以下几个方面。

（1）作业设计的单向性。

作业设计以无差别作业为主，一般以中等水平作为作业难度标准来设计作业，以考试考点、考试题型要求来设计题目。一方面，不会考虑学生之间的差异性，学生主体性、积极性被压制，导致学生"饥""饱"不均。单一、枯燥的作业设计立足于基本知识、基本能力的训练，学优生本身不需要简单的基础知识和能力的训练，不利于这类学生能力、素养的培养与提高，对他们而言，这是无效作业。学困生基础较差，仅仅通过中等难度作业的练习，很难让他们做到夯实基础知识，培养基本能力和素养，只会令他们疲于应对，作业负担过重，随之就出现作业抄袭、应付现象。另一方面，单纯为了应对考试而设计的题目，针对性太强，不能拓展学生眼界，不利于培养学生核心素养和能力。传统作业模式单一、枯燥、不具备开放性，不能激发学生创新意识与创新能力，学成"死知识"，从短时期来看，不能满足当今新课改下实行素质教育的要求，对学生的核心素养和能力的培养不够；从长远培养目标来看，更是不利于学生的全面发展，无法达到通过作业来培养学生创新思维和能力的目的。

专题三 弹性作业的设计与批改

（2）作业答案的绝对性。

一般情况下，在学校教学常规要求下的作业设计，采用封闭性的方式来设计作业答案，使答案具有绝对性，非对即错。以历史学科题目为例，题目题型设计以选择题、材料分析题等类型呈现，选择题作为客观题，答案绝对是唯一的，而材料分析题大部分题目答案是绝对的、统一的，基本不存在开放性的设计，这严重挫伤了学生的积极性，遏制了学生自主表达的意识和创新能力，造成学生对于课本基本知识的依赖性，更是容易导致学生思维僵化。作业答案千篇一律，学生存在严重的抄袭现象，学生的主动性、积极性、创新性得不到激发与培养，学生核心素养与能力得不到充分培养与发展。因此，作业改革势在必行。

（3）作业形式的封闭性。

传统的作业设计是以考查单个学生基础知识和基本能力为目标，基本要求学生独立完成，不会基于"自主学习、合作探究"模式设计作业，导致作业完成形式具有封闭性。学生之间缺乏合作探究、互动生成的有利条件，抑制了学生交流合作、探究问题能力的发展，仅仅依靠固定答案的作业设计根本无法实现对于学生合作探究能力的培养。学生的"单打独斗"不能体现集体的智慧，不能让群体之间发生思想的碰撞。

（4）作业评价的单调性。

传统的作业设计都有固定答案，要求独立完成，导致作业评价只能通过单纯地画"√"或"×"来实现，最终落实成分数，这是传统的应试教育的表现，跟当今形势下新课改和素质教育的要求不相符。教师往往受到各种因素的制约，采用刻板教条化的评价，缺乏人文性和感染力，教师无法树立勇于创新的意识，没有意识采用、形成"新、奇、特"的评价方式，对于学生作业的评价结果反馈也不到位，仅仅局限于对答案对错做出了评价，存在漠不关心学生实际作业的情况，没有关注学生在作业中的提升和巩固，打击了学生学习的积极性，师生之间无法形成有效的互动，教师得不到积极有效的反馈，达不到作业布置的初心和实效性。

鉴于传统作业布置和批改的弊端，随着新课改的不断深化，教师在设计作业上进行了大胆的创新与实践。新课改下的作业设计应该立足于学生核心素养和能力的培养，强调培养学生积极主动的学习态度，不仅通过作业巩固学生的基本知识和基本能力，得到素质教育形式下对于学生"双基"的要求，更要侧重培养学生形成正确的价值观念，适应学生不同发展要求，培养学生符合全面发展的要求，拉近学生与现实生活、现实社会问题的距离，激发学生的学习兴趣，积累学生的社会经验，进而培养学生主动参与、乐于探究、合作交流、发现问题、分析

▶▶▶▶▶▶ "双减"背景下作业的创新设计与批改

问题、解决问题的能力。基于当今教育改革的要求出现了比较流行的作业设计形式,比如录音作业、课本剧作业、调查实践性作业、分层作业、弹性作业、个性化作业等丰富多样的作业类型。这些创新形式的作业,是对传统作业模式的大胆创新、勇敢尝试,必定为新课改深入推进注入新的力量。

2. 弹性作业概念的界定

传统作业模式下在作业设计、作业答案、作业形式、作业评价方面存在种种弊端,教育工作者纷纷创新作业设计,进行大胆尝试,提供不同类型的创新性作业新模式,其中广受关注的就有弹性作业。

弹性作业重点在于"弹性"。何为弹性?英国经济学家阿尔弗莱德·马歇尔提出,弹性是指一个变量相对于另一个变量发生的一定比例的改变的属性,通常人们用弹性比喻事物的可多可少、可大可小等伸缩性。可见弹性的本质是积极、灵活、适合、平衡,量力而行,使潜能得到最大释放。作为弹性作业,就自然而然地具备自身的优势:时间灵活性、形式多样性、内容适应性、评价多维性。

不同学者对于弹性作业做出不同的界定。林玲在《减轻过重负担 实行弹性作业》中提到,所谓弹性作业,就是所有学习者在完成少量的、必要的、硬性的训练任务基础上,留下训练总量的一部分,让学生根据自身的能力及条件,自主地、独立地确定训练量及完成训练时间的作业方式。[1]

苗华强在《小学数学弹性作业设计的理论与实践》中定义弹性作业:"弹性作业",顾名思义,就是在学生完成少量的、必要的、硬性的训练任务基础上,根据学生的学习能力及条件来设计作业内容、完成形式、评价标准,改变以往学生被动接受的角色,让学生处于作业的"主人地位",让"作业回归学生自我"。[2]

张伟在《浅谈小学低年级学生的"弹性作业"》中定义弹性作业:"弹性作业"是指全班统一作业之外,要求有更多创造精神的学生自觉完成的有一定难度作业。它包括与学科联系的"弹性作业"和与兴趣爱好联系的"弹性作业"等两大类。[3]

薛晓农在《试行弹性作业制,让不同能力的学生都得到发展》中定义弹性作业:所谓的弹性作业,就是教师在教学中因人而异,对学生的课堂练习和作业在内容、时间、批改和评价等方面的要求并不划一,而是有所弹性,即在教学上

---

[1] 林玲:《减轻过重负担 实行弹性作业》,《湖北教育》2000年第6期。
[2] 苗华强:《小学数学弹性作业设计的理论与实践》,《教研前沿》2000年第6期,第22页。
[3] 张伟:《浅谈小学低年级学生的"弹性作业"》,《湖南教育》1994年第2期,第16页。

专题三　弹性作业的设计与批改

既有知识上的统一要求,又有能力方面的不同要求,目的是让不同能力的学生都能得到不同程度上的提高,从而减轻学生的课业负担,提高必修课的质量。①

桓坤在《数学教学中实施弹性作业的探讨》中定义弹性作业:所谓弹性作业就是教师充分考虑到学生中存在的差异,有区别地设计和布置作业,有针对性地加强对不同层次学生的学习调控,要求学生根据自己的学习能力和水平自行选题做作业。②

综上所述,弹性作业的优势与特点显而易见。在必要的基础性作业之上,照顾学生的差异性,布置弹性作业,立足于不同水平的学生对于作业的要求,引导学生根据自身学习能力、学习水平,自主选择合适的作业,提高学生学习兴趣和学习能力,激发学生学习主动性,提升学生的核心素养和正确的价值观。目前,各个学科都在学科课程标准中明确提出了学科核心素养,这也就为作业设计提供了方向、参考和目标,让作业设计更具有指向性。在培养核心素养的路上,我们的弹性作业将发挥重要的作用。

3. 弹性作业提出的理论基础

(1)启发性教学原则。

启发性教学原则是教师在教学过程中依据学生学习过程的客观规律,运用各种教学手段充分调动学生学习的主动性、积极性,引导学生独立思考,积极探索,生动活泼地学习,自觉地掌握学科基础知识和提高学生分析问题、解决问题的能力。古今中外教育家都提出了对于启发性教学原则独有的见解。例如,孔子提出"不愤不启,不悱不发";《学记》提出"道而弗牵,强而弗抑,开而弗达";古希腊先哲苏格拉底也提出"产婆术"。从这些教育者的名言中就可以感受到启发性教学原则的重要性,启发性原则不仅需要在课堂教学中贯穿始终,更要体现在作业设计上,传统作业模式最大的弊端在于缺乏启发性原则的运用。

弹性作业设计基于启发性教学原则,设计引发学生思考探究的作业内容,通过合理地设疑,调动学生的主动性、积极性,激发学生求知欲。弹性作业把学习主动权还给学生,真正体现学生在学习过程中的主体地位,使学生对于作业的态度发生根本性转变,不再是传统作业下的抵触与应付心态,而是成为作业的主人,激发自身的主动性,真正发挥作业设计的初衷,使得作业达到最大实效性。

---

① 薛晓农:《试行弹性作业制,让不同能力的学生都得到发展》,《上海教育》1995 年第 12 期。
② 桓坤:《数学教学中实施弹性作业的探讨》,《新课程研究·教师研修》2011 年第 10 期,第 99 页。

(2) 因材施教教学原则。

因材施教的教学原则要求教师从学生的实际情况、个别差异出发，有的放矢地进行教学，使每个学生都能扬长避短，获得最佳的发展。早在两千多年前，孔子就提出了因材施教的教学原则，孔子系统、全面地阐述了相关思想，直到今天依然具有深远的意义。

但是，在当前最流行的班级授课制模式下，在课堂45分钟内，要达到完全的因材施教存在一定的局限性，实施起来难度较大。相反，通过弹性作业的设计，可以最大限度地运用因材施教的教学原则，来设计符合每位学生不同要求和水平的作业内容。

弹性作业的设计，是基于现在班级授课制教学模式下，对于因材施教原则最具有可操作性的实施。教师在设计弹性作业时，应充分分析考虑每位学生、不同水平的学生的现实可接受的作业难度，真正从他们可接受程度出发，采取灵活多样的作业布置，针对学生的特点，最大可能地避免出现"饥""饱"不均的现象，激励学生积极思考、勇于研究、精益求精的学习态度，使得每位学生在存在个性差异的基础上都能得到更加充分的发展。

(3) 巩固性教学原则。

巩固性教学原则要求教师引导学生在理解的基础上牢固地掌握知识和基本技能，使其长久地保存在学生的记忆中，并能够根据需要快速地再现出来，卓有成效地加以运用。要想达到熟练掌握、灵活运用，仅仅依靠课堂来实现对于有些学生是存在困难的，必须辅助相应的训练和培训。

作业作为巩固学生基础知识和基本能力常用的方法之一，只有发挥其最大的实用性，才能起到事半功倍的效果。但是，传统作业设计的种种弊端，致使学生流于形式，敷衍塞责，反而起不到应有的效果。然而，弹性作业的设计就最大可能地解决了这些弊端。必要的基础作业，立足于对每位学生应该达到的基础知识和基本能力的考查，使得学生可以通过作业检测相关知识掌握、巩固情况，最大限度减少应付的可能性，也不会出现常见的抄袭现象。同时，设计相应的弹性作业，让不同水平的学生自由选择、自主学习、合作探究，使得不同能力的学生都能得到不同程度的提高，学优生能够"吃得饱"，学困生的作业压力大大减少，从而减轻学生的课业负担，提高学生的作业效率，真正达到事半功倍的效果。

(4) 量力性教学原则。

量力性教学原则也就是常提到的可接受性原则、发展性原则，主要指教学过程的内容、方法、分量和难易程度应符合学生身心发展的客观规律，既在学生可

专题三　弹性作业的设计与批改

接受范围之内，同时又有一定的难度，需要他们独立思考、勇于探索、合作探究才可以掌握，最终达到促进学生全面发展的目的。除了在课堂教学中我们需要秉承量力性教学原则，在作业设计方面更需要加大这方面的探究，真正设计出适合每位学生、不同水平的学生的作业。

　　基于上述理论的阐述，弹性作业通过设计不同类型的作业，完美地达到量力性原则的要求。比如，弹性作业的必做作业立足于课程标准下对于学生最基本的要求，满足大部分学生基础知识和基本能力的培养；通过弹性作业中选做作业的设计，在满足对于学生基础知识和基本能力的训练基础上，使得不同水平的学生从自身能力出发，选择适合自己的作业，进一步提高自身的核心素养和能力，同时，不会导致学生在完成作业时出现超出自身能力的有难度的作业，加大学生的作业压力、课业负担；通过弹性作业中的自由作业设计，可以满足极少部分学优生对于进一步加强能力和素养培养的需要，通过形式多样的作业设计类型，强化能力的锻炼和提升。这也正符合我们通常所说的，让学生踮踮脚能够着的心理策略。既保护学生的求知欲，又激发学生对学习行为的成就感。

　　（5）掌握学习理论。

　　掌握学习理论是由美国著名的心理学家和教育家布鲁姆提出的，布鲁姆的教学理论体系包含四个重要组成部分：教育目标分类学、掌握学习理论、教育评价理论、课程开发理论。其中教育目标分类学是基础，掌握学习理论是核心。掌握学习理论的主要指导思想是：在满足适当的教学条件和教学方法，给学生足够的时间和恰当的指导下，每位学生都能实现预定目标，获得充分的发展。

　　在这种理论指导下，要求教师以集体教学为基础，与小组、个别指导等教学方式相结合，基于课程目标设计教学目标，进而从实际出发，确定不同层次的学习目标，实现差异性教学。从作业层面来说，要想完美达到不同层次的学生都达到掌握学习的目标，设计弹性作业是最佳合适的形式之一。

　　弹性作业作为教学的辅助教学组织形式之一，通过设计各种不同要求的作业内容，使得每位学生能根据自身水平和能力，从实际出发选择相应难度的作业，较好地完成相应的任务，从掌握学习理论、差异性教学理论出发，更好地体现作业设计的初衷，即巩固、加深、补充基础知识和基本能力的作用。

　　（6）多元智能理论。

　　多元智能理论是美国哈佛大学教育学教授、著名发展心理学家霍华德·加德纳于1983年在《智力的结构》一书中提出的，他把人类的智能分为八种：语言智能（用于阅读、文字创作和日常会话，即通常所说的语言文字掌握能力）、逻

117

辑—数学智能（用于逻辑推理和解决数学问题，即通常所说的逻辑思维能力）、空间智能（用于处理主体和客体的位置，即通常所说的空间知觉能力）、身体—运动智能（用于跳舞和各种体育运动，即通常所说的一种特殊能力）、音乐智能（用于唱歌、演奏和音乐欣赏，也是一种特殊能力）、人际关系智能（用于人际交往、理解他人，即"知人"能力）、自我认知智能（用于认识自我、理解自我，即"知己"能力）、自然观察智能（用于对各种事物观察辨别，即观察力）。加德纳认为每个人都或多或少具有这八种智能，并且每种智能在个体的智能结构中占有同等重要的位置，只是八种智能在每个人身上表现出不同的特点而已。多元智能理论并非像传统智力定义所说的以语言、数理或逻辑推理等能力为核心，在多元智能理论下，每个学生在一定程度上都拥有上述八项智能，不同的只是在于他们所拥有的能力的发展程度和组合不同。也就是说，学生与学生之间的差别，不是智商高低，而是智能强项的差别。所以，学生之间就不存在谁比谁聪明的问题，只是谁在哪一个方面更优秀的问题。

根据多元智能理论的相关描述，我们可以更加明确和肯定促进每位学生全面发展的可能性和重要性，但是仅仅有理论支撑是不够的，要想在实际教学过程中落实促进每位学生全面发展的要求，必须设计相应的可具体操作的作业，基于此，弹性作业顺势而出。通过弹性作业内容多样化的设计，可以最大限度地满足学生在不同方面的发展需要，既可以设计出适合基础知识和基本能力训练要求的基础作业，又可以设计出满足有动手、实践爱好的学生的社会实践型作业，还可以设计出满足特殊学生发展需要的自由作业。通过弹性作业设计，注重学生的智能专长，为学生创造、探索符合自我才能发展需要的空间，使每一个学生的才能都得以发挥。

4. 弹性作业的构成

弹性作业的构成理论上至少包含着必做作业、选做作业（分级作业）和自由作业（拔高作业）等三种不同类型的作业。

必做作业也就是基础型作业，是要求全体学生必须完成的、无差异作业，题目设计立足对学生基础知识和基础能力的考察，用来巩固、加深课堂知识，是每位学生必须完成的基础型作业，通过必做作业帮助教师掌握反馈学生对相关知识的掌握情况，进而进一步诊断、调整教学环节和进程。

选做作业根据难易程度划分为三个层次：A层作业难度偏低，主要面向后进生，主要是以基础知识练习、巩固为主，设计意图在于通过低难度的作业达到逐步培养学生的学习兴趣、树立学生学习的自信心、端正学生学习态度，进而逐步

专题三 弹性作业的设计与批改

培养学生学习主动性的目的。B层作业难度进一步提高,面向中等学生,总体难度适中,旨在通过作业布置进一步提高学生相关能力和素养,在原有的自身能力基础上进一步发展和提高。C层作业面向优等生,从加深学生知识点运用和扩展知识面入手,目的不仅限于简单知识点的巩固,而是通过知识点运用,致力于培养学生的核心素养和能力。

自由作业是根据学生意愿自主选择做或者不做的作业,一般题目数量在一道或者几道之内,但是题目设计涉及的知识面要广,拓展性要强,对学生综合能力的要求比较高,这类题目往往需要学生查阅相关资料、进行合作研究。通过这类题目的设计,学生的概括表达能力、发散思维能力、搜集查阅资料的自学能力等将得到大幅提升。

二、"流于形式"的弹性作业

关于"流于形式"的弹性作业,曾有过相关报道:广州部分小学正进行"弹性作业制"尝试,学校、家长共同确保孩子每天的家庭作业在晚上九点半之前完成;若写不完,家长可以书面说清楚理由并签字,让孩子第二天交给教师,由教师决定未完成的作业是否补交或免交。对此,网上评论出现两边倒:有网友认为这真正做到了弹性有度;有网友则评论说流于形式,实际把教育加重到家庭教育中,加重了家长负担。

关于这则案例,我们要认真思考几个问题:以单纯的时间判定弹性作业是否完全合理;各科作业量安排是否规范合理;在作业布置中是否真正做到弹性作业,满足不同学生的发展需要。显而易见,弹性作业是所有创新性作业布置难度比较大的作业类型,需要教师、学生、家长积极配合,也正是由于要求水平较高,在实际操作中难度较大,极易出现"流于形式"的弹性作业,成为"披着弹性作业外皮"的常规作业。

1. 弹性作业布置的影响因素

关于弹性作业布置的影响因素,下面将从学校层面、教师层面、学生层面进行简单叙述。

(1)学校层面因素。

作业布置作为课程管理的一部分,规范作业布置是学校工作必不可少的一部分,尤其是当今新课改形势下,创新作业形式也是必抓的工作之一。但是,由于受到诸多因素的影响,学校对学生作业负担普遍过重意识程度不够,对教师教育培训力度不到位，导致教师没有意识到去研究弹性作业等创新性作业布置的重要性。同时，学校缺乏相关制度、机制建设，不能形成一套行之有效的践行机制。综合种种因素，在学校层面，对于弹性作业等创新性作业布置重视程度不够。

（2）教师层面因素。

第一，教师专业素质、专业能力相对薄弱。教师是新课改的中坚力量，是学校教学工作的实际组织者和具体实施者，教师专业素质、专业能力的高低直接影响着新课改实际推行的进程，同样影响着创新性作业改革的进程，尤其是弹性作业这种创新性要求较高的作业类型。由于受到专业素质、专业能力的限制，一些教师缺乏先进的教育理念，不具备进行弹性、创新作业设计和布置能力，不能准确把握学生的实际水平，仍然采用传统教学模式下"一视同仁"的教学理念，更不会主动去创新作业布置形式，又何况难度较大、灵活性较高的弹性作业。大多数教师布置作业仍然是传统"一刀切"，忽略了学生的主体性、主动性、个体差异性。

第二，教师之间缺乏行之有效的沟通、合作。无论是新课改在实际教学中的推进，还是作业创新在教学中的实践，都不是单靠一位教师努力、研究就可以完成的创新工作，需要集思广益、博采众长。但是，在实际教研活动中，对于作业设计的探讨仍然力度不够，尤其是历史、道法、地理等学科，教师对于作业设计重视程度本身不够，在平时教研活动中，更多的是进行教学方面的研讨。所以，要想真正实行创新性作业设计，需要教师摒弃"各自为政"的思想，集体讨论作业改革创新的新思路。尤其是目前跨学科教学、跨学科考试已经成为以后的发展方向，相近学科或者相似学科之间的这种沟通、合作应更加广泛。

（3）学生自身问题。

弹性作业布置设计创新性高是一个因素，学生是否具有高效完成作业的意识和能力则是影响弹性作业的另一个关键因素。分析学生作业不认真、不积极、效率不高的原因，大体有以下几种：首先，学生上课不认真，听讲不专心，不积极配合教师，以致跟不上教师上课思路，自然，对于本节课的相关知识不能形成系统的知识框架，面对需要综合各类知识点的作业学生就不能得心应手，从心理上抵触做作业；其次，很多学生缺乏责任意识、主体意识，从小养成了惰性心理，在惰性习惯的影响下，作业时常拖到最后时刻去完成，这样就算是再好的弹性作业设计都于事无补。学生把作业当成负担，把学习当成教师、家长强加给自己的累赘，这种排斥心理遏制了学生学习主体性、主动性的发挥，学生没有真正成为学习的主人，自然也就不会以积极的心态去完成相关的作业。

专题三 弹性作业的设计与批改

2. 改进措施

（1）学校层面。

学校应该加强组织培训，鼓励培养教师的创新意识和创新能力。瑞士著名的心理学家皮亚杰指出："有关教育与教学的问题中，没有一个问题不总是与师资培养问题有联系的。如果得不到足够数量合格的教师，任何最使人钦佩的改革也势必要在实践中失败。"所以，在学校日常管理中，要秉承发展教师的思想，提高教师素质，培养教师专业素质、专业能力。只有教师得到充分的发展，学生才能得到高水平的培养，高水平的发展才有保证。学校要鼓励教师大胆创新，敢于放弃传统的作业设计、布置思路，探寻新课改形式下弹性作业设计的新方法，切实发挥弹性作业的最大用处，关注学生共性与个性的发展。

（2）教师层面。

作为新时代的人民教师，我们自身要不断创新教学理念，与时俱进，创新思路，倡导因材施教的理念，设置真正有效的弹性作业。《基础教育课程改革纲要》中提出："教师应尊重学生的人格，关注个体差异，满足不同学生的学习需要……使每个学生都能得到充分的发展"。[①]《义务教育数学课程标准（实验稿）》也指出：数学教育要面向全体学生，实现"不同的人在数学上得到不同的发展"。根据加德纳的多元智力理论，每个人都是用各自独特的组合方式把各种智力组合在一起并以不同的智力来学习的。每个学生都有自己的优势智力领域并有自己独特的表现形式，有自己的学习类型和方法，因此"教师应该去了解每一个学生的背景、兴趣、爱好、学习强项等，从而确定最有利于学生学习的方法与策略"。[②]作为教师，必须时刻认识到学生身上有巨大的发展潜能，只有布置弹性作业等创新型作业，结合学生不同学习水平，发挥学生学习积极性，才能真正发挥学生巨大的发展潜能。

同时，需要教师打破个人单打独斗的场面，共同探讨弹性作业设计和布置的思路和方法。萧伯纳说："你有一个苹果，我有一个苹果，我们彼此交换，每人还是一个苹果；你有一种思想，我有一种思想，我们彼此交换，每人可拥有两种思想。"所以，在日常教学中，教师要放弃保守的"互不干涉"的个人主义观念，做到真正意义上的交流与沟通。教师之间的互动，可以更好地相互启发、相

---

① 钟启泉、崔允漷、张华：《为了中华民族的复兴，为了每位学生的发展——〈基础教育课程改革纲要（试行）〉解读》，华东师范大学出版社，2001，第7-8页。

② 同上书，第240页。

互补充，实现思维的碰撞，从而产生新的思路。才可以发挥集体力量，突破弹性作业设计布置的瓶颈，共享弹性作业设计的经验。

（3）学生层面。

改变学生学习态度，是发挥弹性作业最大效用的关键性一步。教师需要在课堂教学中积极引导学生树立正确的学习观、积极主动的学习态度、认真负责的学习责任，培养学生学习主人翁意识，培训学生关于弹性作业的相关认识，引导学生根据自身学习能力选择符合自己需求的弹性作业。而不是单纯为了完成作业，选择对自己来说难度较小的作业，应付了事。简而言之，就是要改变学生对于作业的消极被动的负面认识，引导学生在作业中发现自己的价值、锻炼自己的能力、培养学习的自信心，领悟到自己才是作业的主人，进而自觉主动地完成作业。

（4）家长层面。

弹性作业的贯彻落实自然离不开家长的支持帮助。在家庭环境里学生可以得到自由发展、自主发展，个性得以绽放，家长需要树立正确的家庭教育观，不要使家庭成为简单完成作业的、课堂延伸的"第二课堂"。首先，家长需要充分了解弹性作业设计布置的客观必要性与积极性，帮助学校监督好学生的家庭作业的完成情况。其次，有些弹性作业的设计需要学生搜集相关资料，包括上网搜查资料，甚至需要学生之间相互合作，这更需要家长的支持、理解、协助。有些家庭作业是实践性作业，需要家长积极配合，与孩子共同完成。通过相关合作型弹性作业的设计，也是为了给家长提供更多和孩子相处的时间，增进彼此的相互了解。

只有综合考虑上述影响因素设计出的弹性作业，才能在实际操作中发挥它自身的效率，做到因材施教，差异性照顾不同水平的学生，使学生得到充分、全面的发展，成为学习的主人。

三、"双减"背景下的弹性作业

1. "双减"政策的含义

"双减"是指要有效减轻义务教育阶段学生过重的作业负担和校外培训负担。作业是学校教育教学管理工作的重要环节，是课堂教学活动的必要补充。做作业，是每位学生应当认真完成的学习任务。但问题是，一些学校作业布置存在数量过多、质量不高、功能异化的现实问题，既达不到温故知新的效果，又占用了学生正常的锻炼、休息、娱乐时间。长期以来，义务教育学校特别是小学存在

专题三 弹性作业的设计与批改

"三点半"放学现象,这一政策的初衷是为学生减负,但没想到,校内减负校外增负,而且校外增加的负担处于失控、失管的状态。《关于进一步减轻义务教育阶段学生作业负担和校外培训负担的意见》中指出,要"有效减轻义务教育阶段学生过重作业负担和校外培训负担"。强化学校教育主阵地作用,构建教育良好生态环境,有效缓解家长焦虑情绪,促进学生全面发展、健康成长。

2. "双减"政策下弹性作业设计要求

"双减"政策下,提倡对学生进行素质教育,侧重于培养学生知识运用能力。并且,现在中小学生课业负担过重、压力过大,严重影响学生的学习积极性,遏制学生的个性发展,由此可见,实现"双减"至关重要。通过"双减",减轻学生课业负担,将作业可操作性、可检测性落到实处,切实做到通过作业布置帮助学生理解、掌握课堂基础知识和基本能力,使得学生的思维能力得到拓展和提升,激发学生学习的兴趣和潜能,进而培养学生的学科核心素养和综合能力。

(1) 弹性作业内容设计要有精简性。

作业设计在具有精简性的条件下,才能体现对知识点要求的不同层次,设计符合学生学情特点的作业内容。通过好的作业设计,不仅使学生夯实基础知识,还能使学生获得学习的乐趣,激发学生学习主体性,培养学生核心素养和核心能力,同时,留有充足时间实现学生个性化发展。

(2) 弹性作业设计具有针对性。

教师设计作业的目的不仅是巩固和强化课堂教学效果,而且是通过相应作业训练延伸课堂教学内容。比如在课堂上难以实施的教学环节,可以安排为课后作业。在设计弹性作业时,要针对教学内容的重点和难点及学生的薄弱环节、易错点和课堂教学的盲点来确定题目,达到及时检查学生的学习情况和弥补课堂教学盲区的效果,教师要切忌心血来潮、随意点题、时多时少、时有时无。如果教师设计的弹性作业呈现出支离破碎、不规范、不完整的缺点,就会降低作业应有的价值。

(3) 弹性作业题型设计要有动手操作性。

弹性作业设计应当最大可能地满足对于学生动手操作能力培养的需求,进而提高学生实践操作能力,培养学生学习乐趣。尤其是有实验考查要求的学科如物理、化学、生物等,教师可以设计动手类操作实践型作业,既可以是课前预习类作业,为即将学习的新内容做好预习,进行知识铺垫,也可以是课后巩固拓展作业,通过小实验动手操作,学生可以进一步理解复杂、抽象的原理,加深对抽象知识的认识和理解。

（4）弹性作业设计要有自主创新型作业。

教师在设计弹性作业时要有意识地引导学生进行自主学习，培养学生的自主学习能力，进而培养学生养成终身学习的能力，这是新时代、新课改对学生提出的新的要求。教师在进行弹性作业设计时，可以适当放手，让学生参与作业设计，自己选择、设计作业内容，自己编写题目。这种方式既可以培养学生独立思考、分析问题、解决问题的能力，还可以让学生成为题目的创立者，成为作业的主人，培养学生的积极性、主体性，增强学生学习的兴趣。同时，也避免教师设计的问题脱离学生生活实际，使得作业内容与学生实际可接受程度相符合，最大限度地发挥作业的实用性。

（5）作业设计内容要体现适度性原则。

首先，作业的设计应与每个学科课程标准的要求相适应。以历史学科为例，历史课程标准为教师针对知识技能培养、过程与方法训练、情感态度价值观的提升而设计作业提供了参考，以历史课程标准为依据可以保证作业的科学性和适度性。其次，设计弹性作业时，要考虑本节课的知识结构体系及其与前后知识之间的关联。这样，既可以帮助学生复习前面学到的知识，又可以巩固本节课所学的知识，建立新旧知识之间的联系。最后，要根据学生的年龄特点和心理特征，找准新旧知识的联系点，在学生思维的最近发展区确定作业内容。

（6）弹性作业需要教师实行合理客观的弹性评价。

学生完成相应的作业后，教师对作业进行批改评价，这一过程不是教师对照答案简单进行对与错的评价，而是在评价中衡量学生基础知识的掌握程度，分析学生的思路与方法。尤其是像数学学科一样存在一题多解的情况，更需要教师在批改作业过程中，认真分析学生的解题思路和方法，注重培养学生的创新思维和创新能力。

总而言之，在要求落实"双减"政策大背景下，切实减轻学生作业负担，是每位教师都要积极应对、努力攻克的难关，但是，要想落实减轻学生作业负担，进行弹性作业创新，又不能仅仅依赖教师，需要多方面的合力。作为教师，要认识到作业对于巩固课堂教学的重要性，要立足于"双减"政策下的具体要求，设计合理的弹性作业，将作业落到实处，让学生在减压减负的前提下，学习效果不受影响，甚至使得学生学习效率得到更大程度的提升，能力和素养得到大幅度培养和锻炼。同时，教师要更加关注作业设计的多元化、个性化，关注学生作业质量，让弹性作业发挥无限潜能。

四、基于学情分析的弹性作业

"学情分析"的科学概念定义是指教师为了开展有效的教学活动,设计教学环节和流程,对学生各种学习因素进行诊断、评估和分析,其中就要分析学生的学习起点,即学生现有学习水平、学生的情感态度、学生学习习惯和方法、影响学生学习要素、学生学习水平差异等。通过对以上内容进行全面分析,综合把握学生学情,进而为教师制订教学计划、实施教学活动、设计课后作业提供准确实用性的信息和依据。

在学情分析中,教师可以采用观察法、经验分析法、监测反馈法、作业反馈法等相关分析方法,全面分析学生学情,以达到基于学情分析设计作业的有效性。

1. 学情分析在教学中的应用现状

(1) 学生主体的复杂性、不确定性。

学情分析是以学生作为学习主体进行的分析,但是学生个体的巨大差异性、学生本身的发展可能性,导致学情分析具有明显的复杂性、不确定性。

首先,依据学生学情分析进行归类,本来就存在偶然性的弊端。学生个体之间具有的差异性和复杂性,简单地归类并不能囊括各种影响因素,仅仅依据一次的学情分析情况进行分门别类设计不同类型的弹性作业,更是不利于激发学生的巨大发展潜能。其次,外显的可观察的学情分析,并不能全面分析学生的学习心理,具有不确定性。单单观察外在的学生表现来进行学情分析,并不能发现学生潜移默化的变化,所以,单纯观察出来的结论可能存在错误。

(2) 缺少科学的指导方法。

在实际教学工作中,教师大多采用便于日常操作的观察法和经验判断法,或者依靠作业进行反馈,这种方式下的学情分析并不能确保准确无误,究其原因,教师缺乏具备科学可操作性的研究方法。再者,进行学情分析需要大量的心理学、教育心理学理论,而大部分教师这方面相关理论比较欠缺,没有先进的理论进行支撑,缺乏必备的条件性知识的储备,再加上教师参考用书在学情分析方面指导较少,并没有充足的理论支撑。基于上述原因,教师的学情分析工作开展较弱,收效甚微。

(3) 学情分析在短时间内成效量化不明显。

在实际的教育教学工作中,教师会发现学情分析对学生学习的促进效果不明显,或者说学习效果呈现较慢,这也就导致大部分教师并不能将学情分析坚持到底。

2. 学情分析对于弹性作业设计的重要性

（1）学情分析是实现弹性作业有效性的前提和基础。

教师一切教学活动的出发点和落脚点是为了实现学生的发展，作业作为检测学生学习效果的工具，必须充分依据学情分析进行设计，使学生在原有的知识技能和经验阅历基础上建立生成新的知识增长点。

教师对学情进行分析，将学生置于教学活动的出发点和主体地位，满足学生的学习需要，充分了解分析学生，是设计弹性作业的前提和基础，是实现作业有效性的必经之路。

（2）学情分析是教师弹性作业设计的难点和弃置点。

在实际教学过程中，"学情"是公认的影响教学实际效果的关键性因素，但是，教师往往存在忽视学情分析，或者学情分析不充分的问题，导致教师心中了解到的学生掌握的知识与学生的实际存在巨大差距，造成教师布置较多的无效性作业，作业真正质量得不到充分保证。

学情分析涉及的相关内容庞杂，虽然分析方法较多，但是一般情况下操作缺乏科学规范的流程，并且教师没有充足的时间进行完整详细的学情分析，基于种种不利因素存在，教师在学情分析方面，并没有达到理想的效果。要想深入地进行学情分析，需要教师"因材施教、顺学而导"，需要教师深入了解学生情况，依据学生需求和实际存在的问题来调整教学活动和作业设计，从而设计出更加优化的弹性作业。

主题 2

弹性作业的设计原则

一、科学性原则

弹性作业设计要遵循科学性原则，这是首要原则。教师要通过弹性作业中必做作业的设计扎实培养学生学科基础知识和基本能力，培养学生知识运用的方法

专题三 弹性作业的设计与批改

和能力。通过选做作业的设计使得学有余力的学生进一步拓展学科相关知识和能力，逐渐提高学生的学科核心素养。通过自由作业的设计，适当给学生提供一些有争议的观点和学说，以供学生辨析和评价，进一步提高这部分学生的独立思考和批判能力。

弹性作业科学性原则的要求，符合学科的基础知识和基本能力的要求，作业内容的设计符合时代发展的需要，与时俱进，更反映了学科的进步性要求。通过弹性作业不同难度水平的设计，帮助学生巩固、扎实基本知识，适当地扩大学生的知识眼界，对有需要的学生进一步拔高培养他们的独立思考能力和批判能力，这样的作业内容设计由浅入深、层层递进、步步提高，学生可以得到相应的训练和发展。

二、针对性原则

弹性作业设计要遵循针对性原则。首先，设计对象要有针对性，弹性作业为学生设计，这就需要教师充分分析学生的现有水平，对每位学生做到了如指掌。如此才能避免学生浑水摸鱼、插科打诨，故意做简单作业，而不去深入思考，进而达不到进一步提高学生能力的目的，也就违背了教师设置弹性作业的初衷。其次，作业题型设计要有针对性。对于必做作业适宜采用常见的题型，主要是立足于新课标下对学生要求的考查方式去设计题型，帮助学生巩固相关能力。选做作业和自由作业题型可以有针对性地选择其他形式，比如小论文、辩论、实验、实践性作业等最适合这部分内容的形式。

三、多样性原则

弹性作业设计要遵循多样性原则，重视作业形式和内容的多样化，不拘一格。传统的作业常规采用书面形式呈现作业，千篇一律、整齐划一地布置，不利于学生差异性的发展，不能体现因材施教的原则。弹性作业设计就可以创新作业检查形式，既可以书面作业形式上交教师检查，又可以口头作业形式在课堂中进行分享。采用口头表述的方式来完成作业展示，不仅可以帮助学生进一步巩固所学知识，也有利于提高学生语言表达能力及学生之间交流沟通的能力，使得学生综合素养进一步得到提高。

四、灵活性原则

弹性作业设计要遵循灵活性原则。所谓的灵活性原则主要是指时间、内容选择的灵活性。时间灵活性是指根据不同作业内容弹性设计作业完成时间。必做作业规定完成时间和检查方式；选做作业根据难度不同，可以灵活设计完成时间，留给学生充足的合作探究讨论的时间；自由作业可以采用分时间段提交作业的方式，随时关注学生取得阶段性成果。

同样，作业内容选择也具有灵活性，学生可根据自己的兴趣爱好、自身能力选择可以完成的相应作业内容。通过灵活性原则设计的弹性作业，把作业完成的主动权交给了学生，学生成为作业的主人，极大地发挥了学生的学习积极性、主动性。

五、适量性原则

弹性作业设计要遵循适量性原则。所谓适量性原则是指弹性作业设计的难度和作业量是适量的，不能超出学生实际能力范围。弹性作业虽然有选做作业和自由作业，但是绝不代表作业布置得越多越好、难度越高越好，不能过度利用"弹性作业"以企图达到"揠苗助长"的效果。

六、开放性原则

弹性作业设计要遵循开放性原则。传统形式作业是教师采用书面作业形式统一安排，在这种作业模式下，教师是单向性的，占据主导地位，每个学生被动完成相关作业，在这种缺乏互动的情况下布置的作业，很难调动学生的积极性、主体性、主动性。但是，弹性作业设计就不同于传统作业形式，教师在作业中设计不同难度的作业，提出宽松的要求，关于作业的数量、内容、提交时间、分数评判都有详细的规定，学生根据自身的需求进行选择，完成相应的作业。这种开放性作业的设计，才是真正体现以学生为主体、因材施教的教学方法。

弹性作业设计除了具备上述六个原则，还应该具有趣味性原则。布鲁纳认为："学习的最好刺激乃是对所学材料的兴趣。"学生在产生兴趣的前提下，就会对作业产生内部需求感，刺激大脑皮层激烈运动，进而主动思考、自觉学习。弹性作业的设计就可以很好地摆脱传统作业模式下枯燥乏味的作业，学生根据自己的兴趣喜好，选择自己感兴趣的作业题目，在愉悦氛围中充分展示学生自己的主体性与差异性。"兴趣是最好的老师。"我们目前的作业改革就是要消除之前作业单调、乏味，学生为做作业而做作业的弊端。

主题3

弹性作业设计类型

一、社会实践型

1. 社会实践型作业设计的必要性

在弹性作业中设计布置社会实践型作业，可以让学生走出课堂、走出传统作业布置下的弊端，走进社会，进行适当的社会实践活动，弥补单纯学习课本知识"纸上谈兵"的不足；引导学生发现社会问题，参加社会生活，在社会环境中运用自身所学知识，增强社会实践能力。同时，社会实践型作业形式是多种多样的，不仅有实际操作型作业，还包括考察、调查、记录、分析等其他形式。通过设计实践性作业，还可以更好地开发现代教育资源和社会教育资源，更好地积累社会实践经验、锻炼自己社会实践能力，培养学生发现问题、分析问题，独立思考和合作探究能力，培养学生综合素质的持续性发展。

弹性作业在设计社会实践型作业时，要考虑两方面因素：一方面，要融入生活，依托现实条件，将学生所学课本知识与现实生活的问题相结合进行实践性探究活动，让学生做到"读万卷书，行万里路"，知行合一；另一方面，要充分重视对身边资源的开发与利用，设计出具有浓厚生活色彩和实现难度较小的实践性作业，全面培养学生综合素质和能力。

2. 社会实践型作业设计的分类

在弹性作业中设计社会实践型作业大体可分为四种类型的作业设计。

（1）观察性实践作业，养成学生的观察能力。

观察是学生应当具备的最基本的素养和能力，正如苏联科学家巴甫洛夫所言："观察是认识事物的前提，是探索科学的起点。"许多伟人的发明研究都离不开日常生活的观察。因此，弹性作业中设计观察性实践作业，引导学生通过作业中具体问题的提出来观察日常生活，引导学生体验、猜想、观察、实证的过程，逐渐培养学生主动观察、勤于积累的习惯，弥补日常课堂教学缺乏直观性观察的弊端，为课堂学习打下实践基础，使学生掌握观察这项基本素养和能力。

(2) 体验性实践作业，养成学生的探究能力。

基于现阶段班级授课制的教学模式，学生在课堂上处于教师讲授新知识，学生被动接受新知识的过程。这种学习方式下，学生没有直接体验、形成直接经验的过程，因此，通过在弹性作业中设计体验性实践作业，引导学生亲身体验自然规律，激发学生学习好奇心，增强学生学习兴趣，培养学生积极主动探究知识的能力。

(3) 制作性实践作业，养成学生动手操作能力。

传统模式下的作业，学生只需要用笔写出相应的答案，评价方式也是简单的对与错。长期布置单一性作业，导致学生的动手操作能力差，把知识学成了死知识，做不到灵活运用，达不到学以致用的效果。因此，在弹性作业中设计制作性实践作业的重要性不言而喻。通过学生动手操作，激发学生积极主动的情感，培养学生发现问题、解决问题的能力，学生动手操作能力会不断提高。

(4) 调查性实践作业，培养学生关注、切近现实的意识。

新课改理论提出"自主、合作、探究"的新型学习方式，明确指示教师在教学过程中要引导学生关注现实、切近生活、关心社会问题。同时，通过调查性实践作业培养学生合作探究能力，激发学生的创新意识和调查探究能力，调动和培养学生的合作意识，引导学生走进现实社会，发现问题、探究问题，小组合作解决问题。

3. 社会实践型作业设计案例

社会实践型作业可以应用的学科很多，物理、化学、道德与法治、历史等都可以。比如物理学科，《义务教育物理课程标准》明确提出"从生活走向物理，从物理走向社会"的理念，可以在学习完相应内容后设计合适的实践性作业。例如，学习完噪声相关知识后，可以布置作业：调查身边有哪些噪声污染，你觉得有哪些措施可以有效减轻噪声污染？完成一份调查报告。通过设计这样的实践性作业，学生在实践探究过程中，充分运用自己课堂中所学的关于噪声的知识，分析问题，寻求解决噪声问题的方法，做到学以致用。在道德与法治学科中更要注意社会实践型作业的设计。比如，在学生学完《遵守规则》一节内容后，可以设计这样的实践活动：观察在校园中存在的不遵守规则现象，课堂秩序、餐厅打饭秩序等,设计一份调查问卷,调查学生对于规则的认识,设计一份宣传海报,呼吁学生自觉遵守规则。通过一系列社会实践型作业,让学生把遵守规则内化于心、外化于行。

感悟生命

1. 内容选择:《道德与法治》七年级上册第四单元第二课时"敬畏生命"。

2. 设计意图:通过选取本部分内容设计实践型作业,引发学生对于生命的思考,进而培养学生感悟生命、敬畏生命的意识。

3. 具体操作流程:

(1) 制定三维教学目标。

知识目标:知道生命是脆弱的但又是坚强的;认识到生命价值高于一切;认识到自己的生命和他人的生命同等重要。

能力目标:培养学生的信息搜集能力;培养学生观察、分析事件的能力;培养学生的创造力、想象力和团队协作能力。

情感、态度、价值观目标:培养热爱生命、敬畏生命的情感。

(2) 实践型作业的实施。

首先,布置实践型作业,以小组为单元编排一段情景剧,以感悟生命为主题,围绕着新冠肺炎疫情笼罩下发生的故事,规定准备时间为一个星期,采用课堂展示的形式进行展评。

其次,把全班同学进行分组,分组形式不仅有利于这次实践型作业的开展,还有利于促进学生之间相互学习、取长补短、合作交流。

再次,提出实践型作业的建议。①建议请同学们先通过电视、互联网等工具了解新冠肺炎疫情的相关信息。②在实践型作业的开展过程中,教师参与到同学们的集体讨论中,给出一定的建议或指导。③引导学生从医生、护士、病人、领导干部以及普通人等角色中进行选择,也鼓励同学们开动脑筋自行创作。④在同学们遇到困难的时候,教师及时给予帮助,确保实践型作业的顺利进行。

最后,让同学们在课堂上进行演绎。表演结束后,请同学们进行自我评价和相互评价,通过自评和互评,让同学们学会思考,看到自己的优点和不足,也学会发现别人的优缺点,取长补短,争取共同进步。教师做出总结评价,可以给每一组进行一个打分再进行讲评,既要有肯定,又要指出可以改进的地方,给出指导性建议。

"双减"背景下作业的创新设计与批改

"你眼中的生物圈2号"——在问题情境中联系和思考

1. 实践目的

在"生物圈"知识的学习过程中，教师引导学生就"生态系统的调节能力有限""爱护生物圈"进行讨论，进而引导学生思考探究：人可以创造一个人类宜居的生物圈吗？

2. 实践过程记录表

教师提出问题情境	将一个独立、人造、封闭的生物圈称为"生物圈2号"，那么生物圈现在状态如何呢？我们能否仿制创造一个新的适宜居住的生物圈？
教师组织作业设计	教师采用布置给学生实践型作业的方式，要求学生回家以小组合作的形式查找整理资料，具体要求： ①学生尽可能借助多种媒体，收集关于生物圈2号的信息 ②根据自己的理解，对信息进行分类整理 ③要求充分表现自己的优势，让作品美观、有创意，题目自定 ④基本内容包括封面、内容、活动感言等 ⑤作业两周后提交 ⑥完成作业后，填写"小组互评表"及"组内自评表"
教师引导学生合作	关于生物圈2号调查性实践作业小组自评表 | | 任务分配 | 任务过程记录 | 任务完成情况 | 创新点 | |---|---|---|---|---| | 组长 | | | | | | 成员 | | | | | | 成员 | | | | | | 成员 | | | | | | 成员 | | | | |
教师组织学生评价	设计小组互评表格
教师组织展示反馈	以小组为单位，进行课堂展示，相互交流

专题三 弹性作业的设计与批改

二、家庭实验型

1. 家庭实验型作业设计的必要性

传统模式下,作业与生活脱节,作业形式单调、评价方式单一,作业答案千篇一律,机械化现象严重,严重束缚学生的思维空间,制约学生探究问题、解决问题能力的发展。造成学生单纯学习死知识,动手实验能力严重不足,尤其是在理科性知识的学习中,弊端更加凸显。所以,在弹性作业中设置相应的家庭实验型作业,培养学生动手能力,显得尤为重要。

新课改下,对于学生的动手实验能力要求进一步提高,尤其是化学、物理、生物等需要结合实验进行探究的学科。以化学学科为例,化学学科课程标准注重给学生学习提供熟悉的情景模式,激发学生学习的兴趣,用实验探究作为突破口,改变传统的学生学习方式,发挥学生的主体性、创新性,培养学生学科核心素养,促进学生全面发展。例如,在"酸碱指示剂在不同溶液中的颜色变化"的实验探究中,让学生回家进行相关的实验活动,将紫罗兰花、牵牛花、月季花等汁液滴到食盐水、肥皂水、白醋、小苏打溶液中,观察记录现象,再结合课堂中的酸碱识别实验,强化学生的酸碱学习。激发学生学习兴趣,扎实巩固课堂基础知识,培养学生动手操作能力,达到多管齐下的效果。

通过弹性作业中家庭实验型作业的设计,转变了学生的学习方式,培养了学生积极主动的学习态度,学生在勤于动手、主动参与中,锻炼了自己收集信息、处理信息、获取知识、运用知识的能力,以及发现问题、分析问题、解决问题的能力;同时,培养了学生交流合作探究的能力,开阔了学习途径,扩展了学习思维能力,拓展了学生的知识面。家庭实验型作业弥补了课堂探究中学生动手机会不足的弊端,缩短了课堂实验探究的时间,留有充足时间引导学生进行探讨,得出正确的结论,让学生在实验探究的愉快氛围下获得丰富的知识。

2. 家庭实验型作业设计的原则

要发挥家庭实验型作业最大的实用性,需要教师在设计时遵循必要的教育学基础知识和学科基本知识,以学生现有水平和知识储备为依据,关注到家庭环境下进行实验型作业的现实制约性,综合各种影响因素设计出真正激发学生动手实验兴趣的弹性作业。

(1)家庭实验型作业设计要依据现实生活素材。

化学、物理、生物等相关学科与我们日常生活密切相关,生活中随处可见这些学科的相关知识。从日常生活出发，设计相关的学科实验，可以激发学生关注身边的科学的意识，加深学生对这些学科所学知识的理解，提高学生的学习兴趣。例如，食品包装袋中的干燥剂、防腐剂等由什么构成，食用盐中是否含有碘元素，新鲜蔬果中是否含有维生素 C 等，都可以根据家庭环境设计相关的探究实验。

（2）家庭实验型作业设计要以社会素材为依托。

随着生物、化学相关知识的不断学习，学生对于自然世界的认识不断深化，通过课本所学具体知识更加深入地认识到当今社会严重的环境污染问题。所以，设计实验型作业时可以和当今社会环境保护相关热点结合，帮助学生正确认识科学发展、社会进步与环境保护的和谐发展关系，培养学生环境保护意识，拓展学生环境保护相关的知识。例如废旧电池的处理问题、土壤酸碱度问题、酸雨 pH 值问题等。

（3）家庭实验型作业设计要遵循可探究性原则。

在家庭环境下学生自己动手进行实验探究，由于家庭环境比较简单，不具备复杂、完备的实验环境，再加上学生自己或者几个人进行合作探究，缺乏教师的科学指导，因此，实验设计要把握一定的难度，探究太容易的问题，达不到培养学生实验探究能力的目的；探究太难的问题，不仅会造成学生浪费大量时间，而且导致学生很难获得成就感，不利于激发学生的学习积极性。再者，实验型作业设计要把握学科的重点内容，探究性实验作业的设计要立足于教材，以具体的可操作的学科知识为载体，准确挖掘教材中可以通过实验进行探究的知识点，将探究的方法渗透实验研究中，逐步培养学生的实验探究能力。

（4）家庭实验型作业设计的设问要得当。

在弹性作业中设计的家庭实验型作业是以探究性问题为中心，引导学生开展相应的实验探究活动的，因此，设计问题要遵循目的性、适宜性、新颖性等原则，把教材内容巧妙地转化成问题情境。目的性原则是指教师在设计问题时要针对课程标准对学生的具体要求而设计，以教学目标为依据。适宜性原则是指教师在设问时要把问题难易程度控制在学生可结合的范围内，结合学生现有水平，同时要遵循最近发展区的原则，逐渐培养提高学生的能力。新颖性原则就是指问题情境设计要新颖，而不局限于传统的问题设计。

（5）家庭实验型作业设计要遵循多向交流原则。

学生在家庭环境下进行相关实验探究，对于部分学生来说，存在一定的困难，需要借助多方资源，方可完成相应的探究活动。学生在进行实验探究的过程中，需要进行相应的观察、提问，在面对难懂或不懂之处时，还需要查阅相关书籍或者网络资源，进而设计研究方案，根据实验解释、检验问题，最后将实验过程和结果落实成相关实验报告，小组交流讨论。上述复杂的实验活动，依靠学生个人很难完成。因此，在设计相关实验型作业时，要充分考虑学生个体的能力差异，把学生组合起来，充分发挥个别探究与小组合作相结合的优势，鼓励每位学生参与其中，表达不同见解和思维，激发学生学习主动性。

（6）家庭实验型作业设计要遵循知情意相统一原则。

教师在设计弹性作业时，既要重视对学生进行系统的思想道德伦理教育，又要重视组织学生参加实践锻炼，将提高认识和行为养成结合起来，使学生做到言行一致、表里如一。这一原则是根据辩证唯物主义认识论的原理和社会主义教育目的提出来的。实践是检验真理的唯一标准，社会主义教育要培养言行一致的建设者和接班人，只有通过品德实践才能真正形成学生的良好思想品德。因此，教师在设计实验型作业时，学习过程的设计要体现知情意统一原则，通过设计探究实验作业，克服学生的认知障碍，培养学生坚持不懈思考和探究的能力。

在探究活动中，教师要以学生的认知水平为基础，以情意因素为动力，在注重学生全面发展的同时，又要尊重学生的个别差异，并将共性和个性有机结合，才能有效地组织不同层次、不同个性的学生开展探究活动，并通过探究活动获取知识、发展能力。

3. 家庭实验型作业设计案例

物理学科："测纸锥下落的速度"实践性作业设计

1. 物理知识点：会简单测量平均速度

2. 作业形式：实验报告

3. 作业设计目的：进一步理解速度。让同学们通过实际测量纸锥下落的速度，加深对速度知识的理解，感受物理与生活的紧密联系，培养学生的动手实践能力和创新意识。

4. 作业重难点预设

（1）对纸锥下落高度最好先固定。

（2）纸锥下落的高度控制。

5. 实验工具：直尺、表

6. 作业内容

（1）确定纸锥下落的高度。

(2) 测量纸锥下落的时间。

(3) 通过公式计算出纸锥下落的速度。

7. 操作方法

多次测量取平均值。

化学学科：苏打喷泉

1. 材料：一卷曼妥思糖果；2升装苏打水；索引卡；试管或纸片；一个拖把（用于实验后清理现场）

2. 实验过程

(1) 收集材料。用另一种糖果代替曼妥思，比如mm豆或小冰糖，但理想的是，将糖果放在干净的柱子上，糖果之间空间很小，并且一致。

(2) 用普通的苏打水来代替无糖汽水，可以使用其他的碳酸饮料。

(3) 把糖果堆成一堆。最简单的方法是将它们堆在一个足够窄的试管中，又或者，可以把一张纸卷成一根管子，刚好容纳一堆糖果。

(4) 将一个索引卡放置在试管的开口或纸筒的末端，将糖果放在容器内反转。

(5) 打开2升装的无糖苏打水。因为喷发时非常迅速，所以要把事情做好：要打开的瓶子—索引卡—卷的糖果，移走索引卡，糖果就会顺利地进入瓶子里。

(6) 用同样的瓶子和另一堆糖果重复苏打喷泉。

三、自主开发型

1. 自主开发型作业设计的必要性

传统作业模式是教师设计布置作业、学生完成作业，这种模式下，学生存在消极被动完成作业的情况，没有学习主体性，自然成不了作业的"主人"。弹性作业在设计时针对这个弊端，进行大胆尝试，尝试引导学生自主设计、开发作业。学生作为学习的主体，具有巨大的发展潜能，教师要为学生提供发展想象力、培养创造力的空间，给予学生放飞梦想的翅膀，鼓励学生发挥大胆想象，自主设计作业。

以物理学科为例，在完成"力的平衡"的学习后，教师就可以引导学生根据学习的知识点，自行设计开发作业，规定好题目数量、题型，要求题目设计具有创新性。将作业主动权交还给学生，同时进行"优秀作业设计"评选，并将优秀作业收藏整理入信息库。通过学生自己创作开发设计作业，不仅可以充分激

专题三 弹性作业的设计与批改

发学生想象力,也可以培养学生学习的主人翁意识,引导学生以更加积极的态度对待自己的学习。

2. 自主开发型作业设计的实施

自主开发型作业的设计主体是学生,这就意味着在实施过程中有很大的不确定因素,因此,教师必须制订相应的实施方案,做好各个环节的工作,正所谓"凡事预则立,不预则废"。

(1) 知识能力的准备。

在学生自主设计作业之前,教师应当完善相应的准备工作。教师应当对学生的现实水平进行摸底,要想学生顺利完成相关的自主作业设计,需要学生具备一定的方法理论指导,而这些方法理论指导需要教师提供给学生,教师需要培养和辅导学生掌握自主设计作业的相关方法、理论、技巧,引导学生学会思考作业布置应当考虑哪些因素,注意哪些角度,甚至引导学生综合思考不同学科的联系来设计作业。

学生要想完成相关作业设计,首先在课堂上要尽可能掌握好每节课的重难点,把握易错易混点,做到课后及时复习,这样在设计作业时才知道自己作业设计的主题和角度;其次,学生要有自己的思路和方法,要有创新生成,而不是一味按照传统模式作业进行布置,要体现灵活多样的作业类型。

(2) 思想观念的准备。

首先,教师要及时转变思维,相信学生已经具备作业设计的条件和能力,拥有自主设计作业的思路和方法,要在教学过程中、作业设计上树立学生主体意识,强化学生是学习的主体、作业的"主人",让学生拥有作业设计的主动权,真正体现以学生为主的意识。

其次,教师也要引导学生告别过分依赖教师的思想,让学生主动发挥自己的主观能动性,敢于挑战自己,要有克服、攻克难关的勇气,在自主设计作业上获得成就感和幸福感。

(3) 方法理论的准备。

对于学生本身来说是缺乏相应的设计作业的经验的,因此,在引导学生尝试自主设计作业时,作为教师必须给学生提供方向性指导,首先提示学生设计作业要注意类型的丰富性,不要只采用选择题、材料题等常见的作业类型;其次注意答题方式的多样性,不一定仅仅局限于书面作业形式,更要运用口头作业、短剧表演等多种类型的呈现方式,真正实现作业形式的创新多样。

3. 自主开发型作业设计的优势

在当今新课改背景下,教师进行的创新教育方式一般局限于课堂之上,所谓

"双减"背景下作业的创新设计与批改

的发挥学生主体性也仅仅局限于在课堂上引导学生自主学习、合作探究，但是，仅在课堂上实现学生主体性进行教学方式创新，远远达不到新课改的要求。教师应当在作业布置上同样发挥学生主体性，最好的体现就是把作业设计交给学生，引导学生自己设计开发作业。

学生设计自主开发型作业可以展示学生丰富多彩的生活世界，通过学生自己设计作业，实现师生之间"平等对话"，使得学生的情感更加丰富、视野不断开阔，学生在设计作业过程中能够建立生活与学科之间的联系，从而使学生真正地走进知识、走进生活。学生自主设计作业真正遵循了布鲁纳所说的"要使学生对一个学科感兴趣，最好的办法就是让他觉得这个学科值得学习"。

（1）激发学生积极主动的学习态度。

《中国学生发展核心素养》中提出促进学生"自主发展""学会学习"的相关素养，学会学习是指学生学习意识逐渐形成、学习方法自主选择的综合能力，通过学生自主设计作业环节，更好地培养发展学生的自主学习能力。在学生自主设计作业过程中，学生的创新能力、设计能力、学习主动性等方面会发生积极的转变，学生在完成作业过程中会更加积极主动地投入作业中，获得成就感和满足感。

（2）提高学生的学习综合能力。

教师对学生的培养应当立足于长远发展目标，正如古人云"不谋万事者，不足谋一时；不谋全局者，不足谋一域"。足以看出，要想实现学生全面、长远发展目标，需要培养、发展学生的学习综合能力，满足学生不断发展的学习需要，更要引导学生具备概括整合、举一反三的能力。让学生自主设计作业，更好地培养和提高学生的学习综合能力。正所谓"授人以鱼，不如授人以渔"，每个知识点可以设计的作业内容和类型各种各样，如果单纯是教师收集整理相应的题目让学生机械地完成，未必能达到培养、巩固学生相关能力的目的，恰恰相反，让学生自主设计自己的作业，就意味着学生要对这一部分内容掌握相当熟悉，还能做到灵活运用、融会贯通，对学生学习综合能力的培养效果更加明显。同时，可以提高学生自我探究、自我分析、自我评价、自我设计的综合能力和素养，为今后长远发展打下基础。

（3）促成教师教学理念转变。

传统模式下的教学方式就是教师教、学生学，教师布置作业、学生完成作业，在整个过程中学生跟着教师安排走。被"牵着鼻子走"的被动式学习方式，导致学生的主动性、积极性、创新性、实践性等完全被抹杀。所以，教师传统的教学理念早已不适应社会发展需要，应当更新换代。教师应该积极探究、勇于创

专题三 弹性作业的设计与批改

新自己的教学理念,敢于放手给学生真正的学习主动权,引导学生设计出符合自己现有水平、满足自己学习需要的作业,真正培养学生的学习主动性。

(4) 发展教学过程中的和谐民主关系。

理论层面上的教学过程应当包含着学生自身内部的关系、学生之间的关系、师生之间的关系。教学过程的开展是否良好,决定着教学效率的高低,也就决定着学生学习过程是否有效。教师引导学生自主设计作业,学生会通过自主设计、合作探究自然而然设计出形式多样、内容新颖的作业,增加学生之间的互动和交流,增强学生的学习动机,有利于学生处理与同伴之间的关系,从而达到良好的学习效果。

(5) 增加学生学习互动性。

学生在自主设计开发作业过程中,对于存在的困难和问题会与学生或者教师进行交流和沟通,进而培养和提高生生之间以及师生之间的互动能力。再者教师把作业设计权利交给学生,教师就有更多的时间去思考、关注不同类型的学生,进而进行个别辅导,帮助学生提高发现问题、探究问题、解决问题的能力。

四、合作型

1. 合作型作业设计的必要性

为了适应新课改的要求,满足对于学生素养和能力培养的要求,在作业设计中要注重发挥学生主动性。弹性作业设计中学生自主开发型作业对于学生能力要求高,难度大,实际操作可行性不够,但是,教师可以在布置作业时邀请学生参与其中,让学生对弹性作业的内容、题型、难度、形式、数量等提出意见,教师综合考虑各方因素,进行选择设计。同时,教师要更加倾向设计师生之间、生生之间互助合作完成的作业,培养学生合作探究的能力。通过设计合作型作业,学生之间的情感得到交流、思维得以碰撞,学生与学生之间可以相互学习,有利于培养学生团队合作精神,锻炼学生交流能力。

教师还需要引导学生自主建立有效的学习作业小组,实施完成相关的作业,建立学习小组时应当本着组内异质、组间同质的原则,合作小组组内应分工明确,组内成员各司其职,组长可根据组员在作业完成过程中的情况对其进行评价。教师应建立小组成长档案,对小组的作业成果进行整理收集,进行集中展示。通过小组合作模式的建立,有助于培养学生责任意识,锻炼学生交流分享的能力,以期达到小组成员彼此分享、相互激励、共同进步的效果。

2. 合作型作业设计遵循的原则

(1) 自愿性原则。

合作型作业最大的特色和重要表现就是进行小组合作，怎么进行分组就成了合作型作业布置过程面临的关键问题。在进行小组划分的过程中最大的原则就是自愿性原则。在一个班级内，每位同学之间存在较大的差异，学生之间的学习能力和水平、兴趣爱好、思想理念等，都会影响到学生关系。因此，在进行分组的过程中，需要遵循自愿性原则，引导学生进行分组，这样学生之间更容易分享彼此的思想和心得，更容易形成学习合作共同体。

(2) 指导性原则。

一般情况下，设计成合作型的作业都是学生在完成过程中存在一定难度的作业，因此，学生在合作探究过程中，需要教师进行必要的指导。比如，学生合作前分工准备工作是否充分，分工合作过程是否合理并符合学科要求，在进行过程中是否做到全员参与其中，针对这些问题，教师需要进行指导和监督。

(3) 及时性原则。

及时性原则是针对作业评价而言，学生完成合作型作业后教师要及时展开评价活动，要"趁热打铁"发挥作业的最大实效性。同时，教师在进行评价时要注意评价的方式，不能局限于传统意义下的作业评价，对于形成书面文字的合作型作业可以采用课堂展示的方式开展交流评价；对于表演和表达类型的作业，教师可以课下对学生的成果进行了解，课堂上有针对性地选取不同的小组进行当堂展示。

(4) 补充性原则。

设计合作型作业属于弹性作业的一种类型，通过小组合作探究独有的方式，更有助于学生对"双基"的理解，也更有利于发挥学生的主体性、创新性意识。但是，不能依靠设计合作型作业来代替其他的弹性作业。

(5) 创新性原则。

新课程标准要求和强调在教学过程中注重创新性，教师通过教学过程设计真实、复杂、具有挑战性的学习环境，激发、诱导、驱动学生进行积极的探索、思考和解决问题，帮助学生成为学习的主体，体现学生主人翁意识。教师在设计合作型作业时，应当寻求作业创新、设计形式多样的合作型作业，让学生积极主动地投入学习中去，充分激发学生的创作灵感，发展和培养学生的创新性。例如，在语文课上学习完《兰兰过桥》后，让学生和好朋友合作设计制作一座桥，并写出这样设计的原因。结果孩子的作品五花八门，有废纸盒做的"未来之桥"，

专题三 弹性作业的设计与批改

有废雪碧瓶制作的"乞丐之家"桥,也有橡皮泥捏的"儿童乐园"桥等。

学生在设计过程中体会到了制作过程的艰辛,懂得了团结的重要性,同时也锻炼了创造性思维,提高了创造性技能。

3. 合作型作业设计的案例

七年级中国古代史合作型作业布置

(1) 题目:以"游历华夏"为主题,设计出一份旅游路线。根据目的地将全班同学分成四个小组:A. 泰顺出发到杭州;B. 泰顺出发到海南;C. 泰顺出发到云南;D. 泰顺出发到哈尔滨。开展"华夏美景我介绍"的专题周活动。

(2) 具体要求:每个小组在出发前要设计几条科学、合理的出游路线,然后寻找资料制作幻灯片介绍华夏美景。

在课堂上登台亮相时,只见他们有展示文字、照片、视频的,有展示实物的,如纪念品、土特产,有现身说法谈自己旅游所见所闻的……这一作业的设计旨在锻炼学生的合作能力和调研、整理资料的能力,同时也体现了历史与社会这门学科培养学生实践探究能力的宗旨。

(3) 设计目的:通过设计合作型作业,培养学生团队合作意识,培养学生交流沟通能力。同时,在课堂上进行全班讨论,学生积极性高涨,气氛活跃、热烈,而且"观察、发现和理解不同区域的自然与人文特征"的教学目标也就水到渠成地达到了。

深入了解关于"燃烧与灭火"的知识

合作探究:以小组为单元,进行调查、访问,走访社区消防队,了解燃烧与灭火的相关知识。

成果呈现方式:书面报告、小组汇报、手抄报等。

实施步骤:①建立小组:对本班级学生综合考虑,本着自愿原则组成小组,每组人数7人左右。②制订方案:每个小组由组长组织,制订相应的合作方案,确定合作实施过程。③分组实施:由小组长确定好分工后,进行相应的合作探究活动,汇总成果,完成表格。

活动目的	通过深入了解"燃烧与灭火"知识,提高学生对于燃烧相关原理的认识,同时提高学生学习化学的兴趣		
活动时间		活动地点	
小组名称		成员	

续表

活动内容	
活动报告	

成果展示：课堂展示，学生交流。

完成小组合作量化表格：

班级		姓名		作业名称			
评价项目	评价标准			分值	自评	组评	师评
学习态度	团队合作意识			5			
	善于虚心学习			5			
	遇到问题组内积极思考、解决问题			5			
学习能力	主动查阅资料			10			
	主动思考、解决问题			10			
	善于质疑或者批判			10			
学习方法	组内分享交流			5			
	运用化学相关知识			5			

主题4

弹性作业的评价建议

一、以学科素养为引领

教育部发布的2017年版普通高中学科课程标准中，明确提出"学科核心素养"这一概念，伴随着高中学科课程标准的新规定，在初中日常教学中也要求不断加强学科核心素养的培养。基于新的课程标准要求，弹性作业设计与评价必须倾向体现学生学科核心素养。何为学科核心素养，简而言之，就是学生通过学科课程的系统学习形成的最基本、最重要的素养与能力，是该学科基础知识、基本

专题三 弹性作业的设计与批改

技能、基本经验的综合体现与要求,是学科育人的集中体现。

新课标所明确的相关学科核心素养基本内容有以下几方面。语文:语言结构与运用、思维发展与品质、审美鉴赏与创造、文化理解与传承;数学:数学抽象、逻辑推理、数学建模、运算能力、直观想象、数据分析;英语:语言能力、文化品格、思维品质、学习能力;物理:物理观念与应用、科学探究与交流、科学思维与创新、科学态度与责任;化学:宏微结合、分类表征、变化守恒、模型认知、实验探究、绿色应用;生物:生命观念、理性思维、科学探究、社会责任;思想政治:政治认同、理性精神、法制意识、公共参与;历史:唯物史观、时空观念、史料实证、历史解释、家国情怀;地理:地图技能、信息技术、国际理解、全球意识、人地协调观念、可持续发展;体育:运动能力、健康行为、体育品德;音乐:审美感知、艺术表现、文化理解;美术:图像识读、美术表现、审美判断、创意实践、文化理解;信息技术:信息意识、计算思维、数字化与创新、信息社会责任;通用技术:技术意识、工程思维、图样表达、物化能力。

弹性作业评价要实现以学科素养为引领,需要教师更新教育理念,对学科核心素养做到全面深刻地认识和理解,既要认识到学生全面发展对于其个人长远发展、终身发展的重要性,又要认识到对于国家社会建设发展的重要性。立志于培养国家、社会需要的全面发展的学生。

二、评价主体多元化

传统的作业评价是教师单向的评价,学生处于被动地位,这不仅影响了作业效果,而且影响了学生自主精神的培养和自信能力的增强,导致学生主观意愿与作业设计初衷背道而驰,而且学生在作业评价环节缺乏成就感得到满足的机会。

弹性作业在设计环节主体之间要进行多元互动,在评价过程中将教师评价、学生自评、学生互评、师生共评相结合,让学生通过这样的评价,及时纠正自己的错误,指出别人的错误,正确评价自己与他人,把评价权交给学生,真正培养学生主动探索的主体意识。

学生参与的评价方式主要包含以下几种。①学生自评:为了消除传统作业评价模式下,教师评价单一,不能发挥学生主体性的弊端,把批改的权利下放给学生,通过学生参与作业批改,引导学生充分发挥积极思考、主动探究的意识,有利于学生思维能力的培养和发展。②学生互评:在互批作业中,学生本着认真负责的态度，以"批改者"的身份"逼着"自己去反复思考，认真检查。学生在批改别人的作业时，自然会把自己的做法和答案与别人的进行比较。通过比较，就能使正确的东西得到进一步强化，错误的东西得到进一步抑制。实践证明，互批作业能提高学生的学习兴趣和学习质量。③师生面评：对于个别特殊学生的作业，教师要特别处理。教师给学生面批作业，作为初中学生，他们完全能深切感受到教师的关爱，因此他们更能记住教师说的话，更能消化教师传授的知识，身心都能得到健康成长。在探究型活动的评价中，学生不是被动地接受评价，而是评价的主体、积极参与者。通过对自己的学习方法、学习态度进行反思与评价，学会分析自己的不足，从而进一步端正学习态度，调整学习方法，争取获得最佳学习效果。

教师在评价过程中让多方评价主体共同参与到作业评价体系中，充分发挥弹性作业的最大实效性，改变传统作业模式下以教师评价为主体的单一评价方式。通过评价主体多元化的设计，增加教师与学生之间沟通交流的手段和方法，真正实现教学相长、师生共同发展。

三、评价方式多样化

对设计作业进行评价的根本目的是要全面考查学生的知识掌握情况，及时反馈学生每部分知识的学习成果，评价教师教学成效并促进教师教学工作的改进与完善。新课标对于教师教学提出新的挑战，既要关注学科核心素养，又要注重三维目标的落实，这就要求教师在设计评价方式时要丰富多样，注意综合运用形成性评价、终结性评价、定性评价、定量评价、诊断性评价等多种方式，综合考虑各种评价方式的可行性，将丰富多样的评价方式结合起来，灵活运用，优势互补，实现评价的有效性。

面对复杂多样的评价方式，教师在实际的评价活动中应当根据作业设计内容、学生的学习风格、学生的学习能力等多方面因素，综合考虑选择最佳的评价方式。常见的评价方式主要有以下几种。①鼓励性语言评价：教师在评价过程中要重视使用激励、鼓励性的语言进行评价，通过这种激励性评价，激发学生学习主动性、积极性，从而培养学生的学科素养，使得学生在作业评价中获得满足感。②日记、周记等文字评价：面对一些特殊的作业内容，可以引导学生通过日记、周记等方式，记录在作业完成过程中的心得体会，引导学生认真整理自己的学习思维，及时进行反思，培养自己的学习能力，同时，学生可以将自己记录的内容在课堂中进行展示、分享。③成果档案袋评价：教师帮助学生建立成果档案袋，放入自己满意的作品，并及时地对作品以及相关评价内容做好记录和整理。同时，教师应及时地做好学生的思想工作，让他们正确认识到成长记录袋在学习中起到"学习足迹的见证"的作用，放下思想顾虑，既要看到自己的成绩和进步，又要大胆地正视自身的不足，并努力采取积极的措施和办法加以解决，只有这样才能充分发挥成长记录袋的作用，使学生不断进步。

四、评价要有针对性

教师在进行作业评价时必须具有针对性，每位学生的作业完成情况不尽相同，因此，评价必须体现针对性原则。只有教师有针对性地给予学生中肯的评价，找出学生作业存在的共性问题及个别问题，在评价时才能做到既有整体共性的评价，也有针对性的个性评价。给学生适当的、中肯的语言评价，并适当加以鼓励和表扬，可以激发学生作业的主动性，激发学生的求知欲，点燃学生探究与发展的热情，培养学生自由表达的能力，让学生做到第一时间查漏补缺，充分发挥作业评价的激励促进作用。

五、评价体现差异性

新课标要求关注、尊重学生的个性发展，重视学生创新精神、创新能力的培养，这就需要教师在评价时注重差异性，避免千篇一律的统一性评价和同质性评价。学生之间存在较多方面的差异性，比如，知识基础、心智成熟程度、兴趣爱好、发展潜能等千差万别，教师在进行评价时应该充分考虑上述各种因素的影响，承认学生发展差异，顾及学生发展起点的不同，让每位学生在评价中找到自身的发光点，制定不同标准的评价准则。对于优秀的学生，重视作业质量的保持度和突破度，针对学习能力相对较弱的学生，要关注学生较以往作业的进步程度，在书写、准确率、思维发展提高等方面是否有改进和提高。

主题 5
弹性作业经典案例与分析

一、本作业案例设计意图

作业作为帮助学生巩固和消化所学知识,并转化为技能技巧的重要环节,其重要性不容忽视。然而在实际数学教学中,作业布置的现状却不容乐观。首先,作业内容不符合学生实际,通常是从课本上或相配套的练习册中布置相关的习题作为数学课的作业。这样简单地布置作业,没有练习的针对性和实效性,不能体现出教学的层次性,更不能满足思维能力层次不同的学生的不同发展需求。其次,完成作业的时间和预期的目标不切实际。

如何才能使学困生"吃得了"、中等生"吃得饱"、优等生"吃得好",实现真正的有效性?真正从学生的实际情况出发,设计一些有"弹性"的作业,不搞"一刀切",在课堂中实行弹性作业制,针对学生不同的个性特征与心理倾向、不同的知识基础与接受能力,设计不同的作业,运用不同的方法完成,可以使全体学生都能在原有的基础上学有所得,先后达到教学的要求,给学生一个协调发展的空间。

为此,可以精心设计布置多层次作业,本案例设计中分为 C 类(模仿性的基础训练题)、B 类(发展性的变式训练题)和 A 类(提高性的综合训练题)三个层次的作业,让不同水平的学生自主选择,给学生作业的"弹性权",实现"人人能练习、人人能成功",使每一层次学生都得到训练、发展。让"学困生"打好基础,让"中等生"有所提高,让"优等生"优化知识结构。

因此,与数学学习其他环节相比较,更要创设灵活多样的作业环节,使学生充分发挥自己在学习中的主动性。作业有了弹性,学生就有了选择,教学就有了针对性,减负也就落在实处。

二、设计本弹性作业案例的意义

弹性作业的优势是在必要的基础性作业之上,照顾学生的差异性,立足于不同水平的学生对于作业的要求,引导学生根据自身学习能力、学习水平,自主选择合适的作业,提高学生学习兴趣,激发学生学习主动性,增强学生学习能力,提升学生已有的核心素养和正确的价值观。

基于传统作业布置和批改的弊端,随着新课改的不断深化,教师在设计作业时进行了大胆的创新与实践。新课改下的作业设计应该立足于学生核心素养和能力的培养,强调培养学生积极主动的学习态度,不仅通过作业巩固学生的基础知识和基本能力,得到素质教育形式下对于学生"双基"的要求,更要侧重培养学生形成正确的价值观念,适应学生不同的发展要求,培养学生符合全面发展的要求。本案例展示中的案例二为开展"粽香飘端午 情浓父亲节"的劳动教育活动,活动项目包括诗配画、同心包粽子、手抄报等三个部分,内容层层递进,由简到难,分别通过画端午、体验端午和描绘端午等活动,拉近学生与现实生活、现实社会问题的距离,激发学生的学习兴趣,积累学生的社会经验,进而培养学生主动参与、乐于探究、合作交流、发现问题、分析问题、解决问题的能力。

三、本弹性作业案例的设计

1.作业设计遵循的原则

(1) 多样化原则。

通过弹性作业的内容多样化,可以最大限度地满足学生在不同方面的发展需要,既可以设计出适合基础知识和基本能力训练要求的基础作业,又可以设计出满足有动手、实践爱好的学生的社会实践型作业,还可以设计出满足特殊学生发展需要的自由作业。通过弹性作业设计,注重学生的智能专长,为学生创造、探索符合自我才能发展需要的空间,使每一个学生的才能都得以发挥。

(2) 分层布置的原则。

面向不同层次的学生,实行不同的评价标准。通过弹性作业的设计,使学生在学习积极性、主动性、核心素养、综合能力等方面得到充分的发展,真正实现教育面向全体学生,促进每位学生的全面发展。

(3) 因材施教原则。

作业的设计要有层次性,要针对不同层次的学生,布置不同难度的作业,让不同层次的学生都能完成作业，体验学习成功的乐趣。教师在设计弹性作业时，应充分分析考虑每位学生、不同水平的学生可接受的作业难度，真正从他们可接受程度出发，采取灵活多样的作业布置，针对学生的特点，最大限度避免出现"饥""饱"不均的现象，激励学生积极思考、勇于探究、精益求精的学习态度，使得每位学生在存在个性差异的基础上都能得到更加充分的发展。

(4) 教育性与趣味性相结合。

作业的设计要有趣味性，寓教于乐，让学生快快乐乐地学习与做作业。兴趣能激发学生的学习动机，能使学生充分发挥自己的水平去完成，从而感受到作业的乐趣。因此，作业设计应注重差异性，本着"减负增效"的原则，精选习题，精心设计，作业适量，难易适中。倡导分层作业，以满足不同层次学生的学习需要，使不同学生都能完成作业，体验学习的乐趣，增强学习的自信心。

(5) 启发性和实践性相结合。

作业应避免机械化与程序化，要力求创造性，以激发学生的创新精神，同时还要注重实践操作，让学生学习与生活相联系，培养实践能力。弹性作业设计基于启发性教学原则，设计引发学生思考探究的作业内容，通过合理的设疑，调动学生的主动性、积极性，激发学生求知欲。把学习主动权还给学生，真正体现学生在学习过程中的主体地位，使学生对于作业的态度发生根本性转变，不再是传统作业下的抵触与应付心态，而是成为作业的主人，激发自身的主动性，真正发挥作业设计的初衷，使得作业达到最大实效性。

(6) 体现学生的自主选择性。

每一个学生都有丰富的知识体验和生活积累，每一个学生都会有各自的思维方式和解决问题的策略。因此要充分尊重学生的个性差异，因材施教，把作业选择权归还给学生。消除学生对作业的厌恶感与恐惧感，让他们真正喜欢上作业，"做我所想"。

2. 评价方式要灵活

灵活评价，重在激励。根据学生的差异，通过形成性评价，及时了解学生达到各自目标的情况。灵活评价以"成功体验"为依据，以学生"最近发展区"为标准，确定不同的评分标准，要求体现差异性、及时性和鼓励性，坚持以"重过程，重思维"的评价原则，提高学生完成作业的兴趣。在作业评价上要承认学生的个体差异，对不同程度、不同性格的学生提出不同的学习要求。

（1）批改方式不同。

对优秀学生和中等学生的作业，要立足于让学生互评和自评，让这些学生在互评和自评中得到提高，而对学困生的作业，着眼于教师的面批，在面批中给予辅导，及时查漏补缺，从而达到"保底"的要求。这样，使优等生进一步提高，使中等生获得发展，使学困生充满信心并能达标，尽可能发挥每个人的潜能，真正做到让每一个学生获得成功。

（2）评价标准不同。

首先表现在不同层次作业不同评价标准。作业都有相应的优、良、中、差等级。只要完成相应层次的作业，就能达到相应等级。其次，针对不同层次的学生在同一题目上，采用不同的等级标准，使学困生在达到较低标准时也有得优的机会，使优等生在较高要求的标准下，追求更高质量的作业。比如，在分数四则混合运算中，学困生如果算错，及时订正达到全对，可以给一个优，而对于优等生则要求一次或最多两次成功才能得优。

（3）个体评价与团体评价相结合。

如作业完成后，公布各组内作业的最高水平和总体水平，展开评比，以促进优生尽力拔高，并促使组内成员着力提高本组的整体水平。鼓励组内成员间的合作，通过协商完成一些高难度作业。这样各组间可能完成难度相同而形式不同的作业，然后在总结讨论时取长补短，触类旁通。

四、案例展示

苏霍姆林斯基认为，数学教师应给每个学生挑选适合于他的问题，不催促学生，不追求解题数量，让每个学生经过努力都能成功。学生作业的结构和内容因学生的认知风格和学习能力而异。

案例一："长方体的表面积"弹性作业设计案例

C类：模仿性的基础训练题

一个长方体的形状大小为：长3分米，宽1.5分米，高1.2分米，它上、下两个面的面积分别是多少平方分米？它左、右两个面的面积分别是多少平方分米？它前、后两个面的面积分别是多少平方分米？这个长方体的表面积是多少平方分米？

B类：发展性的变式训练题

一个长方体木箱，长1.2米，宽0.8米，高0.6米。做这个木箱至少要用多少平方米木板？如果这个木箱不做上盖呢？

"双减"背景下作业的创新设计与批改

A类:提高性的综合训练题

把第一题的木块平均分成三块后,木块的表面积增加多少平方厘米?

1. 学生完成该作业的预期和措施

C类作业基本上可以认真完成,正确率较高,解题思路都正确,有两个同学出现了计算错误,需要加强计算能力的锻炼。B类题目稍微加大了难度,第一问班里大部分孩子能认真完成,得分率较高,有4名同学计算不正确;但第二问有些难度,B层同学中还有4名同学没有做对,需加强数学思维和解题思路的引导。A类题目难度较大,需要B、C题目做铺垫,思维逻辑层层递进,思维难度加大,B类同学中有10名同学做对,C类同学中只有2名同学在小组同学的帮助下能大体说出解题思路,A类同学中也有3名同学不能清晰地说出解题方法。对于A类题目,我们需要通过小组合作探究,在教师的指导下慢慢找出解题方法,并出变式题加强练习。

2. 该弹性作业的创新和收获

这三道作业题分别面向班级的后进生(C类)、中等生(B类)和优等生(A类),A类学生可以从综合题直接做,然后反过来与变式题和基础题比较一下;B类学生可以先做变式题,再做综合题;C类学生可以先做基础题,再做变式题。通过练习使不同层次的学生在原来基础上得到一定的发展。"教者若有心,学者必得益。"总之,小学数学弹性作业的设计是一种艺术,是一种创新,是建立在尊重差异、面向全体、以学生为主体等原则的基础上的,这样学生才能真正从机械被动的学习中解脱出来,变被动学习为生动活泼的主动学习,从而培养学生学习的自主意识和创造能力,促进学生长远发展。

案例二:实践弹性作业设计——粽香飘端午 情浓父亲节

1. 选题背景

"淡淡粽叶香,浓浓世间情,根根丝线连,切切情谊牵。"每年的农历五月初五,是中国的传统节日——端午节,端午节在我国延续了两千多年,每到这一天,家家户户都挂艾叶菖蒲、吃粽子,民间要举行赛龙舟活动。

2. 作业目的

随着端午节和父亲节脚步的临近,增进学生对中国传统文化的了解和兴趣,感受端午节丰富的文化内涵,同时为了迎接父亲节的到来,增强孩子们对父亲的了解,增进父子(女)感情,从而培养德智体美劳全面发展的社会主义建设者和接班人。该案例作业,分为必选作业和发展性作业,分层布置,让学生可以选择完成,而且包括了包粽子的环节,这样有利于激发学生的求知欲,点燃学生探

专题三 弹性作业的设计与批改

究与发展的热情,培养学生自由表达的能力,让学生做到第一时间查漏补缺,充分发挥作业评价的激励促进作用。

3. 活动设计

开展"粽香飘端午 情浓父亲节"的劳动教育活动,活动项目包括:诗配画、同心包粽子、手抄报等。

(1)画端午(基础性必做题)。

积累描写与端午节有关的诗词,选择其中的一首诗,根据诗歌描绘的意境,进行诗配画。(自选诗歌)

附:渔家傲·五月榴花妖艳烘(宋·欧阳修)

五月榴花妖艳烘,绿杨带雨垂垂重。

五色新丝缠角粽。金盘送,生绡画扇盘双凤。

正是浴兰时节动,菖蒲酒美清尊共。叶里黄鹂时一弄。

犹瞢忪,等闲惊破纱窗梦。

要求:①留1.5厘米的边;②仿写或抄写一首古诗;③根据古诗绘画。

注意:尽量描绘出诗的优美意境,书写认真。

(2)体验端午(实践性必做题)。

活动指导:①通过和父亲合作,一起亲手包粽子,更真切地感受到中国传统节日的内涵,了解更多的美食制作工艺,比如包粽子的方法以及配料等,以轻松愉快的方式享受过程。②在端午节到来之时,为亲朋好友送上自己亲手做的粽子,可以增进大家之间的感情。③体验劳动乐趣,分享劳动成果,文字记录过程,感受节日气息。

具体要求:①制作A4纸横版手抄报一份,四周边框为1.5厘米。题目要醒目大方。正文部分的格与格中间间隔1厘米。②版面设计要做到图文并茂,以文字为主,照片和图画为辅。③文字主要是记录自己学到的粽子的不同包法,把包粽子的过程用文字描述表达出来。④书写要工整认真。"书写水平"将作为本次评比的一项重要内容。

(3)描绘端午(发展性选做题)。

通过读书或搜集资料,了解端午节的来历、有关故事、习俗、关于纪念屈原的诗词,感受端午节的文化内涵,学习包粽子,亲身体验我国传统佳节的独特魅力,在感受祖国灿烂的民俗文化的同时,提高自己搜集资料的能力、表达能力以及动手操作能力,并将活动成果以手抄报的形式呈现出来。

手抄报版面设计要求:①报题:粽叶飘香;②主编:班级姓名(位于报题下方)。

具体要求：A4 打印纸，边框外留 1 厘米，边框设计要简约、美观。内容包含以下四个板块：①端午节的来历；②习俗；③纪念屈原与端午的诗词；④包粽子的收获。

评价标准：首先内容丰富，书写一定要认真。其次装饰美观，不要喧宾夺主。

4. 学生完成该作业的预期和措施

班级大部分同学都完成了"画端午""体验端午"这两个活动，这种弹性作业有利于学生发挥自我选择权。有 15 个同学把描绘端午也认真完成了，而且拍了包粽子的视频，精彩描绘了自己包粽子的过程，这些都可以在全班进行展示交流，让同学们说一说自己包粽子的过程，并写出小作文进行展示评比。

5. 该弹性作业的创新和收获

粽子飘香寄托浓浓情意，这次的劳动教育活动不仅锻炼了孩子们的动手能力，还让孩子们感知端午、走进端午、品味端午，深深体会传统节日的快乐与童趣，和家长们一起参与的过程中也进一步感受到了民族文化的魅力，增进了父子感情，体验了相互帮助、一起分享的快乐。

总之，弹性作业在设计社会实践型作业时，要考虑两方面因素：一方面，要融入生活，依托现实条件，将学生所学课本知识与现实生活的问题相结合进行实践性探究活动，让学生做到"读万卷书，行万里路"，知行合一；另一方面，要充分重视对身边资源的开发与利用，设计出具有浓厚生活色彩和实现难度较小的实践性作业，全面培养学生综合素质和能力。

通过弹性作业"包粽子"和"描绘端午"的设计，转变了学生的学习方式，培养了学生积极主动的学习态度，学生在勤于动手、主动参与中，锻炼了自己收集信息、处理信息，获取知识、运用知识的能力，以及发现问题、分析问题、解决问题的能力；同时培养了学生交流合作探究的能力，扩大了学习途径，扩展了学习思维能力，拓展了学生的知识面，弥补了课堂探究中学生动手机会不足的弊端，缩短了课堂实验探究的时间，留有充足时间引导学生进行探讨，得出正确的结论，让学生在实验探究愉快的氛围下获得丰富的知识。

专题四
个性化作业的设计与批改

个性化作业的设计应根据学科的特点和学生的差异，有计划、有步骤地设计与应用，使学生所获得的基本知识、基本技能、基本方法、基本思维系统化与综合化，发展学生系统思考问题的能力；个性化作业批改完可以通过激励性的语言评价学生作业中的亮点，满足学生的精神需求，尊重学生的学习成果。

主题 1
个性化作业的概念界定

一、传统意义上的个性化作业

"个性化"是相对于"标准化"而言的。传统意义上的"个性化作业"是指在教育思想和教育理论的指导下，在研究学生个性差异的基础上，教师根据教学目标、教学内容和教学进度来设计的体现学生知识、能力水平和发展需求的课后学习任务。传统的个性化作业尽管关注到了不同学生的个性发展需要，但仅仅停留在表面，它更关注的是服务于教学目标、内容、进度的需要，巩固课堂知识，因而很难使学生的个性得到充分的发展。

二、"双减"背景下的个性化作业

2021年3月，教育部提出了做好中小学教育教学工作的八项举措，其中明确要求"着力强化学生作业管理，鼓励布置分层作业、弹性作业、个性化作业，坚决克服机械、无效作业，认真分析学情"。2021年4月，教育部办公厅印发了《关于加强义务教育学校作业管理的通知》，要求创新作业类型方式，针对学生的不同情况精准设计作业，根据实际学情精选作业内容，通过作业精准分析学情。为贯彻会议精神，在一线教学中，教师也应该采取相应措施落实"减负"政策。课外作业的设计就是很好的着眼点，优化课外作业设计，让学生真正能够从作业中有所收获；减少机械性、重复性的作业，为学生减负，为教学增效。

《意见》提出"全面压减作业总量和时长，减轻学生过重作业负担"。"双减"之下，全国各中小学校迅速开展了有关作业改进的实践和探索，取得了一系列的成果。但当前仍存在学生作业数量多、质量不高等问题。因此，当前研究和关注的重点问题是如何真正地、更加有效地减轻学生的作业负担，切实满足不同学生的个性化需要，从而进一步发挥作业的育人功能。

综合以上研究，我们得出，"双减"背景下的"个性化作业"是指，依据课程标准，充分考虑不同学生的个性特征和能力，设计内容、数量、要求和形式各不相同的作业。学生可以根据自身需要来选择适应其能力发展水平的作业，从而使每一个学生的个性都能得到发展。"双减"背景下的个性化作业的特点在于："减负""增效"。即一方面，各学科要在严格控制书面作业总量的基础上，积极创新作业形式，增加作业的趣味性、实践性，切实减轻学生负担，使学生"减负"，让作业"提质"；另一方面，除了传统作业中所体现的巩固知识目标外，它更多地考虑了学生的个性化发展需要，为不同学生的全面发展"增效"。

三、基于全面性、群体性、具体性的学情分析的个性化作业

全面性，是指在作业设计过程中，一方面，教师要面向全体学生；另一方面，教师要把传授知识与培养品德、智力发展与能力发展、心理发展与身体发展有机地结合起来，全面分析全体学生的学情。

群体性是相对于个体性而言的。一方面，作业设计要面向学生群体，所有学生的发展需求都要考虑在内，而某些学校的一个年级十几个班同一学科留相同作业，这样的作业形式显然是不符合群体性原则的；另一方面，在作业达成的方式上，除了考虑学生独立完成的个体性作业，也要考虑合作性作业所占的比重，培养学生的群体意识和合作意识。

具体性，是指教师要从学生的实际情况、个别差异与个性特点出发，有的放矢地进行有区别的作业设计，使每个学生都能扬长避短、长善救失，获得最佳发展。

基于全面、群体、具体的学情分析的个性化作业，是指改变传统的个性化作业模式，在教育思想、教育理论的指导下，在深入研究全体学生全面发展的学情的基础上，教师根据每个学生的具体个性特征（包括年龄因素、语言潜能、知识水平、认知风格、学习策略、学习需求和兴趣爱好等）设计适量的作业，使不同层次的学生都能选择出适合自身发展需求的个性化作业，从而获得成功的喜悦，增强学生的自我效能感，使学生的个性得到充分、自由、全面的发展。

主题 2

个性化作业的设计原则

明确了个性化作业的概念，接下来我们要思考的就是如何进行个性化作业的设计，即个性化作业的设计原则问题。笔者通过深入研究，总结了以下几条原则：学科特色原则、多样性原则、自主性原则、趣味性原则和综合性原则。

一、学科特色原则

每个学科都有自己的风格和特色。通过分析学科发展特点，从学科的传统优势中挖掘特色，打造基于学科发展特色的个性化作业。

例如，《义务教育语文课程标准（2011年版）》明确指出："语文是最重要的交际工具，是人类文化的重要组成部分。工具性与人文性的统一是语文课程的基本特征。"因此工具性和人文性是语文学科的基本特色。在进行语文个性化作业设计的过程中，要充分考虑语文学科的特色，既要将语文知识与能力这一显性目标内化为学生自身的需求，又要能将过程、方法、情感、态度与价值观等隐性目标渗透在提高学习效率的实践活动中，成为学生自身的感悟，使语文的工具性与人文性融合于语文一体。同时，了解学生语文学习的基本情况，发现他们在学科学习中存在的问题，对学生开展系统的学习方法指导，帮助学生形成正确的学习观念、养成良好的学习习惯、掌握有效的学习方法。通过转变学生的学习方式，激发学生学习的积极性和主动性，提升学生的学习素养，进而促进语文学科作业质量的全面提升。

在目前我们的学校教育阶段中，小学的学科达到近十门，而初中的科目更多，多达十几门，因此对学科之间的差异性必须关注。我们在设计作业的过程中，一定要考虑到学科的差异性和独特性。但同时，我们也要在相似或相近学科之间设计跨学科作业，以提高学生的综合能力和素养。

二、多样性原则

对于传统的作业而言,单一的作业内容和作业形式是导致其个性化缺失的重要原因之一,因而个性化作业的设计必须遵循多样性原则,即作业的内容和形式尽可能多样化。

首先,个性化作业的内容设计应具有多样性。设计作业内容要多角度,尽量使基础知识、基本技能和学科核心素养得到全面的培养和训练。既保留背诵、抄写及练习题等传统的作业类型,也要利用互联网技术与生俱来的优势丰富作业内容,如以作业完成的方式不同可以提供人机对话式的口语作业、影片欣赏式的听力作业、闯关冒险式的游戏作业;以作业需提交的时间不同又存在短期作业、中期作业和长期作业;因完成作业的主体不同又可分为单独完成作业与团队合作型作业;等等。同时要精选精编作业题目,合理控制作业量。为了激发学生做作业的主动性,所设计的作业要有利于满足不同层次学生的需求。教师应根据学生的个体情况考虑作业的难度,并让作业有一定的弹性,让学生可以根据自己的实际情况来挑选。在作业设计过程中,除了要确保其符合学生的学习情况,还要保证作业设计的科学性,通过正确科学的方式对学生进行指导,使其掌握正确的学习方法,不断提升个人综合素养。

其次,个性化作业的形式应具有多样性。就目前来看,教师布置作业还是以书面形式为主。除了书面形式的作业,教师也应加入听、说、读、写、课外实践等内容,让单调乏味的作业变得多样化,促进学生个性化发展。要创新作业形式,提倡"基础性作业+拓展性作业"的分层作业模式,满足不同层次学生的需求。各备课组在进行集体教研时应对作业进行研究探讨。作业要紧扣课程标准和教学进度,在内容、数量、要求等方面,经过组内成员集体讨论,提出学生作业布置计划。教育实践告诉我们,学生彼此有不同的学习优势,也有不尽相同的兴趣。因此,教师应有意识地设计多样化的作业类型,让学生根据自身的兴趣、爱好选择适合自己的作业。这样使学生在作业中感受快乐,在快乐中有效提高学习效率。按照"五育"并举的方针,在尊重学生差异性的前提下,设置作业"超市",给学生选择的权利。在作业超市里,既有标准答案的练习,也有采用口头练习、表演练习、实际操作等形式独特的作业;有短期的,也有专题性或研究性的长期性作业;有个人作业,也有小组或全班的合作性作业;有单科作业,也有跨学科的综合性作业;有教师布置的作业,也有学生自己设计的作业;有知识巩固型作业,也有应用型、实践型作业。教师还可以根据学生的不同特点,布置"特色作业"。如语文学科开展漫游成语王国、故事会、主持人大赛等学科活动；道德与法治学科开展新闻发布会、情景剧表演、小记者采访等学科活动；地理学科开展制作简易地球仪、争当天气预报员、手绘世界（中国）等学科活动；数学学科开展超市收银员、"小会计当差"等特色性作业设计，有效提升学生的作业兴趣。另外，还可通过举办创新作业设计大赛的形式，使个性化作业内容丰富，形式多样。正如心理学家所说，单一的模式让大脑疲惫不堪，形式的多样性显得尤为重要。多样性是个性化作业设计所应遵循的重要原则。

最后，个性化作业的批改和反馈也应体现多样性原则。有的作业要全批全改，教师要根据作业内容特点和学生实际选择合适的作业批改方式，做到有布置必收、有收必改、有改必评、有错必纠。而有的作业，可以创新作业批改方式，采取教师主评、学生互评、同桌互批、组内互查等多种方式相结合，并将结果及时反馈给学生，发挥个性化作业的实质作用。

三、自主性原则

所谓自主性教育原则是指在教育过程中，教育者要尊重儿童爱好自由的天性，使儿童自主、快乐地学习，成为具有自主性的人。学生喜好自由，教育者不应该把作业或学习当作任务强加给他们，变成学生的负担，否则可能会出现低效、逃避，甚至厌学情绪等一系列不良后果。因此，教师要设法引导学生为自主、快乐而完成作业或学习任务，并从作业中获得自由、快乐和满足。

同时，在作业设计过程中，教师要充分尊重学生的主体地位，使其能够在学习中发挥自身的主观能动性。教师也要尽可能多地为学生预留思考和想象空间，使其真正成为学习的主人。教师还要处理好与学生的关系，逐渐转变课堂"主宰者"的角色，提升学生在学习中的主人翁意识。

此外，在教育过程中，教师不仅应该设法引导学生自主、快乐地学习，而且应该培养学生的自主能力。首先，培养学生自主学习的意识。素质教育是以学生为主体的教育，学生是学习的主人。所以在实施素质教育过程中，要注重培养学生自主学习的意识，促使学生在教学活动中自主去探索、去思考，收到教学效果。其次，积极引导学生自主学习。学生是学习的主体，提倡学生参与确定学习目标和评价目标，在学习中积极思考，在解决问题中学习。在确定目标方面，教师应加以引导。教师在教学中还应大胆放手，鼓励学生独立自学，使学生真正掌握学习的主动权，成为学习的主人，学生就会积极自主地参与学习，通过动手、动脑、动口等自主活动，独立地发现问题、解决问题，并从中感受成功的喜悦，

专题四 个性化作业的设计与批改

从而体验到主动学习的乐趣，使主体性得以充分发挥。最后，让学生走出校园、走进社会、走进生活。在教学中要注重学生的生活经验和体验，对每一个学习内容的引入，都尽可能多地联系学生的生活实际，处处强调从生活中的科学讲起，同时又特别强调把所学的知识运用于日常生活中，注重培养学生运用知识解决实际问题的能力。在教学实践过程中，还应注重引导学生关注他人、关注社会。

总之，在实施素质教育过程中，倡导主动性学习是实现学生学习方式转变的一种重要手段，要注重培养学生自主学习的能力，促使学生在教学活动中自主去探索、去思考，收到良好的教学效果。

四、趣味性原则

俗话说，兴趣是最好的老师，兴趣能为学习提供充足的动力，学生有了兴趣才能主动地去学习。学生作业也可以走个性化道路，可以一边玩一边学，作业可以是书面作业，也可以是实践作业。教育心理学表明，学生成绩的优劣不仅与智商相关，而且受学生兴趣的影响，如果学生对某一学科有浓厚的兴趣，那么其作业完成效率也就很高。在个性化作业设计中，为激发学生主动性，促进学生个性化发展，就需要结合实际兴趣，设计中突出作业的趣味性，使学生在教师引导下能够积极主动完成作业。作业的趣味性可以体现在作业内容、作业形式两个方面，让学生自主选择喜欢的内容与方式来完成作业。考虑作业的趣味性，设计的课外作业在内容上、形式上要有新意，寓学于乐，在展示与评价反馈上也要与众不同，鼓励学生能以积极的态度去完成作业，激发学习兴趣。

新课程背景下更注重学生在课堂中的位置，关注学生的真实感受。兴趣是学生学习的最佳动力。当学生对学习的知识内容极为感兴趣时，就会主动开展相关内容的探究。基于此，教师在设计作业时要走个性化路线，让学生可以一边玩一边学习知识，高效完成作业内容。同时，教师也要为学生设计自主作业，让学生自己去选择作业的形式与内容，做到对学生的足够尊重。在小班化的数学教学中，教师可以引导学生以合作形式完成作业，保障学生完成作业的主动性，推动学生之间的交流，让学生将自己的想法充分表达出来，逐渐培养学生良好的思考习惯，加强对学习方法的掌握，深化学生的个人能力。此外，学生不仅可以进行作业的选择，也能够辅助教师设计作业。具体来讲就是，教师在完成教学任务后，要为每位学生分发卡片，让学生参考自己的学习情况写出自己未能完全掌握的知识，或提出对作业设计的新想法，这样可以帮助教师更科学地设计作业，保证学生个性化作业的有效性。

▶▶▶▶▶ "双减"背景下作业的创新设计与批改

学生的实际学习过程中由于存在个性上的差异,要求教师不能按照统一的要求进行作业设计,要从学生的实际差异来设计,从而保障学生在作业完成中提高其效率和质量。按照针对性的要求进行设计,就要以学生的个性化发展为基础,能结合学生对作业完成的需要进行科学化的设计,从而将个性化作业的设计价值充分体现出来,提高学生的作业完成度。语文作业设计中个性化的设计就是要能按照趣味性的要求,充分注重将学生的作业参与的兴趣激发出来,这是保障学生作业完成质量的关键。

五、综合性原则

由于学生个性的发展不可脱离全面的发展,因而要求作业系统对于作业的安排须有助于学生的全面发展。综合性原则具体包含三点要求:第一,充分考虑学科之间作业的协调性,作业系统本身会嵌入相关算法程序以分析各个时段学科作业的分布比例,以适时提醒相关学科教师调整作业量的比重;第二,充分把握不同类型知识作业的比例,如警惕程序性知识与陈述性知识出现严重失调,照顾到学生多元智力的发展等;第三,注重短期进步与长期发展的整体协调,作业的呈现时间要适应学习的规律,摆脱传统教学中某些知识的学习"快学快忘"的情况,作业系统的优劣以学生的最终成长为衡量指标。个性化的作业系统在逻辑上就是从整体出发,将长期目标与整体要求进行细化和可视化,在学生看到自己每天微小进步的同时,作业系统会以其"无形的手"完成宏观调控。

五个手指长在同一个手上,长短却不一样,班级内学生的学习水平也是不平衡的。教师布置的作业实行"一刀切",布置一样的作业,忽视了学生个体间的差异。简单的作业对于基础好的同学来说是浪费时间,起不到拓展提升的作用,而难度大的作业让学困生无从下手,失去了学习兴趣,逐渐在学习中掉队。教师如果做不到因材施"布",将会导致学生不做作业和抄袭作业的现象更为严重。教师在设计作业时要关注学生的个体差异,作业要根据班级中不同层次学生的学习能力,兼顾"学困生"和"优等生"的不同需求设计不同层次的作业。个性化作业设计与应用时,根据学科的特点和学生的差异性,要有计划、有步骤地设计与应用,并且由浅入深、由易到难,循序渐进地设计与应用,进行系统训练,可以使学生所获得的基本知识、基本技能、基本方法、基本思维系统化与综合化,发展系统思考问题的能力。

主题 3
个性化作业评价建议

精心设计的作业也需要教师精心的评价。作业评价是教师教学工作的重要内容，也是教师作业个性化设计的重要组成部分。一方面，通过对学生的作业进行评价，能够及时发现学生在相应知识掌握方面存在的问题；另一方面，教师能够明确学生在课后的学习情况，以此对学生进行课后学习的指导。而传统的作业评价以"评分"为主，缺乏感情温度和个性色彩，与"个性化教学"理念明显相悖。因此，教师应该尝试通过以下方式，实现各学科作业的个性化评价：评价主体多元化，评价方式多样化，评价突出过程性，评价标准灵活化，评价以激励为主。

一、评价主体多元化

传统的作业评价方式是教师按照作业的标准答案评价学生作业的完成情况，由教师一人做主，评价形式一成不变，缺乏个性化。这样的评价方式只是重视学生完成作业的结果，关注学生答案的正确与否，教师与学生没有针对作业形成交流，忽视了学生在完成作业过程中的主体性，导致学生在完成作业的过程中始终处于被动状态，在一定程度上降低了学生完成作业的积极性，进而影响了学生作业的完成效果。学生是学习的主体，在各类评价活动中，学生都是积极的参与者和合作者，因此应建立开放、宽松的评价氛围，鼓励学生、同伴、教师和家长共同参与评价，实现评价主体的多元化，帮助学生在自我评价、互相评价、师长评价中不断反思，认识自我，从而实现自主学习和发展。在新课改的要求下，教师要转变教学思想，坚持评价主体的多元化。教师应该从教师、学生、家长乃至社会的多重视角对学生的作业进行评价，使评价更具客观性。评价主体的多元化，要求教师在个性化作业评价的过程中，改变传统单一评价标准的作业评价模式，采取更加具有针对性的教学评价方式，为实现学生的全面发展奠定基础。因此，作业批改的主体必须走向多元化，由过去以教师为主的单一批改走向由学生、家长、学校、社会共同参与的多元化批改。只有这样，才能更有效地了解学生的学习情况，才能更广泛地收集各方面的反馈信息，帮助学生正视自己的优缺点，取得更大的进步。作业评价的主体不仅仅局限于教师，更应让学生参与到作业的评价中去，采用学生自评、学生互评、教师评价、家长评价等多元多向评价方式。

1. 教师评价

教师本身以教育者的身份及其教育方面的专业知识确立了其在学生中的权威性、影响力。他们对学生的认可、赞扬可以使学生获得成就感，增强自信。而且教师在学生学习过程中是最能仔细观察了解学生的学习情况并及时予以引导的，因此从学生发展这个目标出发，教师应设计实施科学有效的作业评价。

2. 学生自评

教师不仅要做好自身对学生的评价，更要帮助学生学会自我评价，使自己从讲台上的传授者转变为学生学习的促进者。学生自评的过程实际上是对自己的反思过程。它能让学生发现自己的成功与不足，形成有效的学习方法，提高学习能力，培养自控意识，主动发扬优点、克服缺点，在健全学生的人格方面也起到重要作用。因此，学生评价是评价的主体，它应成为教学的有机组成部分。通过让学生主动参与评价，使评价过程成为促进学生反思、加强评价与教学相结合的过程，成为学生自我评价、自我激励、自我调整等自我教育能力不断提高的过程，成为学生与人合作的意识和技能不断增强的过程。根据实际情况，把学生吸收到评价主体中来，充分利用学生的主体性引导其展开自我评价。这样以学生的角度和自己的角度对作业进行评价，不但可以创新评价的思维和角度，还能够让学生从评价中有所收获，从而能够更充分地体现个性化作业设计的效用。在学生的自我评价中，学生能够认识到自己在完成作业过程中存在的问题，进而明确自己在学习中存在的问题，从而调整学习方式，以提高学习效率。例如，在教学《金属及其化合物》一课时，教师可以提出问题："日常生活中你们都接触过哪些金属物体？""你们了解这些金属物件主要是什么材质的吗？"学生自主学习并回答问题，而后教师对此进行全面的讲解。最后，教师要求学生根据自己的回答进行自我评价，并在作业上批注自己的评语。通过自我评价，不仅学生可以掌握自己的学习情况，教师也能够及时了解学生的学习情况，并结合实际情况调整教学，提高教学的合理性和有效性。

3. 学生互评

学生互评是最有说服力的评价，可以起到互相督促、互相学习的作用，激励

专题四 个性化作业的设计与批改

学生你追我赶,并培养学生虚心听取他人意见、诚恳对待学习伙伴及良好的团队合作精神。例如,在评价表演型作业时,可以采用小组互评加教师评价的形式,以最大限度激发学生完成作业的热情。通过互相评价,学生有机会发现他人的优点,并能发现自己的不足。教师可以让学生之间互评,说出对方作业的优点和不足,帮助学生端正学习态度,养成良好的学习习惯。新课标要求"积极倡导合作探究的学习方式"。教师应鼓励学生主动探究,挖掘自身的创造潜能,开发自身的多元智能,让学生在学习的过程中获得成功的体验,真正成为个性健全发展的人。在探究性作业中,教师可以布置独立完成的作业,但更多的扩展型作业则要求学生以小组合作的方式完成。

在《新时代的劳动者》新课学习之后,教师布置了以下作业,学生以小组为单位完成:(1)通过网上搜集文字数据资料,来解说世界和中国当前的就业形势;(2)利用周末到附近的人才市场走走,并随机采访刚毕业的大学生,对他们进行求职经历访谈,并完成人才需求的相关调查报告。

在作业评价方式上,教师可以采取学生组内互评的方式,评选出每组的优秀作业供大家交流展示。学生作业的自我评价及互动式评价已不仅仅是检验学习效果、复习巩固学科知识的工具,还是改善传统师生关系与培养良好的师生情感、创建和谐民主的教学氛围与构建师生互动交流的新平台、新途径。

4. 家长评价

学生同样渴望得到来自家长的认可、赞扬、鼓励。家长的积极评价同样能使学生更全面地了解自己的长处和短处,明确自己的努力方向,增强学习的兴趣与信心。而家长参与评价又能帮助家长更充分及时地了解子女的情况,从而及时引导或鼓励督促子女等,并能融洽亲子关系,为学生营造更和谐的成长环境。因此,家长评价也是评价的重要内容之一。教师可以让家长参与到对学生的作业评价中,请家长对孩子在家中、学校的表现做出正确客观的评价,充分了解学生的学习情况,发挥监管作用,真正实现评价主体多元化与评价结果真实化。这样一来,会形成教育合力,共同促进学生的进步。

二、评价方式多样化

坚持评价方式多样化,可以采用纸笔测验的方式,对学习中基本知识的掌握与学习能力的培养进行测评;可以通过收集学生在学习过程中的材料和观察记录学生学习的行为表现等方式,对学生学习进行过程性评价;可以通过开展各种形式的活动，对学生在学习中的活动进行评价。不管采取哪种方式，都应该具有针对性，都要充分尊重、保护学生学习的主动性、积极性，做到有利于学生的学习和成长。

第一，采用展示互评的方式评价抄写类作业。在布置初中语文作业的过程中，教师经常会给学生布置一些抄写类的作业，这类作业的难度其实并不高，学生只需要根据课文中的内容依次将其抄写下来即可。在传统的评价方式中，对于这类作业，教师的评价往往以学生抄写的工整程度为标准，一般情况下，只要学生字迹工整、抄写无误，就会获得教师较高的评价。但是长期面对这种评价方式，学生会产生一定的厌倦感。为此，教师可以尝试采用展示评价的方式让学生互评，通过这种方式激励学生用更好的态度去开展这类作业的书写。

第二，采用语言引导的方式评价练习类作业。教师可以采用语言引导的方式来评价学生的练习类作业。练习类作业的形式往往以练习题为主，教师会给学生布置一些思考题或练习题，让学生更好地巩固所学知识。在传统的评价方式中，教师对这类作业的评价往往过于单一，很多情况下会采用简单的"对"或"不对"来评价，而学生在看到教师的评价后也很少会仔细研究自己的答案，这导致学生做作业、教师评价、学生反思三者之间相脱节。为了更好地解决这一问题，教师应尝试采用引导式的语言开展评价，根据学生的作业情况给出不同的评语，从而激励学生展开反思和二次练习，更好地提升学生学习的积极性和主动性。

第三，采用现场体验的方式评价写作类作业。教师可以采用现场体验的方式来引导学生评价自己的语文写作类作业。写作是初中语文阅读教学中的一个十分重要的教学内容，在语文教学的过程中，教师每天布置的作业的形式应以多样化的方式为主，只有这样才能更好地激发学生的学习兴趣。这一点，目前很多教师能很好地完成，但很多教师的评价方式仍然停留在传统的教师自主评阅上，这种评价方式具有较强的主观性和片面性，不利于学生学习积极性的提升。为了更好地提升学生的学习动力，教师应尝试采用个性化的评价方式对学生的作业进行评价。一般情况下，当学生根据教师的题目写完一篇作文后，教师往往会根据学生的写作情况书写评语，但是这些评语具有一定的主观性，部分同学会对自己得到的分数感到不满。面对学生的这种不满情绪，教师可以将单一的教师评阅改为学生自我评价，引导学生参与实践，让学生对某种活动有一个初步的认识，然后阅读自己的文章，提升自己对作文的认识程度。在开展评价的过程中，教师首先应根据学生的写作主题确定对应的实践类型，然后将学生集中在某个场地开展实践，让全班同学共同参与具体的实践活动。当实践活动结束后，教师应第一时间让学生表达自己的内心体验，然后重新阅读自己的作文并尝试修改作文，从而达到自主修改文章的目的。

第四，采用网络点评的方式评价创新类作业。教师可以采用网络点评的方式评价学生的创新型作业。创新型作业是一种不同于传统作业形式的新的作业类型。在开展创新类作业的评价过程中，教师首先应该为学生设计一些可以通过网络展示自己的作业题目，让学生以更加新颖的方式对待自己的作业。在具体的作业布置过程中，教师应遵循如下原则：一是应确保作业的个性化，使学生在做作业的过程中能更好地提升自身的动手能力；二是应尝试设计一些便于保存或记录的作业形式，让学生能将作业上传到网络上，从而更好地引导学生开展相关的作业评价。

现代教育理论认为，没有所谓标准的孩子，每一个学生都是独一无二的、无法复制的。他们有属于自己个性的情感、思维、智慧。应尽量开发多元的、动态的评价方式。不局限于纸笔测验，可采用口试、实作评量、直接观察学生、教师与学生的互动沟通等方式，多方面收集学生资料，尽可能地对学生学习的各个环节进行多维度的考量。教育者应该把教育评价看作学生学习的一部分，更多地关注学生成长、发展的过程。总之，通过个性化作业，加强、深化、扩展学生对所学知识的理解和认识。评价的作用在于教学而不是区分学生的优劣和简单地判断答案的对错，重要的在于强调其形成性作用，注重发展功能。

三、评价突出过程性

在以往的作业设计中，人们通常只关注作业本身，教师都是将已经设计好的作业内容告知学生。学生回到家中自行完成作业，第二天将作业本交给教师。教师在批改作业时，打"√"或者"×"给分，而对作业完成的步骤（或者过程）则关注甚少。教师评改之后再将作业返还给学生，并将评语写在作业本中。这种评价方式只让教师看到了学生的作业完成结果，且评价主体为教师，学生自始至终都扮演着被评价者的角色，教师无法了解学生的作业完成过程与成长经历，学生难以参与到作业评价之中，与课程改革中所提出的多元性评价、表现性评价相悖。

学习是一个过程，是通过教授或体验而获得知识、技术、态度或价值的过程。学习必须依赖经验才可以有长远成效，而经验的获得，是需要"成功"或"失败"的切身体验的，这里的"成功"或"失败"无关乎"有用"或者"没有用"，它们都是学习者成长过程中不可缺少的内容。学习的过程性就要求教师在学生作业中经常对其学习过程进行指导，包括学习知识情况、技能的掌握情况、学习态度、主动性、学习动机、结果及独立思考与认真程度，分析问题和解决问题的能力，与他人合作交流的情况等方面。同时，通过及时的反馈将结果适时反映给学生，以便学生及早地发现问题，并采取有效的措施解决问题，从而使学生进行有效的学习和不断进步。

因此，个性化的作业除了要注重结果评价，更应该关注过程评价，倡导形成性评价、面向学习过程的评价，对学生在学习过程中的态度、兴趣、参与程度、任务完成情况等进行评估。"面批"是能达到这一要求的有效手段。面批能加强学生与教师之间的沟通，教师也能了解学生思维的过程，给予相应的指导，使学生在原有基础上进步，另外，还能发现课堂教学中的不足，分析学生产生学习困难的深层原因，及时地改进教学方法。

作业的过程性原则，目的在于及时反映学生学习中的情况，促使学生对学习的进程进行积极的反思和总结，找到有效的学习方式，促进学业的完成。因此在作业评价方面，视野可投向学生的整个学习历程，认为凡是有价值的学习结果都应得到肯定的评价，这就使得学生的学习积极性大大提高，学习经验的丰富性大大增强。因此，在作业评价上，要淡化结果评价，注重过程评价，以搜集资料的功夫深浅和有没有独特又言之有据的观点为准，以主动、创新、拓展的作业为准，尽量让评价是开放的、持续的、自主的、发展的，让学生在这种有着土壤、水分、肥料，充满空气和阳光的环境中自由成长。

四、评价标准灵活化

杜威认为，教育应尊重每一个人的特殊性，尊重人的每一个发展阶段的特殊性，教育应当用内在的观点看待儿童，而不应当用比较的观点看待儿童。我们应当树立差异发展的学生观，把学生看作一个独立发展的个体，尊重学生的个性差异，把更多的爱心、关心、赞美、宽容、微笑投向每一位学生。确立每一位学生都具有成功的发展潜能的信念，并最大限度开发学生的潜能，让每一位学生都能体验成功的乐趣。教育是如此，那么对学生的评价更应该如此。评价不是"选拔适合教育的儿童"，而是"创造适合儿童的教育"。根据加德纳的多元智能理论，每个学生都有自己的智能特点和优势智能。因此，设计出多元的、弹性的和灵活的评价标准，是多元智能评估的必然选择。加德纳认为："评价方案如没有考虑个体之间的巨大差异、发展的不同阶段和专业知识的多样化，就会逐渐落后于时代的需要。"传统的学生评价追求一元化的价值观，忽视了学生的个性发展，事实证明，这种做法的效果难如人意，应采用"分层评价法"，即根据不同的评价

专题四 个性化作业的设计与批改

对象和目的,采用不同的评价标准。例如,对优等生采用"常模参照评价",促使他们找出自己与排名靠前的学生的差距,克服骄傲自满情绪,不断完成自我追求卓越;对中等生采用"目标参照评价",促使他们看到自己与教学目标之间的差距,克服"比上不足,比下有余"的思想。

  世界上没有两片相同的叶子,学生也是这样,每一位学生都拥有属于自己的个性。而正是因为个性的存在,学生才能够在学习方法以及学习能力方面产生差异性。为照顾学生的学习差异性,帮助每一位学生完成各自的发展,这时教师也要在课堂内实施有效的个性化作业评价,根据不同学生的具体学习情况建立一种多元评价机制,对学生展开客观评价,促使学生完成总体发展,这样的教学评价模式能够考虑到学生学习的相关性质,将学生学习的全部动力发散出来,让学生在课堂内更为积极主动地投入学习,获得自信。例如,在教学课堂内,教师就可以按照成绩、能力将学生分层。对每一层次的学生提出不同的作业完成要求,而在评价时,教师也要根据不同层次学生的问题回答情况及学习进度来调整教学,确保学生在问题解决过程中了解相关知识。例如,对于基础较弱的学生来讲,只要学生有所进步,教师就应不吝啬鼓励,积极给予学生激励,提高学生的学习热情;而对于学习能力较强的学生,教师就可以针对课堂内的一些难题给予学生适当点评,要求学生探索难题,帮助学生找寻出自我学习的薄弱之处,最终成功解出这些难题。

  在学习"统计表和条形统计图"的时候,教师要求学生以小组为单位,针对校内学生的个人特长情况展开调研,并利用复试统计表呈现调研结果。在这次作业的评价中,教师并没有简单根据学生上交上来的统计表进行评价,而是采用多角度、多标准、多途径的评价方式,不仅开拓性地将"受访对象"纳入评价主体,对学生进行综合评价,还创造性地为每个学生建立了"统计表学习进展档案",对学生进行动态评价,从而通过个性化的作业评价,体现学生个性化的学习成果。

五、评价以激励为主

  评价应是一种师生进行情感沟通、教学相长的过程。教师应尊重每一位学生的学习成果,用放大镜捕捉学生作业中的亮点。有人用这么一个公式来描绘学生学习:"学生学习成绩=能力×激励"。据了解,"教师通过激励去引导学生,学生的积极性会随之增加 3~4 倍"。这充分地说明:学生的学习离不开教师的客观表扬与赞美。所以,正确的、合理地采用正强化手段是作业设计中不可缺少的成分。如果发现学生完成作业的方法比较新颖和独特，教师不必完全在乎正确与错误，首先充分地赞赏学生的创新意识和想象能力，然后给予一定的肯定，从而提高学生继续学习的浓厚兴趣。

激励学生的评价策略是个性化作业评价的重要内容。在实践中，通过激励的方式鼓励学生克服困难，积极学习，有利于学生体会作业完成的成就感，能够有效培养学生主动学习的能力和兴趣，避免出现强制性学习所导致的厌学和反抗心理。因此，个性化作业评价可以通过激励性的语言去捕捉学生作业中的亮点（如字写得好、书面整洁干净、解题思路独特、创新意识强、解题思路明确快速等），去满足学生的精神需求，尊重学生的学习成果。

主题 4

不同学科个性化作业设计

一、人文社科类个性化作业设计

1. 语文个性化作业

（1）创意型作业。

多种形式的创意型作业让学生感到做作业是一种享受，其自然会怀着兴奋的情绪去做，思维更为活跃，反应更加灵敏。

例如，针对学校、班级或小组等集体活动，写出创意文案。结合学校、班级、小组的某次具体活动，鼓励学生写出活动目的、活动组织、活动保障在内的创意文案。再如，写小制作、小创作等简短的介绍文章。参照药品说明书、电器使用说明书等，给诸如折纸鹤、做毽子等写出说明性的文字。这些都体现作业个性设计的生活化。

（2）激趣型作业。

兴趣是最好的老师。良好的兴趣可以激发学生的学习动机，引导学生积极主动地投入其中。因而，饶有兴趣的作业题具有一种吸引力，能促使学生充分发挥自己的潜力去完成它。

例如，学习《爱莲说》之后，可以设计如下作业：①查找并积累中国古典诗词中描写荷的相关语句；②收集整理关于荷的故事或文章；③制作一份以荷为主题的手抄报；④背诵这篇精美的文章。以上四题，凭兴趣任选其一。再如，学习"少年诗情"单元后，组织学生举行诗歌朗诵会；学习"传奇故事""神话传说"等单元后，可以举行班级故事会并评选出"故事大王"等。

（3）想象型作业。

爱因斯坦曾说，想象力比知识更重要，因为知识是有限的，而想象力概括着世界上的一切，推动着进步，并且是知识进化的源泉。作为语文教师，训练学生的想象力尤为重要。

学习《诺曼底号遇难记》后，要求学生展开想象：当你随着轮船沉入海底并且已经知道自己没有生还的可能时，你想到了什么？请大胆想象并以书信的形式给家人、朋友等写一封信。再如，学习"科幻天地"和"动物世界"之后，教师可以布置这样一篇作文：请充分利用你的想象力，把自己化身为某种动物，站在它们的角度去感受，完成一篇主题明确、立意深刻的文章。

孩子们都在盼着长大，在寒假作业中，有位教师留的作文题目是《写给2035年的我》，让学生充分发挥想象力，给20多年后的自己写一封信。这样的作业势必引发学生的思考，思考未来，思考人生，思考当下。思考中的学生是一颗颗闪闪发光的星星，思考会激发他们的想象空间。

想象力是人的知识、智慧、愿望、追求的延伸与拓展。在语文学习中，如果辅之以一定的方法、原则，进行较系统的、针对性强的想象型作业训练，必然促进学生发散性思维和想象能力的发展。

（4）探究型作业。

语文作业除了正确引导学生学习课本的有关知识，必要时可以把作业设在图书馆、阅览室、家庭里、社会中，让学生各取所需。且设计的作业要让学生有发挥的空间，能体验成功的喜悦，提高能力。

广告在我们生活中随处可见。请你做个有心人，记录下令你印象深刻的广告语，与父母一起找出广告语中的谐音字并尝试着自创广告语。学习了"报纸，信息的窗口"等新闻类的文章后，要求学生利用图书馆、阅览室、网络等渠道广泛涉猎新闻的类别、特点、写法等。同时要求学生尝试自己叙写校园新闻，分小组收集、整理、筛选合适的新闻。

语文作业的题型设计还有很多，无论哪种作业都要尽可能地集多项训练功能于一体，使学生的语文能力在一定时空里得到全方位的训练，收到一举多得、事半功倍的效果，也让学生在完成作业的同时能够享受合作、享受成功、享受生活。

2. 历史个性化作业

长期以来，历史作业存在着形式单调、忽视学生间差距和潜能、缺乏思维等问题。新课程背景下的历史教学，提倡为学生减负，作业应注重培养、提高学生历史学科素养和历史思维能力。在设计初中历史个性化作业时，要坚持新课程所倡导的因材施教，面向全体学生，设计开放性、剖析性与实践性作业，关注每个学生个性发展要求。通过创新初中历史作业设计主要形式，设计个性化作业，使学生通过自主思考，基于自己的经验去建构历史思维。

（1）论文型作业。

以写作小论文的方式，加深学生对历史的理解。一般来说，在历史学习中，学生对书本知识的理解仅仅停留在表面，没有时间去思考它的深层含义。在这种情况下，教师可以给学生选定某个主题，让学生自己搜集材料，进行小组讨论，各抒己见，然后在听取多人意见的基础上写出相关的小论文。这种方式对初中生来说有一定的难度，却能培养学生的团队合作能力，锻炼学生的写作能力，丰富学生知识，加深学生对于历史的了解。例如，在讲解"第二次鸦片战争"的相关知识时，为帮助学生理解当时的历史，教师可以给学生布置题为《学习圆明园之后的反思》《圆明园的背后》《八国联军的罪行》的小论文，引导学生思考历史背后的教训。虽然学生的理解能力并不高，但是通过查阅历史资料，就能扩展自己的历史知识面，学会思考问题，深层次理解问题。

（2）灵活型作业。

其实，历史就是一连串的故事，它可以用一种有趣的方式来展现。歌谣是一种很好的情感表达方式，很多歌谣可以流传百年，这就是歌谣的独特魅力。歌谣产生的社会背景就是历史背景。如果将歌谣引入历史作业，那么历史作业将会非常有吸引力。例如，在教学"八国联军侵华战争"的相关知识时，教师就可以在历史作业中引入歌谣："神助拳、义和团，只因鬼子闹中原。"这些歌词浅显易懂，学生很容易就能理解义和团运动的矛头是指向帝国主义的。在学习《长征》一课时，有一位教师就引用了《长征组诗》来让学生了解长征过程中的种种艰难险阻和感人的英雄故事。学生对这些歌谣印象深刻，在课堂最后，教师留了一项作业，让学生自己创作一首长征现代组诗，来歌颂和赞美今天的长征精神。学生的作业完成度很高。所以，学生在学完课本知识后，还可以自编类似的歌谣，写在作业本上，然后在课堂上将歌谣读给同学、父母、老师听，这样就能有效提高学习效果。作业形式多样，但目标一致。所以说，一份好的作业能起到事半功倍的作用。

在历史学科中，小故事也常常成为课后作业。学生们在课下搜集与本课相关的小故事，然后讲给组内学生听，或者整理成文字稿交给教师评价等。学生都喜欢听故事，这样的作业充分引起了学生的关注。

在灵活性作业中，一堂公开课的课下作业更是让人耳目一新。在这节历史公开课中，教师留了一份"奖券式"作业。让学生在临近下课时抽取一张便笺，便笺上即是本节课的作业。这样别出心裁的作业形式成功地引起了学生的注意。他们对这份充满"偶然"意味的作业非常感兴趣。

（3）自主型作业。

适当增加自主型作业，让学生自由学习历史。在传统的教学中，历史作业只是教师设计的固定题目，学生很少有自主学习的机会。在每一节课中，不同学生对于知识的了解是不同的，对知识点的掌握也是不同的，每位学生都有自己独特的观点。在自主作业模式中，学生可以将自己理解的知识点作为作业，这样不仅能充分表达出自己的观点，也能提高作业完成的效率。教师在完成作业的批改之后，可以利用课堂时间进行总结，组织学生交流探讨，这样就可以很好地挖掘知识点，增强学生对历史知识的掌握，提高学生学习历史的积极性。

（4）辨析型作业。

设置辩题，使学生交流不同的观点。历史课堂应该是活跃、有趣的，因为历史值得我们探讨。在作业设计中，教师不仅要让学生巩固知识，还要培养学生思考能力，因为历史是值得我们深思的。因此，教师在作业中设置辩题是有必要的，因为只有从不同的层面去理解，学生才能找到正确的理解方式，进而巩固知识。

总之，在新课程环境下，利用、挖掘、拓展教材辅助资源，设计历史个性化作业，既可以提高学生学习历史的兴趣，优化学习过程与方法，又可以丰富学生课外生活，发展学生的个性，培养学生的历史思维能力、历史素养，从而实现历史的课程目标。

3. 道德与法治个性化作业

作业布置是检验和巩固学生课堂知识学习成果的重要方法，但是不同的作业设计方式所能够达到的作用和目的是不同的。就初中道德与法治作业设计而言，

"双减"背景下作业的创新设计与批改

多注重书面作业设计而忽视了对学生知识应用能力的培养，多注重普遍问题的作业而忽视了个别问题的设计，这显然是与"学以致用"的教学原则相背离的，同时也是与初中道德与法治的考试出题理念相背离的。正所谓"授人以鱼，不如授人以渔"，满足学生的学习需求是教育人必须遵循的教育原则，从作业设计的环节上说，主要是开放性思想的构建与落实。

（1）感悟型作业。

例如，初中道德与法治《少年有梦》一课，可以让同学们紧扣"理想"主题，结合中国梦、个人的梦想，组织同学开展演讲比赛，英雄少年学习随笔展示等活动，让学生话理想，崇拜为国家、为民族、为社会的发展作出贡献的英雄人物，尊敬每一个平凡的劳动者，真正认识劳动者的伟大。这样开放性的个性化设计，不拘泥于某种形式，有助于学生个性选择，让学生发挥自己所长。不仅能够让学生提升对道德与法治课知识的理解，也能锻炼学生的写作和表达能力，促进学生全面发展。

再如，在学习《拉拉手交朋友》这节课的过程中，教师可以通过友谊重要性的感悟熏陶来开篇，引导同学们认识到朋友对于一个人成长的重要性。进而通过多样化的教学活动来引导同学们轻松愉快地从结交朋友中感悟到友谊的快乐，从和朋友们分享快乐、分担忧愁的过程中更加深入有效地理解友谊的力量。之后，教师可以为同学们布置一些感悟性的个性化作业。在布置作业之前，教师可以使用多媒体来为同学们播放歌手周华健的歌曲《朋友》，引导同学们在认真聆听的过程中更加深入地感受到朋友的伟大和友谊的温暖。在聆听歌曲、感悟内容结束之后，教师告诉同学们：我们每个人都需要结交更多的朋友，和朋友一起学习，一起接触新鲜事物，一起健康快乐地成长。今天的作业有两项，第一项是写一篇100字的小作文，来展示自己和朋友的温暖瞬间或者结交过程，进一步感悟结交朋友的快乐；第二项是和自己的朋友聊聊天，交流一下近期自己遇到的开心快乐的事情，也可以让朋友为自己引见其他新的朋友，在结交新朋友的过程中感悟友谊的快乐与伟大。同时，教师还要针对学生的作业完成情况进行检查，还要让学生谈谈自己在这次活动当中的体会，以及自己如何将这种认识常态化，并运用到自己的日常行为当中等，这样才能更好地保证初中道德与法治开放性作业的完成效果。

（2）活动型作业。

学生既是学习的主体，也是活动的主体。所以在布置作业的过程中，教师需要考虑学生个体的因素，设计一些个性化的活动作业，引导同学们在思考的基础上，多动手去操作，进而在有效实践操作练习的过程中，进一步体会知识学习的意义和价值。在设计个性化活动性作业的时候教师需要结合教学内容，进行实践化研究。尤其需要设计一些学生会做、能做的作业，鼓励他们发挥主观能动性完成任务，提升认知与体验。例如，在学习初中道德与法治《家的意味》这一课时，教师可以事先让学生拍摄视频《我的家》，介绍自己的家，把这一任务带回家和父母一起完成。课堂视频的播放，还可以增进同学之间的了解，拉近同学之间的距离。最后还可以结合布置课后作业——制作感恩卡表达对父母的感恩之情。

（3）实践型作业。

布置社会实践作业，鼓励学生走进生活。道德与法治教学内容源于社会生活，所以在实施道德与法治教学活动的过程中，教师需要密切结合学生的生活特点，有效开展内容讲解与活动体验。在设计个性化作业的时候，教师也需要结合社会实践内容，有效甄选个性化作业的形式，引导学生完成社会实践作业，在实践锻炼的过程中进一步感悟社会生活，通过自己的付出与努力来让身边的人感受到快乐。鼓励学生走进生活融入生活，在生活中体验感悟学习的快乐。例如，在学习《我们的校园》这节课的过程中，教师需要通过带领同学们再次熟悉校园环境、感知校园的温馨，来体会这个我们每天生活学习的地方是多么的美丽。除了要进行基础的感悟体验，教师还需要引导同学们认真学习科学文化知识，有效参加实践锻炼来进一步增强对学校生活的认知和理解。校园是个美丽的地方，也是个快乐的地方，更是一个记录孩子们青春成长的地方。教师可以布置一些社会实践作业，引导同学们拿起手中的相机来拍摄校园美丽的风景以及师生之间温馨的瞬间，或者引导那些有绘画特长的同学能够用手中的画笔来描绘校园的事迹。最终教师将孩子们的作品收集整理进行再次加工，制作一些精美实用的展板，带领同学们走出校园，走进社区进行作品绘画展览，让孩子们成为自己作品的小小讲解员，在向社区里的爷爷、奶奶、叔叔、阿姨介绍的过程中锻炼语言表达能力和人际交往能力，通过富有感情的解读来让社会上更多人士能够回忆起自己青葱岁月的校园生活。

二、自然科学类个性化作业设计

1. 地理个性化作业

个性化作业设计在培养地理学科素养方面有着极其广泛而深远的探究价值。一直以来，地理作业在作业布置时长期处于一学期征订一本地理辅导书，然后

"双减"背景下作业的创新设计与批改

"一本练习打天下",或者布置学科进度的默写、背诵、填图等作业的状态,存在一定程度上的想当然和随意性、机械性,在一定程度上还引起了一部分学生的反感,甚至产生负效果。在对教学质量追求不断提高的今天,怎么样提高作业应有的效果,如何做好地理作业的个性化设计,成为地理教学中的重要研究课题。

(1) 动手型作业。

喜欢动手是初中学生的天性,充分调动学生的动手积极性,不仅能做到寓教于乐,还能逐步培养学生抽象思维与形象思维的综合能力。如让学生利用乒乓球、铁丝制作小小地球仪,用硬纸板做时区转盘,用橡皮泥做等高线地形模型;利用草、沙土、木板、蓝棉线等材料做"我国地形区的基本骨架"的简易教具,用硬纸板设计成地球板块拼图或者中国行政区拼图,等等。

(2) 论文型作业。

如在讲到"特殊的天气"这一内容时,可以结合我国东南沿海常在7月遭受台风袭击的实际情况,布置学生写关于台风的小论文。

(3) 调查型作业。

如在学完"中国的自然资源"后,可以让学生设计"我们一家的日用水量"问卷调查,周边餐饮业一次性筷子使用情况调查,超市塑料袋使用情况调查等,并撰写调查报告。

(4) 知识竞赛型作业。

如讲完"秦岭—淮河一线"知识时,布置学生归纳总结"秦岭—淮河一线"南北两侧的地理差异,以知识竞赛的形式来检测。

(5) 合作型作业。

新课程理念提出要培养学生的合作意识、合作精神、合作能力和合作品质,学生要学会与人交往、与人合作,让学生掌握生存与发展的技能。因此,教师在设计作业时,要多设计一些有利于人际沟通与合作的作业,让学生学会交流,分享他人的创意及成果,培养乐于合作的团队精神。

在学完"地图三要素"之后,可以布置学生以小组为单位,绘制校园平面图,同学们可以用指南针或手表确定方向;用步测法量出校园四周大致的距离,以及教学楼、操场、食堂、宿舍等的大小;然后设计一些图例画出校园平面图,这些环节需要小组成员分工协作,发挥各自的长处,相互配合才能完成。

在学完"土地资源""人口问题"等知识后,可以布置学生分组对家乡进行人口、土地资源的调查(利用周末时间),如走访居委会(或村委会)、社区、国土资源局等部门进行调查,在完成作业的过程中受到人口、资源观教育及国情

专题四　个性化作业的设计与批改

国策教育。

学完"气温的测定"时，布置学生分小组进行观测，充当小小气象员，每天大约在2点、8点、14点、20点测出当地气温，记录下最高、最低气温，了解最高、最低气温大概出现在几点。通过实际测量，学生掌握了气温测定的方法，激发了学习兴趣，培养了团结合作、坚持不懈的精神及严谨的科学态度。

当讲"南极地区和北极地区"这节新课时，在课前把同学们分成两组：南极组和北极组，从"两极地区地理位置""挑战极限气候""寻宝大行动""极地科学考察"四个回合分组准备好材料，课堂上进行"南北二极大比拼"知识竞赛；在学"南方地区和北方地区"时，可以围绕"生活在南方好还是生活在北方好"进行辩论。

（6）实践型作业。

作业设计应注重实践性，地理是一门与生活息息相关的学科，具有很强的实践性，新课程倡导"学习对生活有用的地理"的理念。因此，教师在设计作业时可以综合各学科的知识，充分调动学生的积极性，鼓励学生敏锐地发现问题，主动提出问题，积极寻求解决问题的方法，积极营造自由宽松的氛围，培养学生的创新思维能力。这类作业就要求学生走出课堂，深入社会，到社会实践中去。

在学完"让我们走进地理"时，布置学生留心我们身边的一些产品，注意它们的产地，如山东生产的"鲁花花生油"，海南生产的"椰树牌椰汁"，内蒙古的伊利、蒙牛牌乳制品，还有"山西刀削面""兰州拉面""东北饺子馆""重庆火锅"等，这些生活中的现象都能体现"地理知识无处不在，地理知识处处有用"的特点，从而引导学生热爱地理学科。

在学完"天气和气候"一节后，布置学生回家收看"天气预报"节目，然后按座号轮流在每节课前用1分钟时间充当"小小天气预报员"，既激发学生的学习兴趣，又使学生很容易记住天气符号的表示方法，还能加深学生对空气污染指数、紫外线指数、晨练指数等的理解。

在教到"野外如何定方向"时，设计作业："除了课本上提供的方法，还有哪些方法可以判断方向？"启发学生利用周末、节假日到大自然中，通过观察村舍、庙宇、树木年轮、苔藓、向日葵、月亮等事物，让学生自己分析判断、归纳总结得出野外定方向的方法。同学们通过走进自然，接触社会，学会观察、思考，增强尊重环境、关心环境、保护环境的意识，同时也培养收集归纳资料、分析问题和解决问题的能力，对保护资源不仅仅停留在认识上，还转化为自身的行动，为全面提高学生素质提供广阔的空间。

"双减"背景下作业的创新设计与批改

2. 物理个性化作业

物理个性化作业的设计与实施，以物理新课程理念为总体原则，关注每个学生的个性发展，使每个学生通过物理作业都能获得成长，学习兴趣和学习信心得到显著提高，学生科学探究能力、科学精神和科学素养得到有效锻炼，从而获得多角度、全方位的发展。

（1）制作型作业。

在实践中，通过小发明、小制作来培养学生的动手操作能力，通过教学策略的智慧运用，实现物理生命课堂的创新追求。例如，在完成声现象学习后，设计一道作业：利用身边的生活用品如矿泉水瓶、笔芯等自制各种乐器。学生的热情很高，交上来的作品令人眼花缭乱。有的是吸管竖笛，有的是试管排箫，还有的是橡皮筋古筝。让学生经历小制作的操作过程，丰富了学生的课外知识，更重要的是增强了学生对物理知识的理解，实现了学生的物理学科核心素养的培养。

（2）实验型作业。

在"浮沉条件"学习刚开始时，学生对浮沉条件的认识并不十分清楚，于是可以布置这样一个作业，让学生利用生活中的物品，自己设计实验方案说明物体的浮沉条件。通过这个实验过程，学生明白了浮沉的原理，也明白了浮沉条件的应用，并且明白了潜水艇的工作原理。学生在开放的探索中享受了发现的快乐。这种作业形式对培养学生动手动脑能力、创新意识有着重要作用。在实验结束后，让学生亲手写一份实验报告，自己将实验过程中的准备、实施和结果条理有序地总结成一份报告，这样既提升了学生的动手能力，又开拓了思路，同时提升了学生归纳总结和撰写报告的能力。

（3）思维导图型作业。

让学生进行章节知识梳理和知识总结，主要包括"知识树"和"成长记录"两种形式，反思自己的学习情况，记载自己的知识和能力的成长过程。所谓的"知识树"是指章节知识系统在一棵树上，知识脉络一目了然。而"成长记录"是由学生对自己的学习情况进行反思与评价，记下自己的成长历程。例如，在学习了"透镜"之后，请以知识树的形式总结自己的收获。对于学生上交的知识树，教师可以适时地组织学生进行展览，并以学生互评的形式对学生的作业进行评价，连同学生的作品装入学生的成长档案袋中，作为学生升学评价的主要材料。此前，我们往往多注重结果性评价，通过这样的过程性评价，更能了解学生的学习水平和当前存在的问题和不足。教师将这些评价作为下一阶段教学过程中

专题四 个性化作业的设计与批改

的一个参考,适时地调整自己的授课计划和备课内容,有的放矢,教学目标更清晰、更明确、更具有针对性,因而课堂的效率也一定会有所提高。

3. 化学个性化作业

(1) 实践型作业。

例如,以"科学利用化石燃料为人类造福"为题,写一篇心得体会,并在班级里进行交流;请查阅资料或通过调查研究说明某些废金属对环境的污染,写一篇小论文。在应试背景下,有的教师会采取视而不见的态度,认为做此类作业既耗时间,同时对考试成绩也没有多大促进作用。殊不知,这些作业的布置和恰当展示及正向评价不仅能培养学生的实践能力、社交能力,更能激发学生关注社会、关注生活的热情,增强社会责任感。

再如,寒假可以布置给学生这样的作业:地球上的水资源虽然丰富,但许多国家与地区的淡水资源非常缺乏。我们在生活中要注意节约用水,保护水资源。请根据家里的水费单估算一下,你家每年的用水量和产生的生活污水量,并提出节约用水和净化生活污水的设想,并向家长汇报。设计的目的是让学生享受生活的同时也能关注家庭的开销和社会的负担。实践证明,这确实促使很多"一心只读圣贤书,两耳不闻窗外事"的孩子开始关注家里的水电开销,知道水电表的位置,并将节约用水、用电落实到行动中。

(2) 实验型作业。

家庭小实验能有效开发学生的潜能,培养学生的学科兴趣、实践能力和实验素养。设计化学个性化实验作业,可以激发学生的好奇心和求知欲。例如,根据教学内容,教师整合相关资源在学海泛舟部分以预习作业的形式布置家庭小实验内容,学生一般在周末完成。如在进行《水》教学时,让学生尝试电饭锅煮饭或水壶烧水的蒸馏水收集,做家庭电解水实验;在学习到《燃烧与灭火》章节时,布置学生用小碟子收集烟炱、用纸盒烧水;在教学《金属》部分时让学生将铜丝和双吸剂放在火焰上观察现象。做实验时要求适当记录现象和自己的疑惑,鼓励父母共同参与并进行自拍,反馈形式可以是实验记录也可以是视频,教师要对孩子们上交的问题和实验视频认真备课,有所选择地在课堂上进行展示和点评问题,课后对生成的问题再组织研究。

(3) 复习整理型作业。

初中化学需要学生在一学年的时间内学完新授课,通过复习完成相对完整的知识网络建构,接受中考的检阅。该如何有效设计复习课和复习作业呢?其实,布置个性化的整理作业是一个很好的举措。采用的方法有：①在作业纸上大块留白，让学生进行知识梳理；②介绍思维导图、概念图典型案例块留白，让学生进行知识梳理；介绍思维导图、概念图典型案例，配以讲解，鼓励学生创新自我知识网络图的构思；③有针对性地请学生就自己的网络图"说化学"。实践证明，这比教师单纯讲解或默写的效果要好得多。

学生是教师的一面镜子，要让学生实现生动活泼的学习，一方面是要发挥评价机制的指挥棒作用，另一方面是教师要有科学的理念和研究的行动。化学个性化作业中要注重学生的个体发展，学生自我需求是要得到满足的，教师要对典型学生进行个性化评价，在评价过程中注重引导，帮助其能够正确认识自己，从而得到发展，且教师要不断地鼓励，循循善诱。

4. 生物个性化作业

（1）探究型作业。

作业中辅导探究，培养学生的探索能力。教育学家苏霍姆林斯基说："在人的心灵深处都有一种根深蒂固的需求，就是希望感到自己是一个发现者、研究者、探索者。"因此，在设计作业时，要充分发挥学生的好奇心，依据学生的年龄特征和认知水平，设计探究性作业。如探究种子的萌发，实验条件（光、水、空气、温度、激素等）、材料（大豆、小麦、水稻、玉米等）、方法自选。对于探究性活动，教师可要求学生自己先拿出方案，进行可行性讨论，然后教师和学生一起确定方案、制定措施。为确保活动的顺利开展，在学生完成探究性作业的过程中，教师要适时加以辅导。通过探究活动，给学生提供探索的机会，引导学生观察、操作、猜测及独立思考，培养学生的自主探索意识和探索能力。

学生通过自主合作的方式完成探究性作业，让每一次作业都能成为学生成长的生长点，让探究性作业成为学生学习的助推器。例如，要想提高大棚农作物的产量，我们应采取哪些措施呢？学生在思考之后展开了分工：一些学生上网查阅相关的资料，也有的学生利用周末时间自发组织去一位同学家的"蔬菜大棚"实践，还有些学生向有经验的菜农了解更多书本上没有的实践经验，真正地将理论和实践联系起来，学生进行汇总，最终得到了系统而完整的答案。通过自主合作的方式完成探究性作业，学生对所学内容掌握得非常牢固，而且感受到了合作的力量。

（2）调查型作业。

作业注重与现实生活的联系，让学生在探究中成为知识的实践者。在作业内容方面,加强科学技术与社会实际的联系,加强与学生生活经验的联系,让学生体会到学有所用。例如,结合学习生态环境的保护一章,设计"调查环境污染对生物的影响"的作业,有的学生去当地的工厂、商店或餐馆,了解这些单位产生的废气、废水和固体废弃物等对周围生物产生了哪些不利的影响和危害;有的学生去调查农田、果园或温室中施用农药和化肥的种类和数量,以及是否对农作物产生了不利的影响和危害等,及时统计和分析调查结果,撰写小论文,指出当地的污染源和主要的污染物、环境污染的程度以及应当采取的防治措施。学生通过亲身实践,更深刻地认识到随着人口的增长、经济的发展、人民生活水平的提高,环境污染的问题日益突出。学生还可以在调查的基础上,向环境保护部门提出关于本地区防治环境污染的书面建议。

三、艺术类个性化作业设计

1. 音乐个性化作业

(1) 拓展型作业。

音乐个性化作业可以借助网络资源实施拓展型个性化作业设计。智慧教育模式下的小学音乐课程教学,可以与广阔的信息互联网络互联互通,引入丰富的教学资源。在进行小学音乐作业设计的过程中,可以借助信息技术网络,深入挖掘音乐教材中的内容,整合多种资源。结合教学内容和任务目标,实施音乐作业个性化的拓展设计,丰富音乐作业的形式,提高小学生进行音乐作业练习的实效性。比如,小学音乐课中的朝鲜族民歌《阿里郎》,歌曲风格质朴、醇厚,旋律简洁,充满温情,具有浓郁的民族特色。教学的任务,是让小学生通过参与音乐活动,能够用自己的声音轻巧地演唱歌曲,随着音乐律动快乐地表现歌曲,感受少数民族音乐的魅力和特点,培养他们对少数民族音乐的情感。在设计本课作业的时候,基于智慧教育的模式就可以结合信息网络技术,给学生展示朝鲜族人民居住的环境,介绍那里的风俗,让小学生切身感受朝鲜族同胞的热情。要求小学生在学唱、表演《阿里郎》这首音乐歌曲的同时,了解更多朝鲜族的音乐,说一说朝鲜族的风俗习惯、风土人情,准确把握音乐的情感,实现音乐作业设计个性化拓展。

(2) 表演型作业。

表演是音乐的灵魂,从严格意义上来说,小学音乐教学就是通过指导学生表演来实现教学目标的。因此,在小学音乐教学中实施个性化设计,应给学生设计

"双减"背景下作业的创新设计与批改

表演类型的作业，让小学生在音乐中充分地表现自己，张扬个性，释放激情。这样不仅能培养小学生的表演能力，挖掘小学生音乐表演天赋，还能有效促进小学生音乐素养和审美能力的发展。而智慧教育模式下的多媒体技术运用，给小学音乐作业个性化设计带来了许多优势，让音乐表演作业设计变得更加丰富多彩。多媒体技术可以通过视频、音频、图像等多种资源，把音乐中的内容声情并茂地展现出来。小学生在表演音乐曲目的时候，可以随着灵动的画面、优美的声音，充分发挥联想，模仿画面中的唱法、动作进行表演。以小学音乐《凤阳花鼓》为例，这首歌曲广泛流传于安徽民间，具有独特的生活气息，优美抒情，诙谐风趣，充满故事性，融歌唱与舞蹈表演为一体。本首歌曲教学，除了让学生学会演唱歌曲，还要组织学生进行舞蹈表演、乐器演奏，共同合作表现歌曲，深切感受安徽民间风格的音乐特色，体验音乐中蕴含的品质，表达欢快的情绪。在设计本课作业时，可以结合多媒体技术或者空间云平台给学生展播《凤阳花鼓》的视频舞曲，以及伴奏，带领学生模仿视频中的演唱和舞姿，尝试着用自制乐器为歌曲进行伴奏，并完整地录下视频，在云平台上进行分享、交流。

音乐是一种以聆听、欣赏为主，更注重感官感受的艺术。音乐配合着丰富的表情、优美的肢体动作和舞姿，将表现得更具艺术魅力。小学生的特点是外向活泼，课堂参与度高，表现积极。因此在小学音乐作业设计中，个性化作业要更多结合小学生的性格特点，利用多种音频平台，视频制作软件等，设计更具特点，符合当前潮流的作业形式。例如，让小学生每个人唱一段赞美春天的歌曲，还可以自创自编歌曲和制作小视频。此外，还要对小学生在音乐中的表现进行合理评价，作业评价也是小学音乐作业设计的一项重点。通过科学合理的作业评价，可以帮助小学生在音乐学习上查漏补缺，培养学生良好的学习习惯。智慧教育模式下小学音乐个性化作业设计，通过网络通信平台，可以实现对学生音乐作业评价的创新，用有趣的评价方式，激发小学生音乐学习的兴趣。比如，通过微信、QQ等方式，对小学生完成的音乐作业进行互动式评价。结合小学生音乐作业完成情况，用幽默、有趣的语言评价，例如："你今天演唱得真动听，好像一个小小的歌唱家。""你跳的舞蹈真优美，把大家都迷住了！"以此提高学生的积极性。音乐是多彩的，孩子们的表现是丰富而又各具特点的，比如有的孩子唱得深情，有的孩子音准很准，有的孩子音域很广，等等，那么教师的评价也应丰富而有针对性。

2. 美术个性化作业

美术作业作为教与学的关键点，是学生与老师沟通、交流的重要平台和桥

专题四　个性化作业的设计与批改

梁，同时又是巩固知识技能和检验学生学习效果的重要手段，更是促进学生各方面能力发展的有效途径，它的设计直接影响着教学的实际效果。泰戈尔说过，"不能把河水限制在一些规定好的河道里"。美从来都是以多元的形式出现的，包罗万象和多姿多彩是美的语言特征，当代艺术在国际舞台上也是以多样化的形式呈现，除传统的架上绘画外，还有雕塑、摄影、多媒体艺术、行为艺术、装置艺术等。

美术作业与艺术作品一样，包含着学生的情感、价值判断方式，以及他们的审美取向和个性倾向特征，而学生在美术学习上不是都发展得整齐划一的，存在着个性差异。新课程的实施，带来了学生美术作业理念、作业目的的变化，比如从单一的绘画技巧到学生各种知识技能的提高，学生作业从单一的绘画练习变为说、写、画、制作、摄影、电脑绘制、表演等多种形式。因此，初中美术作业不能再搞一个"模子"式的艺术形式，不能脱离生活、脱离当下艺术，否则，时间一长，学生就会慢慢地对美术作业失去兴趣，对美术领域的求知欲、好奇心就会慢慢地被抹杀，他们只会被动地去敷衍一次又一次的作业，走走过场，或根本就懒得去做。因此，对学生的美术作业要重新认识，以发挥其价值。要善于发现每一个学生的智能优势，挖掘每一个学生的智能潜力，满足每一个学生的学习需求，促进每一个学生的发展。老师们不妨根据学生的实际和教学目标的需要，勇于设计各种新颖而实用的形式，充分调动学生的积极性，唤起学生的作业兴趣，让做作业快乐起来，从而达到作业的最佳效果。

（1）启发学生灵活选用作业载体。

很多绘画作业都不一定要在纸上进行，可以启发学生尝试在砖块、石头、文具盒、餐具、竹片、木板、衣服上进行。七年级学生"面与色的构成"作业本是枯燥的，但若将作业设计绘制在陶罐或酒瓶、衣服、包、班旗等实物上，原本无趣的作业直接以实物作品形式呈现在学生面前，学生不仅了解到面与色的构成作用和魅力，也有了因让作业变得有趣而滋生的成就感。当外界的赞许的目光停留在自己的作品上时，那里面饱含的快乐远比课堂上教师的寥寥几句赞词更能激发学生的成就感，从而让学生爱上美术作业。

（2）指导学生多途径采集身边的特色材料，特别是生活的、工农业的废弃物品，引导学生创造性使用各种材料表现主题型作业。

在七年级新生入学的第一节课，教师就强调材料的积累，并且利用多媒体播放了一些当代艺术家用工农业和生活中废弃材料制作的雕塑和装置类作品给学生欣赏，让学生明白艺术创作中可以变废为宝，化腐朽为神奇，调动学生的积极性，让学生准备美术素材箱，平时想要扔掉的一些"垃圾"，如废弃的玩具、各种包装盒、饮料瓶等东西，在扔掉之前要想想看是否可以利用，可以利用的就放在美术素材箱内作为备用。不管在哪里看到形状奇异美观的废弃品，如各种奇怪的形状或色彩的石头、金属品、塑料品等，觉得可以利用的都应收集起来放在美术素材箱内作为备用。这样学生就可以积累大量的材料。在学习七年级《花卉与纹样》这节课时，可以在讲完图案的美术基础理论知识后，展示课前搜集制作的用实物材料如瓜子、红豆、石头、稻草、螺丝、蛋壳等拼凑而成的图案和装饰画给学生看。还可以利用多媒体播放一些节假日时公园内、马路边等用不同色彩花卉拼凑而成的图案景观照片让学生欣赏，拓宽学生创作的思路，让学生明白，图案除了画出来，还可以用许多其他的实物材料来完成，如果选材的质地和色彩配合得好的话，这种效果比起画出来的更胜一筹。这种表现形式在现实生活中到处都有应用，而且很受学生的喜爱。

（3）指导学生采用行为艺术等各种艺术形式完成作业。

我们不仅可以通过美术静态作业评价学生美术学习结果，更需要通过学生在美术活动过程中的表现，对其在美术学习能力、学习态度、情感和价值观等方面的发展予以评价，突出评价的整体性和综合性。学生进行美术作业的过程是在美术活动过程中完全占主动的过程，教师必须认真设计美术活动性作业，让学生得到全面综合的发展。七年级新教材《点与线的魅力》"表现与创造"环节中的作业要求学生"聆听不同乐器伴奏的名曲，尝试用点与线构成的画面去表达音乐的情感、节奏与旋律"。教师可以在学生做作业前给他们讲一些关于美术教学的实践舞蹈中体态姿势、动作语言的理论，播放一些当代行为艺术家进行行为艺术的录像。学生因此得到启发，作业质量也会得到提高。

通过实践证明，这样的个性化作业能更好地调动学生的创作积极性，激发学生的表现欲望，使学生主动参与到美术教学活动中来，有利于学生想象力和创造力的培养，以及学生综合素质的提高，从而达到美术教育的目的。教育学泰斗杜威曾提出"教育即生活"和"学习即生活"的口号。因此，教师要熟悉当下国际艺术舞台上各种艺术表现形式，尝试用我们身边各种乡土材料进行艺术表现，指导学生选用更多适合他们的艺术形式完成美术作业是教师今后的一个努力方向。

四、体育类个性化作业设计

1. 达标型作业

《国家学生体质健康标准》作为《国家体育锻炼标准》的有机组成部分，是

专题四　个性化作业的设计与批改

《国家体育锻炼标准》在学校的具体实施。它是国家对不同年龄阶段学生个体在体质健康方面的基本要求,是促进学生体质健康发展,激励学生积极进行身体锻炼的教育手段,是学生体质健康的个体评价标准。它具有促进和激励学生积极参加体育活动,养成体育锻炼习惯,不断增强体质等重要的作用。为此体育作业的设计可围绕《国家学生体质健康标准》的具体项目而设置。例如,在小学二年级阶段可选择立定跳远作为作业的主要练习项目。可将学生分成不同的等级,给予不同的达标期望,通过自我挑战达到预期效果。学生通过一个训练周期的时间,有可能将立定跳远等级从良好上升为优秀。由此可见,达标型作业能让学生在练习中找到坚持的理由和预期的方向,使练习具有更强的目的性和方向性。

2. 游戏型作业

家长对待子女的态度在很大程度上影响着儿童的身心发展,父母的教养态度直接影响到子女的人格发展。父母良好的教养态度可以使小学生向着积极主动、友好稳定的方向发展。在小学低年级阶段,由于学生年龄小,有较强的依恋性和依赖性,父母也对孩子关怀备至,亲子间的关系特别好。所以在这个阶段可以通过设置亲子间的合作型作业加强父母同子女间的感情,使学生在更加良好的家庭环境中成长,为其身心的健康发展护航。同时亲子间的合作型作业可以更好地督促及提高学生体育锻炼的意识,使体育家庭作业的实施可以顺利进行。比如,某地的老师在体育课上除了训练达标类运动,还会特意设计几个亲子运动类游戏,其中有一项就是"兔子快跑"(在地上画上格子,两个人同时在格子中向前蹦跳,提前到达终点为胜)。这样的游戏类作业在随意一块场地就可由孩子和父母一起进行,既增加了亲子感情,又练习了孩子的弹跳能力。

3. 巩固型作业

巩固型作业最为常见。我们常在语文及数学学科中发现,上完新课后,教师往往会布置一些相关的作业,让学生通过做作业巩固知识。而体育课上教师也可以布置此类作业。如在上完"投掷轻物"一课后,可以布置相关的投掷练习,如在家制作飞机并试着让飞机飞起来,或是用纸做成球,让球投得更远等。很多学生也已经对物理中的力学有所了解和涉猎,跨学科的结合,也让这一类作业兼具物理力学和体育运动学的特点。巩固性作业的重点是要及时地巩固课堂所学内容,让学生对动作技能的印象更加深刻。

4. 自选型作业

兴趣是学生最好的老师。所以自选型作业有助于提高学生自觉完成体育家庭作业的意识。通常这些作业是放在实行体育家庭作业的初期，旨在培养完成体育家庭作业的习惯。为此，可以先编制自选作业项目登记表。每人每周一张，每天选一个项目打钩进行练习，练习时间为半小时，每周五上交一次，教师根据学生的练习情况进行定期的检察，督促其保证练习的实效性。

总而言之，个性化作业重在调动学生的兴趣，发挥学生的主观能动性，以他们喜闻乐见的形式，让作业贴近学生的生活，解决现实问题，让学有所用，学有所依靠，学有所获，学以致用。通过设计更贴近学生生活、更符合学生特点的作业，最大限度激发学生主动学习的兴趣，在潜移默化中提高学生的综合素质。

在"双减"背景下，教师设计的个性化作业在教育改革中就起到了重要的引领作用。落实"双减"，作业改革势在必行，而其个性化作业的施行更给当前的作业困局打开了一条新路子。在"双减"政策的指导下，在学科课程标准的引领下，一线教师们多琢磨，多学习，多想新花样，一直在个性化作业设计的道路上努力着，以期取得更好的成效，激发学生更多的兴趣，落实更深层次的目标。

主题 5

个性化作业经典案例与分析

一、本作业案例的设计意义

《基础教育课程改革纲要（试行）》倡导的是学生的主动参与、乐于探究、勤于动手，培养的是学生搜集和处理信息的能力、获取新知识的能力、分析和解决问题的能力以及交流合作的能力。作为教学过程基本环节之一的作业设计，是实施素质教育、进行课程改革的重要载体，也是促使学生认知、能力、

专题四　个性化作业的设计与批改

情感全面协调发展的重要途径。教师要关注学生自主学习能力的培养以及创造性思维的提升，在落实好减负的同时提升学生的学习效率。这就要求我们在作业设计上重视个性化，分层设计，训练能力，渗透情感，促进交流。丰富作业形式，寓教于乐，这样既可丰富课堂内容，又可使学生学得开心，而且对学生以后的成长大有裨益。

在初二的地理教学中，学到"黄土高原水土流失的原因以及解决措施"这一章节时，大部分教学方式还是采取结合课本知识、中国气候图和中国地形图进行自主学习和小组合作探究，在教师的启发引导下归纳整理出答案。这种教学方法不能很好地调动学生学习的积极性，不能引发学生们全面的思考，也只有班级里的优等生参与度较高，大部分学生被动地接受和机械地学习，不利于学生对黄土高原水土流失原因的理解，不利于激发学生的主体性和学习积极性。本案例改变了传统的教学方式，进行作业个性化设计，通过实验探究法进行学习，变机械重复为灵活多变，变单一的知识传授为知、能、创的综合训练，变为完成作业而不得不为之的苦涩为在探索与创新中品尝成功的喜悦。趣味性、实践性、人文性、合作性的作业把课堂与生活联系起来，并延伸到相关领域，不仅能激发学生的学习兴趣，拓宽学生的学习空间，挖掘学生的内在潜能，培养学生的创新思维，而且更有利于学生学活学好，为学生可持续发展能力的培养奠定良好的基础。更关注学生自主学习能力的培养以及创造性思维的提升，在落实好减负的同时提升学生的学习效率。

二、本作业案例的设计策略

1. 分层设计，讲究趣味性

兴趣能激发学生的学习动机，能使学生充分发挥自己的水平去完成作业，从而感受到作业的乐趣。如在数学作业设计中，每一个章节，学生都会收到一张A4纸大小的练习题，但同样的题目，学生可以有不同的选择。一类题的作用是巩固知识，挑选的大多是课本或练习册上的配套题目，属于必做题；二类题则是选做题，多道题目会拉开一定层次，学生可以根据自己的能力和需求进行选择；三类题强调综合性，主要是为学有余力的学生设计的。这样，每个学生的作业都可能是不同的，目的是让每个学生都能在原有基础上有所提高。作业不再"一刀切"，基础好的学生"吃得饱"；基础较弱的学生也不必在难题上耗费不必要的时间，也能"吃得好"。

2. 训练能力，注重实践性和探究性

"生活即教育"，语文从根本上是与生活密切相关的。把语文作业仅仅封闭在课本内，一切为了语文课本服务，切断学生与社会、与家庭的联系是不可取的。因此，布置作业应该把语文学习与实践联系起来，让作业成为联结语文教学与社会生活的纽带，让作业注重实践性。

在地理课堂中，学习黄土高原水土流失的成因之前，可以给学生们设计实验探究性作业，让同学们通过自己与小组同学一起做实验来得出水土流失与哪些因素有关，从而进一步探究水土流失的原因、危害和治理措施等。水土流失这一知识点，涉及环境保护等政治、法律问题，生物、地理问题，以此为切入点，使学生学一门知识，掌握了几个学科中的有关知识，有利于学科间知识的融合。通过实验激发了学生的学习兴趣，培养了学生分析事物、研究自然现象的思维和习惯，学生学会了实验探究的方法，增强了对水土流失严重性的认识。同时也增强了学生对黄河中上游水土流失的感性认识，激活了学生抽象思维的能力，加上启发、讨论的教学方法，学生对地上河的成因理解透彻，对地上河的危害也有了深刻的认识。通过直观教学，培养了学生发现问题、综合分析问题、解决问题的能力。

3. 渗透情感，关注人文性

初中阶段处于"心理性断乳期"，学生叛逆心理强，与父母的交往中容易出现代沟，产生冲突。针对这一心理特征，可设计相关的作业，为学生与家长搭建沟通的桥梁，引导孩子尊重父母，也使父母了解孩子。

4. 促进交流，体现合作性

《基础教育课程改革纲要（试行）》已明确指出，学生的合作精神与能力是重要的培养目标之一。新课程的生成性、建构性，也要求学生必须加强合作、学会合作。学生面临的作业更多的将是探究性作业，光靠一个人的力量往往不够，作业过程需要学生密切合作。所以，传统的独立完成作业的观念将受到挑战，而合作性作业将成为学生作业的重要理念。

三、本作业案例的评价方式

采用多样化评价方法，提高学生的积极性。新课标要求化学教学要重视学生的合作探究，教师也可以结合教学需要，要求学生合作完成作业，并进行评价，促使学生形成合作意识，并提高其合作能力，发展学生的个性化思维，促进其个

性化发展。

在个性化作业评价的过程中，教师要改变单一化的作业评价模式，形成多样化的作业评价方法，使作业评价的效果更加客观和公正。多样化的作业评价模式，可以通过学习档案法、测验法等，从不同的角度对学生进行考查。例如，纸笔测验的评价方法，主要是为了考查学生对基础知识、基本概念的理解程度，帮助学生更好地理解知识。而学习档案评价的方法，所强化的则是学生的自主学习、选择能力等方面的培养。不同的作业评价方式，具有不同的作用和效果。这就要求教师在作业评价的过程中，要结合学生的实际情况，开展多元化的评价方式，实现较好的评价效果。

现代教育理论认为，没有所谓标准的孩子，每一个学生都是独一无二的、无法复制的。他们有属于自己个性的情感、思维、智慧。应尽量开发多元的、动态的评价方式。不局限于纸笔测验，可采用口试、实作评量、直接观察学生、教师与学生的互动沟通等方式，多方面收集学生资料，尽可能地对学生学习的各个环节进行多维度的考量。教育者应该把教育评价看作学生学习的一部分，更多地关注学生成长、发展的过程。总之，通过个性化作业，加强、深化、扩展学生对所学知识的理解和认识。评价的作用在于教学而不是区分学生的优劣和简单地判断答案的对错。重要的在于强调其形成性作用，注重发展功能。

四、本作业案例的实施手段

本案例采用实验探究、小组合作探究等方法来完成。

实验探究水土流失的成因

（一）实验背景及实验目标

人类自诞生以来，就不断地以自己的活动改造自然界。许多事实证明，若这种改造是顺应自然规律的，就会使自然界向有利于人类生存的方向发展；若这种改造违反了自然规律，就会受到自然界的惩罚。从这个意义上讲，水土流失正是自然界对人类无节制地毁林开荒的严厉惩罚。为了使学生认识水、土、植物、人之间的关系，初步懂得保持水土的重要意义，积极参加植树造林和其他力所能及的保持水土的工作，让学生学习一些保持水土的知识是十分必要的。

（二）课本实验探究安排

本课是进行环境保护教育的重点课之一，也属于"生物与环境"教学单元。在能力培养方面，属于"归纳能力"的系列。

本课是按照"问题—假设—观察实验—结论—应用"的思路编写的。课文分为四部分。

第一部分指导学生根据考察资料，对"黄河水为什么那么黄"的问题做出假设。为了帮助学生更好地观察与思考，课文提供了三个方面的考察资料。这些资料可以启发学生揭示水、土、植物三者之间的关系，对本课提出的问题做出初步假设。

第二部分指导学生通过实验证明做出的假设，从而得出结论。

本课的实验是一个模拟水土流失的实验，也是一个对比实验。通过实验可以观察到：在土厚相同、坡度相同、降水相同的条件下，"种"了草的"坡"上流失的水少、土也少；没有"种"草的"坡"上流失的水多、土也多。根据以上事实，可以得出以下结论：水、土、植物是相互依存的，植物可以保持土不被水冲走，同时也使水不流失，有了土和水，植物才能生存。

第三部分在前面实验的基础上，指导学生进一步认识自然界中"水土流失"的原因、危害，以及保持水土的重要意义。

第四部分指导学生认识植树种草、绿化荒山是防止水土流失、保持水土的根本办法，同时向学生介绍了种树的方法，号召学生积极参加植树造林活动。关于种树的方法，课文以插图的方式介绍了种树的六个主要步骤：选苗、挖坑、下苗、填土、踩实和浇水。为了使学生学会种树的方法，可以组织学生参加当地的植树造林活动，以使他们有实际锻炼的机会。

（三）水土流失的含义

很早以前，黄土高原上也曾覆盖着茂密的植物。后来，由于连年战乱，大量焚烧森林，以及人们多年的砍伐，树木越来越少了。没有了树木的保护，土层变得干燥而疏松，很容易被雨水冲下坡，流进沟，再辗转流进黄河。时间久了，从黄土高原冲下来的泥土越来越多，含有肥力的土层越来越薄，以致后来成为大片大片的、连草也不长的、到处是沟沟壑壑的黄土。与此同时，黄河水中的含沙量越来越多，有的地方已达到一碗水半碗沙的程度。黄河流到下游，流速变慢，水中泥沙沉积到河底，使河床越来越浅。这样，在雨季水大时，非常容易泛滥成灾，使黄河成为历史上有名的害河，给人民的生命、财产造成了很大的损失。

在裸露的坡地上，每次暴雨后，地表的团粒组织被雨滴打破，成为分散的细粒。这些细粒易成为悬浮状，随分散在广阔土地上的细股径流流失。因此，水土流失主要是指在水以及其他因素的作用下，土壤被破坏、迁移的过程。像黄土高原上这样水和土流失的现象，在自然界中是普遍存在的。这种现象叫作水土流失。

专题四 个性化作业的设计与批改

（四）该作业实施的措施——实验探究

1. 实验指导

【目标导航】

课标要求	目标解析
结合实例，说明区域存在的环境与发展问题，了解其危害和综合治理保护措施	1. 通过实验，说明某区域出现的水土流失问题，分析其产生的原因并提出治理保护措施 2. 通过实验，让学生能够更加生动形象地获得关于水土流失的知识，认识保持水土、植树种草的重要性，从而确立良好的人地关系思想，做一个有责任的地理人

【自学质疑】

自主探究一：我国哪些地区水土流失较为严重？影响水土流失的因素有哪些？

自主探究二：水土流失的危害有哪些？

自主探究三：如何治理水土流失？

【探究活动】

活动一：不同因素影响下的水土流失实验

实验时间：_____ 记录员：_____ 组别：_____

实验名称	不同因素影响下的水土流失实验
参加人员	
实验目的	（1）通过实验，使学生了解地表植被的覆盖状况、降水强度、降水时间、土质状况等是导致水土流失的重要因素。理解水土流失的原因，并在此基础上，重点强调人为原因是引起现代水土流失问题的主要原因 （2）通过实验，让学生能够更加生动和形象地获得关于水土流失的知识，认识保持水土、植树种草的重要性。同时，正确掌握如何治理水土流失
实验用品	（1）木板若干块，长约30厘米，宽约20厘米，草皮若干块，能覆盖木板即可 （2）水桶、水盆（储水容器）若干个，塑料瓶（打孔）若干个 （3）黄土、黑黏土等土壤若干千克 （4）清水若干千克，塑料纸若干块 （5）铲子、锥子等若干

189

续表

实验准备	(1) 学生每 8~10 个人一组准备用品，并选出实验组长，负责全组工作 (2) 1~2 个学生负责按照实验类型给塑料瓶打孔，来模拟降水强度和时间 (3) 1~2 个学生负责支撑木板，并调节木块的倾斜角 (4) 1~2 个学生负责喷水，并按组长提供的实验类型进行喷水 (5) 1~2 个学生担任记录员，负责做好实验记录 (6) 1~2 个学生按要求放置木板上的覆盖物 (7) 其他学生帮助，负责污水排放和实验用品的取放等，以保证教室的清洁
实验记录	注意事项：1. 观察到的现象应填泥土或泥沙流出的多少，有无等 2. 水土流失情况等级为基本无流失、较轻、一般、较重和严重等 | 实验类型	地表特征与降水	观察到的现象	水土流失情况
---	---	---	---
地表植被	有草皮覆盖		
	无草皮覆盖		
土壤性质	黄土		
	黑黏土		
土壤紧实程度	压实土壤		
	翻耕土壤		
降水强度	小雨		
	大雨		
降水时间	长时间		
	短时间		
地形坡度	坡度 25 度以下		
	陡坡 60 度以上			 还有其他的类型吗？比如：
实验结论	教师提示，学生归纳，师生共同修订结论 结论 1……

续表

参加实验人员		小组评价		
		☆☆☆☆☆	组长实验总结	
		☆☆☆☆☆		
		☆☆☆☆☆		
		☆☆☆☆☆		
		☆☆☆☆☆		
		☆☆☆☆☆		
		☆☆☆☆☆		
		☆☆☆☆☆		
		☆☆☆☆☆		
		☆☆☆☆☆		

活动二：利用活动一的结论，并结合所学知识，从所给区域中选取一个地区，讨论分析其发生水土流失的原因、危害及其治理的主要措施。

黄土高原地区

南方低山丘陵地区

长江中上游地区

东北黑土地区

探究区域	
水土流失原因	
主要危害	
主要治理措施	

探究后,你的收获是什么?你还有哪些疑惑的地方?

2. 实验总结

(1) 水土流失的危害。水土流失对人类的生产和生活的危害主要表现在以下几个方面。

①破坏土壤肥力。土壤是人类生存所必需的绿色植物生长的基础。肥沃的土壤,能够不断供应和调节植物正常生长所需要的水分、养分(如腐殖质、氮、磷、钾等)、空气和热量。裸露坡地一经暴雨冲刷,就会使含腐殖质多的表层土壤流失,造成土壤肥力下降。据考察,黄河每年所携带的泥沙中含氮、磷、钾等养分达数亿吨,其中绝大部分来自黄土高原。

②加剧沟壑发展。随着水土流失程度的加深,沟壑发展也日益加剧。在晋、陕、甘等省内,每平方千米一般有支、干沟50条以上;沟道长度可达5~6千米,个别地区达10千米以上;沟谷约占流域面积的10%,个别可达40%~50%。这样,就使大面积坡耕地支离破碎,耕种不便,以致弃耕荒废。

③淤积水库、阻塞河道、抬高河床。由于上游流域水土流失,汇入河道的泥沙量增大,当挟带泥沙的河水流经中下游河床、水库、河道,流速降低时,泥沙就逐渐沉降淤积,致使水库淤浅而减小容量,河道阻塞而缩短通航里程,严重影响水利工程和航运事业。有些河流还因河床不断抬高而成为"地上河"。这些"地上河"全靠人工筑堤束水,每当洪水季节,容易溃堤泛滥,危害人民的生命财产。

(2) 原因:自然原因包括植物覆盖率低,黄土土质疏松,夏季多暴雨,地表坡度大等;人为原因包括过度放牧、过度开垦、乱砍滥伐等人类不合理的生产活动,破坏植被,导致植被覆盖率较低,地表植被稀少。

(3) 治理措施:生物措施包括植树种草,退耕还林还草,增加地表植被覆盖率;工程措施包括坡耕地改成水平梯田,在沟谷里打坝淤地,拦蓄泥沙,修建水库等水利工程。

(4) 实验总结知识框架

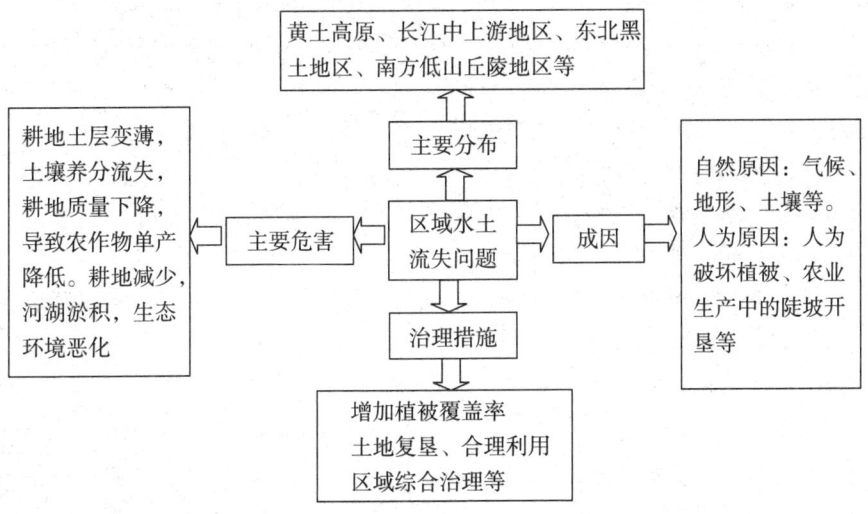

3. 迁移应用

读"土壤植被覆盖率与土壤侵蚀关系"图，答复题（1）。

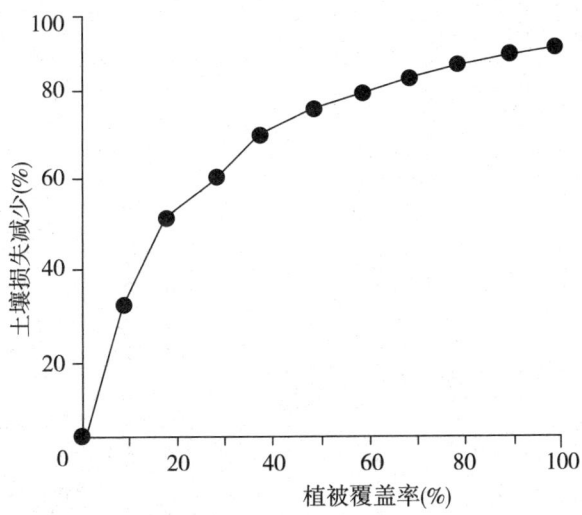

(1) 土壤植被覆盖率与土壤侵蚀的相互关系是（　　）。
A. 正相关　　　　　　　　B. 负相关
C. 不相关　　　　　　　　D. 有时正相关，有时负相关

(2) 黄土高原水土流失较南方低山丘陵区严重，导致这一差异的主要原因是（　　）。

①黄土高原土质疏松且垂直节理发育；②黄土高原降水集中于夏季，且多暴雨；③黄土高原降水量较南方低山丘陵更多；④黄土高原植被破坏严重，抗侵蚀能力更低

A. ②③④　　　　B. ①③④　　　　C. ①②④　　　　D. ①②③

(3) 有关南方低山丘陵区生态环境的表达，正确的选项是（　　）。

A. 人口较少，人地关系比较和谐
B. 乱砍滥伐现象严重，导致严重的水土流失
C. 气候湿润，植被破坏后恢复容易
D. 地处回归线附近，降水较少，风力侵蚀作用显著

(4) 阅读以下有关黄土高原的材料，答复以下问题。

材料一：黄土高原某地影像（右图）

材料二：中科院地理科学与资源研究所专家对黄土高原多年的研究成果

植被覆盖率（％）	径流减少率（％）	侵蚀减少率（％）
20	15	55—30—20
40	30	80—50—40
60	60—50—30	95—85—70
80	75—60—50	98—89—80
90	70	100—95—90

①黄土高原最大的生态问题是_____。导致这一生态问题的最主要的人为原因是_____。

②从材料二表中可以得知：植被覆盖率与径流减少率的关系是_____。

③材料二反映了植被可以（　　）。

A. 使地表水下渗减少　　　B. 使侵蚀增加
C. 使含沙量减少　　　　　D. 使径流量大幅度减少

④黄土高原水土流失的治理可以采取哪些措施？

4. 学生作业过程及结果反馈

(1) 学生作业过程。

①教师向学生讲述实验目的和观察重点，讲清楚实验步骤，指导学生分组实

专题四 个性化作业的设计与批改

验,由实验小组讨论完成实验记录和实验结论,教师订正。

②学生根据讨论,分析出黄土高原地区的植被状况和降水情况。教师讲解"黄土呈颗粒状、土质疏松易流失的性质"。

③让学生完成下表黄河中游黄土高原地区的三个填空。[答案:差;集中于夏季且多暴雨;黄土土质疏松(呈颗粒状),易流失;地上河]

植被状况	
降水情况	
黄土性质	

大量泥沙入河 → [　　]

④提问:黄河流出黄土高原进入华北平原,河道的宽度、流水的速度会发生什么变化?河流中携带的泥沙会发生什么变化?(学生回答,教师订正。答案:河道变宽,水流速度减慢,大量泥沙淤积在河床之上。)

⑤讨论:长期以来泥沙淤积在下游河床,河床高度会发生什么变化?完成上表第四个方框的填空。(答案:在下游形成地上河。)

⑥教师归纳小结:黄土高原地区植被破坏严重,降水多集中于夏、秋季节,并且降水强度大,多以暴雨的形式出现;加上黄土易流失的性质,所以水土流失严重,大量泥沙入河;黄河流入下游华北平原地区,河道变宽,水流速度降低,大量泥沙淤积在河床之中,长期以来,河床不断增高,逐渐高于两岸地面,为防治水患,下游两岸人民不断加固大堤,久而久之,便形成了地上河。

(2)结果反馈和评价。

有些同学在实验过程中出现了一些操作上的不当,如支撑木板时调节木块的倾斜角做得不太好,但在教师的帮助下,通过小组合作也顺利完成了实验,得出了影响水土流失的因素,并能提出解决措施。

完成实验后,每个小组要形成实验报告,内容要包括水土流失的含义、成因、危害、治理措施、实验的收获等,班级内进行展评,选择优秀的实验报告形成小课题,向区里推荐展评。

5. 实验反思

(1)通过实验激发了学生的学习兴趣,培养了学生分析事物、研究自然现象的思维和习惯,学会了实验探究的方法,增强了对水土流失严重性的认识。增强了学生对黄河中上游水土流失的感性认识,激活了学生抽象思维的能力,加上启发、讨论的教学方法,学生对地上河的成因理解透彻,对地上河的危害也有了深刻的认识。

（2）通过直观教学，培养了学生发现问题、综合分析问题、解决问题的能力。如在后面的教学中讨论如何治理黄河时，学生能根据所学知识，准确找到治理黄河的途径：治黄的关键是治沙，治黄的根本是加强黄河中上游地区黄土高原的水土保持工作。学生根据所学的知识，认识了治理环境重在保持水土，保持水土的根本方法在于植树种草，从而对党和政府当前退耕还林、还草、还湿地政策加深了理解，受到了思想教育。

（3）水土流失这一知识点，涉及环境保护等政治法律问题以及生物、地理问题，以此为切入点，使学生学一门知识，掌握了几个学科中的有关知识，有利于学科间知识的融合。通过学习，每一名学生不仅能知其然，还能知其所以然。

（4）通过实验化难为易，激发了学生学习地理知识的积极性，使学生易于掌握这个知识点，在实践中获得知识。用事实说话，教师在讲课中省去了乏味的讲解，使学生学得好、学得活。

（5）在备课中不仅要备教材，更重要的是要备学生，备教法；课堂中应突出学生的主体地位，体现学生主体参与意识，要加强对学生的创新精神和实验能力培养，把学生由听众席推向"表演舞台"，让学生动口说、动眼看、动脑想、动手做，以达到充分调动学生学习积极性的目的。

专题五
基于学情分析的作业设计与评价

  学情分析下的作业设计要以学生为本，以提升学生自主作业、自主学习的内驱力为目标，充分激发动机，提升作业效果，发挥作业对学习的巩固、提升、反馈、调节的作用，这也是实现作业减负的重要途径；作业批改与评价要由从结果性评价中解放出来，侧重发展性评价，这有助于学生发现自我潜能，增强自我反思能力与自我调控能力，树立学习信心。

"双减"背景下作业的创新设计与批改

主题 1

立足学情原点，精准分析

关于"学情"的定义，应当包含两个方面：一方面指"学习者的情况"，另一方面指"学习者的学习情况"。由于本文重点讨论学校教学中在"双减"政策下的作业设计及批改相关问题，因此我们在这里提到的"学习者"指的是在校学习者，即学生。有研究者综合国内外研究成果后指出，"学情"的概念界定应当包含两个核心要素，即"学生"和"学习"，并在此基础上将学情定义为"影响课堂教学设计与实施并与学生有关的基本特征和基本情况"[1]。例如学生的年龄特征、性格、心理因素、学习习惯、学习方法、学习能力、兴趣、已有知识等因素，可对教学活动及教学效果产生不同程度的影响，都属于"学情"的范畴。也有研究者指出："为了提高教学的有效性，教师在考虑如何开展教与学活动之前，首先要努力考虑学习要达到的目标到底是什么，以及哪些证据表明学习达到了目标。必须关注学生的期望，然后才有可能产生适合的教学行为，从结果出发开始逆向设计。而学生的期望，教学目标、学习目标的设定，除了根据教育部颁布的课程标准，为了提高教学有效性，更需要关注到学生的学情分析。"[2] 学情既有共性，也有个性；是复杂的，也是多变的，针对不同的学生需要采用不同的教学手段与活动，即"因材施教"，一切教学活动应以学情为原点。《关于进一步减轻义务教育阶段学生作业负担和校外培训负担的意见》指出，要"发挥作业诊断、巩固、学情分析等功能"[3]。对学生来说，作业是提高自我学习质量的重要方式；对教师来说，作业也是诊断学情、巩固知识，反馈教学效果的必要途径。因此作业的设计与评价也要坚持以学情为原点。

---

[1] 郑金洲、程胜：《如何分析学情》，华东师范大学出版社，2016，第5页。
[2] 周慧敏：《教学评一体化视域下提高教学有效性探究——作为实践话语的"学情分析"》，《思想政治课研究》2020年第2期。
[3] 《关于进一步减轻义务教育阶段学生作业负担和校外培训负担的意见》，人民出版社，2021，第4页。

专题五　基于学情分析的作业设计与评价

坚持以学情为原点，就必然要在教学中进行学情分析。学情分析是教师组织教学活动的逻辑起点，指在教学中利用多种方式对学情及其与影响教学的外部要素之间的关系进行分析，其目的在于找到二者最优化的交点，为组织和实施教学提供依据，以实现"以学定教"，是保障教学有效性的必备前提。

一、初始学情分析

学情分析作为一种"教学资源"，是教师在教学实践中"最基本、最重要、最不该遗忘的"[①]。2019年颁布的《关于深化义务教育教学改革全面提高义务教育质量的意见》也要求教学要"精准分析学情，重视差异化教学和个别化指导"[②]，对学情进行精准分析、充分挖掘，可以使教学有的放矢，更加高效。

建构主义学习理论认为，新的概念的形成是将新信息与原有信息融合的过程，而了解学生原有信息的过程即学情分析。苏联心理学家维果茨基的"最近发展区"理论，要求教师必须明确学生发展的两种水平，其一是学生已达到的发展水平，其二是学生可能达到的发展水平，两个水平之间的差距即维果茨基所称的"最近发展区"，教学活动就是在学生已有发展水平的基础上，引导学生超越最近发展区，从而到达下一发展水平的过程。作为教学的逻辑起点，学情分析需要教师利用不同的方法对学生的已有状态、潜在状态、差异状态进行诊断与评估。[③] 学生已有状态是指学生已经具备的知识、能力、方法、兴趣等基本特征，是学生已达到的或在无须指导的情况下可以通过学习自行达到的状态。潜在状态，是学生无法自行达到，但是通过指导可能达到的发展状态。差异状态是指学生在知识、能力、方法、思维、性格特征等影响学习的基本情况方面，存在个体之间的差异，在进行学情分析时，需考虑到学生的个性，以期做到"因材施教"。在此三个维度之下，学情分析的具体内容，大体包括学生的思维力、观察力、记忆力、想象力、知识基础、学习方法、语言表达等认知因素以及动机、情感、兴趣、性格等非认知因素。也有研究者结合相关理论与实践经验，将学情分析内容

[①] 周一贯：《"学情"——不该遗忘的教学资源》，《中小学语文教学论坛：全国小语会会刊》2003年第6期。

[②] 中华人民共和国教育部：《中共中央国务院关于深化教育教学改革全面提高义务教育质量的意见》，http://www.moe.gov.cn/jyb_xxgk/moe_1777/moe_1778/201907/t20190708_389416.html。

[③] 薛伟强：《中学历史新课程教学技能训练》，北京师范大学出版社，2020，第17-18页。

概括为对学生"一般学习特征、学习者的初始能力以及学习风格"① 的分析。

在学期伊始或教师接任新班级时,为尽快熟悉学情、保障教学效果,需要对学情进行初始分析。

1. 一般特征分析

儿童的心理发展呈现阶段性特点,因此在进行初始学习分析时,需要首先对学生的一般特征进行分析。思维力、记忆力、观察力、想象力、创造力既是个体心理的重要组成部分,也是影响学生智力发展和学习能力最重要的条件。② 这几种心理特征是进行学情分析必不可少的重要内容,是教师了解学生的重要切入点。在义务教育阶段,不同学段、不同年级的学生呈现出不同的特征。从思维力来看,小学阶段的学生的思维水平以具象思维占主导,初中学生则开始逐渐进入摆脱具象思维限制提升抽象逻辑思维水平的过程,在一定程度上仍须借助直观形象的支撑。从记忆力来看,随着学生年龄的增长,会逐步从以无意记忆为主导向以有意记忆为主导发展,从以机械记忆为主导向以理解记忆为主导发展,从以形象记忆为主导向以抽象记忆为主导发展。③ 从观察力来看,从低年级到高年级,围绕对观察对象的判断、对观察目的的理解、对观察要求的把握、对观察方法的运用、注意力的持久度、对观察结果的概括总结等方面,存在明显的阶段性特征。从想象力来看,学生发展会经历无意想象到有意想象的发展过程,而决定学生想象力水平的要素,包括经验积累、言语能力等诸多方面。创造力则是对以上几种能力的综合运用,是一种高级认知能力,也是教学中重点培养的能力。当然,无论是以上哪种特征,都存在个体差异,在进行学情分析时,除了要照顾到大部分学生的一般特征,也要关注学生的个体差异。

2. 初始能力分析

学生的初始能力是决定学习效果的重要因素,是教学的现实起点。"学生的初始能力即是学生的认知前提准备、学习动机和学习态度。"④ 美国心理学家布鲁姆认为,认知状态、情感特征和教学质量是影响学生掌握新的学习任务的三个

---

① 燕学敏:《我国学情分析的意义、问题与对策研究》,《内蒙古师范大学学报(教育科学版)》2005 年第 5 期。
② 叶奕乾,等:《普通心理学》,华东师范大学出版社,2004,第 426 页。
③ 郑金洲、程胜:《如何分析学情》,华东师范大学出版社,2016。
④ 燕学敏:《我国学情分析的意义、问题与对策研究》,《内蒙古师范大学学报(教育科学版)》2020 年第 5 期。

专题五　基于学情分析的作业设计与评价

因素。心理学家奥苏伯尔也曾说:"影响学习的唯一最重要的因素就是学习者已经知道了什么,要探明这一点,并应据此进行教学。"

认知前提准备,包括学生已有的知识基础、经验基础、技能基础等,教师要在初始学情分析时对学生进行准确的调查。这些基础不仅局限于课堂上接触过的知识,而是指在其成长、生活、学习的过程中所获得的,真正掌握并且能够运用的知识、经验和技能。教学实践中,教师可以利用观察、访谈、测验、问卷等多种方法,分析学生已有的认知前提。学习动机是由学习需要引起的,激发、推动学生进行学习活动,并达到一定学习目标的心理倾向。学习动机决定学习态度,不同的动机状态会使学生产生不同的情绪,从而影响其在学习中所付出的行动和努力。学习动机较强、兴趣较浓的学生能够积极主动学习,其效果比动机弱、兴趣低的学生更好。在三维目标的要求中,情感、态度和价值观一项就包括激发和培养学生的学习动机。教师须分析学生的动机状态,采用针对性的方法,挖掘教学中的情感内容,利用好奇心激发学生学习动机。

在选择分析方法时,要注意依据学科的特点及班级的实际情况,选用具有针对性的、方便操作的、分析准确的方法。得出结果后,可根据学生的差异,将学生分成不同的层次或类别,以此确定教学的起点,进行分层教学和作业设计,提高教学有效性。

3.学习风格分析

学习风格是学习者持续一贯的带有个性的学习方式和学习倾向,具有独特性和稳定性,是学习者在长期学习过程中逐渐形成的。[①] 学习风格没有优劣之分,其差异影响着学生对学习内容、学习环境、学习方法、自我要求等方面的偏好及选择,因此,详细分析学生学习风格,在尊重学生学习风格基础上开展教学活动、制订教学策略,有助于提高学生学习效率。国内外学者对学生学习风格的分类研究较为透彻,存在多种分类方式。依据学生感官倾向,可划分为听觉型、视觉型、动觉(触觉)型;依据学生认知特点,可划分为场依存型、场独立型等;依据学生性格特征,可划分为外向型、内向型。教师可通过观察法、谈话法,以及学习风格评测量表进行学情收集和分析。不同学习风格所展现的优缺点见于各大研究成果,此处不展开论述,教师可查阅资料,依据研究者的教学建议和自我实践经验,针对不同风格特点的学生制订相应的教学策略。

---

① 郑金洲、程胜:《如何分析学情》,华东师范大学出版社,2016,第29页。

二、连续学情分析

连续学情分析,一方面指长期性连续学情分析,另一方面指贯穿课堂教学全程的动态连续性学情分析。

1. 长期性连续学情分析

教学是一个循序渐进、动态建构的过程,在这一过程中教师为主导,学生为主体,师生合作,共同在教和学的相互关系中前进。通常情况来说,教师与学生会形成一个相对长期的固定合作关系,这正是由于学生的学习及认知发展是一个反复的、渐进的、上升的过程,在长时间的相互磨合中,师生间会潜移默化地形成一定的默契。教师对学情的把握越精准,则教学效果越好;反之,如果学生经常更换教师,教师经常更换学生,教师对学情没有长期的、连续的分析和把握,则十分不利于教学。这就决定了,教师在教学中对学情的分析也应当随着学生学习的不断深入以及师生默契的形成,而具有长期性、连续性、渐进性。

在日常教学工作中持续进行长期连续的学情分析,是教师逐步深入了解学生的必要途径。这种分析不局限于课堂,甚至不局限于学校,时间跨度长、分析空间大、涉及范围广,大到学生整体氛围,小到学生个人性格,在内可关注学生学习习惯,外延可了解学生家庭背景……诸如此类,不一而足。教师可在长期连续的过程中,对学生个体、学生群体层层剖析,多方面、多阶段加深了解,从而建立系统认识,"既能针对具体问题或情景进行反思,又能以持续的状态密切关注学生的发展……逐步从学生朴素态的认识向学生过渡态的认识发展,最后达到学生丰富态的认识"[1]。教师逐步形成对学生成熟立体认识的过程,也正是学生不断发展、逐渐成长的过程。面对更立体、鲜活的教学对象,教师可以更精准、深入地针对学生的发展趋势、年龄特点、整体状态、个体差异等展开教学活动。建立在长期连续学情分析基础上的教学,方能更深入,更好落实到促进学生发展这一出发点。

2. 贯穿课堂教学全程的动态连续性学情分析

学情分析的连续性还体现在其与教学过程的联系中,是贯穿课堂教学全程的。有研究者指出,学情分析是一个包含"学习起点""学习状态""学习结果"三大范畴的动态连续体[2],即包括课前学情分析、课中学情分析以及课后学情分

---

[1] 李明:《教学设计中的学情分析:意义、问题与改进策略》,《淮阴工学院学报》2012年第6期。
[2] 陈隆升:《学情分析论》,上海交通大学出版社,2019,第19页。

专题五　基于学情分析的作业设计与评价

析三个阶段。从其与课堂教学各阶段的关系来看，应当分别与课前教学设计、课堂教学实施，以及课后教学反馈三个环节相对应；从其与课堂教学层次的对应关系来看，则分别对应"教""学""评"三个层次。课堂教学从课前到课后是相互关联的动态过程，是一个不可分割的整体，学情分析也同此理，三位一体，构成系统的整体。然而，在实际的教学实践中往往会出现一个误区，就是只重视课前学情分析，而忽视了课中以及课后的学情分析。作为教学的逻辑起点，学情分析始于教学之前，但并不意味着在教学活动开始时便结束，而应当是一个"开放的、多元对话、动态调整的过程"①。

三、核心素养引领下的学情分析

社会的飞速发展对人才也提出了新的要求，未来社会需要的是终身学习型人才，这就决定教育必须与时俱进，培养终身学习型人才。在这样的要求下，"核心素养"这一概念应运而生。对于"核心素养"的概念界定有不同表述，有学者指出，"核心素养"是"具有关键性、必要性、重要性的核心价值……是可学习、可教学、可评量的关键必要素养……彰显个人发展与社会发展的功能"②。2014年，教育部印发了《教育部关于全面深化课程改革　落实立德树人根本任务的意见》，文中提出："教育部将组织研究提出各学段学生发展核心素养体系，明确学生应具备的适应终身发展和社会发展需要的必备品格和关键能力"。③ 简单概括核心素养的关键内涵，即"品格"与"能力"。2017年，基于核心素养的普通高中课程标准正式颁布，各学科都明确了学科素养的发展导向。实际上，核心素养的培养应贯穿学生发展的始终，虽然当下始于学校教育，但绝不能局限于学校教育，而应当扩展到家庭、社会。同理，仅依靠高中学段去培养核心素养是远远不够的，必须将核心素养的培养渗透教育的各个阶段。"双减"政策的出台，也引发了全社会对中小学人才培养命题的深层思考，未来的教育目标，是实现面向全体学生综合能力与核心素养的全面发展。

发展学生核心素养，以培养"全面发展的人"为核心，围绕核心分为文化基础、自主发展、社会参与三个方面，综合表现为人文底蕴、科学精神、学会学习、健康生活、责任担当、实践创新等六大素养，"六大素养之间相互联系、相

---

① 李明：《教学设计中的学情分析：意义、问题与改进策略》，《淮阴工学院学报》2012年第6期。
② 黄光雄、蔡清田：《课程发展与设计新论》，华东师范大学出版社，2018，第4页。
③ 中华人民共和国教育部：《教育部关于全面深化课程改革　落实立德树人根本任务的意见》，http：//www.moe.gov.cn/srcsite/A26/jcj_kcjcgh/201404/t20140408_167226.html。

互补充、相互促进，在不同情境中整体发挥作用"①，在六大素养下又具体细化为人文积淀、人文情怀、审美情趣、理性思维、批判质疑、国家认同等十八个基本要点。义务教育学段教师要积极学习核心素养的总体要求，深入理解各学科核心素养的内涵，积极将其与教学实践相结合，探寻出适合初中、小学的不同教学途径。以核心素养的生成为培养目标，必先了解学生原本已具备的素养水平，随时诊断学生在学习过程中生成的素养水平，这就对学情分析提出了更高的要求。

1. 从六大素养的整体架构出发

人文底蕴与科学精神两大素养，指向学生发展应具备的文化基础，分别强调对人文、科学各领域知识和技能的习得。在知识的学习运用中涵养内在精神，提升文化底蕴与精神追求。在进行学情分析时，人文底蕴素养重在分析学生在人文领域具备的知识基础、基本能力、情感态度和价值取向。例如学生的人文常识、阅读能力、信息提取能力，对待人文领域优秀成果的审美情趣、价值观念等。科学精神素养，侧重于分析学生在科学知识和技能等方面的思维方式、行为表现，例如学生的逻辑思维、批判思维、探究能力等。

学会学习与健康生活两大素养，指向学生的自主发展能力，培养学生学会自主管理、发现并肯定自我价值，发挥主观能动性挖掘潜力，对自己的人生提出方向并努力达成。在进行学情分析时，对于学会学习素养，主要从学生的学习意识、学习方法、学习反思、学习风格等方面进行分析。对于健康生活素养，侧重分析学生的自我认识、自我管理、未来规划、生活态度、人格生成等方面。

责任担当与实践创新两大素养，指向学生的社会参与能力，是学生认识自我与社会的联系、处理自我与社会的关系所必备的素养，是公民意识的体现。从责任担当素养出发进行学情分析时，要关注学生的国家认同感、社会责任感、家国情怀、道德信念、行为规范等方面，充分了解学生。从实践创新素养出发进行学情分析，则侧重于学生在日常学习、生活中所表现出的创新思维、实践能力、问题解决能力、劳动能力、掌握技术等角度。

2. 根据学科核心素养，进行定向分析

要真正实现学生发展核心素养，最终要落脚于学科实践。目前，各学科核心素养的具体要求与解读均已发布，教师在进行学情分析时，务必从学科核心素养

---

① 林崇德、刘霞、郝文武，等：《努力提升学生发展核心素养——访林崇德先生》，《当代教师教育》2017年第2期。

出发，进行定向分析。需要注意的是，无论是大框架中的六大素养、十八个要点，还是基于学科特点所制定的学科素养，在实践中如何进行素养测评是一个重要的研究方向。同样，在分析时，如何将素养具体化，以便定向分析，也具有较大研究空间。此处所述，也仅是基于目前研究成果的浅谈。在义务教育阶段，教学的主要方向就是筑牢学生终身学习的基础，各学科就是构成基础的基石。在义务教育阶段的诸多学科中，语文、数学、英语是最重要的基础学科，其他学科学习所需的基本能力都是在语文、数学、英语的学习过程中生成的，这三大学科是学生习得基本学习能力和核心素养的重要途径。以语文学科为例，语文学科核心素养包含语言建构与运用、思维发展与提升、审美与创造、文化传承与理解四个维度。在进行定向学情分析时，"语言建构与运用"维度，可具化为阅读理解能力、写字写作能力、语言表达能力；"思维发展与提升"维度，可具化为学生在阅读、写作、表达等行为时表现出的批判、创新、运用等思维能力；"审美与创造"维度，可具化为对文学作品的感知力、理解力、想象力、情感态度；"文化传承与理解"维度，由于学科在情感价值方面的特殊性，可具化为文化常识积累、家国认同感、民族自豪感、文化自信心、传统文化认同感、传承使命感等角度。

四、学情分析常用方法

1. 观察法

观察法是教育研究中最常用的方法，指教师有目的、有计划地观察学生学习行为，从而判断其学习心理的基本方法，是学情分析的基本手段。在教学过程中，教师需随时观察学生的言行、情绪状态、活跃程度等基本状态，从学生的反应来判断其对学习的基本态度、学习兴趣等。通过群体观察，教师可以了解一个班级的学风、班级氛围、整体学习水平；通过个体观察，教师可以了解到个别学生的认知特点、学习方法、学习习惯、学习风格等特征。观察对于教师来说，是洞悉学情必不可少的方式，在实际操作中，除随课堂教学进程进行实时观察外，还可以进行精心设计的正式观察。正式观察指的是"事先进行了观察设计、通过正式的观察工具收集数据并对数据进行了正式统计分析的观察方法"[1]，可用于阶段性学情分析，或更深层次的教学研究。

---

[1] 陈隆升：《学情分析论》，上海交通大学出版社，2019，第137页。

2. 调查法

调查法是教师通过问卷、测验等形式对学生知识基础、方法技能等方面进行调查了解的一种科学研究方法。通过问卷调查，教师可以获取大量有效信息，为教学设计提供可靠依据，如制定更具有针对性的教学目标、对教学内容进行合理取舍与整合、选择更适合学生的教学方法等。教师在设计问卷时，需要明确调查目的，设计的问题须简洁、明了、可测量；选择调查对象时需要注意是否具有代表性，要涵盖各个学习层次的学生。除问卷外，测验也是进行学情调查的高效方法。教师针对学习内容，设计有针对性的试题，根据学生的答题情况进行质量分析，从而判断学情。调查法可用于学期教学、单元教学的开始，以便于确定教学起点；也可用于阶段性学情反馈，以之为依据进行教学反思与教学策略调整。

3. 书面资料分析法

书面资料指学生在学习过程中形成的书面作业、课堂笔记等以纸笔方式呈现学习效果的资料。书面材料是学生在课前、课中、课后进行学习与巩固的重要途径，能够直观体现学生的学习情况、反馈课堂效果，为教师改进教学策略提供重要依据。通过分析学生课堂笔记，教师可以很清楚地看出学生上课注意力是否集中、对所学问题是否明确，学生的字迹、符号、用笔颜色不仅可以体现上课状态，也能很好地反映学生的个性差异。在分析书面作业时，教师可获取以下信息：其一，学生对知识的掌握程度；其二，学生的思维倾向与思维深度；其三，学生基础能力差异，如读、写、算；其四，学生的学习习惯与学习态度。通过分析书面材料所反映的学情信息，教师可以对教学目标的达成与否进行相对明确的判断，以利于进一步落实目标，同时，也有利于教师掌握学生的差异性，在下一步的教学中注意因材施教。

4. 谈话法

课堂上，师生之间、生生之间的谈话是教师发现学情、进行启发式教学的重要途径，是评估学生学习成效的重要手段。教师通过提问、对话、回答、讨论等谈话方式，可以明确掌握学生的思维状态、个体差异、对知识的理解程度。这些动态的学情是与教学进程融合在一起的，随教学情境变化而变化，具有复杂性、偶然性。在谈话时，教师可以设计记忆型、理解型、应用型、分析型等不同类别的问题，从不同角度与学生展开谈话，可以进行群体提问，也可以进行个别提问，以点带面地了解学生当下的学习状态，及时调整教学的节奏、深度、广度，以顺应学情。需要注意的是，教师设计问题时要秉承有效、针对、精简、适量的原则，避免过多、过满的无效问题。

5. 经验总结法

经验总结法是教师教学实践中最普遍使用的方法，这种方法是自发的、非刻意的。有学者这样定义："经验总结法是在非人为控制的自然状态下，对客观存在的教育经验进行分析和概括，从而揭示教育现象的本质与规律的研究方法。"[①] 教师习惯于以自我教学经验为基础，对学情进行分析与判断，尤其是在教师与学生长期合作的情况下，教师的经验总结往往能体现其所教学生的普遍情况。但是，这种方法在应用时容易陷入唯经验论的误区，有时教师会被经验限制住，对学生进行分类、标签化，忽略学生的差异及变化。因而，在用经验总结进行学情分析时，要科学、审慎，可以与其他方法配合，关注学生个体差异，让经验起正向作用。

五、学情分析常见误区

1. 显性缺失

显性缺失指的是教师在进行日常教学设计时无学情分析，或学情分析流于表面的现象。部分教师的日常备课并不会着重分析学情，只在应对比赛、公开课等展示性课堂时才相对重视，甚至有时直接照搬教参等其他资料的文本语言，与学生实际严重不符。这说明许多教师依然存在以教为主的传统思想，教学只为完成教学任务，没有真实认识到学生是学习的主体，而是只将学生当作教学演出的配角。随着改革的不断深入，大多数学校对教师备课的要求明确指出要有学情分析，但由于部分教师对学情分析并未进行深入研究，对其价值与内涵认识不够明确，也没有掌握学情分析的方法，实践中出现了仅将学情分析作为一个形式化任务的现象。

2. 隐性缺失

隐性缺失是指教学设计中明确存在学情分析，但分析内容无实质性作用的现象。最常见的隐性缺失就是只分析学生整体的一般特征，忽略学生的个体差异，分析大而空，盲目贴标签。例如，"初一学生性格活泼，有强烈的好奇心，课堂

---

① 王守恒：《教育科学研究方法基础》，安徽师范大学出版社，2002，第141页。

积极性强，但逻辑思维能力弱，思考问题不够全面、深刻"等。此类分析缺少针对性，可以套用在各学科、各课型中，对教学无实际影响。只有尊重、正视学生差异性，针对学科特点、学生差异进行深入、具体的分析，才能发挥学情分析对教学的正向作用。还有一种常见的隐性缺失是教师只顾课前学情分析，不顾课中、课后的学情分析。课前学情分析着重分析学生的知识基础、能力、兴趣等，目的在于确定教学起点，更多体现教师对课堂教学的"预设"；课中学情分析需要教师随时关注学生的表现，收集学生在课堂活动中的学习信息，并进行判断、分析，其目的在于适时调整教学进程；课后学情分析带有一定反思成分，教师通过作业、课后活动等形式对学生的学习状况进行诊断，评估学情变化，反思教学是否达标，其目的在于改进今后的教学。三者是动态连续的，缺一不可。

3. 分析浅表化

学情分析的浅表化体现在多个方面。其一，许多教师在进行学情分析时，为使分析看起来更有"深度"，僵硬套用教育学、心理学的专业术语，致使分析内容过于泛化。在此基础上，再将其与自己的学生特点结合，成为一种模式化的分析，其"基本模式有'教育心理学论述＋特定人群的长处＋短处，然后是具体的表现、长处＋短处＝集中表现为……'"[①]。这样的分析看似高深，实则流于表面，毫无针对性、具体性。其二，以主观经验代替科学分析，导致学情分析低效甚至无效。有一定教学经验的教师经常会走入这一误区，认为自己主观经验中的学情就是真实的学情，忽略了学情本身是处在变化中的，受时代、环境、个性等诸多因素的干扰。其三，学情分析方法单一。真正的"学情"至少需要满足两个条件："首先，它对教学的效果的影响是经过科学论证的；其次，存在科学有效的教学手段可以弥补它对教学产生的影响。"[②] 教师需要采取多种方法，对学情进行全方位、多角度、具体的、科学的分析。只靠单一方法，例如观察、经验总结得出的结论，并不能反映真实、具体的学情，无法为教学提供有效参考。

---

① 燕学敏：《我国学情分析的意义、问题与对策研究》，《内蒙古师范大学学报（教育科学版）》2020 年第 5 期。

② 谢晨、胡惠闵：《学情分析中的"学情"理解》，《全球教育展望》2015 年第 2 期。

主题 2

基于诊断学情的作业设计策略

美国心理学家库珀认为，作业有着提高学业成绩，增强学生对学科的重视程度，提高或保持学生的学习兴趣，巩固课堂学习内容，培养学生良好的学习习惯，掌握学习方法，促进学生更好地学习，调节师生关系，加强同伴交流，增进亲子关系，培养学生自我调节的能力等积极的功能。[①] 在教学实践中，对知识的复习、巩固、深化是作业最基础的功能，是培养学生能力的关键，也是对学生学习情况进行诊断的重要手段。按照作业任务的完成时空，可以划分为课堂作业与课外作业两大类。教师通过对学生作业的分析，掌握学情反馈，用以查找教学不足、调整教学进度，提升教学有效性。

一、课前学情分析下的作业预设

进行作业预设时，教师必须进行学情分析，可采用多种方法进行摸底、调查，并根据学情、课程标准、学习目标设计作业，明确作业目标、作业内容、作业时量、作业形式、作业难度等。与之相对应，科学化的设计，也会更有助于充分发挥作业对学情的诊断作用，以便教师判断教学目标的达成与否。

1. 作业目标预设

学习目标是教学行为的出发点和落脚点，学生的学习过程就是不断趋向目标以至最终达成目标的过程。学习目标的制定，需要依据课程标准，结合教学内容，充分了解学情。作为教学评价的一种重要方式，作业为教学提供学情样本，是教师收集学生学习信息的重要途径，因而在进行作业预设时，基于学情的目标设计应作为作业设计的第一步。作业目标要围绕巩固学生已掌握的知识，尚未解决的疑惑，通过作业能达到的掌握程度，如何最终达成教学目标等方面进行设计。在目

[①] 王月芬、张新宇，等：《透析作业——基于3000份数据的研究》，华东师范大学出版社，2021，第105页。

标的指导下，再去进行接下来一系列围绕作业内容、难度、形式的设计。

作业目标要与学习目标相一致，最终指向学习目标的达成。作业目标与学习目标的匹配程度是决定作业有效性的重要保障，只有有效的作业才能准确诊断学情，为教学提供正确的反馈信息。当前，"双减"政策对作业提出了新的要求，那就是精简、高效，不能让作业成为学生的负担。精心预设作业目标，可以让学生明确做作业的方向和需要达到的程度，提升作业效率，以达到以最简单的方式促进学习的目的。

2. 作业内容预设

"作业内容是作业的核心，承载着教师的作业观、教学观，是教师为学生设计的旨在巩固知识与提升能力的'问题'……也是学生最能切实感知到的'作业'。"[①] 因而，教师应在备课时，预先设计出适应学情的作业内容。

首先，作业内容须与作业目标相匹配，从目标出发设计内容，更具有针对性。有研究者指出："作业内容与作业目标是否匹配，会影响作业的数量和质量，也会影响到作业实施的效果。作业内容和作业目标的匹配度，是判断作业质量的重要指标之一。"[②] 针对不同学习水平的目标，要有相对应的作业进行巩固，甚至可以创造性地设计"一对多"的作业，即一项作业任务可对应多个作业目标。在实际操作中，教师往往进入一个误区，那就是更重视"知道""记忆""理解"类目标的落实，因为这些学习水平相对比较容易从抄写、默写、刷题等纸笔练习类作业中体现。而思维力、价值观、综合运用能力、创新能力等高级学习水平的目标落实，在传统作业模式，以及教师对作业预设的考量中，未能得到足够重视。

其次，作业内容要与教学内容、教学进程相一致。教学内容、教学进程取决于课程标准对学生知识能力掌握程度的规定。课外作业是课堂教学的延伸，随教学内容的展开而布置，如果超出或落后于教学进程，则会背离教学规律。尤其是在面临升学考试压力时，作业内容易出现应试、超前的问题，在中学阶段较为常见。例如将中考题型作为初次学习后的作业，看似考查深度知识运用，但是超出了课程标准的要求，与"初学"的教学进程不相符，更与当下学情不相符，反而降低了作业质量。

---

① 刘辉、李德显：《中小学作业设计变革：目标确认、理念建构及实践路径》，《当代教育论坛》，https：//doi.org/10.13694/j.cnki.ddjylt.20211103.001。
② 王月芬、张新宇，等：《透析作业——基于3000份数据的研究》，华东师范大学出版社，2021，第118页。

专题五 基于学情分析的作业设计与评价

最后，作业内容要注意科学性。许多教师习惯性地利用教辅资料布置课后书面作业，而市场上教辅资料泛滥，质量参差不齐，不仅无法保证质量，而且容易造成负担过重、形式单一的问题，与"双减"政策也不相符。作业内容并非一定要做出创新，但一定要加以甄选，教师可结合自身经验以及已有的作业资料，在充分了解学情的基础上，进行科学的选择、整合、改编。

3. 作业时长预设

作业时长预设，即在课前进行作业设计时，要依据学情科学设计作业量。教师须认识到一个问题，教师对于作业时长的估计与学生实际所需的作业时长存在不一致现象，教师预估的时长往往低于学生实际。这一问题随着年级增长而逐渐明显，尤其是中学阶段。究其根源，这一问题的出现，一定程度上源于教师对学情的不了解，同时也犯了经验主义错误。教师从自身能力与经验积累出发进行判断，是建立在对知识无比熟悉的基础上的，而学生并没有足够成熟的能力和对知识信手拈来的熟练感，在完成作业的过程中会碰到或多或少的疑惑，用时必然增加。也有研究发现，学生在作业上花费时间过多，并不能提高成绩，超出临界点就会对学习起反作用。上海国际学生评促项目（PISA）测试结果表明，学生在每周 11 小时作业时间内，平均成绩随作业时间增加而提高，当超过 11 小时，平均成绩反而下降。[1] 基于中国教育追踪调查（CEPS）数据研究初中生家庭作业时间对理科成绩的影响发现，随着家庭作业时间的增加，初中生的学业成绩呈倒"U"形曲线，即当家庭作业时间超过一定临界值时，继续增加家庭作业会对学生的学业成绩产生负面影响[2]。

因此，教师需要采取必要方式，对学情进行详细调查，从学生角度确定作业量，合理预设所需时长。科学的作业时长，应当与中等层次学生的完成用时相匹配，需要教师对其做出精准预判。与此同时，还需关注学生差异性，避免作业"一刀切"，要针对学生差异，制定分层作业、弹性作业等，让学有余力的学生能"吃饱"，让后进生、学困生也能力所能及达成相应目标。

4. 作业形式预设

作业"不只是教材编写者预留的习题或活动，同样是需要教师根据课堂学习

---

[1] 郑金洲、程胜：《如何分析学情》，华东师范大学出版社，2016，第 163 页。
[2] 徐章星：《初中生家庭作业时间与学业成绩——基于学业压力的调节效应分析》，《教育与经济》2020 年第 5 期，第 87–96 页。

内容以及学生学习状况量身定制的符合学生实际的学习任务"[1]，而学习任务的呈现形式应当是多元的。过于单一的作业形式会对学习产生非正向影响，而多样化的作业形式则能减少乏味感，对于激发学生作业兴趣、减轻学生作业负担、提高学生学业成绩等都能产生积极影响。有研究表明，作业兴趣对提高学业成绩的影响相较作业负担更为明显，兴趣是完成作业的动力源泉，因而，在优化作业设计时，仅仅通过减少学生作业时间来减轻负担，只能起到治标的作用，要把激发学生作业兴趣放在更为重要的位置，只有更具有趣味性的作业才能使学生对完成作业过程产生持续性欲望。

长期以来，作业偏重书写的状况一直存在，学生书写量大、负担重，不能很好地激发学生的兴趣，并且此类作业更多侧重于知识的巩固，并不能很好地体现学习的生成性。《关于进一步减轻义务教育阶段学生作业负担和校外培训负担的意见》指出，布置作业要"坚决克服机械、无效作业，杜绝重复性、惩罚性作业"[2]，因此，教师在进行作业预设时，要对作业形式予以高度重视，从学生年龄特征、思维深度、学习习惯、学习能力、已有知识经验出发，选择符合学情的形式。作业预设应尽可能避免单一纸笔作业，可增加实践性、合作性、探究性作业的比重，并依据学生层次与差异，设计多重作业方案，例如，加入弹性作业、分层作业，为学生制定可供选择的多形式作业"套餐"等。此外，我们也应将目光从单一关注课外作业向同时关注课堂作业转移，课堂作业可作为课堂教学活动的一个重要环节，与教学活动有机统一在一起，是实时诊断、巩固学情的重要手段。

5. 作业难度预设

作业难度预设应有两个重要依据：一是学情，二是课程标准。学情是教师预设作业难度的出发点，难度的确定要以学生学习基础、能力强度为依据，以巩固学习成果为主要目的。作业与学情相适应即为难度"中等"，低于学情则为"简单"，超出学情则为"较难"。作业可以有适当难度提升，但不能过度追求拔高，以致造成基础不牢。学科课程标准是学生应达到的普遍要求，是制定学习目标的基本依据，作业内容与课标相匹配为难度"中等"，超出课标即产生难度，超出越多则难度越高。课程标准对于学生学习水平的要求有三个层次，即"识记""理解""运用"，代表着学生对知识、技能、情感的掌握水平。与之对应地，指

---

[1] 胡庆芳：《"双减"背景下作业设计的问题分析及标准建构》，《基础教育课程》2012年第12期（下）。

[2] 《关于进一步减轻义务教育阶段学生作业负担和校外培训负担的意见》，人民出版社，2021。

专题五 基于学情分析的作业设计与评价

向"识记"水平的作业为"较低"难度,指向"理解"水平的作业为"中等"难度,指向"运用"水平,考查学生综合能力的作业可判断为"较难"。

二、课中学情分析下的课堂作业设计与调整

苏霍姆林斯基在《给教师的建议》中说道:"教育的技巧并不在于能预见到课的所有细节,在于根据当时的具体情况,巧妙地在学生不知不觉之中做出相应的变动。"课堂教学中,教师要善于发现学生的学习状态和学习行为,抓住即时信息,及时对课堂教学进度进行调整,并加强课堂管理。课中的学情状态,也是教师进行课堂、课外作业设计和调整的依据。

1. 课中学情分析

课中学情分析的方法,大致上可以概括为三种,即"课堂观察""课堂倾听""课堂对话"。[1] 教师的观察行为"是指教师在一定的教学情境中发现并收集有意义信息的过程"[2],是教师所应必备的专业技能。在课堂教学进程中,教师围绕自身、教学过程和学生学习行为的观察十分重要。学生课堂所表现出来的状态和行为,是其当下内心活动的外显,教师通过观察学生听课、讨论、问答等学习行为以及打瞌睡、走神儿、表情变化、肢体动作等非学习行为,寻找学生的课堂特征,即学习需求,及时收集信息。教师不仅要观察整体学生,还要关注重点观察对象,把个案与整体相结合,随时关注学生的思维、情绪、互动、目标生成状态,尤其是不能忽视部分学生的问题状态,要进行实时管理,将学生引导回课堂学习本身。课堂观察可以是随意观察也可以是有目的的观察,为提升专业性与深度,可进行阶段性专门观察。进行专门观察时,可借鉴成熟的观察评价量表,邀请同事听课,帮助观察学生课堂状态,在课后进行分析,形成对课中学情的科学总结。

课堂倾听是教师理解学生思维活动的途径,有助于教师收集学生对课堂的即时或延迟的反馈,从中获取学情信息,进而推断出学生产生的疑难,以便采取相应措施,答惑解疑,因材施教。日常教学中不难看到这样的场景:学生在回答教师提问时并没有按照教师预设的方向回答,教师仅仅表面倾听,却不会顺着学生的思维引导其"曲线救国",而是对学生的答案予以否定,并不断重复问题或努力往自己的思路上引,这样的倾听是无效的倾听。教师对学生的倾听要积极、真诚,既表现在外显的表情、眼神、身体动作,也表现在教师内心对倾听的认同

---

[1] 郑金洲、程胜:《如何分析学情》,华东师范大学出版社,2016,第121-148页。
[2] 林正范:《论教师观察行为》,《教育研究》2007年第9期。

感。倾听的有效与否在于教师能否真真切切站在学生发展的角度，用学生的思维去思考，理解学生的困惑、需要、情绪、情感，诊断学生的学习情况。

课堂对话包括师生对话、生生对话，在形式上表现为"问答"与"交谈"。"教学中的对话是以教师指导为其特征的，也就是说，教师指定对话的目标与计划，为引导学生发展智力与德性提供一定的方向"[①]，因此，教师是课堂对话的主导者，要有目的地通过对话了解和顺应学情。对于对话问题的设计，教师要把握几个准则：其一，避免"满堂问"，要设计精简的问题，并给学生足够的自主思考和回答时间；其二，要从学生角度出发，设计有效问题，针对学情设计具有一定学习水平的问题，不能低于学情也不能超出学情；要充分考虑到学生的"最近发展区"，从学生的疑惑出发，步步引导、层层深入，以追求在对话中实现认知与能力的提升；其三，要把握提问时机，所谓"不愤不启，不悱不发"，对话要有启发性，要在知识连接处、学生思维转折点进行提问；其四，问题要有开放性，不能一味顺着教师思路向唯一答案引导，而应当注重学生在对话过程中展现出来的生成性，鼓励学生发散思维，创造性地进行回答。

2. 课堂活动性作业设计

课堂活动性作业是指在课堂教学过程中，"教师根据课程的具体内容指导学生操作完成的作业活动，是学生掌握知识、形成技能、发展智力、培养能力的重要手段，也是教师检查教学效果、调整教学方案的有效载体"[②]。课堂活动性作业属于课堂活动的一部分，与学生学习活动存在重合，二者是相互联系、相互配合的统一体。随着课堂教学的推进，教师在随时观察学情变化的同时，需要针对变化点给出相应的措施，这就要求教师一要在合理预设学生反应的基础上进行提前设计，二要依据学情变化随时调整活动计划。好的活动性作业不是单纯的活动堆积，也不以热闹与否作为评价标准，更不是对学生作业的"加负"；而是要以教学目标为中心进行设计，并在完成过程中一步步引导学生达成教学目标。同时，课堂活动性作业要取得高效益，就要配合课堂灵活生成，不断进行优化。

活动性作业常见的形式有口述式、游戏式、实践操作式、探究式等。口述式活动作业，通俗来讲就是"说作业"，由学生将对作业问题的答案、理解以及分析思路用口头表达的形式呈现出来。口述式活动作业，改变了以往多以单一书面

---

① 佐藤正夫：《教学原理》，钟启泉，译，教育科学出版社，2011，第311页。
② 冯毓淑：《让英语复习课"活"起来——英语复习阶段课堂活动性作业设计策略的实践研究》，《语数外学习》2012年第4期。

专题五　基于学情分析的作业设计与评价

形式呈现作业的模式，避免学生机械工作、过手不过脑的弊端，还能降低作业的乏味感。同时，学生在说的过程中会潜移默化地展示出完成作业的思维过程，教师可以更加有针对性地进行点拨、引导，在谈话间将学生引向学习目标。游戏式活动作业往往与课堂学生活动相结合，寓教于乐，让学生在兴趣驱动下，综合自身能力，在完成游戏的过程中巩固所学。实践操作式作业"是教师根据教材内容和学生的身心特点，结合生活实际，精心设计的以学生主动参与、积极探索为特征，以启迪思维、培养能力，促使学生素质全面发展为目的的一种作业形式"①。学生实践操作的过程是一个手脑并用的过程，是运用技能、提升素养、发展思维的有效方式。例如科学实验、模型制作、手绘地图等，都是教学中常用的实践操作作业形式。探究式作业是指教师围绕学科核心素养，基于学习内容，引导、启发学生在教师的指导下，从实际生活中发现问题，运用科学方法探究问题解决的一种作业形式。探究式作业，可以由个人独立完成，也可以由小组合作共同完成。苏霍姆林斯基曾提出："在人的内心深处都有一种根深蒂固的需要，这就是希望感到自己是一个发现者、实践者、探索者。"每个学生都具有探究的欲望，教师要做的就是激发学生的探究欲，引导学生运用多种方法，在探究过程中体验知识、提升核心素养。需注意的是，探究式作业如果用在课外则更加灵活，若用在课堂作业，必然要考虑到用时与效率问题。教师在设计实施探究式活动作业时，要考虑如何布置课前准备、如何组织作业活动小组、如何精简程序等问题。在组织小组时，可充分结合学生差异，使能力层次不同的学生在小组中各司其职、相互配合。

课堂活动性作业的设计要在充分考虑课前、课中学情的基础上，做到强化基础、注重差异，强化参与、注重体验，强化联系、注重整合，强化应用、注重创新。根据教学活动的需要，课堂活动性作业的使用要遵循"序""度""量"的"三调整"原则，即调整作业呈现顺序、难易程度、对预设作业数量的割舍或增加。② 灵活性是课堂活动作业的一大特点，除提前预设好的活动方案与补救措施外，对教师的随机应变能力与掌控课堂的能力有极大的要求。

教师要在备课阶段预设好课堂作业方案的弹性空间，当课堂教学中发现实时学情不符合作业预设情境时，要积极、及时地对已有作业方案进行调整，以避免作业活动事倍功半。例如，一些原因导致没有完成教学进度时，要及时调整作业

---

① 邵美仙：《初中〈历史与社会〉课堂活动性作业的设计》，《群文天地》2011 年第 12 期。
② 蔡丽华：《科学预设　随机调整——提高课堂活动性作业设计和使用效度》，《四川教育》2013 年第 10 期。

内容，减少预设计的作业里涉及未学知识的部分；如果学情生成高于预设，要有针对性地适量增加作业难度；若课中学生反馈低于预设，则要适当减轻作业难度；当课堂实际进程慢于预设进程时，要对课堂活动性作业予以果断的取舍。

三、基于诊断学情的作业设计原则

作业是诊断、反馈学情的重要途径，教师通过分析学生的作业完成情况，可以"了解学生课后完成作业的主动性、投入性、专注性，分析学生学习的动机和态度"[1]。因此，在设计作业时，必须考虑如何充分、有效地诊断学情。有研究者指出："作业设计的标准既要回应课程教学立德树人的根本任务，也要体现教育教学规律和学生身心发展规律的科学要求。"[2] 在作业活动的各项环节里，教师们往往会在作业的批改中花费大量时间，远多于作业的设计用时，应当改善这一状况，对作业进行精心设计。在作业预设环节投入足够的重视，可整体提高作业效率。

1. 及时性

作业的及时性是教学工作者们的共识。课堂教学结束后，及时布置作业十分符合学生的遗忘规律，每课时、每单元、每个阶段都要有相应的作业及时跟进，方能在最有效的时限内让学生巩固所学，也可以给予教师及时的教学反馈，作为下一阶段教学的调整依据。有的教师缺少作业预设环节，在讲完一节课后，习惯性地当堂用该课时随堂练习册、学案习题等形式进行随意的作业布置，有的甚至在课后才由课代表传话代为布置，这样的布置方式只是看似及时，虽然也能起到巩固作用，但一定程度降低了作业的有效性。教师应当在课前准备环节精心预设作业，对作业内容进行分层筛选，这是准备的及时；在课堂教学结束时当堂布置并讲明要求，这是布置的及时；提前确定好诊断标准与批改形式，在收集作业后进行及时的批改，这是评价的及时。

2. 针对性

作业的针对性主要体现在三方面，即学情、目标、学习内容。学习目标的制定与学习内容的选择本就需要建立在学情分析基础之上，因此三者是有机统一的。作业设计要以学习内容为主要内容，与学习目标相照应，关注到学生在课堂上已掌握、未掌握的知识，本身能力应达到但未达到的水平，课堂已达成和未达

---

[1] 郑金洲、程胜：《如何分析学情》，上海：华东师范大学出版社，2016，第159期。
[2] 胡庆芳：《"双减"背景下作业设计的问题分析及标准建构》，《基础教育课程》2012第12期（下）。

专题五　基于学情分析的作业设计与评价

成的目标。同时还要兼顾学生差异，要利用分层突出学生作业的自主性，让作业满足不同类型学生的不同的学习需求，并赋予学生依据自身学习水平进行作业选择的空间。学生差异体现在年龄、性别、能力、经验、个性特征等不同方面，学情的复杂性要求作业设计要具备个性化与系统性的作业实施方案，让不同学生都能及时明确与自己学习水平相对应的作业任务，完成有意义的学习。

3. 可测量性

"反馈能够在因果性和目的性之间建立起紧密联系，而管理有效性的关键在于是否有灵敏、准确和有力的反馈。"① 确保作业能够提供有效的学情反馈，就需要保障作业的可测量性。

作业的内容与形式要便于教师收集、统计、分析学生完成信息，用以对学情进行客观的分析。同时，还需制订相对应的测量标准，例如，习题类作业的错题率、失分原因，抄写、默写类作业的准确程度、工整程度，实践类作业的活动过程、参与程度、实践报告撰写标准，分层作业下不同层次学生应达到的程度，等等。在设计作业时，充分考虑到事后测量，不仅可以提高作业批改效率，还能更准确地诊断学情，制定下一步巩固措施，从而在一定程度上减轻学生的作业负担。

4. 连续性

如前文关于连续学情分析的相关内容所述，教学是一个循序渐进、动态建构的过程，学生的学习及认知发展具有反复性、渐进性、上升性，这决定了学情分析也具有长期性、连续性、渐进性。作业设计，也需要考虑连续性。在师生长期配合的教学活动中，教师基于对学情变化的了解，需要有整体的作业设计思路，既要考虑到每部分的作业目标，也要考虑阶段性的学生发展。作业设计既要在内容上体现前后联系，将知识、能力、情感态度的培养连成整体，又要针对学情发展的渐进特点，制订步步对应、层层深入的培养措施，实现作业深度与学生发展同步、作业反馈与学情变化同步。实现作业连续性，还可以设计阶段性作业，将阶段性作业与课时性作业相结合，促进学生认知整合，综合提升素养。例如，阶段性作业可以以单元自主学习任务呈现，引导学生从整体上感知单元学习内容，发现每课之间的内部联系，促进结构化思考，养成深层思维习惯，提升自主学习能力，从而为课堂上的进一步学习做好准备。

---

① 王晶莹、周丹华、李想，等：《"双减"背景下的家庭作业：问题回顾、作用机制分析与提质增效路径选择》，《现代远距离教育》，https://doi.org/10.13927/j.cnki.yuan.20220105.001。

5. 多元性

《关于进一步减轻义务教育阶段学生作业负担和校外培训负担的意见》要求"鼓励布置分层、弹性和个性化作业,坚决克服机械、无效作业,杜绝重复性、惩罚性作业"[1],前文所述个性作业、弹性作业、分层作业正是作业设计多元性的体现。"双减"背景下的作业设计应理性审视学生的个性与特长,通过探究、创新多元化的作业形式,激发学生的潜能,并增强对自我的认知和肯定,同时还可以激发学生的内在兴趣,增强其作业、学习的主动性与愉悦感,助力其全面发展。"双减"政策对作业设计的根本要求包括跨学科性、探究性和实践性原则,作业设计要跳出只重认知不重能力的窠臼,应当兼备实践能力的生成,创造性开展主题式跨学科实践作业。例如,历史与地理学科结合,可以以地图识图为线索,开展重走历史路的实践探究作业;其中"玄奘西行""红军长征"都是很好的作业主题,让学生在探究中了解历史事件,并认识地理风貌,学会读图与提取信息。科学、劳动、艺术等综合实践性学科的作业,则更应强调探索性与实践性,要充分鼓励学生到生活环境中去体验、实践与创造。例如,音乐课可以让学生搜集身边环境、大自然里的声音,用这些日常耳边常出现的声音去理解音乐表达,加深体验。

6. 学生为本

作业设计要跳出课本的桎梏,积极与学生的经验、现实生活相联系,重视学生的作业体验,要让"学生能够通过作业体验来感知学习的意义与价值,即作业的完成过程也是一个现实生活实际问题解决的过程"[2]。当前的作业模式中,存在一个严重的问题,那就是学生的自主学习能力提升滞后于年龄的增长。许多学生并没有在自我成长的过程中形成足以应对学习、社会需要的自主学习能力,这缘于我国传统教育观念中家长、学校、教师对学生的高强度约束。习惯被动学习的学生或许可以成长为听话的学生,但这与当下及未来的立德树人目标、与综合素质提升的学习要求背道而驰。因而,作业的设计要以学生为本,以提升学生自主作业、自主学习的内驱力为目标,只有充分激发动机,才能提升作业效果,发挥作业对学习的巩固、提升、反馈、调节作用,这同时也是实现作业减负的重要途径。

---

[1] 《关于进一步减轻义务教育阶段学生作业负担和校外培训负担的意见》,人民出版社,2021。
[2] 胡庆芳:《"双减"背景下作业设计的问题分析及标准建构》,《基础教育课程》2012 年第 12 期(下)。

主题 3

基于巩固学情的作业评价策略

关于课堂评价的概念,有学者做出如下界定:"课堂评价是教师在日常教学实践层面通过观察、交流、作业、测验等手段,收集学生学习信息,以为教和学的改进提供决策基础的活动。"① 作为教学过程的一个重要组成部分,评价在教学中的地位和影响不可低估,它具有改进功能,对教学的其他环节有着公开指导和暗示的作用,从一定程度上可以说,评价标准和评价方式决定教学方式和方法。泰勒的"行为目标"模式中就涵盖了评价的改进功能,他曾说:"我们越来越期望用评价程序来确定我们达成的课程目标到了什么程度,以及为了得到一种有效的教育计划我们还必须在什么地方做进一步的修改。"著名评价模式——"决策模式"的创始人斯塔弗尔比姆也说过:"评价最重要的目的不是为了证明,而是为了改进。"② 评价还具有激励功能,能够激发学生的内驱力,调动潜能,以增进学生学习的积极性和创造性。

作业评价,从属于课堂评价,是对教学效果的诊断与反馈手段,是保障教学有效性的重要活动,主要包括作业的批改与反馈两个环节。作业活动一是要实现对学情的诊断,二是要实现对学情的巩固,做好作业评价,是巩固学生新习得的知识、能力、情感、素养的前提,是充分发挥作业效果的前提。教师通过批改作业,了解学生对新知的掌握水平以及能力水平,并判断出学生的习惯、态度等多种信息。如能将批改后的结果反馈给学生,将诊断转化为促进因素,则能更大程度地促进学生进一步发展,因此,应当将巩固学情作为作业评价的首要目的。需注意的是,高质量的评价应与目标具有一致性,"即达成目标的认知条件与评价任务的要求一致,评价方法和学习目标实现核心素养的要求匹配"③,

---

① 王少非,等:《促进学习的课堂评价》,华东师范大学出版社,2018,第 12 页。
② 赵克礼:《历史教学论》,陕西师范大学出版总社,2020,第 208 页。
③ 王云生:《"教、学、评"一体化的内涵与实施的探索》,《化学教学》2019 年第 5 期,第 8–10 页。

"双减"背景下作业的创新设计与批改

这就要求作业评价要与作业目标、学习目标相一致，不能脱离目标，沦为形式化评价。

一、分析作业样本，诊断课后学情

作业对学情的影响表现在三个方面：其一，作业具有提高学生成绩的作用；其二，作业具有激发学生兴趣的作用；其三，作业会给学生带来一定的负担。归纳起来可以简称为"学业成绩""作业兴趣""作业负担"。三者之间并非并列关系，作业兴趣与作业负担相互影响，而二者会共同影响学业成绩；作业兴趣越高，作业负担越轻，越有助于提高学业成绩。[1] 作业评价是教师在学习结果评估中进行学情分析的实质性途径，通过批改和分析作业样本，教师可以了解学生对知识的掌握程度、能力发展，进而了解学生的作业兴趣，对课后学情做出诊断。

1. 提炼分层作业样本

作业统计与分析是教师通过作业诊断学生学习情况和教学效果的重要途径之一，面对全体学生的作业，不能用"一视同仁"的态度平均分配关注度，需要对作业进行分层归类，提炼出典型作业样本。"所谓'作业样本'，主要是指学生的作业中具有代表性的个案或实例。对这些不同层次的样本的分析，教师可以看到学生在课堂里的学习状况。这些学习状况可以揭示出教师教学目标的达成及教学实施的效果。"[2] 作业样本是指向学生是否达成学习目标的证据，分析证据得出关于学生课堂知识接受效果、技能掌握情况的结论，可反向促进教与学的改进，极大地提高教学的有效性。

为了实现有效分析，教师第一步要做的就是，在批改学生作业的过程中提炼分层样本。这就要求教师"必须做好批改记录，以便能够结合连续性的学习过程来观察与分析学生的学习状况"[3]。实践中许多教师只注重批改作业的过程和结果，而不注重记录，但作业批改记录反而是教师对学生作业情况进行长期跟踪了解的重要依据。我们进行作业样本分析的目的在于了解学生的学习过程，分析学生的能力、素养的变化，而不是仅为了知道学生有没有学好知识。关于批改记录的要点，有研究者指出要涵盖三大"要项"：记录作业的一般情况、典型实例、

---

[1] 王月芬、张新宇，等：《透析作业——基于3000份数据的研究》，华东师范大学出版社，2021，第71-73页。

[2] 陈隆升：《语文作业样本分析：探查学情与教学的关联性》，《语文学习》2015年第12期。

[3] 同上。

专题五　基于学情分析的作业设计与评价

学生作业中的错误。[①] 从这三大要项着手，就可将作业进行分层归类，进而提炼出作业样本，教师再在此基础上对其进行针对性分析。

对分层样本归类起较大作用的"要项"是典型实例与作业错误。典型实例既包括正例也包括反例，要选择典型样本，进行深入剖析，尤其是要发现隐藏其中的学生的思维过程，从而概括出优秀作业与落后作业各自的规律，促学促教。对学生作业错误的分析，教师在实践中往往更倾向于解决当下的问题，忽视对错误率等方面的客观统计、分析记录，这也正是强调批改记录重要性的原因。记录服务于分析，教师利用批改记录，客观分析学生的错误，是为了更精准地找到解决问题的方法，引导学生纠正错误。在进行作业错误的记录时，需要记录具有代表性的错误点并归纳相应错误点对应的纠正方法，例如，"学不会""不知道"导致的理解错误，粗心疏忽导致的错误，以及教师作业设计不完善导致的错误。

2. 精准分析作业样本

在完成作业批改记录与分层作业样本提炼后，教师需要对样本进行精准分析。分析需要依据一定参照标准，作业样本的分析标准的确立应从学习目标出发。将作业样本中呈现的作业结果与学习目标对照，判断学生已达成的和未达成的目标，并统计记录达标与不达标的比例，重视未达标的学习内容，从而使学生问题清晰化，也使作业与教学之间有了实质性关联。

完成样本分析的过程，也需要师生的互动，教师可以选择典型样本的学生进行面批，通过对话启发学生描述作业错误的思考过程，以便了解学生的思维过程，找到错误成因。样本分析最终要落脚于问题改进，而非仅要看到学生作业的对错。例如，"有的错误看似是学生的不仔细、粗心造成的，其实反映的是学生对于概念性知识理解得不透彻、不扎实，才会看错关键信息；而有的错误反映了孩子思维方式与成人的不同，以及前后知识之间的负迁移、潜概念的影响等"[②]。

实际教学中，为追求"高效""落实到位"等目标，许多教师会采用变式训练、二次达标等同类相似的题目训练来进行错误改进与学情巩固。这样的措施能起到一定作用，但是缺乏对学生认知发展规律，以及对作业质量本身的反思，能达到的效果也是有限的。教师应当选用多样化的方法，将学生的错误问题引入课堂教学中，渗透课堂活动，并让存在同类问题的学生参与进来，如此能比较充分地发挥样本分析的作用。

[①] 余应源：《语文教育学》，江西教育出版社，1998，第 301–302 页。
[②] 黄自敏：《基于学习目标的作业结果分析与教学改进》，《上海课程教学研究》2020 年第 21 页。

3. 课后学情分析与教学反思

课堂教学的结束不是学情分析的结束，课后学情分析同样是学情分析的重要组成环节，前文所述的作业样本分析，就是诊断课后学情的重要手段。通过作业评价，教师可以诊断出学生的学习困难，并设法加以克服，如同医生对症下药。全面把握学情，帮助教师对课堂教学进行反思与总结，并在今后的教学中扬长避短，寻找最适切的方式稳步改进。

基于作业分析的课后学情分析，具有学段差异。小学阶段课外作业最重要的作用就是培养学生良好的学习习惯，在结合作业进行课后学情分析时，就要综合多方面来诊断学生学习习惯的发展状况。例如，书写类作业除关注作业内容与正误外，也要极大地关注学生的书写、作业本的外观、学生的解题过程等，实践类作业则要收集学生实践过程的信息，分析学生实践结果的水平。中学阶段在促进素养提升的同时会更加注重作业对学业成绩的影响，教师在课后学情诊断时就会更关注学生的知识正误率、技能发展水平。例如，统计、分析不同学情水平学生的作业错误率，从学生的表达或书写中分析学科素养发展程度，观察实践类技能的习得与强化等。作业分析与评价的结束，并不意味着教师对学情分析和反馈的结束。教师还应该根据作业完成的情况，特别是学生未完成作业的或不能完成作业的情况加以分析，了解学生完成作业的过程和学习的效果。在此基础上，根据诊断结果调整下一步作业内容、难度水平，进一步改进作业设计，同时，基于作业质量的反馈，有助于教师进行教学反思，诊断和改进自己的教学质量，明确教学策略的优化方向。

作业是对学生课堂学习程度的隐性的反映，是教师进行教学反思的切入点之一。在作业样本分析过程中，有的问题能够直接暴露出来，例如，学生对新学概念的理解程度、是否能正确运用公式、实践操作中能否运用正确方法等。这些问题能够直接唤醒教师对相应课堂教学进程的再现回顾。还有一部分问题，并不能在作业样本中直观呈现，需要教师进行深层次思考，这就要求教师要不断提升自身专业素养，谋求更高水平的专业发展。高水平的专家型教师"具有的将貌似正常的情境'问题化'，主动去发现问题、定义问题的能力，而不是他们解决已呈现出来问题的能力"[①]，能够深入回顾和挖掘作业和课后学情反映出的隐藏问题，在看似顺利的表面下敏锐捕捉到教学中的不足，"即通过对教学的观察、回顾或

---

① 郭俊杰、李芒、王佳莹：《解析教学反思：成分、过程、策略、方法》，《教师教育研究》2014年第4期。

专题五 基于学情分析的作业设计与评价

通过他人对教学的评价,反思者意识到教学实际情况与自我认知情况不符、教学中存在着一些不知如何解决的困惑或还存在着一些问题需要去改进,这些将引发反思者去深入思考和探究,去寻找解释困惑的证据,寻求解决问题的方法和途径,进一步促使自己的教学行为发生改变"①。寻找到问题后,对问题的出现做出合理解释,正确归因,用批判的态度寻求突破已有经验的解决方法。

二、进行针对性评价,巩固发展学情

作业评价包括作业批改与反馈,最关键之处就在于针对性。相较于其他评价主体,如学生本身、同伴、家长,教师评价的针对性是最强的,能够准确反映出学生作业中隐藏的学情问题。学生在面临学习问题时,若能自己借助资料解决,无疑会促进自己对知识的深入理解,发展自主学习能力。若无法自主解决,则会向教师寻求指导,这是因为,教师不仅能够帮助其解决问题,更重要的是可以教给学生解决问题的方法。因而,当教师对学生作业进行针对性评价时,更有利于学生巩固已有知识技能,解决问题,并进一步得方法,提升素养,即针对性评价能够对巩固、发展学情起到至关重要的作用。

1. 针对学生需要进行评价

教师的作业批改方式,要建立在了解学生期望的基础上。有学者做过一项关于学生最喜欢的作业批改方式的调查,由学生在教师的诸多作业评价方式中做出选择,如分数、等级、评语、批注等。结果表明多数学生最喜欢的是"在错误旁批注,指出存在的问题或解决问题的思路",其中初中生更侧重指出解决问题的思路,小学生更关注指出错误之处。② 这说明多数的学生期望教师评价可以让自己明确不足,引导自己解决问题,帮助自己形成独立思考的思维习惯和自主学习的能力。这也表明,教师进行作业批改和反馈,不能想当然地从自己主观经验出发,而要充分考虑学生的需要,站在学生角度,让评价尽可能满足学生期望,并真正起到促进学生发展的作用。

除多加应用符合学生期待的作业评价方式外,作业讲评也是教师依据学生作业情况进行针对性评价并纠正问题、巩固发展学情的重要手段。教师通过作业讲

---

① 郭俊杰、李芒、王佳莹:《解析教学反思:成分、过程、策略、方法》,《教师教育研究》2014年第4期。

② 王月芬、张新宇、等:《透析作业——基于3000份数据的研究》,华东师范大学出版社,2021,第135-136页。

评为学生提供教学的后续指导,让掌握程度、学习水平较高的学生能在课后作业中得到巩固与发展,让未完全达成学习目标的学生通过讲评与指导得到点拨顿悟,能够有效为下一步的教学提供指导性学情依据。教学中的作业讲评基本有三种形式:一是设计专门的讲评课,针对近期的作业、测验等进行集中讲解;二是在正常课堂中留出一些时间,进行小范围集中讲评点拨;三是在课余时间,对单独学生个体或小范围几个学生采取面批讲评。第一种专门讲评课,需要教师以作业分析与统计为基础,归纳学生作业问题中的共性进行讲解,并在课堂上进行一定的变式训练。这种形式讲解细致、强调练习,面对全体学生,能够照顾到大多数学生的疑问,但是由于时间长、覆盖面广,对于层次不同的学生所产生的效果不一,掌握程度较差的学生不一定跟得上,掌握程度较好的学生可能会在讲解自身没有的问题时存在旁观心态。第二种形式比专门讲评课的针对性更强一些,由于时间短、要点精,讲解的多为作业中反映出的急需解决的问题,学生的注意力集中程度高,效果较好,但不如利用一节课讲解得更细致。第三种形式则更能兼顾学生的不同需要,细化到针对个体指明存在的问题,指导问题解决的思路,会有助于作业效果的提升,但会耗费较多精力,也很难实现人人都有面批机会。在教学实践中,作业讲评要将三种形式相结合,灵活运用,相辅相成。

2. 设计针对性评价量规

评价量规,是基于学习目标制定的,判断学生的学习是否达成目标的依据标准,包括学习过程中的行为、认知、态度、学习结果以及学科素养的外部体现。"评价量规的设计要经历确定评价对象、划分评价内容维度、设置评价程度维度、描述评价标准、试用与修正等步骤。"[①] 评价量规首先是评价工具,其针对性体现在针对学科特点以及针对学生层次。

针对学科特点,围绕学科核心素养设计评价维度、评价内容,可以用不同等级、符号或者程度词语区分已达成的学生学习程度。评价量规可以针对单个素养,也可以针对多个素养的融合生成。以历史学科为例,历史学科核心素养由五大素养构成,分别是唯物史观、时空观念、史料实证、历史解释、家国情怀。其中,时空观念相对而言比较容易测量,从学生对于时间的记忆,对于联系古今看问题的方法掌握程度可判断其是否达成目标。而唯物史观、家国情怀,则由于涉及世界观、方法论、价值观,是抽象的、不可量化的,在评价量规中可以设计通

[①] 郭蕾:《基于语文要素的评价量规设计》,《小学语文》2021年第6期。

专题五　基于学情分析的作业设计与评价

过学生的语言表达、分析角度等进行衡量，制定关于优秀、达标、不达标三个维度的标准。再如，历史解释素养可以和史料实证素养相互融合评价，学生能引用史料作为论据，流畅表达自己对历史事件的观点并解释因果为优秀；能引用史料证明已有观点，借助教材语言辅助自我表达为达标；不能提炼观点，不能引用史料，无法自圆其说，没有自主表达则为不达标。

针对学生层次设计评价量规，目的在于帮助不同层次的学生有效解决学习中的实际困难，促成学生在已有水平上得到发展。分层评价量规的设计要建立在熟悉学情的基础上，正视学生的差异化学习起点，探究不同层次学生巩固旧知与发展新知的连接点。学生差异是客观存在的，不能对学困生提出过高的标准，也不能对能力较强的学生以低标准要求，这样会阻碍学生的进步，不符合最近发展区理论。将学生已有水平能达到的程度确定为"达标"，将通过教师引导和自己努力能达到的程度确定为"优秀"，方能充分发挥评价量规对学生发展的有效促进作用。

针对性评价量规的作用不仅体现在评价上。一是量规可以助力于学科核心素养、学情发展水平的具体化和可视化，增强教师对教学目标达成情况、学生发展情况的把握，推动教师对教学的不断改进。二是量规可以提升学生对学习目标理解的准确性，并辅助学生依据量规进行自主学习，甚至实现自我评价，也为开展生生相互评价提供依据，促进学生的综合发展。

3. 重点关注学困生作业评价

在前文所述关于学生喜欢的作业批改方式的调查中，相较于多数学生更期望教师指出错误并给出解决问题的思路，学习成绩落后的学生此方面的希望则不够强烈，这是由于这一群体"需要得到更多的帮助，或者仅仅指出存在的问题或解决思路，还无法让成绩靠后学生解决作业问题"[1]。实践中我们不难发现，教师非常重视作业批改中不同层次学生之间的差距，并下意识以相对好的学生作业作为参照标准，这是一个广泛存在于中小学一线教学的普遍现象。学困生所获得教师等级评分、面批指导、评语批注等评价的频次要明显低于学业成绩靠前及中等的学生。教师若对于学困生的作业关注较少，会导致这些学生无法通过作业获得积极的效果。

学困生常出现完不成作业的现象，甚至长期在不完成作业的名单中"榜上有

---

[1] 王月芬、张新宇等：《透析作业——基于3000份数据的研究》，华东师范大学出版社，2021，第136页。

名"。学生完不成作业的情况存在主观、客观原因。客观上，家庭环境、突发状况、负担过重等都是常见的原因；主观上，则存在懒惰、疏忽、不感兴趣以及学习困难等原因，学困生往往也具备前三种特点。造成学困的原因一是先天智力不能适应当前学习水平，二是未养成良好学习习惯。长期学习困难会让学生产生严重的挫败感，从而导致对作业抱有消极态度，学不会、不想学、不会学、跟不上，循环往复，成为一个消极的闭环系统。教师必须对学生一视同仁，不因成绩的好坏而区别对待，相较于成绩较为优异、学习习惯良好的学生，应当重点关注学困生。当学困生的作业暴露出非常多的基础性错误时，也不能产生轻视、厌烦的心理，而要更加重视，致力于通过作业的批改，引导其减少作业完成过程中出现的错误。

对学困生的作业评价，应当采取更加灵活的形式。例如，将学困生的作业批改放在前面，增加批改比例；加大面批力度，当面指出学生问题所在，并对学生进行耐心的讲解与引导，传授解决问题的方法，帮助其纠正不良的学习习惯等。在诸多方法中，课下单独辅导是许多学校进行"补弱"的重要途径。冰冻三尺，非一日之寒，学困生之所以学习困难，除先天智力条件外，后天的习惯和努力程度才是问题根源所在。因而，学困生往往不能跟上学习进度，不能较好地达成学习目标，即便想要努力追赶，但仍会存在力所不能及的各种问题。当面对学困生在作业中暴露的问题时，教师要遵循学生的心理发展特点，给予学生个性化的教学，这既能保护学生的自尊心，又能为学困生打下坚实的知识基础。这一过程具有长期性、渐进性，教师需要有足够的耐心，借由作业发现问题，循序渐进地引导学困生从基础抓起，不断完善知识体系、提高学习水平，缩小与其他学生的差距。将作业评价变成促进学困生转化的有力武器，指导其努力奋起直追，再谋求更大的进步。还需要指出的是，学困生往往具有比其他学生更强烈的自尊心，自尊心与自卑感交织，会造成学生情绪状态的两极转化，这一点在青春期学生身上尤为明显。教师在进行学困生作业评价时，需详细了解学生特点，多鼓励、多引导，帮助其主导情绪，找到努力的动力。

三、基于巩固学情的作业评价建议

1. 批改方式多样化

教师通过有效的作业反馈方式使学生理解自己的学习水平与应达到目标之间的差距，并为之提供改进与发展的建议，促进学生学习。作业的批改不应固定于单一模式，应当灵活运用多样化的方式进行。

专题五　基于学情分析的作业设计与评价

跳出单一分数或等级批改的局限。有研究者提出："课外作业的目的是诊断学生学习的问题和提供教学上的反馈，而不是检测学生，因此课外作业批改的效果未必就需要以等级或分数这类冷峻评价的方式来呈现。"[①] 学生对作业批改的态度概括来讲有四种：不看、看了不懂、看懂但不思考、认真看并进行反思和体悟。长期工作于一线的教师都知道，前三类学生占有相当大的一部分比例，若是长期保持同一种批改模式，那么前三类的学生会越来越多。日常作业的首要目的是诊断并巩固学情，学生对批改反馈不看、不思考如何获取进步？若能从批改中获得更多关于自身学习的多样化反馈和建议，进行反思的学生会渐渐增多。英国心理学家巴特勒在小学开展过关于作业反馈形式的研究，结果表明，在"评语""等级""评语+等级"三者间，得到教师"评语"的学生成绩出现了明显的提高，其他两种却没有显著变化。原因在于"等级"或"分数"会更多地吸引学生的第一注意力，让学生忙于比较，在与他人的比较中将结果更归因于自己的"能力"优劣，而忽略了过程中的努力程度。[②] 因此，作为一个兼具阶段性与长期性的连续过程，作业评价要跳出用单一分数或等级进行反馈的局限，要更有针对性地呈现评价结果。

符号多样性。作业的批改是为了给学生的学习以具有指导性的反馈，是作业评价不可或缺的环节之一，如果处理得过于粗简，会弱化这一指导性。实际教学中，许多教师习惯于用简单的"√""×"标记作业答案对错，甚或以"阅"字、当天日期等来表示已浏览过作业。许多教师长期坚持对作业全批全改，耗费大量精力，但是并没有收获理想的提升，不少学生仍然在日复一日地重复已出现过的问题。由于符号的简略和单一，这样的批改只是将作业评价过程终结于学生看到符号的那一刻，无法准确给予学生反馈和指导，进而也就无法有效解决学生在作业过程中暴露的问题，让做作业和批改作业浮于表面，不能深入发挥作用，使得教师付出的精力和收获的成果不成正比。因此，教师应创新运用多样化的符号，旨在更清晰地让学生明确问题所在，并将符号与评语等指导性批改相结合。在设计时，教师可结合学科特征和学生特点，探索简单、实用、切题的符号，甚至可以设计带有教师个人特色的专属符号，在反馈作业信息之余，发挥教师个人魅力，增进师生感情。

重视评语效果。从作业的激励功能的角度来看，评语是一种更有效的评价方

---

① 郑金洲、程胜：《如何分析学情》，华东师范大学出版社，2016，第166页。
② 同上书，第165页。

式。教师多用鼓励性、针对性、建设性评语进行作业批改，不仅能向学生反馈作业完成情况和知识、能力的掌握程度，还可以培养学生的正向学习态度，指引学生形成改进措施，缩小学习程度与目标的差距。教师在给出评语时，要从作业中解读出隐藏在其中的学情问题，并选择处理对策，给出针对性改进建议。在考虑评语有效性的同时，要兼顾学生内心情感，多用鼓励性评语，增强学习自信心，提升学习内驱力。

2. 评价主体多元化

评价过程是评价者与被评价者共同进行价值判断的过程，这一过程应当是民主参与、平等协商的，在这一过程中，评价者与被评价者不是主体和客体的关系，而是"交互主体"的关系。[①] 长期以来，评价主体仅由教师充任，这种单一性强化了教师的"绝对权威"，在整个教学和评价的过程中，教师是知识的代表，在师生关系中是传授者，而学生处在被动接受知识的位置。这种传统观念下的师生关系是围绕知识的传授和接受而形成的，在学生的眼里，教师是控制者和操纵者，学生习惯于被操控、被接受，这就会给学生造成极为消极的体验。在长期的束缚感中，学生会感到，作业是需要被迫完成的任务，作业评价是被人判断的过程，不利于学生自主性的发展。因此，在作业评价中，应当开展多元主体评价。

除教师评价外，作业评价的主体还可以是学生自己、同学、家长。学生进行自我评价的过程是反思的过程，通过诊断作业成果，找出自己的不足，进而采取合理的、适合自己的改进方式，充分发挥自主性，在反思的基础上实现自我发展。学生间进行互相评价，除了判断作业完成水平，更重要的是可以相互发现学习方法的不同，认识到思维理解力的不同，从而通过这一评价过程拓宽视野，相互学习、相互促进，以期实现共同进步。互评可以增进学生的作业兴趣，提升学生对作业的重视程度。需注意的是，无论是学生自评还是互评，由于学生尚不成熟，有时不能对自己或同学的作业做出准确评价，尤其是低年级学生，其认知水平和能力不足以支撑有效的评价。这就要求教师一定要进行评价前的引导，教会学生如何进行评价，最基本的就是给出评价标准，让学生明确达到什么程度才算达标，一旦出现问题，相应的补救措施又是什么。再就是教师一定要合理筛选适合学生评价的作业内容，如书写、背诵等。但学生作业里隐藏的能力发展水平、素养生成过程，则需要教师进行评价把控。学生自评与互评一定要建立在学情基

[①] 赵克礼：《历史教学论》，陕西师范大学出版社，2020，第211页。

础上，根据学生年龄特征、思维水平、能力储备量力而行。

家庭成员也是作业评价的重要主体，多以家长出任，也可以是较为成熟的兄姐。家庭是学生第一教育环境，家庭成员尤其是父母对学生的评价在学生心中占据十分重要的地位。当需要进行家庭作业评价时，教师要提前告知学生家长评价的标准、目标。但是，家庭评价受学生的家庭环境影响较大，父母的评价并非百分之百能起到积极作用。自主支持型、引导型的父母可以正向引导学生的思维和习惯，从增进学生努力的角度进行评价；权威型、控制型的父母会出现强势压制的情况，反而给学生造成心理压力，以致削弱学生的信心，阻碍学生的努力。因而，家庭评价的实施需要建立在教师对学生家庭环境有一定了解的基础上，要密切家校沟通，若条件允许，可以对家长进行一定的培训。了解学生家庭环境，也属于学情分析的范畴。

3. 侧重发展性评价

学生是具有成长性的个体，处在不断的发展、进步中，在进行作业评价时要侧重于用发展的眼光去看待。作业的完成结果只是作业评价的一部分，教师在对学生进行作业评价时，要着重关注学生完成作业的过程，将评价变为学生进步的催化剂。例如，有的学生作业习惯较差，经常抄作业，若仅从呈现的结果看，无法正确评价学生的作业效果。教师可通过观察、调查、谈话等方法对学生的作业过程进行了解，以便确认学生的学习需求，针对学习目标与评价目标，结合作业材料，给学生提出切实的调整方案，以此为学生发展进步提供参考。发展性评价尤其要兼顾学生差异性，面对基础薄弱但能通过努力取得进步的学生要给予充分肯定；面对有一定学习水平但未达成相应层次目标的学生，要给予帮助与引导，并在其改善后再次评价。作业评价要由对单纯知识结果的关注转向对学生发展的整体关怀，从简单的教师判断学生走向双方对话与情感激励，为学生创造良好的生长环境，增强学生自信。将评价从结果性评价中解放出来，侧重发展性评价，可有助于学生发现自我潜能，树立学习信心，并帮助其增强自我反思能力与自我调控能力，久而久之，学生会自觉进行自主评价并及时改进，促进其在原有水平上持续发展。

主题 4

基于学情分析的作业经典案例与分析

一、本作业案例的学情分析

经过初一和初二上学期对地理这门学科的学习，学生们基本掌握了学习地理的一些基本方法，如读图分析法、图表归纳法和材料分析法等，能运用地理知识和地理思维解决一些问题，对世界地理和中国地理的基本概况有了一定的知识储备，尤其是通过对八年级《地理》上册的学习，学生们已经对中国的地形、气候和河流等自然环境有了较全面的了解，为八年级《地理》下册中国区域地理的学习奠定了良好的知识基础，但每个同学对知识的掌握程度都有差异，不管在熟练程度上还是知识掌握的深度和广度上都有所不同，在地理思维和地理学习方法上也有所差异，这对进一步学习新知识会产生不同的促进作用，带来的效果也不同，进而影响课堂中对新知识的学习和领会效果。所以在学习新知识之前，必要的学情分析和必要的诊断性测验都是不可缺少的，在课堂中更不可缺少课中学情检测，这样可以为教师检测课堂效果、把控课堂节奏提供有力支撑。此举为进一步巩固新知识，夯实基础，为学生设计课后诊断性作业和发展性作业，用于检查同学们的听讲效果，为学生和教师提高课堂效率，采取相应的措施提供帮助。

二、本作业案例设计目的

本案例就是在深入分析学生学情、思考学生在课堂上的各种可能性的情况下，对不同可能性进行相应的策略预设，进而在分析的基础上，明确学习需要、确定教学内容、制定教学目标。通过作业，关注学生的偶然性、复杂性，对学生依据情境不断变化的生成与发展状态进行判断、分析和验证，弄清学生是否已掌握关键知识，是否已充分理解重点难点，是否已解决学习困难。从而促进学生知识内化的基础上，对学生掌握的情况进行准确评价，提高教学的有效性。

三、设计案例

【作业目标】

(1) 结合地图,准确说出西北地区地理位置及自然地理特征。

(2) 通过阅读图文资料,结合具体案例,能够举例说明自然环境特征(干旱)对西北地区生产、生活的影响。

(3) 结合自然环境特征(干旱)对西北地区生产、生活的影响,为西北地区的可持续发展出谋划策(重、难点)。

【作业设计】

1. 课前诊断性作业

结合课本第 14~16 页内容,进行基础知识速记(背诵完成,自主评价,组内互查)。(目标1:基本目标)

(1) 位置和范围:大兴安岭以西,长城、_____、阿尔金山、_____以北。包括_____、_____大部分和甘肃省、宁夏回族自治区的北部(在图上标出)。(祁连山 昆仑山 内蒙古自治区 新疆维吾尔自治区)

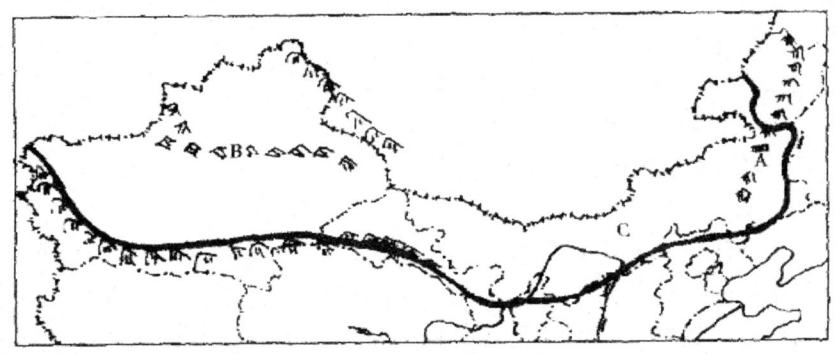

(2) 气候:年降水量在_____毫米以下,以_____气候为主。_____是本区自然环境的主要特征。干旱的原因是:深居_____,距海_____,并且被_____重重阻隔,湿润气流难以到达,降水_____,因而气候干旱。(影响因素:_____、_____)(400 温带大陆性 干旱 内陆 远 山脉 稀少 海陆位置 地形)

(3) 河流:由于气候干旱,河流_____,且多为_____河,其中最长的内流河是_____,外河流有_____、_____。(稀少 内流 塔里木河 额尔齐斯河 黄河)

(4) 自然景观的差异：西北地区_____和_____广布。植被：由东向西的分布规律是_____—荒漠草原—_____，形成这种分布规律的原因是_____。（荒漠　戈壁　草原荒漠　自东向西距海越来越远，降水越来越少）

(5) 农业：以_____和_____农业为主，宁夏的_____平原、内蒙古的_____平原是我国著名的灌溉农业区。被誉为"_____"。畜牧业：内蒙古牧区：内蒙古高原东部_____，多为_____放牧，内蒙古高原西部_____，以_____为主。优良畜种有：_____。新疆牧区：天山牧场—转场轮牧方式，优良畜种有：_____。（牧民根据季节变化选择不同海拔高度的牧场，夏季牧场最高，冬季牧场最低）（畜牧业　绿洲　宁夏　河套　塞上江南　水草丰美　定居　牧草稀疏　游牧　三河马、三河牛　新疆细毛羊和伊犁马）

结合评价量规1，完成自我评价。

评价量规1	评价标准——目标1：说出西北地区地理位置及自然地理特征	自我评价
A	能准确说出并识记全部	
B	能准确说出并识记，存在错误3处以内	
C	能准确说出并识记，存在错误6处以内	

2. 课中学情检测作业

要求先独立思考3分钟，再合作探究。（目标2：中层目标和发展目标）

任务一：灌溉农业

阿克苏冰糖心苹果主要产地位于新疆阿克苏地区温宿县，夏季，当地果农会利用自然生长的杂草覆盖果树间的土壤。苹果具有"色泽艳丽、果肉香脆、含糖量高"等特点，畅销俄罗斯首都莫斯科。

(1) 阿克苏苹果"色泽艳丽、含糖量高"的自然原因是_____。说出果农利用自然生长的杂草覆盖果树间土壤的主要目的。

(2) 分析阿克苏冰糖心苹果在俄罗斯首都莫斯科畅销的原因。

任务二：畜牧业

材料一：天山位于中纬度地区，海拔高处终年积雪，海拔低处光热充足，适宜牧草生长。在新疆，天山被称为垂直的牧场。天山草原以其面积广大、水源充足、牧草繁茂而著称。牧民随着季节的变化而转移草场放牧，称为转场。生活在新疆广大的草原和高山牧场的牧民们世世代代形成了不同季节利用不同高度草场的迁徙游牧方式。

材料二：天山自然带示意图和天山冬夏牧场转场示意图。

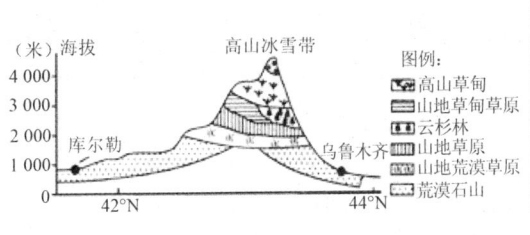

请回答：天山天然草场资源地广、质优、种类全，试分析其原因。

结合评价量规2，完成互评。

评价量规2	评价标准——目标2：分析归纳西北地区自然环境对生产生活的影响	组内互评
A	通过阅读图文资料，结合具体案例，能够举例说明干旱对西北地区生产、生活的影响	
B	在小组成员的帮助下，通过阅读图文资料，结合具体案例，能够举例说明干旱对西北地区生产、生活的影响	
C	在小组成员的帮助下，通过阅读图文资料，结合具体案例，通过提示才能举例说明干旱对西北地区生产、生活的影响	

任务三：旱之策（目标3）

请你结合以下材料，从生态环境保护的角度，为西北地区的可持续发展出谋划策。

材料一：西北地区是我国荒漠化的集中分布区。荒漠化致使土地的生产能力持续下降，影响农业发展，流动的沙丘还会破坏基础设施，威胁交通安全。要解决西北地区的荒漠化问题，必须<u>找准荒漠化的原因，对症下药</u>，从防风固沙、恢复植被处想办法。

材料二：西北地区防沙治沙示意图

3. 课后诊断性作业和发展性作业

（1）（目标1）我国西北地区以"干旱"为主，这种自然特征的原因若按因果关系排序，正确的是（　　）。

①山脉对湿润气流的阻隔；②降水稀少，气候干旱；③深居内陆，距海较远；④来自海洋的湿润气流难以到达

A. ①②③④ B. ②③④①

C. ③④①② D. ③①④②

【中考链接：2019年潍坊中考】河西走廊位于丝绸之路经济带上，文物古迹众多，也是我国目前最大的玉米制种基地。近年来，该地制种业结构不断变化，蔬菜、瓜果、花卉等制种规模迅速扩大。下图示意甘肃省地形与降水分布。据此完成（2）~（4）题。（目标2）

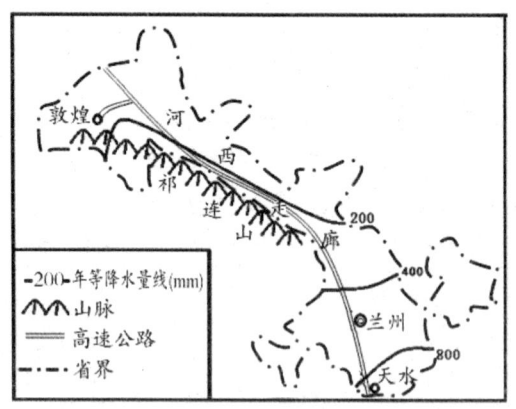

（2）甘肃天水的小明，暑假乘汽车到敦煌旅行，看到沿途植被景观变化很大，其主要影响因素是（　　）。

　　A. 降水量　　　　　　　　B. 热量

　　C. 地形类型　　　　　　　D. 光照强度

（3）与华北平原制种基地相比，河西走廊成为"种子繁育黄金走廊"的优势条件是（　　）。

　　A. 靠近高速公路，交通便捷　　B. 地形平坦，利于耕种

　　C. 海拔高气温低，病虫害少　　D. 雨热同期，利于作物生长

（4）河西走廊制种业结构发生变化的主要原因是（　　）。

　　A. 节水技术改进　　　　　B. 机械化水平提高

　　C. 土壤肥力低下　　　　　D. 市场需求改变

（达标检测评价标准：A：全部正确 B：2~3个正确 C：1个正确 自我评价：_____）

【课后提升】

基础性作业：复习所学知识，绘制思维导图。

拓展性作业：选择西北地区的一种特产并为其代言，写出代言词，与同学分享。

四、过程实施和评价

课前诊断性作业一般在上新课之前，留出6分钟进行默写检查，然后幻灯片展示答案，根据给出的评价量规进行评价。可以采取自批自改或同桌互批的方式快速批改订正，错误的地方用红笔订正三遍，教师通过走到同学中间巡视检查，来了解同学们的默写情况，通过课前诊断进一步了解孩子们的知识储备情况，了解学生们是否为学习新课新知识做好了知识准备。

课中学情检测作业在教师讲完新课之后，通过变式训练的形式进行检测，根据给出的评价量规进行评价。课中学情检测可以检查同学们的听讲和学习效果，为教师把控课堂节奏、提高课堂效率和采取有力措施提供更好的帮助。

在新课学习完后，采用当堂达标的方式进行，用于检测该堂课的学习效果，根据给出的评价量规进行评价，课后诊断可以为教师进行课堂反思提供有力帮助。因为反思是教师必备的教学环节。根据学生的作业完成情况，教师要反思本次作业中各类题目的分配比例和题型模式是否适合学生，以及是否体现了作业设计的层次性。进而反思学生对教学内容的掌握程度，反思作业的布置与学情、课标、考纲的结合程度，并在以后的作业设计和教学活动中加以改进和完善。

五、作业的反馈与修改

根据各个作业评价量规，通过自评或互评的方式打出分数。划分出A、B、C等级，低于C等级的同学需要课后重新检测，B和C等级的学生教师要进行抽查，教师找出出错较多的题目，再进行二次达标。A等级的学生中没有得满分的同学，随机抽查到办公室将错题进行二次达标，并在学有余力的情况下帮助B、C等级的同学解答疑难。课后用下表进行学情分析下的作业完成情况调查，以便更好地了解课前诊断性作业、课中学情检测和课后诊断性作业各环节的学习情况。

"双减"背景下作业的创新设计与批改

基于学情的作业情况调查表

表1：教学目标相关性

时间：_____ 统计人：_____ 调查人数：_____

作业	知识点	关联程度			覆盖面	能力是否达标
		优	中	差		

备注：（1）课标要求：_____
　　　（2）教学目标：_____

评价：_____

建议：_____

表2：作业与学情关系

时间：_____ 统计人：_____ 调查人数：_____

	待优生		中等生		优等生		融合度
	完成率	准确率	完成率	准确率	完成率	准确率	

评价：_____

建议：_____

表3：变式训练

时间：_____ 统计人：_____

作业	层次性		
	难	中	易

备注：根据原题难易度提供其他层次的题型。

评价：_____

建议：_____

参考文献

[1] 薛添灵. 小学音乐教学中多种感官综合联动的策略研究［J］. 新课程. 2021（10）.

[2] 张楠楠. 核心素养体系下的大学美术课堂实践教学研究［J］. 课程教学，2017（19）.

[3] 吴迪，张全. 小学美术绘画课程的开发与使用［J］. 中国课程教学，2020（18）.

[4] 叶澜. 教育概论［M］. 北京：人民教育出版社，2019.

[5] 王道俊，王汉澜. 教育学［M］. 北京：人民教育出版社，2018.

[6] 叶澜. 新编教育学教程［M］. 上海：华东师范大学出版社，2017.

[7] 袁振国. 当代教育学［M］. 教育科学出版社，2019.

[8] 周慧敏. 教学评一体化视域下提高教学有效性探究——作为实践话语的"学情分析"［J］. 思想政治课研究，2020（2）.

[9] 周一贯. "学情"——不该遗忘的教学资源［J］. 中小学语文教学论坛：全国小语会会刊，2003（006）.

[10] 薛伟强. 中学历史新课程教学技能训练［M］. 北京：北京师范大学出版社，2020.

[11] 燕学敏. 我国学情分析的意义、问题与对策研究［J］. 内蒙古师范大学学报（教育科学版），2020（5）.

[12] 叶奕乾，等. 普通心理学［M］. 上海：华东师范大学出版社，2004.

[13] 郑金洲，程胜. 如何分析学情［M］. 上海：华东师范大学出版社，2016.

[14] 陈隆升. 学情分析论［M］. 上海：上海交通大学出版社，2019.

[15] 李明. 教学设计中的学情分析：意义、问题与改进策略［J］. 淮阴工学院学报，2012（6）.

[16] 黄光雄，蔡清田. 课程发展与设计新论［M］. 上海：华东师范大学出版社，2018.

[17] 林崇德，刘霞，郝文武，等．努力提升学生发展核心素养——访林崇德先生［J］．当代教师教育，2017（2）．

[18] 王守恒．教育科学研究方法基础［M］．合肥：安徽师范大学出版社，2002．

[19] 谢晨，胡惠闵．学情分析中的"学情"理解［J］．全球教育展望，2015（2）．

[20] 王月芬，张新宇，等．透析作业——基于3000份数据的研究［M］．上海：华东师范大学出版社，2021．

[21] 刘辉，李德显．中小学作业设计变革：目标确认、理念建构及实践路径［J/OL］．当代教育论坛

[22] 徐章星．初中生家庭作业时间与学业成绩——基于学业压力的调节效应分析［C］．教育与经济，2020，36（05）．

[23] 胡庆芳．"双减"背景下作业设计的问题分析及标准建构［J］，基础教育课程，2012（12）．

[24] 林正范．论教师观察行为［J］．教育研究，2007（9）．

[25] 佐藤正夫．教学原理［M］．钟启泉，译．北京：教育科学出版社，2011．

[26] 冯毓淑．让英语复习课"活"起来——英语复习阶段课堂活动性作业设计策略的实践研究［J］．语数外学习，2012（4）．

[27] 邵美仙．初中《历史与社会》课堂活动性作业的设计［J］．群文天地，2011（12）．

[28] 蔡丽华．科学预设 随机调整——提高课堂活动性作业设计和使用效度［J］．四川教育，2013（10）．

[29] 王少非，等．促进学习的课堂评价［M］．上海：华东师范大学出版社，2018．

[30] 赵克礼．历史教学论［M］．西安：陕西师范大学出版社，2020．

[31] 王云生．"教、学、评"一体化的内涵与实施的探索［J］．化学教学，2019（5）．

[32] 余应源．语文教育学［M］．南昌：江西教育出版社，1998．

[33] 黄自敏．基于学习目标的作业结果分析与教学改进［J］．上海课程教学研究，2020（21）．

[34] 郭俊杰，李芒，王佳莹．解析教学反思：成分、过程、策略、方法［J］．教师教育研究，2014（4）．

[35] 郭蕾．基于语文要素的评价量规设计［J］．小学语文，2021（06）．

后　记

　　2021年7月，中共中央办公厅、国务院办公厅印发了《关于进一步减轻义务教育阶段学生作业负担和校外培训负担的意见》。这无疑是基础教育体系中的一次大变革，即将引发一次从头到尾的巨大的教育改革。随之而来的是，"双减"工作在各个教育阶段、各级教学机构、各科教学实施、各项教学工作、各个教学环节中的实施。作为教育的第一线工作者，我们敏锐地认识到，作业同样要向着"双减"的目标迈进，向着"双减"的方向改进。所以，我们也第一时间结合教学实践对作业改革的具体措施、方法进行了集体探讨和研究，以便和更多的同仁探讨、学习。

　　百年大计，教育为本。教育是一个社会、一个国家，乃至一个民族发展的最重要因素之一。对于"双减"，我们结合一线的教学实际进行了用心的思索，并结合我们的教学实际，进行了深入的调查研究，进而提出了"双减"后学生课业及课后作业设计的方向。"新"作业的设计不仅利于学生创新思维的开拓、动手动脑能力的增强、学习主动性的提高，同时也是对学生身心健康的保护。通过作业改革将时间还给学生，让学生从如山的应试型作业堆里抬起头来，换思维、换方法、换一种新型的作业态势。所以笔者认为，"双减"的落实细化，作业改革应冲在前面。

　　2021年已经结束，2022年伊始，"双减"政策落地半年有余。在"双减"落实的过程中，我们面临着什么问题呢？"双减"新政是否顺利开展？无可否认，在学校、家长、学生三者之间，依然存在很多矛盾。我们作为教师，在设计作业过程中也面临很多问题和困扰。因此，这本书，与其说是对作业设计的研究探讨，不如说是我们在教学过程中对教学问题的记录和改进。在这个发现问题、解决问题的过程中，我们将一些心得、经验甚至教训记录了下来，以此和更多的教育工作者共同探讨、交流，以期推动教育"双减"政策的进一步落实。

我们研究了教育部近几年发布的高考、中考改革文件。例如，《关于深化教育教学改革全面提高义务教育质量的意见》（2019年6月），《中国教育现代化2035》（2019年2月），《加快推进教育现代化实施方案（2018—2022年）》（2019年2月），《深化新时代教育评价改革总体方案》（2020年10月）。2022年1月，临近寒假，教育部办公厅发布了《关于认真做好寒假期间"双减"工作的通知》。文件中明确提出："做好学生假期安排。各地要指导学校严格控制寒假书面作业总量，鼓励布置探究性和实践性作业，引导学生在寒假期间坚持规律作息、锻炼健康体魄、培养广泛兴趣、参加社会实践、分担家务劳动。""各地各校要通过多种方式密切家校联系，指导家长帮助孩子合理安排寒假学习生活，加强亲子互动交流，充分利用博物馆、科技馆、文化馆、体育馆、社会实践基地、少年宫、青少年活动中心等各类校外活动场所，组织开展丰富多彩的寒假活动，特别是春节、元宵节等传统节日体验活动，让孩子度过一个有意义的寒假。"如何让孩子度过一个有意义的假期，同时又是一个收获满满的假期？这正是对学生作业质量的一大考验。摒弃"旧"作业，设计"新"作业，这是时代给予教育工作者的一个大任务。我们必须保质保量地完成，让学科作业设计顺应时代发展的新要求。在此目标引领下，我们进行了积极探索，认真研究。身在教学一线的我们结合实践，力争让学生的作业远离枯燥、乏味，让学生的作业更加人文，更加开放，更加贴近生活和实际，更有利于学生思维的拓展。

以初中历史学科为例，我们将近三年的各地市中考历史试卷以及近五年的全国高考历史试卷都进行了整合、研究。通过研究历年试题，我们愈加发现国家选拔人才的方法在改变。中考和高考改革中，将改变相对固化的试题形式，增强试题开放性，减少死记硬背和"机械刷题"现象。《深化新时代教育评价改革总体方案》中明确指出，加快完善初、高中学生综合素质档案建设和使用办法，逐步转变简单以考试成绩为唯一标准的招生模式。由此我们看到，人才选拔的方式、方法更加多元化、全面化，保护教育生态，形成良性循环，还教育以自由，还学生以空间。同时，对于教师和学生的评价方式、评价标准也在变化，不再是"唯分数论""唯成绩论"，而是多元评价、多角度评价、跨学科整合、注重过程性评价、注重创新、注重德智体美劳五育并举的评价方式。

再如，2020年9月15日，教育部、中央组织部、中央宣传部、中央机构编制委员会办公室、国家发展和改革委员会、公安部、财政部、人力资源社会保障部八部门为激发中小学的办学活力，提高基础教育的办学质量，共同下发了指导性文件《关于进一步激发中小学办学活力的若干意见》，提出"尊重和保障学生在学习中自主进行选择、参与、表达、思考和实践""鼓励教师大胆创新"，让教师运用多种教学方法以激励学生的创新思考。而作业作为教学环节中重要的一环，更可成为激发办学活力的一项重要内容。所以，我们深刻认识到"双减"背景下作业设计的重要性。我们也在教学过程中大胆设计，小心实践着作业创新设计。因此在本书中，我们引用了大量日常教学中的案例，遍布各个学科，以期取得更好的效果，更期望借此书引发更多同仁的思考和指导建议。教育这条路，从来不是一个人的独木桥，而是一群人结伴同行，一路上有火花的碰撞、有思维的斧正。

在本书编写中，我们得到山东省潍坊市教育科学研究院的大力支持，并有幸得到了逄凌晖副院长的指导，在此，我们表示深深的感谢和由衷的敬意。教育无小事，身处教育行业，每一个个体都值得我们珍视，每一个问题都值得我们思索。这让我们想起，潍坊市教科院多次强调过的"让每一个个体得以安放，每一个灵魂得以绽放"。作业设计同样涉及此个性化问题。教师群体习惯了统一作业，这是班级授课制中一个比较明显的弊端。在本书探讨的作业设计中，我们把握大方向，在措施落实上更深入思考，注重每一个学生个体的个性化发展。

在教育这条宽广的大路上，我们看到了很多不为人知的风景，也思索了很多看似简单，实则关系重大的诸多问题。在样本调查过程中，部分学生对于作业的反感让我们感到恐慌，作业所挤压、占用的学生时间之多让我们感到恐慌。这种恐慌何尝不是孩子们内心的焦虑给予成人世界的反思？我们是否可以改变，可以改变到什么程度？我们也在讨论：教育的初心是什么？我们每一个学科的教师是否怀揣教育的初心？我们在"双减"的背景之下，又将如何出发，让孩子们在实践"作业"的过程中闪闪发光、熠熠生辉？

教育，是一个国家的基石；青少年，是一个国家的未来。所以我们要关注每一个细节，孩子的一个眼神、一句貌似无心的倾诉，都可能叩向教育的本质。对于"双减"背景之下的作业设计这个问题，我们想倾注更多的人文性，更多的创新性。如果孩子们能在每日或者每周的作业中触发更多的兴趣，开拓一点点新的思路，我们就算成功了一小步，不枉费写作过程中熬的每一个夜晚及每个夜晚陪伴我们的月亮和星辰。

　　时间很快，孩子的成长更是肉眼可见地在变化。我们在写作过程中，自认为思考得已经非常周全，可在作业实施的过程中，还是遇到越来越多的困惑。例如，乡镇学生和城区学生之间的差异如何弥补，如何让教育更公平地体现在每一个孩子身上？再如，实践性作业的实施过程，我们可否得到更多的支持和帮助，让学生在一个安全、乐学、善思的氛围中细细看、慢慢品，体验人类文明的智慧与勇气，将其内化成思维上的网状脉络？又如，在学生个性化学习的过程中，能否给予学生、学校和教师更多的物质支持和人力支持？诸如此类的问题不再一一细说，期待教育同人与我们共同探究。

　　我们在书中所探讨的问题一定有很多不够完善的地方，希望大家多提宝贵意见，让我们一起为教育的全面发展、作业改革的全面落实而努力！